索·恩
历史图书馆
013

MARTIN BOSSENBROEK

〔荷〕马丁·博森布鲁克 / 著
〔荷〕伊维特·罗森博格 / 英译
徐彬 金凯 / 译　陈楠 / 校

Nederlands
letterenfonds
dutch foundation
for literature

Copyright©2012 by Martin Bossenbroek
Original title *De Boerenoorlog*
First published in 2012 by Athenaeum-Polak & Van Gennep, Amsterdam

Simplified Chinese translation copyright ©2024
by Social Sciences Academic Press
The publisher gratefully acknowledges the support of the Dutch Foundation
for Literature.

THE

BOER

WAR

血染开普敦

布尔战争史

社会科学文献出版社
SOCIAL SCIENCES ACADEMIC PRESS (CHINA)

目　录

序 言
文化遗产日

布隆方丹，2011 年 9 月 24 日

布隆方丹是南非最高上诉法院所在地，如果说有什么地方能让布尔战争的记忆得以保存下来，那就是布隆方丹。南非国民党（一译"国家党"）和非洲人国民大会（ANC，简称"非国大"）就是在这里诞生的，只不过现在这里已经鲜有什么东西能勾起人们对这两个历史事件的回忆了。不过，关于两个前布尔人的共和国——德兰士瓦共和国（Transvaal）和奥兰治自由邦（Orange Free State）——在 1899~1902 年与英国的战争，这座城市里确实有值得一看的纪念物。这些纪念物包括一个纪念碑和一个博物馆，它们并排矗立在一个偌大的公园里。

没有人希望外人仅仅因为这里是臭名昭著的种族隔离制度的发源地而记住布隆方丹。但在 1914 年，南非国民党成立，其后于 1948 年上台并正式开始实行种族隔离政策。这种白人至上主义的具体表现可不是什么值得纪念或刻在石头上的东西。

非国大的建立则是另一回事。非国大最初叫作南非土著人国民大会（South African Native National Congress），于 1912 年 1 月 8 日在福特街（Fort Street）火车站附近的一个小教堂里成立，比南非国民党早成立两年。1994 年，它从白人手中夺取了政权，并一直统治着这个国家。第一次见证黑人解放曙光的教堂现在已成为解放运动的遗址。罗本岛上关押过纳尔逊·曼德拉（Nelson Mandela）的监狱也成了有纪念意义的地方，那里已经成为非洲民族主义的文化和历史纪念碑。

至少当初计划如此，不过迄今这一计划还没有实现。多年来，没有人再多看一眼这座建筑。直到最近，在非国大成立百年

庆典的准备工作中，它才被人重新发现。然而，现在要想把它变成纪念地点有一个问题，即该教堂目前已经另作他用了。这里成了钣金车间，而且生意似乎不错，院子里到处都是汽车残骸和废品。但是庆典临近，时间不多了。如今的业主知道他的这份房产价值不菲，但尽管如此，非国大发言人仍相信业主很快就会搬走，并让该建筑在 2012 年 1 月 8 日之前恢复原状。[1]

* * *

在几公里之外的纪念碑路（Monument Road），时间根本不是问题。这两个纪念布尔战争的建筑已经矗立了几十年。其中包豪斯风格的博物馆始建于 1931 年。纪念碑是一座高耸的方尖碑，高 35 米。它于 1913 年建成揭幕，历史几乎和非国大一样悠久。

两个建筑所在的公园是一片宁静的绿洲，草坪被修剪得整整齐齐，树木叶子沙沙作响。即便如此，入口处还是有个横杆，并且严格遵守开放的时间。时间似乎停滞了。在公园里面漫步会加深这种感觉。整个公园就是一处纪念地，保留着 20 世纪 50 年代的风格，一切如初。石雕像、枪炮、火车车厢、纪念墙和方尖碑脚下的雕塑，都讲述着布尔民族在第二次解放战争中的斗争和苦难。在它们的叙事中，这场战争是1880~1881 年的冲突之后爆发的抗英战争。

这是两个无足轻重的布尔人建立的共和国被帝国主义超级大国英国逼入战争的故事。这场战争一开始是常规战斗，后来变成了一场旷日持久的游击战，英军指挥官对布尔人的成功抵抗感到意外，怒火中烧，随即采取了针对平民的恐怖行动。结果，布尔人饱受迫害，但也成了不屈不挠的英雄。这个公园所传达的就是这样一段故事。

公园有三座雕塑，象征着战争的不同阶段。《永别了，

1899 年 10 月 11 日》（*Farewell 11-10-1899*）讲述的是战争爆发时，一名年轻的布尔激进分子离开家乡奔赴前线。《流亡者》（*The Exile*）描绘了一个男子和他的孙子站在轮船的栏杆前，他们代表的是成千上万被英国送到海外集中营的布尔战俘。《顽固派，1902 年 5 月 31 日》（*The Diehard 31 May 1902*）描述了战争结束时幸存的突击队队员的困境。这座雕塑描绘的是一个疲惫不堪的布尔人骑在一匹瘦弱的马上，由于多年的艰苦和贫困而疲惫不堪，但他的头却高昂着。

　　这些是保存在这里的记忆。这是一个类似大卫和巨人歌利亚之间的战斗故事，只不过在这个故事中，大卫因难以忍受的痛苦而被迫投降了。圆柱基座上的文字对此做了说明。雕塑和牌匾之间的铭文写道："这座国家纪念碑是为了纪念在集中营死亡的 26370 名妇女和儿童，以及其他地方死于 1899~1902 年战争的妇女和儿童而建立的。1913 年 12 月 16 日落成揭幕。"

　　今天的游客可能会被碑文误导。自第二次世界大战以来，"集中营"一词一直跟纳粹有组织地屠杀犹太人的行为联系在一起，但 1913 年的时候并不是这个意思。根据我们今天了解的信息，英国的集中营更准确的称呼为"拘留营"，这才是它们的实质，而且这些拘留营规模很大。

　　英军总司令罗伯茨（Roberts）勋爵和他的继任者基钦纳（Kitchener）勋爵希望通过将平民从战区撤出来迫使布尔突击队投降。大约 11.5 万人，大部分是妇女和儿童，被包围并监禁在非常恶劣的条件下，其中近四分之一的人——主要是儿童——死亡。这导致两个布尔共和国的人口大幅度减少。

　　"国家妇女纪念碑"（这是其官方名称）描述了布尔民族的苦难，并说明了为什么当年布尔人无法继续战斗下去。但它也暗示了一种英雄主义：这座纪念碑是献给"我们的英雄的妇女和心爱的孩子们"的。铭文下面的文字引自主祷文——"愿你的

ix

旨意成就"，这句话概括了布尔人对"天命"的坚定信念。有五座坟墓后来也被纳入纪念碑之中，表明这里纪念的是英雄主义和殉难。这里长眠的有英国活动人士埃米莉·霍布豪斯（Emily Hobhouse），她揭露了集中营的残忍和不公；还有奥兰治自由邦的总统、极端顽固分子马蒂纳斯·斯泰恩（Marthinus Steyn）和他的妻子蒂比（Tibbie）。在他们旁边，是突击队的精神导师"父亲"J.D.凯斯特尔（J.D.Kestell）和传奇的布尔将军克里斯蒂安·德威特（Christiaan de Wet）。[2]

* * *

布尔人作为悲剧英雄的浪漫形象，对于老一辈的荷兰读者来说应该一点都不陌生。二战后很长一段时间，它一直留在荷兰人的集体记忆中。那些从小读着 L.潘宁的书长大的人会想起《克里斯蒂安·德威特的童子军》（*De verkenner van Christiaan de Wet*），这是著名的韦塞尔斯系列五卷中的一卷，最初出版于1900 年至 1904 年，到 20 世纪 70 年代还在不断重印。在潘宁的书中，布尔人是坚韧无畏的拓荒者，他们敬畏上帝，在"嗜血的卡菲尔人"或"野生动物"面前决不会退缩。布尔人中的男子都留着胡子。他们嘴里唱着赞美诗，手里拿着一支上了膛的步枪，投入捍卫正义的战斗，与数量上占优势的奸诈的乡巴佬作战。一代又一代的荷兰年轻人陶醉于这种敌众我寡但英勇的战斗中。那是善与恶的斗争，是布尔人的战争。

潘宁笔下的主人公，"野战短号"路易斯·韦塞尔斯（Louis Wessels）和他值得信赖的伙伴布利考奥尔杰（Blikoortje）的冒险经历是真实与虚构的结合，读来令人神往。潘宁实际上从未见过他所描述的世界，与他同时代的德国作家卡尔·麦（Karl May）也是这种情况：他在从未涉足美国西部荒原的情况下，创造了温内图（Winnetou）和"老残手"（Old Shatterhand）这样的形象。然而，潘宁可以接触到大量档案。当他开始写韦塞尔斯系列时，整个荷兰都被发生在布尔人身上的故事吸引。人们都支持两个被围困的共和国的解放斗争，每天都关注战况。在与德兰士瓦共和国和奥兰治自由邦的通信被切断之前，战争早期阶段的信息都被保留了下来，此外还有大量目击者的报告供潘宁查阅。

　　整个欧洲大陆都站在布尔人一边，荷兰表达的支持最为强烈。在荷兰，战争重新让人们意识到他们与布尔人其实同根同宗，血脉相连。而在 19 世纪晚期之前，荷兰人很少考虑过他们那些远在非洲南端的表亲。大多数布尔人，或称阿非利卡人，是 1652 年扬·范·里贝克（Jan van Riebeeck）到达开普（the Cape）后定居在那里的荷兰殖民者的后代。而留在欧洲的荷兰人并不觉得与这些移民有任何亲近感，不仅如此，他们还鄙视移居者，觉得他们思想陈旧，生活方式落后。

　　但是在布尔人成功反抗英国统治之后，所有这一切都发生了戏剧性的变化：首先是在 1880~1881 年，随后是在 1899 年 10 月 11 日爆发的战争，后面这场战争持续的时间比任何人预想的都要长。突然之间，荷兰人发现了他们与布尔人的联系，他们是同一个英雄部落的后裔，他们的血管里流淌着同样古老的血液。荷兰人热烈地拥抱布尔人，把他们视为流落海外的游子，似乎要弥补他们过去失去的时间。布尔人受到热烈欢迎，融入荷兰的大家庭，他们之间形成了团结的纽带。每一个正直的荷兰人——从年轻的威廉敏娜女王（Queen Wilhelmina）到她最卑微的臣民，从信奉新教的国家中心到信奉天主教的南部以及自由主义的北部——都认同布尔人英勇的斗争。荷兰人开始梦想在南半球的南十字星座下建立一个新荷兰。

　　19 世纪末 20 世纪初，激进的民族主义在荷兰兴起，加强了这种认同感。经过几十年的斗争，荷兰殖民军队终于控制了东印度群岛。龙目岛（Lombok）和亚齐岛（Atjeh）成了人们津津乐道的名字，提起它们来人们不再感到羞耻。不久之后，荷兰人开始把这两个词用作街道名。荷兰在东印度群岛的成功具有某种传染性，人们开始渴望获得更多的殖民地。在这种背景下，布尔人以"正义"为名的武装斗争赢得了赞赏和支持。在许多荷兰城市，"德兰士瓦"社区与印尼社区一起兴起，街道以"欧姆"（Oom，意为"叔叔"）、保罗·克鲁格（Paul Kruger）、路易斯·博塔（Louis Botha）和其他许多人的名字命名，这之中当然也包括斯泰恩和德威特。

但是东印度群岛和南部非洲之间存在一个关键的区别。在东印度群岛，荷兰人是在独立行动，采取了铁腕政策。几年内，荷兰人对整个群岛的统治稳固下来。在那里，他们完全可以说"我们的东印度群岛"。但在南部非洲，情况截然不同。从一开始，他们只是在场外呐喊助威，并没有真正参与。他们所享受的荣耀并不属于自己。荷兰人很快就以志愿者的身份提供服务，或者以其他方式支持布尔人的事业，但作为一个国家，荷兰对此无能为力，不能插手。出于东印度群岛的原因，它不愿意引起大不列颠的愤怒，因为后者此时是海洋上的霸主。

后来，战局开始变得对布尔人不利，他们的失败也变得不可避免。不管做什么，也不管什么人，都无法阻止失败。一想到要与全能的英国对抗，连其他大国也会畏缩不前。其结果令人深省。一场幻梦终结了。荷兰人对布尔人的迷恋，像当初这种感情的爆发一样，突然间就熄灭了。战争结束后，一小部分忠实支持者继续关注着布尔人的命运，但对于整体荷兰人来说，他们又回到了历史的迷雾中。布尔人的英雄们只活在男孩们的冒险故事和街名中——尽管后来也有一些被重新命名，以纪念新一代的人物，如史蒂夫·比科（Steve Biko）和纳尔逊·曼德拉。[3]

* * *

虽然布隆方丹的纪念公园看起来像过去时代的遗迹，但博物馆本身就包含有一个惊喜。在这里，时代的变迁至少在这栋建筑的某些地方留下了印记，其中的第一个迹象令人尤为吃惊。入口大厅矗立着两件物品，非常惹眼。一个是当年的风琴，它曾经是每个布尔人家庭的骄傲，每天人们会围着它唱赞美诗。到 20 世纪，风琴也是正统荷兰新教徒家中客厅里常见的物品。在风琴的正上方是一个与其不相称的、属于现代家庭生活的东西：一台宽屏电视机。电视机循环播放着幻灯片，展示博物馆里的展品。电视机这个物件带给人们对现代的突然一瞥。

博物馆的参观者必须要有耐心，因为这里此类的情形并不少见。参观路线从一些展厅开始，这些展厅是以著名的布尔人领袖斯泰恩、德威特、克鲁格、博塔和"西部德兰士瓦的雄狮"库斯·德拉雷（Koos de la Rey）的名字命名的，它们看起来似乎仍保持着原来的状态。展示"集中营"的房间以埃米莉·霍布豪斯的名字命名，与户外的展览相呼应。到此时为止，还没有出现什么新东西。展品也遵循同样的道理，"多多益善"。铭文分别用阿非利堪斯语（Afrikaans，南非荷兰语）和英语写成。巴赫的乐曲陪伴我们从一个房间到另一个房间。整个展览布置似乎是一个时间胶囊，展示了美好的 20 世纪 50 年代。

最后的惊喜出现了：普拉杰的房间，以布尔人围攻马弗金（Mafeking）期间唯一写日记记录了布尔战争的南非黑人命名。普拉杰也是 1912 年非国大的创始成员之一。作为一种真实历史的象征，选择他很有意义，而这种历史真相直到 20 世纪 80 年代才被展现在世人面前。布尔战争一开始可能是一场白人之间的战争，但参战的其实不只是白人。当地的非洲人和有色人种（在南非，"有色人种"一词专门指有混血血统的人），以及英属印度的移民，也都卷入了这场冲突，无论是主动的还是被动的，无论是作为参与者还是受害者。随着时间推进，战争逐渐演变成布尔人、英国人，以及非洲人和有色人种群体之间的斗争。

1983 年，彼得·沃里克（Peter Warwick）在其所著的书中披露了这一发现。《黑人与南非战争（1899—1902）》(*Black People and the South African War 1899—1902*) 让人大开眼界。沃里克描述了非洲人和有色人种是如何卷入这场战争的，后来他把这场战争改名为南非战争（South African War）。

沃里克解释说，首先，布尔突击队雇用了 7000~9000 名非洲人和有色人种作为仆人与其共同行动，这些人在南非荷兰语中被称为 *agterryers*。英国人也让未经武装的非洲人和有色人种来做各种各样的杂务。在战争的游击战阶段，布尔人雇用的黑人数量急剧下降，而英国方面雇用的黑人则相应地以与之相当的速度增长。此外，英国开始雇用大批非洲人和有色人种组成准军事组织，让他们充当信使、侦察兵和警卫，并且开始武装他们，让他们参与战斗。战争快结束时，估计有 3 万名武装的黑人在英军中服役。考虑到这一点的话，整个英国军队大约有 25 万人。而那时候仍然活跃的布尔突击队的人数已从 6 万人减少到 1.5 万人。

除了那些在布尔人军中或英军中服役的人之外，还有越来越多的非白种人卷入战争，成为与冲突双方中的一方（更准确地说是英国这一方）结盟的酋长国或民族国家中的一员。在早期，尤其是在围攻马弗金期间，布尔人偶尔会得到他们的盟友拉普拉纳巴龙族（Rapulana Barolong）的帮助，但也仅此而已。而英国一方，越来越依赖非洲人和有色人种的武装支持。最初，他们只从德兰士瓦和奥兰治自由邦的边界招募新兵，包括贝专纳兰（Bechuanaland）、格里夸兰（Griqualand）、巴苏陀兰（Basutoland）和祖鲁兰（Zululan）。但逐渐地，他们把网撒向了布尔人的共和国本身，特别是在德兰士瓦西北部的卡特拉（Kgatla）和东部的佩迪（Pedi）。

尽管布尔人和黑人之间的敌意在战争过程中不断升级，但他们也有一些共同之处。在基钦纳的命令下，那些对英国的战争行动不积极的非洲人和有色人种家庭被有计划地从作战区域撤走。跟布尔妇女和儿童一样，他们被限制在（隔离的）拘留营。实际发生的情形是，有同样数量的非洲人和有色人种（11.5 万人）被监禁在同样不人道的条件下，死亡率也同样惊人。大多数死亡发生在儿童身上。尽管官方公布的死亡人数是 1.4 万人，但沃里克指出，真正的死亡人数肯定超过了 2 万人。[4]

在普拉杰展室里，展品基于沃里克的发现。这不是博物馆唯一随着时代变化的展室——至少在某种程度上发生了变化。一个小的附属建筑内有个教育中心，在这里，布尔战争的信息被融入了新的、多种族的南非的国家历史中。学生们学习阿非利卡人（南非白人，即布尔人）的民歌《莎莉玛莱》（*Sarie Marais*）背后的故事，但他们也会了解到黑人和白人儿童在拘留营遭受的悲惨命运。这些内容用三种语言写成：南非荷兰语、英语和祖鲁语（南非仅次于英语的第二通用语）。

这是对布尔战争比较具有"包容性"的回顾，与博物馆其他部分和场地里的阿非利卡人的叙述形成了对比。这种组合需要慢慢适应，但显然这些东西在新南非确实是可以共存的。这是一个非凡的组合，让纪念碑路的这一纪念地点有考古发掘现场的感觉。只不过，考古中连续的土层在这里不是层层累积的，而是在整个场地中随机分布。

作为一项考古发掘活动，布尔战争纪念活动或许可以解释 1999~2002 年非国大的政要为何要坚持参与百年纪念活动。他们指出，有必要重新发现全体人民所遭受的痛苦。布尔战争是一种集体经历，与南非作为彩虹之国的普遍理想紧密相连。纳尔逊·曼德拉担任总统后力图实现民族和解。其后，1999年6月就任总统的塔博·姆贝基（Thabo Mbeki）在布尔战争纪念活动中一直遵循这一原则。

1999年10月9日，在布隆方丹附近的布兰福特举行的纪念活动启动仪式上，姆贝基当着肯特（Kent）公爵的面，向所有被"历史的浪潮"卷入"一场充满痛苦、代价高昂，且旷日持久的战争"的人致敬，其中包括"阿非利卡人、英国人、非洲人、有色人种、澳大利亚人、加拿大人和新西兰人"。姆贝基强调，绝不能允许这样的战争再次发生。在赞扬当时所有参与者所表现出的英雄主义的同时，他呼吁他的听众去梦想新的英雄，这样的英雄"将会是一个不分种族的、和平且繁荣的南非的建设者"。

副总统雅各布·祖马（Jacob Zuma）也将自己定位为和解使者。一天后，祖马在麦非肯（Mafikeng）谈起了普拉杰和他的日记，说他是从"独特的黑人视角"看待这场战争的。但祖马也谈道："调和并治愈这些旧的创伤是我们的历史责任。"祖马呼吁黑人和白人将他们不同版本的故事结合起来，形成一个"全面的叙事"。因为"尽管我们的过去可能令人痛苦，但这是一个共同的过去，没有任何一个南非人被排除在外"。为了表达这个包容性的观点，祖马也创造了一个新名词：盎格鲁－布尔人南非战争。[5]

* * *

从今天博物馆的活动来看，这个新名词还未流行开来。2011年9月24日，星期六，南非遗产日。为了纪念这一时刻，博物馆在一个特别的上午组织了纪念盎格鲁－布尔战争（这场战争一直就是这样命名的）110周年活动。

其实博物馆本身的名字就不太一致。博物馆使用的名字既包括原来的名字"布尔共和国战争博物馆"，也包括它的官方名称"盎格鲁－布尔战争博物馆"，两个名字经常混着用。大家对此并不惊讶，就像并不惊讶于展品的"考古"成分一样。在关于女性纪念碑和博物馆本身的教育影片之间，还夹了一场关于（盎格鲁－）布尔战争是"第一次媒体战争"的讲座。然后是战争回忆录。上午结束时，约翰内斯堡艺术家威廉·博肖夫（Willem Boshoff）的一件作品揭幕。

很难将博肖夫的作品与其他任何"考古土层"联系起来。它表现了布尔人的痛苦，但又不只是他们的痛苦。它显然没有准备具有包容性或和解性。相反，这是一种愤怒和悲伤的表达，是代表成千上万名在英国拘留营受苦并死去的儿童（包括黑人、白人和有色人种的儿童）发出的严厉控诉。博肖夫认为维多利亚女王对此事负有责任，并指出她和她的四位继任者都没有为战争罪道歉。作品的标题是"32000个亲爱的小讨厌鬼"（*32,000 Darling Little Nuisances*），指的是集中营中估计死亡的儿童人数；"亲爱的小讨厌鬼"是维多利亚女王本人说过的一句话。这幅作品将五位君主的真人大小的肖像与1432名被关押在贝图利（Bethulie）集中营的儿童的名字并列在一起。贝图利集中营是最臭名昭著的集中营之一。

颁奖仪式结束后，60岁的博肖夫很乐意谈论自己的作品。强壮的体格和长长的胡须使他看起来是个不折不扣的阿非利卡人——他确实是阿非利卡人，而且有嬉皮士倾向。贝图利集中营坐落在他祖父的农场附近。在那里，有两个死去的孩子的名字和他的一样。和他的家人一样，他身上也有战争的创伤。与此同时，他也谴责极端右翼运动，比如利用集中营的历史进行右翼思想宣传的阿非利卡人抵抗运动（Afrikaner

Weerstandsbeweging）。作为一名坚定的和平主义者，在种族
隔离制度下，博肖夫出于良心拒绝服兵役。正如他所说，他生
活在人道主义原则和良心的支配下。

博肖夫认为布尔战争和20世纪阿非利卡人中保守主义的
兴起有着一脉相承的思想，他认为，这是这个国家的过度反应，
是出于一种担心，生怕自己被弱化，被置于边缘的境地，甚至
是被摧毁。战争的集体创伤产生了像南非国民党这样的组织，
其目的是保护阿非利卡人文化和不容妥协的适当权力，而这只
是在"灾难性的种族隔离制度"中寻求终极的安全幻想。[6]

这种想法并不新鲜。其他学者也提出了类似的假说。假定
战争和种族隔离制度之间存在因果关系，是布尔战争历史叙事
的五大主题之一。

第一个主题是将战争描述为英帝国主义没落的标志。帝国
主义列强瓜分非洲（1880~1914）伴随着其军队对几乎整个非洲
大陆土著的暴力压迫。布尔战争是唯一发生在白人之间的重要冲
突。它的规模可以从英国财政为之付出的成本来推算。1899年
10月，英国政府认为1000万英镑就能解决问题，但到了1902
年5月，英国已经花费了2.17亿英镑。要想更好地理解这笔钱
数目有多大，可以参照下面的信息：这一数字在1900年相当于
英国国民生产总值的12%。这一巨额支出促使人们进行了一系
列研究，想搞清楚英国政府为何决定发动这场战争。答案涉及经
济、政治、心理、地缘战略等动机，各不相同，而最终天平倾向
了白厅的政客一边，而不是伦敦金融城的银行家一边。[7]

* * *

第二个主题考察了布尔战争和第一次世界大战之间直接
或间接的政治和军事联系。欧洲大陆对布尔人的广泛同情促

使英国重新审视其相较于美国和德国等新兴经济和军事超级
大国的战略地位，以及自己所处的位置。传统的"光荣孤立"
（Splendid Isolation）政策不再有效，所以英国转而寻求结
盟。这导致了外交上的多米诺骨牌效应，在1914年夏天，这
种效应有导致崩溃的危险。在军事方面，在布尔战争中常规战
争的第一阶段，英军对挖沟筑壕的敌人进行了大规模正面攻
击，进行了毫无意义的屠杀。[8]

另外，我们在布尔战争中能够看到此后军事冲突会呈现什么
状态。此前，媒体从未在战争中扮演过如此重要的角色，各家媒
体也从未派出过如此多的代表。而在布尔战争中，大约有200名
记者被派往交战区，其中大多数来自英国，但也有的来自大英帝
国的其他地区以及美国。蒸汽轮船、蒸汽火车，以及最重要的覆
盖范围广大的电报网络的普及，使人们可以更快地旅行和及时地
传播新闻，而不再有太多的延迟。除了记者和其他目击者，还有
艺术家、摄影师和电影制作人，他们在塑造世界各地的人们的观
点和态度方面都发挥了作用。由于可以获取到的信息大大增加，
欧洲和美国的公众舆论成为双方全面展开的宣传战中的棋子，这
种宣传战有时会达到与战场上的军事冲突同样疯狂的程度。[9]

第四个主题是战争第二阶段对两个布尔共和国平民人口的
灾难性影响，这一点在前面几页已经讨论过了。大约有23万
名白人和非白人被监禁，已知有4.6万人因监禁而死亡。此外，
英军在扫荡德兰士瓦和奥兰治自由邦时，进行了系统的破坏。
因此，布尔战争的游击战阶段预示了像第二次世界大战那样的
全面战争能造成多么巨大的破坏。[10]

第五个主题是威廉·博肖夫曾触及的：布尔战争和白人民族
主义浪潮之间可能存在因果关系，其间白人民族主义在种族隔离
意识形态中达到顶峰。关于这个问题的讨论和著作有很多，但是
终结性的一句话没有说出来。其必然结果也是如此：反对种族隔

离的运动应运而生。毕竟，在考察黑人民族主义的出现时，不能不考虑布尔战争。黑人领袖本来寄希望于英国获胜，以为能从中谋取好处，但是这个希望在战争最后的和谈中破灭了。战争的结果给黑人带来了更大的幻灭感。而令非白种人极其沮丧的是，在英国政府治下，他们拥有的宪法权利可能比战争之前更少。非国大和南非国民党一样，不是凭空产生的。[11]

* * *

最后一个主题是与目前的时局联系最紧密的，因而最吸引普通人士及学术圈的注意。因此，在结语中我们就更有理由重新回到这个问题上。

但首先，正如前总统祖马敦促的那样，必须先把整个故事讲出来。这一点，听起来似乎是不言而喻的，但实际情况并非如此。迄今为止，对布尔战争进行过完整描述的书寥寥无几。有一些书声称计划这样做，其中有些甚至差一点就做到了，但终究功亏一篑。一般来说，既有的书采取了两种方法展开叙述。一些作者从英国和南非主人公的角度来讲述故事，另一些作家则从布尔领导人的角度来讲述。其中一些最成功的，会交替呈现上述两方面的观点以及非白人的观点。[12]

但这些作品的共同之处在于，不管呈现了多么重要的信息，多么具有启发性，它们都遗漏了一个重要的参照系。布尔战争的故事从来没有从荷兰人的角度讲述过，如此一来，就缺少了因果链中至关重要的一环。荷兰人在战争的前奏和整个实际冲突中发挥了关键作用，这不仅仅是因为荷兰人在关键位置的投入，还因为荷兰人和布尔人之间的心理联系。诚然，荷兰人对布尔人的迷恋也许并没有促使荷兰采取强硬的政治立场，但在情感上，受人尊敬的祖国是布尔人所追求的事业在欧洲的锚点。这一点不仅在德兰士瓦和奥兰治自由邦有体现，而且在大不列颠有体现。这种情感在英国首相索尔兹伯里（Salisbury）勋爵的话中回荡：他在战争前夕说，在南非，"我们才是老大，而不是荷兰人"。[13]

荷兰所发挥的作用，特别是在导致敌对行动的时期的作用，是布尔战争中被忽视的一个方面，即使是在荷兰最近的出版物中，这个问题也没有得到修正。在一些较早的作品中，比如 P.J. 范·文特（P.J. van Winter）有关荷兰－南非铁路公司的著作中，荷兰的作用引起了人们的注意，但鉴于该公司建设和运营的铁路网有着重要的战略价值，所以这是理所当然的。但在第二次世界大战之后，此事就再没有更多的人提及了。后来关于荷兰和南非之间关系的历史也主要集中在它们的血缘关系、语言和宗教纽带上。[14]

本书首次将荷兰的视角纳入布尔战争的叙事之中。当然，本书并未止步于此。为了完整地讲述这个故事，本书将这个新角度编织到一个更大的画面中。大家见到的是，本书的叙事视角会不断转换，从布尔人转到英国人，而且如果相关的话，又会转到荷兰人那里。

书中突出描写了三个个体，他们对那个时期的描述概括了那个时期的三个主要叙事，他们自己也赋予了这些叙事独特性，使之流传至今。布尔战争使他们变得比生活中的那些人更高大；他们通过日记、书信和报告，以及后来的回忆录和反思，使战争更加真实。这三个个体分别是荷兰律师威廉·莱兹（Willem Leyds）、英国战地记者温斯顿·丘吉尔和布尔突击队队员丹尼斯·雷茨（Deneys Reitz）。当年他们三个是刚出道的年轻人，各自为正义而战，都坚信正义在自己这边。布隆方丹的盎格鲁－布尔战争博物馆里有他们的照片，它们紧紧挨在一起；而在现实生活中，他们的想法和经历相差甚远。他们的故事开始于 1884 年 6 月阿姆斯特丹的阿姆斯特尔旅馆（Amstel Hotel）。

南非共和国
1884~1899年

德属西南非洲

贝专纳
（英国保护国）

英属贝专纳兰

西格里夸兰

奥兰治河（加利普河）

奥兰治河

霍普

诺洛斯港

康科迪亚

德阿尔

格拉
雷内

开普

西博福特

大 西 洋

开普敦

第一部分

出于正当的理由
（1884年6月~1899年10月）

威廉·莱兹

1　特别会见

阿姆斯特丹，1884 年 6 月

他原本可以轻松拒绝这个工作。威廉·莱兹是一名成绩优异的博士生，此时尚不足 25 岁，是阿姆斯特丹一众著名法学学者的门生。按资历，他完全可以选择去东印度群岛的司法部门工作，或是去格罗宁根大学（Groningen University）担任校董事会的职务，或是选择入职荷兰中央银行（Nederlandsche Bank）。其实，他可以选择任何他想做的职业。

那他为什么会接受这么奇怪的工作呢？德兰士瓦的国家检察官？他万万没想到会有这样的职位找上他。住在这个地方的人都是养牛的农民，狂热地信奉加尔文派教义，另外这个地方的历史并不比他的年龄大多少，对于一位思想开明的律师而言，这里的确乏善可陈。而且，在这片南非高地草原上，文化环境无比恶劣。莱兹不仅是个学者，还是个天资颇佳的艺术家。他能在弦乐四重奏中演奏大提琴，喜欢阅读荷马史诗，而且结交的都是知识分子。可现在，他面对的是德兰士瓦，用他的未婚妻露易丝·洛夫（Louise Roeff）的话来说，简直是"知识的沙漠"。

当他见到提议让他去那里的那个人时，他内心所有的怀疑都得到了证实。保罗·克鲁格身材魁梧，眼睛乌黑，声音洪亮，为人自信而率直。这些是莱兹对他的第一印象。但是他的声音似乎来自另一个世界，像是过去的回声。德兰士瓦人的总统是一个彻头彻尾的阿非利卡人，见过大世面，经历过枪林弹雨，在广阔的热带大草原上可以呼风唤雨。他显然也不在意自己的外表。相比之下，莱兹年轻英俊，总是把自己的胡子梳得整整齐齐。他们约好在阿姆斯特尔旅馆的一个豪华套间里见面。这位年近 60 岁的布尔人的领袖，步态缓慢，邋邋遢遢，跟房间的格调很不相配。

对莱兹来说，这种对比太过强烈，距离太过遥远，决定也太过激进。几个小时后，他优雅地谢绝了这一荣誉头衔。但是克鲁格绝不会轻易接受别人的拒绝。他说服莱兹重新考虑这个提议。两人见面是在 1884 年 6 月 12 日，星期四，是莱兹毕业的第二天。两天后，德兰士瓦的总统将离开阿姆斯特丹。好吧，考虑就考虑吧。莱兹决定和他的导师尼古拉斯·皮尔森（Nicolaas Pierson）再谈一谈。[1]

* * *

莱兹的犹疑不难理解。荷兰人不知道如何跟布尔人打交道。布尔人曾因成功反抗英国殖民统治而赢得赞赏，但直到 1880 年 12 月，他们才被视为英雄。但是，谁也说不准，这种荣耀是否会持续下去。

布尔人已经被忽视、被遗忘了几十年。英国于 1806 年正式获得对开普殖民地（Cape Colony）的控制权，之后，那里的白人殖民者就逐渐被遗忘了。那里的荷兰人的情况也是如此，他们中大多数人的祖先都出生在荷兰。19 世纪 50 年代，布尔人摆脱了英国统治的枷锁，建立了独立的德兰士瓦共和国（官方称"南非共和国"）和奥兰治自由邦，对此，荷兰人漠然认可了。荷兰人和布尔人之间的亲缘关系逐渐减弱，或者被掩盖了起来。

在荷兰，侥幸通过审查的几篇关于布尔人的报道，通常都没什么好话。报道中说他们懒惰、愚蠢、虚伪，而且最为恶劣的是，他们虐待"可怜的卡菲尔人"（对非洲黑人的一种蔑称）。布尔人确实仍然在实行旧约式的种族主义、奴隶制等，并且对此毫无羞耻感。而且，他们还刻意挫败了传教士试图使黑人皈依基督教的努力。所以，对布尔人持批评态度的主要是传教士的组织，并使公众舆论也对他们持反对态度。他们首先在英国得逞，后来他们在欧洲其他地方也如法炮制。1869年，牧师皮埃尔·予埃（Pierre Huet）向荷兰人提供了最能证明布尔人有罪的证据。予埃当了12年传教士，写了大量的文章，痛斥布尔人烧杀抢掠以及其他暴行。

到了19世纪70年代，布尔人本已不佳的声誉再次遭受打击。起初，德兰士瓦共和国的总统托马斯·伯格斯（Thomas Burgers）似乎能够扭转舆论，使之对布尔人有利一些。1875年，他走遍欧洲，为几个雄心勃勃的发展项目进行游说，寻求支持。他给荷兰人留下了不错的印象，至少在自由派圈子里是这样。他不仅成功地为德兰士瓦共和国建立了外交关系，还获得了一笔贷款，用于修建一条从德兰士瓦直抵印度洋海岸的铁路。此外，还有人向他献上了一首国歌，请他带回国。国歌的歌词由诗人卡萨琳娜·范·里斯（Catharina van Rees）所写，开篇的一句是："你是否知道这个英勇的民族？"但令人怀疑的是，伯格斯回到德兰士瓦后是否还能欢快地唱出这首歌。很快，布尔人就对他失去了信心。贷款和铁路项目化为乌有，国人开始分裂。两年后，英国人介入，几乎毫不费力地就终结了南非共和国的独立状态。1877年4月12日，英国国旗在比勒陀利亚政府大楼升起。[2]

在荷兰，几乎没有人为此落泪。乌得勒支大学、阿姆斯特丹大学和莱顿大学的师生对英国违宪的吞并表示抗议，但他们对布尔人却没有丝毫同情。自由派人士认为，这是布尔人自作自受，他们不应该背叛伯格斯。阿尔伯特·凯珀（Albert Kuyper）和他在反革命党（Anti-Revolutionary Party）内团结起来的正统的新教徒也附和说，这都是布尔人自己的错，他[3]

们一开始就不应该支持伯格斯。

唯一的奇迹发生在 1880 年 12 月，布尔人拿起武器反抗英国的统治，并在短短几天内取得了成功。就像变魔术一样，在荷兰公众的眼中，原本被看作家族内的害群之马的那批人，一下子换了一副面容。布尔人突然间又被视作失散已久的兄弟，是同一个光荣的荷兰部落的成员，血脉里流淌着同样英勇的血液。也许他们头脑简单了些，但很明智，而且即便往最差里说，也只是比他们在荷兰时更保守了一些。但是，在这片黑色大陆上，谁不会变得保守呢？

这种突然的蜕变不是任何个人造成的。这背后有值得尊敬的精英知识分子的功劳，他们不仅反思了布尔人惊人的复兴，而且是第一批愿意采取行动的人。有哪些行动呢？搞演说，发传单，写社论，开团结会议，筹款，诸如此类的事情。尽管如此，公众舆论发生这种彻底的逆转仍然是惊人的。在这背后，有一批著名学者的努力。

率先采取行动的是彼得·哈廷（Pieter Harting），他是一位著名的药理学、解剖学、动物学和地质学教授——这只是他所擅长的多个专业领域中的几个，因此，他算得上乌得勒支大学最后一位博物学家。1880 年 12 月 23 日，他在《乌得勒支都市报》（*Utrechtsch Provinciaal en Stedelijk Dagblad*）上发表了题为《致英格兰人民》的请愿书。这是一次以正义的名义发起的呼吁，代表的是德兰士瓦人，"我们祖先的子孙"，所以很快就获得了民众的支持。两周后，有 6082 人签名的请愿书被呈递给了维多利亚女王。签名者中有 81 人是哈廷的同行——荷兰当时总共有 180 名正教授。

此外，签名的还有数百名牧师、官员、市长及市议会议员、省级行政人员，以及国家议会的议员。这等于说，荷兰所有博学的精英人士都起来为受教育程度差得多的布尔人的事业而呐喊。他们这么做肯定不是出于一种血缘上的亲近感，而更像是民族主义的反应。的确，哈廷的倡议标志着一个时期的开始，在这个时期，荷兰人以越来越大的热情拥抱一个越来越集中的梦想，即缔造一个伟大的荷兰，这一热情是被他们征服东印度群岛的功绩，以及与他们有血缘关系的布尔人在南非的成功带来的自豪感激起的。民族主义的烈火要在19世纪末20世纪初燃成熊熊烈焰，但此时，火苗已经足够高了。

正如我们所见，哈廷是这场运动的领袖之一。他的请愿获得了成功，之后他着手另一个项目，并成立了"支持德兰士瓦布尔人利益最高委员会"（Supreme Committee in Support of the Interests of the Transvaal Boers）。委员会的成员从乌得勒支挑选而来，除了一个人之外，都是思想开明的教授。与南非有长期关系的司法部高级官员杰拉德·比尔莱特·范·布洛克兰（Gerard Beelaerts van Blokland）也加入了该组织。他是正统的新教徒，不久之后也成为反革命党的一员。

正如其名称所示，乌得勒支最高委员会不是同类委员会中唯一的一个，但它是行事最谨慎的，因为哈廷和他的追随者明确地将他们对布尔人事业的支持限制在"任何允许的，即和平的、与我们祖国的中立性相容的手段中"。他们不会做任何可能冒犯英国政府或公众舆论的事，也不想参与其他城镇的地方委员会正在策划的荒唐计划，比如组建志愿兵团，或与爱尔兰民族主义者合作。

他们的保守做法引起了一些不满，尤其是在阿姆斯特丹。同样成立于1881年1月的德兰士瓦阿姆斯特丹委员会（Amsterdam Committee for the Transvaal）是一个更多元化的组织。除了自由主义者，其成员还包括保守主义者、激进分子和反革命分子。后者包括反革命党的领导人凯珀，他还是《标准报》（De Standaard）的主编及三个月前刚成立的自由大学的神学教授。阿姆斯特丹的这伙人立场更坚定，对自身的观点也更加直言不讳，这些都让凯珀更为认可。例如，显而易见的是，他们决心将其活动主要集中于向战争受害者提供人道主义援助——毋庸多言，这些受害者指的是布尔人一方的受害者。红十字会拒绝偏袒任何一方而只支持其中一方，凯珀对此做了批评。他说这是一种"会导致不公正的中立"。

但事实表明，布尔人有能力独自击败英国人，于是这些支持布尔人的运动内部的差异就变得无足轻重了。1881年2月27日，布尔人对马朱巴山（Majuba Hill）发动了最后一击，此后多年，英国人一听到"马朱巴山"这个名字就感到如坐针毡。到了这时候，乌得勒支委员会和阿姆斯特丹委员会决定联合起来，并于5月12日付诸行动。荷兰南非协会（Nederlandsch Zuid-Afrikaansche Vereeniging，Dutch South African Association）的成立大会在乌得勒支举行。哈廷以全票当选名誉主席，讲话时他动情地谈到了"血缘关系带来的责任"。

这是一次意义重大的联合——这种联合存续至今，但是联合组织最不寻常的特征之一在第一年就消失了。事实表明，自由派人士和反革命党成员终归不是天然的盟友。凯珀相信，正统新教社区和布尔人之间的紧密宗教联系创造了一种超越血缘关系的亲和关系。但他的排他性观点在荷兰南非协会内部没能得到支持。1882年夏，他与保罗·法比尤斯（Paul Fabius）和弗朗斯·里昂·盖特（Frans Lion Cachet）一起从董事会辞职。同年，盖特出版了一部融合了反革命党原则的德兰士瓦人历史。以下段落就反映了反革命党人的思想："三个月前，面对强大的英国，似乎毫无希望的一方谦卑地信奉上帝。这种信仰没有被背叛。共和国获得了解放。"[3]

* * *

在那时，移居者享有的自由只是相对的。战争轰轰烈烈地结束了，但随之而来的和平仍然有些悬而未决。1881 年 8 月 3 日签署的《比勒陀利亚公约》（The Pretoria Convention）还需要进一步的解释，主要是因为其中含有英国谈判人员按照威廉·格拉德斯通（William Gladstone）首相的指示而故意留下的含糊之处。比如，在同一句话中说道，德兰士瓦获得了"完全自决"，同时仍受"女王陛下"，即维多利亚女王的统治。这句话从根本上限制了布尔共和国的自由，特别是在同其他国家打交道时的自由，除此以外，没有人确切地知道后半句还有什么含义。在英国，它起到的作用是维持了最终控制该地区的幻想。正是出于这个原因，布尔人对这一条款提出了异议。最终，他们签署了该协定，作为交换条件，英国政府保证，如果有任何实际的理由，英方会对协定进行修改。[4]

当然，实际的理由是存在的，至少对布尔人来说是这样。1883 年，他们决定派一个代表团前往伦敦谈判，讨论《比勒陀利亚公约》修正案。克鲁格在那年年初当选总统，他率领代表团，陪同他的是一位将军和一位多明我会的神父，他们分别是尼古拉斯·斯密特（Nicolaas Smit）和斯特法努斯·杜·托伊特（Stephanus du Toit）。除了伦敦，他们还准备去欧洲大陆，基本上和 1875 年派伯格斯去欧洲大陆的目的是一样的。无论克鲁格和他的前任有多么不同，他都渴望让德兰士瓦得到发展。他认识到，有必要建立一个国家银行来负责政府的财政事务，并且建设一条通往海滨的铁路，这两项工作都得在德兰士瓦共和国的控制之下进行。此外，他还需要一个新的国家检察官。直到最近，这个职位一直由神学家彼得·约里森（Pieter Jorissen）担任，他在伯格斯之后不久从荷兰来到这里，但人们发现他在法律上太软弱，而在神学上又太自由，于是他被毫不客气地解雇了。克鲁格现在想要的是一位合格的律师来管理官僚机构的扩张，最好是正统新教出身的人。

代表团带着这样的愿望前往欧洲。1883 年 11 月，他们在伦敦受到了热情的接待。格拉德斯通内阁中负责殖民地事务的大臣德比（Derby）勋爵愿意重新考虑宗主国的问题，前提是布尔人在西南部边界问题上能够表现出灵活的立场。布尔人对此有些不情愿，但最终还是同意了，谈判桌上的气氛一直较为友好。克鲁格有幸谒见了维多利亚女王，并借此机会展示了他也会端着茶托喝热咖啡这种雅致的做法。他还同意了协议的条款。"宗主国"一词从《伦敦公约》（London Convention）中消失了。唯一与"宗主国"相关的是第 4 条，其中要求南非共和国在同"奥兰治自由邦以外的任何国家或民族"或同"其东或西的任何土著部落"缔结协议之前，必须征得英国政府的同意。该文件于 1884 年 2 月 27 日签署，即马朱巴战役后的第三年。[5]

因此，对于其访欧任务的第一阶段所取得的成果，克鲁格和他的代表团成员有理由感到高兴。他们也为接下来的事情做了充分的准备。离开伦敦之前，他们会见了来自荷兰的政要。比尔莱特·范·布洛克兰充当了他们与德比勋爵谈判的法律顾问。布尔人对他很满意，立即许诺给他国家检察官的职位。但这位反革命派的贵族最近刚被选为荷兰下议院议员，他选择继续留任。不过，他接受了南非共和国驻欧洲特使的任命。

凯珀也在伦敦露面了。在杜·托伊特的帮助下，他试图抵制传教士约翰·麦肯齐和其他人的指控，他们指控布尔人未能履行对印度人、黑人、卡菲尔人和其他有色种族的人，以及基督的追随者，或任何热爱和平的人的神圣职责。为此，他向反奴隶制协会和原住民保护协会的成员做了长篇讲话，杜·托伊特认为这么做还是起到了一定作用的。[6]

　　阿姆斯特丹的高级金融代表对伦敦的访问更具实质性。这些代表分别由荷兰银行总裁威廉·梅斯（Willem Mees）和行长尼古拉斯·皮尔森率领，他们与代表团讨论了对建立国家银行和建设铁路的设想。相关的消息喜忧参半。根据银行家们的说法，国际货币市场对德兰士瓦共和国的经济还没有足够的信心，不愿意发放银行贷款。另外，他们认为将铁路在股市上市是可行的。具体安排可以等到了阿姆斯特丹再敲定。

　　所以在克鲁格、杜·托伊特和斯密特到达荷兰之前，所有的基础工作都已经完成了。他们受到了热烈欢迎，这让他们倍感振奋。从 1884 年 2 月 29 日踏上鹿特丹的土地开始，他们就接二连三受到了热情的接待。在海牙，他们站在因得斯酒店的阳台上向公众致意。在阿姆斯特丹，当他们从中央车站乘车穿过街道时，民众唱歌欢迎。这种情况持续了好几个星期。他们的行程不仅包括三个最大的城市，还包括莱顿、乌得勒支、阿莫斯福特（Amersfoort）、阿纳姆（Arnhem）、坎本（Kampen）、格罗宁根和登布里尔（Den Briel）。

　　这种旺盛的热情是自发的，然而矛盾的是，这种热情部分来源于支持布尔运动人士内部的不团结。三年前的团结局面已经崩溃。1882 年，凯珀和他的反革命派追随者们脱离了该组织，自行去发展。除了荷兰南非协会，现在又有了一个移民委员会、一个常务委员会、一个联合委员会和一个组织委员会，所有这些组织都争着给德兰士瓦的代表团搞一个特别的招待会，邀请他们自己阶层的显贵参加。结果就是，这一次访问，克鲁格竟然得以会见了荷兰一半的贵族，为首的当然是威廉三世国王和艾玛王后。政府部长、国会议员、国务委员会成员、军事和司法当局，以及来自乌得勒支、阿姆斯特丹和莱顿的教授、外交官，各省行政长官、市长和市政长官——每一位有地位的高级官员都希望亲自会见保罗·克鲁格。[7]

尽管克鲁格、杜·托伊特和斯密特沉浸在荣耀之中,但他们并没有忘记出访的真正目的。他们来到欧洲是为了建立一家国家银行、修建一条铁路,并找到一名合格的国家检察官。在伦敦时,梅斯和皮尔森就已经表示过,开设国家银行的想法太过宏大了,但是即便如此,他们还有两件事需要在访问期间完成。

为此,他们需要去阿姆斯特丹。在多场招待会和典礼仪式之间,他们抽空会见了金融界的代表。与约翰内斯·格罗尔(Johannes Groll)和戴维·马阿尔沙尔克(David Maarschalk)两位工程师的会面看起来很有希望。两人都对在德兰士瓦修建铁路的想法感兴趣。这两人已经以工程师、组织者和金融家的多重身份在爪哇的荷兰－东印度铁路公司留下了良好的记录。在听取了阿姆斯特丹法学院院长雅各布·莫尔泽(Jacob Moltzer)的法律建议后,他们起草了一份特许权书,打算修建和运营一条从比勒陀利亚到印度洋岸边洛伦索马科斯港(Lourenço Marques)的铁路。这条路线的最后一段穿过葡萄牙的殖民地莫桑比克,这意味着要确保获得葡萄牙的配合。以此为前提条件,他们在1884年4月16日签订了一项临时协议。

一天后,德兰士瓦的代表团前往里斯本,仍然由比尔莱特·范·布洛克兰陪同,另外又加上了马阿尔沙尔克。等待他们的是一场令人不快的意外事件。葡萄牙政府已经将穿越其领土的这段铁路的建设运营权授予了美国商人爱德华·麦克默多(Edward McMurdo)。而麦克默多则下定决心好好利用他手头的这份财产。在德兰士瓦－荷兰集团看来,他获得这些权利的目的是要把它们卖给出价最高的人。要想避免陷入这一投机圈套,唯一的办法就是在麦克默多的路线之外,另找一条路线。但不可能另建一条铁路线，因为麦克默多获得的特许权不允许修建另外的铁路。但是有轨电车怎么样？葡萄牙政府批准并允许他们建造一条"由动物牵引"的有轨车辆线路，换言之，就是马拉的有轨车辆路线。

德兰士瓦的代表团心里想的可不是这种东西。回到阿姆斯特丹后，他们不得不竭尽全力留住投资者。全靠格罗尔和马阿尔沙尔克对建设这条铁路这件事的信任，铁路项目才得以顺利进行。1884 年 5 月 24 日，他们签订了授权文件，为荷兰 - 南非铁路公司铺平了道路。现在他们只能等着看"投资大众"是否有足够的兴趣，让他们筹集到 1500 万荷兰盾。8

此外，国家检察官人选也是一件悬而未决的事。他们打听了几位有名望的律师，包括新教徒和自由派，但没有任何结果。其中一位候选人是莫尔泽教授，他在争取铁路特许权的谈判中给人留下了很好的印象。但是跟其他人一样，他不愿意放弃现有的安稳位置，去蹚德兰士瓦共和国的浑水，去过一种完全不确定的生活。此外，布尔人对此职位的前任——荷兰人约里森所表现出的残酷无情，让这个问题更加不好解决。留给代表团的时间不多了。1884 年 6 月初，在比尔莱特·范·布洛克兰的建议下，克鲁格开始考虑物色一个更年轻的人。他咨询了莫尔泽，请他推荐一个人。

莫尔泽其实早就有了答案。这个人要有才华，精力充沛，做事认真可靠，责任心强。只有一个人符合条件——年轻的博士生威廉·莱兹。莱兹是他同事法学教授杰拉德·范·哈默尔（Gerard van Hamel）的门徒。但是他们的时间并不充裕。德兰士瓦的代表团将于 6 月 7 日至 10 日在柏林拜谒威廉一世皇帝和俾斯麦宰相，于 6 月 14 日离开荷兰。莱兹的毕业典礼将于 6 月 11 日举行。这样，代表团只剩下访问的最后三天来做出必要的安排。莫尔泽联系好了，让双方会面。9

* * *

正如开头提到的，克鲁格在阿姆斯特尔旅馆会见了莱兹，邀请他出任德兰士瓦共和国的国家检察官。莱兹拒绝了，但在克鲁格的坚持下，莱兹同意重新考虑这一提议。莱兹转头去寻求他的导师皮尔森的建议。

皮尔森给莱兹上过课，了解莱兹的品质和优点。他本人还是荷兰银行（Nederlandsche Bank）的董事，已经给这个学生提供了一个职位。但现在他改了主意。他强调发展德兰士瓦——他们亲人的家园——的重要性，以及荷兰对铁路项目投入的重要性，他和莫尔泽在其中都有个人的利益。他说这是莱兹获得宝贵专业经验的机会，另外这项任命也能给他带来丰厚的报酬：年薪1000英镑。就连当时政府部长的薪水也达不到这个数。他还保证给他留着荷兰银行的那份工作。

这些都是挺有说服力的论点，它们成功地说服了莱兹，让他重新审视自己所处的位置，也让他的未婚妻觉得这付苦药似乎不那么苦了。至此，这件事只剩下了两个障碍，一个是精神上的，另一个是物质上的。

莱兹和克鲁格第二次在阿姆斯特尔旅馆会面时，讨论了第一个障碍。他相信上帝，但他也坦承，自己并不常去教堂做礼拜。这是不是个问题呢？克鲁格仔细考虑了一下，"深深地吸了一口烟斗"，然后回答说，只要国家检察官履行了他的义务，这件事就不算什么障碍。

第二个障碍是莱兹担心自己有朝一日会像约里森那样被解雇。其实这个问题不适合跟克鲁格谈，但莫尔泽帮了他的忙，跟莱兹一起起草了一份无懈可击的合同。每个月的第一天，1000英镑津贴的1/12将以黄金的形式支付给他。另外，莱兹将提前得到200英镑，用于支付他到比勒陀利亚的旅费。这项任命为期三年，如果"W.J.莱兹先生没有以至少相同的条件再次得到任命"，他将有权"立即获得1000英镑的报酬"。总之，这份合同给他提供了足够的安全保证。

看到莫尔泽拿出来的合同，克鲁格心中不悦，他觉得这是对他不信任的表现。但是，此时已经是1884年6月14日星期六的早晨，临近出发回国的时间，他别无选择。难道他要在没有聘到国家检察官的情况下返回德兰士瓦？他气呼呼地在文件上签了字。 [10]

莱兹也签了——他想，就先干三年吧。[10]

2 你本尘土

比勒陀利亚，1884年10月

一路跋涉，终于到达了目的地，他们这才松了一口气。"比勒陀利亚给我们留下的印象不错，"露易丝·莱兹在给家乡亲人的信中说，"它依偎在群山之中，许多房子从外面看上去显得令人愉快而亲切，大多数的阳台都装饰有玫瑰或常春藤，房子周围还有花园。"威廉甚至称这里为"小天堂"。这对夫妇住的地方号称"欧洲酒店"，但露易丝已经看上了一所房子，说"它的外观就让我心动不已"。威廉将于10月6日星期一宣誓就职，在此之前，他们有一个周末好好歇一歇，从令人筋疲力尽的旅行中缓过劲来。[11]

过去的几个月把他们忙坏了。威廉排除万难签了合同，然后他俩在阿姆斯特丹举行了婚礼，在英国度了蜜月，紧接着就准备出发，最后登上"特洛伊号"（*Trojan*）汽船。这段航行他们经历了一次后，就不想经历第二次了。天气不遂人意，一直很糟糕。即使到了赤道附近，天气也很冷，而且经常下雨，汽船"以异乎寻常的方式"在浪涛间颠簸。露易丝一路上都在晕船，很少离开舱室，而当她终于想吃点东西的时候，食物却又让她倒胃口。"当然，船上供应的是英餐"，但"烹制方式甚至连露易丝这个熟悉英国的人都大为讶异"，所以"就是无法下咽"。之所以说"甚至连露易丝都……"，是因为她在英国住了好几年，对英餐味道之寡淡早已习惯。

威廉的消遣就是在船上逛逛，跟其他乘客聊聊天。让他印象最深刻的是"德国远征安哥拉佩克（German expedition to Angra Pequena）"的成员们。安哥拉佩克是非洲西南海岸的一个村庄，位于现在的纳米比亚。这是莱兹第一次接触国际政治。德国宰相俾斯麦从来都不太在乎占领殖民地这件事，但在今年夏天，他的想法改变了。"特洛伊号"上的德国探险队是"由不莱梅商人、百万富翁吕德里茨进行的一次完全私人的冒险"，他"从当地土著手中购买了大片土地"，现在将受到官方的保护。"所以，安哥拉佩克是德国的第一个殖民地"，莱兹记录道，这或多或少是正确的——多哥和喀麦隆仅仅在几周前才被宣布为德国的保护国。因此，莱兹目睹了南非舞台上一位重要的新的竞争者的到来。[12]

由于天气恶劣，"特洛伊号"比原计划晚一天驶进开普敦（Cape Town）。结果，威廉和露易丝·莱兹没能赶上中转火车，不得不在"桌山"（Table Mountain）脚下待上几天。突然处在陌生的环境中，他们感到很不适应。经历了一番航行，露易丝完全不在状态，尤其感到不适应。"我们站在岸边，在耀眼的阳光下，被黑色、黄色、棕色皮肤的人群淹没。天哪，我们阿姆斯特丹人竟然抱怨犹太人太傲慢！阿姆斯特丹简直太好了！与这里的人相比，犹太人要温顺得多，而且阿姆斯特丹犹太人的人数也根本算不上多。"然后她开始抱怨这里的街道，或者是他们周围的一切。"我觉得，开普敦人要是能劈开这光秃秃的石头山，用石头铺一下开普敦的街道就好了。这些街道的状况太差了。一下雨，街道就会盖上一层泥，而大风一吹，我们就会被厚厚的尘土包围。"[13]

离开开普敦时，这对夫妇毫无留恋之意。9月23日，星期二，他们乘火车北上，对前方路上等待着他们的犹如月球表面的景观毫无心理准备。在给莫尔泽的信中，威廉只用了一个词总结了这次旅行——"可怕"。露易丝写信给一位住在东印度群岛的朋友，讲述了他们所穿越的"沙漠"。"没有灌木，没有树，没有水，没有鸟，没有昆虫，只是一堆堆的石头。每过一个小时会经过一个小车站，也就是几所房子而已，有时只有一所。单调得要死。"这段路需要走40个小时，在到德阿尔（De Aar）

之前要停 55 站，而这只是到比勒陀利亚约 1600 公里旅程的一半。常规铁路线在德阿尔站就终止了。虽说铁轨已经铺到了克兰斯库伊尔（Kranskuijl），但在那条铁路线上，只能乘坐开放的货车，车上只有两排长凳，帆布作顶篷。

但这条线到了克兰斯库伊尔也结束了。下一段路程是乘"公共马车"去金伯利（Kimberley）。"坐马车挺有趣"，露易丝后来记述说。大家要是想一下车上都坐了些什么人的话，就知道她能这么说真是有着非凡的幽默感。乘客的行李被高高堆在车顶上，用绳子捆在一起，一直奉拉到马车后面和两侧。前排坐着两个马车夫和三个乘客。第四个人躺在车顶的行李上面。马车里面塞满了人：两个女人、三个带孩子的妈妈、四个孩子和一个"非常胖、非常重、非常大块头的男人"。当然，还要加上莱兹先生和莱兹太太。

在旅途中，车夫"不停地鞭打"那十匹马，"乘客们不停地东倒西歪"。有时，马车"只有一边的两个轮子着地，好像不知道该往哪边倒似的"。难怪每三个小时就要换一批马。气温从一个极端变化到另一个极端。"白天我们热得要死，晚上则冻得要死，尤其是在深夜高速行驶的时候。"好在，随着时间推移，路上开始有更多可看的东西了。"景观稍有改善，现在路边不仅有了灌木丛，还有干草"，偶尔还会有一个大白蚁窝。在金伯利郊区的比肯斯菲尔德（Beaconsfield）附近，他们从卡菲尔人的帐篷附近经过。露易丝看了吃惊不已："真是又脏又小！"

他们来到金伯利，引起了当地人的注意，因为哪怕有辆驿马车到这里，人们也会关注。这是一个典型的新兴城镇，在 1871 年发现大批钻石后，迅速发展起来。从那时起，采矿给这里的土地留下了深深的伤疤。"大洞"（Big Hole，即大矿坑）让很多人发财，但一如往常，这些钱不会被平等分配：巨头们获得了财富，中介机构得到了丰厚的收入，而以黑人为主的矿工得到的却是微不足道的报酬。

对露易丝·莱兹来说，这种情形"令人厌恶"。"整个镇上都是追名逐利的人和社会渣滓，他们个个都想不劳而获，发一笔横财。"她想亲眼看看这个著名的"大洞"，但当他们走近时，突然被一群有色人种包围了……"他们举止野蛮，对彼此也很粗鲁，而且带着极大的好奇心打量着我们。"见此情形，他们匆忙撤退。好在镇上有一家旅馆，"即使是在阿姆斯特丹也算过得去"，这里有漂亮的家具，还有"白人侍应生"。在旅馆里要比在外面感觉好多了。和开普敦一样，这里的街道都是土路，而风力更大，空气中飘浮着"红色的尘土"。"我们一直走在浓厚的尘雾中。风把尘土吹到我们面前，吹到我们背后，吹得到处都是。"

从金伯利到比勒陀利亚还有大约 500 公里，这意味着至少还要在公共马车上熬三天，这段路程所需的时间要短得多，但是实际的经历"甚至比可怕还要糟糕"。"相比之下，金伯利那段路的马车简直称得上豪华马车。"这一次，透过木板之间的空隙，直接就能看到下面的路。结果就是，灰尘畅通无阻，扑进车厢。最让他们受罪的是穿越奥兰治自由邦的旅程的第一部分。在渡过瓦尔河（Vaal），尤其是在到达波切夫斯特鲁姆（Potchefstroom）之后，情况才有所改善。瓦尔河是德兰士瓦的边界，德兰士瓦也因这条河而得名（德兰士瓦的"瓦"，指的就是瓦尔河）。此时，植被开始多起来，尘土少了。

他们抵达比勒陀利亚之后，才终于觉得舒服了一点。只不过不巧，到的时候天已经黑了，"整个小镇依偎在群山之间"。他们需要等到第二天，10 月 3 日星期五，也就是他们离开开普敦 10 天后，才看到比勒陀利亚的样子。这里随时随地都有大量的水"化作涌泉，从地下冒出来"。而且令人高兴的是，这里植物也很多，特别是垂柳，"长得很快，只需要 15 年就能长成大树，荫翳蔽日"。镇子中间"有一个大广场，广场上有一辆宽大的牛车，是到比勒陀利亚来参加圣餐（Nagmaal）的农民所驾，他们不论赶路还是睡觉，都在那些牛车里"。露易丝一看见这情景，立即想起了他们自己的大箱子，这些箱子也正用这样的牛车运送，此时还在路上，还要再多等些时日，箱子才能到达。即使有重重的不便，她"对这里的一切开始习惯起来。只是卡菲尔人太奇怪了。有些人光着身子在城镇里游逛，身上只裹着一条毛毯或兽皮"。[14]

* * *

威廉和露易丝·莱兹在书信中描述了他们对南非的第一印象，这些信很美好，能唤起人们的向往，令人回味无穷。露易丝善于观察，特别善于讲述细节。当这对夫妇突然发现自己正在穿越那个遥远、尘土飞扬的陌生世界时，她的信会让她的家人和朋友生动地了解到他俩亲身经历的文化冲击。而今天的读者，则可能会被信中的另一个元素惊到，那就是他们的白人优越感，而且他们对此毫不掩饰。不管莱兹夫妇为了适应德兰士瓦的原始生活条件做出了怎样的妥协，对于布尔人在面对黑人的时候所带有的至高无上的自信，他们并不觉得有何不妥。

但是，这里的生活对他们来说仍有大量的挑战。对威廉来说，挑战主要与他的工作条件有关。他在第一周结束时给莫尔泽写信说，情况"相当混乱"。首先，"我来到这里根本没有受到欢迎"。克鲁格显然没有读他从开普敦寄来的信，"那里也没有人欢迎我们"。直到第二天早上，斯密特将军才到欧洲旅馆去迎接他们。莱兹没太介意，紧接着向最高立法机构国民议会的成员做了自我介绍。

周一早上，在他宣誓就职后，工作马上就正式开始了。像往常一样，他想尽快研究相关的文件，但事情没那么简单。"这里的法律！多是足够多，这一点是无疑的。但是他们所做的，是不断地通过新的立法，却不考虑之前的立法。这造成了无尽的混乱和矛盾。想象一下，我办公室里甚至连一套完整的政府公报（Government Gazettes）都没有。"他也没有找到任何"蓝皮书"，即英国政府的官方出版物，而这些资料对于"像我这样对一切都不熟悉的人"来说是"必不可少的"。他提出购买这些资料，但遭到了拒绝，但他还是立即"自掏腰包"订了一套。简而言之，"我要做的事情已经够多了。在这里，最重要的是要有一套连贯的法律体系。我当然会为此而努力"。[15]

从这一点可以看出，他这个国家检察官的职责远不止于提起诉讼和领导司法系统。其实，这些工作不会占用他大部分的工作时间，因为犯罪在德兰士瓦还没有成为严重的问题。对他来说，管理警察和监狱系统其实反倒是轻松的。真正耗费他时间的，是"对各种事务提供法律咨询服务。他们把我当作一个行走的百科全书，甚至随便想起个单词就过来问我"。他所说的"他们"，首先指的是总统克鲁格，后者同时是执行委员会的主席，该委员会成员还包括三军总司令、土著事务部长、国务秘书、会议记录秘书以及两名拥有投票权但没有具体职责的成员。国民议会的成员有事也来找他帮忙，而且"每一个公务员"都这么做。此外，他还参与了执行委员会的决策，可以毫不夸张地说，莱兹的地位相当于司法部长。

这份职务包含了大量的工作。在比勒陀利亚，他每天都要早出晚归。第一周，他参加了四次晚间会议，而且会议之后仍然有工作要带回家做。最重要的是，这里的气候让每个人都"昏昏欲睡。过了一段时间，散个步都变得几乎不可能了。如果一个人不想遭受什么负面影响，那么他每天花在脑力劳动上的时间不能超过 5 个小时。这里的许多人已经超负荷工作了。但是我的工作在 5 个小时内绝不可能完成"。平均算下来，他每个工作日的工作时间是这个数的两到三倍。[16]

除了"时间和气候"，莱兹从一开始还必须对付有血有肉的敌人。在与首席大法官约翰·科茨（John Kotzé）的首次谈话中，他们提到了国家前检察官被解雇的事。莱兹说，在听了这件事的来龙去脉后，他对最终的结果没有意见，但对他们处理这件事的方式提出了批评。他认为约里森被解雇时没有机会为自己辩护。根据莱兹的说法，解雇约里森的程序不当。但是，在会面结束后，他才听说"科茨本人就是阴谋背后的主使"。两人的关系此后再也没有恢复。

莱兹同德兰士瓦共和国驻欧洲代表团成员之一杜·托伊特的关系也出现了类似的情况。在解雇约里森的过程中，杜·托伊特也发挥了重要作用，但对他来说，两人的关系出现摩擦，还有另一个更令人信服的原因。1880 年，杜·托伊特是开普殖民地的一个政治组织"南非白人联盟"（Afrikaner Bond）的创始人之一，该组织寻求将另一个英国殖民地纳塔尔（Natal）与奥兰治自由邦及德兰士瓦合并。该组织的目标是为一个统一的南非的利益，为所有视非洲为家园的阿非利卡人建立一个联盟。克鲁格最初对这种新兴的南非白人民族主义表现出了同情，这可以从杜·托伊特被任命为德兰士瓦共和国的教育部长看出。

但在代表团从欧洲回国后不久，杜·托伊特所受到的信任出现了第一次危机。据莱兹说，他没有和任何人商量就处理了一个微妙的边界问题，而且他插手各种与教育无关的事情，这些都超出了他的职责范围。"他总是在执行委员会那里，不管需要与否，都要对所有事情发表意见，甚至还插手具体的事情，与此同时却忽视了自己部门的工作。"而且，杜·托伊特

16

越来越明确地表示，他对南非白人团结这一事业颇为关注，他认为这比南非共和国的独立更重要，这一点对他的地位造成了更大的损害。例如，他提倡使用南非白人喜欢的语言阿非利卡语，而压制德兰士瓦人的官方语言荷兰语。

在这个问题上，总统的观点与杜·托伊特的截然相反。对克鲁格来说，德兰士瓦的独立远比阿非利卡人的团结重要。他唯一读过并随身携带的书就是《圣经》——不用说，那是官方荷兰语版本。他并不信任开普殖民地的阿非利卡人，他认为那些人太英国化了，所以他更愿意从荷兰招募新的国家检察官。在同克鲁格发生冲突之后，杜·托伊特创办了自己的报纸《共和国报》（*De Republikein*），该报纸经常攻击莱兹和其他来自荷兰的人。

所以说，在抵达比勒陀利亚后不久，莱兹就面临德兰士瓦社会出现分裂的局面。幸运的是，他很快就掌握了情况，在工作的第一个星期结束时，他劝莫尔泽行事要更谨慎些。"请不要轻易向这里的人透露从我这里获取的信息。您知道，一些闲话很快就会传回到非洲。一件事不管多么微不足道，都有可能对我造成很大的伤害。"能说出这番话，说明他洞明世事。作为布尔社区里的一个新人，莱兹的国籍、自由主义的世界观和年轻的外表让他很容易受到非议。每个自信的布尔成年人都会蓄须。莱兹意识到了这一点，所以早在抵达金伯利之前，他就开始留胡子了，但这并没有使他成为一个真正的布尔人。因为要成为真正的布尔人，光蓄须是远远不够的，最重要的是真正认可布尔人的信仰。[17]

这将会带来一系列新的问题。宗教，与民族主义和语言一样，是能给德兰士瓦社区内部带来分裂的问题。布尔人虽然人数不多，但他们很快就以宗教为由分出了不同的群体。在莱兹查阅的英国蓝皮书中，19 世纪 70 年代末"德兰士瓦地区"的成年男性人口中，"荷兰血统的欧洲人"刚刚超过32000人，"非荷兰血统的欧洲人"有大约5000人。这些数字与77万的"卡菲尔人"相比就显得微不足道了。尽管如此，布尔人还是分离出了三个基督教教派。这三个教派都属于新教，而且或多或少反映了19世纪荷兰发生的教派分裂。三个教派分别是"荷兰改革宗"（Nederduitsch Hervormde Kerk）、"荷兰归正教会"（Nederduitsch Gereformeerde Kerk）和"归正会"（Gereformeerde Kerk），它们都有自己的教堂、牧师和仪式。

最后一个派别是最小的，也是最晚出现并且最保守的。但重要的是，克鲁格本人就属于此教派。1859年，他是第一批脱离原来的教派并建立与1618~1619年多尔德雷赫特的教规一致的"自由归正会"的人员之一。这是最正统的加尔文派，相信全能的上帝会对每个人的生活进行预先安排和干预。《圣经》，尤其是《旧约》，是这一派别信徒唯一可靠的权威，他们在敬拜时只唱赞美诗，不唱"世俗"歌曲。他们认为自己是新"以色列民"，一个被神选中的民族，而德兰士瓦是他们的应许之地。

然而，外界认为他们（也包括克鲁格）极端保守且粗鲁。对于雇主的明显缺点，莱兹似乎并不在意。最初几个月里，他在信中谈论的都是他的工作量多么大，工作条件多么原始，也谈到了杜·托伊特的阴谋。而对于克鲁格这个人，他没有说一句坏话。事实上，莱兹在参加了一场教堂礼拜仪式之后，还对克鲁格发表了一通赞美。"我们唱赞美诗第25首第8节。总统朗读了它的内容。我不得不说他读得真是太棒了。我很少听到有人能朗读得这么好。"[18]

3　渴求土地

维尔蒂恩斯图姆，1885 年 1 月

在外交界，莱兹经受了烈火的洗礼，他的毅力受到了考验。1885 年 1 月，克鲁格认为德兰士瓦河西南边界的局势需要他亲自出马。他希望他的国家检察官能陪他一起前往有争议的地区，处理法律上的细节问题，参与这一工作的还包括英国的高级官员。这一工作异常艰苦，他们的工作和生活条件就像古代的斯巴达士兵，"总是吃着发臭的肉"，"从来没有吃过蔬菜，面包基本上都硬得像石头"，"喝的也并非真正的咖啡，而是别的东西冒充的"。这场外交活动完全是在丛林环境里进行的。

克鲁格在这样的地方却感觉异常舒适自在。高原和瓦尔河两岸的开阔空地是他的自然栖息地。他 14 岁的时候就在这里第一次射中了一头狮子，17 岁的时候领导了自己的第一支突击队，后来有一次步枪枪管爆炸，他失去了左手拇指。在和平时期，他在这里建造农场和教堂，放牧牛羊和马群，猎杀大象和犀牛。在与当地黑人对手的多次冲突中，他总是身先士卒。他曾经是力量的化身，即便此时已经 60 岁了，仍然精力充沛。他的身上布满伤疤，那是荣誉的标志。

对于刚刚上任半年的莱兹来说，这里的经历都是全新的。虽然他出生在东印度群岛，对户外生活并不陌生，但小时候，他只能在"管家"（babu）的监视下在阳台上玩耍，那跟真正的户外完全是两码事。他是城里人，在克鲁格这个地地道道的大地之子面前，他的户外生活经验不值一提（尽管他不时地蓄一下胡子）。从体能上来说，他从来就不弱。上学的时候，他不仅在学业上出类拔萃，在其他方面也很出色。在大学里，他学过音乐，也学过击剑和射击。如今来到这片高原上，他证明了自己的确身强体健。他在给露易丝的信中写道，这里的生活挺艰难，"但是我觉得，这一点点苦对我应该没什么大的伤害"。19

克鲁格和莱兹将于1月底在德兰士瓦的西南部边界与英国人会面。这个地方是被三个政治实体包围的一片舌头状土地，以东是奥兰治自由邦这个布尔共和国，以南是英属开普殖民地，以西是贝专纳兰。而贝专纳兰是争议的中心。这里还不是欧洲人眼里的一个国家。在人们的记忆中，这里居住着说科伊科伊语和班图语的人，他们分散在几个敌对的部落中。几年前，几伙切克布尔人（trekboers，字面意思为"跋涉者"）离开德兰士瓦定居于此。根据他们自己的说法，他们是在北方的莫斯韦特（Moswete）和南方的莫斯威（Mosweu）这两位交战头领的要求下这么做的。作为回报，白人殖民者宣称对他们居住的土地拥有自治权，1882年和1883年，宣布成立歌珊共和国（Goshen）和斯特拉兰共和国（Stellaland）。

这些新的迷你国家是英国人的眼中钉。英方认为德兰士瓦地区向西的任何扩张都是对其战略地位的威胁。如此一来，布尔人将能够封锁通往北方的唯一开放的贸易通道，并继续畅通无阻地向西推进，或许一路推进到大西洋海岸。对此，英国必须采取果断的行动。1884年签署的《伦敦公约》提供了一个确立德兰士瓦西南边界的机会。三个月后，英国人与该地区的另外两名黑人首领蒙特肖亚（Montshioa）和曼库罗安（Mankuroane）达成协议，将整个贝专纳兰南部，一直到莫洛波河（the Molopo River）的区域纳入进来，成为英国的保护国。从1884年5月起，该地区正式被称为"英属贝专纳兰"。

这似乎意味着歌珊共和国和斯特拉兰共和国的终结，但斯特法努斯·杜·托伊特对此却另有想法。他被派到歌珊共和国担任特别专员，同年9月他宣布德兰士瓦河将对莫斯韦特和蒙

19

特肖亚提供"保护"。换句话说，小小的歌珊共和国突然被其老大哥吞并了。在一个庆祝过渡的仪式上，杜·托伊特在首都鲁伊–格隆德（Rooi-Grond）悬挂了德兰士瓦的国旗，此举是"在没有得到相应指示的情况下"做出的，莱兹记述此事的时候表示他对这一做法不赞成。不仅如此，这一消息传回来之后，比勒陀利亚方面立即给杜·托伊特发来命令说："切勿如此，如已实施，马上降下国旗。"

　　但损害已经造成。英国人向德兰士瓦共和国提出了最强烈的抗议。这毕竟是对《伦敦公约》的双重违反：首先是单方面的领土扩张，其次是未经英国同意就与非洲人酋长达成协议。更为严重的是，与此同时，德国在 1884 年 8 月正式进入了南部非洲这个殖民竞技场，将安哥拉佩克及其周边地区占为自己的保护地。很明显，1885 年 1 月被派去会见克鲁格和莱兹的英国谈判人员不会妥协。

　　英国的谈判代表团由查尔斯·"耶路撒冷"·沃伦（Charles 'Jerusalem' Warren）中将率领。"耶路撒冷"这个绰号与沃伦在宗教上的虔诚没有任何关系，但暗示他应该是参与了在巴勒斯坦进行的重要考古发掘。没错，沃伦也是一名专业考古学家。除此之外，他还有着只有英国高级军官才会有的傲慢和固执。15 年后，在斯皮恩山（Spion Kop）战役中（这是布尔战争中英国最惨烈的败仗之一），他再次展示了自己的这些品质。在贝专纳兰并没有发生武装冲突，不过这不是查尔斯爵士的功劳，他忍不住想以某种方式给"强盗共和国"上一课。为了应付突发事件，他带来了 4000 名士兵和一支"土著部队"。根据莱兹的说法，看见非白人族裔的人随身携带武器，"很多人摇头"。这里所谓的很多人，其实就是很多布尔人。

　　对于英国代表团中排名第二的成员约翰·麦肯齐（John Mackenzie），布尔人也没什么正面印象。在布尔人看来，他是诽谤的化身，是魔鬼附身的传教士；此人多年来一直指控布尔人是种族主义者，有谋杀的勾当，剥削当地人。但是在伦敦宣教会（London Missionary Society）的支持者看来，他是一个英雄，在非洲人中间执行的是一项神圣的使命，同时他还利用政治手段保护非洲人的权利。此前，他曾让德兰士瓦共和国代表团的成员在伦敦举步维艰，挑动公众舆论反对他们。回到南非后，他被任命为英国新的保护国贝专纳兰的第一副专员。但他在这个位置上并没有待多久。论起当管理者，他的能力不如当传教士，但沃伦坚持要他参加与布尔人的谈判。

对于代表团的第三个成员，沃伦倒是愿意此人不在其中，但没得选择。31 岁的塞西尔·罗德斯（Cecil Rhodes）在金伯利和开普敦发了财，也出了名。他注定会获得更大的财富和名望，而且最终将以他的名字给一个新的国家命名，即罗得西亚（Rhodesia），后来改名为津巴布韦。1885 年 1 月，罗德斯是开普殖民地的一名议员，接替麦肯齐出任副专员。沃伦认为他做事太爱讲道理，莱兹则把他看作一个可以进行交易的人："和沃伦不同，罗德斯严格遵守了我们的协议。"会面后，克鲁格确信他在未来会更多地跟"这个年轻人"见面。

他判断对了。最终，不论罗德斯走到哪里，都会遭到布尔人的咒骂，但这都是后来的事了。在位于维尔蒂恩斯图姆（Veertienstroom）和布莱尼纳特堡（Blignautspont）与三名英国谈判代表会面的帐篷里，沃伦是最难对付的人，面对他，他们寸功未立。沃伦手头的军队是他的王牌，而且他清楚，他可以得到开普敦的高级专员海格力斯·罗宾逊（Hercules Robinson）爵士和远在伦敦的殖民地事务大臣德比勋爵的支持，所以，他寸步不让。针对一些次要问题，他们设法达成了交易，比如双方都指责对方偷牛，不管是亲英的曼库罗安还是布尔人的盟友莫斯威。但涉及边界问题，他们却毫无进展。不管克鲁格讲话多么有锋芒，也不管莱兹多么精于算计，都无法改变这一点。他在写给露易丝的信中说："做政治家就该这样，尤其是当他处于不利局面的时候。"事实也的确是这样的。根本没有办法拯救歌珊共和国和斯特拉兰共和国，既没有法律依据，也没有为了实现此目标所需的武力。

结果，英国人将贝专纳兰南部从一个保护国升级为英国殖民地，由开普敦那边负责治理。莫洛波河上游地区成为英国新的保护国。英国人已经确保通往北部的走廊不被人截断，并先发制人，阻止了德兰士瓦向西扩张。

回到比勒陀利亚时，莱兹的身体状况很差。这段时间所吃的变质的肉让他的健康受损。[20]

* * *

1884 年和 1885 年在贝专纳兰所发生的事情，在南部非洲的阳光下并不是什么新鲜事。19 世纪 20 年代之后，该地区不断冒出新的国家，并伴随着不断扩张的白人和黑人国家之间的冲突。他们所要控制的，是土地、劳力、牲畜、贸易和战略地位等要素。土地是用于放牧、耕种或采矿的；劳力可以承担艰苦工作，或是用于占领新的领土；牛等牲畜是生存和财富的象征；贸易则可以赚钱，购买武器，赢得声望；战略地位可以保护自己已经拥有的东西，并掠夺还想要的东西。权力、名望、财富、地位：这些都是个人的远大抱负。这些因素又与进取精神、对自由的渴望、宗教热情和爱国主义结合在了一起。在整个 19 世纪，这些非正式的定居点逐渐发展成为面积广大、边界稳固、相互竞争的国家和地区。

看一看地图上的两个点，一个在西南，另一个在东方，就能很好地理解这个过程。从人口构成的角度来看，在开普殖民地，白人核心人口不断增长，而在现在的夸祖鲁－纳塔尔省（KwaZulu-Natal），则出现了活跃的黑人权力中心。

从开普敦周围的西南沿海地区开始，白人殖民者逐渐向该国其他地区散布开。在19世纪早期，这片土地上居住着两个敌对的群体。说荷兰语的群体主张先到权。自1652年扬·范·里贝克在那里建立了一个小补给站开始，荷兰后裔就一直住在那里。尽管他们后来与德国和法国的移民以及非白种人的奴隶生下了后代，但他们仍然忠于自己的荷兰血统以及17世纪祖先的信仰。第二个群体也是白人殖民者，是英国后裔。英国军队在1795~1802年从荷兰手中夺取了开普殖民地，之后在1806年永久占领了这个地方。说英语的新移民逐渐占主导地位，部分原因是实施了一项有针对性的移民政策。他们坚持启蒙运动的价值观和原则，认为自己是优越文化的继承者——这让荷兰人的后代感到愤怒。

开普的这两个白人殖民者群体还与一些土著社区处于竞争关系。根据其来源和语言，可以将这些人分为三类。最古老的居民是布须曼人［Bushman，又称"桑人"（San）］，他们以狩猎和采集为生，以小部落形式生活。多年来，他们被迫深入山区或半干旱地区，如卡鲁地区。第二个族群是科伊科伊人，这是一个游牧民族，他们带着牛、绵羊和山羊在大片土地上游荡，活动范围覆盖了今天南非西部的大部分地区。白人殖民者称他们为"霍屯督人"（Hottentot），这是他们在给荷兰人模仿这个族群语言的发音时拼出来的一个词。最后一个族群与前一个在生活方式和肤色上都有所不同。他们是班图人，是牧牛和种植农作物的农民，他们的肤色比桑人或科伊科伊人更黑。根据其领地分布情况，这个族群又可以分为三个小的群体：达马拉人和奥万博人住在西北部，茨瓦纳人和索托人住在内陆的高地草原上，而最大的族群科萨人、斯威士人和祖鲁人则占据着从北到南的一个狭长地带。

事实上，不同群体之间的差别并不像上面描述的那么明显。除了是竞争对手之外，不同的群体也有其他形式的联系。例如，格里夸人（Griqua）起源于欧洲殖民者和科伊科伊人之间的通婚和性关系。从19世纪初开始，他们被认为是一个独立的小族群。但必须指出，白人和其他群体成员之间的亲密关系很少是在双方同意的情况下建立的。暴力普遍存在。在开普殖民地的东部，先是荷兰殖民者，后来是英国殖民者，与科萨人发生了多次冲突，以至于这些"边境战争"都用编号来表示。到1818年，已经是第五次边境战争了。

但所有这些仍然是发生在奥兰治河以南的地区，或者，用科伊科伊人的语言来说是加利普（Gariep）地区。奥兰治河是南部非洲最长的河流，从德拉肯斯堡（Drakensberg）流向大西洋，全长1800多公里。19世纪20年代，黑人发起的对白人扩张主义最激进的反抗出现在德拉肯斯堡以东地区。

这片土地的国王名叫沙卡，他残酷无情，在纳塔尔奠定了传说中祖鲁王国的基础。他的军团称作"impis"，在整个印度洋海岸播下了死亡和毁灭的种子。他的对手分散在四面八方，但无论他们去哪里避难，都会建立自己的王国，从而产生新的移民潮。姆济利卡齐（Mzilikazi）族人向西迁，穿过德拉肯斯堡，继续前往瓦尔河流域的高地草原盆地，在那里他们建立了恩德贝勒王国（Ndebele）。莫舒舒人（Moshoeshoe）在巴苏陀兰［Basutoland，现莱索托（Lesotho）］高山上的一座坚不可摧的堡垒里定居下来。1828年，沙卡被他的兄弟丁冈（Dingane）暗杀，但是祖鲁王国可怕的军事力量仍然不可小觑。[21]

19世纪30年代，主要由荷兰后裔构成的白人殖民者从开普殖民地向北跋涉，亲身体验了这一切。当时，"阿非利卡人"这个词已经在使用，但在这些荷兰殖民者的后裔建立永久定居点后，他们被称为"布尔人"。这群拓荒者又被统称为"Trekkers"（布尔人拓荒者），他们自称"Voortrekkers"（也有"拓荒者""跋涉者"的含义）。他们移民的目的是摆脱英国人的统治，重新获得独立。不管牛车把他们带到哪里，他们都会就地建立牧场，并让属于有色人种的仆人服从他们，一切都跟过去一样。这就是他们的独立理念。他们一波又一波地离开了，最终总共约有1.5万人，包括男人、女人和孩子，踏上了朝多个方向延伸的旅程。一些人越过了奥兰治河，一些人继续前进，越过了瓦尔河，而另一些人向东，越过了德拉肯斯堡，最后到达了纳塔尔。

最后一群人在1838年2月遭遇了丁冈。这次遭遇非常可怕。丁冈邀请他们见面，但是以一场大屠杀告终，这些家庭和他们的科伊科伊仆人中有数百人伤亡。12月，布尔人进行了报复。在恩科姆河（Ncome River），他们的步枪和战车阵（laager，用四轮马车构成一个圆形阵型）成了致命的组合，1万名手持长矛的祖鲁战士中有3000人丧命，布尔人则只有4人受伤，其中包括他们的首领安德烈斯·普里托里乌斯（Andries Pretorius）。布尔人将恩科姆河更名为"血河"（Blood River），并宣布12月16日为丁冈日（Dingane's Day）。这位祖鲁国王逃到了北方，被赶下了王位。布尔人建立了纳塔利亚共和国，将彼得马里茨堡（Pietermaritzburg）作为首都。

在德兰士瓦，新来的白人和当地的黑人统治者之间的对抗以同样的方式结束。在这里，姆济利卡齐派士兵去攻击拓荒者，而这群拓荒者中就有当时年仅12岁的保罗·克鲁格。这一次冲突，再一次证明了长矛抵挡不了步枪和战车阵。此外，布尔人还得到了他们的盟友格里夸人和茨瓦纳人的支援。这两支盟友的队伍进攻了姆济利卡齐的侧翼，姆济利卡齐和追随他的恩德贝勒人逃到了林波波河（Limpopo River）以北。

大迁徙的成功也激发了英国人采取行动，他们对纳塔尔年轻的布尔共和国心存忧虑。该地区既有状况的变化对英国在印度洋上的贸易站纳塔尔港（Port Natal，今天的德班）的安全构成了威胁。这种情况在开普殖民地引起了恐慌，在英国更是如此。对于英国政府来说，在南部非洲的权力博弈之中，如果有一个方面至为重要的话，那就是通往亚洲，特别是通往英属印度的海上航线的安全问题。开普敦和纳塔尔港等中途港口在这一战略计划中发挥着重要的作用，因此，他们不惜派出皇家海军护卫舰"南安普敦号"（*Southampton*），带着足够的增援部队去征服纳塔尔。该地区于 1843 年被吞并，成为英国殖民地。

对纳塔尔的大多数布尔人来说，再次处于英国的统治之下是一剂苦药。在安德烈斯·普里托里乌斯的带领下，他们继续迁徙，或者更确切地说，是向西返回，再次越过德拉肯斯堡，最后在奥兰治河和瓦尔河之间的高地草原上定居下来。但即使在那里，他们仍处于英国人的控制之下。英国人再一次认为布尔人拓荒者对当时的局势构成了威胁。开普敦方面急于避免其殖民地边界发生动荡，因此在 1848 年，布尔人的新领地也被兼并。它被称为奥兰治河自治领地（Orange River Sovereignty）。

但是兼并并没有达到预期的效果。英国政府不情愿地卷入了布尔人和莫舒舒统治下的索托人之间的地方冲突，该地区持续动荡不安，维持治安耗费了英方大量金钱。英方没有足够的军事资源来解决这个问题，因为他们很快就卷入了另一场边境战争——与科萨人的第八次边境战争（1850~1853）。如此一来，撤走是唯一的出路，于是，他们又把高地草原留给了布尔人拓荒者。对普里托里乌斯来说，1852 年的沙河会议就像是一次个人赎罪。英国承认了瓦尔河以北地区的自治权，该地区

24

后来成为南非共和国，非官方名称为德兰士瓦。1854 年布隆方丹会议为奥兰治河和瓦尔河之间的领土规定了同样的权利。奥兰治河自治领变成了奥兰治自由邦。[22]

直到 19 世纪 70 年代，英国人才最终屈服，认可了这种局面，不再干涉南非共和国和奥兰治自由邦。还有不到 3 万布尔人生活在那里，处于相对隔绝的状态。他们与文明世界的唯一联系就是他们的马车车轮向南转动的轨迹。布尔人的两个共和国名义上是独立的，但在政治国家建设和经济增长方面，它们远远落后于开普殖民地。英国政府认为，如果有必要，他们可以随时接管这里。

25　　后来，这里发现了钻石，事实证明他们的想法没错。整个权力斗争的局面发生了戏剧性的变化。在此之前，扩张的驱动力是对放牧、农业用地或战略安全的追求。到了 1867 年，出现了一种新的、极其强大的动机：对矿产的渴求。在瓦尔河和奥兰治河的交汇处发现了钻石，先是在霍普敦附近，后来在该地区的其他地方也发现了。1870 年和 1871 年，人们在科莱斯堡山（Colesberg Kopje）及其周围发现了大量的钻石。矿工们在科莱斯堡山发现了四条火山熔岩管道，里面就蕴藏着钻石。一个月后，数千名疯狂的勘探者在数百个地块上挖掘。他们混乱而迅速扩大的营地被称为"新拉什"（New Rush，即"新采矿热潮"），这个名字的确很合适。到了 1873 年，拥有 1.3 万名白人和 3 万名黑人的新拉什已经是南部非洲第二大城市了，仅次于开普敦。科莱斯堡山从地球表面消失了，它所在的地方被挖了几百米深，变成了一个巨大的矿坑。这就是威廉和露易丝·莱兹在前往比勒陀利亚途中本想去一探究竟的那个"大洞"。

钻石采矿业对这里产生了巨大的影响。一个充满活力的城市在一个偏远荒僻之地拔地而起，而这一切都是因为一个单一的活动：大规模和日益工业化的采矿。钻石矿推动了开普的经济发展，吸引了数以万计的移民劳工，而这再次打破了政治权力的平衡。

这些钻石是在有争议的领土边界附近发现的。德兰士瓦、奥兰治自由邦和西格里夸兰等地区在 19 世纪 30 年代被分配给格里夸人。成千上万的淘金者突然涌入，造成了混乱和无政府状态，尼古拉斯·沃特布尔（Nicolaas Waterboer）——格里夸人的"船长"——不得不向英国人求助。他这么做并非徒劳。1871 年 10 月，开普殖民地总督亨利·巴克利（Henry Barkly）爵士没有等待英国政府的批准，就宣布西格里夸兰为英国直辖殖民地。与此同时，他正式确立了与奥兰治自由邦的边界，小心翼翼地把边界划在钻石矿区稍稍以东的地方。两个布尔共和国提出了抗议，但缺乏相应的实力支持自己的主张。1873 年 7 月，新拉什更名为金伯利，以现任英国殖民事务大臣的名字命名，其意旨简直是再明确不过了。[23]

巴克利的继任者卡那封（Carnarvon）勋爵继续尽一切努力吞并这块领土。现在，他得到了英国政府的支持。英国新一届迪斯雷利（Disraeli）政府有着明确的帝国主义野心。卡那封勋爵对南部非洲的理想是建立一个联邦，就像他在加拿大创建的那样。布尔人愿意反对就去反对好了。他们不是曾经抱怨钻石矿区被并入了开普殖民地吗？后来还不是接受了现实。此外还有伯格斯，他是 1872 年上任的德兰士瓦共和国的总统，正在酝酿一个让英国人不大满意的计划。他想结束南非共和国处于内陆的状态，办法首先是在葡萄牙殖民地莫桑比克的德拉戈亚湾（Delagoa Bay）修建一条通往大海的铁路。此前他在前往欧洲的时候，已经设法为此目标获得了外交和财政支持。但这个想法跟卡那封勋爵关于统一南部非洲的梦想相抵触。卡那封勋爵正需要一个借口来吞并德兰士瓦，现在他找到了。

26

1876 年，布尔人对德兰士瓦东部佩迪国王瑟库库内（Sekhukhune）的进攻以惨败告终。人们认为伯格斯应对此负责，此外他还要对他的项目所导致的金融破产负责。结果布尔人发生了分裂，最终丧失了抵抗能力。卡那封勋爵此时看到了机会。在西奥菲勒斯·谢普斯通（Theophilus Shepstone）的指挥下，25 名来自纳塔尔的骑警结束了此地 25 年的独立。德兰士瓦于 1877 年 4 月 12 日被吞并。

这场轻松获得的胜利使英国人欣喜若狂。此时新任高级专员巴特尔·弗雷尔（Bartle Frere）爵士刚刚抵达开普敦，他和卡那封勋爵一样是铁杆帝国主义者，但远没有后者那么有耐心。他把剩下的独立黑人王国看作他建立联邦计划的主要障碍，并决定各个击破，逐一接管它们。英国军队在第九次也是最后一次边境战争中击败了科萨人。接下来，他们平息了该地区，包括东格里夸兰和西格里夸兰的一系列"起义"。此时，巴特尔·弗雷尔觉得是时候和祖鲁人摊牌了，他认为祖鲁人的王国是英国在南非居于霸权地位的最大威胁。

19 世纪 30 年代之后，祖鲁王国的规模有所缩小，但其军事实力仍令人生畏。1878 年 12 月，巴特尔·弗雷尔命人给国王塞奇瓦约（Cetshwayo）送去一纸信函，含蓄地宣战，他的这一举动需要相当大的勇气。第一次战斗以灾难性的结局告终。许多人说，这是他的蠢行造成的。1879 年 1 月 22 日，英军分遣队在伊萨德尔瓦纳（Isandhlwana）被 2 万名祖鲁战士击溃。双方共损失了 1000 多人。这是整个英国殖民史上最惨烈的一次失败。

仇不能不报。英国人尽快派了增援部队，任命了新的指挥官。加内特·沃尔斯利（Garnet Wolseley）① 将军此前已经

---

① 又译作吴士礼。——译者注

在印度、俄国、中国、加拿大和西非为自己赢得了声誉。据英国媒体报道，他是一个活着的传奇人物，"我们唯一的将军"。但祖鲁战争在他到达之前就已经结束了。他的前任切姆斯福德（Chelmsford）勋爵决心亲自为伊萨德尔瓦纳的失败雪耻，并在最后一刻成功了。1879年7月4日，他指挥发动了对都城乌隆迪（Ulundi）的决定性进攻。现在该由沃尔斯利来决定祖鲁王国的未来了。沃尔斯利残酷无情。塞奇瓦约被俘，他的王国被划分为13个地区。自此，强大的祖鲁王国不复存在。

同年，沃尔斯利在德兰士瓦东部大获全胜。他手头有正规军和其他部队，包括8000名斯威士人，明显占有优势。他击败了佩迪人，俘获了他们的国王瑟库库内，结束了所有来自非洲人的有组织的武装抵抗。此时，英国人成了整个南部非洲的统治者和主人。他们可以继续往前一步，创建一个联邦。

但这件事并没有发生，首先是因为英国政府的领导人换了。1880年4月，反对殖民扩张的威廉·格拉德斯通接替迪斯雷利担任首相。卡那封勋爵从伦敦的舞台上消失了，巴特尔·弗雷尔被从开普敦召回，沃尔斯利被派往另一个危机爆发点，这次是在埃及。

这些顽固的帝国主义者的消失为布尔人开辟了新的道路，只不过一开始，这种趋势并不明显。1877年4月，谢普斯通发动的政变使他们四分五裂，无法招架外部的压力，但是面对吞并的势力，他们从未屈服。他们的代表，包括保罗·克鲁格在内，曾两次在伦敦为他们抗争，但都无济于事。他们原本寄希望于格拉德斯通会更富有同情心。1880年6月，格拉德斯通宣布他不准备改变路线，至此，布尔人不再幻想和平解决问题。多亏了切姆斯福德和沃尔斯利，他们才从最可怕的黑人对手祖鲁人和佩迪人中解脱出来。现在要对付的只有英国人了。在克鲁格、皮埃特·朱伯特（Piet Joubert）和马蒂纳斯·普里托里乌斯（Marthinus Pretorius）的指挥下，布尔人准备开战。在帕尔德克拉尔（Paardekraal）的一次大型集会上，这三巨头恢复了布尔共和国。到 1880 年 12 月 20 日，形势的发展表明他们是认真的。

布尔人和英军之间的第一次真正较量在比勒陀利亚以东 50 公里的布隆赫斯（Bronkhorstspruit）附近展开。那是一个值得纪念的时刻。在南部非洲，这两个关系对立的白人群体已经各自发动了几十年的战争，但到此时为止，他们针对的一直是黑人反对者，是用步枪对长矛。而他们之间的争斗，不过是做做姿态，他们从来没有在战场上刀兵相见。如今，白人对白人，步枪对步枪，头一次打了起来。

面对此种情形，英国人反而遇到了困难，因为他们的军官从未把布尔人当作真正的对手。他们觉得布尔人穿着灯芯绒裤子，戴着松软的帽子，不过是些小丑。英国人素有傲慢的名声，而这一次暴露得特别明显，最终，他们犯了基本的战术错误。此类错误，菲利普·安斯特拉瑟（Philip Anstruther）上校在布隆赫斯犯过，少将乔治·波梅罗伊·科利（George Pomeroy Colley）犯过三次，分别是在朗峡（Laing's Nek）、因戈戈（Ingogo），以及最后于 1881 年 2 月 27 日在马朱巴山。在最后一场决定性的战斗中，包括科利在内的 92 名英国人丧生，134 人受伤。布尔人只有 1 人死亡，5 人受伤。

英国人的损失比在伊萨德尔瓦纳要小，但是耻辱并不比那一次小。维多利亚女王和反对派保守党要求进行报复。然而，现在很明显，谁在政府当权很重要。格拉德斯通急于阻止冲突蔓延到南部非洲的其他地方，决定减少自己的损失。因此，英国人的反击限于在两个多月内进行的四场战斗。最终，在后来的"第一次布尔战争"（或称"盎格鲁－布尔战争"）中，布尔人取得了决定性的胜利。[24]

　　恢复和平比发动战争要困难得多。布尔人又花了三年时间，在克鲁格第三次访问伦敦时，摆脱了英国这一宗主国的统治。但条件是，根据《伦敦公约》，他们将不得不同意既定边界。1885 年 1 月，克鲁格和莱兹在贝专纳兰发现，格拉德斯通坚持这一点，毫不退让。南非共和国在内部重新获得了独立，但它似乎无法进一步扩张。

4 发现黄金

约翰内斯堡，1887 年 1 月

　　远在阿姆斯特丹的家人一定惊呆了。人们怎么忽然对德兰士瓦的黄金如此狂热？1886 年 8 月初，露易丝·莱兹写道，她和威廉在考虑"去巴伯顿的金矿区，那里现在生机勃勃"。9 月下旬，她再次提到位于比勒陀利亚以东 350 公里、靠近莫桑比克边界的巴伯顿。她形容这里是"金矿区的中心"，"仅仅几个月的时间，这里就从一个小镇变成了一座城市"。四个月后，他们发现这次旅行把他们带到了一个完全不同的地方。她在一封日期为 1887 年 2 月 4 日（星期五）的信中说："我们去了金矿游赏。""我们是坐自己的马车去的"，"在 11 点左右到达威特沃特斯兰德（Witwatersrand）"。威特沃特斯兰德？难道不是那个比勒陀利亚以南不到 50 公里的陡坡吗？这些黄金究竟藏在哪里？ [25]

* * *

　　对此感到困惑的不只是外人。当谈到德兰士瓦的矿产资源时，专家们也有很多需要考虑的问题。几十年来，每个人都知道这里的地下有金矿。在该地区许多地方发现了金矿石样本这一事实使这里看上去很有希望。唯一的问题是如何开采，且有利可图。

　　有些人幻想着每条闪闪发光的河床上都有大量的金矿，但地质事实一次又一次粉碎了他们的幻想。直到 1883 年，在德卡普（De Kaap，德兰士瓦东部的一个山谷）发现了一条商业上可行、值得开采的矿脉。1884 年发现了更多的矿藏点，一年后又发现了示巴金矿（Sheba Reef）。总而言之，这足以引发大规模的淘金热，并不可避免地催生出一个繁荣的小镇——巴伯顿。1871 年在金伯利发现钻石之后发生的事情现在在这里重演了。顷刻之间，一座繁华的城市从地面上矗立起来，建立在成千上万的寻财者的希望和梦想之上。巴伯顿这座城市里应有尽有——办公室、商店、酒吧、酒店、俱乐部、音乐厅、妓院，当然还有股票交易所，投机者在那里从早到晚疯狂交易，希望发现更多的金矿。

金伯利和伦敦也见识到了同样的狂热。在伦敦证券交易所，巴伯顿金矿的股票价格飞涨了一百倍。仅凭一份光鲜的招股说明书，矿业公司在筹集股本时就不会遇到任何困难。这纯粹是一场投机，一种经过算计的风险，与实际生产毫无关系。正如我们所知，这种投机可能会导致严重的问题，事实也的确如此。人们很快就明白，投资者其实一直都是活在脱离现实的幻境中，于是，巴伯顿泡沫一下子就破裂了。数千个计划中，只有五个最终发展成为能投产的矿井。其余的，连同投在它们身上的财富一起化为乌有。事实证明，德兰士瓦的金矿是一种极其危险的投资对象。

正因如此，当 1886 年在威特沃特斯兰德发现新的矿藏时，技术和金融专家都变得更加谨慎了。另一个原因是兰德（Rand）金矿的储藏性质不同寻常。这里的金矿石不是以块状或石英晶体的形式出现，而是埋藏在地下，呈条带状分布，矿物富集程度较低。然而，这片金矿面积巨大，足以弥补富集程度低的劣势。其覆盖的土地有 200 公里长、几十公里宽，部分地区有 4 公里深。

当然，矿藏的整个范围在当时仍是未知的，而且即使有些地方矿脉露出地表，人们也不总是能判断出来。美国著名的采矿工程师加德纳·威廉斯（Gardner Williams）在这里犯过一个他永生难忘的错误。在对当时已知的所有含金地点进行了为期 10 天的勘察之后，加德纳宣称："如果是在美国，我在骑马经过这些矿点的时候，连马都不会下。在我看来，这些地方一钱不值。"而后来事实证明，他所站立的地方，是世界上黄金蕴藏量最大的地方。[26]

　　除了怀疑论者之外，还有另外一批人，这些人包括工程师和投资者，他们准备把自己的身家性命押在兰德的潜力上。就像在巴伯顿一样，在这里，金伯利的钻石巨头们也挤到了聚光灯下。商人 J.B. 罗宾逊（J.B.Robinson）来自开普殖民地，是一个出了名的硬汉。尽管债务缠身，他还是在 1886 年 7 月带着足够的资金来到兰德，买下了大片土地，为未来数不清的财富奠定了基础。给他出资的人是阿尔弗雷德·贝特（Alfred Beit），这个人出生在汉堡，在阿姆斯特丹接受教育，到了金伯利之后，成了最富有、最精明的钻石商人。他和他的两位德国同事——朱利叶斯·韦恩赫尔（Julius Wernher）和赫尔曼·埃克施泰因（Hermann Eckstein）——最初受雇于总部位于巴黎的国际交易商朱尔斯波尔热斯公司（Jules Porgès & Cie）。该公司的创始人出生于维也纳，本名是耶胡达·波尔热斯（Yehuda Porgès），在布拉格长大。十年前，他放弃了"灯光之城"维也纳，来到"钻石之城"金伯利。而现在，他又把目光投向了这个呼之欲出的"黄金之城"。

31　　公司后来又有塞西尔·罗德斯和他的合伙人查尔斯·拉德（Charles Rudd）加入。在金伯利，罗德斯鼎鼎有名，人们说他从任何人手中买一切东西，或者更确切地说，他是一个不管什么都会买的人。钻石、抽水设备、马匹等，对他来说都是一样的。他只坚持一个原则，那就是整合——前提是由他掌舵。他靠自己的手腕和交易获得了成功。在罗斯柴尔德家族的财政支持下，他决心将这颗宝石置于自己职业生涯的皇冠上：完全垄断他所创立的戴比尔斯矿业公司（De Beers Mining

Company）的钻石业务。他从戴比尔斯兄弟手中买下了这块土地，其公司就是以此兄弟的名字命名。此时他已经将贝特拉了进来，到 1888 年，最后一个劲敌也来了。这个劲敌是为人滑稽但亦精明的巴尼·巴纳托（Barney Barnato）。巴纳托出生于伦敦，本名叫巴内特·艾萨克斯（Barnet Isaacs）。一开始，巴纳托还不太情愿，但最终接受了罗德斯的提议，条件包括成为金伯利俱乐部的会员，获得开普殖民地的议会席位，以及获得新成立的戴比尔斯联合矿业——"全世界人们所见过的最富有、最伟大及最强大的公司"——7000 股。巴纳托将他从那笔交易中获得的数百万美元投资到兰德。[27]

于是，这个精选出来的、极其富有的财团，为威特沃特斯兰德有组织的金矿开采奠定了基础。最近在巴伯顿投资的惨败让他们变得谨慎，但他们有足够的信心发动另一场淘金热，并目睹另一个繁荣城镇的崛起——在海拔 1800 米的高地草原上，这次是要建立一座长期繁荣的城市。1886 年 10 月，一块原本被称为兰德耶斯拉格特（Randjeslaagte）的地块被保留下来，以容纳大量涌入的淘金者。它被重新命名为约翰内斯堡，但是没人记得这个名字有什么来历。[28]

* * *

三个月后，当威廉和露易丝·莱兹来看矿工营地时，这里成了"一个熙熙攘攘的小镇，已经扩得很大，大到单靠步行难以从这头走到那头。当然，这里的一切还都很原始。比如，你会看到，人们可以在一天之内用茅草和黏土搭起一栋房子。也有一些指示牌，写着'标准银行'或者'德兰士瓦旅馆'等"。这里还有一栋木质建筑，作为"矿业委员办公室"，而且"邮局也在里面"。三个月后，1887 年 4 月，这里完全改头换面了。"像约翰内斯堡这样的地方竟然发展得如此之快，真是让人意想不到，"露易丝在写给家人的信中如是说，"半年前，这里还是一块不毛之地。"那时，四下看去，只有"帐篷和黏土小屋"，而现在，这里却成了"一个杂乱无序扩张的小镇，房屋林立，而且每时每刻都有新的建筑拔地而起"。[29]

这还只是开始时的情形。虽然一开始兰德就不存在资金或劳动力短缺的情况，但是采矿必须产业化，这需要仔细做好规划。采矿需要炸药炸开岩石，需要木头支撑竖井，还需要烧煤来驱动蒸汽机，进而带动钻机和捣磨机。把粉碎后的矿砂撒在覆盖着汞的铜板上，细小的黄金颗粒会与汞发生化学反应，形成汞合金。然后，通过加热，这些汞合金颗粒中的汞就会分离出去，剩下的就是纯金。虽然这一技术过程不是特别复杂，但是需要把原材料和设备运到工作地点，相应的运输工作非常费时费事。1888 年，开采甫一开始，约翰内斯堡就繁荣起来。

这时就只剩下最后一个障碍。人们发现，此处地下 60 米或 70 米的金矿混合着黄铁矿，也就是让每个矿工都惧怕的"愚人金"（fool's gold）。面对这种矿石，借用汞提取黄金的工艺就不起作用了。结果，1890 年后，采矿业的发展停滞下来，外来移民也停下了脚步。但是，人们很快就找到了解决办法，那就是用氰化钾来完成必要的化学反应。这项技术是在格拉斯哥研究出来的，很快，朱尔斯波尔热斯公司的继任者韦恩赫尔和贝特公司（Wernher, Beit & Co.）就验证并开始应用这项技术。事实上，这比老办法好用多了，因为氰化钾能够分离出汞没能分离出的金矿残留。于是，在 1892 年，人们又重新对约翰内斯堡燃起了信心，街道上又再次挤满了新来的人。这回，再也没有什么因素能阻挡约翰内斯堡的扩张，不仅在南非没有，世界上任何一个地方都没有。到了 1896 年，约翰内斯堡在建立十年后，已经有了 10 万人口。其中，超过 4 万人是从非洲南部次大陆各个角落来的移民。他们来到这里，在井上和井下从事体力劳动和非技术性劳动。此外还有 5000 名有色人口；超过 5 万名白人从事半技术性工作，为这个城市提供技术服务、行政管理服务和金融服务。只有 6000 人是土生土长的德兰士瓦人。这 10 万人中有三分之二来自说英语的地区，即开普殖民地和大不列颠，剩下的人则来自世界各地，说着不同的语言。他们中甚至有俄国犹太人、德国人和荷兰人。大部分是单身男青年，一时间，酒吧、赌场、妓院，个个生意火爆。约翰内斯堡发展成了一个蒙特卡洛（Monte Carlo，以赌场闻名的摩纳哥城市）、索多玛（Sodom）和蛾摩拉（Gomorrah）（索多玛和蛾摩拉都是因为城市居民的邪恶而被上帝焚毁的罪恶之地）的混合体。[30]

　　此前，金伯利被视为南非的"母亲城"，约翰内斯堡也有着类似的地位。但是，这两座城市有显著的不同，主要归因于各自使用的采矿技术不同，另外黄金和钻石的市场价值也不同。在金伯利发展的早些时候，采矿进行得非常随意，土地被分割成大大小小的地块，由数不清的矿主占据。另外，钻石一旦从地下挖出来，基本上就算成品了。矿工很轻易地就能把钻石偷偷放进口袋，然后带出去卖掉，小赚一笔。由于钻石的市场价值取决于供需关系，矿主很快就意识到，要想把售价稳定在一个合理的区间，就必须采取某些措施，比如限制产量，以及更严密地监视矿工。正因如此，罗德斯他们从一开始就想要建立联合的企业。此外，在地下深处采矿的技术需求和组织需求也给了他们更多理由进行联合。他们还对矿工采取越来越细致的控制，最终到了极其严厉的地步，这也有利于整体的监管。上完一天的班，黑人矿工会遭受光身搜查。鼻子、口腔、腋窝、肚脐、肛门，身上任何可以藏钻石的部位都会受到仔细搜查。身上的伤口，尤其是看起来像是自己造成的伤口，会受

33

到特别检查。矿工合同到期的前一周，他们会被关在一个"监禁处"，在那里，检查人员会给他们的手戴上镣铐，检查他们的粪便。如果他们的肠道活动不规律，检查人员会让他们喝下泻药。之所以这样做，自然是为了找回可能被他们吞下的钻石。为了加速这一检查流程，还有人专门设计了一条类似生产线的流程。检查人员用纱布将茅厕里的污物层层过滤，从粗糙到精细归好类，以便于挑选矿工排出的宝石。[31]

这不是什么高科技操作，但是表现出矿主们对效率的偏执。金伯利从最初的混乱到如今精明地垄断了钻石行业，整整用了17年。从1888年开始，戴比尔斯联合矿业就主导了全世界的钻石交易。

而影响约翰内斯堡发展的因素不同于影响金伯利发展的因素。最初，兰德的金矿开采取决于原材料和机器设备，换句话说，取决于资金和组织。从这一个原因来看，在兰德就不能像在金伯利那样，把土地和采矿的特许权零散地授予不同的运营商，而且矿工也不能偷走成品。在金伯利的钻石大亨的牵头下，十来个矿业财团形成了，他们后来成了黄金大亨，名利双收。赫尔曼·埃克施泰因掌权的角屋（Corner House）是约翰内斯堡的标志性建筑，象征着兰德贵族的权力。但是归因于黄金获得其价值的方式，这个行业的权力一直未能高度集中在一个垄断企业中。黄金像钻石一样，可以用在珠宝制作上，也有许多工业化应用。但是，黄金的主要经济功能是保障全球货币制度的稳定。黄金被托运到国家银行保管，它并不适用简单的市场供需机制，这就意味着垄断企业无法操纵其价格。因此，采矿业唯一能保证获得更高利润的方式就是降低成本。

当然，约翰内斯堡和金伯利之间还有另一个本质上的不同，那就是它们的地理位置。当时英国人已经把金伯利划进了开普殖民地，而约翰内斯堡位于德兰士瓦共和国的中心，在前

34

首都波切夫斯特鲁姆和现首都比勒陀利亚之间。这两座城市的差别真是异常巨大。这片高地草原原本是大型国际公司很少涉足的地区，那里的人信奉的是财神玛门（Mammon）而不是新教的上帝。而就在这片什么都没有的草原中间，一个 19 世纪工业化的"新巴比伦王国"出现了。克鲁格把约翰内斯堡叫作"恶魔之城"。[32]

* * *

即使如此，也要在约翰内斯堡推行德兰士瓦的法律，就像在其他任何地方一样。这就意味着威廉·莱兹将会有更多的工作。他不光是比勒陀利亚最高法院的检察官，也是巡回法庭的检察官。大量移民涌入金矿区的结果是，地方执法官要把更多时间花在德卡普山谷和兰德。除此之外，还必须在巴伯顿和约翰内斯堡建立一个全新的警察机关，包括骑警部队和情报机构。[33]

地方执法官工作的本质也在发生变化，以前他们主要处理像偷牛这样的轻罪，现在则要处理更复杂的重罪。在"国家诉阿洛伊斯·内尔马皮乌斯"（State vs. Alois Nellmapius）案件中，莱兹就提前感受了一下 1886 年将要发生的事。这是一个富有争议的事件，主要是因为它涉及最高层的利益冲突。莱兹的专业技能和诚实正直受到了考验。

内尔马皮乌斯是一个匈牙利商人，从 1873 年开始，他就一直活跃在德兰士瓦。他与最高层有着不同寻常的联系，而且是克鲁格的密友，这为他带来了几个利润丰厚的合同，其中包括一个火药制造的合同。但是，作为火药工厂的领导人，他陷入了麻烦之中。他在伦敦的上级指控他用公司资金谋取私利，并在比勒陀利亚对他提出了控告。莱兹认为有足够的理由来起诉内尔马皮乌斯，司法部门对此表示同意，但是这让政治当局非常气愤。

纠纷因此升级了。包括克鲁格在内的执行委员会反对开庭审理这个案子。国务秘书威廉·博克（Willem Bok）自己也是火药工厂监事会的一员，他说："必须让内尔马皮乌斯先生的朋友站在我们这边。"许多人迫于压力屈服了，但是莱兹坚持自己的立场，他说："我只是在履行我的职责。"这个案子在1886年9月末召开了听证会，莱兹打赢了这个官司，内尔马皮乌斯最终被关进了监狱。

但内尔马皮乌斯并没有在监狱里待多长时间。实际上，仅仅几天后他就被执行委员会批准释放了。这引起了司法当局和商业界的震怒。"如果一项司法判决能如此轻易地被推翻，那我们的未来还有什么保障呢？"主法官科茨马上又命人逮捕了内尔马皮乌斯。利刃出鞘了。执行委员会提出抗议，并且想要惩罚科茨。虽然科茨不是莱兹的朋友，但是莱兹认为科茨是正义的一方。他试图劝说克鲁格，希望能对科茨仁慈一些，但是没能成功。结果，一天凌晨三点四十五分的时候，莱兹夫妇在家听到有人敲门。大家在露易丝早晨写给家人的信中还能感受到他们当时内心的震惊："真的是总统本人。"克鲁格显然认可了莱兹的看法。"他们坐在客厅里谈话，一直谈到五点半。威廉写了另一封信。"但是露易丝担心的是别的事情。"他们谈话期间，我一直躺在床上，内心焦虑，担心我的地毯和椅子，因为，你知道的，从保罗伯父（克鲁格）嘴里吐出来的不光是妙语，还有唾沫。但事后我惊喜地发现，椅子都完好无损。"

最终还是政治家们赢了。但是多亏了莱兹，科茨能够有个台阶下而不至于感到丢脸。内尔马皮乌斯被赦免了。这件事损害了德兰士瓦的名声，但是国家检察官本人的声誉却获得了提升。莱兹勇敢地承担起了自己的职责，表现得刚正不阿。从那以后，他无须蓄须就能获得他人的尊重。他向岳父表达了自豪之情。"给内尔马皮乌斯定罪对我来说是一项巨大的成功，而且——这话我只说给你听——这件事也提升了我的威望。"[34]

内尔马皮乌斯事件对莱兹规划自己的未来起到了重大的作用。1886年4月初，合同上规定的任职时间已经过去了一半，他和露易丝开了一瓶香槟来庆祝。他们的第一个孩子刚刚夭折，是一个刚刚5个月大的男孩，这个时候，他们比任何时候都想念荷兰。然而，到年末的时候，他们再也不能回到荷兰了。内尔马皮乌斯事件原本有可能成为一个爆发点。布尔的领导者们任人唯亲，莱兹对此表示不屑，原本可以知难而退，但他没有。他与独断专行的克鲁格的关系也并没有受到不可挽回的伤害。虽然按德兰士瓦的标准来说，27岁的莱兹还是个年轻人，但是他已经在一个政治敏感的职位上证明了自己有耐力、有恒心。他采取了独立的立场，等于公开反对总统的立场，但后来克鲁格凌晨来访，并谦恭地表示了歉意。不管是从职业还是个人角度看，莱兹肯定对这一结果满意，这让他可以忍受布尔人的一些明显的缺点。[35]

毫不夸张地说，到1886年底，莱兹已经被拉进布尔人的伟大事业中了。这一点首先可以从他对葡萄牙政府和大不列颠授予他的两项荣誉的反应中看出。他毫无保留地接受了葡萄牙授予他的骑士身份，从那以后，他就有权戴上维拉维索萨圣母无原罪皇家勋章（the Royal Order of Our Lady of the Immaculate Conception of Vila Viçosa）。但是他拒绝了圣米迦勒及圣乔治勋章（the Most Distinguished Order of Saint Michael and Saint George），这项荣誉与前面那个属于同等级别。克鲁格之前也拒绝了大十字勋章（the Great Cross）。与奥兰治自由邦的总统约翰内斯·布兰德（Johannes Brand）不同，莱兹和克鲁格拒绝接受英国的勋章。考虑到日后他们在与英国周旋时需要忍受的种种考验，类似"保罗男爵""威廉男爵"这样的头衔，说出来会让人嘴里感到一点苦涩。[36]

1886年12月发生的一件事更加证明了莱兹威望日增，而且他与布尔人的事业保持了一致。这次是在帕尔德克拉尔，就在蓬勃发展的约翰内斯堡西边。这里是1880年发起对抗英国的武装起义的地方。一年后，这里举行了一个为期四天的节日来纪念这个事件，吸引了许多人参加。有12000名布尔人欣赏了娱乐节目，并且听了一场虔诚的布道。克鲁格就上帝神秘的手段发表了一场激动人心的演说，提及了1838年在血河取得的胜利、德兰士瓦独立后对恩德贝勒人的驱逐，以及那年早些时候德兰士瓦恢复自由的经历。据克鲁格说，这一切都是主恒久慈爱的见证。他相信布尔人是被上帝选中的民族。这次集会带有"被发明的传统"的所有特征，并在12月16日庆祝丁冈日时达到高潮。[37]

1886年12月，成千上万的布尔人带着他们的家人再一次聚集在帕尔德克拉尔。在这里，市场、娱乐活动和敬神仪式不太协调地搭配在一起。威廉·莱兹和露易丝·莱兹也到场了。赶来的牛车的数量超过了11000辆，这让露易丝感到惊讶不已。这座"帐篷之城"像比勒陀利亚一样杂乱无章地四面铺展开，把纪念石碑和舞台围在中间。这一次也有"许多有趣的东西和庆典活动"。露易丝最喜欢的是烟花、靶场和乐队。她唯一的抱怨是，"这里缺少某些必不可少的设施，由于这么多人聚集在这里，真是太不方便了"。威廉则专注于更繁重的工作。他很荣幸地带着诚恳的同情心在集会上发表了一段演说。他谈到"我们的人民"所经受的苦难，就好像他也是高地草原土生土长的人一样。"对此我们感谢上帝。"所有"人类、动物以及自然界中的敌人"都给了布尔人机会去证明自己的价值。此

外，这些经历对我们都具有启发意义。"所有的这些都是上帝 37
的手段。这一切让我们倍感鼓舞。"他相信，布尔人，尤其是
布尔人的领导者，必须不断"追求自由和公平"并为之历经磨
难，"他们遭受过失败的威胁，但他们坚定地维护这个民族以
及共和国的权力，在上帝的帮助下，他们已经从这些经历中吸
取了教训"。[38]

* * *

他已经跨越了障碍：威廉·莱兹已经在一个非凡的时间、
非凡的地点选择了自己的阵营。这件事的象征意义显而易见。
帕尔德克拉尔和约翰内斯堡相隔不到 25 公里。这两座熙熙攘
攘的城市都充满着生活气息和能量，但是也有着迥异的特征。
帕尔德克拉尔象征着旧德兰士瓦，从那里来的人们尊重传统，
他们通过垒石来纪念珍贵的过去，赞美用苦难考验他们的上
帝，燃放烟火以求娱乐，几天后他们坐着牛车离开，每个人都
回到自己遥远的农庄。五年后再见！希望到那时一切还像现在
这般。

在约翰内斯堡，一个新德兰士瓦正迅速成长起来。在这
里，每个人都注视着未来。他们等待着炸药、煤和蒸汽机的到
来。他们梦想的一座座金山终于成为现实，全世界都争着分一
杯羹。这座城市在持续不断地成长壮大。帆布、芦苇和黏土搭
的屋子换成了木头、铁和石头建成的建筑。酒的供应源源不
断，妓女也很多。在这些方面，两个城市很相似。但相似的状
态不会永远持续，这两个世界注定要发生碰撞。

新旧两个世界的第一次，也可以算是官方的碰撞，发生
在两个月后，即 1887 年 2 月。克鲁格总统亲自去参观约翰内
斯堡，感受大量新来者涌入他的领土带来的震撼。但他并不满

意。他受到了盛情款待，但问题是这边的人向他提出了一长串需求：每日邮递服务，成立一个当地委员会，成立一个解决特许权纠纷的特别法庭，降低税率，以及在国民议会获得一个代表席位。总统顶了几句。这些要求提得太着急了。他警告称，现在在德兰士瓦只有一套法律，而且人人都要遵守。它也适用于约翰内斯堡。变化需要时间。大家做事必须谨慎周密。[39]

他知道，假以时日，他的国家检察官会支持他。很明显，莱兹在总统一方找到了自己的位置。反过来说，每个人都对他的工作很满意。1887 年 7 月，国民议会通过了执行委员会延长莱兹的合同的提议，他的合同本来是在 10 月 6 日到期。或者，更准确地说，是更新了他的合同，因为按照最初在莫尔泽的帮助下草拟的合同，莱兹可以获得一笔额外的一次性支付的 1000 英镑。现在合同到期了，他要签订新的服务条款，奖金就立即付清了。"这算不上一笔财富。"他非常现实地说道。与塞西尔·罗德斯和阿尔弗雷德·贝特在同样年纪赚得的财富相比，这些钱确实微不足道。但是，这也的确是"一大笔钱，我为此非常高兴"。[40]

5 特许权利

比勒陀利亚，1887 年 6 月

到目前为止，对威廉和露易丝·莱兹来说，这个冬天还算美好。自 4 月以来，他们一直住在市场广场（market square）的一幢崭新的大房子里，房子有 8 个房间，后面还有一个"挂着葡萄藤的露台"。5 月，他们幸运地又有了一个孩子，起名叫路易斯（Louis，注意其母亲的名字是 Louise），是个"漂亮的、胖嘟嘟的"小男孩，有着一张"嫩嫩的小脸"。6 月初从阿姆斯特丹传来了好消息。他们终于找到了一条途径为修建他们期待已久的通往印度洋的铁路提供资金。至少，负责融资的公司已经在筹建当中。1887 年 6 月 21 日，在获得特许权三年多之后，建立荷兰－南非铁路公司（the Netherlands-South African Railway Company）的契约终于签署了。莱兹成了政府专员。[41]

这一任命，连同他作为国家检察官的新合同，都证明了布尔领导人，特别是克鲁格对他有充分的信任。对总统来说，到洛伦索马科斯的铁路线不仅是一个项目，而且是"伟大事业"的一部分，事关生死。克鲁格下定决心让德兰士瓦拥有自己的连接公海的铁路，另外，更理想的情况是，还能有自己的港口。如果没有这些，布尔共和国可能难以进一步独立自主，特别是在兰德发现黄金之后，而现在有那么多贪婪的眼睛在注视着这里的黄金。

承包这条生命线的公司的政府专员将承担重大责任，就算人们没有觉得这个职位该由莱兹担任，选他也是合乎情理的。从他踏上德兰士瓦土地的那一刻起，他就在推动实施修建铁路的计划，这既是出于对克鲁格的责任感，也是出于对他的导师莫尔泽和皮尔森的忠诚，这两位在公司都有股份，同时这也符合他自己的利益。莱兹也把这条铁路看作一条生命线。他在写给莫尔泽的信中吐露了心声。他想证明人们"实际上可以对荷兰有所期待"，或者更确切地说，"对代表荷兰的我"有所期待。这将"极大地巩固我的地位"。现在荷兰－南非铁路公司成了事实，他的地位的确得以巩固。莱兹在阿姆斯特丹和比勒陀利亚都获得了很高的声望。莫尔泽向他保证说，正是"由于你坚持不懈，我们才一直拥有荷兰的特许权"。从任命他担任40 如此重要的职位可以看出克鲁格对他的感激之情。可能有人会说，这也给他带来了一笔不错的额外收入。作为政府专员，莱兹在 1000 英镑年薪的基础上还会再得到 250 英镑。[42]

即便如此，事后回想起来，当初还是不接受政府专员这个职位为好。获得这些好处是要付出代价的，而这个代价就是他绝对正直的名声。就在 9 个月前，在内尔马皮乌斯的案件中，莱兹以立场独立且坚持原则而出了名。在所有布尔人（包括克鲁格在内）的阴谋和裙带关系中，他因为像灯塔一般正直而鹤立鸡群。然而，人们对他公正、廉洁的看法，因为他被任命为铁路公司的政府专员而有所动摇。大家认为这两点不能相容。他无法既代表公司利益，又监督公司事务，他这样做难免会失去人们的信任。莱兹想要同时做到这两点的企图使他遭到了当地和海外媒体的诋毁，比如珀西·菲茨帕特里克（Percy FitzPatrick）编辑的《兰德贵族》中就采取了这种做法，这个当地的喉舌后来就嘲笑说这是一个骗局，一切都是事先计划好的。1884 年推荐他做国家检察官的"荷兰的绅士们"，与获得铁路特许权并安排他在德兰士瓦的职务的是同一批人，他们让他"在为共和国服务的同时，要作为特许权所有者的代理人保护和促进他们的利益"。[43]

莱兹以现在的身份，已经无力揭穿这种阴谋论了。所以说，从这方面看，他有了自己的倾向。他专注于实现克鲁格的梦想、阿姆斯特丹绅士们的利益，以及布尔人的政治运作方式。在他自己看来，他仍然全身心地专注于德兰士瓦和荷兰的利益，他认为这两者是可以同时存在的；但在世人眼中，他已经失去了纯真。他已经成为这个体系的一部分，从那时起，围绕着利益冲突的怀疑气息也开始萦绕在他身上。因为这已经成为德兰士瓦政治的标志之一，这样说也不无道理。布尔人在宗教事务上非常谨慎，但在政治事务上很松懈。或许，这仅仅是因为这个年轻的共和国缺乏经验。从充满敌意的非洲酋长手中夺取土地，用来放牧，然后抵御英国入侵者，这样并不等于建立了一个国家。建立一个国家需要做的事情更多，涉及贸易、工业、通信、基础设施。简言之，就是要有经济活动。这些都不会自然而然发生，必须由人来建立和组织。但从哪里开始呢？

克鲁格从 19 世纪 80 年代早期倡导的经济模型中找到了答案，不出所料，倡导这个模型的人就是内尔马皮乌斯。这个方案很简单：限制进口，促进出口。吸引有资本的外国企业家，让他们到这来生产服装、皮革、面粉和糖等基本产品。给他们特许权和其他特权，并以高额进口关税保护他们。这将刺激出口并带来资金，而不是相反。这并不是一个创新的理论，它让人想起了几个世纪前的重商主义，并与 19 世纪的自由贸易原则背道而驰，但这可能正是克鲁格接受它的原因。

1881 年 10 月，内尔马皮乌斯获得了他申请的两项垄断经营权，一项是用玉米和甜菜制糖，另一项是蒸馏酒精。一年半以后，克鲁格亲自参加了内尔马皮乌斯白兰地酒厂的开业典礼，但因为他是禁酒主义者，所以他用一杯牛奶为新公司祝酒。虽然酗酒是不能原谅的，但是辛苦工作一天后喝上一口不会有什么坏处。德兰士瓦的第一家工厂——名字普通得不能再普通，就叫"第一工厂"——得到了他全心全意的祝福。

其他许多人受到特许制度有利条件的吸引，纷纷效仿内尔马皮乌斯的做法。生产纸张、肥皂、火柴和绳子的工厂，用作市场和屠宰场的建筑，水、气、电方面的基础设施和输送设备相继建成，它们涉及巨大的利益。没过多久，首先在巴伯顿及其周边的土地，随后在兰德的土地上拥有开采黄金的权利成了这之中最有利可图的特许权，至少是有这样的潜力。然后是矿业所带来的一切：煤和铁的开采，原材料和机械的运输，火药和炸药的供应。[44]

最初是内尔马皮乌斯获得了生产火药和炸药的特许权。后来，1887 年底，在内尔马皮乌斯臭名昭著的案件之后，这项特许权被转移给了爱德华·利珀特（Eduard Lippert）。但这个行业似乎受到了诅咒。几年后，利珀特也卷入了一桩特许权丑闻，以克鲁格为首的所有政治精英再一次随他卷入丑闻当中。这也表明了这个体系多么容易受到欺诈。大量的政府合同不仅吸引了真正的企业家，也吸引了想要快速获利的骗子和投机者。此外，负责授予特许权的代理人对政府财政知之甚少。没有独立的监督，没有控制机制，也没有明确地区分公共领域和私人领域。裙带关系、贿赂和滥用权力的流言很快就传开了，而且这些流言并非捕风捉影。特许制度很容易滋生腐败。[45]

莱兹也不赞成这种制度。一般来说，他"反对特许权，或者更具体地说，反对垄断"。他认为，这些制度"会危害一个国家，而不是惠及一个国家。特许权非但不会促进一个国家的工业发展，反而会产生相反的效果。在我看来，我们应该致力于发展自由贸易和自由工业"。然而，"任何规则都有例外，在这里也一样。有些事情只有国家才能处理，而不能留给个人，在这些事情上，国家应该具有垄断地位"。他指的是影响国家安全的事情，如枪支、火药和炸药。当然，还有铁路。[46]

然而，这意味着，像荷兰－南非铁路公司这样的企业，必然会存在利益冲突。甚至在建设这条铁路的漫长而艰苦的过程中，它存在的理由也曾受到质疑。到 1884 年，荷兰的特许经营者们连建设铁路所需的股本的一小部分都未筹集到。此后，他们遇到了一个又一个挫折。这个公司背后的推动者格罗尔（Groll）和马阿尔沙尔克（Maarschalk）在项目早期不幸离世。美国投机商麦克默多（McMurdo）持有这条铁路中葡萄牙所拥有的那一段的特许权，继续不断地阻挠。国民议会变得越来越挑剔。最令人担忧的是，三个不同领域的竞争日益加剧。在西南部、南部和东南部，修建通往德兰士瓦的铁路的工作正在稳步推进。1884 年，威廉和露易丝乘公共马车走完了从开普敦到金伯利的最后 200 公里；一年后，第一辆蒸汽火车头就成功驶入了"钻石之城"金伯利。1885 年，南方铁路从东伦敦港和伊丽莎白港（Port Elizabeth）起始的支线延伸到了奥兰治自由邦的边界。一年后，从德班（Durban）起始的东南线已经到了莱迪史密斯（Ladysmith）。

未来荷兰 - 南非铁路公司的三个新特许经营者，鲁道夫·范·登·沃尔·贝克（Rudolf van den Wall Bake）、雅各布·克鲁塞纳（Jacob Cluysenaer）和小约翰内斯·格罗尔（Johannes Groll Jr.），却没有这样的成绩。大量金矿被发现，该项目获得了向前推进的动力，德兰士瓦的经济前景和该公司的预期盈利能力也因之被人们看好。潜在投资者逐渐有了信心。1886 年 3 月，阿姆斯特丹的银行家阿德里安·德马雷兹·奥恩斯（Adriaan de Marez Oyens）在莱兹（通过莫尔泽）的敦促下，主动为德兰士瓦筹集了 50 万荷兰盾的贷款。贷款成功了，莱兹得到了贷款，克鲁格得到了他所需的资金来替换旧贷款，并且能够铺设管道为金矿供水。

这件事来得及时，非常鼓舞人心，也让总统放心，觉得自己押对了赌注：由一家荷兰公司建造和运营的通往洛伦索马科斯的铁路。但与此同时，克鲁格对该项目发展缓慢感到沮丧，一度想将该项目连接到开普殖民地和纳塔尔的铁路网。但随着金矿的发现以及贷款得到了保证，他很快放弃了这个想法。他又回头采用最初的计划，下定决心，坚持下去，拒绝屈从于持反对意见的执行委员会，也不管约翰内斯堡淘金者的要求。这些淘金者正在积极游说，想要修建一条铁路，通往他们的"母亲城"金伯利。克鲁格准备做出的唯一妥协就是在决定性的国民议会上为荷兰－南非铁路公司的建立设定一个时限：1887年9月。

该公司在6月就成立了，还有剩余的时间，但这是在大量的外部帮助下完成的。启动资金需要200多万荷兰盾。荷兰金融家只拿出了58.1万荷兰盾；而且大部分仍然出自德马雷兹·奥恩斯。有89.1万荷兰盾来自两家德国机构，柏林汉德尔斯社团（Berliner Handels-Gesellschaft）和罗伯特·沃绍尔公司（Robert Warschauer & Co）。其余60万荷兰盾则由克鲁格本人代表南非共和国通过抵押获得。从表面上看，这似乎很奇怪。一年前，他很高兴地从阿姆斯特丹获得了50万荷兰盾的贷款，而在1887年5月，他却还了60万荷兰盾，资助一家荷兰铁路公司。之所以能迅速还上贷款，原因就在两个字中："黄金"。

兰德史无前例的矿产财富使德兰士瓦的经济飞速发展，在这方面内尔马皮乌斯没给克鲁格帮上忙。然而，公平地说，正是由于采用了特许权制度，国库才能直接从商业繁荣中获得大量利益。1886年，政府收入不足20万英镑，但是到了1887年，这个数字就翻了三番。剩下的钱足够用来投资克鲁格的伟大梦想。荷兰－南非铁路公司的两名董事范·登·沃尔·贝克和克鲁塞纳是荷兰人，这并不是问题。董事会由四名荷兰银行家和三名德国银行家组成，也没问题。克鲁格也能将就着和荷兰特使比尔莱特·范·布洛克兰和德兰士瓦的莱兹这两名政府专员共事。只要铁路能建成，怎么样都行。[47]

* * *

　　克鲁格不太可能知道歌德的《浮士德》，书中主人公把自己的灵魂出卖给了魔鬼。他读过的唯一一本书是《圣经》，即使在这本书里，好多段落在他读来都得不时停下来思考一番。《新约》四部福音书中的三部——《马太福音》《马可福音》《路加福音》——都讲述了耶稣驱逐魔鬼的故事。法利赛人在神迹发生后确切地知道："他是靠着鬼王别西卜赶鬼。"不难看出耶稣和克鲁格做事方法上的相似之处，更不用提这座城的名字与第四位福音传道者荷兰的约翰内斯（Johannes）之间的巧合了。

　　在克鲁格看来，约翰内斯堡是一座罪恶之城，人们崇拜的是财神玛门，而不是上帝。然而，从建造这座城的石头——魔鬼的黄金——中获益，并没有让他感到不安。其中的象征意义甚至获得了有形的表现形式。在帕尔德克拉尔也发现了黄金，那里专门纪念布尔人的过去。1887 年，这里建了一个社区，并以总统的名字命名，叫作克鲁格斯多普（Krugersdorp），尽管意图很好，却有点讽刺意味。从心理上讲，这一切似乎都很难调和。克鲁格也不会在意耶稣对法利赛人的回答："耶稣知道他们的意念，就对他们说，凡一国自相纷争，就成为荒场。若一家自相纷争，就必灭亡。"[48]

* * *

　　但 1887 年的局面看起来并非如此。相反，整个国家因为黄金而繁荣，前途一片光明。1888 年初，露易丝·莱兹对在荷兰的家人夸口说："你可以把德兰士瓦比作一个突然变得富有的丑女孩，此前对她毫无兴趣的人突然开始追求她。开普是最没有活力的，所有人都离开那里，涌入德兰士瓦。在比勒陀利亚，房屋如雨后春笋般涌现，但仍然供不应求。我们家对面以前是一个小木屋，但现在他们正在盖一座漂亮的房子。"比勒陀利亚建筑热潮的标志是位于教堂广场的新政府大楼，1889年5月克鲁格为它奠基。那是一座新文艺复兴风格的三层楼。莱兹希望它尽快建成。"我已经答应我的员工搬进去后会举办一个晚宴。我很高兴离开我们现在的垃圾场，这里有气流但没有空气，有灰尘但没有空间，还有飞蛾、蛀虫和老鼠，我简直都不想提了。"[49]

与所有这些活动和进展相比，铁路公司几乎没有取得什么进展。在1887年6月正式成立时，荷兰就派去了一支由5名工程师组成的队伍。11月，他们开始在靠近莫桑比克边境的边界线东端进行勘测，结果证明他们选择的时机很不对。他们到达的时候正值盛夏，疟疾肆虐，天气炎热，对不习惯这里气候的荷兰人来说，实在是酷热难耐。两名工程师在开始工作后不久就病死了，第三名辞职后逃走了。半年之后，当董事长克鲁塞纳来到德兰士瓦准备重新开始时，他收到了一个坏消息。与麦克默多公司关于关税协议的谈判仍然陷在僵局之中。为了继续施加压力，克鲁格决定暂停东线的施工，这对他来说一定很痛苦。

幸运的是，对于铁路公司来说，还有一个选择。虽然相对次要，不那么引人注目，但迈出第一步有着不可估量的重要性。这个选择是将煤炭运输到约翰内斯堡，煤炭对工业化的金矿开采至关重要。一段时间以前，主要是在莱兹的建议下，艾萨克·路易斯（Isaac Lewis）和萨米·马克斯（Sammy Marks）申请从南部修建"运煤铁路线"的特许权被拒，理由是这将抢在"穿过奥兰治自由邦向瓦尔河延伸的铁路线"建设之前。毕竟,"优先修建贯通南北的铁路线是政府的既定政策"。但还有两份申请,一份来自东线葡萄牙段的承包商托马斯·坦克雷德(Thomas Tancred),另一份来自炸药垄断商利珀特。两家公司都有兴趣与约翰内斯堡西部的煤矿建立联系。除此之外,克鲁塞纳还申请建设一条通往东部博克斯堡(Boksburg)的短途铁路线。比起铁路线,这更像有轨电车线。那里最近发现了煤田,但并不是所有的煤田都被占下了,因此克鲁塞纳立即采取了行动。

这三份申请出现在1888年7月的国民议会成员的面前,引发了一场激烈的辩论。克鲁格对荷兰-南非铁路公司的偏爱是众所周知的,他也因此受到了攻击。国民议会的一些成员指责他偏袒荷兰人。他强压着怒火,把莱兹提前准备好的解释逐个讲了一遍,最后赢得了多数人的支持。工程于1889年1月开始。虽然这条铁路只有27公里长,却让公司得以运营,事实证明,管理铁路和煤矿既有利可图,又有指导意义。[50]

1888年7月,莱兹迎来了一个新的机会。国务秘书博克(Bok)的任期将于当年年底结束。尽管他有资格连任,克鲁格还是建议莱兹作为候选人与他竞争。国民议会通过了这项动议,以18票对12票选择了莱兹。尽管感到非常荣幸,但莱兹有两个疑虑。首先,他没有达到任职国务秘书的年龄要求——担任国务秘书至少要30岁——他到1889年5月1日才有资格任职。此外,这个更高的职位所给的薪水低于他目前的职位,他认为这不合理。那年早些时候,他作为国家检察官的薪水涨到了1200英镑(不包括他作为铁路公司政府专员的收入),而国务秘书的薪水仍然只有1000英镑。

许多国民议会的成员对莱兹的加薪要求和他的年龄感到震惊。大多数人以为他年纪比实际上要大一些。辩论被推迟到下

46 次会议，这给了克鲁格时间来解决问题。博克的任期延长了几个月，莱兹于 1889 年 5 月 2 日接替他担任国务秘书。一个月后，国民议会同意将他的薪水提高到 1200 英镑。然而，有人强烈建议他重新蓄须，就像他五年前刚到德兰士瓦时那样。

莱兹的晋升速度太快，完全称得上闪电一般。25 岁时，莱兹空降到这个外邦担任国家检察官，现在不到 30 岁，他就以明显多数票当选国务秘书。他是这个国家的第二号政治人物，直接在总统手下工作，并与总统关系密切。他对自己的职位是这样描述的："国务秘书的职位没有任何限制。这里的体制是高度集中的。最终，一切都要呈报到政府（总统和国务秘书），在某些情况下，某些事务可能会交给执行委员会处理。所有拟交给政府的文件均要抄送给国务秘书，国务秘书还将在所有政府信函和会议纪要上签字。"[51]

这份工作要求很高，责任重大，在最初的几个月里，他不得不独自应对。1889 年 5 月中旬，露易丝、小路易斯和 2 月初出生的婴儿威廉米恩（Willemine）前往荷兰与家人共度数月时光。他们已经大致安排好，莱兹会在年底把他们接回来，但实现这个计划还有一些障碍。有几件事克鲁格在没有他的情况下不能或不愿意处理，另外还有几件事莱兹想亲自处理。

大部分事是为了连接德兰士瓦与外部世界，换句话说，就是修建铁路和港口。1889 年 3 月初，克鲁格和莱兹在波切夫斯特鲁姆与由新总督 F.W. 雷茨（F.W.Reitz）率领的奥兰治自由邦代表团举行了会谈。他们签订了三个影响深远的条约。首先是一项铁路协议，其中雷茨承诺，如果没有德兰士瓦的同意，从开普殖民地和纳塔尔起始的铁路线将不会修到布隆方丹和哈里史密斯（Harrismith）以北。克鲁格回应道，没有奥兰治自由邦的事先批准，他们不会修建通往外部世界的铁路，而只是修建通往东部或南部的铁路，即通往洛伦索马科斯或自由邦的铁路，也不会"绕路"到金伯利。第二个条约是一项贸易和友谊协定。第三个条约建立了政治和军事同盟，为十年后联合对抗英国铺平了道路。有关规定如下："南非共和国和奥兰治自由邦特此结成联盟，并宣布，如果双方中任何一方的独立受到外部威胁或破坏，另一方愿意以一切武力及其他手段提供帮助。"[52]

　　从短期来看，铁路条约的影响最为深远。很明显，"英国人"的铁路线建设再次领先，而"修到兰德的竞争"还没有最后的赢家。1889年6月底，他们有了意想不到的好运气，当时葡萄牙政府团结起来，展示了其效率更高的一面。即使面临着来自英国的压力，里斯本方面还是决定撤回麦克默多的特许权，理由是他未能在约定的最后期限前完成。如此一来，前进的道路又畅通了。比尔莱特·范·布洛克兰立即恢复了关税协定的谈判，这次是直接与葡萄牙当局进行谈判。正如一年前那样，在等待结果之时，国民议会讨论了另一个与铁路有关的地方性问题。1889年7月，针对比勒陀利亚和约翰内斯堡之间的路段，有了三份申请，其中一份来自荷兰－南非铁路公司，另一份来自"可怜的利珀特"。这一次克鲁格和莱兹无法如愿。这些申请都没有被批准，而一项将兰德的轻轨电车线延长81公里到西部的克鲁格斯多普和东部的斯普林斯（Springs）的提议则被顺利地采纳了，但这些都无关紧要。对克鲁格自己来说，也有好消息。国民议会批准把他的工资从每年2000英镑增加到8000英镑。[53]

　　对莱兹来说，这似乎是跟总统提一下他要回荷兰休假的好时机。但是克鲁格把话题转向了东部边境。莫桑比克南部的两片领土，斯威士兰（Swaziland）和宗加兰（Tsongaland）还没有国际地位，克鲁格打算将它们兼并，这样，德兰士瓦将会有一个独立的铁路连接公海和它自己的港口戈西湾（Kosi

47

Bay）。但莱兹并不看好这个提议。戈西湾的潜力不如德拉戈亚湾。然而，与此同时，德兰士瓦的一个代表团已经前往那里与英国谈判。克鲁格希望他的国务秘书随时待命，以防万一，尽管他知道英国人不会让德兰士瓦拥有自己的港口。这些事情只是让莱兹悬在那里，无法自由行动。

这是莱兹新职位的缺点之一。不久，他又发现了另一个缺点：贿赂，不管是明示还是暗示。比如，1889 年 7 月他收到了一份特许权申请，同时附带一封私人信件，里面塞了一张 10 英镑的支票。他非常愤怒。他给露易丝写信说："今天我又收到了一封侮辱信，是一个想贿赂我的家伙寄来的。我会把它的副本和我的回复寄给你。我今天就不写了，因为我还是感到很沮丧。最让我困扰的是，这五年来我诚实地工作，还是没能让所有人相信我是一个无法被贿赂的人。"对此，他只能忍受。在接受了铁路公司政府专员的任命后，他发现形势对他不利起来。对一些人来说，支持某一党派就意味着接受贿赂。

当然，新职位也有优点，比如获得赞美，满足自尊心。虽然很多美言都是在他的政治生涯中得到的，但第一次比较特殊。在以第一次淘金热而闻名的巴伯顿以北 300 公里处，又发现了一条有希望的矿脉。这里后来建成了塞拉蒂（Selati）金矿。在那里发展起来的殖民地莱兹多普（Leydsdorp），就是以莱兹的名字命名的。莱兹告诉露易丝，他对此感到非常自豪。"我很想知道以我的名字命名的村庄将会如何发展。当然，这有点虚荣，但每个人都有自己的小缺点。我当然觉得我的名字应该继续与这个国家联系在一起，尤其是与黄金产业。"54

他可能不是特意要以他的名字命名，但其象征意义是明确的。从克鲁格斯多普到现在的莱兹多普，周围都是金矿。没有妥协就无法实现理想，而且这个妥协还是巨大的。用自己的金子与魔鬼战斗，将个人利益和国家利益融为一体，一切都是为了"伟大事业"。

1889 年 9 月 19 日，莱兹收到比尔莱特·范·布洛克兰的电报，说与葡萄牙的关税协定已经生效。他们当即恢复了东线的建设，铁路公司可以继续工作了。莱兹比以往任何时候都更渴望休息一下。他想"离开这里，因为这对我的身心都有好处"。如果将他的欧洲之行与商务会议结合起来，但表面上看仍是私人旅行，情况会怎样？克鲁格心软了，于 10 月 8 日同意了他的请求。三周后，莱兹在开普敦登上了"格兰图利城堡号"（*Grantully Castle*）邮轮。[55]

6　爱恨交加

阿姆斯特丹，1889 年 11 月

露易丝和丈夫已经半年没见过面了，她渴望能跟丈夫独处一段时间。"等你回来了，你必须花点时间陪我，不要老是跑到那些人那里去。"她恳求道。当然了，除了陪她，还要陪孩子们。路易斯"刚开始学说话"，而且莱兹肯定会"爱上"小威廉米恩，"她大大的深色眼睛，会让他感到无比的满足和甜蜜"。莱兹也期待与家人团聚，但是他来之前就知道，他不可能把时间都留给他们。他获准休假的条件是他此番旅行要完成政治上的目的。[56]

所谓政治上的目的，涉及港口和铁路项目。莱兹于 11 月中旬抵达阿姆斯特丹，然后，在 12 月初，他还要去里斯本。半年前，葡萄牙人收回了麦克默多的让步，此后，关于具有重要战略地位的莫桑比克南部海岸的问题，各种疯狂计划此起彼伏。不仅在伦敦和开普敦，在比勒陀利亚也是如此。即便如此，相比有着沙洲的戈西湾，德拉戈亚湾的深水港更具吸引力。也许仍然能和葡萄牙人合作一下，解决一些问题？

于是，莱兹很快就被安排"秘密"访问里斯本，这样葡萄牙政府可以"少承担一些来自英国的压力"。然而，不可避免地，消息泄露了，但那时，莱兹已经知道了他想知道的事情。很明显，那些不同寻常的计划是徒劳的。他向克鲁格报告说："葡萄牙人害怕被赶到海里去。"葡萄牙当局反对将莫桑比克的一块狭长土地出售给德兰士瓦，以提供后者通往大海的通道。在洛伦索马科斯港拥有自己货栈的铁路公司也持同样观点。他的结论是："要让葡萄牙对我们的意图放心；要让他们明白我们是想跟他们合作，而不是对抗他们。"他在里斯本传达的信息是，如果给予"其他国家"（英国）特权，德兰士瓦政府将

认为这是"敌对行为"。[57]

这不是莱兹回欧洲的唯一任务。离开葡萄牙后，他访问了法国和比利时，希望引起它们的兴趣，让它们愿意在德兰士瓦建立一个汽船公司。在荷兰，他讨论的主要是与铁路有关的问题，不仅要与比尔莱特·范·布洛克兰和莫尔泽这样的老朋友讨论，还要与铁路公司新的执行董事会讨论。他之前见过铁路公司的一些成员，首先是金融家德马雷兹·奥恩斯，以及董事范·登·沃尔·贝克和格里特·米德伯格（Gerrit Middelberg），后者于1890年1月1日成功创立了克鲁塞纳公司。

莱兹还想知道荷兰人对德兰士瓦的看法。五年多以前，在他离开的时候，布尔人很受荷兰人的尊敬。他们反抗英国人的独立战争让荷兰人记忆犹新。1884年2月，克鲁格、斯密特和杜·托伊特在荷兰各地受到了英雄般的欢迎，很可惜的是，尽管他们得到了极高的赞许，但得到的实质性东西不多。人们挥舞大量的旗帜，但没有人掏出支票簿。莱兹很快意识到人们的印象几乎没有什么变化。人们夸夸其谈，说荷兰人和布尔人有着血缘关系，但一涉及在南非共和国投资，却没有人掏钱。德兰士瓦发现了大量黄金的事实几乎没有给荷兰人留下任何印象。

在这方面，他在为铁路公司筹集资金时遇到的困难就很能说明问题。阿姆斯特丹的高级金融机构更愿意将资本投到荷属东印度群岛，那里的商业活动由自己信任的人掌控，另外政府也给了商业部门所需的活动空间。与那个地处热带的企业家天堂相比，布尔共和国的风险和回报就很难预计了。除了荷兰-南非铁路公司和两家金融机构，即荷兰银行与南非信贷联盟（Nederlandsche Bank en Credit Vereeniging voor Zuid Afrika）和比勒陀利亚抵押贷款公司（Pretoria Hypotheek-

50

Maatschappij）外，荷兰在德兰士瓦的经济活动相对较少，而且这种状况短期内几乎不会改变。[58]

公众的态度也基本如此。荷兰南非协会做了许多努力，鼓励荷兰人移民到德兰士瓦，但这些工作后来证明是徒劳的。总体上，移民供过于求。只有某些职业，如教师、公务员和牧师才有就业机会。在为德兰士瓦的重要行业采矿业提供熟练劳动力方面，荷兰几乎没有什么可提供的，而且荷兰也没有大型采矿企业在当地招聘和培训人员——这一因素在铁路公司的例子中表现得很明显。荷兰人在铁路建设领域没有特别好的声誉，但铁路公司仍在荷兰招聘了一半以上的员工。[59]

所以在过去的五年里，在加强与南非共和国的关系方面，荷兰并没有取得什么成就。但他们仍然对德兰士瓦魂牵梦萦。在荷兰知识精英们的民族主义想象中，他们的"堂兄弟"——阿非利卡人——仍然具有浪漫的吸引力，荷兰人认为他们特别团结；不过，在支持布尔人的团体看来，他们四分五裂，各自为政。他们对布尔人的迷恋也许不是盲目的，但至少是目光短浅的。透过玫瑰色的眼镜看过去，布尔人与现代化之间的艰难关系似乎也没那么糟糕了。在荷兰，几乎没有人意识到分裂和敌意让他们渐行渐远。

1889年10月初，也就是莱兹回国前一个月，发生了一件非常有意思的事情：杜·托伊特访问荷兰了。这是一件非常奇怪的事情。杜·托伊特此行的目的是商讨在德兰士瓦建立一所大学，但很显然，他并非这项任务的最佳人选。他是南非白人联盟的联合创始人之一，对荷兰人在德兰士瓦的影响十分不满。同时，他也是莱兹最严酷的批评者之一。而克鲁格选择他的唯一原因就是，他自称与反革命党的领袖、自由大学的创始人凯珀关系不错。然而，当荷兰南非协会的董事会张开双臂欢迎杜·托伊特时，在所有人中，恰恰是凯珀表现得非常冷淡。

欢迎仪式场面盛大，有宝马香车相迎，还奏起了国歌。

此时露易丝·莱兹也在阿姆斯特丹，她没有参加欢迎会，她认为这件事情是"十足的丑闻"。她快气炸了，愤慨地向丈夫威廉抱怨道："他们向那个人表示尊敬，而那人曾给荷兰人泼脏水，他们一点国家荣誉感都没有。"而德马雷兹·奥恩斯居然亲手筹划了这个欢迎会！她甚至亲自到莫尔泽（谢天谢地，莫尔泽没有出席欢迎会）的家中，向荷兰南非协会秘书、阿姆斯特丹哲学教授贝拉尔·斯普鲁伊（Bellaar Spruyt）提起了这件事。露易丝想象了这样一个场景——"欢迎会后，杜·托伊特在自己的房间中，掐腰大笑，心想：'那些心肠善的荷兰人哦，无论你怎么欺负他们，他们还会讨好你的。'"[60]

也许露易丝·莱兹的反应有些强烈，但是她为此生气愤怒可以理解。不久前，威廉·莱兹也曾称杜·托伊特是"该死的伪君子"。杜·托伊特在荷兰时，在莱兹视为盟友的众人中，受到了热情款待，一想到这儿，莱兹就心烦意乱。这是他离开祖国五年来，得到的最惨痛的教训。荷兰对布尔人及其共和国的态度就是：除了生意，一切好谈。但过去的几年时间，莱兹完全搞错了。虽然他对布尔人的事业兢兢业业，投入了极大的精力，但私下里，他与布尔领导人的关系却十分冷淡且紧张。[61]

52

* * *

1890 年 3 月，莱兹一家回到了比勒陀利亚，但是上述情况并没有任何改善。不久后，他就遭到了 P.J. 谢本西尔（P.J. Scherpenseel）的人身攻击，D.H. 施穆尔（D.H. Schmüll）也糊里糊涂地做了谢本西尔的同谋。这两个人本来有资格分别当选南非共和国驻比利时和荷兰的领事，但突然间希望又没了——比尔莱特·范·布洛克兰以他们不符合条件为由否决了两人的任命。谢本西尔极力想挽回任命。同时，他还是法国-比利时铁路集团的代表，在德兰士瓦与荷兰-南非铁路公司争夺特许权。这就是他向莱兹发难的原因。他的利器是莱兹的一封亲笔信。这封信于1886年写给施穆尔，施穆尔将一份副本转交给了谢本西尔。在那时，莱兹与施穆尔的关系很密切，而且他的精力都放在处理内尔马皮乌斯事件上。那时，他总是把对布尔领导人的看法很坦率地说出来，特别是对斯密特将军和副总统皮埃特·朱伯特的看法。他写道："要提防斯密特将军，万不可轻信"，而"皮埃特·朱伯特所做的一切都是出于对总统的嫉妒。当年他是总统的有力竞争者，所以每当他对外人提及'总统'，都会痛苦万分。最重要的是，他从骨子里痛恨荷兰人"。

信中，莱兹对同僚颇有微词，所以在这封信传到了《德兰士瓦广告报》（Transvaal Advertiser）那里后，莱兹有了大麻烦。国民议会收到了要求彻查的建议书，媒体猜测他很快就会辞职，而愤怒的克鲁格则要求得到一个合理的解释。莱兹不得不向两位恼火的将军和克鲁格做出书面道歉。他道歉的态度非常谦恭。"当时是1886年，现在是1890年。在这几年中，我对斯密特将军和朱伯特将军有了更好的了解。我有幸每天同他们一起工作，对于我本人曾用这样的态度和措辞谈论他们，我深感后悔。对于此事，无论做出什么决定，我都希望这是为了这个共和国的利益，我深深地爱着这个国家，多年来我一直尽我最大的努力为它服务。"

克鲁格、斯密特和朱伯特都接受了道歉，莱兹算是渡过了政治生涯中的一大难关。但国民议会依旧不依不饶，此时克鲁格坚定地站出来为他辩护。作为一个基督徒，他已经原谅了莱兹，同时他也呼吁大家再给莱兹一次机会。毕竟人无完人，执能无过。[62]

虽然莱兹最终得到了谅解，但是这封信从未被遗忘。每当 53
反荷情绪爆发时，莱兹的批评者都会提及这封信。毋庸置疑，
作为国务秘书，他是荷兰人在德兰士瓦名义上的领导人，因
此，对于讨厌荷兰人的那些人来说，他无疑是最好的靶子。而
那些亲布尔人的荷兰人没有意识到，这些人不在少数。最让布
尔人不满的是荷兰人的"傲慢"，甚至威廉和露易丝·莱兹也
不例外。他们毫不掩饰对淳朴的布尔人的蔑视。他们拒绝说阿
非利堪斯语，很少去教堂，如果去的话，他们也只和自己的同
胞交谈。所以，尽管他们都有善良的愿望，但是布尔人和荷兰
人之间依旧形同陌路，从未真正成为同胞兄弟。在克鲁格信仰
的保守的加尔文教派的虔诚追随者中，这种怨恨情绪最为强
烈。而团结在副总统朱伯特身边的非正统信仰人士中，他们对
荷兰人不满主要是因为他们认为保罗·克鲁格的权势与职位不
匹配。他们说，荷兰人在德兰士瓦、奥兰治自由邦和开普敦抢
走了工作，而被赶走的那些人其实能力并不差，这样就破坏了
阿非利卡人的团结。出于以下几个原因，约翰内斯堡及其周边
地区的人对荷兰人十分反感。在金矿开采业中，主要讲英语的
以及亲英移民将荷兰人视作克鲁格的心腹，正是由于这些人，
他们一直被视作"二等公民""外国人"，布尔人称呼他们为
"老外"。[63]

其实，综合考虑的话，这事怨不得在德兰士瓦的荷兰人。
首先，他们人数很少。另外，他们在某些领域，比如教育、教
会，以及最明显的，在政府服务部门的高级职位上，所占人数
很多。在国家秘书处和教育部门的公务员中，有15%至20%
的人说荷兰语。他们有的处在关键的行政岗位上，因此很显
眼，莱兹就是一个很好的例子，这无疑让人觉得，在比勒陀利
亚，有一个荷兰势力小团体。[64]

* * *

当然还有最有力的荷兰背景的荷兰－南非铁路公司这一因素。正是这个发展势头强劲的铁路公司助长了反荷兰情绪。1890 年 3 月，兰德有轨电车建成通车，任命了新的董事，而这一切都不能改变什么。格里特·米德伯格曾在德国和英国进修学习，是一位经验丰富的工程师，也是一位虔诚的加尔文教徒，定期去礼堂做礼拜。无论是在董事会，还是跟工薪阶层的人一起，他都能与人融洽相处。他是一个很会审时度势的人，非常擅长在不同场合跟不同的人打交道。但是就算是他，也无法提升公司形象。

有一部分原因是，他手下有一大批荷兰人，而他们的道德标准和行为准则皆与布尔人有差异。但是在当时，在荷兰招聘员工的时候，虔诚和节制并非招聘中格外关注的素质。事实上，这一切的背后是经济和政治上的竞争。这个公司拥有一项特许权，是整个德兰士瓦最为人梦寐以求的特许权之一，多年来，这也一直是争论的焦点。开普殖民地和纳塔尔想要向北扩展自己政府的铁路线，直至与德兰士瓦的铁路接轨。运费由一家垄断的铁路公司说了算，在兰德的外国人只能眼睁睁地看着，却无力改变什么。众所周知，这家公司的背后正是克鲁格——当然还有莱兹。总统寄希望于铁路公司，而铁路公司已然成为他建立独立出海通道的想法中最有力的工具。通往印度洋的铁路将成为德兰士瓦的命脉，是独立发展的驱动力，它将会使其脱离英国控制；它与阿非利卡人争取团结的斗争无关，也不归矿业巨头掌控。无论从哪一方面来讲，建立这家铁路公司都是一种政治冒险。[65]

因此，铁路公司也是政治斗争中的一枚棋子，到了 1890

年，有关它的利益交换也就逐渐出现了。在莱兹受到人身攻击的同时，这家公司也陷入了水深火热之中。不出所料，副总统朱伯特在其中未起到什么好作用。在两封冗长的公开信中，他对公司经营提出了质疑。克鲁格意识到，对此他绝不能袖手旁观，必须做点什么。从某种程度上来看，这些批评和质疑有其合理性。为了减弱反对派的气势，他们不得不做出让步。

克鲁格和莱兹一起会见了米德伯格，讨论了修订铁路特许权事宜。经过几周的艰苦谈判，加上与阿姆斯特丹方面反复的电报沟通，这件事终于得到了解决。一方面，公司权力受到限制。国家在确定运费、修订路线方面有了更多的话语权，同时，东线的最后完成期限被提前至 1894 年 12 月 31 日。此外，公司必须承诺新建一条南线，从比勒陀利亚经约翰内斯堡到达瓦尔河，并与布隆方丹方向过来的开普线相连。最终，荷兰 – 南非铁路公司失去了修建所有地方铁路线的优先权。作为补偿，它独享修建与其他国家相连的铁路主干线的权利，其中当然也包括南线的德兰士瓦段。东线也将增加一条支线，通往巴伯顿。

新的特许权是双方博弈的结果。一方面，对于荷兰 – 南非铁路公司来说，它会面临更加严峻的企业风险。现在，时间更紧迫，而需要铺设的里程更长了。另一方面，政府则以关键的政治目标为筹码：约翰内斯堡必须先连接到洛伦索马科斯，然后才能连接到开普殖民地的任何港口。这场博弈的成果是让一场政治风暴得以平息。一如往常，国会对修订后的让步草案进行讨论。在克鲁格的家中，国会特别委员会仔细研究了这个草案，在那里，老总统连珠炮般地与委员会成员争论，甚至是恐吓、谩骂他们，直到他们让步，同意他的要求。1890 年 6 月 25 日，国民议会通过了修订后的特许权条款。[66]

对于克鲁格来说，把自己的意志强加给比勒陀利亚以外

55

的地方绝非一件易事。1890年末，国际金融界面临一场危机，而这场危机一直持续到1892年。在那段时期，很难获得贷款。投资者们抱紧了钱袋子，不愿放款。铁路公司由于需要在更短的时间内铺设完更长的铁轨，急需大量周转资金，却偏偏赶上这场金融危机，这对公司来说可谓重大挫折。与此同时，兰德的金矿开采业遇到了黄铁矿的问题，亟待解决。事实证明，在一定深度下，使用汞来提取黄金的效果变差了。在实验室里，人们发现使用氰化钾作为替代品有比较好的效果，但是仍需大量时间来改良生产工艺。1890年和1891年的收益远低于预期，这意味着德兰士瓦也陷入了困境之中。因为主要收入来源骤减，政府无法维持过去几年那样大手大脚的花钱方式。

但克鲁格却迟迟没有意识到事情的严重性。在他看来，铁路公司的麻烦似乎还不够，甚至到了1891年7月的时候，在法国男爵尤金·奥本海姆（Eugène Oppenheim）的劝说下，他还打算开始一项新的冒险活动，即建设塞拉蒂铁路，连接靠近莫桑比克的东线和塞拉蒂金矿。他甚至允许奥本海姆代表国家去欧洲寻找投资者。莱兹对此强烈反对。尽管这条铁路有助于以他的名字命名的城市莱兹多普的开放，但是他内心的不安最终战胜了虚荣心。通过比尔莱特·范·布洛克兰，他对奥本海姆进行了调查，发现他四处"兜售政府贷款"，且在此过程中"对我们国家的信用等级造成了不可挽回的损害"。克鲁格听闻后，大发雷霆，对莱兹极为不满。奥本海姆事件导致两人之间发生了迄今为止最为激烈的冲突。不久后，莱兹就此事写信给比尔莱特·范·布洛克兰。信中写道："在这糟糕的一幕发生后，我几乎想要递交辞呈。"但他没有这样做，而且最终，还是他胜出了。奥本海姆被告知，他必须停止进行那些见不得光的交易。[67]

然而，要想解决财政问题，还需要想其他办法。铁路公司深陷麻烦，处境艰难。最紧迫的问题在获得一批贷款后得以解决，但是，铁路公司仍未获得它急需的长期贷款。到了 1891 年 11 月，公司资金已经消耗殆尽。它该何去何从呢？

7　罗德斯公司

比勒陀利亚，1892 年 7 月

转机来自一个意想不到的方面。在 1891 年 11 月，任何人如果预言铁路公司能被罗德斯、罗宾逊和罗斯柴尔德拯救，都会被认为精神失常了。但仅仅在半年以后，铁路公司真的起死回生了。荷兰－南非铁路公司是克鲁格的独立宏图中最重要的标志性工程，由于有了英国投资者注资，公司得以运营下去。这事好像完全说不通，在当时，人们听到后更是觉得难以置信。

米德伯格不在公司的那段时间，总工程师 W. 费尔韦（W. Verwey）是公司在比勒陀利亚的最高负责人。而吸引英国人投资，完全是他万般无奈之下铤而走险的一招棋。1891 年 12 月初，一份发自阿姆斯特丹的电报带来了糟糕的财务消息，看到消息后，费尔韦"陷入了失眠"，除了求助开普殖民地，他别无选择。根据他自己的说法，这是为了"保全公司荣誉以及个人名誉"。这个主意本身并没有什么不对。开普殖民地对建成南线表现出了极大的兴趣。与此同时，在开普敦，有一个很有影响力却对克鲁格冷漠至极的人。

1885 年 1 月，在维尔蒂恩斯图姆和布莱尼纳特堡，塞西尔·罗德斯第一次与克鲁格和莱兹见面后，就再也没有闲着过。1888 年，他吞并了金伯利与他有竞争关系的最后一个公司，建成戴比尔斯联合矿业公司，垄断了钻石行业。1889 年，依据一份皇家特许状，他与经常合作的商业伙伴共同成立了不列颠南非公司（BSAC），该公司在德兰士瓦以北的大片领土上拥有几乎相当于主权的权力。1890 年，在扬·霍夫迈尔（Jan Hofmeyr）和南非白人联盟的支持下，他成为开普殖民地的总督。此后，罗德斯担任了三个截然不同却都十分关键的职位（由此看来，涉及处理利益冲突这样的事，莱兹比起他来还是个新手），但在每个职位上，他都热衷于扩张大英帝国。他的梦想是将整个非洲大陆都并入帝国的版图。他目前的围猎范围是整个南部非洲。[68]

在罗德斯的宏图伟业里，英国统治下的南非联邦是容不下一个正努力争取独立的、不听话的布尔共和国的，尤其是在这个共和国成为该地区的经济中心之后。在兰德发现黄金后，布尔共和国成了关注的焦点。如此一来，再也不能继续忽视、躲避或孤立德兰士瓦了。这里已经成了一个必须考虑的因素。所有金矿已经掌握在臭味相投的巨头手中。此时，如果罗德斯能控制德兰士瓦与外部世界的联系，他就能将德兰士瓦控于股掌之间了。1890 年克鲁格同意让步，建设南线，至此，罗德斯等于迈出了实现宏图伟业的重要的第一步。如果铁路公司按照合同规定，履行建设德兰士瓦段的义务，且公司能够正常运营，建好的铁路会将开普敦以及殖民地的其他港口，包括伊丽莎白港、东伦敦等，与约翰内斯堡相连。

对罗德斯来说，还有另外一种选择，那就是，铁路公司资不抵债，宣告破产，这样就能为一家新公司，最好是英属公司的发展扫清障碍。但是，如果同意费尔韦的要求，也是有一定可行性的，他会帮助铁路公司走出财政困境。这样做的原因有三点。

首先，还存在另一个竞争者，那就是纳塔尔。纳塔尔也是英国的殖民地，这一点不假，但是，正如开普殖民地一样，它也有自己的行政权、经济政策和港口等。在开普殖民地，东伦敦是距离约翰内斯堡最近的港口，但与其相比，德班与约翰内斯堡的距离更近，路程少了 300 公里。此外，以德班为始发地的铁路线，已经延伸到德兰士瓦边境，而纳塔尔也一直急切地向克鲁格示好。如果铁路公司破产，克鲁格可能会选择建设连

58

接德班的线路，而不是接上开普线。

第二个原因是，除了南线之外，罗德斯还有另外一个选择，至少在他看来是这样的。他野心勃勃，想要买下葡萄牙人在东线的最后一段，并将洛伦索马科斯纳入其中。葡萄牙人此时手头拮据，而罗德斯在伦敦金融城找到了足够的资本，且热情洋溢地计划将其购入，这也就意味着他可以一劳永逸地控制德兰士瓦。但是，为了使投资得到回报，还必须修建一条东线。

当然，还有第三个原因。在铁路公司处于弱势的情况下，他能够对其提出更多的要求，例如有关南线运营的一些方面。综合考虑下来，目前的机遇非常不错。因此，开普公共工程专员詹姆斯·西韦赖特（James Sivewright）获准与费尔韦进行谈判。阿姆斯特丹方面也表示支持。会谈非常简短，但进展顺利。1891 年 12 月 10 日，西韦赖特和费尔韦达成一致意见。开普殖民地将提供至少 30 万英镑的建设资金，总额将达 55 万英镑。开普铁路公司将从两方面获益，一是持有荷兰－南非铁路公司的债券，二是在东线竣工前，负责运营德兰士瓦境内的南线。

这一结果对荷兰－南非铁路公司来说，苦涩无比，对克鲁格和莱兹来说，令人失望至极，但是他们别无选择。而这仅仅是开始。开普殖民地提供的资金是用于建设南线的。相比于南线，东线更长，且需要更多的资金。1892 年 2 月，铁路公司呕心沥血，想方设法从荷兰和德国的银行家手中获得了额外的 60 万荷兰盾贷款。然而，德兰士瓦政府别无他法，只能向"兰德贵族"J.B. 罗宾逊求助，以增加其公司股份为条件，获得了 10 万英镑的贷款。

然而这些贷款也只是杯水车薪。资金缺口仍旧很大，如此大额的资金只有欧洲国家才能负担得起。国家银行行长 W. 科纳佩（W.Knappe）作为德兰士瓦政府的长官代表，与铁路公司主管一同前去寻找投资。几个月后，科纳佩带着第一笔投资归国。这笔投资来自伦敦金融城显赫的罗斯柴尔德家族。这无疑与大家期待的不符，而大家为之失望的原因也很简单。

该银行在金伯利和约翰内斯堡都有着十分可观的收益，与罗德斯合作密切，对该地区以及兰德的经济发展了如指掌。1892 年春，由于发现了采用氰化钾的工艺，金矿开采业重新步入正轨，并且有望再创辉煌。罗斯柴尔德家族非常自信地向南非共和国提供了它想要的大量贷款——250 万英镑，条件是"这笔钱只能在南非共和国境内使用"。这一条款是罗德斯谨慎提出的。德兰士瓦人显然不想因为投入这笔钱而失去洛伦索马科斯。

而且这种情况也确实没有发生。比勒陀利亚几乎把这笔钱全都用在了购买铁路公司的股份以及为其发放贷款上。为了这些事，克鲁格和莱兹必须得到国民议会的批准。讨论罗斯柴尔德贷款的事情被安排在 1892 年 6 月底，但在那之前三周，他们就遇到了第一次考验，莱兹面临的考验尤其严峻。

他作为国务秘书的任期即将结束，在 6 月初，国民议会就他是否可以连任进行了投票。这可不是走个过场而已。大量的备忘录对莱兹个人和他的工作进行了强烈批评。两年前他写给施穆尔的信被曝光，各类批评纷至沓来，而此时，他的批评者又老调重弹，重新拿这件事做文章。主要的问题还是他不怎么去教堂，以及他"荷兰式"做事方式，但更重要的是，国务秘书和铁路公司政府专员这两个角色存在利害关系。莱兹别无选择，只能辞去专员一职，这才彻底结束这场争论。他以 20 票对 3 票再次当选国务秘书。关于罗斯柴尔德贷款的议案，免不了又是一通威逼利诱，最终获得了通过而未做改变。1892 年 7 月初，合同在德兰士瓦政府公报上公示。莱兹的政治生涯得以延续，铁路公司也可以继续运营下去。[69]

* * *

罗德斯仍旧不知疲倦地继续奋斗。他有那么多事要做，而时间又那么有限。钻石、黄金、政治权力，对一个还不到40岁的人来说，已经够多了。但他并不满足，他想要更多——更多的铁路、另一个港口，但他最渴望的还是更多的（最好是无限多的）土地，以实现他无尽的梦想。讽刺杂志《笨拙》（*Punch*）把他描绘成一个现代罗德斯巨人，与古希腊岛罗德斯岛太阳神巨像同名——这个古代巨人叉开两腿，一脚踩着开普敦，一脚踩着开罗，先是掌管了电报系统和铁路，后来直接吞并了非洲。他有句名言：“如果我可以的话，我会吞并各个行星。”相比之下，仅仅吞并一个大陆就算不得野心勃勃了。

因此，他的目标是继续向北，深入内陆。贝专纳兰在1885年被纳入英国的统治范围，而这里仅仅是一块垫脚石。罗德斯已经把目光投向了这片领土之外的林波波河以北一望无际的大草原，据说《圣经》中提到的俄菲（Ophir，产金地，出于《旧约·列王记》）就在那里；所罗门国王的金矿也在那里，再往东北部，也被称为“马绍纳兰”。抱着发财梦的人梦想着在那里一夜暴富。相比之下，兰德就显得无足轻重了。罗德斯迫不及待地想要占领这个国家。但是有一个问题（实际上是两个问题）亟待解决。

首先，不巧的是，这片土地有人居住。恩德贝勒人自19世纪30年代末南非开拓者把他们赶出德兰士瓦后，就一直居住在这里。国王姆济利卡齐退位之后，他的儿子洛本古拉（Lobengula）即位。他王国的首都是布拉瓦约（Bulawayo），在那里，他名义上统治着一块大致相当于现在津巴布韦大小的国土。他的权威或多或少得到了当地居民的认可，其中包括修纳人（Shona）。据他的白人访客说，洛本古拉是一个引人注目的人物，持此看法的人不在少数。罗德斯派出使者前往，所有使者回来后，都将其生动地描述为一个残忍但迷人的暴君，"极类兽族"，然而带着"迷人之微笑"，身材肥硕，但"浑身上下王气十足"。有些人带着签署的协议回来了，这确实是罗德斯想要的。1888 年 10 月，他信任的商业伙伴查尔斯·拉德得到了签署的文件，这是他一直渴望的。为了换取 1000 支配有弹药的马蒂尼 – 亨利步枪、一艘在赞比西河上航行的汽船，以及每月 100 英镑的津贴，洛本古拉放弃了本国所有矿产资源的专有权。从法律上讲，这份合同漏洞百出，但是罗德斯不以为意。他获得了想要的特许权，一年后，他的不列颠南非公司获得了皇家特许状，使他在马塔贝莱兰和马绍纳兰拥有了相当于主权的权力。[70]

如此便解决了其中一个问题。另一个问题与布尔人有关。克鲁格 16 岁时，曾帮助恩德贝勒人把姆济利卡齐赶出了德兰士瓦，在他看来，这使他和恩德贝勒人之间建立了一种持久的纽带。1884 年《伦敦公约》规定了德兰士瓦东部和西部边界，但该公约对北部边界只字未提，所以克鲁格认为自己可以自主与恩德贝勒签订条约。他也是这么做的。1887 年，彼得·格罗伯勒（Pieter Grobler）代表南非共和国与洛本古拉签署了和平友好协议。由此，克鲁格手中也有一份文件，他认为这份文件赋予了他某些权力。1888 年 7 月，领事格罗伯勒在贝专纳兰边境附近被杀，他认为自己有权获得某种形式的补偿。克鲁格确信罗德斯就是幕后黑手。此事在赔偿格罗伯勒的遗孀后得以解决，但背后的法理问题却未得到解决。在林波波河以北的土地上，谁拥有最高的话语权？

1890 年 1 月，谣言四起，传闻德兰士瓦的一群布尔人准

61

备长途跋涉去马绍纳兰。局势紧张起来，而且还可能进一步升级。新任高级专员亨利·洛克（Henry Loch）爵士刚刚抵达开普敦，他坚持要求克鲁格想办法结束这些人的远征。克鲁格与亨利爵士的前任海格力斯·罗宾逊爵士起初关系不太好，但后来还是建立了良好的关系，此时他希望与亨利爵士也能友好相处。克鲁格邀请他来参加一个私人会晤，罗德斯也在受邀人之列。莱兹最近刚从欧洲度假回来，也将和克鲁格一起前去。

这次会议的地点与五年前相同，当时，克鲁格和莱兹关于歌珊共和国和斯特拉兰共和国的谈判未能成功。这次会晤史称"布莱尼纳特堡会议"（Conference of Blignautspont）。这个名字听起来来头很大，实际上却并非如此。在 1884 年 11 月至 1885 年 2 月举行的柏林会议上，西方外交官瓜分了非洲大陆，那才是一次真正的大会。1890 年 3 月 12 日和 13 日，布莱尼纳特堡会议是在草原上的一个小地方举行的，说白了就是四个白人在帐篷里的聚会。这是非洲争夺战的微缩版。值得注意的是，与这些利益休戚相关的黑人领袖是缺席的，包括马塔贝莱兰和马绍纳兰的洛本古拉国王，斯威士兰的恩瓦内五世国王（King Ngwane V，也被称为 Bhunu），以及宗加兰的桑巴内（Sambane）和姆比基扎（Mbikiza）酋长。

他们的命运因克鲁格早些时候表达的一个想法而联系在了一起，后者希望在布莱尼纳特堡将这个想法正式化。他希望德兰士瓦在斯威士兰和宗加兰，包括戈西湾能够不受控制，为了争取英国同意，他准备放弃在林波波河以北的所有权力。这样的条件对洛克来说是不可接受的。他的灰色长胡子十分引人注目，甚至可能会被误认为是布尔人的领袖，但他一开口就露馅了，因为他的口音完全不像布尔人。莱兹形容他"和蔼可亲，脾气暴躁，带有沙文主义倾向"，并且过于依赖"由反感上司的下属所提供的信息"。[71] 洛克根据现成的公约草案，提出了与之针锋相对的方案，其中针对德兰士瓦提出的条款对德兰士瓦较为不利，且没有谈判的余地。

洛克无可商量的态度激怒了克鲁格，他说他必须征求执行委员会和国民议会的意见。结果，他们在布莱尼纳特堡没有达成任何协议。经过几个月的讨价还价，双方终于在1890年8月2日达成一致。莱兹一直持保留意见，仍旧不赞成这笔交易，但是要想得到一条独立的铁路线和港口，这是克鲁格必须付出的代价。根据协议，德兰士瓦需放弃在马塔贝莱兰和马绍纳兰的所有权力，并同意将英国殖民铁路系统延伸至其边界。作为回报，对于布尔人在斯威士兰获得的所有特许权，英国将承认其有效性，这些特许权将由双方共同管理。德兰士瓦获得的权力，实现了克鲁格的主要目标，即在斯威士兰和宗加兰购买土地，只要足够建造一条铁路线和一个港口即可。但有一个附加条件，即在购买土地后，德兰士瓦将加入英属殖民地和奥兰治自由邦之间的关税联盟。[72]

根据这一协议，每一方都有所收获。罗德斯得以继续经营不列颠南非公司。1890年7月，甚至在公约签署之前，他就派出了一支先遣队，其中包括很多"高贵的年轻人"，前往遍地黄金的北方。罗德斯知道他们定会满载而归。9月中旬，他们到达了目的地，那是马绍纳兰的一座小山。他们以英国首相"索尔兹伯里"的名字将它命名为索尔兹伯里堡，升起了英国国旗，高喊了三声"维多利亚女王万岁"，这片领土就这样被英国吞并了。然而很不巧，罗德斯和他的先遣队员所梦想的财富无处可寻。伦道夫·丘吉尔（Randolph Churchill）勋爵是一位有影响力的保守派政治家，也是不列颠南非公司的股东，他特地从伦敦赶来查看一番，但无奈的是，马绍纳兰既不是世外桃源，也不是黄金国。

这块地的价值不大，只能把上面的土地分出去，或者卖给出价最高的人，否则毫无用处。罗德斯事务繁忙，所以他决定把这件事交给"吉姆医生"去做。"吉姆医生"，本名利安德·斯塔尔·詹姆森（Leander Starr Jameson），出生在苏格兰，既是个医生，又是个冒险家。他十分固执，做事常常不计后果，但他却十分合罗德斯的心意。正如人们期待的一般，他解决了恩德贝勒问题。洛本古拉为了避免冲突，向维多利亚女王寄信，并派遣使节拜访，多年来想方设法维持自己的政治地位。1893 年 11 月，他的任期结束。詹姆森假以托词，带着1000 多名装备着最先进的马克沁机枪的士兵，想要干掉洛本古拉。恩德贝勒部族的长矛，甚至他们的马蒂尼－亨利步枪都远不及马克沁机枪。洛本古拉从布拉瓦约逃走，自杀身亡。马塔贝莱兰更名为罗得西亚，马塔贝莱兰这个名字很快就被遗忘了。[73]

将整个国家以个人的名字命名，这一伟业就连克鲁格都没有做到。1890 年 8 月的公约，赋予德兰士瓦对斯威士兰的联合控制权，在部分条件限制下，德兰士瓦获得了一条走廊，通过这条走廊，可以修建一条铁路，通往宗加兰的戈西湾。还有很多事情要讨论，与其说是和斯威士人（Swazis）和宗加人讨论（他们只能眼睁睁看着面前发生的事情），不如说是和开普敦和伦敦的英国殖民当局讨论。谈判拖了好几年。亨利·洛克爵士是最难对付的人。最后，负责殖民地事务的大臣里蓬（Ripon）勋爵同意了布尔人的要求。1893 年 11 月，德兰士瓦控制了斯威士兰，1894 年 12 月，斯威士兰被吞并，年轻的国王恩瓦内五世只能认命。通往海岸的大门终于被打开了，一个独立的港口似乎触手可及，这倒是克鲁格一个不大不小的功绩。

但随即，在亨利爵士的主导下，大门几乎被封锁，对此，就不用说克鲁格他们有多失望了。很快，洛克高级专员的任期结束了，但是他后面要做的一件事会让克鲁格心生不快，就像五年前他和克鲁格在布莱尼纳特堡第一次见面时那样。这一次，亨利爵士坚持要迅速吞并与宗加兰、桑巴内和姆比基扎邻近的土地。里蓬勋爵认为这是一份合适的离任礼物。1895 年 3 月 16 日，宗加兰被正式吞并。莱兹痛苦地记录说，在让人产生了如此高的期待后，它又立起了"一堵墙，把斯威士兰与大海隔开，如此一来就把南非共和国变成了内陆国家"。[74]

64

* * *

现在一切的希望都寄托在东线上了。1892 年 7 月获得罗斯柴尔德家族的贷款之后，钱不再是最大的问题，即使在 11 月，阿姆斯特丹和柏林的金融市场反弹，钱也完全不是问题，另一笔 3100 万荷兰盾的贷款直接支付给了荷兰 – 南非铁路公司。公司得以摆脱困境，继续发展。这不啻一件好事，因为在技术、后勤和最重要的人事等方面，问题已经够多了。董事米德伯格和费尔韦的继任者、总工程师布鲁宁（Breuning）忙得不可开交。南线迅速完工，在 1893 年 1 月 1 日投入使用。如今，火车从比勒陀利亚和约翰内斯堡可以直达开普敦。

在政治上，东线仍然是令德兰士瓦政府头痛的问题。在 1893 年 2 月的总统选举之前，这条"荷兰"铁路以及与之相关的一切，都是这场激烈竞选的中心问题。副总统皮埃特·朱伯特在 1883 年和 1888 年曾两次是克鲁格的竞争对手，但这次他的胜算很大。这是一场势均力敌的竞争。据克鲁格的这位手下败将说，克鲁格动用自己的政治关系和强大的说服力，甚至不惜违反游戏规则，最终以 7911 票对 7246 票的微弱优势获胜。显然，克鲁格绝非高枕无忧。

他和莱兹必须牢记这一点，尤其是在处理对外贸易事务的时候。从外交角度来看，东线从一开始就是一个棘手的问题。这是一条由德国和英国投资的荷兰铁路，在德兰士瓦地区的一个英国城市和葡萄牙的一个港口之间运行。此外，他们还要与位于南、西、北方的邻居，即强大的罗德斯抗衡，后者决心要最终控制这条铁路中属于葡萄牙人的那段，从而也成为他们东边的邻居。莱兹的权力处处受到掣肘，但他还总是不得不想出一个万全之策来应对。虽然他不再是政府专员，但他仍然是德兰士瓦政府管理铁路的官员。

因为与铁路公司及其海外利益相关者的所有沟通都是通过国务秘书办公室进行的，所以莱兹的公文和私人信件中记录了公司发展的起起伏伏。通过这些文件可以得知，在 1893 年春天，莱兹对铁路公司，特别是对其管理层很是不满。首先，在德兰士瓦政府从罗斯柴尔德那里得到贷款后，他期待人们能理解做到这一点是多么不容易。但在 1892 年 11 月收到第一笔贷款后，该公司花了数月时间就罗斯柴尔德贷款的条款讨价还价。此外，莱兹认为是时候将总部从阿姆斯特丹迁至比勒陀利亚了，因为这样能使公司运转更加高效，改变管理层只关心欧洲股东的现状。莱兹认为，公司也该关注德兰士瓦的国家利益。他曾一度考虑采用一种完全不同的公司架构，即与英国殖民铁路公司合并为一家国有企业，但他很快就放弃了这个想法。1893 年下半年，他和公司的关系恢复正常。就总部应设在何处的问题上，各方达成了一致。范·登·沃尔·贝克将继续在阿姆斯特丹经营，但一直在欧洲和南非之间奔波的米德伯格要从 1894 年初开始在比勒陀利亚办公。[75]

莱兹向人们明确表示，对此他必须权衡各方的利益关系。铁路公司在经济上依旧发挥着举足轻重的作用，但德兰士瓦的政治利益更重要。他还透露，第三方纳塔尔也开始"争夺南非兰德"，他还要考虑外交方面的影响。

　　德兰士瓦和开普殖民地之间的协议，反而加强了另一个英国殖民地在德班和约翰内斯堡之间建立直接联系的决心。纳塔尔不遗余力地延伸其铁路线，最远至边境的查尔斯城（Charlestown），并警告道，如果无法按预期延伸铁路线，将考虑与开普线相连。这种可能性的确存在。在纳塔尔的莱迪史密斯和奥兰治自由邦的哈里史密斯之间，早已存在一条铁路线，想要接上它们并不困难。但如此一来，德兰士瓦就会受到影响，两个英国殖民地的经济合并不会使它受益，但这两个英国殖民地各自的竞争对手的合作却能实现这一点。最终克鲁格和莱兹认为，相比于东线预计的收入损失，政治上的合作更为重要。他们最终向纳塔尔妥协。国民议会也批准了。该协议于1894 年 2 月签订。这一次，德兰士瓦将第三条铁路线延伸到它的边界之外，至东南部的德班。

　　当然，荷兰－南非铁路公司还有很多事情亟待解决，而新竞争者的出现更是给公司笼罩上了乌云，唯一值得欣慰的是，它也能运营这条新线路，但是必须将运营情况告知直接或间接参与的外部各方，包括纳塔尔、奥兰治自由邦和葡萄牙。每一方对此事都得到了精心打造的说辞：德兰士瓦别无选择，而且如此一来，另外两条线路不会受到影响。莱兹在当地和里斯本对公司的情况进行了解释，整个过程中他表现出了令人钦佩的外交能力。在这趟欧洲之行中，他还在 1894 年 1 月短暂访问了柏林。事实证明，他的这一招很高明。年轻的皇帝威廉二世（Kaiser Wilhelm Ⅱ）接见了他，对整个项目表现出了浓厚的兴趣。1894 年 9 月，当东线几近完工时，所有人都对德兰士瓦的三条线路系统感到满意。

　　真的是每个人都满意吗？塞西尔·罗德斯做事情历来我行我素。也是在 9 月，报纸宣布他收购了洛伦索马科斯。以前也流传过这样的谣言，但现在看来，是确有其事了。与此同时，

66

加沙（靠近莫桑比克和新建立的罗得西亚边境的地方）国王贡贡哈纳（Gungunhana）正准备进攻洛伦索马科斯港。此外，英国驻洛伦索马科斯领事允许水手在那里登陆。这些肯定不是巧合吧？这看起来很可能是一场充满敌意的收购。洛伦索马科斯和比勒陀利亚都紧急发来了电报。远在柏林的德皇下令，派遣三艘军舰驶往德拉戈亚湾。[76]

8 生命线路

洛伦索马科斯，1895 年 7 月

结果是虚惊一场。可无论如何，英国人坚称他们的意图是高尚的。对于这件事，莱兹有他自己的想法。他注意到，在外交上英国人已经跟德国人有了芥蒂，这一点令他感到满意，因为这对德兰士瓦是有利的。如此一来，这片赛场上就出现了一个新的选手，就连"强大的英格兰"也不得不重视起来。克鲁格一直把希望寄托在德国的崛起上，现在时机似乎已经成熟，他可以加强与这个强大盟友的关系了。

德皇威廉二世做事不需要外人太多的鼓动。此前一段时间，他已经把普鲁士的"老领航员"俾斯麦一脚踢开了，现在由他亲自掌舵。他为人自负而冲动，这一点在面临冲突时表现得最为明显。威廉二世的小名是"威利"，欧洲一半的国王都是维多利亚女王的亲戚——他是女王的孙子。但对他来说，水比血浓——这里的水指的是七大洋的水（这可一点儿也不假），在七大洋，英国皇家海军已经称霸很长时间了。威廉二世想要建立自己的舰队，想要给德国一个"阳光下的位置"，想要自己在国际政治舞台上发挥领导作用。南部非洲看起来是实现这一宏图的很好的起点。

这些迹象让比勒陀利亚方面松了一口气。1894 年 1 月，莱兹访问柏林时，曾提到过德皇对他们这边的事务感兴趣。他在一年一度的啤酒节上受到了热情的接待。他回忆当时的场景说："皇帝跟我说过两次话，皇后也跟我说过一次话。"德皇让他转达对克鲁格总统的问候，以及他对"快速完成德拉戈亚铁路"的良好祝愿。此时正好趁热打铁，宣布东线正式开工。莱兹向国民议会建议说，此时正是一个机会，可以邀请"德国和荷兰在德拉戈亚湾的战舰作为代表"，展示"政治姿态"。他认为，此事也可以欢迎法国参加，尽管该国与威廉二世统治下的德国关系紧张。最后，他们决定只邀请那些在这条铁路上有资金投入的国家，这些国家包括英国和东道国葡萄牙。如果有这些国家的代表在场，德国军舰出现所造成的影响会更大，莱兹向比尔莱特·范·布洛克兰解释说："这种露面对我们来说并非没有政治意义。"[77]

邀请函于 1894 年 7 月发出，庆祝活动将在一年后举行。本来可以更早举行庆祝活动的，因为东部铁路线于 1895 年 1 月 1 日就能投入使用，但当时正值盛夏，洛伦索马科斯的天气热得令人难以忍受，因此，在这个季节邀请这么多政要出席活动并不明智。而且无论如何，安排在次年的 7 月（南半球的冬天），还会给准备工作留出更多的时间。这样的安排很符合莱兹的意愿，使他在履行日常职责的同时，能够有足够的时间组织这次活动。他认为他的任务之一是向共和国的新盟友通报德兰士瓦的宪法地位。此外，最重要的一点是英国宣称对这里拥有宗主权。在莱兹看来，随着 1884 年《伦敦公约》的签订，这种情况就终结了。但"宗主权"这个恶毒的字眼仍在英国政府的圈子里流传。他向柏林递交了几份附带官方文件的备忘录，以说服德国政府，让其相信德兰士瓦的宪法地位是正确无误的。面对更广泛的公众，他在《科尔尼什日报》（*Kölnische Zeitung*）上发表了一篇文章，简述了备忘录的内容。

克鲁格还以自己独特的方式，采取措施加强与德国的关系，尤其是与德国国家元首的关系。对英国要接管洛伦索马科斯的威胁，威廉二世做出了不惜一战的回应，这一点给克鲁格带来了一些好处。几个月后，在 1895 年 1 月 27 日，克鲁格利用德皇生日的机会回礼。在比勒陀利亚举行的由法国领事弗朗茨·冯·赫夫（Franz von Herff）主持的晚宴上，他向德皇敬酒，然后用典型的克鲁格式寓言发表了演讲。把德兰士瓦描绘成一个已经长大穿不下旧衣服的孩子，但没有从英国那里得到新衣服。德国人明白德兰士瓦正在成长，需要更大号的衣服，对此，正在成长的这名年轻人深表感激。这个故事其实是受了《圣经》的启发，通过比尔莱特·范·布洛克兰，克鲁格收到了德皇的感谢电报，并保证他将提供"持久的支持"。[78]

两国元首之间的友好关系在 1895 年 7 月 8 日至 10 日的庆祝活动中得到确认。当地和外国的官方来宾在比勒陀利亚碰面，然后乘坐装饰华丽的火车向东进发。他们走了 560 公里，穿过了高地草原、低地草原，然后迎来了最激动人心的时刻：抵达海边的洛伦索马科斯。对克鲁格来说，这是一个荣耀无比的胜利。他的梦想终于实现了。从 1883 年就任总统开始，他就为这个"伟大的事业"而奋斗。他的前任伯格斯曾陷入困境，而他坚持了下来。这个过程无比艰辛，中途许多人都失去了信心，但是大海、印度洋、他的救赎之地，此刻就在他面前。德兰士瓦终于有了一条通往外界的生命线，而且一艘德国军舰就在这个港口阅兵。军舰上还有来自德国皇帝的贺电。冯·赫夫夫向莱兹担保，这封电报"申明德国永远不允许德拉戈亚湾落入英国手中"。[79]

在总结庆祝活动的时候，莱兹称这是个"巨大的成功"。这也是他的胜利，是对他坚持不懈的奖励。不过，就个人而言，他的精神状态并不是很好。他工作太过努力，身体不舒服已经有一段时间了，家里人的身体状况也不尽如人意。露易丝一直受到"剧烈头痛"的困扰，曾去德班休养了几个月。因为她的身体状况，莱兹错过了前两天的庆祝活动，"因为我儿子身体不舒服，医生建议我不要离家"。好在露易丝很快就康复了，莱兹在时间允许的最后一天前往洛伦索马科斯，正好可以赶上陪克鲁格参观荷兰护卫舰"威廉敏娜女王号"（*Koningin Wilhelmina*）。但这次参观很难说是成功的。尽管那些军官的服装正规又好看，但莱兹被他们邋遢的外表冒犯到了。他们"穿着整齐的制服，但是有些人竟然没刮胡子"！在这样庄重的场合下，"总统脸上的胡茬经常让我感到难堪，但与此相比，那都不算什么了"。相比之下，"英国的总督、上将和军官们……他们的状态就不知好多少了"。[80]

但是，撇开个人烦恼不谈，现已投入运营的东线的财务状况相当不错。从 1895 年 1 月 1 日起，德兰士瓦建成了通往大海的铁路，各种好处也随之而来。政治上的好处是德兰士瓦有了与外界联系的渠道，这种渠道不受多管闲事的英国人控制，还让德兰士瓦多了一个似乎能制约英国人的欧洲盟友。

在经济上，这条线路给德兰士瓦政府的行政管理提供了更多的回旋余地，也给铁路公司管理其商业事务提供了更大的自由。除了东线以外，米德伯格和他的同事们与开普铁路公司还签订了合同，合同要求米德伯格等人负责南线，并立即生效。荷兰－南非铁路公司的利润增长迅猛。1894 年底，该公司的盈利达到了 250 万荷兰盾，而且显然，1895 年的利润会继续增加——果然，到这一年年底，营业额达到近 2000 万荷兰盾，利润达 450 万荷兰盾。

这可是一笔数额庞大的资金。站在德兰士瓦的角度看，根据铁路特许权的条款，净利润的 85%，即约 380 万荷兰盾归政府所有——这还不包括政府作为主要股东获得的股息，这是让他们最满意的地方。虽然建设这条铁路花了十多年的时间，但现在铁路终于通了，这份等待是值得的。这个公司的盈利成了德兰士瓦国库最大的收入来源。[81]

不管是在政治、经济还是财政上，东线都给了南非共和国更多的喘息空间，而这个国家的领导人，尤其是总统和国务秘书，心理上也得到了很大的满足。多年来，克鲁格和莱兹都被视作顽固不化、偏袒荷兰人的一派且遭人诟病，但是现在他们

70

终于平反了。独立的出海通道握在值得信赖的人手里——这一直是德兰士瓦梦寐以求的，而且整个德兰士瓦都在受益。

当然了，真的是整个德兰士瓦都受益了吗？在该国的首都以南50公里处还有一处别国的飞地（在本国境内隶属于另一国的领土）。1886年，这个地方还只是一个帐篷营地，然而不到十年，约翰内斯堡就成了一个新兴的大都市，有着10万人口。人们对这里的看法非常不同。在伦道夫·丘吉尔勋爵的妹妹萨拉·威尔逊（Sarah Wilson）夫人的眼中，这是一个"美妙的城市"。街道熙熙攘攘，人们目光中透露着匆忙，人人都忙得喘不过气来，所有这一切都让她想起伦敦金融城的情景。而在南非第一位女性知识分子奥利芙·施莱纳（Olive Schreiner）的眼中，它是一个"巨大的、魔鬼般的、地狱般的城市"，这个城市可说是金玉其外，败絮其中，这里有宫殿般的豪宅，但也充斥着妓院和赌坊。[82] 城市里到处都是风尘女子。对普通的布尔人来说，约翰内斯堡则是一个完全不同的"星球"，这里的氛围不适合人类生活。

1887年2月，克鲁格第一次访问约翰内斯堡，当时他就不喜欢这座城市，也不喜欢这里的淘金者。此后，他又来过几次，但对这里的厌恶一如既往。1890年3月，他在前往布莱尼纳特堡与亨利·洛克爵士会面的途中，发生了一件不愉快的事。布莱尼纳特堡这个城市平时相对平静，但这个时候正值黄铁矿危机期间，全城处于紧张状态。一群充满敌意的人聚集在一起，在等待克鲁格到来的过程中，伴着"统治吧，不列颠尼亚"和"上帝保佑女王"的口号，撕毁并践踏了德兰士瓦由红、白、蓝、绿色组成的旗帜。要是换作胆量小一点的人，可能就会退缩了，然而克鲁格把这件事当成了一个寓言来讲述。事后，在布莱尼纳特堡，他跟亨利爵士说，那些示威者让他想起自己养过的一只狒狒。那只狒狒很喜欢他，不允许别人碰他。但是有一天，那只狒狒的尾巴戳在了篝火上，它把怨气都撒在了克鲁格身上。约翰内斯堡这些人的行为跟那只狒狒无异。他们参与投机生意，烧了自己的手指，现在却把气撒在了保罗·克鲁格身上。

克鲁格没提那只狒狒后来怎么样了。但很快，人们就发现他对约翰内斯堡的印象非常差。他觉得这里的一些人是狡猾的入侵者，对他们，他能想到的唯一控制办法就是取消或削弱他们的权利。在此之前，外来者在德兰士瓦居住满 5 年后，只要缴纳 25 英镑，就有资格入籍。之后，成年男性就有资格在总统和议会选举中投票。必须指出，这样的规定只对白人有效。与开普殖民地不同，在德兰士瓦，黑人都没有公民权利，不管他们是本地人还是移民。同样，其他有色人种（包括亚洲人）也没有公民权利。莱兹向当时年轻的活动家莫罕达斯·甘地（Mohandas Gandhi，圣雄甘地）解释道："虽然婆罗门的文化是建立在完全不同的理念上，但是卡菲尔人却不会理解这种差异。对他们来说，区别人的种姓很简单：黑人和白人。"[83]

1890 年，克鲁格认为也该给白人群体划分不同的等级了。"外侨"（Uitlander），或者说是"外国人"，这个词已经被普遍接受，但对于未来的新移民来说，他们想成为公民还需要更长的时间。获得公民身份和拥有投票权的等待时间延长到了 14 年，另外投票年龄也提高到了 40 岁。为了减轻这种改变带来的冲击，外侨在来这里四年后，被允许投票选举出自己的议会。这个新的机构有权处理一系列经济问题，但不能处理货币、银行、税收、特许权或者铁路等方面的战略性问题。约翰内斯堡不能有自己独立的议会。那里的居民只能有一个 1887年成立的以荷兰语为官方语言的"卫生委员会"。南非共和国警察［俗称扎普斯（Zarps）］是一支专门为金矿设立的部队，总部在比勒陀利亚，但对这里实施管理。这个机构只招募那些拥有公民权的人，很多都是没有土地的布尔人，或者是"拜旺纳"（bywoner，南非佃农），以及那些"在约翰内斯堡追求财富但没有成功"之人。

1892年8月，外侨成立了德兰士瓦民族联盟，由其倡导人查尔斯·伦纳德（Charles Leonard）担任主席。他在就职典礼上发表演讲时问道："是谁造就了德兰士瓦？是谁带来了经济大繁荣？"答案很明显。"我们！但是，我们却被视为过路人，而且就因为他们比我们早来，我们就没有权利。"民族联盟打算改变这种状况。年复一年，他们向比勒陀利亚提交有数千人签名的请愿书，但都无济于事。得到的唯一回应是，在1894年5月一些来自英国、荷兰和德国的外侨收到传票，让他们参加对德兰士瓦东北部一位非洲酋长的征讨。五位英国"应征者"拒绝了这个邀请。他们被逮捕、判刑，并由武装士兵押送到佐特邦斯堡（Zoutpansberg）地区的战场。

民族联盟将这些人视作自己事业的烈士。他们坚持没有投票权就拒绝服兵役。英国人，包括远在伦敦的英国政府，都被这种制度激怒了。殖民地事务大臣里蓬勋爵派高级专员亨利·洛克爵士到比勒陀利亚商讨此事。亨利·洛克爵士到达之后，克鲁格经历了比四年前在约翰内斯堡更加难堪的情景。在自己国家的首都，也是布尔人的大本营，这位老总统在车站被迫目睹亨利爵士受到热烈的欢迎，这阵仗就像为女王和自己的国家欢呼一般。仅仅是这一点就令人痛心，但更令人痛心的事发生在他们去酒店的路上。人群中有人向总统的车厢投掷了一面英国国旗。克鲁格用手杖挥打，但是没能打落它，国旗竟然落在了他肩上。这一次，他想不出任何有趣的故事来缓解自己的尴尬。

这件事的象征意义不言而喻，不过事情本身却被很好地化解了。与此同时，伦敦要求免除英国公民的兵役义务。莱兹对

72

此表示赞成，主要是因为这件事涉及修改《伦敦公约》，这样他就可以向英国政府提出"修改其他条款"，特别是第4条，这条是英国主张自己领主地位的基础。国民议会也表示同意。将来，没有公民权利的居民花些钱就可以免除服兵役的义务。[84]

但这并没有消除这些外侨的不满情绪。在政治权利方面，他们仍然处于不利地位，但是共和国的经济却是靠他们推动的。金矿行业的工人也属于这种情况，甚至他们的雇主，矿业巨头们也是如此——至少，兰德贵族也是这样想的。这些人组织起来，成立了一个组织，是一个专属的矿业商会，由克鲁格担任名誉主席——他一直都只是名义上的主席。第一个表现积极的主席是来自角屋的赫尔曼·埃克施泰因。在矿业商会内，所有大型矿业公司都设有代表。这些公司对克鲁格和莱兹的不满只限于官方政策的一个方面：经济保护主义，尤其是那个糟糕的特许权制度。但他们反对的恰好是一个最重要的方面。对于开采黄金所需要的一切东西，如劳动力、水、食品、木材、化学品、工具、机械以及最重要的煤炭、炸药和铁路运输方面，矿主们要接受强加给他们的垄断、特许权和关税政策。这些矿主必须得到比勒陀利亚的批准才能得到这些货品。克鲁格的朋友、家庭以及商业伙伴，还有他的荷兰朋友们，构成了紧密的关系网，矿主们都在这张大网的笼罩之下。那些矿业公司认为，对于他们需要获得的一切，他们支付的价钱要比在自由市场上多。而且他们言之有据。

几年来断断续续出现的炸药纠纷就揭示了这一制度固有的弊端。1887年底，爱德华·利珀特从内尔马皮乌斯手中接过炸药的垄断权。特许权的内容是他可以制造炸药，但是不能进口炸药。然而，1892年，有消息称，利珀特的南非爆炸物公司并不是在进口制造炸药的原料，而是直接进口制造好的成品，然后又将这些产品以200%的利润出售给矿业公司。这绝对是个丑闻。克鲁格和莱兹因此受到的打击很大，便将特许权收回了。但这并不意味着利珀特事业的终结。1894年，国民议会经过一次又一次的磋商后，又颁布了新的特许权政策。矿业商会向议会申请了特许权，利珀特也申请了，令所有人惊讶的是，赢得特许权的竟然还是利珀特。南非爆炸物公司又恢复了经营，并垄断了15年的炸药、火药和弹药的生产。几年后，又爆出一桩丑闻，利珀特与世界上最大的炸药生产商之一诺贝尔信托炸药公司（Nobel Trust Dynamite Company，现为德英合资公司）做了一笔交易。那些矿业巨头们又被骗了。[85]

德兰士瓦与兰德之间很快就发生了正面的商业利益冲突。这一次不仅涉及比勒陀利亚和约翰内斯堡，开普敦也卷入其中。严格来说，冲突就是在开普敦爆发的。1895年1月，罗德斯手下的公共工程专员西韦赖特的继任者约翰·莱恩（John Laing）引发了与荷兰 - 南非铁路公司的关税战。

两年来，开普铁路公司运营的南线一直是与兰德联系的唯一铁路，无疑带来了巨大的经济利益。1895年1月1日，东线投入使用，由荷兰 - 南非铁路公司管理，该公司还一并接管了南线78公里长的德兰士瓦区段。预计东南线也将如此——这条线预计年底前完成。这样一来，形势就会彻底变化。到时候，该铁路公司手中就会掌握所有的关键地点，此外，该公司还有一个额外的优势，即它手中的东线和东南线在战略上处于最有利的地位。约翰内斯堡距离洛伦索马科斯630公里，距离德班770公里，距离开普殖民地的三个港口——东伦敦港、伊丽莎白港和开普敦港——则更远，分别是1070公里、1150公里和1630公里。约翰·莱恩想了两个办法防止开普线因竞争而被迫停止运行。一个办法是和铁路公司谈判获得固定的市场份额，比如占通往兰德的铁路运输一半的货物量，另一个办法是让铁路公司降低关税。

铁路公司对五五分成的交易不感兴趣。无论如何，据米德伯格董事说，开普敦那边的人已经没有资格再提什么要求了。范·登·沃尔·贝克也持这样的观点。"我们需要改变策略，不能由着英国人做决定。赚钱是次要的，但如果两个竞争者都认为我们试图掌控局势，他们就会合作。"经过多年的韬光养晦，铁路公司的董事们终于占了上风。他们拒绝出让任何一条线路超过三分之一的股份。[86]

谈判破裂了，之后，约翰·莱恩想尝试备用方案，即降低关税。他没等多久就得到了铁路公司的答复：提高南线德兰士瓦段的税率，至少对来自海外的货物要提高。现在事情越来越棘手了。计划中的下一步更像是倒退。从那之后，来自开普殖民地的货物在到达德兰士瓦边境时都要被转移到老式的牛车上。在那里，牛车可以在威尔荣（Viljoen）和桑德（Sand）这两个浅滩渡过瓦尔河，继续运往兰德。每天都有几十趟。这个过程很耗时，但总体上还算行得通，于是，米德伯格坚持认为德兰士瓦政府应该采取反制措施，克鲁格表示赞成，莱兹也支持他。8月底，克鲁格宣布，从1895年10月1日起，瓦尔河的两个浅滩将不再允许进口货物通过。

这就是"渡口危机"的开始。对德兰士瓦的反制措施，开普敦和约翰内斯堡方面都表示强烈抗议，而他们为外侨反复提出的投票权申请刚刚被驳回。鉴于此，罗德斯想组建个团体压制反对他的布尔人，而且这一次要使用武力。1894年5月，亨利·洛克爵士在动荡的环境下访问了比勒陀利亚，并策划出一个阴谋，即让外侨起义，随后英国殖民军即可进入，进行干预。他将这一想法作为正式提案提交给英国政府，但殖民地事务大臣里蓬勋爵认为这个计划风险太大，予以拒绝。

到1895年8月，情况发生了变化。亨利爵士当时已经70多岁了，身体状况也不好，于是被前任事务大臣海格力斯·罗宾逊取代了。罗德斯对罗宾逊期望不高，也不怕他。另外，里蓬勋爵在选举之后也为新的政治家让路了。

就背景而言，约瑟夫·张伯伦（Joseph Chamberlain）属于内阁里的局外人，在内阁中，担任首相兼外交大臣的索尔兹伯里勋爵周围都是他自己圈内的保守派贵族，包括他自己家族内的人。张伯伦来自以工业著称的伯明翰，是个靠制造螺丝钉发家的自营企业家，满怀壮志进入了政界。他先是担任市长，然后是议会议员，但仍是个坚定的自由派，他反对格拉德斯通提出的爱尔兰自决权计划，并加入了自由统一党。他坚信英国能够统一，并坚信大英帝国有着崇高的使命。根据张伯伦的世界观，他加入索尔兹伯里的保守党政府在情理之中。

张伯伦是英国第一位具有统一的帝国主义思想的殖民地事务大臣。他相信"不列颠民族是有史以来世界上最伟大的统治民族"。这种身份使得他们肩负着一份光荣的义务，仅仅进行海外领土扩张是不够的。"不断扩张家族的庄园是一个土地主的责任。"这话一直在罗德斯耳边萦绕。除此之外，张伯伦是个行动派。作为国务秘书，他做的第一个决定就是要翻新沉闷的殖民地办公室。地毯、墙纸、家具、地图和地球仪，所有东西都要换新的，另外煤气灯也要改为电灯。整个办公室要变得现代化。

对罗德斯来说，这是个好消息，但对布尔人来说却不是。罗德斯对于关闭浅滩渡口提出了质疑，声称这违反了《伦敦公约》。第13条规定，德兰士瓦无权对"来自女王领地中任何地方"的货物给予不同待遇。张伯伦也持同样的观点，并认为比勒陀利亚也应考虑在内。如果克鲁格不重新开放浅滩渡口，英国殖民军就会出面干涉。而且为了表明立场，原本正前往英属印度的军舰收到命令，改道前往开普敦。铁路关税引起的争端一触即发，似乎要变成一场真正的战争。

75

出乎意料的是，莱兹竟然准备冒这个险。他觉得投降是"软弱的表现"。克鲁格却不这么认为，他决定进行战略性撤退。1895 年 11 月初，浅滩渡口重新开放了。关税之争尚未解决，但是英国人和布尔人之间避免了一场迫在眉睫的军事对抗——至少暂时是这样。[87]

* * *

我们不应把莱兹视作好战派，他当时只是低估了局势的严峻性。1895 年下半年，他的决定十分混乱，根本未考虑现实情况。这一年充满艰辛，好多事情结果都不尽如人意。莱兹把大量的精力投入到洛伦索马科斯庆典的筹备工作中。其间，他在获得对斯威士兰的保护权方面遇到困难，然后在 3 月又面临着英国吞并宗加兰的阻挠。从积极的角度看，东线已经投入使用，他们强大的盟友德国也明确表示赞成。似乎正是这些好的方面让他对德兰士瓦在经济和外交事务中的影响力乐观起来。克鲁格也面临着同样的问题，但当张伯伦迫使他摊牌时，他很快就清醒了。直到 11 月，莱兹还一直在往比勒陀利亚那边发电报，想劝说克鲁格不要退让。

单单从这一件事就能看出来，莱兹的看法是多么脱离实际。"渡口危机"开始的时候，莱兹并不在自己的岗位上，而是在纳塔尔参加关于铁路的会谈，会谈的内容是，比起开普殖民地，宗主国更倾向于赞成德兰士瓦的观点。所以，莱兹在比勒陀利亚显然无法获取所有的信息。因此，他只能从纯法律的角度来看待这个问题，他认为关闭浅滩渡口并不违反《伦敦公约》，另外他还低估了国际政治方面的因素。[88]

但这并不是他判断失误的唯一原因。他的身体和精神状态也是一个因素。莱兹此时精疲力竭，脾气变得很差。早在

1895 年，他就向他的导师兼朋友莫尔泽抱怨过这些。不仅仅是露易丝和路易斯的健康出现了问题，他的身体也一样。先是"长时间的鹦鹉病"（这是葡萄牙人对腹泻的叫法），之后"喉咙也不舒服"。他知道原因是什么。"这都是我的总体情况导致的。我需要休息一段时间，那样的话就会康复。我觉得我的确需要休息。我从小到大一直都在操劳，从不休息，星期天也经常工作，而且经常一天工作 20 个小时。"克鲁格也让他越来越恼火。"他年事愈高，情况愈糟。他渐渐听不到人说话，头脑变得迟钝，比以前更加专横（只要能专横的话），对公众，特别是对外侨越来越暴躁无礼……他身上有阿非利卡人身上典型的怪癖，多疑却又轻信，十分混乱，而且这种情况越来越严重。"莱兹只能"万事求诸己，但做到这点也并不容易……有时候我真想远离这一切。天哪，这工作可太惨了"！[89]

　　他的情绪也难以改善。1895 年 7 月，克鲁格在洛伦索马科斯庆典上的行为让他很尴尬。在参观利珀特的新炸药厂时，在有关授予煤炭特许权的问题上，他俩意见相左，莱兹跟他吵了一架。莱兹开始怀疑自己能不能继续留在德兰士瓦。莫尔泽刚用自己在阿姆斯特丹的职位换取了国务委员会的一个席位，现在莱兹开始考虑自己能否去接替莫尔泽之前的那份工作。但等他做好决定，也听说莫尔泽想让他当候选人的时候，这个机会已经错过了。露易丝跟他说："如果你不去荷兰，我会写信告诉莫尔泽你的真实想法，觉得怎样才是对你最好的。如果你觉得现在的工作虽然沉闷，但仍有新鲜感，而且你享受这份工作，我当然会留下来。如果不是这样，而且你想体验一下其他的工作，我会写信告诉莫尔泽，这样在荷兰的熟人中，至少有人知道你想要的是什么。以你在这里的经历，应该能让你在荷兰政界谋个好职位。但是如果没人了解你的情况，那就什么机会都没有，他们会把你留在这里，让你追寻自己的理想。"[90]

很显然，莱兹被这番话说服了。如果真到了该做决定的时候，他会更坚决地将自己放在优先考虑的位置。1895 年 11 月初，他确实这样做了。铁路方面的事忙完之后，他在德班休了几天假，露易丝从 7 月开始就待在那里，但是休假中他的身体状况并没有好转。他给在比勒陀利亚的助手 H. 范·布肖腾（H. van Boeschoten）发了两封电报，两封电报间隔时间不长。第一封电报中，他向执行委员会请假。"我很遗憾，我喉咙的情况非但没有好转，反而更加严重了，我必须立刻去欧洲治疗喉炎。"第二封里，他的措辞更加坚决："医生说不能再推迟治疗了。病情虽然不危及生命，但可能让我永远都无法说话。医生说在非洲治疗也不是不行，但还是建议我在欧洲治疗，这样也能更好地休息，有更好的休养环境等。希望总统等人可以批准。"最后，他又加上："如果不被批准，我就得辞职。"91

他当然没到被迫辞职的程度。1895 年 11 月 10 日，他写信告诉莫尔泽自己已经订了"邓诺特城堡号"（*Dunottar Castle*）的船票，两周后将从开普敦启程。他是一个人回去的。"可以想象，我多想带着露易丝一起去，而她又多不想让我一个人去。但是如果她一起去的话，孩子们和家庭教师就也得跟来，我可负担不起。这次旅程我花的已经够多了。好吧，我的病能好就行。"

他把希望寄托在柏林著名的专家弗兰克医生身上。他度过了一段愉快的旅程，并在阿姆斯特丹短暂停留，"看望了家人"，接着前往德国。12 月 18 日，他第一次去看那位医生，这令他很振奋。"诊疗很有用，身体恢复指日可待。"一周后的圣诞节，莱兹写信给莫尔泽，说治疗已经初见效果。"我在非洲的时候，像是被困在那里，那里的人对我的病都束手无策。这让我觉得度日如年。现在，我接受的注射、抹的药膏和进行的电疗似乎都很简单。"以至于他怀疑此前为治病花的那么多钱是否有必要。"我看到弗里茨·弗兰克住在有如宫殿般的大宅子里时，想到我的钱包，哆嗦了一下。"另外，他想念他的家人。"我在这儿很孤独。人们都很和善，但是这并不能弥补我的妻子和孩子不在身边陪伴的缺憾。"当晚参加的圣诞晚宴让他感触最深，那是个"真正需要家人的场合"，这让他感到非常寂寞。[92]

到了除夕夜，他的悲伤情绪好多了。此时他心中更多的是恐慌，而不是忧郁。1895 年 12 月 31 日，莱兹收到消息说，特许公司的部队已经占领了罗斯腾堡。英国人已经入侵了德兰士瓦——这肯定不可能吧？他马上"给比勒陀利亚拍了一封又一封电报"，但都没有回音。"英国人可能已经截获了我的电报。"此刻已经无法可想，只能发信了。莱兹急切地想知道消息，他写信给露易丝："你此刻在哪里？发生什么事了？要是你和孩子们跟我一起来就好了！"[93]

9　囤积武器

柏林，1896 年 1 月

　　罗德斯向詹姆森保证，这会"比征服马塔贝莱兰容易"。有他的这番话，詹姆森就大胆去干了。吉姆医生随时准备迎接挑战，而对洛本古拉的远征已经过去两年了。现在是时候进行一次新的冒险了，而且这一次要有点骑士精神。同胞们处在危险之中："我们种族的成千上万手无寸铁的男人、女人和孩子……任凭全副武装的布尔人摆布。"这是约翰内斯堡的内应给他的信中所说的。时机成熟的时候，他会把来信的日期填上。他所做的这种戏剧性的呼吁促使他的部下采取行动。他有来自罗得西亚的 400 名骑警、来自开普殖民地的 100 名志愿兵，以及由 100 名有色人种组成的辅助部队。此外，他有 6 架马克沁机枪、3 门大炮。这股力量不算大，但据詹姆森说，应付眼前的事情足够了。布尔人所谓的军事实力是"本世纪最大的泡沫"。1895 年 12 月 29 日星期日的晚上，詹姆森发出了继续下一步行动的信号。袭击者袭击了位于贝专纳兰的皮絷尼（Pitsani）营地，并越过了边境，离殖民地历史上最大的灾难之一越来越近。

　　詹姆森的突袭计划做得很糟糕，执行得也很糟糕。这都是亨利·洛克爵士的主意。按照他的计划，约翰内斯堡的外侨发动起义，随后入侵部队进行援助，高级专员进行斡旋，他再操纵德兰士瓦举行大选，此次大选，外侨将被允许参加投票。最终，克鲁格会被迫退出。罗德斯在 1895 年夏天制订了这个计划。他的商业伙伴阿尔弗雷德·贝特捐赠了资金，海格力斯·罗宾逊爵士抖着膝盖同意了，而张伯伦那边对此几乎一无所知。《泰晤士报》（The Times）同意发起一场宣传运动。不列颠南非公司被分配到了靠近贝专纳兰边境的一块狭长土地，公司可以派驻一支警察部队，他们被伪装成铁路建筑工地的保安。约翰内斯堡起义的组织者包括德兰士瓦民族联盟的查尔斯·伦纳德，接替赫尔曼·埃克施泰因担任矿业商会主席的莱昂内尔·菲利普斯（Lionel Phillips），美国工程师约翰·海斯·哈蒙德（John Hays Hammond），矿主乔治·法勒（George Farrar），以及罗德斯的兄弟、前骑兵军官弗兰克。武器被偷运到城里并藏在金矿里。

　　该计划有两个缺陷。第一个是它假设参与的人都有相同的目标，但事实并非如此。第二个是计划者认为外侨起义迟早会发生，实际情形也没有如其所愿。

　　罗德斯仍然抱有他的梦想，即建立一个最终由英国统治的单一南非联邦，但是张伯伦只能接受帝国对这里的直接控制。约翰内斯堡也不是罗德斯和詹姆森想象中的那种叛乱一触即发的火药桶。城市里是有一定程度的不满情绪，但街道上没有引燃革命的火焰。据记者弗朗西斯·扬哈斯本（Francis Younghusband）说，约翰内斯堡那里的人不是那种人。他说，他们唯一关心的是赚钱。应该说，有些兰德贵族确实是这样。但是 J.B. 罗宾逊、巴尼·巴纳托等这些拥有德国血统的人，则坚定地站在克鲁格一边。到了 1895 年 12 月，连跟罗德斯共谋的人也在设法退出来。他们在国旗问题上与罗德斯闹翻了，因为国旗应该体现出革命性，但这些人坚持使用德兰士瓦的"四色旗"（Vierkleur）。他们想要的是"改革"而非"革命"，仅此而已。哈蒙德公开宣布，约翰内斯堡上空不得悬挂英国国旗。

　　12 月底，他们通知罗德斯，"马球邀请赛"——这次抗议的代号——将不得不推迟。与此同时，罗德斯收到一封来自伦敦的电报，催促他立即行动。英国政府马上就要全力去应付与美国的对抗，因为此时英属圭亚那和委内瑞拉之间的边境冲突已经升级。张伯伦认为最好马上采取行动，否则，他们将不得

80

不把一切都推迟至少两年。另一个原因是，《泰晤士报》的一名记者弗洛拉·肖（Flora Shaw）听说德兰士瓦的国务秘书威廉·莱兹正在伦敦，准备前往柏林。她是罗德斯的崇拜者，完全了解罗德斯的阴谋，但是她决定采访一下莱兹。两人的会面证实了她的怀疑。莱兹完全是装模作样。他吮吸润喉糖的动作未免做得太过头了。她已经看透了他。他来欧洲大陆其实是要进行一场"反罗德斯"运动。他表面上说自己喉咙痛，其实得的是一种"外交疾病"。那就更有理由马上行动了。[94]

没有人会指责塞西尔·罗德斯优柔寡断，但这一次，他真的是不知所措了，不知道如何处理来自伦敦和约翰内斯堡互相矛盾的指令。他手头只有几封措辞平淡的电报，这给詹姆森留下了足够的余地进行自由裁量，他之前就经常自作主张。按照计划，他要调集1500名全副武装的士兵，但他只集齐了500人，但吉姆医生是不会让任何事情阻挡他前进的。他不是吹嘘说"我只需500名手拿皮鞭的人就能把他们赶出德兰士瓦"吗？

四天后，到底是谁拿鞭子在抽谁就一目了然了。克鲁格在12月30日之前就知道了这个突袭的计划。詹姆森的人切断了大部分电报线路，但没有切断通往比勒陀利亚的电报线路。数百名布尔人在几小时内就全副武装起来，准备就绪。约翰内斯堡的起义没有发动起来，于是布尔人的指挥官就能集中精力对付入侵者。1896年元旦，他们把入侵者尽数赶回了克鲁格斯多普。一天后，反叛者们在多恩科普（Doornkop）投降了。詹姆森的"营救任务"把他送进了比勒陀利亚的监狱。[95]

* * *

莱兹松了一口气。当天，好消息就传到了柏林，他不用再为妻子和孩子担心了。他仍不能发电报，但他从其他渠道得知："比勒陀利亚（可能就是你现在所在的地方）没有受到影响，英军已经被打败，詹姆森、怀特和威洛比都被关在了比勒陀利亚的监狱里。"

既然已经身在柏林了，他也许该尽自己所能做点什么。但这并不意味着弗洛拉·肖的判断就是对的——莱兹到欧洲来确实是为了治疗自己的嗓子。弗兰克医生的治疗很有效，这是政治方面的一个意外收获。罗德斯和詹姆森的行为反而帮了布尔共和国一个忙。"整个欧洲大陆都站在我们这边。"莱兹说。如果他自己不好好利用这一点，那他就是个傻瓜。"整个德国，不管是有权力的富人还是地位低下的穷人，都欣喜若狂。报纸上到处是这个消息。"这让他充满了干劲。"我正在竭尽全力让整个欧洲与英国作对。我没白没黑地工作。昨天我去见了德国宰相。再早一天，梅克伦堡公爵到旅馆来向我道贺。诸如此类。"

德国政府也利用了莱兹恰好到访的机会。德国外交大臣马沙尔·冯·比贝尔施泰因（Marshall von Bieberstein）问莱兹："我们能否在没有外界帮助的情况下独自完成任务，并且战胜詹姆森？"莱兹的回答是肯定的。1896年1月3日，德皇威廉给克鲁格发来贺电。这封电报只是两国元首近期友好交流中的一次而已。电报中说布尔人在"没有请求友好国家援助"的情况下就成功击退了进攻，这一言论引起了外交上的轰动。三天后，莱兹受到接见。他对德皇的明确支持表示感谢，而对他的感谢，德皇保证道："如果情况有变，他会命令当时位于洛伦索马科斯的德国护卫舰上的军队将詹姆森赶出德兰士瓦。"他富有战斗性的语言很有感染力。莱兹建议比勒陀利亚方面不要对叛乱分子手下留情。"只要你们立场坚定，就会得到政府和公众的同情和支持……至少要有一名囚

82

犯的脑袋落地。"[96]

除了政治上的支持，布尔人还得到了德国商界的认可。一位老熟人自发地支持莱兹，这让他特别高兴。"其中最坚定的是利珀特。他和妻子特地从汉堡赶来，他们现在就跟我住在同一家旅馆里。"这些年里莱兹和利珀特在炸药和铁路问题上所有的不愉快都烟消云散了。"这些情感都是真正发自内心的。没有什么精心计划的意图，只是情感的流露。"他们有很多话可谈。为打破英国的垄断，法德两国与非洲南部有了电报线。他们自己的邮政范围延伸到了欧洲。当然，还要为德兰士瓦的防线提供增援。布尔人需要现代化武器来抵御未来可能发生的攻击。利珀特是提供这些武器的最合适人选。他经营各种炸药，在军火工业中也有有用的关系。[97]

1896年2月中旬，莱兹心满意足地离开了德国。他的喉咙治好了，最终花费了1000马克。他得到了最高级别的外交支持，还建立了可能有用的商业关系。唯一令人失望的是，他未能给自己提议召开的国际会议找到支持。德国和俄国似乎对召开国际会议有意愿，但执行委员会并不支持他。朱伯特和首席大法官科茨认为这样做风险太大，克鲁格又不愿强行做成这件事。莱兹感到遗憾："比勒陀利亚没有给我自由裁量权。各大国准备保证共和国的独立和中立，就像比利时和瑞士那样。"[98]

从积极的方面来看，与奥托·冯·俾斯麦的会面让人感到莫大的满足，他已经80岁了，在他的弗里德里希斯鲁厄庄园里过着平静的生活。莱兹在给露易丝的信中写道："对我来说，这是有意义的一天，是我生命中最精彩的一天。我的第一印象是他真的是年事已高。但当我们继续交流，吃早餐的时候，尤其是喝了几杯香槟后，他又恢复了精神。"一旦振奋起来，他就开始滔滔不绝，停不下来了。他说话音调异常的高，而且他异常直率，这让莱兹感到惊讶。他谈话的主要攻击目标是皇后和她的亲随，以及德国的殖民政治，但最主要的还是英国人。这位前宰相警告说，不能信任英国人，必须躲他们远远的。在社交上，可以和英国人相处得很好，但一旦进入政界，他们就不谈什么良心了。这是他作为一个有实力的政治设计师对英国人的看法。返回途中，莱兹在伦敦短暂停留，拜访乔·张伯伦时，他一定注意到了这点。[99]

* * *

1896 年 3 月底，莱兹回到了比勒陀利亚。除了露易丝和路易斯有些健康问题，妻子和孩子们其他方面都很好。总统那边也都挺好。在这次突袭中，他一直保持着镇定，在之后的处理中，他也很有分寸感。尽管许多布尔人叫嚷着要报仇，要报复袭击者，要报复阴谋者，要报复整个约翰内斯堡，但克鲁格仍保持着敏锐的政治判断力。他向其他布尔人领袖解释说，在战略上保持大度是很必要的。应该把詹姆森和他的手下引渡到英国，让他们在世人的质疑声中接受审判。克鲁格成功说服了众人，而关于如何处理约翰内斯堡的反叛者，他也说服了众人。

突袭开始时，反叛者们和其他几十人一起成立了一个改革委员会，希望通过政治手段实现诉求。结果再一次证明他们是错误的。几乎所有人都被逮捕，并交法庭审判。有一两个人，比如伦纳德，逃了一劫。詹姆森和他突击队队员的马鞍包里有足够多的罪证，足以将他们吊死，这些证据包括电报、密码本和那封戏剧性信件的副本。五名同谋，包括菲利普斯、哈蒙德、法勒、弗兰克·罗德斯和改革委员会秘书珀西·菲茨帕特里克被判处死刑。其他人则被判处监禁并罚款。死刑判决在执行委员会引发了一场激烈的辩论。克鲁格主张对死刑犯虚张声势一下，最终的处理则要宽宏大量一些，这样可以制造良好的公共影响。同时，莱兹也参加了讨论，他坚决反对减刑。只是这一次，他发现他最大的对手，朱伯特将军站在了他这边。克鲁格分阶段促成了折中方案。首先，死刑改判为 15 年监禁，之后是罚金。反叛者们总共支付了 20 万英镑。罗德斯和贝特共同出了这些费用。这两位超级富有的金融家可以轻而易举地负担这些罚金。最后，詹姆森突袭行动让他们每人付出了双倍的代价。[100]

年届七旬的克鲁格给大家上了一堂很有启发性的课：战斗时无情，胜利后慈悲。每个人都站到了保罗·克鲁格这一边。所有对他判断力的怀疑没有了，关于裙带关系和任人唯亲的指控也消失了，也没有人抱怨他行事粗野了。这一效应虽然持续时间很短，但效果惊人。听证会结束后，所有的证据都集中整理在一本"绿皮书"中，证据认定了罗德斯和詹姆森是主要的罪犯，并暗示英国政府是同谋。因为此事，布尔人团结了起来，对英国同仇敌忾。

不过，他们也遭遇了逆境。1896 年，仿佛是魔鬼出手，大自然也在密谋对付他们：干旱、蝗灾、饥荒，然后是牛瘟。5 月，莱兹在给梅克伦堡公爵的信中写道，这场瘟疫，就像《圣经》中埃及所遭受的大瘟疫。他还说："古埃及那个时代没有英国人，这是埃及人的幸运。"但布尔人面对这一切依然坚韧不拔。莱兹当时根本无法料到第一次暴发的非洲牛瘟会造成多么巨大的破坏。这种流行病造成了大约 250 万头牛死亡，估计占非洲南部次大陆整个牛群的80%~90%。绵羊、猪和山羊，以及野生角马、羚羊也很容易感染这种病毒。无论黑人、白人，养牛的农民所遭受的灾难都令人痛心。疫情还对整个社会造成了灾难性的影响。尽管建成了新的铁路，牛车仍然是当时最常用的交通工具。[101]

唯一的一丝曙光——与那些逆境形成鲜明对比——是共和国的财政事业蓬勃发展。仿佛是为了扩大德兰士瓦牧区和工业区之间的差距，1896年，兰德地区的商业蓬勃发展起来。商业没有感受到牛瘟的悲剧，也没有感受到政变后留下的创痕。商业界所感受到的，只是金子铸成的财富。铁路公司和德兰士瓦的国库获得了巨额利润。铁路公司的营业额从2000万荷兰盾飙升到3600万荷兰盾，利润从450万荷兰盾飙升到1050万荷兰盾。这要归功于人们对煤炭源源不断的需求和东线与东南线以及南线铁路的货运需求。根据合同，价值1050万荷兰盾的利润中，将近900万荷兰盾直接归国家所有。因此，德兰士瓦政府当年的财政收入达到了前所未有的390万英镑，约合4700万荷兰盾。

政客和政府雇员们也从中受益。公务员薪酬大幅上升。以莱兹为例，他的年收入在1889年从1200英镑涨到1650英镑，如今一下子就涨到了2300英镑。[102]

4700万荷兰盾是一大笔钱，相当于8000万马克或1亿法郎。在德国和法国，用这些钱可以买到大量的步枪和大炮。德兰士瓦政府正是这样做的。詹姆森袭击事件发生的时候，许多被征召入伍的平民都没有合适的武器。朱伯特将军情急之下四处寻找，从任何能买到枪的地方设法购买。但对于不可避免的"下一次战事"来说，这些武器远远不够。执行委员会决定，为了预防战事，每个身体健全的人都应该配备现代枪支，费用由政府承担。大量步枪和弹药在几个月内，加倍运了进来。钱不是问题。先是3万支马蒂尼-亨利步枪，因为朱伯特习惯用这种步枪。然后是3.7万支毛瑟枪和2000万发子弹，经测试，这些枪支弹药的质量确实更好。毛瑟枪轻巧、结实、易操作，适合快速射击，短程内精度高，子弹小而轻，用的是无烟火药，的确是现代化的先进武器。几年后，这种武器的先进性多次得到证明。

德兰士瓦在战略要地修建和加固了防御工事，火炮也达到了标准。在詹姆森突袭之前，军火库中只有不到 20 门火炮。给德国和法国的一系列订单包括各种口径的克虏伯和克鲁索大炮，把火炮总数提高到了 80 门。此外还有 34 挺马克沁机枪，而且弹药充足。下一次战事爆发时，武器就不是问题了。[103]

但仍有来自内部的威胁。执行委员会希望能在这方面有更好的保护措施。这意味着立法会更严格，警察的权限也会更大。新的《新闻法》开始实施。多年来，克鲁格和莱兹一直在与《人民报》（*Land en Volk*）和《星报》（*The Star*）等反对派的报纸进行斗争。新法律禁止发表匿名稿件或被认为具有道德攻击性、威胁和平稳定、诽谤或可能煽动暴力的文章。而到底文章是否触犯上述禁令，都由总统一人裁决。另外两项新的立法，《外侨法案》和《引渡法案》，扩大了政府禁止或驱逐不良移民的权力。布尔人可谓挖空心思，枕戈待旦。

* * *

至少，他们心里一直提防着英国人。整个非洲大陆都对这次袭击感到愤怒，纷纷伸出援手。在 1896 年 2 月奥兰治自由邦的总统选举中，南非白人候选人马蒂纳斯·斯泰恩以压倒性的优势赢得了反对派的支持，反对派支持与开普殖民地建立更加紧密的联系。斯泰恩是位律师，在莱顿和伦敦接受过教育。理论上，他可以在两个方向之间选择。但实际上，他毫不掩饰自己对德兰士瓦布尔人的声援。与开普铁路公司的合同被取消，自由邦的铁路事务由他管理。布隆方丹的国民议会承诺，如果有需要，他们会提供军事援助。比勒陀利亚的国民议会也对此做出了回应。1897 年 3 月，两个布尔共和国建立了政治联盟。这拉近和巩固了两国的关系，也增强了双方的军事力量。奥兰治自由邦又拥有了 1.2 万支马蒂尼 – 亨利步枪、1.2 万支毛瑟枪、24 门大炮和 3 挺机枪。[104]

86

这件事对开普殖民地的冲击同样很大。扬·霍夫迈尔和他的南非白人联盟感觉遭到了背叛，不再支持罗德斯。他的地位保不住了，应该辞去殖民地总督一职。开普的议会随后发表了一份蓝皮书，其结论与德兰士瓦的绿皮书基本相同：英国人在背后"指挥和控制了他们的联盟"。

这还不是全部。罗德斯也有理由担心罗得西亚的未来，这个国家是以他的名字命名的。张伯伦担心自己的政治生涯，威胁要取消不列颠南非公司的特许权。此时，罗德斯认为讹诈是唯一的出路。他手里有足够多张伯伦发来的电报，以证明他事先就知道这次突袭行动。他还有一个很好的律师，这个律师谨慎地将这个消息传递了出去。这一招保住了不列颠南非公司的前途，也保证了张伯伦的未来。[105]

但这一招没有保证罗得西亚的前途。詹姆森突袭德兰士瓦时，带走了罗得西亚大部分的警察部队。他们被击败并遭到监禁后，那片广袤的土地上只剩下 60 名白人警察维持秩序。恩德贝勒人和修纳人虽相互独立，此时却产生了同样的想法。不列颠南非公司的拓荒者把他们赶出了自己的土地，偷走了他们大部分的牲畜，使他们成为苦役。和德兰士瓦一样，罗得西亚也饱受干旱、蝗虫和牛瘟的困扰。此时正是他们的机会。他们没有交出武器，而是把它们藏起来了。他们用同样的手段奋起反抗——袭击偏远的农场、贸易站和居民点，共造成 500 人伤亡，约占白人人口的 10%。

他们的战术让幸存下来的人惊恐万分，但很可能挽救了后者的殖民地。对布拉瓦约和索尔兹伯里堡这些几乎不设防的行政中心进行大规模的直接攻击，就会造成更大的伤害。不列颠南非公司甚至有时间从开普殖民地和纳塔尔调来辅助部队。罗德斯领导了这场战役。这是一场无休止的报复行动。"你们要杀光所有人，让他们晚上在篝火旁谈天的时候记起这个教训。"他的部下严格执行了他的指令。数千名恩德贝勒人和修纳人丧生，据估计，总数甚至高达1万人。奥利芙·施莱纳在《马绍纳兰的彼得·哈尔凯特骑兵》（*Trooper Peter Halket of Mashonaland*）一书中记录了这一事件，对残酷和滥杀无辜的殖民战争发出控诉。她信任过罗德斯，而这本书是她的报复。1897年，罗得西亚恢复了秩序。[106]

87

詹姆森突袭事件掀起的波澜一直传到欧洲，但人们的反应不如在南部非洲那么明确。最初，政界和公众的反应还是很明确的。他们对德兰士瓦的独立权被侵犯感到愤怒，对布尔人的成功抵抗感到宽慰，对拙劣的突袭嗤之以鼻。在欧洲大陆上，这是人们的普遍态度。在德国和法国这两个与英国竞争最激烈的对手那里，以及在与布尔人有血缘关系的荷兰，这种感受最为强烈。

在英国，人们的反应更为复杂。那里，也有人表示愤怒，尤其是对矿业巨头和他们玩弄权术表示愤慨。这次突袭为一个批判性观察家约翰·霍布森（John Hobson）的新假说提供了依据。在《帝国主义》（*Imperialism*，1902）一书中，他认为是伦敦金融城及其国际分支推动了帝国主义的发展。并不是每个人都像霍布森那样，对此事持那么严厉的批判态度，然而，仍有很多人对这样的事件感到不安。他们觉得这种事是非正义的。然而与此同时，人们却难以抑制自己的民族自豪感——至少，那些人的胆量值得称许。吉姆医生确实也算做了一些事情。吉姆医生的"营救信"激发了桂冠诗人阿尔弗雷德·奥斯汀（Alfred Austin）的创作灵感，他写道："金色礁石之城的女孩们，还有母亲和孩子……一个勇士该做些什么？"参加突击的人都服从了命令，这是他们的职责。[107]

在德皇威廉二世给克鲁格发了电报之后，英国公众内心的矛盾就烟消云散了。德皇直截了当地承诺，会对德兰士瓦提供军事支持，在英国人看来，这是一种公然的侮辱，是德国进行侵略的标志。英国人的愤怒一下子都对准了柏林。"人们认为这是对吾国极不友好之表现。"维多利亚女王对她的孙子说。官方报纸赞同她的观点，大众媒体也大肆渲染。在伦敦的码头、商店和酒吧里，德国人都受到了骚扰。在音乐厅里，演员们装扮成詹姆森"士兵"的样子，不怀好意地唱道："我们不想打仗，但要是非打不可，我们有船，我们有兵，我们也有钱。"

如此看来，在 1896 年 6 月，反叛者们得到了相对温和的判决，确实是事出有因。主要嫌犯詹姆森和他的副手威洛比被判 15 个月监禁。詹姆森甚至没有服完刑期。他在狱中病了，获得减刑，然后在当年年底前就被释放了。

张伯伦丝毫没有受到这一事件的影响。在议会的调查中，他和其他直接参与突袭的罗德斯、贝特、詹姆森、菲利普斯和伦纳德一起接受问询，最后议会只得到了他一份措辞狡猾的声明。跟罪证有关的电报并没有提交给调查委员会。然而，这些材料却跟张伯伦的辞呈一起被提交给索尔兹伯里勋爵。不过，首相索尔兹伯里并不想失去他最喜欢的下属。他拒绝了辞职申请，并掩盖了真相，包括与罗德斯的交易。调查委员会的结论是，张伯伦和他的手下无可指责。索尔兹伯里的前任，自由派的罗斯伯里（Rosebery）勋爵持不同观点："我从来没有读过如此可耻而荒谬，且丝毫不加掩饰的文件。"[108]

尽管如此，从 1896 年 7 月起，张伯伦在德兰士瓦问题上还是有了自由处置的权力。罗德斯曾试图用武力来达到他的目

88

的，但没有成功。张伯伦选择了一种耐心的外交方式，即拉拢和敦促，而且是不经过开普敦，直接从伦敦指挥。他先是向克鲁格总统发出了邀请。他表示，在英国首都进行一次私人会面可能有助于恢复他们之间的信任。他们可以讨论德兰士瓦的安全和南非的经济发展等问题。比勒陀利亚方面回应说，这些建议不错，但他们也应讨论删除《伦敦公约》的第4条，另外签署一份新协议。张伯伦可不想这样，但他很乐意谈一下外侨的不满情绪。这种外交上的交锋持续了好几个月。总体看来，克鲁格等于什么也没说，而莱兹只是严格地从法律的层面解释这件事。

如此的回应自然不会让英国的政治人物满意。在一份内部备忘录中，张伯伦把克鲁格描述为"一个无知、肮脏、狡猾且固执的人，他知道如何自肥，也知道如何让他的家人和依赖他的人发财"。张伯伦根本不信任莱兹，也不相信他有所谓的健康问题，而是怀疑他在柏林有什么阴谋。张伯伦并不是英国政府内部唯一不信任莱兹的人。1896年6月，利珀特在访问伦敦金融城时，遇到的对德国人的敌意要比对"莱兹博士"的敌意少。据他的生意伙伴说，莱兹在伦敦被称为"草中之蛇"（暗中潜伏的敌人）。反对他的情绪如此强烈，一位银行家朋友甚至对利珀特说："你放弃莱兹，我们就会放弃罗德斯。"[109]

* * *

如果莱兹在这件事上为自己辩护，他的批评者们就得逞了。1896年南非的冬天，他的病痛再次发作，而且愈发严重。8月中旬，他绝望地求助于莫尔泽。"因为嗓子的状况，我很担心我的未来。"在柏林接受治疗后，他曾一度很乐观，但现在他确信："如果我继续生活在这样的环境中，助手又这么不中用，我很可能永远都不能说话了。你可以想象，这对没有独立经济来源的我来说意味着什么。"他妻子和儿子的身体也不是很好。"露易丝不能在这里再待一个夏天了。炎热让她头疼，她不能再遭这个罪了。"而且他儿子路易斯"既受不了酷热，也受不了严寒。他每年 6 月和 7 月都会生病，你知道这里的这几个月对健康很不利。今年他先是得了支气管炎，之后又得了类似斑疹伤寒的热病"。

莱兹只想到一种解决办法：此时，他应该离开非洲，回到欧洲。以莫尔泽目前的身份，完全有能力帮助他。他上次拜访莫尔泽的时候，他们讨论到过德兰士瓦在几个强国派驻的外交代表人员不足。比尔莱特·范·布洛克兰尽力维护德兰士瓦的利益，但他还有议会的工作，所以他总是待在海牙。确实应该在柏林、巴黎、伦敦和里斯本分别设立大使馆。莱兹是担任大使的最合适人选。早先，他曾拒绝当外派的大使，反驳说："我不能让布尔人陷入困境。"但现在，他意识到自己的"健康状况无法让我继续做任何事了"，所以当时的理由也就不成立了。"我必须照顾好自己，不能为了工作牺牲自己的嗓子。"他请他的"挚友"莫尔泽写信给克鲁格，并补充说："最好指出一点（不要提数字），共和国的代表必须得到很好的报酬，因为，按照世界各地的惯例，有些花销他们是必须要出的。"

莫尔泽立即着手去办这件事。几周后，他给克鲁格写了一封措辞严谨的长信，准确传达了莱兹的本意。为了让克鲁格更好地接受，他还在信中谈及了个人的一些经历。"去年，我自己就因为喉咙不舒服不得不放弃了阿姆斯特丹大学教授的职位。不幸的是，经验告诉我，压力过大，工作过度紧张会对声带造成很严重的损害。但是，我也可以满怀感激地凭经验告诉您，在我一位忠实的朋友的提醒下，我国政府委派我担任现在的高级职务，这对我简直是太好了，让我的健康可以免受永久

的损害。" [110]

　　话说得非常清楚了。为了国家的利益，德兰士瓦需要好的外交官。如果莱兹继续待在目前的职位上，有朝一日有可能彻底无法工作。然而，他可以利用自己的才能，担任驻欧洲特使，继续为布尔人的事业服务。

　　接到信之后克鲁格并不高兴。他不想失去他信任的这位国务秘书，但他表示会好好考虑一下这个问题。与此同时，莱兹夫妇做了一个决定：他俩要把两个孩子，一个9岁，一个7岁，送回荷兰。母亲露易丝和孩子们一起回去，安顿好他们的生活和学业。圣诞节时，她举办了一个告别晚会。1897年1月初，威廉·莱兹在洛伦索马科斯为妻子和孩子们送行。

　　妻子和孩子离开后，他很难过。雪上加霜的是，他在工作上也遇到了困难。首席大法官科茨提出了一个跟采矿权有关的根本性问题：在德兰士瓦的立法问题上，谁有最后的决定权？在此之前，一直是国民议会，但现在科茨想赋予最高法院否决所有新立法的权力，以确保其符合宪法。他的建议在行政和司法部门之间引发了一场权力之争。这场南非共和国核心机构内部的危机，影响的不仅仅是莱兹的工作，也让他对个人安危感到担忧。最高法院的其他四名法官支持科茨，甚至还包括阿姆斯霍夫（Ameshoff），"当初是我把位置让给他的。他给国家造成了一个巨大的打击，这……简直就是犯罪"。这才是最让莱兹不安的地方。他觉得科茨及其手下纯粹是为了实现自己的政治野心，出于"个人虚荣心"，不惜危害整个司法系统。就在此时，德兰士瓦也遇到了麻烦。"仅仅提出这个问题，就等于英国人的胜利。"他苦涩地说道。提出这个问题意味着，"我们需要改革来确保法律上人身和财产的确定性"。

　　作为回应，政界人物提出立法，规定国民议会的决定将对"每个法院"都具有约束力。在一次起决定作用的会议上，莱兹发表了一篇不寻常的长篇演讲，主张国民议会拥有最高权力。他的这一动议得到了通过，而且会议授权总统开除那些不愿意遵守该决定的司法人员。

事情最终并没有发展到那个地步，至少在那个阶段还没有，但对莱兹来说，这是压垮他的最后一根稻草。1897 年 2 月中旬，他在写给妻子看的日记中写道："我已经决定不再继续担任国务秘书了。"他和克鲁格商定了一个方案。如果他在 5 月底连任，他将"因为健康原因，立即前往欧洲"。然后，总统将设法与国民议会安排外交代表的事宜，"并与比尔莱特讨论，因为我们不能越过他这一级"。为了保险起见，在严格保密的情况下，他向荷兰－南非铁路公司的主管米德伯格提出了另一种方案，米德伯格同意任命莱兹为"顾问"，"薪酬在 1000 英镑左右"。所以，一旦莱兹回到欧洲，他将有两个选择。他在给露易丝的日记中写道："我做什么工作取决于很多不同的因素：金钱、专员的职位、铁路公司，还有你，等等。"111

10　钻石禧年

伦敦，1897 年 5 月

在欧洲当外交官有好的一面。1897 年 4 月 16 日，在普利茅斯上岸两天后，莱兹继续旅行，前往荷兰。他首先去的是海牙，看望妻子和孩子，他们在那里过得很好。他还去拜访了亲朋好友，在阿姆斯特丹开了几次商务会议，然后整个 5 月都在伦敦和巴黎度过。在伦敦，他跟一些要员进行了多次有益的谈话。没有什么比面对面接触更好的了。

就连张伯伦也软化了立场。他们上一次会面是在一年多以前，当时的见面总体上非常正式。而此番，这位英国殖民地事务大臣拿出足够的时间，跟他进行了一次坦率的讨论。显然，莱兹给他留下了不错的印象。张伯伦把他介绍给其他政界人物，称他是南非共和国"能力出类拔萃的代表"。由于张伯伦的引荐，对莱兹的邀请源源不断地涌来。6 月，维多利亚女王要庆祝六十大寿，整个伦敦都处于欢庆的气氛中。莱兹已经为自己、露易丝和她的妹妹预留了三个好的位置，以便在 6 月 22 日观看庆典游行。又有人给了他三张 26 日海军检阅的票，还有张伯伦的一封亲笔信："到时候的壮观景象值得一看，我肯定阁下会看得兴致盎然。"[112]

* * *

这也是莱兹和克鲁格希望出现的局面，只是比原计划提前两个月实现了。不幸的是，比尔莱特·范·布洛克兰在 1897 年 3 月 14 日意外去世了。因此，南非共和国在欧洲就缺了一位外交代表。克鲁格总统当时正在布隆方丹与奥兰治自由邦签署政治条约。三天后，他给莱兹发了电报，指示他"准备出发"。他肩负的职责范围很广。他需要了解一下和德兰士瓦有关系的欧洲国家的政府及公共舆论。然后提出改善南非共和国形象的建议。[113]

国家的形象确实需要改善。詹姆森突袭事件已经是一年多以前的事了。在欧洲大陆，金矿股东们的愤怒变成了警觉。罗德斯在比勒陀利亚和开普敦被定了罪，但后来被官方赦免，现在他正在伦敦上下勾结，跟张伯伦一起，竭力破坏人们对德兰士瓦政府的信心：罗德斯一如既往，不管需要什么东西，都会出钱购买，这次是花钱让报纸报道布尔人对金矿所谓的恐怖统治，而张伯伦这边则对克鲁格施加了更大的压力。1897年3月初，他起草了两份公文。其中一份指责布尔共和国有计划地违反了《伦敦公约》。例如，他说，比勒陀利亚方在没有通知英国政府的情况下签署了《日内瓦公约》，这份公约旨在保护在战争中受伤的士兵。它还与奥兰治自由邦和葡萄牙谈了缔约事宜。第二份文件要求立即废除德兰士瓦的《外侨法案》。4月中旬，英国驻比勒陀利亚代表威廉·科宁厄姆·格林（William Conyngham Greene）亲自将两份文件交给克鲁格，并含蓄地威胁说，一大批英国船只正在前往南非。

莱兹几乎是在同一时间到的英国，当时不知道有这些文件。几天后，他收到了他在比勒陀利亚的副手范·布肖腾发来的关于此事的电报。一时之间，他完全没搞懂范·布肖腾的信息。公文的文本在不到一个星期后就到了。因此，他决定改变计划，并在4月底通知了比勒陀利亚。最初，他的想法是以特使的身份出现在各个首都城市。他有外交资格，必须到处旅行，"整个旅行……包括公务接待和其他仪式"。鉴于有这些电报，他觉得最好不要放弃自己作为"自由在外的国务秘书"的身份，尽可能多在伦敦待些时间。"人们不了解我，另外他们又有错误的想法。他们认为我是出于敌意而故意避开伦敦。

92

他们认为我会去向德国和法国示好，与之密谋。如果我现在去那里，他们会利用这一点来煽动英国人最恶劣的情绪，大谈特谈德国的阴谋等。我相信，目前我在伦敦是最为妥当的。"带着这个想法，他搬到蒙塔古·怀特（Montagu White）的公寓住了四个月。蒙塔古·怀特是德兰士瓦驻伦敦的领事。这里是一个很好的大本营，他在这里可以结识尽可能多的人。他立刻开始了行动。"下周我将和一些人一起吃午饭，里面既有朋友，也有敌人。"[114]

莱兹想要跟一些杰出的律师和政治家谈谈。他从自己的专业角度看，最近德兰士瓦制定的法律或是与奥兰治自由邦签订的合约，都没有违反任何法例。但要是得到国际上受尊重的法律专家的认可，他的这一看法就更有说服力了。他在阿姆斯特丹时的导师之一，托拜厄斯·阿塞尔（Tobias Asser），同意帮莱兹审读一下，答应帮忙的还有来自乌得勒支的法学家扬·德卢特（Jan de Louter）。此外，莱兹还想得到一位英国专家的认可，其中的原因再明显不过了。他找到了合适的人。英国国际法界权威约翰·韦斯特莱克（John Westlake）打算审读一下这些文件。莱兹还通过韦斯特莱克联系上了同为国际法权威的法国的爱德瓦·克鲁内特（Edouard Clunet）。

但很可惜，这些学识过人的先生们并不完全认可莱兹的观点。阿塞尔的建议没有多大帮助，他建议莱兹去找些类似的先例。他给的这种反馈，就好像是莱兹提到阿塞尔的妻子"病情严重"，而阿塞尔本人则说"身体很差"，不过是换了个说法而已。在德卢特看来，德兰士瓦和奥兰治自由邦之间的条约跟《伦敦公约》的字面形式很像，但精神大异其趣。克鲁内特认为，德兰士瓦与奥兰治自由邦之间可以签订任何想签的协议，包括目前的协议，它规定奥兰治自由邦公民可以不受约束地进入德兰士瓦。韦斯特莱克持不同观点。他认为，这意味着英国也有权给本国公民同样的权利。并且，他认为《外侨法案》并不违背《伦敦公约》的内容，但是《引渡法案》却与之有悖。莱兹最初是想得到专家们的一致意见，结果却众说纷纭。不过，他起码不算空手而归。[115]

同时，对于另一件充满争议的事件，即有关外侨的问题，莱兹也清楚地表明了自己的观点。他抵达普利茅斯后不久，就接受了法语《时代报》（*Le Temps*）的采访。他为采访做了充足的准备。接受采访时他说，首先，德兰士瓦的矿业立法是经得起考验的，可以与任何其他国家的同类法律媲美。正是因为德兰士瓦政府的补贴，采矿业的税收和进口税降低了，还有电报的成本也降低了。据莱兹说，煤炭与炸药的价格作为争议的焦点，是完全可以商讨的。他又提醒大家说，尽管如此，采矿业还有一些相对较少的成本付出。兰德的月平均黄金产量至少相当于 80 万英镑，而矿主承担的在煤炭上的成本每月只有 3 万英镑多一点，这一成本不到采矿收入的 4%。因此，根本算不上什么阻碍。最后，莱兹说，即使是外侨的不满也可以解决。前提是，那一小撮一心要发动战争的金融家和帝国主义者不要继续煽动他们。[116]

莱兹的这段公开发言措辞强硬，非同一般，吸引了不少人的注意。显然，他并没有打算在欧洲保持低调。这次采访只是他计划好的讲话的前奏，并没有造成任何伤害，只是引起了人们的兴趣。1897 年 4 月末到 5 月 19 日大约三周的时间里，除了在巴黎逗留了几天之外，莱兹一直在伦敦。他设法跟许多政界要人进行了交谈。他没能有机会跟首相兼外交大臣索尔兹伯里勋爵本人交谈，但是见到了他的堂兄、下议院领袖、"非凡的人"亚瑟·巴尔福（Arthur Balfour），还有索尔兹伯里的女婿、殖民地事务次官塞尔伯恩（Selborne）勋爵，以及赫伯特·阿斯奎斯（Herbert Asquith）和亨利·拉布切尔（Henry

94

Labouchère）等有影响力的议员——拉布切尔也是备受争议的《真相》周刊的出版商。他还会见了驻南非前高级专员亨利·洛克爵士，以及商人查尔斯·坦南特（Charles Tennant）爵士。坦南特是"英国最富有的人之一"，在"炸药生意"上有大笔资金。因在巴黎早有邀约，莱兹不得不婉拒了跟罗斯柴尔德勋爵及勋爵夫人共进晚餐的邀请。[117]

但这些会面中，最重要的一次是与张伯伦的会面。5月10日那天，就在比勒陀利亚的国民议会决定废除《外侨法案》几天后，莱兹收到了正式的邀请。执行委员会以周边国家的不满为借口执意废除这一法案。张伯伦的邀请中明确提到德兰士瓦政府的和解姿态，这使得他们能够在友好的基础上讨论分歧。先搞一个非正式的开始，这样似乎最好。张伯伦问："下星期六，也就是5月15日，下午两点吃午饭方便吗？"[118]

"当然方便。"事后，莱兹给范·布肖腾发去了详细的报告。比勒陀利亚那边很快就得知，两人的会谈并不是"敌对的"，而且到谈判结束时，气氛变得"更加友好"。次官塞尔伯恩勋爵也出席了，但主要是张伯伦在谈。他先是阐明了自己的意向。"英国在南非有着至高无上的利益，打算不惜一切代价捍卫这个利益。就《伦敦公约》而言，英国不允许任何违背公约内容的行为。我们会坚决地维护它，并且必要的话会为之一战。在这一点上，我们不能接受仲裁。"张伯伦此后再次强调了此事不容商讨，然后又提及了更多细节。他在电报中提到的问题"并不十分重要"。只不过，所发生的一切让他推断德兰士瓦在试图回避公约的约束。不仅英国内阁这么看，英国公众也这么认为。如此一来，便需要对公约进行法律解释。张伯伦说："我理解你和我得到的法律建议有所不同。不管什么事情，一个人，可以按照自己的意愿，寻求这个律师的意见，或是寻求那个律师的意见。"但是他现在所引用的是"王室律师的意见", 而他们的结论跟莱兹的不同。

然后, 他又谈到了"外侨问题"。德兰士瓦政府坚称这是国内事务, 可张伯伦辩称这也关系到英籍人士。他有权去保护他们的利益, 就好像英国人在法国, 英国也会保护这些臣民的利益。莱兹不知道张伯伦这边收到了多少抱怨。"你无法想象我们现在的处境, 我们收到了大量在非洲的以及在这里的英国人投诉你们的信件(100 封中至少有 90 封提出要不惜一战)。"一年前, 克鲁格拒绝亲自来英国讨论这件事。"克鲁格总统准备授权你与我讨论外侨的不满, 并协商如何解决这些问题", 这样如何?

莱兹立刻回答说, 比勒陀利亚方面没有任何想要违背《伦敦公约》的意图。例如, 执行委员会和国民议会完全不知道德兰士瓦签署《日内瓦公约》会损害英国的利益。毕竟, 那个公约英国也签了。此外, 此事还有一个先例——莱兹和他的私人秘书范·德胡芬(F.A. van der Hoeven)是听了塞尔伯恩的建议援引的这个先例——"例如, 我们和你们一样, 签署了《万国邮政联盟条约》, 你们也没有反对。"莱兹觉得这一论点切中肯綮。张伯伦和塞尔伯恩"做了个手势, 暗示对此有话要说"。

张伯伦对于存有争议的立法也持开放态度。《外侨法案》已经被废除,《引渡法案》和《新闻法》"本身并没有违反"《伦敦公约》。但是, 这些案例为德兰士瓦政府违反公约开辟了道路。换言之, "如果你们驱逐罪犯或妓女, 我将对此缄口不言, 但如果你们出于政治原因驱逐那些什么也没做的人, 我们必须站出来发声"。莱兹对最后的这个说法感到满意, 这意味着谈话的大门还未关闭。他随后赶紧发电报警告比勒陀利亚方面, 新的法案暂时只能针对两类人实施, 即罪犯和妓女。

最后, 还有一个问题, 就是在讨论外侨不满的问题上, 莱兹是否获得了授权。对于这件事情，他无法通过给克鲁格或执行委员会发电报进行商讨。他告诉张伯伦："这件事甚至无法通过信件来完成，为此我不得不返回非洲。"张伯伦先生"说他能理解"。在莱兹看来，这位英国殖民地事务大臣"愿意本着友好的精神处理问题"。[119]

在接下来的日子里，张伯伦对莱兹的态度强化了后者的这种印象。他把莱兹介绍给了自由反对党领袖威廉·哈考特（William Harcourt）爵士，并盛赞了莱兹所受的"教育和经历"。莱兹对此也很乐观。"我很高兴，"他在给范·布肖腾的信中写道，"我最初到达这里时心中的怨恨如今已经减轻了，那种怨恨之所以让我苦恼，是因为它既来自敌人也来自朋友。而如你所知，目前形势大好，我在其中扮演了重要角色。"他有充分的理由对自己所成就的一切感到满意。[120]

此外，有两场庆典即将到来，先是 6 月 22 日的钻石禧年庆典，接着就是 26 日的阅舰式。皇家海军的风采肯定非同一般。保险起见，他决定去查看一下他被安排到哪一艘舰艇上。他不想和一大堆"殖民地的总督"在一起。[121]

* * *

他的谨慎给他带来了回报。经过礼貌的询问，他得知自己被安排在"野火号"（*Wildfire*）旗舰上，那艘军舰上的观礼人的确不是外交官，而是掌管英国殖民事务的总督们。莱兹一下子看清了眼前的一切。一切都是假的：张伯伦的善意完全是假装的。奥尔德肖特检阅（Aldershot Review）的请柬、威尔士亲王和王妃的招待会、邀请去张伯伦在伯明翰的家的请柬，以及他的妻子玛丽给露易丝写的狡猾的信——这一切都是为了使作为南非共和国代表的莱兹无法达到他的目的。谢天谢地，他看透了这些伎俩。如果他落入了圈套，他"作为共和国政治家"的日子就结束了。他决定以后尽可能避开张伯伦。[122]

想要不参加钻石禧年庆典已经为时过晚，但他很快就想到了不参加阅舰式的理由。除了莫尔泽和阿塞尔，他的另一位导师皮尔森在政界也十分成功。皮尔森成了荷兰财政大臣和内阁主席。莱兹想办法通过他让另一艘舰艇发来了邀请，这次是荷兰海军的旗舰。"阁下万勿烦劳挂虑此事。"他写信给张伯伦说。他显然无法拒绝荷兰海军的这份邀请。而且，届时他的老朋友会在荷兰的舰艇上。另外，在阅舰式前几天，他在巴黎和柏林有约。[123]

最后一条理由并不是无中生有。他要在巴黎见总统菲利克斯·福尔（Félix Faure）与外交部长加布里埃尔·阿诺托（Gabriel Hanotaux）。他与法国总统的谈话主要围绕德兰士瓦的外交代表问题。福尔极力支持派遣专门的特使，尤其是向法国。他和阿诺托讨论了其他事情，主要是投资德兰士瓦金矿的"大量法国资本"。"巴黎人"，正如莱兹早先指出的，"甚至比英国人更坚定地相信布尔人是在故意与矿上的利益作对……我正在尽一切可能改变这种看法"。显然，阿诺托也希望让他做到这一点。他开始催促法国政府为采矿业竭尽全力。这将成为11月法国大选的一个问题，与此同时，"你还有时间完成一些事情；他原话大体就是这么说的。他这么说不是要发出威胁，而是给出友好的建议；不过当你读到这些话的时候，听起来确实有点威胁意味"。[124]

莱兹对这些法国股东的顾虑有着自己的想法。他觉得他们"甘愿受骗，以为坏矿是好矿，还让人把一粒金子也没有的土地伪装成金矿"。现在他们认为："只要政府想那么做，股票就会涨到原来的价值。他们是从英国人那里得到这样的想法的。是时候让他们明白这一切毫无可能，他们要认识到自己被骗

97

了，但不是被我们骗；他们还要认识到，即使我们为他们提供炸药，并提供完全免费的铁路运输，有些公司也无法挽救。"[125]

但莱兹在巴黎也收到了好消息，这个好消息来自比勒陀利亚。1897 年 5 月 27 日，他再次当选为国务秘书。这次当选给了他更多的动力。在国民议会的投票中，总共 25 票，他得了 19 票，另外 5 票投给了亚伯拉罕·费舍尔（Abraham Fischer），这是他推荐的候选人，还有 1 票投给了赫尔曼·科斯特（Herman Coster）。莱兹把自己能够当选，尤其是所获得的支持比例看作"对英国的一个信号，及我个人的胜利……特别是，由于我本人不在场，因此不可能做任何事参与竞选"。[126]

在圣灵降临节，莱兹与家人在海牙共度了几天。孩子们过得"特别开心"，但莱兹很快就不得不离开了。这次是去柏林，自他回到欧洲后，还没去过那里。距他上次去柏林也已经过去一年多了，这期间柏林发生了很大的变化。德国人对布尔人的支持率也大大降低了。这次他不能指望得到德皇的接见了，但他能够见到老总理大臣克洛德维希·霍恩洛厄－希灵斯菲斯特（Chlodwig zu Hohenlohe-Schillingsfürst）。他给比勒陀利亚那边发电报说："会谈的基调非常友好，但没什么可汇报的。"和法国一样，德国的金融家也是为自己在德兰士瓦金矿的投资而担心，因为这些金矿都处于亏损状态。莱兹从驻法兰克福的领事那里了解到，"仅德国南部和西部"，对德兰士瓦金矿的投资就有 1500 万到 2000 万英镑。而且，这里的人也纷纷指责比勒陀利亚方面。"他们听到的说法是，如果（德兰士瓦）政府在某些事情上更积极主动些，情况会好起来。"[127]

所以莱兹在欧洲大陆并没有获得支持。他所获得的，除了批评，就是采矿业及其欧洲股东要求政府能更大程度顺应他们的要求。他意识到，这种要求无论对错都不会改变人们目前对局面的看法。归根结底，对于布尔人的事业，他需要先赢得这

些国家民众的支持，然后是获得他们政府的支持。这需要发动 98
一场挑战罗德斯的诽谤和张伯伦的暗中操纵的宣传攻势，但德
兰士瓦的外交和领事部门对此完全应付不来。他在写给范·布肖
腾的私人信中哀叹道："很遗憾我分身乏术，另外很遗憾我也
不能只在一个地方工作。再就是，我手下也缺有才干的人。"
有朝一日，等他回到比勒陀利亚之后，他会向执行委员会提出
建议，要对这一局面采取一些措施。[128]

目前，他的首要任务是应付好伦敦这危机四伏的两周。对
于张伯伦的上下其手，他应该如何应对？在柏林时，莱兹就收
到了比勒陀利亚方面发来的令人糟心的消息，说德兰士瓦边界
的英军已经得到增援。他的任务是获取到"确凿"的消息，即
"没有人对我们有侵略意图"。莱兹决定开诚布公地和张伯伦
聊聊德兰士瓦的恐慌。他在信中写道，比勒陀利亚方面希望得
到和平，英方若能做出姿态，安抚当下德兰士瓦人的惊慌，他
将会十分感激。[129]

张伯伦假装吃惊，将皮球踢了回去。他回答说，在过去一
年半的时间里，比勒陀利亚方面一直忙着组织武装力量并大量
囤积武器与补给，这只能被视为与"至高无上的权力"进行武
装对抗的准备。所以在他看来，英国对此做出反应是合情合理
的。他还假惺惺地补充道，他仍然欢迎莱兹在阅舰式的时候登
上英国旗舰。他说他能理解莱兹更喜欢和自己的同胞在一起，
但那样他就会错过一些特别的东西，因为"外国军舰都将停靠
在泊位，不会参加检阅游行"。[130]

好一副伪善的面孔。莱兹感觉自己每迈一步都如履薄冰，
即使摄影师请求给他照张相也是构陷他的一环。当他询问摄影
师为何要给他拍照时，那些人说照片是给所谓的"帝国名人
堂"拍的。在6月22日的钻石禧年游行中，他没能避开张伯
伦。在盛典后，张伯伦找到莱兹，邀请他和他妻子去殖民地事

务办公室一坐。午餐期间，张伯伦再次敦促他"争取获得谈判的授权"，因为他不可能"同时跟两个人讨论同一件事"。莱兹则尽量和他保持一定距离，不仅是在海军检阅的时候。他经常不得不说自己"出城了"，但也有几次他说出了自己的想法。比如，他毫不掩饰地表示过，他不想见威尔士亲王，"因为他在公共场合跟罗德斯握过手"。

对莱兹来说，握手是表达个人态度的试金石。如果詹姆森突袭案的主犯仍然是枢密院的一名成员（枢密院是维多利亚女王的最高政治顾问机构），"我们的人民怎么能相信英国政府有诚意？"他个人就对他们没多少信心。最重要的是，即使是他曾经与之对话的反对派成员——他们的领袖——威廉·哈考特爵士，都"对我们漠不关心"。他们为布尔人的事业辩护，不是"出于正义，而是为了政党的利益"。7月初回到巴黎后，莱兹得出了自己的结论。"我们不能指望英国的支持。"英国人"在世界各地越来越遭人鄙视"。而且英国人自己也很清楚这一点，结果是，他们"比以前更团结了；毕竟，英国人总归是英国人，哪怕他是反对党的"。

莱兹对钻石禧年的看法亦是如此。整个庆祝活动都是为了"激发英国人的爱国主义精神"。他不得不承认，这次行动很成功，而之所以成功，主要是因为"精彩绝伦"的海军阅兵式。对比之下，钻石禧年游行反而没让他觉得有多特别，这只不过是一次"士兵游行"。英国人想要"证明，或者欺骗世界和他们自己，让大家相信，他们不是随随便便的一个拥有军队的大国"。只不过，在这一点上他们根本没有成功。在这方面，莱兹认为游行是一个"惨淡的证据"。[131]

他认为"英国不会轻易诉诸战争"。比起他三个月前到这里时，该国的好战情绪有所缓和。他没有看到英国有随时入侵德兰士瓦的危险，当然，不要放松"警惕，要小心防备"，这一点非常重要。"就英国而言，无论在任何情况下，诉诸战争都是不明智的。"[132]

　　不久后，莱兹准备回南非的时候，发现他的上述想法都无比正确。他与家人在海牙度过了最后几周，好好休息了一下，缓解了一下各方面的压力。1897年8月上旬，就在他要起航回到南非时，来了位不速之客，而且来人不是别人，正是张伯伦。实际上，张伯伦还带来了另一个惊人的消息，就跟他的出现一样让人始料未及。他先公开宣布英国政府不会惩罚塞西尔·罗德斯。然后，他在下议院宣布，《伦敦公约》是"宗主国和附属国"之间的一项协议。[133]

11　分道扬镳

比勒陀利亚，1898 年 2 月

　　"最重要的，还有总统的坏脾气。"莱兹为此感到绝望。"他老了之后，竟然成了这副样子，真让人难过。他不像年轻时那么正直了。"他无法继续写下去。"一连好几个小时……我都在强压着愤怒，浑身发抖。"克鲁格"在撒一些愚蠢甚至无耻的谎的时候，也会毫不羞愧。只要能得到他想要的东西，即便需要撒谎他也在所不惜，而且他一点也不会为此而烦恼"。

　　在过去，总统和国务秘书之间也发生过冲突，但这次的冲突爆发得特别厉害。即使事情过去了一天，莱兹在给露易丝写信的时候，心里还是充满震惊。这场争吵是由报纸上最近的一系列诽谤性文章引起的。莱兹已经习惯了侮辱和诋毁，特别是来自像《人民报》这样卑劣的反对派报纸的侮辱和诋毁。现在他们又把他是个无神论者的旧谣言揭出来了。莱兹只是耸了耸肩，但克鲁格坚持让莱兹在报纸上发表一份公开信，正式否认这些谣言。否则，他补充说，国民议会可能无法接受莱兹担任外交方面的职务。

　　通常，莱兹都能控制好自己的情绪，但这一次，他爆发了。总统认为他去欧洲是为了给自己找乐子吗？在他为布尔人的事业努力了那么多年之后，如果国民议会还不信任他，他们只需投票反对他就好了。无论如何，他拒绝为《人民报》这种"恶毒的报纸写任何东西……要是发表公开信，不管我怎么否认他们的说法，都会让事情变得复杂，这么做只能暂时让他们安静下来，但不久他们会再次冒出来"。但是克鲁格毫不让步。最终，他找了另外的人来写文章否认。[134]

　　莱兹的怒气渐渐平息了，但他在跟克鲁格交往的时候仍然觉得有障碍。对他的人民来说，他是保罗·克鲁格，但对他

周围的人来说，他是个暴君。克鲁格向来不修边幅，言行举止不拘小节，随着年龄的增长，他变得越来越难相处。但他毕竟是布尔人无可争议的领袖，尤其是在发生了詹姆森突袭事件之后。1898年2月初，72岁的他第四次当选总统。结果说明了一切：他获得了近1.3万张选票，是他的竞争对手沙尔克·伯格（Schalk Burger）和"永远的失败者"朱伯特票数总和的两倍还多。

由于得到了布尔人的支持，克鲁格打消了疑虑，继续走同样的政治道路。首席大法官科茨丢了工作，兰德贵族和外侨也没有得到任何让步。伯格对他们的诉求表现出了更多的同情。他是由政府官员和矿业商会成员组成的工业委员会的主席。自1897年4月以来，委员会一直在研究采矿业的需求，三个月后，委员会向德兰士瓦政府提出了影响深远的建议：打破炸药垄断，降低煤炭和炸药价格，将荷兰－南非铁路公司国有化，并为招募廉价黑人劳动力提供便利。

1897年9月初，莱兹从欧洲回来后，国民议会就工业委员会提交的报告举行了辩论。结束炸药垄断，这一步对克鲁格来说迈得太大了，但他愿意采纳一些其他的建议，至少在某种程度上。炸药的价格下降了，铁路公司的几项关税也下降了，后者的关税曾高达每年20万英镑。他认为一夜之间将公司收归国有没有任何好处。这么做估计要花费700万到800万英镑，而政府缺乏运营如此规模企业的资源。在莱兹的建议下，政府决定分阶段收购该公司，购买其股份，直到该公司自动成为国有企业。政府还帮助扩大了采矿业的劳动力储备。1897年10月，莱兹与莫桑比克总督签署了一项协议，即允许从莫桑比克招募劳工。[135]

这好歹算是一点成果，但比工业委员会建议的要少。反对派很不高兴，但就莱兹而言，他们可以接受，也可以放弃。克

101

鲁格连任后主要专注于两个问题：对张伯伦所说的英国的宗主国地位做出适当回应，另外就是为派莱兹到海外任职做准备。

张伯伦在下议院发表完他有关宗主国地位的演说后，仍然没有停下来。两个多月后，1897 年 10 月 16 日，他在给德兰士瓦政府的一封信中重申了英国的宗主国地位。从那时起，莱兹就一直在考虑如何回应。1898 年 3 月底，他做好了准备。他在写给露易丝的信中提到了这件事，那时露易丝已经去荷兰和孩子们团聚了。他自豪地宣布，他"在一些旧文件中有了惊人的发现"，这将把张伯伦的宗主国言论"粉碎"。他对反击文件的措辞一丝不苟。助手帮他拟的草稿他一直都不满意。"我希望无论在何处，这份电报都能表明我的想法和能力。"[136]

这份电报的确做到了。在 1898 年 4 月 16 日他代表德兰士瓦政府在给张伯伦的信中详细叙述了签署《伦敦公约》的前因后果。与之前的比勒陀利亚会议（1881 年）不同，《伦敦公约》没有包含"宗主国"一词。莱兹认为，这个词被刻意避开了。比较条约的文本，这一点显而易见，口头和书面证词也能清楚证明这一点。当时的高级专员海格力斯·罗宾逊是英方的签署人，如今人称罗士敏（Rosmead）勋爵，他在一次接受报纸采访时明确承认了这一点。这就是莱兹的"惊人发现"。此外，从那时起，英国和南非共和国交换了领事代表。只有在独立国家之间才会交换领事代表，而且只有独立国家之间才会通过仲裁解决争端。那次仲裁是因为《伦敦公约》一个条款而引起的。当时的争论主要围绕"苦力问题"，即来自英国殖民地的亚洲人是否享有居住权，以及提供服务的权利。奥兰治自由邦最高法院作为仲裁者做出了有利于德兰士瓦的裁决，英国政府当时也遵守了奥兰治自由邦的判决。这些都是有力的论据。莱兹深信自己的证明无懈可击，于是将张伯伦的信和他本人的复函都制作了副本，寄给了荷兰、德国、法国、葡萄牙、瑞士和美国政府。[137]

差不多在同一时间，莱兹被正式任命为国家特使的最终手续也在办理。经过 1897 年的事情之后，他提出要设置更大规模的外交机构，在伦敦、巴黎、柏林和里斯本都应有办事处。克鲁格和执行委员会的其他成员认为此举花销太大。他们最终决定还是只任命一个特使，但是会在上述四个首都，外加海牙和布鲁塞尔设立办事处。那些地方的领事馆仍保持开放，另外包括伦敦、阿姆斯特丹和法兰克福的领事馆。所有这些的费用每年共计 1.5 万英镑，其中 4000 英镑当作特使的薪金。特使还将获得出差津贴、为期六周的年假以及每年或每两年往返比勒陀利亚一次商讨工作。莱兹选择长驻布鲁塞尔工作。相比海牙，他更喜欢布鲁塞尔，因为他可受不了那些"流言蜚语、冷嘲热讽！它们关于着装，以及一切的一切"。[138]

1898 年 4 月，执行委员会通过闭门会议批准了对莱兹的安排，但仍有两个小问题需要解决。有关莱兹是无神论者的谣言尚未平息，可是一波未平，一波又起，人们又开始为另一件事而指责他。据称，他收了一家炸药公司 500 英镑——简而言之，他受贿了。在他辞去国务秘书一职并担任国家特使之前，澄清自己的名声对他和政府而言都是上上策。这一次，莱兹准备正式地否认这些流言。他被指控受贿，然后最高法院判他无罪。他向执行委员会提交了证据，自己是在爪哇的马格朗接受的洗礼，并且是比勒陀利亚的荷兰归正教会的登记成员。1898 年 5 月 20 日，威廉·约翰内斯·莱兹被正式任命为南非共和国特使和全权公使。[139]

103

* * *

克鲁格的连任对开普敦来说不是个好消息。新任高级专员艾尔弗雷德·米尔纳（Alfred Milner）爵士已经受不了他了。他认为，让布尔人的独裁统治再延续 5 年，德兰士瓦就被彻底毁了。更糟糕的是，这个"地球上最富有的地方"会拖累南部非洲次大陆的其他地方，让这片地区逐渐远离大英帝国。这里已经是"帝国链条中最薄弱的一环"。在美洲发生的事情，在这里也已经是箭在弦上。到那时，此地就不再是英国国旗下的领地，而是一个独立的国家。不是像加拿大那样，而是成为像美利坚合众国一样独立的南非。张伯伦的宏伟计划，以及他们公认的英国人的种族优越感都到哪里去了？他的结论很简单。"伺机而动的策略"行不通。不管结果是好是坏，有些事情必须改变。

　　绝对忠诚于大英帝国——米尔纳被任命为南非高级专员和开普殖民地总督时就说出了这样的誓言。艾尔弗雷德·米尔纳被近乎狂热的民族主义驱使。批评者说，他可能是因为自己有德国的身世背景，故意表现得忠诚于大英帝国。米尔纳的祖母是德国人，他本人出生在黑森州，在巴登－符腾堡州长大，但他最终来到了牛津。他在那里读大学并找到了工作。在牛津，他修习了古典文学，提高了政治敏锐性，增强了社会责任感，也树立了帝国主义的理想。他是一个各科都很优秀的学生。米尔纳在新闻界干了几年，担任《蓓尔美尔公报》（*Pall Mall Gazette*）的编辑，又在埃及第一次接触到了殖民地管理事务。他在那里担任了三年的财政部长。在任期结束的时候，他写了《英国与埃及》（*England and Egypt*）一书，列举了英国统治的诸多好处。这本书一出版就大获成功，使他身为作者和管理者的名声大振。最重要的是，他本人从内到外，都彻底成了帝国主义者。回到英格兰后，米尔纳在财政部身居高职。1894 年，他成为巴斯骑士团的一员，1895 年成为该骑士团的骑士指挥官。这样的称号对他在新职位工作很有利。海格力斯爵士的继任者是艾尔弗雷德爵士。1897 年 5 月，他抵达开普敦。

　　米尔纳留出了一段时间来适应新职位。这倒不是说他很有耐心，恰恰相反，他是一个急脾气，但这是张伯伦的命令。詹姆森突袭事件在开普殖民地的阿非利卡人中激起了强烈的敌意。米尔纳必须避免像罗德斯那样仓促行事。"伺机而动"是他目前的口号，他希望内部反对克鲁格的力量会积聚起来。在"适应"阶段，他四处旅行以便了解这个国家和它的人民，并找出下一步治理的最好方向。

　　克鲁格连任后，米尔纳这边也准备好了。1898 年 2 月下旬，在给张伯伦的一封私人信件中，米尔纳提出给克鲁格两个选择：要么在德兰士瓦进行改革，要么开战。鉴于在比勒陀利亚掌权的是个固执的老暴君，所以不可能会改革。布尔人内部也有争执，但与政治无关，而是因为工作和合同。因此，他这边只能做好准备，策划一场危机：有条不紊地施加压力，不要被细枝末节分散注意力。在 1895 年的渡口危机中，他们发现武力威胁奏效了，克鲁格考虑过退让和妥协。这次英国也会这么做，不然的话，就不惜一战。只要打起仗来，双方就不会僵持太久，而且毫无疑问英国会是赢家。[140]

　　这意味着站在英国这边的每一个人都必须团结起来。纳塔尔的总督亨利·宾斯（Henry Binns）给克鲁格发了封贺电，祝贺他获得连任，结果发觉自己陷入了麻烦。他怎么能这么做？当下的重点是把"麦粒"和"谷壳"分开来。这次的斗争，并不是所谓的"英国人和荷兰人"之间的斗争，而是比勒陀利亚专制政权的支持者和反对者之间的斗争。现在是每个生活在开普殖民地和纳塔尔的人"作为忠诚的自由英国社区公民"团结起来的时候了。

　　这条信息再明确不过了，米尔纳在三个星期后又公开强调了这一点。1898 年 3 月 3 日，他在开普敦东北部约 600 公里的格拉夫－雷内特镇举行的新铁路线开通仪式上发表了讲话。听众主要是阿非利卡人，米尔纳的措辞很直率，无须听众多去揣摩。他们在开普殖民地，生活在和平与繁荣之中，享受着英国殖民统治带来的各种好处：自由、正义、平等和自治。这些恰恰都是南非共和国没有的。尽管如此，开普殖民地内还是有许多阿非利卡人对他们住在德兰士瓦的族人深感同情。他能理解他们的同情之心。但如果有人把布尔共和国的独立置于自己国家的荣誉和利益之上，那就大错特错了。在米尔纳看来，他们这么做是背叛自己的国家。如果他们真的想要和平解决所有南非问题，就应该想办法促使比勒陀利亚进行改革，让德兰士瓦政府更愿意做出改变。[141]

米尔纳的话直截了当，毫不隐讳。任何人，不论是朋友还是敌人，都知道他的打算。他花了将近一年的时间来调查这里的形势，现在他摆明了自己的立场。他要迫使每一个南非白人做出选择：开明的英国政权和独裁的克鲁格政府，他们支持哪一个。二者只能选择一个。

米尔纳在格拉夫－雷内特的演说产生了两极分化的效果，几天后，当一张熟悉的面孔再次出现在这里时，局面变得更糟了。所有的疑惑，在他接受《开普时报》（Cape Times）的采访，并在 1898 年 3 月 12 日于好望角大厅公开露面后，全部烟消云散。塞西尔·罗德斯回来了。詹姆森突袭事件和罗得西亚的反叛已经使巨人的光辉变得暗淡，但他仍然立于他的基座之上。开普敦议会的选举定于 1898 年 9 月举行，罗德斯的目标是再次就任殖民地总督。他的政治纲领和竞选策略与以往基本一样。他仍然有足够多的钱去收买支持者和对手。他的目标不变，即建立一个在米字旗统治下的南部非洲联邦，只不过这次他选定的支持者不同。詹姆森突袭事件切断了他与扬·霍夫迈尔以及南非白人联盟的联系。罗德斯换了一个更适合的盟友——南非联盟（South

African League）。它成立于 1896 年 5 月，是英国民族主义者在南非的新中心。除了开普殖民地和纳塔尔，它在德兰士瓦也有一个分支机构。在其母国，它被称为南非协会（South African Association）。

于是，罗德斯又回到了政治舞台，这一次，他公开表示自己是"沙文主义"的拥护者。罗德斯还编出了一句令人难忘的口号："赞比西河以南的每一个文明人都有平等的权利。"这一定激怒了他的对手。他不仅大搞金元交易，还用上了诬蔑对手的老伎俩。他肮脏的竞选活动从头到尾都扣人心弦。然而结果却出乎所有人的意料：罗德斯输了。由威廉·施莱纳（William Schreiner）领导的南非党（South African Party）以微弱优势获胜。在南非白人联盟的支持下，施莱纳成了新的殖民地总督。

政治上，施莱纳是个温和派。和身为作家的姐姐奥利芙一样，施莱纳也曾是罗德斯的仰慕者，但詹姆森突袭事件让他改变了想法。他自认是维多利亚女王的忠实臣民，但同时又主张布尔人的共和国有权决定自己的未来。这可不是米尔纳和罗德斯想听到的。他们要想办法对付他。[142]

* * *

莱兹脱离闭塞的布尔社会，来到高深的外交领域，这是他人生的一大步。一方面，这是一种解脱。他来自一个受人尊敬的资产阶级家庭，对德兰士瓦缺乏文雅和礼仪的环境备感不适。他一直没习惯过来，也不想习惯。在比勒陀利亚，人们几乎没有分寸感和对权威的尊重。布尔人的事业对他很重要，但布尔人本身却是另一回事。14 年来，他与他们一起生活，分享他们的希望，共同承受恐惧，但他从未成为他们中的一员。尽管对这份事业贡献颇多, 但他仍然是个局外人。

莱兹是个自负的人, 自豪于自己取得的成就和特权。他喜欢在国民议会开幕式和其他官方场合佩戴上自己的各种勋章。担任国家检察官时, 葡萄牙授予了他爵士头衔, 做国务秘书时, 他在荷兰、比利时、德国和法国都获得过荣誉。《国土人民报》(*Land en Volk*) 称他为"挂满奖章的人"。如同其他外交官, 他穿着一件和前任外交官比尔莱特·范·布洛克兰一样的"镶着金边"的制服。身为世界上黄金生产大国的特使, 对他来说这样的装束倒是挺合适的。[143]

当外交官给他的生活也带来了不太好的一面。在 19 世纪, 从事外交工作的多是贵族和旧富家族的成员, 出身地位较低的人不受欢迎。更糟糕的是, 他在国际舞台上代表的是个暴发户国家, 一个无足轻重的布尔共和国, 而且要与世界上一些强大的国家针锋相对。总而言之, 他并不适合进入欧洲的宫廷。在那里, 他也是个局外人。但这一次, 他想要得到归属。

这并不容易。他递交国书就花了半年时间。莱兹将其归因于"命运", 而且"命运对自己不公"。但这与各国政府的外交情感也有关。他第一次在巴黎递交国书时就意识到了这一点。他于 1898 年 7 月 8 日在爱丽舍宫受到福尔总统的接见。他的举止完全遵守外交礼节, 包括乘坐铁骑军仪仗队的马车抵达目的地。但当他随后按照礼节拜访其他驻巴黎的外交官时, 英国却对他关上了大门。英国驻法大使爱德华·蒙森 (Edward Monson) 爵士听从索尔兹伯里勋爵的指示, 避免与他正式会晤。

面对欧洲大陆的所有国家, 莱兹都大体遭遇了同样的对待。伦敦方面没有在官方明面上质疑他的资格, 但英国外交官被要求避免与他正式接触。这种非官方的抵制影响了其他国家政府对待他的方式, 只有荷兰稍好点。8 月初, 摄政女王艾玛（Queen Regent Emma）和年轻的威廉敏娜公主（Princess Wilhelmina，未来的女王）按外交礼仪在索斯戴克宫接见了他。但在其他地方，气氛紧张。德国的威廉二世和比利时的利奥波德二世（King Leopold Ⅱ）故意让他等了很久。同样受英国影响，俄国沙皇尼古拉二世决定不邀请德兰士瓦或奥兰治自由邦参加 1899 年在海牙举行的国际和平会议，这场会议由沙皇本人发起。[144]

　　莱兹不得不对记者和外交官采取行动。他很快了解到"欧洲各国的态度，尤其是法国，对共和国怀有敌意"。他知道幕后黑手是谁：米尔纳和罗德斯。他们离得很远，但他们的势力一直延伸到法国新闻界。通过设在伦敦的南非协会，他们在报纸上刊载有关德兰士瓦的半真半假的消息，有针对克鲁格的彻头彻尾的谎言，以及捏造的有关莱兹的事情。这些报纸有《费加罗报》（*Le Figaro*）、《自由报》（*La Liberté*）和《晨报》（*Le Matin*）。所有这些只要花钱——很多的钱——都可以办到。对金伯利和约翰内斯堡的矿业巨头们来说，钱不是问题。

　　但对莱兹来说，这是一个非常严重的问题。他没有那么多钱。在报纸上发文反击会花费数千英镑。"敌人攻击我们花费的钱数额巨大，共和国可没有办法拿出同样多的钱来反击。"但总要做些什么来"告诉人们真相"。他决定先从巴黎的一个新闻办公室开始。"我认为最可靠且能胜任这份工作的人"是法国记者 E. 罗尔斯（E.Roels）。罗尔斯每月领 1000 英镑，从法国、德国、英国、葡萄牙甚至俄国的报纸上收集剪报，发起了一场支持布尔人的运动。另一方有更多的钱，但这边的工作是为了更好的事业，也很有价值。"这是金钱和正义的较量。"[145]

　　布尔人的正义事业——依旧是莱兹所追求的理想。他的目标没有改变，但为之奋斗的同时，他的生活却截然不同了。如今，他过的是优雅、文明、开放，更加丰富多彩且华丽的生活。当然，这也给了他更多旅行的机会。作为全权大使，他经常四处奔走，访问一个又一个首都。到了年底，他开始感受到"过度的旅行和工作所导致的疲劳。在欧洲，很多地方之间的距离也相当遥远"。

但还有更多的事情要做。他还要去里斯本和圣彼得堡递交国书。1898 年 11 月下旬，他前往里斯本，首先，他得到了卡洛斯国王（King Carlos）的接见，随后在另一座宫殿受到埃米莉王后（Queen Amélie）的接见，最后是住在卡斯凯斯（Cascais）的太后玛丽亚·皮娅（Maria Pia）的接见。乘火车去卡斯凯斯那次是他终生难忘的一段经历。为了欣赏窗外的风景，他坐在头等车厢的露台上，突然，他感觉眼睛里"全都是沙子"。他不顾眼疾，仍然出席了会面，全程泪流不止，回到里斯本后，他需要"做两次手术才能有所好转"。他是在火车上被煤烟弄坏了眼睛。这件事要是传到《国土人民报》那里，那些人肯定会大谈特谈这件事背后的象征意义。

108 　　他一直没能前往圣彼得堡。首先，他去那里的意愿不强烈。1898 年 12 月 16 日，他在给比勒陀利亚的信中写道："俄国一定极其寒冷。因此我对这次旅行毫不期待，就我的健康而言，我希望我能顺利挺过来就好。"为了安全起见，他还是去看了医生。结果这么一来，他的旅行也随之结束了。他被"绝对"禁止前往圣彼得堡。他原来抱怨过的病症又来了。"我的鼻子和喉咙……需要立即治疗，每天都需要。"他受到了医生的责备，怪他"没早点来"。但他说："可是我又能怎样？我从一个城市赶到另一个城市，几乎连喘口气的时间都没有。"幸运的是，俄国政府对此表示理解。使团的第二秘书范·德胡芬的母亲是俄国贵族，他因而得到授权向沙皇尼古拉二世递交国书。1898 年 12 月底，莱兹也被任命为南非共和国驻俄国的特使。[146]

＊　＊　＊

张伯伦对莱兹被任命为南非共和国驻俄国的特使这件事很不高兴。他们在 1897 年夏天的钻石禧年庆典见面时，莱兹给他的印象并不差。就连负责殖民地事务的次官塞尔伯恩勋爵也对他赞不绝口。张伯伦觉得莱兹是个好交际的人，聪明又讨人喜欢。他在阅舰式时"机智逃避"，张伯伦很是欣赏。至少莱兹不是一个思想落后的布尔人，但也正因如此，他变得更加危险。殖民地事务办公室的南非问题专家弗雷德·格雷厄姆（Fred Graham）已经向他的领导阐明了这一点。他说，莱兹完全是个不可靠的人，这一点众所周知。他被当作他们最危险的对手。塞尔伯恩对这一判断表示同意，认为这比他的个人魅力更重要。"整个英属南非……都一致视他为最重要的对手。"不管这是不是真的，重要的是人们的想法。德兰士瓦共和国驻欧洲的新特使，以及他提出的"荷兰政策"，都被看作布尔人的邪恶天才。他们必须保持并助长人们的这种观念。[147]

殖民地事务办公室和外交部一直监视着莱兹，关注他的一举一动。他们得到指示，要给他使绊子，玷污他在新闻界的声誉。但是这些事不能通过官方来做，因为一旦事情败露，会适得其反。索尔兹伯里勋爵在给张伯伦的信中写道，如果反对莱兹获得的任命，英国政府会下不了台。那会引起欧洲各国首都的质疑，而且，不知不觉中，可能又要进行麻烦的仲裁。那样的话，结果简直就是灾难性的。接下来，欧洲各国还将挑战英国对德兰士瓦的宗主权。[148]

那种情形是索尔兹伯里和张伯伦最不想看到的。英国殖民统治的势头正旺。在 1898 年的夏天，他们实际上正坐在谈判桌前，对德国申明他们对南部非洲的主权。这是因为葡萄牙当时正困于财政危机，葡萄牙当局向伦敦寻求贷款，以他们殖民地的收入为担保。柏林得到风声后提议进行会谈。英国政府同意了。两国就此事进行了讨论（不包括葡萄牙），然后开始认真谈判。他们的会谈以 1898 年 8 月 30 日签订英德条约告终。

这份条约影响深远。如果需要贷款，英德两国会共同提供贷款。作为担保，英国要求从安哥拉佩克中部和赞比西河以南的莫桑比克（包括德拉戈亚湾）获取收入。德国人将从其余地方获得收益。如果葡萄牙的经济恢复不了，这些国家就会按照同样的划分方法分割其殖民地领土。这对英国来说是一项战略上的奇招，不管葡萄牙的情况如何。至少德国没有机会争夺德拉戈亚湾了。葡萄牙在巴黎借了一笔贷款，以挽救其殖民地，但这并没有起到什么作用：这些国家先发制人，安排德国和德兰士瓦结盟。[149]

促使它们取得成功的不只这一步棋。一个新的机会很快就出现了，这一次是在北非，那里英法两国之间由来已久的殖民斗争不断加剧，并有可能爆发暴力冲突。英国的帝国主义者想让英国国旗一直从开普敦插到开罗，纵贯非洲大陆，这种想法跟法国殖民党让三色旗在从尼日尔到尼罗河的整个非洲飘扬的梦想难以共存。在某一点上，南北纵贯的梦想和东西横跨的梦想注定会相交。1898 年 9 月，二者的交叉就出现在现苏丹南部尼罗河上游的法绍达（Fashoda）。

当地的主要参与者有让 – 巴蒂斯特·马尚德（Jean-Baptiste Marchand）少校和喀土穆的基钦纳勋爵，双方实力悬殊。经过两年艰苦的非洲丛林跋涉后，马尚德带着不到 100 人一瘸一拐地来了。与此同时，基钦纳在击败令人生畏的苏丹人马赫迪（后来他承袭使用了"马赫迪"这个名字）后，从获胜的城市带着胜利的队伍直接来到这里。如果双方必有一战的话，谁是赢家根本不用猜。不过，事情一直没有到非得诉诸武力的程度。双方的敌对行动只是游行抗议，马尚德的人高举着法国三色旗，基钦纳的人举着埃及国旗。然后，冲突被拿到其所应隶属的层级去解决，即国际强权政治的舞台上。

在伦敦，索尔兹伯里勋爵和张伯伦自信地迎战。他们在巴黎的对手是外交部长泰奥菲勒·德尔卡塞（Théophile Delcassé），他和英国人一样相信自己的诉求是正当的，并且同样受到狂热的帝国主义思想的驱使。双方最大的不同在于他们手中准备好的王牌。在这方面，局势和在法绍达那里一样不均衡。政治上，索尔兹伯里和张伯伦大权在握，另外，他们刚与德国签订了条约，这一点可以保证他们后方的安全，而且他们在该地区的人数超过了对手。相比之下，德尔卡塞正处于政治危机之中。他没有得到俄国盟友的支持，也无力在军事力量上跟对手抗衡。没错，法国的陆军比英国的规模要大，但是不列颠尼亚统治着大海，这种情况下，如何才能让自己的士兵到达非洲呢？此种局面下，实在是无法可想，于是只能认输。1898年11月3日，德尔卡塞指示马尚德取消所有行动。[150]

英国在所有殖民地的前线都做得很出色，张伯伦有充分的理由洋洋自得。法国与北非的联系已经被切断了，与德国的协议是用葡萄牙的领土换来的，英国的力量能够左右整个南部非洲。现在只剩下布尔人了。这时还有一份6个月前来自比勒陀利亚的纪要。纪要的内容也许是对宗主国的问题吹毛求疵，这无疑是莱兹干的。这件事必须得到解决。对于这份纪要提到的问题，张伯伦的下属建议他不要做任何回应，尤其是仲裁的问题。他们提议忽略它，只去谈可以公开辩论的事，这就足以让对手惊慌失措。1898年12月15日，张伯伦开始占据支配地位。

12 最后契机

大西洋，1899 年 1 月

和解。一个维持和平的计划。解决比勒陀利亚和约翰内斯堡之间的差异问题。本着相互理解的精神进行会谈。做出让步。这并不容易，但值得一试，因为战争会摧毁一切。和解所涉及的，是找到对的人，按对的顺序，做对的事情。对此，莱兹想到了一个主意。

在从南安普敦乘船到开普敦的航行中，威廉·莱兹没有把时间浪费在琐事上。他要考虑的，是战争还是和平，是南非的未来，以及德兰士瓦作为一个独立国家的生存等问题。在担任德兰士瓦的国家特使六个月后，他前往比勒陀利亚报告自己在欧洲的发现。他有许多事情要考虑，在海上的这一段时间，他把一切都理顺了。只能有一个结论。无论他如何激烈地为布尔人的事业辩护，这个问题都不能通过外交手段或新闻宣传来解决。问题出在德兰士瓦本身，在于兰德贵族和外侨引发的冲突。

只有解决了这个问题，才有可能赢得金矿股东，以及法国、德国和俄国等欧洲重要国家的政治家和公众舆论的支持。只有这样，布尔人才能把自己塑造成一个被英国对权力的欲望逼到角落里的受伤的一方。只要冲突还在继续，人们就会继续认为布尔人也应该承担部分责任，认为他们勒索矿主，歧视雇员。外交和公共关系起不了决定性作用。

1899 年 1 月 28 日，莱兹回到比勒陀利亚，他曾在那里生活和工作了将近 14 年。在过去的半年里，除了两个关键职位换了人外，这里几乎没有什么变化。当莱兹成为特使时，他的国务秘书职位被奥兰治自由邦前总督 F.W. 雷茨接替，克鲁格曾在 1889 年与雷茨寻求建立更紧密的关系。雷茨因健康原因被迫辞职，但在恢复健康之后，他还是渴望在德兰士瓦继续他的政治生涯。年轻的扬·史沫茨（Jan Smuts）是新上任的国家检察官，即将走上漫长而辉煌的职业生涯。两人都出生在开普殖民地，并曾在英国学习法律。在英国完成学业后，他们带着原来就有的狂热的南非白人民族主义回来了。生于这块土地，然后又看到了外面的世界——这一点在他们所做的一切中都表现得淋漓尽致。他们是自信而博学的布尔人，从容且威严，这是作为荷兰人的莱兹所未曾具备的素质。跟老总统加在一起，他们在比勒陀利亚组成了三代人的新领导集团：克鲁格已经 73 岁，雷茨 54 岁，史沫茨 28 岁。

三人都同意莱兹提出的同约翰内斯堡和解，以及他所考虑的中间人的想法：候选人是阿尔弗雷德·贝特的表弟爱德华·利珀特，他是兰德的无冕之王。在铁路和炸药事件中，利珀特也曾是一个令人讨厌的家伙，但在詹姆森突袭案和他给了当时身处德国的莱兹必要的支持之后，他成了一个值得信赖的朋友。1899 年 2 月底，他向矿业代表提出了条件。特兰斯瓦尔（Transvaal）政府提出，要在三点上做出实质性让步：修改炸药垄断条款，放宽外侨的特许经营权，任命一名"财务主管"来整顿国家财政。作为回报，比勒陀利亚方面希望矿主禁掉煽动反对政府的媒体，并与南非联盟保持距离。

这是一次真诚的尝试，希望通过谈判达成协议。起初，前景看起来很好。一些兰德贵族对于进一步对话非常有兴趣，并严肃提出了建议。克鲁格在三次调解讲话中强调了他高尚的意图，这三次讲话分别是在海德堡（3 月 18 日）、罗斯腾堡（3 月 27 日）和约翰内斯堡（4 月 1 日）。如果能达成协议，他就会凭这一惊人的大交易而获得至高的荣耀。而莱兹这个幕后人物，可能会以"调解人威廉"的身份被载入史册。

但实际情形并非如此。诚意必须来自双方。实际谈判中，至少有一个谈判伙伴没有遵守规则。珀西·菲茨帕特里克是约翰内斯堡的同谋者之一，因参与詹姆森突袭案而被判刑，他先是被判死刑，后来被判入狱，最后被罚款了事。免除刑责并没有让他收手。他对布尔人的统治仍然心存怨恨，尤其是对克鲁格和莱兹。实际上，他之所以被选中作为矿主代表，就是要破坏双方的谈话。即便如此，布尔人的领导者克鲁格还是相信他是无辜的。

史沫茨跟他开过好几次保密会议，却没意识到菲茨帕特里克的真实意图是要破坏谈话。他与在伦敦的上级贝特和韦恩赫尔、英国在比勒陀利亚的代表科宁厄姆·格林密切协商，又通过格林跟开普敦的高级专员艾尔弗雷德·米尔纳爵士密切协商，最终，菲茨帕特里克在 1899 年 3 月底令本应顺利进行的会谈戛然而止。他将秘密谈话的结果透露给了约翰内斯堡、开普敦和伦敦的英语报纸，得到了期望的效果。于是 4 月一开始，所有事就都变成公开的了，原本想尝试一下的人都食言了。"伟大的协议"无疾而终，比勒陀利亚和约翰内斯堡之间达成内部协议的机会丧失了。在大约同一时间，南非联盟起草了一份请愿书，这一切就彻底让人明白了。这份请愿书是写给维多利亚女王的，由 2.1 万名外侨签名，呼吁采取措施提高他们在德兰士瓦的合法地位。[151]

莱兹没有亲眼见证自己计划的失败。他于 1899 年 3 月 24 日离开比勒陀利亚，去欧洲重新开始生活。在开普敦，他与米尔纳简单见了一面，两个人只是互相寒暄了一下，对政治话题一概不提。莱兹算是完成了自己最后的任务。张伯伦 1898 年 12 月 15 日发出的关于宗主国的电报还在等待回复。克鲁格和雷茨让莱兹来处理此事，毕竟，莱兹是这方面的专家。但是，在比勒陀利亚期间他并没有着手去处理这件事。只有在开普敦，他才能将自己的全部精力放在这上面。在 3 月 30 日登船前往欧洲的最后一分钟，他将自己的回复草稿寄去了比勒陀利亚。

在"卡里斯布鲁克城堡号"（*Carisbrooke Castle*）的甲板上，所有人聊天的时候都会提起迫在眉睫的战争，以及快速消失的和平机会。大多数英国乘客都担心战争已经不可避免。另外，他们也认为战争会得到"整个英国的支持"。莱兹发现人们的谈话令他沮丧。两个月前，他出航时，人们还是积极乐观的。而此时的海浪仿佛不祥之兆，狠狠地拍打着船身。"很显然，在法绍达事件之后，再加上与德国的结盟，英国已经把自己视为世界的霸主。"[152]

* * *

艾尔弗雷德·米尔纳爵士对局势的发展感到满意。必须在比勒陀利亚进行彻底的改革，并且认可英国在整个南非地区的霸主地位，否则就将进行战争。一年多前，米尔纳爵士在格拉夫 – 雷内特镇的演讲中就提出过这一点。从那时起，他就在为这件事做准备，而且愈发按捺不住。他认为如果布尔人与兰德贵族和解，却不认可英国帝国主义的主张，那将不啻一场灾难。所以当菲茨帕特里克破坏了谈话后，他非常满意。此外，英国外侨广泛支持向维多利亚女王请愿。很显然，这是一个动员英国国内公众的好机会，也会给张伯伦施加压力，让他尽快采取行动。

他们不能再次错过机会了。请愿发生在几个月前，大约1898年圣诞节前后，那是外侨第一次呼吁英国女王采取行动。这也是对锅炉制造工汤姆·埃德加（Tom Edgar）死亡事件的回应：一个约翰内斯堡的警察前来逮捕埃德加，在他家中开枪打死了他。当局称警察是出于自卫，但对英国民众来说，这就

114

是谋杀，是可憎的南非共和国警察中的某个人实施的谋杀。结果，在南非联盟的帮助下，人们成立了所谓的"汤姆·埃德加救济委员会"，数千名外侨走上街头示威，他们要求对被保释的警察进行听证，他们要求更好的保护，反对警方肆意妄为，并要求获得更多的政治权利。这些要求都写在了请愿书里，几天后，请愿书递交给了女王陛下在开普敦的代表。

那时，米尔纳正在伦敦进行会谈。他的副手、驻南非英军总司令、陆军中将威廉·巴特勒（William Butler）爵士的反应令人震惊。巴特勒对布尔人表示同情，这一点是众所周知的；此外，他没有时间管外侨的事，这也不是什么秘密。但是没人料到他竟然会拒绝这份请愿书。他还通知了张伯伦，说这是一场南非联盟组织的"有准备的勾当"，他认为南非联盟的成员是 1895 年发动突袭以及改革行动的人的"直系血亲"。巴特勒坚信这件事的幕后黑手是罗德斯。

但是在这一点上他搞错了，在后方精心安排了这一切的其实是菲茨帕特里克。米尔纳回到开普敦后，大体上原谅了巴特勒的错误，但他不能原谅巴特勒拒绝接受请愿书的做法。这是一种难以言表的蔑视行为，米尔纳称这种行为"比克鲁格还克鲁格"。这等于公然违反了他精心计划的政策，故而不可原谅。如果让他做决定，巴特勒可能会被剥夺指挥权。其实事后不久，他真的被剥夺了指挥权——半年之后，巴特勒被迫辞职。

但是米尔纳没有等那么久，就等来了另一个机会纠正巴特勒的错误。1899 年 3 月底，他收到了外侨的第二封请愿书。这封请愿书具有巨大威力——仗着在《蓓尔美尔公报》当记者时积攒的经验，他一眼就看出了这一点。如果好好利用这封请愿书，投票权问题可能会在英国演变成一场"令民众激愤的战斗呐喊"——而且，必须让这样的事情在英国国内发生。

米尔纳已经开始关心南非公众的意见了。他与《开普时

报》的总编辑交好，并且得到了韦恩赫尔和贝特公司所拥有的
两家德兰士瓦报社的支持。《星报》多年来一直是兰德主要的
英语报，3 月《德兰士瓦领袖》并入了此报。《星报》和《开普
时报》在煽动外侨情绪上都曾发挥过作用，当比勒陀利亚和约
翰内斯堡的谈判失败时，这两家报纸又再次鼓噪起来。《星报》
的主编威廉·莫妮佩（William Monypenny）在其中也发挥了
重要的作用。他特地从伦敦的舰队街赶来担任《泰晤士报》驻
此地的记者，为这种煽动人心的行为添加了致命的一笔。

115

　　在米尔纳看来，约翰内斯堡的一切都进展顺利。菲茨帕特
里克和莫妮佩是点燃民族主义的完美"纵火者"。现在火花需
要在伦敦点燃，但这个难度有些大。外侨的第二封请愿书得到
了政府和公众的关注和支持，但是并未达到米尔纳的预期。让
他为难的是，整个 4 月南非都从报纸的头版新闻里消失了。他
该做些什么？给张伯伦太大的压力只会适得其反，这一点米尔
纳也看得出来。没有别的办法，只能等待另一个机会的出现。

　　几个星期后，机会来了。张伯伦迈出了第一步。他需要高
级专员写一份振奋人心的声明，放到那本他编纂的讲述德兰士
瓦最新发展的蓝皮书里。这一点他能做到。但是米尔纳在里面
又加了些"尖酸刻薄"之辞，结果就产生了关于"奴隶制度"
的电报。米尔纳写道，布尔人将上千名英国人民变成了古斯巴
达的奴隶，而且这些奴隶不断对英国政府发出求助的呼吁，却
总是徒劳的。那么他们在等待什么呢？他总结说："干预有压
倒性的理由。"比勒陀利亚政府，除了恶意揣测英国的意图外，
就什么也不会做了。

　　米尔纳清醒地认识到这是一场赌博。出于同样的原因，张
伯伦可能也会因为他语气紧迫而感到压力。当然，明目张胆地
呼吁进行干预可能会引起内阁的反对。这次他无须等太长时间
就看到了实际的结果。1899 年 5 月，他收到一封电报，里面

说："文件已得到批准。我们已经采纳了你的建议。"这真是好消息。张伯伦同意了，而且看样子索尔兹伯里勋爵也同意了。白厅同意立即进行干预——暂时是和平干预，但是事情总是环环相扣、不断发展的。米尔纳很清楚，蓝皮书出版后，他的关于所谓"奴隶制度"的文件会使英国公众从自满中醒悟过来。

唯一的不足就是和平主义者突然间开始冒出来。首先是总督施莱纳和开普殖民地的扬·霍夫迈尔，然后是奥兰治自由邦的总统斯泰恩。他们坚持要与克鲁格会面。米尔纳对此表示反对，但在全世界的关注下，他无法拒绝。更何况张伯伦还认为这是个好主意。蓝皮书的出版暂时推迟了。

1899 年 3 月 31 日，米尔纳出现在布隆方丹火车站，那里是斯泰恩提出的进行会面的地方。米尔纳来这里不是为了协商，而是下最后通牒：所有居住 5 年的外侨要享有充分的选举权，具有即时和追溯效力，另外他们在国民议会中要有 7 名代表。他唯一的担心是克鲁格这个狡猾的老狐狸会先做出这样的让步，过后再讨价还价。这样的话，米尔纳就退回到了起点，而且他也就不得不重新想办法让局面变得紧张起来。他最大的希望就是布隆方丹会议失败。

这个会议确实失败了。克鲁格来到了奥兰治自由邦的首都进行会谈，他没有抱太大的期望，但是他一直遵守着游戏的规则。他做出了一定的让步和妥协。比如，第三天，他出其不意地拿出了一份精心准备的改革法案。国民议会准备了 5 个席位给金矿地区，且居住期限为 2 年到 7 年的外侨拥有投票权，具体取决于他们在德兰士瓦的时间。

考虑到外侨人口所占的比例，这也算是实质性的让步了。根据最新的人口普查数据，也就是 1899 年出版的《南非共和国国家年鉴》（*State Almanac for the South African Republic*），有选举权的成年男性布尔人不足 3 万人。德兰士瓦白人的总人口已经增长到这个数字的大约 10 倍：男性、女性和儿童加起来有 29 万人。此外，还有 60 万人属于有色人种。在约翰内斯堡及其紧邻的地方，超过 5 万人都是男性外侨。一旦他们有了投票权，就会大大影响德兰士瓦政治的权力平衡。[153]

克鲁格的提议基本满足了米尔纳提出的要求。张伯伦认为这很成功，他立刻打电报向米尔纳表示祝贺。但米尔纳却不这样认为，他提出了无数的反对意见，并警告张伯伦谈判处于崩溃的边缘。对此，伦敦的反应是：继续谈，"布尔人不懂得迅速做出决定"。但是这个消息来得太迟了。1899 年 6 月 5 日，米尔纳退出会谈，准备进行他最初的计划，挑起一场正面冲突。[154]

* * *

张伯伦犹豫了许久。他同意南非高级专员所说的，即他们必须让克鲁格屈服。但是如果能够通过外交手段实现这一目的，岂不是更好？只要布尔人的老首领接纳英国的条款，让外侨享有同等权利，那么他们没必要诉诸武力。而且英方已经提出了这样的条件，所以如果此时打退堂鼓，无异会颜面尽失。但是最具争议的问题，就是有关英国在南非至高无上的地位问题。无论是在正式场合，还是实践操作中，这都是克鲁格必须承认的。

因此，1898 年 12 月 15 日张伯伦在收到比勒陀利亚关于宗主国的回复后，苦恼不已。回复的日期是 1899 年 5 月 9 日，据推测作者不是莱兹，因为他在 3 月底就离开了比勒陀利亚。里面有些段落中的吹毛求疵显然是他的风格，但是有一句却一针见血。它认为德兰士瓦人的自决权不是基于 1884 年的《伦敦公约》，而仅仅是其本来天然拥有的一项权力。莱兹从未如此自信地表达过自己的看法。这种表达不仅是自信，简直可以

117

算是傲慢了。米尔纳对此非常惊讶。张伯伦也认为德兰士瓦要求获得完全主权地位是不可接受的。他认为这是"对我们在南非至高无上权力地位的挑战"。[155]

如此一来，英国当然更有理由加紧对布尔共和国的外交限制。发动战争？1899年6月时，张伯伦还没急迫到这一地步。米尔纳急于中断在布隆方丹与克鲁格的会谈，他的这种坚决态度使张伯伦以及殖民地事务办公室的全体人员——除了次官塞尔伯恩勋爵之外——无不感到震惊。此外，如果发生武装冲突，张伯伦一定需要陆军部的支持，但得到他们的支持并不容易。兰斯唐（Lansdowne）勋爵领导着一个腐朽不堪、四分五裂的部门，他对布尔人的军事威胁无动于衷。陆军部一点重要的准备也没做。

整个国家也没有燃起对战争的激情。像《泰晤士报》《晨报》等一些报纸，都在尽它们最大可能为外侨摇旗呐喊。在米尔纳的建议下，珀西·菲茨帕特里克出版了一本鹰派的书《德兰士瓦内幕》（*The Transvaal from Within*），该书成为当年的畅销书。但是米尔纳还有其他的想法。包含保留"奴隶制度"文件的蓝皮书还不足以点燃这把火。到处都弥漫着怀疑和沮丧。讽刺周刊《笨拙》展示了一个与人们想象中完全不同的"南非奴隶"：他们吃得饱饱的，穿着时髦的衣服，戴着代表财富而非奴役的大金链子，胸口别着一枚镶有珠宝的领带夹。"这种模样的人可能有多重身份，但绝不是奴隶。"[156]

有段时间，人们感觉战争的威胁似乎过去了。1899年7月中旬，比勒陀利亚同意再一次做出让步，这比克鲁格在布隆方丹提出的让步还大。一条新法规给了外侨6个国民议会席位，外侨居住7年后可拥有投票权，且此条法规可以溯及既往。得到消息后，张伯伦再一次向米尔纳表示祝贺，然而米尔纳却再次提醒他的上司，要小心布尔人提议中的陷阱。相应地，米尔纳也提出了自己的建议：应该成立一个（英国和德兰士瓦）联合调查委员会，从各个角度调查特许经营权问题。

塞尔伯恩立即同意了这个提议，这也帮助张伯伦"重新回到正确的轨道上"。1899年7月28日，在那一年唯一的处理南非问题的下议院会议上，他对比勒陀利亚最近的改革不再那么有热情了。他说，这与提前两年还是推迟两年获得投票权无关，也无关细节。米尔纳认为一个特别委员会将更有资格对这一切进行评判。不，对于南非事务需要有更根本的措施。这事关"大英帝国的权力和权威……事关我们是否拥有主导地位的问题"。这个表述意思很清楚，而且也说服了政府和反对党。议会表示很满意，然后进入了休会期。内阁成员动身前往他们夏季的住所。张伯伦来到他位于伯明翰的乡村庄园海布里，专心种植兰花。成立联合调查委员会的提议提交给了德兰士瓦政府。

三周后，1899年8月19日，比勒陀利亚的回复来了。他们认为成立联合调查委员会有损德兰士瓦的自治权，因此拒绝了这个提议。但是克鲁格提出了一个新的提议，从表面看，这个提议非同寻常。外侨居住5年后即可拥有投票权，且可以溯及既往。国民议会为兰德保留的10个席位扩大到36个。这比米尔纳在布隆方丹要求的席位还要多，但有个附加条件。英国政府必须放弃宗主国地位，停止一切干预德兰士瓦内部事务的行为。

这个提议看起来是最后的条件，也是最终的让步——确实是这样的。但是对于这一提议，开普敦和伦敦这次的态度和以前比没有什么变化，当局的反应与之前几次完全相同。米尔纳立刻就回绝了这个提议，认为这是布尔领导人的另一个把戏，他认为这个提议没有考虑英国在南非"至高无上的地位"，所以这个让步还不够。张伯伦还需要几天考虑一下。他一开始称这"完全是（克鲁格的）诡计"，并告诉索尔兹伯里勋爵危机已经被阻止了。但在8月24日，在听了米尔纳的想法后，张伯伦改变了主意。而且，这一次，事情没有回旋的余地了。现在他给战争大臣兰斯唐勋爵传递了一个不同寻常的消息。他说布尔人必须澄清他们的提议，收回他们的条件，这些条件我们不能接受。他们如果不能在一个星期到10天的时间里做到这一点，可能就是不想得到和平。那样的话，英国会立即派出一支一万人的远征军。结果，仅仅2天后，张伯伦就失去了耐心。他在海布里大厅前的草坪上演讲时，又重复了一遍他对克鲁格的警告。他只说德兰士瓦的总统提出了英国不可能接受的条件（但是隐瞒了后者改革建议的细节），照此下去肯定是不行的。"沙漏中的沙一直在漏下去。"[157]

英方的威胁意味很明显。但是克鲁格没有再做出进一步的让步。相反，他收回了他第二条关于扩大席位的提议，不过表示联合调查委员会的问题还可以讨论。在张伯伦看来，他这么做太没有诚意了。根据张伯伦的指示，索尔兹伯里勋爵将内阁成员全部召集回伦敦。

内阁会议于1899年9月8日召开。张伯伦拿出一个备忘录，再一次概述了他的立场观点。外侨被当成"劣等种族，处境只比卡菲尔人和印第安人好了一点"。大英帝国在南非的地位正受到损害，在其他殖民地和世界其他地区的威望也受到了损害。德兰士瓦的总统不愿答应英国政府的合理要求。他们没有选择，只能拿出强硬的姿态。张伯伦向尊贵的议员们保证，这并不一定意味着必须发动战争。克鲁格一向善于"虚张声势，然后投降"。一万人的远征军肯定能说服他，让他认识到英国人是认真的！这可能足以让克鲁格放弃抵抗。

并非所有大臣都同意张伯伦的观点，当然也不同意他挑衅的腔调，但他最后的论点——克鲁格惹人生厌的姿态——使他们改变了看法。内阁同意立即派遣一支远征军。待远征军到达纳塔尔，可能是 10 月初的时候，他们就会发出最后通牒。

对于此事，最终决定权在首相索尔兹伯里勋爵手里。他忧心忡忡。他认为克鲁格不会再让步。他非常清楚，英国正走向战争，而且是自克里米亚战争以来英国要打的最大一场战争。他十分后悔走到这一步，主要是因为赌注太小了，"所做的这一切都是为了我们鄙视的一些人，为了一块不会给英国带来更多实力的土地"。但是当下已经别无选择。他知道，从战略上讲，南非对大英帝国意义非凡，不容有任何闪失。早些时候，他也向他的女婿、负责殖民地事务的次官塞尔伯恩勋爵表达过这些想法。"我们要跟南非表达的，只不过是我们才是老板，荷兰人不是。"158

120

* * *

保罗·克鲁格立场坚定——坚决不再让步。张伯伦希望发动战争，这一点从他 8 月 26 日充满威胁意味的演讲中就能看出来。他两天后写的信里，用同样的词句表述了同样的信息。数月来，克鲁格已经做了他能做的一切来满足英方的要求。可是结果怎样呢？克鲁格不再相信英国是抱着良好的愿望。6 月初，他们在布隆方丹会谈的最后一天，他回击了米尔纳，说："你觊觎的是我的国家。"现在，1899 年 9 月 2 日，事实证明他是对的。不仅如此，除了米尔纳，张伯伦也想把德兰士瓦并入大英帝国。克鲁格对此深信不疑。不管开普殖民地和奥兰治自由邦的布尔人再怎么恳求进一步协商，他都不再相信这件事还能有什么别的结果。他已经听够了那些说辞。施莱纳、霍夫迈尔、斯泰恩、他的得力助手亚伯拉罕·费舍尔，当然还有他的国务秘书雷茨和国家检察官史沫茨，所有人都给了他善意的建议，但是看看现在形势发展到了什么地步。

4月上旬"伟大的协议"的失败就标志着这一切已经开始了。资本家破坏了协议，这是不可否认的，但相信菲茨帕特里克的话未免也太天真了。此外，5月上旬对张伯伦关于宗主国地位信函的回复，措辞很不严谨。莱兹本来准备了一份草稿，措辞还是他一贯谨慎的风格，但是不知是不是雷茨——也可能是史沫茨，这一点他拿不准——增加了那些关于德兰士瓦作为一个独立国家，按照国际法拥有固有权力的段落。这种说法引起了米尔纳和张伯伦的强烈反应，所以雷茨不得不在之后的谈话中做出让步。

更不用说他们说服克鲁格在投票权方面做出的让步了——那完全是违背他的意愿的。起初，6月上旬在布隆方丹会议上他向米尔纳提出了一个建议。然后，7月中旬国民议会通过了改革法案。8月19日最后一次提议，这次的让步比米尔纳要求的程度还大。结果怎样呢？结果就是张伯伦发出威胁。克鲁格让步越多，英方就越得寸进尺。那他怎么做才能让英国满意？现在年轻的布尔人强烈要求把英国人全部赶出去。一些睦邻友好的政府则劝他要谨慎行事。必须做出决定了。可能会发生战争。

兰德这边的人已经得出了这样的结论。1899年上半年，金矿的产量打破以往的纪录，但是那年冬天，约翰内斯堡及其周边地区发现自己正面临着一场反向淘金热。到了8月，几乎发展到大逃离的地步。上万名黑人矿工遭到解雇。还有更多的外侨在物色其他能去的地方。9月，出现了极度恐慌。矿工、工匠、酒吧老板和妓女纷纷往外逃。只要足够幸运，能够挤上火车、牛车或任何其他的交通工具，人们就尽可能地逃往开普殖民地或纳塔尔。9月下旬，大部分金矿都停产了。约翰内斯堡变成了一个普普通通的、寂静的乡下小城。[159]

　　同样，在比勒陀利亚，每个人也都在准备离开——不过是准备奔赴前线。雷茨和史沫茨都同意克鲁格的看法。战争是在所难免的了，尤其当 1899 年 9 月 8 日英国召开完内阁会议，决定派出远征军后，战争是肯定避免不了的了。英国的军队到达南非还需数月，他们必须好好利用这段时间。史沫茨匆忙制订了一项计划。他赞成对英军进行出其不意的突袭。布尔人目前人数上占据优势。如果他们立刻进攻纳塔尔，就能轻松地一路攻到德班，夺取那里的枪支弹药，还能切断英军最近的供应港。在开普殖民地的阿非利卡人很有可能还会加入他们，跟他们并肩作战。如果出现第三个布尔共和国起来抗英，英国人的日子可能就不好过了。此外，法国、俄国和德国会毫不犹豫地利用此时的形势。[160]

　　这个计划听起来并不是不切实际，但史沫茨却从未有机会看到这个计划实施。奥兰治自由邦，确切地说是总统斯泰恩，还没有做好迎接战争的准备。他仍然相信会有和平的解决办法，所以一直在不断地提出建议。对这些建议，克鲁格都认真地考虑。克鲁格认为这么做是浪费时间，但是他也不愿单方面发动攻击，从而激怒盟友。结果就是，他花了几周的时间在等布隆方丹方面的反应。

　　而史沫茨已经等不及了。为了不浪费时间，他在雅各布·德维利耶斯·鲁斯（Jacob de Villiers Roos）的帮助下，开始写一本历史册子。这本小册子的名称是《一个世纪的不公》（*A Century of Wrong*），是"对过去一百年来我们受到的压迫和迫害的"控诉。撰写这本小册子，是为了号召整个国家的阿非利卡人，包括两个英属殖民地和两个布尔共和国的阿非利卡人，一同抵抗"7000 公里以外那个既不公正又极度可恨的政府"。在即将爆发的战争中，布尔人是英雄，英国人则是流氓恶棍。即使以 19 世纪的标准来看，这本小册子的文字也是辞藻华丽，颇能赢得人心。

它把英国人描绘成伪君子，"被一种侵略和掠夺的精神驱使，英国人与我们的人民打交道的时候，一直带有这种特点"。英国人"对当地人有一种病态的爱"，这与其说是爱，不如说是"对布尔人的憎恨和蔑视"。发现了布尔共和国的矿物财富后，他们把旧的阴险政策和新兴的资本主义的力量结合起来，"在这些可怜的人身边设置一条警戒线，供那些野兽和猛禽捕猎"。

尽管布尔人"做出了重大的牺牲……经历了兴衰"，他们依然拥有"一种尊严，这使得全世界的人能够想起一种更伟大、更痛苦的经历"。他们"在南非追求朝圣的殉道，直到这个本就不幸福的国家的每一寸土地都被鲜血染红，这些鲜血，既来自那些奋起抵抗的男人，也来自被杀害的手无寸铁的妇女和儿童"。在这过程中，布尔人始终坚守"正义……遵循永恒的法则前进，不为人类的傲慢和野心所动"。

小册子的最后一章似乎是对关于"奴隶制度"的电报的回应。米尔纳毕业于牛津，史沫茨毕业于剑桥，二人都精通古典文学。史沫茨把英国"从世界各地运来士兵，只为粉碎这一小撮布尔人"，比作波斯皇帝薛西斯"率领百万大军对付一个小小的希腊"。而布尔人，自然就相当于斯巴达人，就像利奥尼达斯"率领他的三百勇士，在温泉关毫不畏惧地抵抗薛西斯和他的大军"。而"不管结果是赢是输，自由一定会像清晨透过薄雾的太阳那样在南非缓缓升起；就像一个世纪前降临在美利坚一样，自由也会降临在我们身上。到那时，从赞比西河到西蒙湾，都会是'阿非利卡人的土地'"。[161]

到了 1899 年 9 月 28 日，克鲁格等得不耐烦了。几天前，他听说远征军后面还跟着一整支军团。德兰士瓦开始了战争动员。10 月 2 日，奥兰治自由邦也开始了动员。就连斯泰恩也知道，此时他们已经没有别的路可走了。

* * *

威廉·莱兹对目前的境况感到不安。他在为布尔人的事业尽自己最大的努力，但是他能做的还是远远不够。他的职责是搞外交和公共关系，不能参与到政治决策中。他在布鲁塞尔、海牙、巴黎和阿姆斯特丹（偶尔还有柏林）之间穿梭。他的努力有一定的成效，他也做成了一些事，但还是改变不了布尔人的结局。1899 年 8 月中旬，他给在德兰士瓦的两位密友写信说："我希望此时我能在比勒陀利亚。我相信，如果我在那里，还是能帮上些忙的。"政府经常就一些问题咨询他的意见，他的电报费通常都会很高，但是"当面说话可比隔着老远通过电报说得多"。[162]

莱兹不只是鼓励他们，还批评了他在比勒陀利亚的继任者。他感觉他们一直都太优柔寡断，另外他们不是过于武断，就是过于顺从。他们对张伯伦关于宗主国地位信函的回复，就是最好的例子。他们擅自加上的草率句子毁掉了他所有辛劳的成果，张伯伦很快就利用了这一优势。莱兹也批评了投票权提案的措辞。他说，用词极其重要。那封信听起来就像是有人把刀架在了你的脖子上，你被逼无奈做出了让步。英国人不喜欢这样。此外，比勒陀利亚犹豫不决的态度让他特使的工作也变得难上加难。没有人及时通知他最新的情况，所以他得到的指示也常常含糊不清。

但有什么办法呢。如果他此刻在比勒陀利亚，局面是否真的会有所不同其实也是很难说的。因为现在很明显米尔纳和张伯伦打算发动战争。贝特也是如此——因为莱兹在他的欧洲观察站，密切关注着局势。莱兹说："每一个对南非经济感兴趣的人都会支持韦恩赫尔和贝特公司。"他们的实力是如此强大，所以"没有人敢站出来反对他们，由于怕遭到抵制，他们会做任何贝特想要的事情（沃纳没有那么霸道），而贝特则听从张伯伦的命令"。[163]

在这类报告中，莱兹在欧洲的用处看似比他在德兰士瓦的用处要大。一方面，他可以让比勒陀利亚时刻知道欧洲各国首都、政府和金融圈中心以及普通公众的情绪；另一方面，他可以支持德兰士瓦，并改善其形象。他继续按1898年发起的支持布尔运动的思路行动，这极其重要。1899年4月末访问完巴黎后，他写道："媒体发动了另一场反对共和国的运动。"他必须时刻保持警惕，确保揭露他们所有的半真半假的消息以及诽谤。媒体的攻势也针对莱兹个人。《金融时报》（*Financial Times*）报道称，他在担任国务秘书期间非法进行黄金交易以谋取私利。这是媒体对他的诽谤，但他很难进行反驳。他可以否认虚假的指控，但不能把这些指控从人们心中抹去。[164]

莱兹的一些工作是公开的，但大部分工作都是私下秘密进行的。他的外交活动从发现国家的合适投资人、组织德兰士瓦参加1900年巴黎世界博览会，到进行调解斡旋（这是一个敏感问题），以确保洛伦索马科斯禁止的军火运输被放行。

运输的是一批毛瑟枪和350多万枚子弹，是从德国运往比勒陀利亚的。过去的几年，几次武器运输都要通过莫桑比克（非洲东南部国家），但后来葡萄牙当局毫无理由地突然禁止了他们的武器运输。德兰士瓦政府认为这是迫于英国的压力而采取的行动。8月中旬，莱兹得到指示让他尽快前往里斯本给葡萄牙施加压力。也有人建议他将此事告知德国政府，毕竟，这批货物来自德国，也是通过德国的"国会号"（*Reichstag*）运输的。莱兹采纳了这一建议，不过不是完全采纳。实际上他没去里斯本，而是在布鲁塞尔向葡萄牙使节递交了一封反对信，间接向其施压。他不仅得到了柏林的帮助，还得到了巴黎的帮助，因为法国很快也要将两门克鲁索大炮通过这条路线运送。运输中大炮会被称为"机器"，即便如此，法国最好还是了解目前的情况，利用他们对葡萄牙的影响力向葡萄牙政府施压。8月底，洛伦索马科斯的港口当局放行了这批步枪和弹药。[165]

这要感谢德国和法国的帮助。但是莱兹不止一次地提醒过，比勒陀利亚不应该幻想总是能够得到其他国家的帮助。这一次德国和法国不过是出于自己的利益才这样做。如果受到压力，这两个国家是坚决不会跟英国对着干的。莱兹在电报里已经把这一点说得非常清楚了。1899年8月3日，他说："如果战争爆发，德国和法国会对我们表示友好，但是不会给我们任何实质性的帮助。"到了9月25日他在简讯中说："德国绝对不会给我们任何帮助。法国虽然很乐意为难英国，但是我们决不能指望他们。法国人难以预料。然而，大家普遍认为，俄国可能会干预亚洲事务。"[166]

俄国可能会把英国和德兰士瓦之间的战争看作其追求本国利益的机会。无论如何，没有人指望沙皇尼古拉二世会出于道义而做任何事。迫于英国的压力，他没有邀请德兰士瓦和奥兰治自由邦参加1899年5月中旬到7月底在海牙举行的和平会议。在此期间，莱兹也一直避免去海牙。他说："我现在的处境很艰难。"[167]

但是他很高兴看到，由于两个布尔共和国被排除在外，荷兰的媒体和国会对此掀起了抗议的浪潮。这本身就是一种安慰，尽管不公平的是，荷兰这边批评的对象是外交大臣威廉·德博福特（Willem de Beaufort）。反革命党领袖阿尔伯特·凯珀甚至要求，对于人们对"两个荷兰联邦成员"的怠慢，外交大臣应该亲自负责，并指责这是他"不可原谅的软弱之处"。莱兹清楚，这都是事先安排好的。威廉·德博福特只有两个选择：参会或不参会，在海牙还是别的地方。

莱兹也清楚，荷兰如此咋咋呼呼对世界其他地方产生不了任何影响，尤其是英国。春天，荷兰妇女协会给沙皇尼古拉二世递交了一份有 20 万人签名的请愿书，支持沙皇的和平倡议。8 月，荷兰南非协会征集到了 14 万人的签名，支持一项代表布尔人的"致大不列颠人民"的慷慨呼吁。请愿书受到了重视，但是到了现在这个阶段，已经发挥不了任何作用了。这些做法的本意都是好的，但已经无济于事。[168]

几个月前，在德兰士瓦一场类似的原本有可能产生一点效果的运动后，莱兹就得出了这样的结论。1899 年 3 月底，2.1万名外侨给维多利亚女王写了一份请愿书，仅两个月就又有了第二份来自 2.3 万名持不同意见的外侨的请愿书。第二份请愿书写道："我们不同意〔第一份给维多利亚女王的〕请愿书中的观点和意见。我们知道，在南非共和国和在文明世界的任何角落一样，生命和财产都是安全的。"签署者不像南非联盟那样，他们坚定地站在德兰士瓦政府的身后。很明显，在兰德的移民群体中，人们对克鲁格政权存在严重分歧。

比勒陀利亚方面证实英国政府知悉第二份请愿书的内容，并向柏林、巴黎、海牙和华盛顿寄去了副本。但在那之后，什么都没发生，出现这样的结果也许比请愿书本身更令人惊讶。尽管后来很长一段时间，第一份给维多利亚女王的请愿书在英国媒体界引发热议，但官方没有做出任何的回复。莱兹已经得知了这个消息。公众请愿这种方式已经不合时宜了。现状是，一切都靠强权政治。[169]

这一观点在莱兹 1899 年 7 月中旬至 9 月底进行的一次不寻常通信中就得到了反映。他以前的导师和朋友莫尔泽是荷兰国务委员会的成员，他仍深切关注着布尔人的命运。荷兰政府还能做什么来阻止他们与英国之间爆发战争呢？如果有任何办法，莱兹会立刻向尼古拉斯·皮尔森提出请求。莱兹跟他很熟。

莱兹认为荷兰会有办法。他提出了建议，但是他的另一位老师却不以为然。在他看来，莱兹的想法是让"一位刚开始其职业生涯的年轻女士"（荷兰女王威廉敏娜）向"一位接近生命尽头的老妇人"（维多利亚女王）发出紧急求助。皮尔森认为这样做所冒的风险太大了。他不准备冒险"让女王为难"。他还代表外交大臣德博福特明确表示：不要指望"荷兰政府能提供任何帮助"。跟其他国家一样，荷兰也非常依赖大英帝国，主要是由于其脆弱的荷属东印度群岛。[170]

要不是皮尔森主动提出以个人身份采取行动，沟通可能到此就结束了。他与英国海军大臣乔治·戈什（George Goschen）是密友，戈什也是索尔兹伯里政府的一员。他认为通过私人信件可能会从英国内阁内部改变他们的立场。荷兰首相尊重英国人，相信他们是讲道理的。事实上，大家都知道他是个"亲英派，他自己也承认这一点"。他毫不掩饰自己的信念，认为德兰士瓦"应该更早地奉行开明政策"，应该"按照跟荷兰人同样的条件接受英国人"。如果莱兹同意，皮尔森就准备和戈什谈谈。

莱兹不太赞成这么做，但还是礼貌地感谢他的好意。随之而来的是皮尔森和戈什两个人之间疯狂的书信往来。一方面，皮尔森向莱兹报告说他与戈什的接触越来越有希望。皮尔森由此得出结论，"英国内阁中存在着强烈的和平主义倾向"。另一方面，莱兹称呼皮尔森为"博学的教授"，因为后者颇有儒士风范，但是实际上他这是在坦率地告诉对方他对其乐观主义的看法。1899年8月22日，他写信说："你仍然相信能争取到戈什的支持吗？我认为没戏。"不过，皮尔森还是一直给戈什和莱兹写信。9月26日，他又写信谈及了"英国内阁中的和

平主义运动"。他说，德兰士瓦人不应该因为对英国不信任而
阻碍做出让步。一国中有说两种语言的人也行得通。比利时议
会就是个例子。[171]

　　但两边的收信人都没把他的话当回事。15 年前，皮尔森
曾设法劝说一位顾虑重重的年轻律师去南非寻找自己的前途，
让他设想一下自己作为国家检察官的美好前景。而此时，他试
图说服一位持怀疑态度的政治家，告诉他让步就是答案，并说
伦敦仍然存在和平机会。他现在做的是无用功。莱兹已经不再
相信他说的话了。他对英国内阁也不再抱有任何信心。是时候
行动起来，解决问题了。

　　他也是这么跟比勒陀利亚方面说的。10 月 6 日他给雷茨
写的信中说："整个欧洲都在纳闷，为什么布尔人在要求英国
撤军之后，还没有发动战争。每个人都认为等待英军大军到达
纳塔尔这种行为无异于自杀。"10 月 9 日，他又一次提到了欧
洲人的困惑。一天后，在克鲁格 74 岁生日那天，莱兹收到了
他期待已久的那份电报。布尔人发出了最后通牒。战争将于第
二天打响。[172]

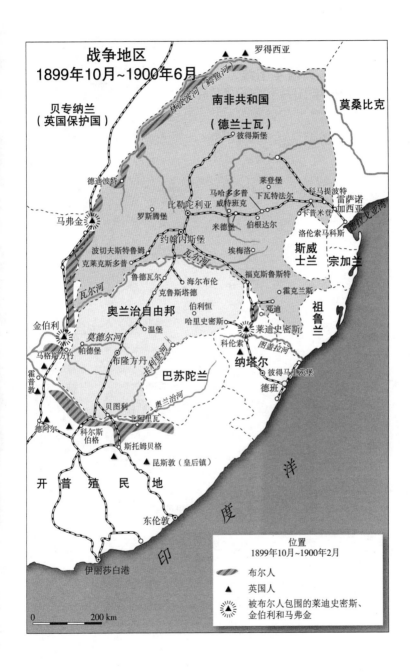

战争地区
1899年10月~1900年6月

贝专纳兰
（英国保护国）

林波波河（鳄鱼河）

南非共和国

莫桑比克

（德兰士瓦）

德迪波特

彼得斯堡

莱登堡

科马提波特

马弗金

马哈多多普
下瓦特法尔

雷萨诺
加西亚

比勒陀利亚 威特班克

罗斯腾堡

约翰内斯堡

米德堡

伯根达尔

卡普米登

洛伦索马科斯

斯威
士兰

宗加兰

埃梅洛

波切夫斯特鲁姆

瓦尔河

克莱克斯多普

鲁德瓦尔

海尔布伦

福克斯鲁斯特

克鲁斯塔德

霍克兰斯

瓦尔河

伯利恒

邓迪

祖鲁兰

金伯利

奥兰治自由邦

温堡

哈里史密斯

莱迪史密斯

莫德尔河

帕德堡

布隆方丹

卡利登河

图盖拉河

科伦索

纳塔尔

马格斯方丹

巴苏陀兰

彼得马里茨堡

霍普敦

贝图利

奥兰治河

北阿里瓦

德班

德阿尔

科尔斯伯格

斯托姆贝格

昆斯敦（皇后镇）

开 普 殖 民 地

东伦敦

印

度

洋

伊丽莎白港

0   **200 km**

位置
1899年10月~1900年2月

布尔人

▲ 英国人

被布尔人包围的莱迪史密斯、
金伯利和马弗金

纳塔尔前线
1899年10月~1900年2月

克利普河

厄兰斯拉格
（10月21日）

尼克尔森
（10月30日）
佩普沃斯山

黄德斯普鲁伊特

10月30日

阿克顿庄园
1月18日

莱迪史密斯

塔班亚马山
斯皮恩山
1月24日

双峰山

普拉特兰德
6月6日

克利普河

彼得高地
2月27日

瓦尔克兰兹
2月5~7日

图盖拉河

特里哈德浅滩

波吉特浅滩

图盖拉河

哈特山
2月21~24日

基督山
2月18日

科伦索
12月15日

朗湾山
2月10~21日

辛格罗山
2月17日

骠骑兵山
2月12~16日

奇韦利

装甲列车
11月15日

弗雷尔

0   10 km

艾斯科特

第二部分

大男孩历险记

（1899年10月~1900年6月）

温斯顿·丘吉尔

13 统治吧，不列颠尼亚！

南安普敦，1899 年 10 月 14 日

　　许多人，尤其是军队的上层人士，都认为温斯顿·丘吉尔只是一个崇尚荣誉、追求个人名利的人。他说话含混不清，爱说俏皮话，喜欢在报纸上发表自命不凡的文章。此外，他还有个酷爱奢华的美国母亲，也正是他母亲上流社会的朋友们，帮助他不断地从一份美差换到另一份美差。丘吉尔看待事情的视角跟常人不同。他认为自己注定要从事更崇高的事业，或者至少是更激动人心的事业，所以他必须只争朝夕。他的父亲伦道夫勋爵英年早逝，所以他认为自己可能也不会长寿。为了完成老天爷交给他的事情，他必须尽快做出成绩，出人头地。他准备在他父亲没能完成的政治事业中一展身手，赢得声誉，取得卓越成就。

　　所以他还不到 25 岁，就已经走了半个地球，寻找契机，哪儿危险往哪儿去。他曾逃离古巴游击队的火力攻击，也侥幸逃脱过英属印度西北边境巴扎人（Pathans）的刀剑；在苏丹的恩图曼战役（Battle of Omdurman）中，更是亲自上阵，面对人数占优势的马赫迪战士，感受了一番骑兵冲击的震撼。结果，他总是毫发无伤。然而，他却因为写作而声名鹊起。在这期间，他既承担着第四轻骑兵团少尉的军事职责，还担任了《每日画报》（*Daily Graphic*）、《每日电讯报》（*Daily Telegraph*）和《晨报》的战地记者，为这些报纸撰稿。他还写了一本很成功的书，书名是《马拉坎德野战部队的故事》（*The Story of the Malakand Field Force*），这本书讲述了他在英属印度的战时经历。此后他又出版了两本书，一本关于在苏丹的军事行动，题为《河上的战争》（*The River War*），另一本是小说《萨伏罗拉》（*Savrola*）。

　　1899 年 5 月，丘吉尔觉得时机成熟，该离开军队了，转身投入政治事业中。在曼彻斯特附近的磨坊小镇奥尔德姆（Oldham），他是参加下议院选举的两名保守党候选人之一。然而，两人都输给了自由派对手。于是丘吉尔准备伺机转向另一条既能巩固他的声誉，又能赚些钱的路子。

　　不久机会就来了。战争正在逼近南非，这一点在 9 月就有征兆了，每一家英国报纸都希望自家的记者能亲临现场。丘吉尔可以抓住这个机会。《晨报》给的报酬是每月 250 英镑，外加日常的开销——这对于一名战地记者来说是一笔不小的数目，条件是要签至少 4 个月的合同。他还可以保留所写报道的版权，如果他将来想用这些材料写本书，必然能派上大用场。丘吉尔生命中有一位很特别的人——帕梅拉·普劳登（Pamela Plowden），不过她不像他母亲那样风情万种。纵然她对于他来说是个很重要的人，但是他没花多长时间就在帕梅拉和去南非的冒险之间做出了选择。1899 年 10 月 14 日，星期六，丘吉尔站在南安普敦的码头上，准备登上"邓诺特城堡号"。[1]

　　可以想象，对于一个雄心勃勃的记者来说，这个开端再好不过了。在南安普敦，丘吉尔目睹了大英帝国漫长军事历史中一个经典的开场景象。指挥官登船了，远征军要出发前往在"地球尽头"的战场。参谋们簇拥着那位著名的、受人爱戴的、衣着光鲜的将军。南安普敦有一半的人都出来送行。还有胆子大的人爬上火车车厢的厢顶，或爬上起重机，来观看这一盛事。码头上有个新鲜的玩意儿，过了一会儿也搬到了船上。原来美国电影放映机和传记公司（American Mutoscope and Biograph Company）也派出了一伙电影摄影师，他们将用胶片记录下战场的情况。丘吉尔也想到过这一点，但他的商业伙伴没给他办成。他恐怕只能依靠写作了。好在他的写作技巧非常出色，另外，图像不能通过电报发送，而文字却可以。

　　花了一整天的时间所有的人才登船完毕。船上有军事人员、平民、乘客、记者和成堆的手提箱和旅行箱，还有威力强大的武器装备，以及马匹、马球棍和自行车。指挥官的专列在四点整进站。码头上的人群兴奋地大声呼喊起来。看啊，就是这个人要去好好教训一下布尔人：他就是维多利亚十字勋章获得者瑞德弗斯·布勒（Redvers Buller）将军。他没有穿制服，但他那身着黑色长外套的高大身材，还有那灰色俾斯麦式的胡子和紧绷的下巴，都足以令人心生敬畏。他站在跳板上庄重地说了几句告别的话。饱含爱国热情的人群回应着，"统治吧，不列颠尼亚！""天佑女王"，"因为他是个快活的好小伙"；并且大喊着其他鼓舞士气的话，"让布尔人瞧瞧！""记住一雪马朱巴之耻！"

　　不过布勒恐怕并不想让人再想起马朱巴。1881 年 2 月，他在南非目睹了英国吃的那场耻辱的败仗。但那次经历也让他对布尔突击队队员的军事能力充满了敬意。他不相信这次远征会像许多人预测的那样顺利，他听到船上和码头上的人纷纷相互祝福，说："圣诞节得胜还乡！"听到这话，他心头为之一紧。[2]

　　布勒太了解南非了。他不仅与布尔人交战过，还与科萨人和祖鲁人交战过，与后者的交战得胜次数更多。1879 年，他凭借在祖鲁兰的赫洛班（Hlobane）战役中的表现赢得了维多利亚十字勋章。他还参加过前往西非、埃及和中国的军事远征。他在战场上赢得了许多荣誉。但那都是很久以前的事了。自 1886 年以来，他就没有在英国以外的地方服过役。19 世纪 90 年代中期，他本可以被任命为总司令，但最终只被任命为奥尔德肖特的指挥官，奥尔德肖特是英国第一军（也是唯一的一个军）的大本营。正是由于这个职位和他早期的战争经历，他才在近 60 岁时被任命为驻扎在南非所有部队的指挥官。在高级专员艾尔弗雷德·米尔纳爵士的坚持下，威廉·巴特勒中将

135

于 8 月被迫辞职，他就是来接替巴特勒的职位的。

对于维多利亚时代的将军来说，这本可以是再一次彰显自己的机会：打一场胜仗，击败一位值得尊敬的对手。但布勒认为，这恐怕不容易。他没有时间好好准备。制订行动计划时，他被排挤在外，为此他感到很沮丧。在以前的远征中，指挥官对于远征军的战略和军队人员的构成是有发言权的，但这一次布勒甚至无法任命自己的副官。战争大臣兰斯唐勋爵和总司令、陆军元帅沃尔斯利勋爵之间进行了数月的争论，而他只能干等着他们争论出个结果。

自 1899 年 6 月以来，沃尔斯利就一直敦促兰斯唐尽快派遣 1 万名士兵到开普殖民地和纳塔尔，并动员第一军团（47000 人，包括预备役士兵）随时待命，以便在需要的时候出发。但兰斯唐认为这有点操之过急，而且花销太大。只要还不能确定是否真的会发生战争，只要殖民地事务大臣张伯伦还没有做出决定，他认为就没有必要这么着急。得知纳塔尔当地的指挥官也同意他的看法后，兰斯唐更坚定了主意。如果真的发生战争，纳塔尔将是布尔人最有可能入侵的地方。而那里的指挥官少将威廉·佩恩·塞蒙斯（William Penn Symons）爵士从英属印度调来德班几天后就认定，2000 人的部队足以保卫整个纳塔尔地区。他想了想后又说，还是 5000 人吧，但再多就没必要了。

然而，陆军元帅沃尔斯利更相信另一位少将的判断，这位少将不会武断地乱说一气，而是用事实和数据说话。比起塞蒙斯，陆军部的情报主管约翰·阿达格（John Ardagh）爵士认为布尔人的军事能力其实更高。他认为己方需要的士兵应该比目前多好多倍。问题是，在阿达格监督下编纂的《关于荷兰共和国的军事备忘录》（*Military Notes on the Dutch Republics*）前后不一致，还留下了许多待解释的地方。这让

136

兰斯唐钻了空子。他掩饰了令人不安的数字，将沃尔斯利的注意力吸引到符合其目的的段落上，并为此暗暗得意。

布勒也不太愿意听取阿达格的建议，不过是出于不同的原因。他通过信使退回了这些"军事备忘录"，并捎口信说他"对南非的情况早已知悉"。布勒在9月初写的一封信中也表达了同样的观点，这封信绕过了兰斯唐勋爵，直接寄给了索尔兹伯里勋爵。布勒抱怨他们没有做充分的准备，认为这可能会导致严重的后果，另外还抱怨说，他作为指挥官，在制订作战计划的时候却没有发言权。绕开兰斯唐勋爵传递这封信，恐怕不会改善布勒与战争大臣本已尴尬的关系，不过就目前而言，这么做并没有影响到对他的任命。

很难说索尔兹伯里勋爵读了这封信后是怎么想的。反正他表面上没有表现出来什么。此外，布勒这次还比较幸运。他的信在1899年9月8日内阁会议的前一天到达，当时张伯伦提议派遣1万人的远征军到南非。[3] 其他内阁大臣，包括兰斯唐和索尔兹伯里，也都同意这个提议，这对沃尔斯利和布勒来说是个好消息。他们终于有事可做了。虽然这并不是他们希望的那种大事，但至少是一个开始。

即使是这支规模相对较小的部队也不容易集结起来。其中还有一个问题就是英国军队中由来已久的派系争斗。当时有两个相互竞争的派系，"非洲圈"和"印度圈"。沃尔斯利领导着"非洲圈"，而被称为罗伯茨军队的"印度圈"则由陆军元帅"坎大哈的罗伯茨"（Roberts of Kandahar）勋爵领导。几年前，罗伯茨勋爵作为驻爱尔兰的高级军官回到英国。

双方同意英属印度提供1万名增援人员，但加尔各答当局因为西北边境的动乱，被迫将增援人数减少到了5500人。剩下的人只能从其他地方调集：有来自马耳他的一个团、来自亚历山大的一个营，还有来自克里特岛的一个旅。预计这几支部队将于 10 月中旬抵达德班。在这个阶段，包括已经驻扎在那里的部队，纳塔尔将有 1.5 万名英军。据沃尔斯利说，这些人足以抵御布尔人的入侵，尤其是在像布勒这样经验丰富的指挥官的领导下。然而兰斯唐另有自己的决定。起初，他以为塞蒙斯自己就能应对这一局面。但在沃尔斯利的坚持下，他任命了纳塔尔的新指挥官，不是"非洲圈"的，而是"印度圈"的中将乔治·怀特（George White）爵士。乔治·怀特爵士也曾获得过维多利亚十字勋章和无数奖章，但张伯伦认为他太故步自封，而且他已经 64 岁了，太老了。但兰斯唐并没有理会这些。怀特选择了他的两个朋友作为副官，分别是伊恩·汉密尔顿（Ian Hamilton）上校和亨利·罗林森（Henry Rawlinson）爵士。1899 年 9 月 16 日，他们动身前往南非。

布勒强烈反对这一安排。他对沃尔斯利宣称 15000 人足以抵御纳塔尔攻击的说法提出了质疑。无论如何，总司令的战略思想是完全错误的。沃尔斯利跟兰斯唐说，莱迪史密斯（南非东部城市）以北的比格斯堡（Biggarsberg）是一条合适的防线。而在布勒看来，这是一个严重的错误。他认为唯一有利的防守位置是在莱迪史密斯南部的图盖拉河（Tugela）。此外，在一次激烈的讨论中，他跟兰斯唐坚持说需要更多的援军来抵御布尔人。他在随后的一封私人信件中也是这样说的。

兰斯唐并未把布勒的话放在心上。他认为布勒"在长布尔人的威风"。因此，在任命怀特和他的副官之前，他们没有征求布勒的意见，这倒是件好事。也许布勒和怀特应该事先讨论一下战争的策略。但事已至此，还能有多糟？根据塞蒙斯和沃尔斯利的说法，怀特有足够的军队阻止布尔人的入侵，而且他们可以随时派第一军团参战。

9 月底，英国内阁得出结论，布尔人确实有可能发动袭击。10 月初，德兰士瓦和奥兰治自由邦正号召其公民武装起来，英国政府这边也下达了动员令。包括后备兵在内的第一军团共有官兵 47551 人、大炮 122 门。总共有 3 个步兵师、1 个骑兵师、11 个野战医院、1 个铁路小分队、1 个架桥兵分队和 2 个气球观察站。

布勒最终如愿以偿，但此时他担心这些事情做得太迟了。他对收到的电报表示担心，从电报中他得知，在纳塔尔前线的指挥官对他一再发出的紧急警告——"不要进到图盖拉河以北"——置之不理。到达德班后，怀特立即前往莱迪史密斯，在那儿建立了他的司令部。几天后，塞蒙斯离开了莱迪史密斯，不是向南，而是向更北的方向，朝着德兰士瓦边境去了。他已经带领 4000 多人组成的一个旅越过了比格斯堡，在邓迪（Dundee）扎营。

这就是 1899 年 10 月 9 日，布尔人发出最后通牒时的总体情况。布尔人的要求很明确：在德兰士瓦边境的英国军队全部撤退；几个月前英国派往南非的增援部队也要撤离；正在路上的部队掉头返回；应通过仲裁来解决争议。南非共和国宣称，如果在 10 月 11 日下午 5 时以前，英方未能满足这四项要求，将视为英方正式宣战。

伦敦方面对此反响热烈。"他们终于动手了！"张伯伦得意地说。现在他们无须就己方的最后通牒如何措辞而争吵了。索尔兹伯里勋爵也松了口气，因为他不必再向英国公众解释什么了。兰斯唐勋爵向张伯伦表示祝贺，跟他说："士兵们都对此欣喜若狂。"但在奥尔德肖特，有一个孤单的反对者。布勒的不祥预感一直让他心神不宁。10 月 14 日星期六的下午，他在南安普敦登上了"邓诺特城堡号"，虽然围观者热情地为他喝彩，他仍感到焦虑不安。布勒的话在他脑子里萦绕，挥之不去。"不要进到图盖拉河以北。"[4]

138

* * *

我们前文所说的那位瘦弱，留着姜黄色头发，看上去有些孩子气的记者看着布勒登船，决定一有机会就去采访他。当然，这么做有点自以为是，但丘吉尔本性如此。他出身于贵族精英家庭。他已故的父亲伦道夫勋爵曾是一位人脉广泛、成就杰出又有点争议的保守党政治家。他的母亲，仍然性感的伦道夫夫人，娘家名是珍妮·杰罗姆（Jennie Jerome），她风情万种，也有自己的社交圈子。从孩提时代起，丘吉尔就自信地在这些特权阶层的小圈子里活动——有些人认为他有点自信过头。他很快就能交到新朋友，并小心翼翼地培育他们之间的友谊。

从知道自己要去南非的那一刻起，他就充分利用时间，从他认识的高层开始，联系了所有的熟人，一切都进展得很顺利。他父亲的老朋友张伯伦，忙于发动战争，但仍然抽出时间在家里接待了他。他们坦率而详尽地谈论了这场战争会如何发展。丘吉尔得到了张伯伦为他写的一封措辞巧妙又极具价值的推荐信，信的收件人正是开普敦的高级专员。在信中，张伯伦向艾尔弗雷德·米尔纳爵士介绍了"一位老朋友的儿子"，说他是"青年才俊"。有人说这个青年爱出风头，但张伯伦认为这么说有些言过其实。

其实丘吉尔手头有好几封写给米尔纳的推荐信。他曾跟负责战争事务的国务大臣乔治·温德姆（George Wyndham）一起用餐，之后温德姆也不吝赞美之词，说他头脑敏锐，又"毫无偏见"。温德姆还慷慨地给丘吉尔提供了许多信息。他坦率地告诉丘吉尔，比起兰斯唐勋爵和总司令沃尔斯利勋爵，他对战争的前景不那么乐观。他警告说，布尔人已经武装了起来，准备用他们的新型重炮给英国军队当头痛击。

　　手握两封英国著名政治家写给在南非最高指挥官的推荐信，无疑是个好兆头，但丘吉尔认为，对于记者来说，这两封推荐信有些片面。他还需要来自这个国家不同背景和不同关系的人的证明信。他再一次在父亲的朋友圈中找到了他想要的。阿尔弗雷德·贝特是一位富有而强大的矿业大亨，是塞西尔·罗德斯的商业伙伴，也是詹姆森突袭以及一系列反布尔新闻活动的赞助商之一。通过贝特，丘吉尔又拿到了五封推荐信，收件人分别是与矿业部门和南非政界有关系的英国人和阿非利卡人。[5]

　　不用说，这些杰出人物都对丘吉尔大加赞赏，不仅是因为他的强大背景，还因为他和他们一样有着光耀大英帝国的宏伟抱负。毫无疑问，丘吉尔持有维多利亚时代的信念，认为英国的统治是上天赐给全人类的，包括那些正在全力反抗这一统治的人。至于与布尔人的冲突，1896年初，詹姆森突袭事件后不久，他在一份未出版的备忘录中写道，这是"与布尔人交往的我们的叙事"。他阐明了自己的立场——没有折中的办法，这事关重要的英国利益、英国外侨的政治权利，并且必要时需要采取"无情的"行动。他得出结论："为了我们的帝国，为了我们的荣誉，为了我们的种族，我们要不惜与布尔人一战。"意思是，先征服他们，然后再宽宏大量地让他们享受大英帝国带给他们的庇护。

　　在丘吉尔动身前往南非的时候，对他最好的描述——用21世纪的术语来说——就是，他是一个经过非正式审查、意识形态上得到认可、深入前线的战地记者，他有着深厚的人脉和额外的职务津贴，当今任何记者对此都会感到羡慕。他有自己的侍从——托马斯·沃尔登（Thomas Walden），这名侍从曾多次陪同其父亲伦道夫勋爵旅行，包括1891年的马绍纳兰之旅。总而言之，丘吉尔是一个经验丰富的旅行家，而且，正因如此，他为自己准备好了路上的给养：18瓶威士忌、24瓶葡萄酒、6

瓶波特酒、6 瓶苦艾酒和 6 瓶白兰地，还有 12 瓶柠檬汁。[6]

有了这些给养，他才忍受得了这次航行。与过去动辄就要航行数月的帆船相比，"邓诺特城堡号"的速度简直可以说快似闪电。即便如此，从南安普敦到开普敦的旅程还是花了整整两周的时间。对丘吉尔来说，这算得上"19 世纪的一大块时间"。此外，汹涌的大海使他感到恶心，头几天晕船使他无法写作，简直什么都干不了。后来天气倒是好转了，但是在过了马德拉群岛后，实在没什么可写的，无聊又开始了。他本想和布勒还有他的参谋聊一聊，却一无所获。将军对每个人都很亲切，连记者也不例外。他允许美国人拍下他在甲板上随便溜达的镜头，但他内心深处的想法却紧紧锁住，跟谁都不说。就连丘吉尔也没能从他那里打听到什么。从 1899 年 10 月 26 日丘吉尔在《晨报》上发表的第一份报道能看出，他越来越不耐烦了。当时的海上航行很糟糕。对他来说，长达 14 天没能搞到新闻是一种莫大的"折磨"，尤其是在一场战争就要打响的时候。出于纯粹的挫败感，他只能做白日梦来取悦自己，一会儿想象着克鲁格征服开普敦，一会儿又想象着怀特或塞蒙斯进军比勒陀利亚。

10 月 29 日，就在要入泊开普敦的前一天，他们第一次得到了有关战区真实情况的线索。这个信息并不完全清晰。在一艘离他们不到 200 米远的返回英国的轮船上，有一块黑板上用白色粉笔写着："布尔人被打败。三场战役。佩恩·塞蒙斯阵亡。"这听起来自相矛盾。难道不是吗？丘吉尔知道塞蒙斯有多冲动——在英属印度时就曾和他在一起——他知道他在战场上总是身先士卒。一名英国将军战死固然令人震惊，但并没有排除英军获胜的可能性。实际上如果他们能相信自己得到的信息，那么眼前就有三个事实。布尔人被打败了。不过，只要这不是意味着战争已经结束就好。否则，他们就要直接打道回府了。

　　人们议论纷纷，气氛越来越低沉。只有布勒像往常一样，把自己的想法深深藏在心里。过了几分钟，他的一位副官想和他谈谈。"看来事情就要结束了，先生。"听到这话，指挥官在航行中第一次打破沉默，抱怨说："我敢说，在比勒陀利亚外面，我们恐怕还有不少恶战。"他的话产生了神奇的效果，就像神谕，这个好消息立即传开了。船上的情绪顿时高涨起来。瑞德弗斯爵士说，我们有很多仗要打！ [7]

14 四线作战

开普敦，1899 年 10 月 31 日

141 　　到达开普敦时，船上和离开南安普敦时一样充满了节日气氛。尽管那个星期二从大清早就下起了瓢泼大雨，兴奋的人群还是前来欢迎这位新任总司令。礼炮的隆隆声响彻空中，电影摄影机转着，街道装饰一新，充满欢乐的气氛。但在这里，布勒也遮掩着自己的想法，他坐在敞篷马车上，向街道两旁的祝福者挥手致意，准备前往政府大楼。他与高级专员约好十点钟见面。

　　头天晚上，"邓诺特城堡号"一靠岸，第一批机密电报就送到了布勒手里。电报的内容证实了他担心的事情。最新的消息令人沮丧。后来，他又从米尔纳那里听到了悲剧性的细节。布尔人的突击队从四面八方蜂拥而来，在北边，攻击了罗得西亚。在西边，攻击了英国控制的主要边境城镇马弗金和金伯利。在东南方，他们从德兰士瓦和奥兰治自由邦侵入了纳塔尔。那里发生的事情正是布勒所担心的。怀特未能守住他在图盖拉河以北的防线。

　　布勒从路过的船上收到的消息说英国人在塔拉那（塞蒙斯在那里受了致命伤）和厄兰斯拉格（Elandslaagte）取得了胜利。但在那之后，莫德斯普鲁伊特（Modderspruit）和尼克尔森峡谷（Nicholson's Nek）战况不妙。就在布勒到达的那天，10 月 30 日星期一，他们遭受了两次惨败。怀特和残部被迫撤退到莱迪史密斯，面临被包围的危险。英国媒体后来称之为"悲伤星期一"。

　　高级专员还告诉了他更多的坏消息。一场比纳塔尔更大的灾难正在逼近，而且就在他的眼皮子底下，在开普殖民地这里。米尔纳担心阿非利卡人受到其族人成功的鼓舞，会造反

支持他们。据说，布尔人的突击队也已经在奥兰治自由邦的南部边境集结，准备入侵开普殖民地。那样的话，后果将不堪设想。

对布勒来说，不可能有比这更糟糕的开始了。显然，他必须改变策略。他最初的想法很简单：一旦情况允许，整个第一军团会立即朝着布尔共和国的中心地带发起正面进攻。英军会直捣黄龙。然而在目前的情况下，这一战略充满了危险，至少对于在被围困城镇的英国士兵来说是这样的。塞西尔·罗德斯已经从金伯利那里发来了一封愤怒的电报，抱怨缺乏增援部队。怀特犯了错误，但是不是莱迪史密斯的每个人，甚至整个纳塔尔的人，都得为此受苦呢？然后是米尔纳所忧惧的开普殖民地的反叛。布勒该怎么办呢？他是否应该押注某一个战线呢？如果必须如此，该关注哪边？或者是对冲他的赌注？一时之间，他难以决断。[8]

142

* * *

温斯顿·丘吉尔这边，几乎毫不犹豫地就做了决定，当然，他的选择也相对简单。战地记者的位置是在前线，更确切地说，就在主要军事行动即将发生的纳塔尔 – 莱迪史密斯前线。即使看不到机密电报，他也很快意识到情况有多严重。星期一傍晚，"邓诺特城堡号"一靠岸，他就读了当地所有的报纸，并且尽可能找所能想到的人谈了谈。第二天，高级专员再次接见了他，当然这还要感谢张伯伦和温德姆写的推荐信。米尔纳对这位初出茅庐的记者谈到了他的担忧，就像他跟布勒谈话时一样坦率，只是保留了有关莫德斯普鲁伊特和尼克尔森峡谷战事中令人震惊的细节。会面后，丘吉尔写了一份很长的报道发给了《晨报》——此外他还发了一封电报。

这篇报道内容翔实，充满了生动的细节，体现了丘吉尔的风格。他详细地描写了战争开始几周英国军官的高伤亡率。除了塞蒙斯，他还认识其他几个军官，是他在英属印度、苏丹的军事冒险中结识的，或者是在古巴遇到的，比如雷吉·巴恩斯（Reggie Barnes）中尉。丘吉尔严厉批评了国内的自由主义反对派。他认为，由于和平党的反战运动而推迟派遣增援部队是危险的，并认为"这些人道主义的绅士们"要为巨大的生命损失负责。他对战争的未来进程也表达了自己的观点，预测会有"一场激烈的、血腥的、可能旷日持久的斗争"。丘吉尔决心前往最前线，他的目标是获得一个新闻奖，但同样重要的是，他在追求帝国的理想。"我们正在用笔和剑进行战斗。"

不能再浪费时间了。他本可以回到"邓诺特城堡号"上，乘船到达德班，但他认为这样太费时间了。还有一条更快的路，可以省出几天的时间。他可以乘火车到东伦敦，再从那里乘一夜的船到德班，最后一段再乘火车。当晚，他离开了开普敦，随行的有他的侍从托马斯·沃尔登和另外两名记者，他们是《曼彻斯特卫报》（*Manchester Guardian*）的约翰·阿特金斯（John Atkins）和拉凡通讯社的阿利斯特·坎贝尔（Alister Campbell）。出发那天仍然是 10 月 31 日，星期二。丘吉尔的目的地是莱迪史密斯。[9]

* * *

仔细想一想所得到的消息，情况其实可能会更糟。如果布尔人按照扬·史沫茨的建议大胆袭击，纳塔尔可能已经失守，开普殖民地的反叛也会成为事实。德兰士瓦这位年轻的国家检察官在 1899 年 9 月初的备忘录中对进军计划做了生动的描述。他认为，两个布尔共和国的军事领导人应尽快制订一项联合计划，以便"合力进攻纳塔尔"。关键是在英国援军到来之前挺进德班，夺取那里的军火和补给。突袭如若成功，将大大提升士气。这可能激励开普殖民地的阿非利卡人采取行动，如此一来，英国就要同时面对三个布尔人的共和国了。而一旦英国陷入困境，欧洲列强会非常乐意利用这样的机会。他简略地暗示，存在"在俄国的帮助下，在印度煽动大规模叛乱"的可能性。[10]

回想起来，人们很容易把史沫茨对"主动进攻战术"的热情斥为像科幻小说一样异想天开，尤其是他所预料的政治后果。但在当时，他预言的情况并非不切实际。从战略的角度来看，他的计划合乎逻辑。在第一批一万名援军到达南非之前，英国在南非的兵力远远少于布尔人。所以，实际该讨论的问题是，史沫茨的计划为什么没有得到实施？有四个密切相关的原因。前两个和特定的个人有关，后两个关乎问题最重要的本质。

第一个也是最简单的原因是史沫茨的计划基于提前制订好的联合作战计划，而这种计划根本不存在。之所以没有这种计划，主要是奥兰治自由邦的总统斯泰恩造成的。他那边有一个年轻的律师，叫巴里·赫佐格（Barry Hertzog），同样赞成对纳塔尔进行突然袭击。然而，斯泰恩反对先发制人，仍然希望和平解决问题。10 月 2 日，当他准备动员自由邦的军队时，一万名英国军人已经抵达德班。

即便如此，如果事先制订了合理的作战计划，他们也有很大希望占领纳塔尔。但是他手头没有任何计划，甚至德兰士瓦方面也没有。根据知情人士的说法，肯定有过这样一个计划。但如果它真的存在，为什么如此秘而不露，即使经过一个世纪的档案研究，仍旧无迹可寻？也许根本就没有计划，但他们确实有一个目标：在边境集结的英国军队必须被击败、击退，或

144 处于孤立无援的境地。确切地说，他们的作战行动取决于战争的进展。德兰士瓦的军事领导人也没有与布隆方丹军方提前达成协议。到 10 月 11 日，在纳塔尔边界的自由邦部队领导人马蒂纳斯·普林斯洛（Marthinus Prinsloo）仍然不知道他应该做什么。两点零五分——距离英国的最后通牒到期只剩不到三个小时——他给德兰士瓦总司令皮埃特·朱伯特发了一份电报，暴露了他举棋不定的处境："士兵们已经就位；等待指示。"11

　　普林斯洛的态度表明了第二个原因：两个布尔共和国的军事领导人不愿也无法策划和实施对德班的协同攻击。其总司令尤其如此。在过去与非洲酋长的冲突中，尤其是在 18 年前布尔人与英国人的第一次交锋中获得了功勋和荣誉后，68 岁的朱伯特一直躺在功劳簿上，养尊处优。从那以后，他更多地参与政治，担任了保罗·克鲁格的副总统，并四次参与竞选总统。他的策略是政治性的，而不是军事性的，这一点显而易见。他将与英国的新对峙描绘成马朱巴战役的重演，甚至是更大规模的重演：在边境处进行几次正面打击，突破他们的防御，然后静观其变，希望英国人能受到足够的震慑，从而愿意坐下来谈判。出于这样的想法，他接受了纳塔尔军队的指挥权。皮埃特·朱伯特是一个谨慎的人，他相信防守是最好的进攻方式。

　　持这种观点的布尔领导人，并不只有他一个。防御战（这也是布尔人没能主动进攻的第三个更根本的原因）在布尔人，尤其是老一辈布尔人的血液中根深蒂固。对于一个由拓荒者后裔组成的国家来说，这听起来很奇怪——毕竟他们曾为自己的每一寸领土而战，但其实这并不难理解。在与非洲对手的多次对抗中，他们总是倾向于从建造临时防御营地入手。这是一种由四轮马车组成的环形队形，提供了一种原始但有效的前进防御模式。他们与英国的第一次军事冲突（1880~1881）也是一场防御战，那一仗有着突出的政治目的。因此，他们已经习惯了防御战，这无论如何都更符合他们的道德价值观。比勒陀利亚方面的观点是，这场战争是英国扩张主义野心强加给他们的。布尔人只是在自卫；他们并不是要征服别人的土地，至少不是白人的土地。

但是，即使布尔共和国的军事领导人决定执行史沫茨的计划并进攻德班，他们仍然会有一个严重的阻碍。这是第四个也是最后一个原因。布尔人组建的军队与训练有素、装备精良、能执行长期战略目标的职业常备军有很大的不同。除了炮兵外，这是一支由 16 岁至 60 岁的男子组成的民兵，德兰士瓦和奥兰治自由邦的总兵力约为 6 万人。为了避免影响经济发展，他们只在需要的时候才会被召集起来。动员程度根据战事需要而有所不同，但是这些人很少同时被征召。

因此，这支军队很难组织一场需要复杂的后勤保障的协调进攻。还有一个事实，那就是布尔人不喜欢等级结构和纪律。德兰士瓦方面有一名总司令，但在奥兰治自由邦却没有同等级别的指挥官。在那里，实际上是斯泰恩总统在履行这一职责。下一级包括德兰士瓦的副司令官彼得·克朗杰（Piet Cronjé）和扬·考克（Jan Kock），以及前面提到的自由邦总司令马蒂纳斯·普林斯洛。第二级的军官是作战将军，他们各自指挥两个或更多的地区突击队。军事单位的兵力从 300 人到 3000 人不等，以指挥官为首，并被细分为更小的部分，由战地指挥官和副战地指挥官指挥。

虽然这支部队表面上有一个指挥结构，但它充满了宗教和政治差异，比如"克鲁格人"和"朱伯特人"之间的差异。此外，大多数自由公民持有众生平等的观点，难以接受军阶制度。这就充分说明了，为什么除了炮兵之外，没有人穿制服，或者为什么包括总司令在内的军官都是由他们的"下属"选举出来的。这支军队中，士兵会对上级做出的决定进行辩论，有时还会推翻或忽视作战命令，这是惯例，而不是例外。即使在战斗中，布尔人首先也是独立自主的个体。[12]

所有这些原因加起来，就解释了为什么英军司令布勒在开普敦登陆时，布尔人的旗帜没有飘扬在印度洋上空。也正因如此，他对英国前景存在担忧不是没有道理的。与此同时，在战争的前两周，布尔人作战模式的战略弱点——防御战略和独立行动的自由——变成了他们的战术优势。在实战中，他们的武装平民比英国的职业士兵更胜一筹。这似乎不仅仅是运气的问题。

首先，布尔人在数量上仍占优势。战争开始时，他们在德兰士瓦和奥兰治自由邦的四个前线有 3.5 万名士兵，对抗 2.5 万名英军。在纳塔尔，双方势均力敌——1.75 万名布尔人对阵 1.6 万名英国人——但英国遭遇了最惨重的失败。唯一合乎逻辑的结论是，若是一对一，英国人无法战胜布尔人。

归根到底是布尔人的马和步枪。他们每个人都有一匹马。他们既是步兵又是骑兵，机动性要好得多。在实际战斗中，马匹在敌方火力范围外，由 7000 名到 9000 名陪同布尔军队的非洲和有色人种奴隶负责照看，马匹的优势体现不出来。但是在交火前后和间隔期间，布尔人能够快速移动，从意想不到的位置突袭敌人。在后一种情况下，布尔人的独立性是一种优势。

同样重要的是，每个布尔人都拥有来复枪——不是随便的来复枪，而是 19 世纪末欧洲军火工业所能提供的最先进的快速射击武器。詹姆森突袭事件后，德兰士瓦政府通过当时正在德国休养的威廉·莱兹的关系进口了大量武器，布隆方丹也效仿了他们的做法。结果，两个布尔共和国现在拥有 4.5 万支马蒂尼-亨利步枪，更重要的是，还有同样数量的毛瑟枪——足以武装所有被动员的平民。毛瑟枪特别适合布尔人的战斗风格。这种枪相对轻便，易于使用，远距离射击精准。子弹小而轻，射速快，装弹也快。即使是少量的射手也能持续发动猛烈的火力攻击，而他们的无烟火药确保了布尔人可以在一两公里外的岩石后面盘踞或躲藏，不被发现。英国士兵抱怨说，他们在与"隐形敌人"作战，简直不知道该往哪里走。

说起布尔人的装备，不仅他们的随身武器是世界上最现代化的，就连大炮也是金钱所能买到的最好的，其中大部分都是新的，而且状况良好。他们有小型的李-梅特福德机枪和大型马克沁机枪，还有克虏伯野战炮，最重要的是，还有4门155毫米口径的克鲁索大炮。这些可怕的大炮实际上是要塞炮，但布尔人也在战场上使用它们。这也是他们奉行"前线防御"策略的另一个例子。在战争爆发时被收归国有的铁路网在运输物资方面发挥了作用。为了在战场上，甚至包括山顶，安装大炮，他们还使用了牛车。所有这些努力都得到了回报，因为长炮的射程可达10公里，是英国榴弹炮和阿姆斯特朗野战炮的两倍。

因此布尔人在数量、机动性和火力方面都占优势。他们也熟悉这里的地形，适应当地的气候。这两者都是重要的优势。因为纳塔尔崎岖多山，春季经常大雨倾盆，夜晚寒冷刺骨，而天晴后又骄阳似火，无任何遮挡。[13]

布尔人和他们的英国对手最大的差异体现在战略战术、作战文化上。一支是职业军队，等级森严，纪律严明，组织有序，坚守传统。他们对军事现代化最大的让步是制服的改变，从大红色变成了卡其色。他们的军官都是有阶级意识的贵族、马球迷和身经百战的老兵，他们在对抗土著对手的殖民运动中赢得了自己的声望。在战斗中，他们无比自信。他们的战略本能是在奥尔德肖特被灌输的经典军事进攻模式：首先用大炮轰击，然后是步兵将刺刀固定在步枪上进行密集冲锋，最后是骑兵冲锋来围捕逃跑的敌人。士兵们应该服从命令——开火、进

147

攻、撤退——而不是主动思考或行动。[14]

* * *

　　所有这些都值得那些关心英国军队命运的人深思。丘吉尔有足够的时间来整合他获取的信息。从开普敦到伦敦东部的火车旅程至少要花三天时间，甚至会因为战事而拖得更久。第一段路通往德阿尔，穿过贫瘠、山峦迭起的卡鲁地区。15 年前，威廉和露易丝·莱兹经过这片地区的时候，就觉得这段旅程令人疲惫不堪。[15] 如今，丘吉尔途经此地，也觉得外面的风景乏善可陈。"不管多快乐的人，看到这景色也会沮丧……为什么要创造出这样一片乱石林立、杂草丛生的土地呢？"半途从西博福特得到的消息并没有使他的心情好转。在"悲伤星期一"，布尔人俘虏了 1200 名英国人。

　　他自己的经历让事情变得更糟。从德阿尔到斯托姆贝格（Stormberg）的铁路线沿着奥兰治自由邦边界延伸，通往东伦敦。这是布尔人唯一没有发动大规模进攻的前线，但每个人都认为进攻迫在眉睫。当丘吉尔和他的同伴到达斯托姆贝格时，有关布尔突击队正在推进的传言得到了证实。就目前而言，他们乘坐的列车将是最后一辆从德阿尔来的列车。同该地区的其他村庄一样，斯托姆贝格的人被紧急疏散。丘吉尔认为这是明智的，但这让他感到不安。甚至连火车行进的声音都不一样了。到东伦敦这一路，他一直觉得车轮行进的声音似乎是在说"撤退，撤退，撤退"。

　　他给母亲写了一封信，信中他忧郁而坚决。"我们严重低估了布尔人的军事力量和作战意志。"他怀疑，一个军团的兵力也许远远不够。他说，这肯定会是一场艰苦而血腥的战斗，至少会造成 1 万人伤亡。但他确信，英国最终会赢，就像他相信自己的命运一样。"我相信，未来我还有很多事情要做，我会活下来的。"这些话在各方面都算得上精准的预言。

另一个打击即将到来，但即使如此，他也没有气馁。在东伦敦，他们找到了一艘开往德班的船。这次航行遇上了风暴，加上晕船，丘吉尔吃尽了苦头，但他在 11 月 4 日星期六午夜抵达德班后很快就恢复了体力。星期天一早，他上了"苏门答腊号"（*Sumatra*）医疗船，希望能在船上见到一些老朋友。上面确实有几个熟人，其中包括他在古巴的旅伴雷吉·巴恩斯，后来二人还一起加入了印度第四轻骑兵团的马球队。丘吉尔一见他就吃了一惊。巴恩斯的大腿受伤了，他的腿"从臀部到脚趾变得漆黑"。丘吉尔担心他这条腿保不住了。但医生向他保证，这不是坏疽，只是一大块淤青。

"我们在厄兰斯拉格车站取得了一个小小的胜利"，这给了英国人阻止布尔人前进的希望，但巴恩斯也在那时中弹了。他向丘吉尔讲述了战斗中敌我双方的运气不断转换，后来，一场突如其来的雷雨模糊了布尔人的视线，他们因此突破了对方防线。丘吉尔高兴地得知，最后的进攻是由伊恩·汉密尔顿指挥的，是他在印度认识的另一个朋友，此人后来不断努力，晋升为准将。胜利的喜悦并没有持续太久。汉密尔顿最后也被迫撤退，此时在莱迪史密斯和其余地方的英国军队处于包围之中。听到这个消息，丘吉尔更觉得自己应该尽快赶到那里。从德班传来的最新消息是莱迪史密斯城已经进不去了，但他打算试一试。无论如何，他相信"伊恩·汉密尔顿会照顾我，给我上演一出好戏"。[16]

* * *

不用说，厄兰斯拉格车站争夺战肯定也在丘吉尔所说的

"好戏"之列，只不过结局有些苦涩。1899年10月21日，在莱迪史密斯和邓迪之间的铁路沿线上发生了一场难忘的战斗。对包括英国胜利者在内的所有参与者来说，那都是一场悲剧。

类似的战役似乎证实了久经考验的奥尔德肖特的战略的优点。约翰·弗伦奇（John French）少将率领着1300名骑兵和550名炮兵，共有18门炮，汉密尔顿率领着他的1600名步兵，遵守着兵书中学来的规则：先炮兵，再步兵，再骑兵。唯一的区别是汉密尔顿的队形没有手册规定的那么紧凑。这一次，这个办法奏效了。傍晚的炮击结束之后，他们步枪上插着刺刀，高喊着"马朱巴"，开始冲锋。天气对他们有利，帝国轻骑兵——在此役中是步行——与经验丰富的德文郡第一团、曼彻斯特第一团和戈登高地第二团的步兵并肩作战，把布尔人赶出了他们的阵地。一些布尔人逃跑了，另一些人挥舞着白色手帕投降，但是出乎意料的是，突然有大约50人发起了猛烈的反击。起初，英国人被打蒙了，但很快，他们怒不可遏，因为他们被欺骗了，这是一次诈降。他们重新展开复仇性进攻，骑兵的冲锋势如破竹，达到高潮。第五枪骑兵队和第五龙骑兵队挥舞着长矛和军刀，在逃窜的布尔人中冲杀了三波。当天晚上在清点伤亡人数时，英国人发现他们为胜利付出了惨重的代价：52人死亡，213人受伤。如此大的伤亡换来的结果却是，不久之后怀特中将命令他的士兵放弃这一地点。

布尔人在厄兰斯拉格遭受的损失更大：46人死亡，其中包括指挥反击的副司令官扬·考克，105人受伤被俘，另有180人投降。总的来说，在800名参战的布尔人中，损失了300多人。失败是有原因的——考克已经深入敌人腹地，处境危险，以一敌四，寡不敌众。即便如此，损失也是空前的，失败令布尔人一方震惊。更令布尔人吃惊的是英国人所采取的战术。对布尔人来说，互相射击还能忍受。而拿起刺刀、军刀和

长矛展开白刃战，他们想都没有想过。那些未开化的黑人战士
可能会发动肉搏战，但是白人之间不应该以白刃互搏。英国骑
兵竟然屠杀逃跑的布尔人，包括伤员和已经投降的人，这让他
们感到震惊。厄兰斯拉格战役再次给他们上了沉重的一课：要
避开英军的锋芒，如果英军靠得太近，就要继续运动，构筑新
的阵地。[17]

对于布尔人的荷兰军团来说，这个教训来得太晚了。不到
一个月前，即 1899 年 9 月 22 日，荷兰人社区成立了这个作战
单位。这些人在德兰士瓦生活和工作，他们作为志愿者提供服
务，就像德国人、爱尔兰人、斯堪的纳维亚人、法国人、意大
利人和奥地利人一样。大约 2000 名外国人被部署在他们自己
的部队。成立荷兰军团背后的推动者是赫尔曼·科斯特，一个
来自荷兰莱顿的年轻律师，1895 年他追随威廉·莱兹的脚步，
成为德兰士瓦的国家检察官。但他没坚持多久。不到两年，他
就无法忍受克鲁格的怪癖。科斯特辞职了，但仍留在比勒陀利
亚。他的 450 名同胞和几个比利时人加入了这个军团。这些人
中，大多数人要么不适合服役，要么没有资格服役，因此被派
去执行侦察任务。其余的大约 150 人在 10 月初被派往纳塔尔
前线，之前几乎没有机会接受训练。他们不幸被分配到傲慢的
考克领导的分队。厄兰斯拉格战役对他们来说是烈火的洗礼。
这里也是包括科斯特在内的 8 个人的最后安息之地。另有 54
名荷兰人落入英国人手中，其中一些人受伤。其余的人随后被
重新部署到其他突击队。此役后，荷兰军团不复存在。[18]

在英国、荷兰，尤其是两个布尔人的共和国，说起厄兰斯
拉格这个地名，总是让人感到一丝忧伤。在德国也是如此，因
为伤亡者中有 30 名来自德国突击队的人员，战役结束，德国
突击队也被解散了。

然而，对丘吉尔来说，厄兰斯拉格是"我们的小胜利"，

150

他的朋友伊恩·汉密尔顿在其中扮演了英雄角色。毫无疑问，下次见面时伊恩肯定还有更多英勇事迹可以告诉他。这里离莱迪史密斯只有 200 公里。从德班到纳塔尔首都彼得马里茨堡的第一段旅程平淡无奇。到达后，记者们发现，普通列车已经停运。但是可以租火车，于是他们很快付诸实践。毕竟，是他们的雇主在付钱。刚开始的几个小时，他们仍然幻想着可以到达目的地。但是他们后来被困在了一个小车站，这个幻想也就破灭了。再往前，靠近科伦索（Colenso）的地界，布尔人封锁了图盖拉河上的铁路桥，火车无法继续通行。莱迪史密斯被围了个严严实实。他们的长途旅行结束了，只能在埃斯特科特（Estcourt）车站停下来。记者们在列车编组站的帐篷里安顿下来。丘吉尔让侍从托马斯·沃尔登照看他们的行李和箱子，他去查看一下周围的环境。埃斯特科特是那种让人无所事事的乡村小镇。它由两条街道和 300 栋用砖和波纹铁建造的低矮房屋组成，偎依在青山环抱的山谷中。看到这里的情景，人们首先想到的是，这个地方很难防守。那么，山的后面呢？从这里到莱迪史密斯只有 70 公里。丘吉尔确信，一定有办法到达那里。[19]

15 枪林弹雨

装甲列车：这东西连名字都很奇怪。这种列车好像是属于游侠骑士的，既是 19 世纪进步的缩影，但又穿着中世纪盔甲。正如丘吉尔几天前在《晨报》上跟读者描述的那样，尽管这一切看起来令人印象深刻，但"没有什么比这更脆弱、更无助的了"。哪怕仅仅是一座桥被炸毁，对火车和乘客来说，也一切都完了。一旦处于进退两难的境地，这只钢铁怪物将任由敌人摆布。而这支探险队乘坐的驶出埃斯特科特站的劣质样品，其命运还要糟糕得多。它的车厢没有车顶，射击孔没有百叶窗，上面除了一门老式的海军舰炮外，没有别的武器。士兵们称之为"威尔逊的死亡陷阱"。

丘吉尔不知道这里的威尔逊是指谁，但这个绰号足以说明一切。那天早上五点，当他叫醒同住一个帐篷的其他两个记者时，对方明智地决定待在原地不动。其中一位是《泰晤士报》的利奥·阿莫里（Leo Amery），他跟丘吉尔是哈罗公学的老校友，碰巧也困在埃斯特科特，他说雨下得太大了。另一位是约翰·阿特金斯，从开普敦出发就跟丘吉尔一起，他的回应更直截了当。他躺在铺位上回答说，自己是被雇来报道战争的，没有必要冒太大的风险以致落入敌手。丘吉尔明白了他的意思，但他自己还是按计划出发了。头一天晚上，他已经向艾尔默·霍尔丹（Aylmer Haldane）上尉保证过自己要去。这也是他在这儿碰见的另一个熟人。霍尔丹曾帮助他在印度的马拉坎德野战部队中谋得一个职位，丘吉尔曾在书中提及这一点，写得相当生动。这是一个报恩的机会。此外，作为一名战地记者，他的工作就是尽可能多地收集新闻。还有第三个原因，比起前两个似乎也蛮有道理的——"我渴望麻烦"。

　　麻烦肯定会来，尽管一开始看起来可能不会。开始的几公里一切顺利。火车最前头是那节装着舰炮的车厢，这座炮由四个水手操作。后面是两节装有都柏林燧发枪的装甲列车车厢，再后面是机车和运煤车车厢。再往后是两节载着德班轻装步兵和一队机械师的装甲车厢，最后是一辆载着工具和装备的车厢。车上总共有120人，都由霍尔丹指挥。丘吉尔和爱尔兰人一起坐在车厢里，站在他的朋友旁边，用双筒望远镜扫视四周。六点半，他们的车开进了弗雷尔站（Frere station）。纳塔尔警察巡逻队报告说，没有发现布尔人。

　　他们应该继续前进，到下一站奇韦利吗？那个地方地势更高，视野更广阔。霍尔丹接到的来自埃斯特科特边防司令查尔斯·朗（Charles Long）上校的命令是尽可能地前进，并设法到达科伦索。四周小山郁郁葱葱，看起来很宁静。他们决定继续前进。[20]

* * *

　　乘装甲列车侦察是驻扎在埃斯特科特的部队的日常工作。士兵们视之为一种训练，战地记者们则认为这种做法荒谬可笑。尽管派个骑兵巡逻队能比这个笨重、咔嗒咔嗒的庞然大物获得更多的信息，但查尔斯·朗固执己见。他坚持按照条例办事，似乎是为了证明他不会因为布尔人而改变自己做事的方式。

　　丘吉尔已经在埃斯特科特待了10天左右，越来越不耐烦。他在抵达的时候就收到了来自伦敦的好消息。他最近出版的关于基钦纳在苏丹的军事行动的书《河上的战争》获得了好评，这是一个巩固他声誉的大好机会。他放出话说，只要有人愿意护送他穿过布尔人的防线，抵达莱迪史密斯，他愿意给对方一大笔钱。有几个军事向导好像有点兴趣，但最终都不了了之。那些人的上司认为，"把一个臭战地记者带到莱迪史密斯"简直是荒谬至极。

　　在当时当地，任何能让人打发一下时间的消遣都受欢迎。丘吉尔以前也执行过类似的任务，有一次是和整个驻地的士兵一起骑马前进，还有一次是乘坐同一辆装甲列车。那一次，他们一路走到了科伦索，最后一段旅程可以说是龟速前进。到了距离城镇500米处的时候，指挥官——那次不是霍尔丹——带着一名中士下车徒步视察一下周边。当然，丘吉尔也跟了过去。他们发现科伦索空无一人。那个地方甚至比埃斯特科特还要小，显然已经"被布尔人和卡菲尔人攻陷，并洗劫一空"。街道上散落着人们的财物，几座房屋被烧毁。路中间躺着一匹死马，僵硬的腿伸向空中。在街道的尽头，有一个掉队的散兵挥舞着挂着白布的棍子。"但是没有看到布尔人的影子。"铁轨被毁坏了，断了的电报线拖在地上。不过，这些破坏都好修复，图盖拉河上的桥仍然完好无损。丘吉尔判断，显然，布尔人还打算用这座桥。他们一伙人只在科伦索待了很短的时间，然后全速返回，并仔细辨认他们在路上看到的一切："地平线上的黑点？""也许吧，但绝对不是布尔人。他们离我们还远得很。"

　　但那是一周前的事了。11月15日星期三，他们知道该地区已经有了布尔人的影子。问题是，在哪里？火车正在驶进奇韦利车站，突然，丘吉尔发现了他们。上百个骑马的人朝他们疾驰而来。当时，他们离铁轨大约有1.5公里。霍尔丹在车站往埃斯特科特发了一封电报，说他们已经安全抵达奇韦利，这周围有布尔人。查尔斯·朗的指示马上就来了。朗指示他们返回弗雷尔，在那里静观事态的发展。

　　火车司机很高兴，火车朝着它来时的方向出发了。载着丘

153

吉尔、霍尔丹和舰炮的车厢现在成了最后面的。丘吉尔爬上一个箱子，以获得更有利的观察位置。开了几公里，拐过一个弯后，他们意识到自己遇到了麻烦。布尔人在 500 米外一个崎岖的山脊上等着他们。突然，"三轮的家伙"出现在山顶上。几道炫目的闪光，一片诡异的寂静，然后四下大乱。他们头顶上炸开了一团白烟。丘吉尔急忙跳开，寻找掩护。弹片像冰雹一样击打着金属防护甲。他以前在古巴也遭到过袭击，也曾在蒂拉和恩图曼与挥舞军刀的士兵面对面。但这次完全不同。他们正承受数百支毛瑟枪、一架马克沁机枪和两门野战炮的猛烈攻击。除了死战到底，他们别无选择。司机加快了火车行驶的速度。[21]

* * *

都柏林燧发枪队以前跟布尔人的火力对抗过。他们在塔拉那山艰苦奋战，取得了一场胜利，之后又在"悲伤星期一"遭受了屈辱的失败。10 月 30 日，他们在莫德斯普鲁伊特遭受了数小时的炮火袭击，然后狼狈地撤退到莱迪史密斯，溃不成军。戈登高地军和英国军团的情况也好不到哪里去，但这并没有安抚皇家爱尔兰燧发枪队受伤的自尊心。失败的责任将由战术拙劣的军官来承担，这对普通士兵来说是唯一的安慰。

中将乔治·怀特爵士是第一责任人。他在纳塔尔北部的行动从一开始就毫无章法。他一直在两个极端之间摇摆不定。首先，他鲁莽地决定在图盖拉河以北伏击布尔人；紧接着，在塔拉那山和厄兰斯拉格取得了第一次小规模胜利后，他焦躁不安又犹豫不决，仓促地将军队撤回到莱迪史密斯。在那里，他恢复了冷静，决定进行一场果断的对决。军事教科书上是这么说的，也是他想要做的。

几天来，他一直在派出侦察巡逻队，甚至还使用了侦察气球，所以他知道布尔人的确切位置。他们散布在莱迪史密斯东北的丘陵上，大致呈马蹄形。由朱伯特率领的主力在佩普沃斯山（Pepworth Hill）的中心地带，怀特打算集中进攻这里。在厄兰斯拉格的战斗中，在伊恩·汉密尔顿的指挥下，由炮兵和骑兵提供支援，步兵旅成功地执行了老套的战法——排成密集队形攻击。这一次，怀特将亲自指挥。在右翼，杰弗里·格林伍德（Geoffrey Grimwood）上校将以同样的方式率领第二旅发动攻击。他们会绕着"长丘"（Long Hill）打一圈，赶走这里的布尔人，然后从东南方向进攻佩普沃斯山。在双面夹击之下，如果布尔人试图逃离，就会遭到伏击。与此同时，由F.R.C.卡尔顿（F.R.C. Carleton）上校指挥的皇家爱尔兰燧发枪队（Royal Irish Fusiliers）和格洛斯特军团（Gloucestershire Regiment）将在尼克尔森峡谷拦截逃跑的布尔人。

他的大多数参谋都认为，这个计划过于异想天开了。他们争辩说，布尔人距离还比较远，而且是躲在山里。等他们靠近莱迪史密斯再发动袭击，不是更明智些吗？但怀特决心给对方致命一击。他手下的人比朱伯特多——12000人对7500人，大炮的数量也是对方的3倍——60门对20门。他还特别想在尼克尔森峡谷设一个埋伏，这是他的参谋W.阿德耶（W. Adye）少校提出的。10月29日周日，在最后一次侦察之后，怀特做出了最后的决定。星期一就是决战时刻。周日晚上，部队进入了阵地。11点钟，卡尔顿率领他的纵队向北，朝尼克尔森峡谷方向前进。两个旅紧随其后出发。格林伍德向东面的长丘进发，怀特和汉密尔顿向东北部的佩普沃斯山进发。

布尔人不知道英军方面的动向，但朱伯特出于一贯的谨慎，重新在长丘前沿排兵布阵。周日晚上，在英国观察气球完成任务后，他下令由沙尔克·伯格将军指挥的莱登堡突击队（Lydenburg Commando）离开山上的阵地，改为在莫德斯普鲁伊特河对岸占据阵地。与此同时，他获悉有400名南非骑警从约翰内斯堡赶到。朱伯特派他们去尼克尔森峡谷增援其马蹄形的西侧翼。第三件幸运的事，是远射程长炮运到了，这是布尔人武器库中最大口径的炮，用了22头骡子和数百人才把它拖上佩普沃斯山。它最终安放好了，安置在国家炮兵部队S.P.E.特里哈德（S.P.E.Trichardt）上校为它准备的基座上。

这三种情况带来的优势在周一上午显现出来。5点左右，天亮了。经过一夜的行军，格林伍德发现他们抵达的是一个被废弃的阵地。他的部队确实遭到了攻击，但不是来自长丘，而是佩普沃斯山上的那门远程大炮。与此同时，他们受到来自东面的密集枪炮的攻击，所以他们也不得不转而朝这个方向攻击。此前制定的策略全都不好使了。格林伍德自己这边都需要援助，根本谈不上对佩普沃斯山的进攻提供支援。怀特和汉密尔顿前来救援，但这两个英国旅发现阵地根本不在预计的位置。他们精心协调的炮兵、步兵和骑兵作战计划已经支离破碎。每个部队只能随机应变，但求自保。在这方面，英国人——无论是军官还是士兵——都不是布尔人的对手。十一点半，怀特命令他的士兵撤退。他们在步步紧逼的布尔人无情的炮火下仓皇而逃。双方的第一次重大交锋——莫德斯普鲁伊特战役——以英军的惨败告终。

与此同时，在尼克尔森峡谷发生的灾难更是加重了他们的耻辱。那里的麻烦早在凌晨2点钟就开始了。卡尔顿的纵队由950名步兵和150名山地炮炮兵组成，前进速度比他们预期的要慢，在日出前到达尼克尔森峡谷已经不可能了。卡尔顿和阿德耶加入了这个分队，想亲眼见证他的行动计划的执行，他们决定在附近的卡因古博山（Cayingubo Hill）驻扎。但时运不济。不知出于什么原因，发生了混乱。有人说是落石造成的，也有人说是枪声造成的……没有人知道到底是怎么回事。当时的情况是，驮着弹药和山炮的骡子突然拔腿狂奔，在黑暗中滚下山去。几十个人被踩踏，有些被骡子拖拽，许多人逃跑了。任务已经没办法继续执行了，但卡尔顿和阿德耶并不打算放弃。他们恢复了秩序，并把剩余的部队派到卡因古博山的南边，埋伏着等待撤退的布尔人。

他们没等多久。布尔人很快出现了，但他们并不是在撤退。他们的三个分队听到了山上的骚动。黎明时分，比勒陀利亚突击队的一个分队由皮埃特·泽德伯格（Piet Zeederberg）率领，从东南方向开火。在另一边，卡因古博山的北坡有 300 名海尔布伦（Heilbron）突击队的自由邦的人——从英军所在的位置根本看不到。对于自由邦的临时指挥官克里斯蒂安·德威特来说，这简直是马朱巴战役的重演。他 18 年前参加过那场战役，当时的情况和现在完全一样。然而，英国人再次漏防了一个山坡，让布尔人钻了空子。自由邦的士兵爬过高高的草丛，躲在山坡上凸起的岩石后面。大约 8 点钟，自由邦人得到了由指挥官 G.M.J. 范·达姆（G.M.J. van Dam）率领的南非共和国警察的增援。南坡上的英军被包围了。

布尔人并不着急。他们慢悠悠地爬山，因为他们知道在如此炎热的天气下爬山非常消耗体力，英军很快就会疲惫不堪。11 点钟，格洛斯特军团的前线部队开始撤退。半个小时后，卡尔顿看到英军的指挥部附近有闪光。这是怀特用日光反射信号器发射的摩尔斯电码。他指示他们"伺机撤退"，但为时已晚。他们被包围了，而且弹药几乎耗尽了。13 点 1 刻的时候，英军举起了几面白旗，布尔人也从他们的隐蔽处出来了。卡尔顿和阿德耶投降了，剩下的格洛斯特军团和皇家爱尔兰燧发枪队——840 名没有逃跑或被杀的人及受伤的人——被俘虏了。

156

英国人在尼克尔森峡谷和莫德斯普鲁伊特遭受的伤亡比布尔人严重得多。这两场战斗合起来称为"莱迪史密斯之战"。总体情况是，10 月 30 日星期一，布尔人有 16 人死亡，75 人受伤。英军的损失是 106 人死亡，374 人受伤，1284 人被俘。

但战局原本可能会更惨烈。如果总司令朱伯特听了手下一些年轻军官的话，英国媒体可能不得不想出一个比"悲伤星期一"更令人沮丧的词。像德威特和路易斯·博塔这样的指挥官——博塔取代了生病的卢卡斯·迈耶（Lukas Meyer），驻扎在布尔人的马蹄形防线的东端——非常想追击逃往莱迪史密斯的英军，但是朱伯特没有允许。他说，他的士兵已经筋疲力尽，他不会去冒险，不会放弃手头的胜利。无论如何，他觉得"追击逃跑的敌人不符合基督教教义"。德威特只能从高处俯视平原上那群士气低落的英国士兵。他忍不住大喊以发泄他内心的沮丧。仿佛朱伯特就在他身边，他咬牙切齿地说："冲呀，骑兵们，冲呀！冲呀，骑兵们！"[22]

* * *

因此，莫德斯普鲁伊特的都柏林燧发枪队得以幸免，没有遭受皇家爱尔兰燧发枪队在尼克尔森峡谷所受的羞辱。英国军队的大规模投降在军界内外引起了恐慌，其影响甚至超过了伤亡人数造成的影响。丘吉尔为此也怒不可遏，在《晨报》上发表了自己的观点。他给副官伊夫林·伍德（Evelyn Wood）爵士（也是他的一个老朋友）写了一封亲笔信，要求惩罚那些负有责任的军官。[23]

但 11 月 15 日，遭到布尔人炮火袭击的却是丘吉尔本人。他与都柏林燧发枪队的士兵以及霍尔丹上尉躲在装甲列车上，加速冲下山去。"最好慢一点吧"，他心里想，因为他觉得布尔人肯定把前面的铁轨挡住了。他正转身朝向霍尔丹，准备建议说应该派个人去提醒一下司机，但就在这时火车戛然而止，仿佛撞上了砖墙，车上的人朝四面八方飞去。从震惊中缓过神来后，丘吉尔回到了他刚才站立的箱子上。他只能极其短暂地看几眼，检查火车前部的损坏情况。子弹呼啸着从他耳边飞过，像冰雹一样撞击着钢铁盔甲。他马上低下头去和霍尔丹商量。都柏林燧发枪手和操作大炮的水兵都没有受伤。如果火车上的枪手能用步枪和舰炮还击，压制住布尔人的火力，他可以去火车前部查看一下。霍尔丹同意了。

在火车装甲的保护下，丘吉尔蹲下身子，以最快的速度向火车的前部跑去。火车头和煤水车还在轨道上，但它们前面的三节车厢已经脱轨了。让火车脱轨，只需要一块大石头。装有修理设备的车厢已经脱轨，翻倒在道边。后面载有德班轻型步兵和劳工的两节车厢严重受损。一个侧翻了；另一个斜在铁轨上，有一半脱轨了。

就在丘吉尔走近火车头时，一颗炮弹在他头顶上爆炸了。他没有受伤，但司机被碎片炸伤了。司机怒气冲冲地冲出车厢，脸上流着血。他抗议说，他是一名平民，他只想挣钱，可不想挨枪子儿。他躲到了翻倒的车厢后面，不肯出来。丘吉尔意识到没有司机他们就无法逃脱，于是使出浑身解数说服对方冷静下来。丘吉尔向他保证，如果他——他的名字是查尔斯·瓦格纳（Charles Wagner）——继续执行任务，他将因在行动中"杰出的英勇行为"而获得一枚奖章。这个计策成功了。瓦格纳擦去脸上的血，回到火车头。德班轻型步兵都被甩出了车厢，但他们中的大多数人仍能拿起步枪射击。丘吉尔回到火车尾部。他已经想好了一个计划。

丘吉尔心里其实也一直在想，他自己也只是一个平民，只是被派来报道战争，而不是参与战争。但是在敌人的炮火下，他表现得像从前当军官时一样，本能地担当起了指挥官的角色。当丘吉尔解释他的计划时，霍尔丹似乎心甘情愿地把他当作更高一级的指挥官。丘吉尔需要都柏林燧发枪手和德班轻步兵反击，不让布尔人靠近，同时他用火车头将脱轨的车厢从铁轨上拱开。他们有专业知识和设备，所以办到这一点不会太难。唯一的问题是，大部分劳工都已经逃走了，他们的设备散落在地上。还有布尔人无情的火力进攻需要对付。他们自己的炮已经被炸坏，无法修理。丘吉尔没有被吓倒，在司机的帮助下继续进行他的计划，此时司机很乐意执行他的命令。

首先，他们把侧翻的车厢断开车钩，把它推离铁轨。但是车厢的问题还不只如此。利用蒸汽机的力量加上纯粹的体力——有九个人自告奋勇面对布尔人的密集火力加入行动——他们设法移动了它。嗯，是移动了一点位置。此时，煤水车刚刚能够通过，但是火车头太宽了，无法通过。司机努力地清理出一个通道，在这个过程中一直小心翼翼，避免火车头脱轨。经过 11 次或 12 次尝试，花了一个多小时的时间，他们终于成功了。当他们把车厢抬到离地几英寸的地方时，火车头有点向右倾斜。但随着钢铁之间摩擦发出刺耳的声音，火车头缓慢地蹭了过去。

不管怎样，对这个火车头来说，埃斯特科特车站已经触手可及了。然而令丘吉尔沮丧的是，火车头和后面车厢之间的车钩在关键时刻断开了。再次强行让火车头通过障碍物，回来挂上车厢就太危险了。而如果用人力把车厢推到火车头旁边，这些人就会暴露在布尔人的火力之下。唯一的选择是用火车头运送伤员（当时有 40 多人），并让其他人跟着火车头跑。在 800 米外的弗雷尔车站附近有一个小村庄。跟着火车头跑的人也许可以在那里暂时避难，而火车头则继续开向埃斯特科特，寻求增援。

　　由于担心猎物会逃跑，布尔人的攻击更猛烈了。火车司机也加足了马力。在旁边奔跑的人都拼命想跟上火车头，包括霍尔丹在内的许多人都被落在了后面。火车头靠近了村庄，丘吉尔指示司机瓦格纳继续前进，把伤员送到埃斯特科特的安全地带，然后跳下车去帮助那些落在后面的人。他沿着铁路线步行返回，穿过一个山沟，此时还没有意识到他要回去帮助的大多数人已经投降了。

　　两个穿着便服的人突然出现在他前面 100 米处。起初，丘吉尔以为他们是英国的铁路劳工。但他错了——他们是布尔人，而且有武器。丘吉尔转身就跑。他听到耳边有子弹飞过，感觉到其中一颗子弹擦伤了他的手，但他还是继续跑，设法爬上了铁路路基。他刚喘息了一口，马上就惊呆了。另一场灾难正逼近山顶。一个骑马的人正穿过铁轨向他飞奔而来，那人高大黝黑，手里拿着步枪瞄准了他。丘吉尔掂量了一下自己的胜算。他会射击，而且——虽然他只是个战地记者——他带着一支毛瑟枪。以前在蒂拉和恩图曼，他也曾开枪杀人。他伸手去摸枪套，但手枪不见了。他慢慢地举起了手。[24]

159

16 战争规则

当丘吉尔到达比勒陀利亚车站时，心情很低落。他们步行穿越了纳塔尔，还搭上了火车，这一路上，他几乎快要喜欢上布尔人了。他们满心好奇，缺乏城府，容易相信别人，一路上都围绕在丘吉尔的身边，递给他咖啡和雪茄，帮他把受伤的手包扎好，还问他一堆问题。"这些敌人并非残暴之人。"他略带惊讶地记述道。他原以为自己会遭受敌对和羞辱。然而，到了比勒陀利亚，即便只是在火车站的站台上，他也已经感觉到了不同。在过去被俘虏的三天里，他开始尊重这些朴素善良的布尔共和国的人，甚至开始理解他们保卫祖国和家园的决心。然而在比勒陀利亚，他感受到了敌意和腐败。那里的人就是一群阴险狡诈之辈，坐收渔翁之利，让别人替自己干那些见不得人的勾当。不管是葡萄牙人还是荷兰人，他们都是些让人生厌的败类。还有一些衣衫褴褛的丑妇人，站在烈日下直勾勾地盯着英国人，能足足看上 20 分钟。

一排排的照相机记录下了他们的耻辱，他们是任由敌人摆布的俘虏，被迫投降和屈服。几天前，他还在嘲笑那些轻易就投降的军官，而如今他自己也这样做了。这才是最大的耻辱。那些带着白头盔的南非共和国警察把他、霍尔丹以及爱尔兰步兵团、德班轻步兵一行 50 人排成一队。"他们就不能停止嘲笑我们吗？这是自被捕后，我第一次憎恨敌人。"

丘吉尔的名声和身份在这里毫无意义。起初，他被安置在士兵们中间。霍尔丹替他说话，认为他应该跟军官们关押在一起，霍尔丹争论道，这并非因为他在火车上言行举止像一名军官（真是哪壶不开提哪壶，这事儿说了还不如不说），而是因为他是一名战地记者，还是一位勋爵的儿子。"你们的贵族头衔对我们来说毫无意义。"警察们这样反驳道。霍尔丹又向另一名军官求情，这次他成功了。几分钟之后，丘吉尔被带到了被俘的两位军官身边。士兵俘房和军官俘房的关押条件有很大的不同。士兵们被分配到一个赛马场，那里已经关押了2000人，而军官则被带到一个原本是学校的建筑，现在充作监狱，已经关押有大约60人。

丘吉尔对狱中这些军官的看法很复杂，但不管怎样，他们至少都是英国人。他们的住处相对舒适，待遇也挺好的。尽管如此，他还是想要尽快获得自由。在被捕时，丘吉尔一再声称自己是记者，属于平民，应该被立即释放，但他也知道自己的论点站不住脚，毕竟他穿着军装，还积极参与了战斗，甚至是起领导作用。以他这样的角色，军事法庭完全可以就地判处他死刑。此外，他也确实该感谢逮捕他的布尔人——战地军官赛尔·乌修斯（Sarel Oosthuizen），不过在临死前，丘吉尔说他该感谢的人是路易斯·博塔。在去监狱的路上，他突然想起自己的口袋里还有两个毛瑟枪子弹弹夹。弹夹里的子弹都是软头子弹，也叫达姆弹。仅是持有这些子弹就是严重的犯罪。他偷偷地扔了一个弹夹在地上，没有被发现，他想扔第二个时却刚好被逮到。"你手里拿的是什么？"骑在马上的黑人用英语问道。丘吉尔假装无辜，摊开了手。"我也不知道是什么。我在地上捡的。"他竟然侥幸蒙混过关。那人接过弹夹，看了看，一句话也没说就把它扔掉了。

他向布尔人的高级官员申请释放自己，但没有得到批准。当朱伯特做出羁押丘吉尔的决定时，国家检察官扬·史沫茨就在他的总司令营帐里。史沫茨的理由也很充分。在装甲列车上，丘吉尔表现得就像个士兵，而且，还是个挺像样的士兵！丘吉尔的英勇事迹已经在布尔人中传开了，这就是他身为士兵的证据，所以只能关押他。朱伯特同意这种看法。而且朱伯特

161

跟丘吉尔的父亲还有些令人不快的过节。8年前，伦道夫勋爵游历非洲南部时，对布尔人的政权不屑一顾。甚至在丘吉尔乘火车到达比勒陀利亚之后，朱伯特还给当局发了一封电报，指示他们，只要两国仍在交战，就"不要释放丘吉尔勋爵的儿子"。

事情的结果就是，他们驳回了丘吉尔关于认定自己平民身份的请求。保罗·克鲁格总统也许是想答应丘吉尔的请求，但他不愿意推翻朱伯特的决定。因此，丘吉尔就只能继续坐牢。作为一名英国战俘，除了没有人身自由，他受到了各种优待。他们六个人住一间房，天气暖和时，他们可以在户外的走廊上过夜，这里与外面的街道仅仅隔着一道不结实的铁栅栏。供给委员会每日为他们发放配给，除了不能拥有枪支，他们可以在当地的商店换购任何自己需要的商品。丘吉尔就借这个便利把监狱发给他的芥末黄套装换成了一套深色花呢西装。俘虏们还可以通过电报或信件自由地与外界交流，甚至还可以接待访客。丘吉尔也可以像往常一样，继续为《晨报》发送新闻报道。监狱管理人员对他们也很好。副主管 J.W.B. 贡宁（J.W.B. Gunning）是一位"和蔼可亲的小荷兰人"，他竭尽所能地为他们创造舒适的环境，甚至还从国家图书馆为他们借书。丘吉尔与其中一位官员路易斯·德索萨（Louis de Souza）建立了友谊。路易斯·德索萨是一位葡萄牙裔的德兰士瓦人，也是陆军部长，官阶仅次于朱伯特。两人频繁通信，德索萨还经常到监狱探访丘吉尔。德索萨会在果篮里偷偷放上一瓶威士忌带到监狱，他们一边饮酒，一边探讨战争带给双方的影响，剖析这出战争戏的整个过程。他们是对手，亦是彼此敬重的君子。

丘吉尔访客不断，对于这一点他确实没有什么可以抱怨的。他的母亲通过朋友关系让美国领事查尔斯·麦克卢姆（Charles Macrum）也打电话来询问他的近况。战地记者也来采访他。

外交部副部长彼得·格罗伯勒还和他一起分析战争的原因。因为家庭背景以及刚刚斩获的名气，丘吉尔在这里颇受欢迎。这一切都是他渴望已久的，但身处狱中，名望又有何用？不管条件有多舒适，他还是痛恨自己被关押在这里。监狱的铁栏杆、警察、各种规定，这一切都是他不能承受的屈辱。他下定决心要重获自由，也一直没有放弃努力。

他给德兰士瓦政府写了一封又一封的信，请求他们重新审查他的案子。他又说服霍尔丹为他作证。11 月 30 日，他生日那天，他给母亲的另一位朋友威尔士亲王写了一封长信。他假借以赞扬装甲列车司机查尔斯·瓦格纳的英勇为由写这封信，但是没忘了向威尔士亲王指出他当时只是以"非战斗人员"的身份出现在战场。大概是为了能通过监狱的信件审查，他在信的最后写道：布尔人非常善良、勇敢，还富有同情心。当天，他还写下了第二封信，寄给他母亲的另一名仰慕者美国实业家兼政界人士伯克·柯克兰（Bourke Cockran），他们当年在去古巴的旅途中成为挚友。在信中，丘吉尔更真实地表达了自己的感情。"我今天 25 岁了，想到我的生命就只剩下为数不多的日子，这真是太可怕了。"[25]

因为没有收到自己想要的答复，丘吉尔变得烦躁、羞愧和失望，在狱中萎靡不振。就战争而言，对一个英国的爱国者来说，没有什么值得报道的振奋人心的消息，当然，在监狱里，他们听到的任何消息都经过了布尔人的筛选，反映的是布尔人的观点。尽管他一向都很自信，但现在也有所动摇。

从被拘留的第一个晚上开始，他就感到痛苦，那天晚上是被关在纳塔尔某个又冷又湿的小屋里。他根本无法入睡，听着布尔人在唱诵他们的晚间圣歌，他觉得这比炮火的声音还要可怕，因为歌声让他"开始敬畏上帝"。他的脑中盘旋着各种问题：会不会我们发起战争的理由根本站不住脚，而现在上帝也

163

开始帮助布尔人？会不会布尔人也是一个优秀的民族？他的眼前仿佛出现了这样的画面：莱迪史密斯、马弗金、金伯利相继沦陷，埃斯特科特的驻军也被全部消灭，更多外国势力介入，南非彻底沦陷。"这就意味着，离结束也不远了。"

次日清晨，太阳照常升起，驱散了他心中的阴霾。在前往比勒陀利亚的途中，丘吉尔用他记者的独特视角记录下自己的经历。他详细地描述了自己与狱警的生动谈话，使《晨报》的读者能一窥普通布尔人的思想和情感。比如，谈论到"谁才是罪魁祸首呢？""大家知道，是那些万恶的资本家和犹太人发起了这场战争。"关于在厄兰斯拉格富有争议的骑兵冲锋，他们问丘吉尔："听说你们的骑兵连受伤的布尔人也不放过，还用长矛刺他们，是真的吗？"对于19世纪晚期的报纸读者，甚至对现代的读者来说，最让人吃惊的内容是丘吉尔从埃梅洛区的一个叫斯帕沃特（Spaarwater）的德兰士瓦布尔人那里听到的。这个布尔人对丘吉尔的印象是，只要不提到自由，丘吉尔就是一个温和的、好说话的人。斯帕沃特说，我们在德兰士瓦和奥兰治自由邦享受的就是自由，而纳塔尔和开普殖民地的生活是"不自由的"。在纳塔尔和开普殖民地，当地人可以为所欲为。"你说一个肮脏的黑人也能在大街上随意走动，还不需要通行证，是这样吗？"斯帕沃特问道。"他们在你们英国的殖民地上就是这么做的。平等！自由！根本不行……在这个国家，我们最清楚怎么对待黑鬼……我们用棍子教育他们……他们是上帝安排在这里，为我们劳作的。我们绝不容许他们胡说八道。"对于这番言论，丘吉尔没有做任何回应。

丘吉尔认为与德索萨和格罗伯勒这样的布尔人交流才更加深刻。但没有职业操守的德兰士瓦媒体让他大失所望。例如，《人民之声报》（*De Volksstem*）就刊登了一系列的虚假新闻，杜撰了布尔人的胜利和英国人的懦弱。毫无疑问，这些报道都是谎言，只是为了鼓舞布尔人的士气，但是，丘吉尔并没有可靠的消息来源，这让他很是烦恼。假新闻层出不穷，其中有一个关于库斯·德拉雷将军的故事，说他在西线又控制了另一列装甲列车，并缴获了一批达姆弹；在马弗金被包围的驻军，最后还遭受了布尔人的刺刀突击；抓着骑兵冲锋的糗事不放；里特方丹战役后布尔人又收缴了更多的达姆弹；考克将军受了伤，被留在了厄兰斯拉格战场上，他的一切都被洗劫一空，甚至连衣服也被扒了下来。当然，这些都是无稽之谈，或者被蓄意夸大，但丘吉尔还是觉得很不安。

在德兰士瓦各种报纸的报道中，最具争议的是关于英国政府调遣非洲人和有色人种部队的报道。报道指出，马弗金和金伯利的英军指挥官强迫非洲人参加战斗，这违反了战争双方之间的口头协议，协议明确规定这是一场白人之间的战争。最令人震惊的是发生在德迪波特（Derdepoort）的屠杀事件，德迪波特是德兰士瓦西部的一个小村庄，紧靠英属贝专纳兰的边境。11 月 25 日，该地区的一处布尔人营地遭到一群卡特拉人的突袭，领导他们的是这个部落的首领兰茨威（Lentshwe）同父异母的兄弟塞格尔（Segale），他们显然得到了英国部队的武装支持。他们屠杀了当地一半的人口，然后绑架了几名布尔妇女和儿童逃到贝专纳兰。丘吉尔对这些报道做何感想呢？ [26]

* * *

威廉·莱兹很清楚发生在德迪波特、伊兰斯拉瓦格的事件，也了解达姆弹和白旗事件。他坚信这一切都是真实发生的事情。从一开始，英国军事处审查员就阻止他直接给比勒陀利亚发电报求证，但通过书信他还是从好几个地方得到了确切的消息，了解到了英国军队犯下的累累罪行。1899 年 10 月 26

日，他在布鲁塞尔的办公室发布了一份新闻稿，称："英国人正在武装当地的有色人种，并部署他们发动主动袭击，对抗布尔人，英国人所有令人不齿的战争行径将所有南非白人的生命置于危险之中。"作为南非共和国的官方代表，他不需要得到政府的授权来表达对英国政府最强烈的抗议。

他也没有就此罢休。12月初，他在给俄国驻布鲁塞尔特使N. 德吉尔斯（N. de Giers）的信中写道，英国士兵在战场上表现得"像地道的野蛮人"。更多的证据涌现。他们像捕猎野猪一样屠杀已经缴械投降的布尔人，抢劫死者和伤者的结婚戒指及其他财产，还对已经举白旗的布尔士兵采取军事行动，使用达姆弹和含有立德炸药的手榴弹。所有这些都违反了1864年《日内瓦公约》中的规定，而且几个月前在海牙举行的国际和平会议上刚刚重申了这些规则。英国人在战场之外也藐视国际协议。为了给自己在南非的军队提供给养，他们在各处大量收购马匹和骡子，即便是在已经声明对这场战争保持中立的意大利和西班牙，英国人也明目张胆地收购。

165　　莱兹急切地向在布鲁塞尔的俄国外交官传达这一信息是另有目的的。沙皇尼古拉二世亲自指示德吉尔斯随时向他报告战争的进展。莱兹知道这一点，他通过特使几乎直接向沙皇报告，因为俄国是最有可能做出反应的国家。尼古拉二世的立场跟他妻子的不同。他妻子是维多利亚女王的孙女，自然支持英国人，而尼古拉二世坚定地站在布尔人这一边。沙皇似乎对反抗英国的提议持开放态度，他有可能在俄国军队和公众舆论的支持下对英国采取单独行动。但是外交大臣N.V. 穆拉维耶夫（N.V. Muraviev）伯爵和内阁的其他成员持保留意见。他们并不反对与法德联合出兵的倡议，但对于俄国单方面采取军事行动，如在阿富汗边境集结军队，对俄国政府来说风险太大。[27]

莱兹知道，把赌注压在一个专制君主的一时冲动上是不可靠的。在詹姆森突袭事件发生后，他曾试图寻求德皇威廉二世的帮助。他没有太多选择。在 1898 年 8 月英德协议分割了葡萄牙的殖民地之后，莱兹知道德国也指望不上了。而且 1899 年 11 月底，德国皇帝和他的妻子在外交大臣伯恩哈德·冯·比洛（Bernhard von Bülow）的陪同下，到温莎城堡探亲。在张伯伦看来，这次访问将为两国建立更紧密的关系铺平道路，最理想的是与美国的关系也亲密起来。但德国人并不这么想。在英国与布尔人的战争爆发后，在支持扩张主义的泛日耳曼联盟的煽动下，反英情绪在德国媒体上爆发，影响了公众舆论。因此，威廉二世和冯·比洛在南非战争中只会保持更谨慎的中立态度。作为交换，德国将得到英国在世界其他地方的让步，以推进自己的帝国主义野心，其中就包括德国对拥有自家舰队的渴望。

法国同样不会贸然行动。法国公众与德国人、俄国人一样对这场战争非常感兴趣。他们为布尔人的胜利而欢呼，嘲笑英国人的失败，但法绍达事件让法国对英国还是有所忌惮。如果说法国政府也采取了一些措施的话，那也是通过秘密的外交手段做到的。1899 年 11 月 4 日，法国外交部的一名高级官员亲自交给莱兹一份文件。这份文件得到了外交部长德尔卡塞的授意，甚至有可能就是由他起草的。德尔卡塞对《向海牙会议与会各国发出的呼吁》（*Appeal to the Nations Represented at the Hague Conference*）抱有很高的期望，这是代表"世界良知"向英国政府发出的紧急请愿，恳请英国停止践踏和毁灭一个文明的国家。在把文件交给莱兹后，德尔卡塞认为接下来法国应该先静观其变。但他希望莱兹可以把这份文件交给更多的国家，争取更多的支持，以便增加国际社会对英国施加的压力。[28]

莱兹自然非常赞同。请愿书针对的接收人是"英国的博爱

166

主义者"，而不是"英国金融界"，并呼吁他们支持"仲裁原则"。提交请愿书的做法倒是符合莱兹特使的身份，也与布尔人 10 月 9 日对英国下达的最后通牒契合。莱兹指示他的领事工作人员将文件翻译成多国文字，并尽可能多地征集签名。

然而事情总是说易行难。在各种译本中正确措辞就是一场噩梦。签署者越多，文本的编辑就越困难。令人惊讶的是，最棘手的问题出现在荷兰。自 1899 年 10 月 29 日以来，多尔德雷赫特的一个新闻办公室一直在协助莱兹的宣传活动。负责人 H.J. 基威特·德荣格（H.J.Kiewiet de Jonge）是当地一所高中的教师，也是荷兰总联盟（Algemeen Nederlandsch Verbond）的秘书。荷兰总联盟是在 1896 年夏天詹姆森突袭事件后成立的。与荷兰南非协会不同，该联盟主要针对说荷兰语的社区，其中包括佛兰德斯地区。布尔战争爆发后，这个联盟比荷兰南非协会做了更多的事情，也更有影响力。它甚至为莱兹提供了一间设备齐全的新闻办公室。莱兹在巴黎已经有一间新闻办公室，但他还是欢迎有这样一个额外的机会，获得"符合荷兰 – 非洲精神的信息，将其翻译并刊登在同情布尔人的媒体上"。[29]

基威特·德荣格立即着手工作。他将扬·史沫茨的抨击性作品《一个世纪的不公》翻译成荷兰语并发表，然后从比勒陀利亚寄给莱兹，随后，他又找人将这部作品翻译成了德文和法文。抱着同样的热情，他开始安排请愿书的宣传事宜。德荣格亲自把请愿书翻译成了荷兰语，并把译文交给联盟中德高望重的成员过目，也就在这个时候，事情开始变得复杂起来。每个人似乎都有自己的看法。有的人认为法律术语翻译得不够专业，但这还不是主要的问题，他们更在意的是这份文件要传达的信息，尤其是一再强调通过仲裁解决战争问题。令莱兹惊讶的是，荷兰人比其他国家的人更倾向于支持通过武力赢得战争。"事实上，没有人想要在这个时候听到关于结束战争的消息，不管是通过仲裁还是其他方式，毕竟，现在布尔人占据了有利的形势，为什么不乘胜追击，将英国人直接赶回老家？这是荷兰人的普遍态度。"

莱兹的观察是正确的。战争刚一打响，莱兹就意识到，整个欧洲都在同情布尔人，整个欧洲大陆都站在布尔人这边，而荷兰人的支持表现得最为明显。无论是穷人还是富人、清教徒还是天主教徒，以及政治家、学者、记者、商人等，每个人都满怀热情，时刻关注着这些身在非洲的兄弟的命运。

167

荷兰殖民军队在东印度群岛（1894 年在龙目岛，1898 年在亚齐岛）展示了自己的军事实力之后，这个国家就陷入了狂热的激进民族主义之中。布尔人的成功就像是荷兰人辉煌的延续，像是他们自己取得的胜利。现在，荷兰人正在组织民众请愿，争取更多的支持，筹集资金，甚至为布尔人捐赠救护车。还有很多人想要组成志愿军参加战斗。莱兹也被搅得心潮澎湃。战争一开始，他就写信给比勒陀利亚："我向［克鲁格总统］阁下许诺，我愿意全力为他效劳。我不愿意待在欧洲，只要您一声令下，我将立即返程，报效我的国家。"

实际上没有一个荷兰公民真正参加战斗，就像在欧洲，仅仅是情绪上的鼓吹，并没有什么实际的政治行动。荷兰政府，特别是外交大臣德博福特，一直都保持着冷静的头脑，为了让英国不干预他们在荷属东印度群岛的领地，在布尔人的战争问题上他保持着严格的中立态度。莱兹也很快恢复了理智，继续寻找另外的调解途径。他在信中向自己的导师兼密友莫尔泽解释说，［荷兰人］拒绝调停，跟英国人战前的做法如出一辙，"当时是英国人不接受仲裁或调停，因为他们相信自己一方胜券在握"。然而，他也在同一封信中哀叹道，考虑到国内许多德高望重的仁人志士都持激进态度，他正在考虑"放弃"请愿的办法。[30]

这样一来，似乎只剩下外交手段这一条路可走。莱兹也知道，能进行外交调解的人选很有限。事实上，除了俄国沙皇，剩下的人选只有两位。一位近在咫尺。他知道年轻的荷兰女王威廉敏娜支持布尔人的事业。早前，在 1899 年 7 月的时候，他曾向皮尔森首相和德博福特暗示，或许可以让荷兰女王与英国女王就布尔人的问题进行交涉。两人都否定了这个提议，但威廉敏娜还是亲自给维多利亚写了一封信，恳请她"本着对人类的同情心和宽厚仁义之心，结束这场战争"。但这封信并没有起到任何作用。维多利亚女王把皮球踢了回来，她回信称："如果克鲁格是个讲道理的人，一开始就不会有战争爆发。"莱兹不知道威廉敏娜曾独自出手进行调停的事情。但在去年 12 月，她确实表示过她愿意现在或者将来时机成熟的时候，亲自或者与别国一起，向英国提出交涉。荷兰女王会亲自向德皇提出请求吗？答案取决于她的宪法权力。莱兹只好静观其变。[31]

第二位调解人远在大西洋的彼岸。说实话，莱兹对美国总统威廉·麦金莱（William McKinley）并没有多少信心。在 1898 年的美西战争中，英国站在美国一边，莱兹认为，即使不在明面上，美国政府还是会为了还英国的人情而不支持布尔人。尽管大多数美国人似乎愿意支持布尔人，但他们对待这场战争的态度要比欧洲人冷静得多。正是因为这样的情况，美国政府似乎更有回旋的余地，或许还能赢得他们的支持。所以，美国国务卿约翰·海伊（John Hay）成了关键之人，因为麦金莱授权他处理战争的相关事宜。但这对莱兹来讲并不是个好兆头。海伊自诩是一个亲英派，他相信英美的生活方式更具优越性。但由于"比勒陀利亚方面仍希望美国帮助调停"，莱兹还是使出了浑身解数。他将德兰士瓦驻伦敦总领事蒙塔古·怀特调到华盛顿，并提议奥兰治自由邦驻海牙总领事亨德里克·穆勒（Hendrik Muller）也一同前往华盛顿。但是，像他的许多同胞一样，莱兹觉得进行调停的时机还不成熟。鉴于目前布尔人有利的局势，莱兹认为不应该采取任何形式的干预。[32] 于是怀特一个人去了美国。

那现在就只能寄希望于大英帝国国内的反战运动。在这方面，英帝国的自治领地都无须考虑。加拿大、澳大利亚和新西兰肯定是站在英国这边，并且他们还将派出自己的特遣队增援驻南非的英国军队。爱尔兰则很难预料。交战国双方都雇用了爱尔兰人组成的军队——都柏林燧发枪队和皇家爱尔兰燧发枪队为英国效力，而爱尔兰旅为布尔人战斗，这样的情况加剧了爱尔兰与英国的分裂。都柏林爆发了骚乱，但很快被英国人控制，而且爱尔兰人与英国国内的反战运动并没有任何联系。

反战运动在英国进行得如火如荼。它的成员包括教会和社会民主组织、独立的政治家、学者、记者和商人，另外也有南非调解委员会这样的组织参与其中。该委员会妇女部门的秘书埃米莉·霍布豪斯后来在战争中发挥了重要作用。这个时期，反战运动中最著名的抗议者是颇具争议的记者威廉·斯特德（William Stead）。他坚定地效忠于英国帝国主义事业，同时也是世界和平的坚决捍卫者，并且他认为这二者相辅相成。1899 年 9 月下旬，在从海牙国际和平会议返回后，他发表了一份公告，题为《吾能杀害布尔兄弟乎？呼唤英国的良知》（*Shall I Slay My Brother Boer? An Appeal to the Conscience of Britain*）。该文是对英国即将对布尔人发起的战争的控诉，他在文中写道："这滔天的罪行"，只会夺取成千上万的无辜生命，其结果不过是"再造一个更遥远的荷兰人的爱尔兰"。斯特德的抗议活动不止于此。他成立了自己的"停战委员会"，并出版周刊《在南非以战反战》（*War Against War in South Africa*）。

169

在推进支持布尔人的运动中，莱兹发现斯特德是一个受欢迎的盟友。斯特德为《一个世纪的不公》的英文版写了序言，并表达了他对"请愿书"的支持。然而，他们的合作会给双方都带来风险。与斯特德的合作会让莱兹被那些主张和平运动人士拒之门外，莱兹并不想要这样的结果，斯特德也担心与德兰士瓦的公使来往会影响他所追求的独立的个人形象。斯特德特别爱惜自己的羽毛，急于维护自己的声誉，以至于他都不让莱兹给他写信，因为通信这样的事情一定会被那些"沙文主义的报纸"咬住不放，再添油加醋伪造成"花重金贿赂新闻人"这样的假新闻。[33]

编造新闻这样的事情，自战争爆发以来就屡见不鲜。在英国媒体的眼里，莱兹仍然是一个说谎者和诽谤者。但现在风向已经改变。莱兹在欧洲大陆的宣传战中占了上风，就像布尔人在战场上一样。虽然如此，英国的"沙文主义新闻"却变本加厉。斯特德及其追随者们的抗议，只是民族主义风暴中的喃喃耳语，如今，民族主义越发激进，而时局则成为滋养民族主义的土壤。众多支持战争的组织开始挑战南非调解委员会，如南非帝国协会（前南非协会）、樱草联盟和帝国联盟等。对布尔人发起的战争成为英国各界茶余饭后的谈资，在会议室、休息室、酒吧和音乐厅，到处都能听到人们关于这场战争的讨论。整个社会暗潮涌动。流行歌曲歌颂着胜利，诗歌书写着失败的感伤，搬上银幕的大事件更让观众们心潮澎湃。而在比勒陀利亚，各方对英国的指控和批评也层出不穷。如果《人民之声报》上发表了什么英国的负面消息，《泰晤士报》会立刻以牙还牙。布尔人的报纸上，刊登的都是英国人假意投降、掠夺死者和伤者的财物、搜刮布尔人的村庄、雇用有色人种部队作战等烂事。在英国，对布尔人的报道也好不到哪里去。那些报道说，英军实际上是在跟一群野蛮人作战，布尔人一无是处。

好在，"我们的小伙子"（英国士兵）向他们展现了什么才是真正的英雄主义，比如丘吉尔的表现。自从奇韦利的装甲列车闹剧——那就是一场闹剧——发生后，丘吉尔就成了众人津津乐道的话题。那些坐着受损的火车头回到埃斯特库尔的伤兵们对丘吉尔的英勇和沉着赞不绝口。更何况，他仅仅是一名战地记者。在丘吉尔的同事利奥·阿莫里、约翰·阿特金斯和他的侍从托马斯·沃尔登的帮助下，他的事迹很快在英国和南非传开了。沃尔登给伦道夫夫人写了一封信，这封信随后发表在了《晨报》上。沃尔登写信说，他对丘吉尔被俘感到很遗憾，但他非常肯定，丘吉尔并没有受伤。他自豪地说道："埃斯特科特的每一位军官都认为丘吉尔和火车司机能得到维多利亚十字勋章，火车司机还对丘吉尔赞不绝口，说他沉着冷静，干起活来特别卖力，不输当地的黑人。他不知道丘吉尔在火车遇袭时是如何幸免于难的，因为至少有 50 枚炮弹击中了火车。在马里茨堡，人人都在谈论丘吉尔。"34

对于一个一心想成为名人且野心勃勃的年轻人来说，还有什么是比这更好的宣传方式呢？唯一的坏处是，丘吉尔还不能利用自己现在的名气让自己有所作为，因为他还被监禁在比勒陀利亚。1899 年 12 月，即便丘吉尔多番请求，希望德兰士瓦政府可以认可他平民的身份并将他释放，但这仍然未取得任何效果。12 月 8 日，他转变了自己的策略。他又给德索萨寄了一封信，请他转交给朱伯特，信中他言辞凿凿地向当局做了保证。"如果我被释放，我保证不会为英军提供任何协助，不会帮助英军对抗德兰士瓦政府，也不会透露任何影响战情的情报。"

令人惊讶的是，看过信后朱伯特对先前的决定有所动摇。事实证明，几天后他还真的改变了主意。12 月 12 日，他给国务秘书雷茨发了一份电报，表示同意释放丘吉尔，作为交换，

170

丘吉尔回到欧洲后要将他在德兰士瓦作为俘虏的真实遭遇公之于众。但他又加了一句附言，透露出他其实还心存疑虑。"他会说实话吗？还是会像他父亲那样？"

朱伯特有所怀疑是有道理的，但并不是他所想的那样，即丘吉尔会不说实话。此时，丘吉尔越来越受不了囚徒生活了。他并不是一心等待当局的回复，而是利用自己的聪明才智和精力寻找其他获得自由的方法。从他被抓获的那一刻起，他就一直在想办法越狱。一次在监狱中，他就同几个年轻的军官和士兵制订了一个计划。他们不只是想逃跑，还计划制服警卫，释放赛马场上的 2000 名陆军军官，占领比勒陀利亚，绑架克鲁格和德兰士瓦政府的其余官员，促成和平停战。这是一个轻率的计划，是丘吉尔喜欢的那种情节剧，但被狱中的英国高级军官否决了。

既然如此，他转而考虑不那么宏大的计划。他知道霍尔丹上尉正在和一名狱友密谋一个计划，这个狱友是一个伪装成中尉的军士长。这位冒充者是帝国轻骑兵队的 A. 布罗基（A.Brockie）。霍尔丹和他确实可以成为很好的搭档。布罗基了解这个国家，会说南非荷兰语和一种非洲语，这对他们前往 450 公里外的莫桑比克边境的路途来说是一种优势。丘吉尔想加入他们，但被他们拒绝了。要想成功逃脱，得保证自己消失后几个小时内都没人注意到。他们所在的监狱并不会到点就点名。然而，丘吉尔在这里算得上名人，他一旦不见了，会立刻引起人们的注意，所以他们不愿意带上他。但丘吉尔一再坚持。想到在遭遇伏击时他在火车上的英勇事迹，霍尔丹觉得不好意思拒绝丘吉尔。最后霍尔丹让步了，也征得了布罗基的同意。带着丘吉尔出逃会增加额外的风险，但那又如何呢？他们三个要走就一起走。

这个计划于 12 月 9 日成形。计划简单明了，时机是最为关键的因素。院子的另一头，靠近铁栅栏，有一间茅厕棚。他们可以藏在里面，不让守卫看见，等待合适的机会出现。傍晚是最佳时刻，只要守卫能被其他事情牵绊，他们就会冲到铁栅栏前，以最快的速度爬上围栏，看清楚另一边的情况，然后直接跳到隔壁废弃房子的花园里。逃到花园隐藏起来后，霍尔丹再透露计划的其余部分。

他们把时间定在 12 月 11 日星期一晚上。丘吉尔很紧张，但他还是给德索萨写了一封告别信，打算把它放在自己的床上。他在信中有些得意地写道："我决定脱离你的监管，很抱歉不能亲自跟你道别。"无论如何，写信缓解了他的紧张情绪。夜幕降临时，霍尔丹、布罗基和丘吉尔准备出发，但一直没有等到合适的时机。驻扎在小屋旁边的哨兵一直坚守在那里，计划不得不推迟。

第二天晚上，看起来他们的越狱计划又要泡汤了，此时朱伯特同意释放丘吉尔的信件已经到达比勒陀利亚，但还没有送到国务秘书的办公桌上。哨兵还是坚守在小屋旁。这三个想要逃跑的人变得越来越焦躁不安，开始在走廊和小屋之间来回踱步。丘吉尔突然等到了机会。他一个人在窝棚里，此时哨兵走开了，去和一个同伴说话。这是一个千载难逢的机会。但这时候去叫上另外两个人实在太危险了，他决定自己先翻过围栏，到另外一头再去等他们。机不可失，失不再来。他冲到栅栏前，往上爬，犹豫了一下，又爬了下来，最终他还是爬到了顶上。可是，他的夹克被铁丝钩住了，刹那间，他看到不足 15 米外一个哨兵的香烟发出一点光。他使劲拽了拽夹克，挣脱开，轻轻地跳到下面的花园里。[35]

17　废弃矿井

威特班克，1899 年 12 月 15 日

　　在丘吉尔躲藏的这段时间里，老鼠的骚扰还不是最糟糕的。它们偷走了丘吉尔的蜡烛，不时地跑到他身上，把他从睡梦中惊醒。这些他都能忍，但是他无法忍受的是被困在地下，无事可做，独自一人，无聊得只能独自抹泪。他在这里多久了？一天还是两天？他完全失去了时间的概念。时间仿佛无穷无尽。当矿长约翰·霍华德（John Howard）回来时，丘吉尔想告诉他，他想继续赶路。他要带上食物、手枪和一名同伴，如果可以的话再要一匹马，这样他就能顺利到达边境。毕竟，他是自己一步步走到这里的。根据霍华德向他提供的情报，布尔人相信他还躲在比勒陀利亚，而事实上他在逃跑的第一天晚上就离开了那里。他很幸运，确切地说，非常幸运。幸运之神确实一直都在他的身边。

　　回想起来，他能轻易从比勒陀利亚出逃，装作傍晚散步的人的样子，大摇大摆径直走出了监狱，这着实是奇事一桩。但事实上，他当时可是吓得要死。从他翻过监狱栅栏，跌落到隔壁花园的那一刻起，恐惧就牢牢地攫住了他。他在那里至少待了一个小时，蹲伏在灌木丛中，等待着他的两个同伴。他甚至还隔着栅栏跟霍尔丹耳语了几句。霍尔丹和布罗基决定不冒这个险。哨兵们似乎觉察到发生了什么事情，比平时更加警觉，但他们谁也没有想起到栅栏外查看一下。如果丘吉尔不想再返回监狱并被抓的话，他就只能独自出逃。霍尔丹也是这么建议的。

　　这个局面自然很不理想。丘吉尔既不会说南非荷兰语，也不会说任何非洲当地话，手上既没有地图，也没有指南针。原本该是他的同伴们准备好这些东西并在逃跑时带出来，包括

一些比尔通和一些鸦片片剂（一种通用止痛药）。而他身上只有现金，相当可观的一笔钱，确切地说是 75 英镑，此外还有 4 块巧克力。他们原以为旁边那个房子是废弃的，实际上却挤满了人，但再翻越栅栏回到监狱又太蠢了。不，他选择继续向前，希望他的好运也能继续。

他戴上狱友给他的帽子，整理好衣服，抚平裤子，从树丛中走出来，缓步向大门走去。他特意从窗边走过，装出一副毫不畏惧的样子。他看见一个警卫站在街上，离他站的地方不到 5 米远。他把脸转开，抑制住惊慌和逃跑的冲动，漫不经心地走到熙熙攘攘的街道上。甚至没有人注意到这个穿着深色西装，轻声哼着小曲的年轻人。

到达城市的郊区时，他已经想好了一个计划。通往洛伦索马科斯的铁路是他最好的选择。在一个小车站附近，他成功地爬上一列货车，藏在一堆用来装煤的空麻袋里。这样至少能让他离开比勒陀利亚，更重要的是，他正朝着正确的方向前进。第二天黎明前，他跳下了火车。他不知道自己身在何处，但找到了一汪清水，喝饱水后，就躲起来熬过了这一天。夜幕降临后，他找了个合适的地方，想跟前一天一样找列火车爬上去。他在一个斜坡上找到了完美的位置，铁轨在这里有一个弯道，火车到了这里会减速。

但是丘吉尔的好运似乎已经到头了。他等了好几个小时，也没有火车开来的迹象。一直等到午夜，他终于放弃了，开始沿着铁轨步行。他能沿着铁轨再走 10 公里到 15 公里。但这段旅途走起来却很吃力。他必须不断绕路，以避开某个车站或房子，以及每座桥上的岗哨。因为是月圆的晚上，为了不被发现，他有时不得不涉水爬过芦苇丛。他感觉自己就要坚持不下去了。就在这时，他看见了远处有篝火的影子。他想，那也许是一个非洲村落，决定去碰碰运气。他听说非洲人不喜欢布尔

173

人，对英国人比较友善，另外自己手里的英镑也许还能有点用处。当他走近时，他意识到自己错了。他在远处看见的是窑里烧着的火，这里不是某个非洲部落，而是一个煤矿。他一定是走到了威特班克和米德堡（Middelburg）之间的矿区。

这一发现让他又看到了新的希望。在比勒陀利亚，有人告诉他，有少数几个英国人留在了这里，维持煤矿的运转，直到他们可以重新开始采煤。但是他怎样才能找到那些英国人呢？附近有几所房子，其中一所是砖砌的，他应该冒这个险去敲门吗？他摸了摸口袋里的钱。他想自己可以承诺给见到的人更多的钱，哪怕是1000英镑也可以。当时是凌晨两点半。当然，他还有另外一种选择，那就是继续在开阔的草原上跋涉。最终，丘吉尔走到那座房子前，敲了敲门。

这一敲产生了神奇的效果，仿佛这一敲恢复了他传说中的好运。出现在门口的高个子男人是约翰·霍华德，德兰士瓦和德拉戈亚湾煤矿的经理，是英国同胞，愿意帮忙。就这样阴差阳错，丘吉尔终于在这方圆几里内找到了一个安全的地方，这里的人不会把他交给布尔人。霍华德向他保证说："我们都是英国人，会帮你渡过难关的。"他说话算话。他去和同事们商议，临走前请丘吉尔喝了威士忌，吃了烤羊肉。为了能留在这里继续运营煤矿，他们向当局保证过会保持中立。毫无疑问，帮助逃犯会连累他们，但是其余四个人——霍华德的秘书、一名来自兰开夏郡的工程师和两名苏格兰矿工——立刻同意帮忙。这样一来，丘吉尔可以留在矿上避难。他们给了他床垫、毛毯、蜡烛、一瓶威士忌和一盒雪茄。工程师丹尼尔·杜斯纳普（Daniel Dewsnap）还对他表示了良好的祝愿。巧合的是，杜斯纳普来自奥尔德姆选区，半年前丘吉尔曾在这里竞选国会议员，但没有成功。"伙计，你再到奥尔德姆去的时候，他们都会投票给你。祝你好运！"[36]

* * *

丘吉尔翻过栅栏，漫无目的地徒步走出比勒陀利亚，扒过火车，躲过岗哨，最终在讲义气的同胞的帮助下，在一个煤矿里找到了避难所。回头看来，丘吉尔的脱逃是一场了不起的冒险，伴随着偶然因素和难以置信的好运气。这个故事的主人公是一位勇敢的年轻人，对自己和自己不平凡的命运充满信心。

但丘吉尔的逃亡故事不仅仅是一系列生动的逸事，这个事件还带来了一个问题，即对于德兰士瓦，以及奥兰治自由邦（当然后者卷入得较轻）来说，第一次成为一个处于战争状态的国家意味着什么？其含义绝不是什么有组织的暴力活动带来冲击么么简单。规模或大或小的军事行动对布尔人来说并不新鲜。除了1880~1881年与英国人发生的几次短暂冲突，以及1896年初的詹姆森突袭事件之外，这两个国家国内也是冲突不断。但国内的冲突一般都能成功解决，也不会严重扰乱国家的政治或经济生活。现在与英国的战争对社会各个方面的影响力和战争的规模都是国内冲突不能比的。这个世界上最强大的帝国决心让布尔共和国俯首称臣，并为此动用了全部的军事、经济和人口资源。对布尔人来说，他们还要面临来自内部的威胁。尤其是对共和国具有重要经济和军事意义的两个工业部门——铁路和采矿部门。矿区雇用了大量的英国公民。布尔当局该如何对待他们？

就铁路而言，解决办法相对简单。穿过奥兰治自由邦的唯一一条铁路线，即南线及其为数不多的几个分支，已经由国家管理，因此不会立即产生安全问题。在德兰士瓦，荷兰人拥有的荷兰－南非铁路公司让克鲁格和莱兹引以为傲的同时也让他们头疼不已，因为这家公司在战前已经垄断了所有的铁路干

175　线。只有从比勒陀利亚到北部彼得斯堡的地方铁路仍在一家英国公司的掌控之下。当时，该公司董事以公司采取中立立场为由，拒绝向军方提供这条线路，于是他和他的英国员工被驱逐出境，这条线路被荷兰－南非铁路公司接管。同样的情况也发生在纳塔尔到开普殖民地的铁路线上，布尔人为了推进军事进攻也占领了这条铁路线，交由荷兰－南非铁路公司管理。

在这个阶段，公司的主要职能就是满足布尔人的战争需求。克鲁格和莱兹确实有很多值得骄傲的地方。1884年8月德兰士瓦政府授予该公司的特许经营权被证明是一项长期投资，回报可能是最好的。自1895年以来，该公司一直给德兰士瓦国库带来丰厚的利润。詹姆森突袭事件后，它为共和国建立自己的军火库发挥了重要作用。如今，1898年末入职的新董事J.A.克雷奇马尔·范·维恩（J.A.Kretschmar van Veen）正动员他的员工为布尔战争提供设施和服务。

维恩这样做的原因是，特许经营权第22条中明文规定："在发生战争或内部骚乱事件时，政府可以接管铁路运营以及运营所需的一切物资，出于防御目的或公共秩序的考虑，可以全部或部分暂停常规交通，对其造成的损失的补偿依据特许权协议进行。"1899年9月29日，南非国民议会决定援引这一规定征用铁路。从那时起，荷兰－南非铁路公司就处于军事当局的控制之下，并作为布尔部队的铁路部门运作。这五条铁路线承担起了重要的运输功能，对象包括布尔突击队、英国战俘、战争伤亡人员、马、骡子、牛、马车、枪支、弹药和其他各种物资。该公司的员工还修复和守卫了纳塔尔的桥梁和十字路口，以及被撤退的英国军队摧毁的开普殖民地的铁路干线。此外，管理层还为任何想要加入霍兰德军团（Hollander Corps）或布尔突击队的员工提供使用铁路的便利。

但克雷奇马尔·范·维恩所做的远远超过了第22条的要

求，他觉得，即使这样，也远远不够。他认为特许权不仅仅是一份商业合同，它还代表了德兰士瓦政府对他的信任。他说："在任何情况下，我们都有道德上的义务去报答这种信任……我们是一家荷兰公司，我们做生意是为了赚钱，但我们拥有的是一条德兰士瓦铁路。荷兰可以是中立的，但这条铁路不能。"在这种信念的鼓舞下，他还把设立在比勒陀利亚的公司总部交由军方管理。在那里，除了建造列车医院外，他们还铸造马蹄铁，生产军火，甚至修理和组装大炮，包括大炮基座。[37]

176

* * *

矿区的人肯定不会对德兰士瓦的政府太忠诚。克鲁格政权最强烈的反对者出现在约翰内斯堡及其周边地区，包括被垄断压迫的矿主，以及被剥夺政治权利的外国人。英国自由派国会议员詹姆斯·达克沃斯（James Duckworth）说过："如果兰德是一片土豆田，压根就不会有战争。"大家不一定非要认同他的观点，才能认识到采矿业对德兰士瓦广泛而深入的影响，哪怕只是对其人口结构和社会文化造成影响。因为采金业，约翰内斯堡发展成了一个充满活力的商业和金融中心。它是世界上发展最快的城市，人口数量的增长与股市指数一样，飞速上涨，生活节奏非常快。在这里，英语是通用语，大多数白人来自英国并与英国保持联系，另外还有许多人与开普敦和伦敦有联系。简而言之，与敌人有联系。

对于布尔领导人来说，这是一个严重的问题。约翰内斯堡是阴谋者的滋生地，在比勒陀利亚方圆50公里内，藏着一支第五纵队。可是，如果把他们全部驱逐出境，整个采金业都会瘫痪，布尔人也就失去了一项用于战争的重要收入。而如果对他们采取放任的做法，也会有很大的安全问题。

然而，这样一个棘手的问题却自动地解决了。从 1899 年 6 月开始，矿区的人越来越焦灼不安，许多人开始逃离。政治局势日益紧张，米尔纳和克鲁格在布隆方丹的谈判于 6 月初破裂，大家都知道他们已经开始为战争做准备。布尔人在约翰内斯堡中部的医院山（Hospital Hill）山顶上加班加点地修建一座大型堡垒，当时已接近完工。它是政府在詹姆森突袭事件后决定修建的防御工事的一部分。这座堡垒是用来防御外来攻击的，但也有意对当地居民起到威慑作用。不幸的是，它所起的威慑作用比当局预期的更有效。谣言像野火一样在外国人中间传播开来。这些谣言说布尔人打算从碉堡炮轰矿区，准备抓外国人到战争前线做人盾，还说当失业的黑人矿工洗劫城市时，布尔人会袖手旁观，以及布尔人要把他们饿死，等等。

这些焦虑引发了逃难潮。9 月就已经有成群的人逃走，10 月初则出现了疯狂大逃亡，大批的人挤上火车，车的边沿上都坐满了人。比勒陀利亚的布尔人政府试图阻止逃难的人，但没有成功。其实布尔人也不希望所有的人都离开，尤其是那些受过教育的白人。布尔人向矿主保证，只要矿井继续运转，就没有什么好害怕的。对大多数人来说，这样的保证来得太晚了。即便政府还承诺给有经验的员工发放丰厚奖金，这些人也不予理会。矿山一个接一个地关闭。1899 年 6 月至 10 月中旬，估计有 10 万白人以及同样多的非洲人、有色人种和亚洲人离开了兰德。

当然，也不是所有的矿区都废弃了。大约 2 万名白人和1.5 万名非洲人留了下来，够维持几个矿井的运转，而这正是德兰士瓦政府希望看到的。9 月底，在国民议会的批准下，执行委员会通过了若干决议，宣布即将进入战备状态。想要继续经营的矿主必须为他们的雇员取得工作许可证。煤矿工人必须宣誓服从政府的监管并保证奉公守法。他们出产的黄金将交给比勒陀利亚的政府保管。政府将铸造并提供足够的钱币来支付矿主的成本，并在战争结束后退还剩余的部分。停产的矿山可以由国家接管，有的是暂时接管，有的是永久接管。国家设立和平与秩序委员会，由和平专员 D.E.舒特（D.E.Schutte）担任主席。禁止饮酒，通行许可证成为强制要求。没有工作或居留许可证的英国公民将被驱逐出境。[38]

10月初，战争即将来临，德兰士瓦政府编制了一份废弃金矿的名单，总共有66个。他们如何用最少的人力获得最大的利润？战争爆发时，政府很快就做出了决定，立即接管3个最有前途的矿山，即罗宾逊矿、富矿（Bonanza）和费雷拉（Ferreira）深谷矿。11月，玫瑰金矿（the Rose Deep）随后也被政府接管。继续经营的8个私人矿场由一名检查员监督。

战争爆发之前，比勒陀利亚就采用了一种更为直接的方法来补充黄金储备——直接没收。10月2日，一批价值超过40万英镑的黄金从约翰内斯堡通过铁路运送至开普敦，按照国家检察官扬·史沫茨的命令，这批黄金在德兰士瓦边境被截获。一周后，史沫茨派警察去把约翰内斯堡银行金库的黄金全都运走。从10月11日起，国家可以征用所有种类的货物和服务。这样一来，国家控制的金矿兴旺发达起来。布尔人攫取到了炸药、氰化钾和他们需要的任何东西。他们只从含金量最高的岩层中开采黄金，完全不考虑金矿业未来的发展。他们还降低了黑人工人的工资。

在紧急状态下，所有这些措施都得到了允许。劳工被宣布为可以合法征用的人员之一。新规根据国籍、受教育程度和肤色部署劳工。市民被征召参加前线的突击部队。想留在德兰士瓦的外国人必须获得工作许可证，其中有特长技术的人会得到奖励。这种慷慨的奖励是黑人矿工做梦也得不到的。对黑人矿工来说，即将到来的战争意味着收入减少，不确定的未来以及

178

被从德兰士瓦驱逐，还有可能被当作劳动力征用。在9月和10月初矿场大规模关闭后，成千上万名非洲人丢掉了工作，缺吃少穿，他们没有从前雇主那里得到任何援助。他们中有许多人在莫桑比克沿海地区、祖鲁兰和纳塔尔工作，面对战争一触即发的形势，他们只能自己想办法回家。他们需要特别通行证才能通关，但随着人数的持续增加，他们成为破坏公共秩序的一种威胁。当局的应对措施是放松管制，他们被塞进货车里，到达目的地后都被赶走。如果去洛伦索马科斯的火车上没有空位，他们就会被送往南方。

火车被军方征用，很多矿工根本无法离开。10月初，据估计有7000名祖鲁兰人被困在约翰内斯堡。纳塔尔当地事务部门的约翰·马尔威克（John Marwick）没有让他们等火车，而是获得了当局的许可，护送他们徒步回家。这些人唱着祖鲁传统歌曲，排成整齐的纵队，30人并排出发。他们每天能走50多公里。最初，还为他们提供了食物和休息的场所。离开约翰内斯堡7天后，他们一瘸一拐地来到了纳塔尔北部，饥肠辘辘，疲惫不堪，但还要面临另一场严峻的考验。他们被布尔人的武装部队拦截，几百人被征调去帮部队运送枪炮弹药上山，只有干完活，其中的一些人才能继续赶路回家。

那些能继续赶路的人只有这一次强迫劳动的经历，而留下的人在整个战争中每天都被强迫劳动。他们要么继续在矿场工作，工作时间更长，工资更低，要么像所有其他在德兰士瓦的非洲人一样，在田里工作，或者成为布尔突击队的仆人。[39]

* * *

尽管比勒陀利亚当局在铁路和矿业等重要部门实施了严格的安全措施，但并没有对英国战俘采取这样的措施。丘吉尔越狱出逃，虽然可能是大胆鲁莽的结果，但宽松的监狱制度确实帮了大忙。翻越栅栏并不困难，不需要逃脱大王胡迪尼式的魔术。当局既没有估计到囚犯数量能如此庞大，也低估了他们的决心。丘吉尔越狱事件把整个比勒陀利亚搅了个底朝天。

179

正如霍尔丹和布罗基预料的那样，他失踪的第二天早上，警卫就发现了，这引起了一阵巨大的骚动。没人知道他是怎么成功逃走的，众人议论纷纷。有人说他是躲在垃圾桶里逃跑的，有人说是乔装成女人。或许他是躲在城里的某个地方，或许在上瓦特法尔（Waterval Boven）又被抓了回来。警察开始排查，几名做事不利的南非共和国警察被送到前线，一些"可疑的"英国人被赶出了这个国家。布尔人的领袖们有种被出卖的感觉，尤其是朱伯特将军，因为就在几天前，他刚刚发出电报，批准释放丘吉尔。他对国务秘书雷茨说，应该把这件事情公开，"让全世界知道他是一个怎样的恶棍"。政府大楼的墙上贴上了逃犯的照片和个人简介。旁边是一张"无论死活"的悬赏海报。抓住丘吉尔赏格是 25 英镑。

监狱加强了安保措施，雇用了更多的哨兵，也开始在隔壁的花园里巡逻。囚犯禁止饮酒，能睡在阳台的好日子一去不返。监狱也不再为囚犯提供报纸，每天还要点两次名。这对霍尔丹和布罗基非常不利，他们逃跑的希望破灭了。丘吉尔缺乏耐心，选择逃跑，给监狱内外都造成了很大的麻烦，这一事件的影响久久不能平息。有传言说他言而无信，背叛朋友，自己一个人跑了。说话人的情绪可以理解，但事实并非如此。无论如何，丘吉尔的余生都将被这种流言困扰。[40]

对于自己惹出的这一阵子大动静，丘吉尔本人都毫不知情。他躲在地下巢穴里有别的事情要考虑。他患上了幽闭恐怖症，讨厌再一次被关起来，这一次是一个人，在完全的黑暗中，在只有令人不安的寂静中，唯有噼里啪啦的声音能暂时打破这宁静。霍华德第二次看望丘吉尔时，满怀同情地听着丘吉尔说出心中的苦闷，并在12月15日星期五的晚上陪着他来到地面上。他们在大草原上散了散步，呼吸了一下新鲜空气，这使丘吉尔精神振奋。霍华德意识到留在地面上对他的健康和精神状态更好。矿山办公室的后面有一间闲置的储藏室，这里应该比较安全。

事实也是如此，在丘吉尔待在那里的一段时间，没出什么岔子。但老这么藏下去也不是长久之计，到了某个阶段，他将不得不离开。丘吉尔仍然认为他如果有一匹马、一支手枪、一名随从和一些食物就能继续上路，但霍华德不同意。他提出了一个方案，这个方案他已经和当地商人查尔斯·伯纳姆（Charles Burnham）商量过了。伯纳姆是另一个愿意冒险帮助同胞的英国人。伯纳姆准备把一批羊毛送到洛伦索马科斯，然后再通过船只运往国外。羊毛够装好几节火车车厢，里面有足够的空间让丘吉尔藏身。丘吉尔也同意了这个计划。

他们花了好几天的时间做准备。12月18日星期一晚上，一切准备就绪。羊毛已经装好，铺上了帆布，在其中一节车厢里为丘吉尔腾出了一块地方。他装了一条面包、一个甜瓜、两只烤鸡、三瓶冷茶、一些威士忌和一支手枪，但没有雪茄，原因显而易见，因为周围都是羊毛。他们预计这次旅行最多花16个小时，只不过在战争中，延误恐怕是不可避免的。在最后一刻，为了安全起见，伯纳姆决定陪同丘吉尔前往。

结果证明他这个决定太明智了。旅途并不像他们期望的那样一帆风顺。在威特班克，出发后不久，伯纳姆就借着送"圣诞礼物"的名义疏通关系把这些装货车厢和一列客运火车连接起来。他用几杯上好的威士忌说服了警卫。在下瓦特法尔（Waterval Onder）他用了同样的诡计，经过整整一夜的等待，他们的车厢终于被挂上了另一列火车。在卡普米登（Kaapmuiden），也就是靠近莫桑比克边境的最后一站，伯纳姆成功地阻止了布尔突击队搜查丘吉尔所在的车厢。这一次，贿赂的东西是咖啡。从那以后，在科马提波特（Komatipoort）越过边境就很容易了。海关官员允许货物在没有经过检查的情况下通过，但是葡萄牙当局要严格得多。他们要求把车厢跟客运火车断开连接，这下子耽搁了他们好几个小时，直到下一辆货运火车到达才又挂接上。

那已经是 12 月 21 日星期四了，车厢已经到达了葡萄牙的领土，但丘吉尔仍然紧张不安。他觉得自己听到有人在说荷兰语，所以非常担心，生怕在最后一分钟被抓住。当火车再次出发，到达下一站时，他才平静下来。透过墙上的一个缝隙，他看到了葡萄牙人的制服和一块招牌，上面写着雷萨诺加西亚（Ressano Garcia）车站。一过车站，他再也忍不住了，要宣泄一下自己的兴奋之情。他从帆布里探出头来，兴奋地唱歌、吼叫、欢呼。终于自由了。他还拔出手枪，向空中开了两三枪。[41]

18 热烈的欢迎

德班，1899 年 12 月 23 日

当地的《纳塔尔信使报》(*Natal Mercury*) 并没有传来好消息。经过"黑色星期"后，绝望像乌云一样笼罩着整个小镇，一片死寂。英军在三条前线均遭受了惨败。仅仅一周之内，就有三位杰出的将军名誉扫地：12 月 10 日，威廉·加塔克（William Gatacre）爵士在南方前线的斯托姆贝格惨败；12 月 11 日，梅休因（Methuen）勋爵在奥兰治自由邦西部边界的马格斯方丹（Magersfontein）惨败；12 月 15 日，瑞德弗斯·布勒总司令在离德班不到 200 公里位于纳塔尔的科伦索惨败。这真是一个充满耻辱的星期，近 3000 名英国士兵被杀、受伤，或被俘。伤亡数字几乎达到了布尔人的 10 倍，这实在是骇人听闻。

《纳塔尔信使报》和整个德班陷入了绝望，英方此刻非常渴望有什么东西来提振他们的情绪。就在此时，《晨报》的一位年轻战地记者成功逃脱的消息犹如天赐之物。而此刻，他正在赶来的路上。有头条新闻声称，12 月 23 日（星期六）下午，温斯顿·丘吉尔将乘坐从洛伦索马科斯出发的每周一次的"酋长号"(*Induna*) 班轮到达德班。听到这个消息，下午一点钟时，码头上就聚集了一群欣喜若狂的人，当中有很多荷兰人，他们准备离开约翰内斯堡到德班定居。此刻，港口的船只都装饰上了旗帜。当"酋长号"四点钟左右驶入时，至少有 1000 人正在等着迎接这位英雄。由于没有额外的泊位，"酋长号"停在了另外两艘船的旁边。此时，所有人发疯似地涌向甲板。跑得最积极的人来到丘吉尔身边，把丘吉尔举了起来，欢呼雀跃。丘吉尔下船来到码头后，人们纷纷想让他讲话，他甚至没有时间向那些列队欢迎他的政要们打招呼。

丘吉尔站在一个箱子上，双手叉腰，轻轻拿起洛伦索马科斯的牛仔帽，开始向欣喜若狂的崇拜者们发表讲话。他比照片上给人的印象更加的激进，更加的自信。"不管我们此刻遇到了什么样的困难，经历了什么样的危险……最终我们都会胜利。"这些"威胁和平的反动共和国"，还有布尔人，必将失败，"因为我们的事业才是公正、正确的，我们为南非的每个白人争取平等的权利，我们代表的是文明和进步的力量"。

这就是他们一直期盼的战斗口号。他们不想让丘吉尔离开。丘吉尔乘坐一辆人力车准备前往市政厅，但此刻人群还在不断地聚集。一辆平顶车停放在市政大楼前面，以此作为演讲平台。见此情形，丘吉尔无论是否愿意，都得再发表一次演讲了。但是其实并没有人强迫他说什么，他的话都发自肺腑。此刻，人们自发地唱起了《统治吧，不列颠尼亚》，唱罢，丘吉尔起身演讲。再一次，他又毫不费力地完美表达了民族自豪感。"我们现在正处于战争时期，而这场战争还没有取得一半的胜利。"但是他可以保证，英国军队必将凯旋。"在英国的治理之下，南非必将会迎来一个和平、廉洁、自由、平等的时代，建设一个美好的政府。""忠诚的纳塔尔的拓殖者"完全可以相信，他们将拥有这样的政府。

进入市政厅后，丘吉尔终于能喘口气了。他收到了很多当地的指挥官发来的贺电。他跟一众记者讲了自己是如何逃脱的。不过他说话很谨慎，省略了很多细节，免得让霍华德、伯纳姆，还有许多帮助过他的人被抓住。然后他又走出了市政厅。外面的人仍然兴高采烈，欢呼不止。丘吉尔摆好姿势拍完照之后，向大家宣布他想要尽快回去，回到前线。此刻，一辆挂着英国国旗的人力车正在等着他。这次，人力车把他拉到了火车站。他将乘坐 17：40 的火车前往彼得马里茨堡。丘吉尔乘上了他的那趟火车，祝福者们纷纷涌向站台向他挥手告别。

182

火车颤动着开起来，人们继续发出欢呼声，做最后的道别，挥动着手帕，缓缓离去。载着丘吉尔的火车开走了。丘吉尔在德班只待了100分钟。他此时坐在座位上，终于有时间翻阅一下这一个月来的报纸。[42]

* * *

一个月的变化真的太大了。此刻，丘吉尔既为自己的成功逃脱和德班人民对他的热烈欢迎而高兴，也为英军的惨败感到痛心。斯托姆贝格、马格斯方丹和科伦索的三场战斗惨败的细节各不相同，但失败的原因极其一致，包括指挥官过于自信、战术死板、低估敌人的能力、不熟悉作战地形、军队不协调、不能及时改变战术灵活应对等。英国的这些军官们似乎为一次又一次地犯同样的错误感到很自豪。即使在南非有非常丰富的经验的布勒伯爵，指挥水平也大不如前。科伦索那场战役对他个人来说不亚于马朱巴的失败。此役之后，他一蹶不振，过去的辉煌战绩被一笔勾销。12月18日，惨败发生三天之后，英方解除了他的指挥权，接替者是陆军元帅罗伯茨勋爵，这位元帅是英军"印度圈"的领袖。

布勒的垮台反映了当时的一种模式。从一开始，布勒感觉自己就没有掌握战争的主动权，控制不了这场战争。当他还在英国的时候，战争大臣兰斯唐勋爵就几乎没有给他任何权力为战争做准备。同时，其他将领对布勒给的警告，即不要在图盖拉北部占据阵地打防守战，也置之不理。更糟糕的是，就在他踏上开普敦的那一天，英方就遭遇了两次失败。米尔纳又带来了更多的坏消息。当时，马弗金和金伯利两地被围，米尔纳则害怕开普殖民地的阿非利卡人发生叛乱。

11月初，在这种情况下，布勒觉得继续执行最初的作战计划是极其不明智的。曾有一个时机，整场战争该怎么打看起来似乎是一目了然的。布勒想带领第一军团（4.7万人）向北挺进，穿过高地草原，先后抵达布隆方丹、约翰内斯堡和比勒陀利亚。在重新考虑了几天后，他完全放弃了这个计划。因为他觉得这个计划极其不负责任。所以，他做了一个与之相反的决定——分兵出击。米尔纳建议分成两支队伍，一支用于保卫开普殖民地，另一支用于解除金伯利和马弗金的围攻。但是布勒没有采纳他的建议，而是兵分三处。布勒和高级专员米尔纳的想法不同，他并不想放弃怀特城和莱迪史密斯，也不愿意放弃整个纳塔尔。

更重要的是，布勒将亲自带领半数以上的军队前往东线，相当于队伍到齐后的一半。他对东部的地形十分熟悉，喜欢那里连绵的青山。他必须强制推行自己的意志才能通过这个决定。他下令让中将梅休因勋爵带领1.1万人前往西部，解金伯利城之围。命令少将威廉·加塔克爵士负责击退从奥兰治自由邦入侵开普殖民地的布尔人。加塔克有3000人，此外还有弗伦奇少将率领的骑兵部队的支援，这支部队是从沦陷的莱迪史密斯城侥幸逃脱出来的。各位将军用了几个星期组织这些分遣队，以确保各级指挥官到位，各个队伍相互平衡。当然，相应的后勤保障也要计划好。11月21日，梅休因渡过了奥兰治河，一天后，布勒启程前往纳塔尔。[43]

梅休因的部队紧赶慢赶，没有浪费丝毫时间。他在给金伯利指挥官R.G.凯维奇（R.G.Kekewich）少校的电报中夸口道："我周一将在金伯利吃早饭。"换言之，他将在一周之内解除金伯利之困。与布尔人的第一次遭遇战让他信心大增。他带领军队沿着铁路线前进。11月23日，梅休因率领军队在贝尔蒙特（Belmont）取胜；两天之后，又在格拉斯潘（Graspan）取胜。11月28日，他们在莫德尔河（Modder River）打败了

184

布尔人。但必须要说，这几场胜利来之不易。在最后一场战斗中，就连梅休因自己也受了伤。总之，英军伤亡惨重，有140人死亡，780人受伤，这个数目远远超过了德兰士瓦军队，他们只有140人受伤，90人被俘。但是，梅休因三次都成功地将布尔人赶出了自己的阵地，如此一来，前往金伯利的路上只剩下了一个障碍。总体上，他觉得遭受的沉重损失是值得的。梅休因觉得他没有任何理由改变策略：首先是用炮兵向敌人的阵地开火，然后排在前面的步兵发动攻击，最后骑兵进行追击。

但与此同时，布尔人改变了他们的策略，尤其是对于阵地的选择。他们以前总是喜欢占据山坡或山顶上的位置。但是德兰士瓦的库斯·德拉雷将军从莫德尔战役的经验得出，有时可能会有更好的位置选择。比如，将阵地设在山脚下的沟壕里，这里地势低平，视野更加开阔，就能形成更有效的火力线来射击冲锋的英军步兵。德拉雷将军建议在下一道防线——马格斯方丹附近的最后一道防线上更系统性地尝试这种战术。德兰士瓦的彼得·克朗杰副官并不认同，他觉得这是一种危险的花招，不予采用。但是奥兰治自由邦的斯泰恩却觉得这个办法不错，因为他来到了前线，亲眼查看了地形。德拉雷将军决定按他的计划执行。他命令手下的8000人围绕着马格斯方丹山正面的斜坡和两边挖一个半月状的壕沟。他还让人在壕沟前竖起了铁丝网。构筑完工事后，他们就等着英军进攻了。

英军一如既往，采用传统的队形攻击，但是他们这次的军力非常强大。这次，梅休因把军队增加到了1.5万人。12月10日周日，布尔人的狙击手在山顶的诱饵阵地成功阻挡了英国的侦察兵。梅休因认为布尔人还像之前作战时一样，把军队分散在山坡上，于是下令全力炮击整个山坡。炮击持续了两个多小时，英军的33门大炮已经把马格斯方丹和周围的高地变成了燃烧的地狱，在这种情况下没有任何人能存活下来。此时，英军觉得可以攻击布尔人的阵地了。12 月 11 日，午夜刚过不久，高地旅在安迪·沃霍普（Andy Wauchope）少将的率领下开始进攻，其他部队则跟在两侧。天亮之前，他们要进入正面进攻马格斯方丹山的阵地。他们及时赶到了那里。他们准备天一亮就完成最后几百米的冲锋，到达山顶。

　　布尔人此时躲在壕沟里，做好了战斗准备。事实上，前一天英军的猛烈炮击只造成 3 名士兵伤亡。现在，布尔人反击的时候到了。穿着显眼的绿色短裙的高地旅士兵，在近距离内很容易成为射击目标。布尔人射出了无情的子弹，这支苏格兰精锐部队有大片的士兵倒下，沃霍普就是其中之一。那些侥幸没有中弹的人只能平趴在地上。一些聪明的人宁愿忍受一整天的暴晒、饥饿、干渴、蚂蚁的侵扰，也不愿意起身面对敌人的子弹。而他们周围的战斗则打得难解难分。作战双方好像打疯了。占据前方阵地的斯堪的纳维亚志愿军团伤亡最重。英国步兵曾设法突破了布尔人的部分防线，但紧接着就被击退。到了下午，对于英军来说整场战役大势已去。不等梅休因下命令，士兵就开始撤退了。只有那些不幸的苏格兰高地旅的士兵无法逃脱，因为离布尔人太近了，动弹不得，只能等天黑之后再想办法撤回来。这场战役下来，英军有 210 人阵亡，740 人受伤、失踪或被俘，其中绝大多数是高地旅的人。而另一方的布尔人有 90 人阵亡，185 人受伤。[44]

　　12 月 10 日，这场战役的前一天，英军在斯托姆贝格连接德阿尔和东伦敦的交通枢纽处的战斗也打得同样糟糕，这让马格斯方丹战役的失败显得更加惨痛。五个星期前，丘吉尔曾乘坐最后一班火车经过这里。之后，扬·奥利维尔（Jan Olivier）率领 2000 名自由邦的突击队占领了斯托姆贝格山谷。威廉·加塔克爵士决心将他们驱逐出去。加塔克爵士和梅休因勋爵一样，也计划趁着夜间突袭，希望能收到奇效。头一天晚上，大概9点钟的时候，他率领3000人组成的纵队从附近的莫尔特诺（Molteno）出发了。但是，就像在马格斯方丹一样，进攻的部队遭到了突袭，而且是出于同样的原因：他们对这里的地形不熟悉。整个纵队迷路了，在黑暗中漫无目的地打转。结果，他们到了基西伯格（Kissieberg），这里离布尔人的突击队很近。其实这里正是他们要去的地方。不过跟计划不同，他们是从反方向到达的，但他们却完全不知道。

他们很快就会弄明白自己到了哪里。当时布尔人刚要坐下吃早饭，结果发现了瞎撞过来的英军，布尔人惊喜不已。他们简直不敢相信自己的眼睛，英国军队竟然糊里糊涂地直接走入了他们的陷阱。布尔人从山坡上的阵地可以不慌不忙地一个一个地瞄准英军，干掉他们。但是，英军这边还有爱尔兰皇家步枪团和诺森伯兰燧发枪团。他们缓过神来后，开始冲向山顶。但是接近山顶处的巨砾阻碍了他们的道路。经过一夜的折磨，他们几乎精疲力竭，只能隐蔽起来，等待救援。但是援兵到来之后，情况变得更糟了。此时，太阳升起，十分刺眼，向基西伯格开火的英国炮兵的双眼被刺得睁不开，没有意识到他们的炮弹其实落在了自己的士兵头上。此时，山上的步兵只有一个想法：尽快下山！暂时下不去的人只能隐蔽在巨石后面。最终，加塔克不得不承认，战斗已经完全没有取胜的希望了。五点半时，他命令撤退，此时距离战斗开始只有1个多小时。但是英军刚开始撤退，就遭到了另一边由赛亚斯·格罗伯勒（Esaias Grobler）率领的突击队的袭击，他是奥兰治的指挥官。混乱之中，加塔克"忘记了"他发出的撤退命令还没有传递给后方的分遣队。基西伯格山坡上分遣队的600名官兵干等了几个小时后被迫投降。这场战斗中，英方有28人死亡，60人受伤，634人被俘；布尔人有8人死亡，26人受伤。[45]

在斯托姆贝格和马格斯方丹战役失败后，布勒想让纳塔尔恢复如常，面临很多棘手的事情。布勒从丘吉尔熟悉的埃斯特科特和奇韦利着手，为解救莱迪史密斯城做准备。整个局面极其糟糕。到12月中旬，他的部队已经增加到19500人。同时，他还拥有44门火炮，18挺机关枪。但是此时图盖拉横亘在他面前。这条河水流湍急，河道蜿蜒，除了几个极其危险的浅滩可以作为渡口，其他地方均无法渡河。一个月之前，丘吉尔乘坐装甲车侦察时，科伦索的铁路桥还完好无损，但是此时，这座铁路桥已经被炸毁了。然而这还不是真正的问题，真正的问题是布尔人已经占据了河对岸的阵地，布勒可以看到他们在河北岸山上的据点。布尔人主要集中在铁路沿线，而这条铁路线是他运送军队和供给到莱迪史密斯城所必需的。显而易见，布尔人一直在这里等着他呢，这样一来就不可能发动突袭了。然而要想绕过布尔人，或是远离这条铁路线，也太危险了。必须在此决一死战。

图盖拉河对岸的布尔人确实给英军准备了一件意外之事。首先，他们换了一个新的指挥官，这个人跟皮埃特·朱伯特的脾性完全不同。朱伯特从马上摔了下来，不能继续在前线指挥作战了。12月30日，37岁的路易斯·博塔宣布接管图盖拉河的守军指挥权。在莫德斯普鲁伊特的战斗中，他作为临时司令官给人留下了不错的印象。在科伦索，他将充分展示自己作为战略家的才华。

博塔的兵力比起布勒的差得很远。他手下只有3000人，5门大炮，另外西边还有1500人负责掩护他的右翼。尽管如此，博塔对坚守住己方阵地仍有绝对的信心。就像在马格斯方丹的德拉雷一样，他选择在平坦的地方构筑阵地，而不是山坡上，这让他可以尽可能地靠近河岸。布勒看到的位于高地上的据点是假的，是用来误导他的。实际上，布尔人此时正在北岸的泥

187

土中挖一条10多公里的战壕。他们的阵地伪装得很好，而且都用沙袋加固了。

此时，布尔人唯一的薄弱之处是右侧的朗湾山（Hlangwane Hill），在这里，图盖拉河水流湍急，向北拐了个急弯。12月13日，第一次派到那里的突击队仓皇逃走了。克鲁格总统不得不亲自干涉这件事，发了至少3份电报严令坚守此处。"不要放弃河对岸的山顶，否则一切希望将化作泡影。敬畏上帝，不要害怕敌人……你们要以上帝的名义而战，你们要相信天意会带领大家走向胜利。"电报起到了振奋人心的作用。12月14日，博塔回复说，克鲁格的话"让勇气战胜了我们内心的恐惧"。

对决的时刻到了。在过去的两天里，英军一直在炮击图盖拉河北的山丘。头一天晚上，布尔人看到英军营地闪烁着很多小亮点。很显然，布勒正准备发动全面进攻。英国人的战争机器在第二天早上，也就是12月15日（星期五）早上的5点15分开动了。首先，英军后方的巨大舰炮开火，接着步兵在广阔的前线开始推进。在科伦索，朗上校带领步兵进攻前，先用12门野战炮和6门小型海军炮进行炮火准备。在连续两整天的时间里，布尔人一直设法保持火药干燥，并且隐蔽好他们的阵地，直至博塔发出命令再动手还击。要等英国步兵到达图盖拉河南岸，而且朗上校在科伦索附近部署好大炮，博塔才下令开火，首先用他们最大的大炮，之后再用剩下的4门炮。这是布尔士兵等待已久的时刻。他们射出了一排毛瑟枪子弹，射击点离英军非常近。这完全让英军出乎意料：藏在暗处的敌人射出凶狠的子弹，而他们却无处可躲。此时，四面八方皆是倒下的英军，或被打死，或是受伤，或是被恐惧打败。英方的炮兵也受到了重创。就连朗上校自己也受了伤。7点钟时，余下的幸存者撤退了。他们带走了受伤的士兵和小型海军炮，但被迫丢弃了12门可以发射15磅炮弹的大炮。

半小时后，布勒宣布其余部队从难以防守的阵地撤出，随后在上午下令整个军队全面撤退。他征召了志愿兵去抢回留在战场的大炮。在这些站出来的志愿者中，有一个是弗雷德里克·罗伯茨（Frederick Roberts）中尉，他是陆军元帅唯一的儿子。他们抢回了 2 门炮，但还是有 10 门没能抢回来。他们当中的 7 人获推荐被授予维多利亚十字勋章，其中包括罗伯茨中尉。但是，他是在死后获得的这个奖章。罗伯茨中尉是英军阵亡的 143 人之一，另外还有 756 人受伤，240 人下落不明。在这场战役中，布尔人有 8 人阵亡，30 人受伤，但他们俘虏了 38 人，并且缴获了 10 门完好无损的大炮，外加大量的弹药。总的来说，"黑色星期"让英军损失了 2800 人，包括阵亡、受伤或被俘的士兵，而相比之下，布尔人一方只损失了 350 人。对于英方来说，这是彻头彻尾的耻辱。[46]

188

* * *

丘吉尔在那一堆报纸里看到的唯一的好消息是关于布尔人包围的三个城镇的报道。马弗金、金伯利和莱迪史密斯城仍在坚守。此刻，在英方媒体眼里，渺茫的希望变成了炫目的聚光灯。布尔人已经破坏了他们的电报线路，但在非洲人和其他有色人种通信员的帮助下（他们设法穿过布尔人的封锁线），以及使用回光信号，城里的人能跟外界联系。通过这些渠道，当地的指挥官——莱迪史密斯城的怀特、金伯利的凯维奇以及马弗金的罗伯特·巴登－鲍威尔（Robert Baden-Powell）上校三人——收到了解救他们的部队沿途受阻的消息。反过来，外界也得知了被围困的市民和官兵遭遇的困境。

由于英军在战场的失败，他们遭受到了空前的磨难，轰炸、饥饿和传染病导致了大幅度减员。纳塔尔、开普殖民地和英国都十分关注这三个城镇的消息，因为每个城镇中都至少有一名知名人士在作战。发动过有争议的突袭的"吉姆医生"詹姆森在莱迪史密斯。密谋并赞助了詹姆森突袭事件的塞西尔·罗德斯在"钻石之城"金伯利，作为戴比尔斯联合矿业公司的核心人物，他或多或少将那里视为自己的私人财产。马弗金的著名人物都来自权贵阶层。在那里还有以围城之战而出名，后来成为国际童子军运动先驱的巴登－鲍威尔，以及他的两位参谋，后两者也都有显赫的家族关系网。少校爱德华·塞西尔（Edward Cecil）勋爵是英国首相索尔兹伯里的儿子；戈登·威尔逊（Gordon Wilson）中尉娶了萨拉（Sarah）夫人，她是伦道夫·丘吉尔勋爵最小的妹妹。也就是说，萨拉·威尔逊夫人是温斯顿·丘吉尔的姑姑。萨拉夫人也是一名记者，为另一家英国报纸《每日邮报》（*Daily Mail*）报道南非的战况。她跟丘吉尔之间的共同点还不止于此。萨拉夫人也曾因间谍罪被布尔人逮捕入狱，但她被捕一点也不冤。另外她和她的侄子几乎在同一时间重新获得自由，不过她不是通过自己的努力而获释的。布尔人同意释放她的条件是引渡彼得鲁斯·维尔容（Petrus Viljoen），他是一个盗马贼，布尔人和他还有账要算。不管怎样，萨拉夫人总算及时和她的丈夫在马弗金共度了圣诞节。萨拉夫人通过找人把快讯偷偷传递出城的方式，让《每日邮报》的读者们能够了解到这个被围困城镇的日常生活。温斯顿·丘吉尔对她感兴趣完全是因为她的职业。就他个人而言，他并不关心她，因为他并不是很喜欢这个姑姑。当丘吉尔在桑赫斯特（Sandhurst）皇家军事学院学习时，他的姑姑曾经指控他"行窃"，仅仅因为他想卖掉一副多余的军用望远镜。"那个女人真是个骗子"，丘吉尔曾对母亲抱怨姑姑。从那时起，他就对她敬而远之了。[47]

但是抛开这些私人因素，马弗金、金伯利和莱迪史密斯城的围城之战的确更令人感兴趣。这三个被围困的城镇所发生的事情和在马格斯方丹、斯托姆贝格以及科伦索的战役有相似之处。最令人惊讶的事是作战双方的特征完全颠倒过来。在这些地方，布尔人是失败的侵略者，而英国人是取得胜利的守卫军。布尔人方面的指挥官分别是围攻莱迪史密斯城的皮埃特－朱伯特、围攻马弗金的彼得·克朗杰以及围攻金伯利的克里斯蒂安·韦塞尔斯，这些布尔军的指挥官没有一个从一开始就成功地攻陷这些城镇。结果就是，他们的对手怀特、巴登－鲍威尔以及凯维奇得到机会组织防御、加强工事、深挖战壕及地下的藏身处。过了最初的猛烈攻势后，围攻逐渐减弱，士兵陷入惰性，只是偶尔爆发小规模的战斗。布尔人的炮火已经能够预测到，他们的营地纪律也逐渐松懈下来。

很显然，当布尔军处于进攻态势的时候，其状态就达不到最佳，至少他们的老指挥官们是这么认为的。即使他们想通过进攻征服敌人，但似乎最终也是进入一种防守的状态。他们通过减少正面的攻击来避免军队的损失。和英方将军不同，布尔方的将军对自己的士兵很宽容，不想让他们冒死攻击。所以，他们采取了一种过去经常用来对付本地敌人的战术，也就是包围他们，让他们挨饿，从而最终屈服。另外，他们也挖沟壕，筑起防御墙。从高空看下去，这三个被围困城镇的景象一定十分引人注目。这三个城镇，都被两环的防卫线包围：这两条土星环象征着防御是一种更优越的战术。

对于马弗金、金伯利和莱迪史密斯城内的士兵和村民来说，这样的生活并不容易。布尔人的轰炸造成了人员伤亡、食物短缺、口粮急剧减少，以及传染病肆虐。但是，这些并没有削弱自我防御的白人社区的毅力和智慧，他们组织起来共御外敌，但他们对非洲人和有色人种的困境十分冷漠。这也是三个围城战的共同特点：非洲人和有色人种付出了最高昂的代价。

190　　　马弗金有1500名白人，他们聚居在德兰士瓦的西南边境附近。在邻近地区，同样受到围攻的麦非肯"城"居住着5000名茨迪巴龙族人（Tshidi Barolong）和1500名黑人矿工，他们是从兰德逃来的。巴登－鲍威尔呼吁所有人都来帮忙防御城镇。他从当地招募志愿者，把白人部队增加到1200人。另外，他给400名巴龙族人和其他非洲人配了步枪。防线上的重体力劳动都是黑人劳工做，他们还要负责重要的情报工作——偶尔也会有像萨拉夫人那样古怪的人来帮助他们。非洲人充当侦察员、间谍还有信使，帮助白人与外界互通消息。但是，他们对防御的突出贡献却没有让他们得到与之相对应的粮食份额。1899年，粮食定量配给制度开始实施，很多黑人，尤其是来自兰德的难民，甚至都无法得到他们应该享有的最少的粮食配给。因此，围攻期间大多数的死亡都发生在麦非肯。

　　　和英国人一样，布尔人也雇用黑人劳工。他们从老盟友拉普拉纳巴龙族那里招募劳工，这个老盟友是亲英派茨迪巴龙族的老对头。大约有300名黑人武装起来，部署在战壕及要塞，其他黑人则充当侦察兵或者被派去抢夺敌军的牲畜。不久之后，这类袭击就成了他们唯一的进攻方式。10月中旬，开始围城的时候克朗杰带着5500人，但是不到一星期，库斯·德拉雷就带走了其中的2500人，先是去了金伯利，然后去了莫德尔河。三周之后，克朗杰自己也跟着去了。到了11月中旬，在库特杰·斯尼曼（Kootjie Snyman）将军的指挥下，仅仅还有不到1400名布尔人包围着马弗金。他们还剩三个重武器，一门长汤姆大炮、一门克虏伯大炮和一架马克沁机枪，但是都没怎么用。每周，布尔人都会进行虔诚的礼拜，这时候他们就完全安静了下来，没有任何进攻。这让被围困在城镇里的村民和士兵有机会放松一下，军官们可以打马球，其他人可以踢足球。[48]

　　　同样地，围攻金伯利的布尔人也大幅减少。10月末，韦塞尔斯还有 7000 名来自自由邦和德兰士瓦的士兵。11 月，英军几次试图突破重围，均遭布尔人重火力反击。金伯利是一个人人觊觎的地方。这里战略地位高，有一座著名的钻石矿和良好的基础设施，此外还有大量的炸药和煤炭。另外，还有一个心理因素。布尔人并没有忘记一个时间，那就是英国在 1871 年没收了这里的钻石矿山。[49] 他们更知道，塞西尔·罗德斯——他们生命中的祸根，也在这座城里。但这些都不足以改变他们的作战方法。金伯利附近的村庄没有天然植被，地势平坦开阔。仅仅因为这一点，布尔人就没有采取进攻的态势。他们仅仅从远处炮轰过那个城镇，但收效甚微。11 月 11 日，在最猛烈的攻击中，他们发射了 400 枚炮弹。然而大多数炮弹落在了"大洞"中，只有一名当地居民丧生。他们最后一次正面对抗是 11 月 28 日的一次小规模冲突。此后，布尔人的注意力就转移到了梅休因率领的正在推进的军队身上。在赛尔·杜·托伊特（Sarel du Toit）将军的指挥下，金伯利周围仅剩下 1500 名自由邦的士兵。夺取这座城镇的机会就这样丧失了。

然而，对这座城镇实行饥饿战依旧是个选择。同时，这座城镇的防护工事更坚固了，已经达到了最佳状态。在戴比尔斯的慷慨帮助下，这座堡垒已经配备了探照灯，有了电话线连接，还有一个 50 米高的瞭望台。金伯利的弱点在于相对庞大的人口数量。战争爆发时，城中总共有 5 万人，包括 1.3 万名白人、7000 名有色人种和 3 万名非洲黑人。一方面，这为凯维奇的正规军提供了大量的劳动力和兵源储备，这让他的正规军增加了一倍，达到了 4500 人。但是，不利的一面是需要养活更多人。营养不良的情况日益严重，尤其对于马弗金的非洲人和有色人种来说。他们得到的供给越来越少，而且在急剧减少。白人甚至尝试用武力减少他们的数量。罗德斯最早采取了行动——他是自作主张动手的，试图通过这么干来暗中减弱凯维奇司令官

191

的权威。11 月 6 日晚，他将 3000 名黑人矿工驱逐出城，但这并没有什么用，因为布尔人又将他们赶了回来。而放任这些人逃跑更为成功——其中有的人是被迫的，有的人是自愿的。大约有 8000 名非洲人成功地从这座被围困的城镇逃脱。他们的离开减小了城中食物供给的压力，但对城里的很多人来说，这已经太晚了。到了 11 月中旬，像伤寒、痢疾和坏血病这样的疾病已经席卷全城了。数百人在其中丧生，死者大多数是非洲人和有色人种。[50]

第三个围城战，即对莱迪史密斯城的包围，是其中最大、最关键的一次摊牌。通往德班、德兰士瓦和奥兰治自由邦的铁路线相交于此，让莱迪史密斯城成为一个战略性枢纽。在和平时期，莱迪史密斯城有 5500 名白人，这里最初是怀特在纳塔尔北部进行冒险行动的起点。经历过"悲伤星期一"后，这里成为 13500 名战败士兵的避难所。另外，城里还涌入了 2500 名来自纳塔尔煤矿区的非洲和印度难民。当这里被包围的时候，总人口达 21500 人。怀特有 50 门火炮和 18 挺机枪来保卫他们。

围城刚开始的时候，在周围的山上，布尔人有 1 万名士兵和 22 门火炮等重武器，包括 3 门长汤姆炮和 5 挺机枪。除了战略地位重要，莱迪史密斯城也是布尔人进一步进攻纳塔尔的关键，更是他们消灭英军的机会，当然还有大量战利品的诱惑，包括枪支、私人武装、军火、食物和其他供给。一个有魄力的布尔人领袖一定会竭尽所能，尽快对士气低落、组织混乱的英军发动全面进攻。但是皮埃特－朱伯特并不是那种领导者。10 月 30 日（星期一），在那传奇的一天，他阻止他的军队继续追捕逃亡的英军，这让像德威特和博塔这样的年轻指挥官感到十分沮丧。在接下来的日子里，他也没有做什么来给被围困在莱迪史密斯城的英军施加压力。他的惰性给了怀特机会，让他得以镇定下来，重新组织城市的防御，比如他们命令非洲和印度难民挖防御工事的地基。在 11 月期间，布尔人发动了两次心不在焉的攻击，仅此而已。朱伯特拒绝了挖之字形战壕的提议（这种战壕能把他的射手带到城镇边缘），他认为饥饿和炮弹是迫使英军投降的最佳方式。

　　11 月下旬，由于朱伯特身体状况不佳，他被迫辞去纳塔尔前线司令的职务，布尔人认为这是唯一的选择。12 月 2 日国民议会举行了战争会议，他们的指挥官得出结论，即他们已经错过了攻占该城的最佳机会。当下面临的另一个状况是：布勒带领的英国陆军第一军团的一支分队正在逼近，必须在图盖拉河阻止他们的进攻。围攻莱迪史密斯的布尔人很多已经自愿离开了，此时分兵让这里的兵力减少到了 3500 人。12 月 8 日和 9 日晚上，莱迪史密斯城的几名英国军官利用这个机会，组织了两次突围行动，成功地破坏了其中一门大炮。这大大鼓舞了莱迪史密斯城的士兵和居民的士气。除了遭受轰炸和食物短缺的痛苦外，他们还缺少清洁的饮用水。而且这里也遭受着伤寒和痢疾等疾病的折磨。在朱伯特的同意下，数千人被安置在城镇东南部因托比（Intombi）的中立领土的医院营地中，其中有数百人死去。

　　12 月 15 日，他们发现，布勒的援军虽然近在咫尺，但是还需要一段时间才能到达。英军在科伦索的惨败击碎了莱迪史密斯城内对于短时间内获得自由的希望。布勒送来的消息中那沮丧的语气更加突出了这一点。惨败几天后，他发给怀特回光信号，说他还需要一个月时间来准备对布尔防线发动另一次进攻。怀特能坚持下去吗？如果不能，布勒建议他尽可能多地消耗弹药，然后尽力谈判以获得最好的条件。也就是说，他可以选择投降。更重要的是，他必须记得烧掉密码本。还有很多其他信息透露出布勒的绝望。那场战役结束的晚上，他给战争

193

大臣兰斯唐勋爵发了一封电报，其中也明显透露出绝望之情。"我想我应该放弃莱迪史密斯城，占据最佳位置来保卫南纳塔尔，希望我们能用时间来换取优势。"

这种态度并不能赢得勋爵对于他这位总司令的尊重。怀特也没有听从布勒的建议——他从来都没听过。他鼓起勇气来迎接漫长的、炎热的夏天。伦敦的内阁决定，是时候拿出重磅武器了。布勒被解除了总司令的职务，只负责指挥留在纳塔尔的部队。"坎大哈的罗伯茨"勋爵取代了他成为总司令，"喀土穆的基钦纳"勋爵担任参谋长。[51]

* * *

这种安排并不公平。丘吉尔也这么觉得。那位曾多次警告英军不要突进到"图盖拉河北岸"的将军反过来不得不去帮助另一位不听话、一意孤行突进到河北岸的将军，而到头来，为此付出代价的却是那位提出正确建议的将军。但是怀特并不是唯一该受到指责的人。丘吉尔认为，布勒也犯过好几次错误，而且都不是偶然的失误。从表面上看，瑞德弗斯爵士已经身心俱疲了。他不再是过去的他了，更确切地说，他不再是那个年轻气盛、积极进取的布勒了，当年布勒因勇敢而获得维多利亚十字勋章。在丘吉尔眼里，他已经 60 岁了，太老了，不再适合这份工作了，而且他面对逆境时缺少一股韧劲。他曾对他的朋友帕梅拉·普劳登说过这么一句话："我不能批评他，因为一旦开始我就停不下来。"

丘吉尔很明智地没有在《晨报》上表达这些想法。1899 年 12 月 24 日，他从德班乘坐火车前往前线，在彼得马里茨堡过夜时，他向英军营地报到，那时他就很注意自己的言行，没把这话说出来。他对于营地所在的地方很熟悉，这里是弗雷尔和奇韦利之间的山谷，也就是五个星期前布尔人袭击英军装甲火车的地方。他自己的帐篷也在这里，而且奇怪的是，就在离他被抓的现场不足 5 米处。"我又安全回到这个战场了"，他满意地点了点头。

现在，可以开始战斗了。多亏了备受人们指责的布勒，他刚到不久就派人去找了丘吉尔，所以这次也很顺利。两个人上次见面是在邓诺特城堡，仅仅不到两个月，再见面时两个人的角色已经发生了戏剧性的改变。年迈的将军失宠了，年轻的记者成为新崛起的平民英雄。一见面，布勒就大赞丘吉尔的英勇壮举。他饶有兴趣地听丘吉尔讲他在监狱以及逃脱之后的经历。最后，他问丘吉尔自己有什么可以帮到他的。他立刻得到了答案：任命他前往一个新组建的部门——如果能那样的话就太好了。但是布勒问：《晨报》的工作怎么办？丘吉尔回答说，他不能跟他们解除合同，但是他可以把战地记者和士兵两个角色合在一起，就像他在英属印度和苏丹做的那样。

布勒需要一些时间来考虑这个问题。陆军部最近开始注意对那些身兼数职的人加以管制，主要是因为某位叫温斯顿·丘吉尔的先生撰写的关于"喀土穆的基钦纳"指挥的战役的批评性文章。布勒在房间踱来踱去，一言不发，迟迟拿不定主意。最后，他下定决心，任命丘吉尔为南非轻骑兵队（South African Light Horse）的陆军中尉，这是一支由朱利安·宾恩（Julian Byng）上校率领的 700 人的骑兵团。担任这个中尉没有报酬，但他可以继续为报纸工作。丘吉尔毫不犹豫地接受了这个提议。他受任命参加的那个骑兵团人称"雄鸟"兵团，因为士兵的帽子上都带着羽饰的帽徽。丘吉尔于 1900 年 1 月 2 日正式报到。他再次成为一名士兵，一名帽子上插着羽毛的士兵。[52]

194

19　指挥盲点

斯皮恩山，1900 年 1 月 24 日

山坡上面简直就是一片地狱。但从远处看，眼前的景象又像田园诗一般美好：每十秒钟就冒出一阵白烟，棕色的尘土在上空盘旋着，间或有一些小小的黑影在山坡上跑来跑去。这座山就像一个巨大的蚁丘，夏日的炎热让这里雾气弥漫。丘吉尔再次举起他的望远镜，眼前所见让他不禁打了个哆嗦。他认识的那些人此刻正在山上，炮弹像骤雨般落下。虽然他跟任何士兵都没有私交，但他知道山上的士兵是兰开夏旅的，另外还有 200 名来自纳塔尔的骑兵，加起来总共有将近 2000 人，至少前一天晚上爬上山的时候有这么多人。谁知道此刻还剩下多少？他们受到了四面八方的炮火攻击——大炮轰鸣，机关枪呼啸，毛瑟枪子弹如骤雨般扫过。他们周围的高地上到处都是布尔人。但是，他们到底藏在哪里呢？位于三树山（Three Tree Hill）的英军基地的炮兵们根本找不到他们。

丘吉尔看了看表。战斗持续了一整天，在将近九个小时的时间里，没有片刻的停歇。那天早上 7 点左右，薄雾散去，布尔人开火了。在夜间，英军占领了斯皮恩山，布尔人在图盖拉河北岸的防线有被突破的危险。指挥官路易斯·博塔很显然已经意识到了这个危险，正在竭尽全力将山顶的英军赶走。他设置了一道火力防线，从西北方向的塔班亚马山（Tabanyama）开始，经过格林山、锥形山和芦荟丘，直到东北方向的双峰。布尔人还从北部发起了反击，那边的山坡还未设防。他们的前线枪手潜伏在山脊附近，这距离英军的第一道防线只有二三十米。

这是一场一对一、单兵对单兵的殊死搏斗。从丘吉尔的位置能看到刺刀在灿烂的阳光下反射出亮闪闪的光点。查尔斯·

沃伦中将为什么还不赶紧派兵支援呢？他是负总责的指挥官，可以召集所有需要的预备队。在过去的几个小时里，他本可以向斯皮恩山派遣增援部队，但他为什么没有对布尔防线发起全面进攻，来减轻山顶的压力呢？毕竟，他已经向内维尔·利特尔顿（Neville Lyttelton）少将发出请求并获得了增援，现在他和他的部队正在东边几公里处待命。而且为什么布勒也什么都没做？他和他的部队仍在图盖拉河南岸的爱丽丝山上。从那里，他们完全可以看到斯皮恩山发生的灾难。为什么他不坚持让沃伦采取行动呢？或者亲自做点什么？图盖拉河沿岸的战斗看起来有些超现实的感觉。人数远远占优的英国士兵无所事事地站在一旁，袖手旁观，远远地看着他们的战友在一个不比马球场大的战场上，一个个战死。

　　丘吉尔再也无法忍受这种局面了，他得去前线查看一下到底发生了什么事。第七轻骑兵团的布鲁克上尉陪同他前往。他们以最快的速度策马奔向斯皮恩山。那天是 1 月 24 日（星期三），也是丘吉尔父亲的五周年忌日。而且他确信，他自己也看不到这一天的结束了。[53]

＊　＊　＊

　　丘吉尔对于自己死亡的预言直到 65 年后才变成现实，然而，1900 年 1 月 24 日确实是一个被死亡笼罩的日子。看到斯皮恩山上的一切之后，他不再觉得在英属印度、苏丹和古巴经历的那些战斗恐怖了。在那之前，他所经历的南非战争与其说是令人不安，不如说是令人兴奋。装甲火车上的经历、被捕、逃亡，以及在德班受到的热烈欢迎，所有这些，不论是当时，还是事后记述，都被当成了一场大冒险。虽然丘吉尔是一名战地记者，但实际上，在"悲伤星期一"甚至整个"黑色星期"

196

期间，他并没有出现在战场上，而只是在报纸上读到相关的消息。

在丘吉尔重新以军人的身份加入战争后，一切也没有改变。在纳塔尔和其他前线，1899年的圣诞节过得十分平静。仅有的两场小冲突发生在西线，但一场发生在圣诞节之前，一场发生在圣诞节之后。就在不到一个月前的12月22日，塞格尔和他的卡特拉士兵对德迪波特进行了袭击，布尔人进行了报复，摧毁了3个据点，打死了数十名卡特拉人。12月26日，被围困的马弗金突袭了布尔人在野物树山（Game Tree Hill）的一个据点。但是他们失败了，25人死亡，25人受伤。

1900年1月6日，战争的平静期在纳塔尔结束了，有趣的是，标志性事件是布尔人袭击了莱迪史密斯城。这次袭击有两点值得注意。首先，不同寻常的是，布尔人发动了正面进攻。但是，这也是遵照此时已返回前线的总司令朱伯特的命令执行的。他能做这样的决定让每个人都很吃惊。在科伦索，博塔战胜布勒的那场战争让他兴奋不已，因此他决定这一次不再谨小慎微。在1月3日的军事会议上，布尔指挥官计划对莱迪史密斯城以北的英国阵地发起牵制性的攻击，随后从南方发起真正的进攻。布尔人这边的部队包括：由沙尔克·伯格将军率领，来自海德堡、乌得勒支、比勒陀利亚和其他地区的德兰士瓦突击队；以及由马蒂纳斯·普林斯洛将军指挥的自由邦各个地区的部队，他们来自哈里史密斯、海尔布伦和克鲁斯塔德（Kroonstad）。他们会以恺撒营地和马车山据点为目标，这两个都位于被布尔人称为普拉特兰德（Platrand）的山丘上。那里的英军司令是丘吉尔的老朋友伊恩·汉密尔顿将军。1月6日，刚过凌晨1点，布尔人就开始攀登那两座山。两点半的时候，他们被发现了。漆黑的夜幕中爆发了混乱的交火，到了黎明时分，他们才能看清自己在做什么。双方都动用了炮火，对峙升级。慢慢地，战斗变成了贴身肉搏战。德兰士瓦的军队在恺撒营地取得了进展，同时，自由邦突击队在马车山也取得了进展，但这都不足以让他们取得突破。汉密尔顿组织了有效的防御，并将他的部队部署在最需要的地方。此刻，在莱迪史密斯城，怀特很快意识到敌人从北面发动的进攻只是一种转移注意力的策略，真正的威胁来自南面。所以，他一整天都在向普拉特兰德派遣增援部队。布尔人部队协调能力不够，缺乏对局势的全面了解。而且伯格和普林斯洛也没有给手下的士兵指明方向。所以他们只能自己根据情况做出判断，许多突击队队员选择不冒险爬坡，而只是在安全掩体中远远地开枪射击。

　　下午快结束的时候，一场倾盆大雨让这场战斗达到了高潮。布尔人最后一次尝试突破英军防线，但是失败了。此刻，英军发起了反击。傍晚 7 点钟左右，他们把布尔人从马车山和恺撒营地赶了出来。就像之前的几次一样，英军的伤亡人数远高于布尔人——150 人死亡，275 人受伤，而布尔方有 65 人死亡，125 人受伤。但是这次，英军至少击退了布尔人对莱迪史密斯城的进攻，这一结果打击了布尔人的士气。这一次，他们是主动发动攻击，但未能一鼓作气，坚持到底。尽管这场战斗让英军损失惨重，但它重振了守卫莱迪史密斯城的英国人的信心，并增强了他们战斗到底的决心。[54]

　　再往南 25 公里，在弗雷尔和奇韦利之间，布勒营地的士兵并不知道发生了什么。1 月 6 日，远处的炮火很早就惊醒了丘吉尔。几个小时过去了，他们只能猜测：这个炮火声是英军的防守炮火，还是他们一直担心的布尔人的猛攻？中午时分，莱迪史密斯城的人发出了一个回光信号。"布尔人发动全面进攻——在各处被击退——但战斗仍在进行。"

　　布勒立即行动起来。他以最快的速度集合好队伍，以战斗队形向科伦索进发。丘吉尔很快意识到这不是一次真正的攻击，只是虚张声势一下，以减轻莱迪史密斯城的压力。如果布尔人把军队从图盖拉河防线调来迎接他们的进攻，他们很可能会立刻把军队撤回来。事实证明，他的推理是正确的。虽然这只牵制了对手的 300 人，但他们都是由路易斯·博塔指挥的士兵。此外，军力的展示给英国军队增强了信心。据丘吉尔回忆，这是一个令人敬畏的场景。特别是在下午快结束的时候，在舰炮和野战炮向布尔阵地开火的那一刻，场面尤为震撼。与此同时，马车山和恺撒营地出现了暴风雨，集结在图盖拉河南岸的英军目睹了壮观的一幕。此时，他们站在明媚的阳光下，而图盖拉河北岸则变成了一幅恐怖的景象。山上乌云密布，夹杂着轰轰的雷声、隆隆的炮声、蓝色的闪电、红色的火苗、黄灰色的烟雾和深棕色的尘土。用丘吉尔的话来说，"我们安全地站在阳光下观看了这一令人难忘的奇观"。

唯一令人失望的是，布尔人自始至终都岿然不动，丝毫没有退缩。向布尔人发动攻击的原因之一是要找到他们所在的阵地位置，但现在河对岸没有任何反应。夜幕降临时，英军回到了他们的营地。天黑后，布尔人对英军的报复开始了，而且是采取了一种奇怪的"空战"的形式：当英国情报员试图用探照灯把摩尔斯电码发射到云层上与莱迪史密斯城的人通信时，布尔人用同样的方法打乱了电码。[55]

* * *

从布勒对普拉特兰德战役所做的激进反应来看，他似乎已经从科伦索战役的阴影中走了出来。的确如此，无论如何，他都有足够的勇气再次冒险横渡图盖拉河。几天后，新任总司令罗伯茨勋爵将从开普敦抵达这儿，这一点也让布勒恢复了信心。除了他的远征军，现在又增加了一个师，加起来总共有 25000 多人。此刻，他确信能跟对岸可怕的布尔人部队一决高下。

　　但是他对增援部队的指挥官不太满意。根据官方说法，查尔斯·沃伦中将是他的副手，他们年龄相仿，但彼此之间毫无好感。正如布勒怀疑的那样，陆军总司令沃尔斯利勋爵是派沃伦从伦敦来接替他的位置的。任命沃伦这件事让他和其他人都感到十分意外。沃伦有在南非的经历——1885 年 1 月，克鲁格和莱兹在关于贝专纳兰的谈判中认识到他是一个强硬的谈判者 56——但那是他活跃的军事生涯的结束。从那以后，他只担任过行政职务。其中的一些职务很有挑战性——在"开膛手杰克"谋杀案发生时，他曾是苏格兰的首席专员，但这样的经历不足以使他成为一名战场指挥官。他到达纳塔尔后不久就证明了这一点。

　　布勒制订了一项新的作战计划，尽管他们关系不太好，他还是让沃伦指挥他的主力部队。有些人觉得这是不明智的，不明白他为何要这样，另一些人则怀疑这是否是一种故意陷害沃伦的策略。一切结束后，布勒坚持说，这项任务其实并没有那么困难。该计划的核心，是要从铁路线和科伦索以西约 25 公里的地方，换句话说就是上游地区作战，从侧面包围布尔阵地。他选择了两个可以跨过图盖拉河的地方。在那里，英国远征军的 2.2 万名士兵（剩下的 3000 名留在位于弗雷尔和奇韦利之间的大本营）将组成两个独立的分遣队。布勒和三分之一的部队将在波吉特浅滩（Potgieter's Drift）处过河，并在布尔阵地对面的北面高地上建立阵地。沃伦和主力部队将在西边 5 公里处的特里哈德浅滩（Trichardt's Drift）渡河。从那里开始，他们将向西北方向推进，绕过塔班亚马山。如此行动将不会引起布尔人注意，使英军可以绕到布尔军队的后方发动攻击。在这个阶段，布勒也会开始行动，如此一来，两支部队就可以对布尔人实施两面夹击了。

如果这个计划能够迅速、有效地执行，是有可能取得成功的。但实际情况并非如此。从1月11日到17日，远征军花了一个星期才到波吉特和特里哈德浅滩。部队辎重耽误了行军的速度。但是备齐物资总比后悔好，布勒和沃伦都同意这一点——在粮食和装备问题上，他们意见一致。结果，丘吉尔和南非轻骑兵队［这些骑兵分配给了邓唐纳德（Dundonald）上校的骑兵旅］惊奇地看着一支"一眼望不到边的大部队"浩浩荡荡地从眼前经过。他们这个样子怎么能对布尔人发动偷袭呢？每个士兵甚至都带了帐篷！在英属印度和苏丹，丘吉尔从未见过这样的情景。在那里，即使是军官也只能将就着来。与此同时，英军还给了布尔人足够的时间来加固阵地。布勒希望照顾好士兵是一回事，但是，丘吉尔曾很有预见性地指出："让一名士兵过三天好日子，代价就是让他在第四天送命，这可不是笔好买卖。"[57]

邓唐纳德勋爵的骑兵向他们展示了仗该怎么打。1月17日，他们骑马涉水渡过了图盖拉河，根本没有走特里哈德那里的浮桥，这是为沃伦的其余部队建造的。他们在稍远一点的马车浅滩渡河，那里涉水更难一些。第二天，他们继续向西北推进，以了解布尔人的防线有多长，而此时步兵和炮兵仍然落在后面。他们的迅速行动得到了回报。那天下午早些时候，他们抵达了塔班亚马山脉的西部边缘。在那里，他们发现约200名布尔人正前往下一个山顶，靠近阿克顿庄园（Acton Homes）农场处，以此来增强右翼。邓唐纳德勋爵的骑兵抢先到达了山上，开枪射击，拦截布尔人。这场伏击让布尔人措手不及。他们四散奔逃，有的躲起来，有的逃跑了。激战接踵而至，最终57名布尔人伤亡或被俘: 10人被打死，23人受伤，24人被俘。英方则是2死2伤。此外，战术上的收获更为重要。现在，他们占领的山脊控制着从塔班亚马山到布尔人防线后方的路线。换言之，通往莱迪史密斯城的路现在对英军敞开了，畅通无阻。

但沃伦却不这么看。那天晚上和第二天早上，当沃伦从邓唐纳德那里得到这个消息时，他很不高兴，甚至是很生气。因为根据兵书战策，这么做完全是错误的。在沃伦看来，骑兵应该保持在离主力很近的位置，以保护整个队伍。邓唐纳德不应该沉溺于这种"半独立的滑稽行为"。另外，沃伦觉得他需要更多的大炮和步兵。沃伦对自己实行的绕阿克顿庄园这条路进攻的计划没有多少信心。他觉得，对于带着这些沉重的运送弹药和补给的大车来说，这条路太远了，但是如果让他放弃辎重，他会觉得派步兵去任何地方都是不可思议的。为了阻止邓唐纳德继续独自前进，他命令那些专为骑兵运送给养的马车掉头。"如果我让他们自行其是，邓唐纳德勋爵会设法继续前往莱迪史密斯城。"沃伦似乎没有意识到这句话有多么不合逻辑。不管怎样，他等于明知故犯，放弃了完成布勒计划好的侧翼机动的最佳机会。从1月20日起，他没有再沿着塔班亚马山的周边迂回运动，而是不顾一切地径直穿过去。整整4天，他让手下的人徒劳无功地向前冲锋。终于，在1月23日晚上夺取了斯皮恩山。

那次在阿克顿庄园的邂逅给丘吉尔留下了长久的印象。丘吉尔并没有在那里参加战斗，却从远处目睹了战斗的最后阶段，并帮助照顾受伤的布尔人。而此时经历的就是那种战斗。201 出乎意料的是，他自己非常痛苦。他把这件事告诉了《晨报》的读者。"我经常看到在战争中死去的人，在恩图曼有几千人，其他地方也有，包括黑人和白人，但是布尔人的死亡让痛苦的情绪达到了最高峰。"他说不出为什么。是不是因为那个从海尔布伦来的老号手？布尔战俘告诉他，他的名字叫曼茨，头发灰白，五官特征突出，表情坚毅。一颗子弹打伤了他的左腿。他们说他拒绝投降；他只是躺在那里，不停地开枪。他面色苍白，因为失血过多而死。人们看到死后的他手里攥着来自妻子的一封皱巴巴的信。或者是因为他身边的那个不到 17 岁的男孩？一颗子弹射穿了他的心脏。又或者，是不是因为更远处，"有我们的两个可怜步兵？他们的脑袋像蛋壳一样被打得粉碎？"丘吉尔不会被轻易动摇，但他看到的一切却使他对尊严和战争的恐怖发出了罕见的悲叹。"啊，可怕的战争，荣光与污秽的惊人混合，悲悯与崇高的惊人混合，如果站在阳光下的领导者能更近地看到战争的面目，那些普通百姓就不会看到它。"[58]

* * *

在阿克顿庄园，正是那些小小的个人悲剧让他万分痛苦。在斯皮恩山，他更是被屠杀的规模震惊了。1 月 24 日下午晚些时候，他和布鲁克上尉来到山脚下。整个村庄的救护帐篷和马车都在这儿了。搬运担架的人来自纳塔尔印度救护队，士兵们称他们为"尸体搬运者"，他们来来往往抬着担架。丘吉尔和布鲁克拴好马，开始往上爬。成群结队的伤员一瘸一拐地向他们走来，有的靠在四五个战友的身上，有的躺在担架上，有的爬行着。到处都是尸体，被弹片打得残缺不全。丘吉尔一路上数着有 200 具尸体。他们还看到很多士兵被炮弹震得头昏眼花，跌跌撞撞地下山。有的骂骂咧咧，有的倒在地上，浑身麻木，疲惫不堪，就这样在路上睡着了。他们爬得越高，步枪和大炮火力就越猛烈。在接近山脊时，他们遇到了多塞特团（Dorset Regiment），这是唯一仍成建制的作战单位，他们是当天被派往山上进行增援的。

一名军官跟他们描述了所发生的事情。他说爱德华·伍德盖特（Edward Woodgate）少将指挥下的兰开夏旅与亚历山大·索纳克罗夫特（Alexander Thorneycroft）中校的骑兵部队在夜间的进攻中取得了胜利，但他们到达的地点岩石表面过于坚硬，士兵们只挖了一些浅沟作为掩护；第二天一早，雾散了，他们吃惊地发现自己还没有到达山顶，只是在山顶下面的一片高地上。但是已经没有时间纠正错误了。布尔人从四面八方向他们开火，越过北坡向他们逼近。伍德盖特从战斗一开始就受了致命伤。有一段时间，士兵们连谁将接管指挥权都不清楚。塔尔伯特·科克（Talbot Coke）少将是战场上级别最高的军官，但现在他处在更高的位置。司令部里的沃伦听从布勒的建议，决定让索纳克罗夫特担任指挥，临时任命他担任旅长。但随着战斗白热化，这条消息无法及时传到战场指挥官那里。有些人虽然对索纳克罗夫特的勇敢感到敬畏，但拒绝接受他指挥。灾难逐渐降临在高地上，只有索纳克罗夫特还在指挥战斗。丘吉尔的同行记者约翰·阿特金斯后来将这场战斗形容为"一英亩大屠杀"。下午早些时候，第一块白色手帕出现在英军的一个阵地上，发出投降的信号。布尔人已经开始抓俘虏了，这时索纳克罗夫特一跃而起，扭伤了脚踝，一瘸一拐，但他像狮子一样咆哮着："我是这里的司令；带着你的人下地狱吧！我们决不投降。"

丘吉尔和布鲁克被告知高地上的部队仍坚守阵地，但形势十分危急。饥饿、干渴，四面八方燃起地狱之火，受伤的人痛苦地呜咽着，士兵们躲在被杀害的战友的残缺不全的尸体后面。如果能坚持到天黑，他们还有机会撤离战场。但是，他们需要的增援太多了：要有一队工兵带着挖战壕和建防御墙的装备上山，要对抗布尔炮兵的武器，要一批新的士兵解救那些已经疲惫不堪的幸存者。丘吉尔和布鲁克已经看到、听到够多的

202

惨象和哀号了，此时再继续往高地上爬就太危险了，所以他们决定回去向沃伦汇报情况。[59]

他们回到了三树山，在斯皮恩山上看到的一切把他们弄得心烦意乱。几天后，丘吉尔在《晨报》上的报道表明，沃伦对他们的想法很感兴趣，并认真听取了他们的意见。但这个故事还有一个不同的、更可信的版本。据沃伦的参谋列维塔（Levita）上尉说，丘吉尔一到那里就大发雷霆，抗议索纳克罗夫特和他的部队得到的支援不够。"看在上帝的分上，列维塔，别让这里成为第二个马朱巴山。"列维塔让他去沃伦那里，他对沃伦说的话内容差不多，重复了他的想法。沃伦听后向列维塔吼道："这个人是谁？把他抓起来，带走。"就在那时，是列维塔听完了丘吉尔的话并劝他冷静下来。他让丘吉尔了解到，他们确实打算在黑夜的掩护下派遣增援部队，至少有一个新的步兵营、一支庞大的工兵队伍，或许还会运上去几门舰炮。他们只是想知道索纳克罗夫特是怎么想的。丘吉尔能去搞清楚吗？他考虑了一下，但时间不太久。他需要一份文件，白纸黑字，把问题说清楚。他得到了所需的文件，晚上八点半，他带着一份给索纳克罗夫特的正式文件再次动身去斯皮恩山。

这次行动是在傍晚，所以爬山更困难了。步枪和炮火射击几乎完全停息了，但他还是不时地被伤员绊倒，有些伤员躺在担架上，有些躺在空地上，有些独自一人或三五成群地漫无目的地走着。军官和副官们在各处集合，组织起作战单位准备战斗，但此时在黑暗中，他们什么也做不了。

意料之中，丘吉尔在山顶下面的高地上找到了索纳克罗夫特。他当时瘫倒在地，精疲力竭。他的周围是他昨天才勉强组建起来的那个骄傲的战斗团的残余。"我可怜的孩子们……我可怜的孩子们。"他一遍又一遍地低声说。他们在这极具毁灭性的炮火中煎熬了一整天，为此付出了惨重的代价。索纳克罗夫特平时是个令人敬畏的人物，而且一直都是个不苟言笑、勇敢坚毅的指挥官，但是现在他完全垮了。他听不进去丘吉尔的安慰。增援？什么意思？整整一天，他都在希望沃伦或布勒能对布尔人发动一场强有力的进攻，来减轻他们所在阵地的压力，但他什么都没有等来，一直没有消息，任何消息都没有。现在一切都太迟了。他不再相信什么增援了。半小时前，他已经下定决心要撤离斯皮恩山，而且他不打算改变主意。"整整六个营安全下山，总比等到早上被消灭好。"

索纳克罗夫特和丘吉尔一起下了山。在山脚下，他们遇到了援兵，是一长列带着铲子和鹤嘴锄的工兵。他们的指挥官给索纳克罗夫特带了个口信：步兵营已经在路上了。到了早上，他们就会有修好的掩体。索纳克罗夫特挥了挥手杖。他什么也听不进去。他朝工兵重新下令：向后转，齐步走。丘吉尔陪同他来到沃伦的司令部。他们到达时，沃伦将军已经睡着了。丘吉尔叫醒了他。沃伦很冷静地接受了这个消息。丘吉尔也只能认可这样的结果，记录此事的时候他带着一丝的讽刺。"他是一位可爱的老绅士。我真的为他感到难过。我也为整个军队感到难过。"[60]

但最痛苦的现实还在后面。夜间，他们决定不仅从斯皮恩山撤退，也要从双峰山撤退，双峰山是最东北面的一座山。在那里，下午快结束的时候，一场激烈的白刃战过后，一个营的皇家步枪队终于把布尔人赶出了阵地。这场行动是利特尔顿少将发动的，试图减轻斯皮恩山的压力，但让他这边伤亡惨重。这算得上一场胜利，或者说，如果沃伦的司令部里有任何人意识到利特尔顿主动采取的援助行动取得了多么大的成功的话。但是没有人意识到这一点。令他们大为沮丧的是，伤痕累累但赢得胜利的皇家步枪队也被命令撤退。

对英国人来说，出现了一个十分残酷的巧合：许多布尔人几乎同时开始离开他们在斯皮恩山附近占据的阵地，有些是因为疲劳，有些是出于口渴和饥饿，但大多数人是因为他们以为自己一方已经输掉了战斗。沙尔克·伯格将军见到英军在双峰山取得胜利感到非常沮丧，他开始带着他的全部突击队队员和所有武器向莱迪史密斯城进发。只是由于丹尼尔·奥普曼（Daniel Opperman），以及更重要的路易斯·博塔等人意志坚决，才阻止了布尔人全面撤退。

他们的坚持很快就得到了回报。第二天黎明时分，布尔侦察员被派去检测斯皮恩山山顶的破坏情况，他们简直不敢相信自己的眼睛。他们在那里发现的英国人要么死了，要么受伤了，要么昏迷不醒。他们看到最大的壕沟里堆满了尸体，被吓呆了，但真相逐渐浮出水面，他们的欢呼代替了恐惧。英国人逃跑了，他们赢了！

斯皮恩山战役这个怪异的结局其实很合理，因为这场持续了 14 天的战役充满了指挥错误、误判和误解。布勒让军队从图盖拉河上游过河绕过山头的计划本身并不坏，但由于战术、行动和后勤方面的原因，这一计划未能成功实施。主要是由于时间上的延迟和部队间的不协调，尤其是不同指挥官之间——主要是布勒和沃伦之间——的不和。或者，正如丘吉尔在《晨报》中以讽刺的口吻说的那样，"这一战役……为士兵赢得了荣誉，而将军们却一无所获"。

他在另一篇文章中更加直言不讳。1 月 25 日，布勒决定退出整个战役，让所有军队撤回图盖拉河这边。这本身就是一项繁重的工作，两天才能完成。令丘吉尔惊讶的是，布尔人并没有趁他们渡河而发动攻击。结果证明，撤退是整个行动中组织效率最高的部分。在撤退行动结束的时候，布勒满意地指出，一切都已完成，"没有一人伤亡，也没有一磅物资损失"。但是丘吉尔的结论则非常尖刻："整个部队的全部战役行动耗时 16 天，1800 人伤亡。"

他引用的数字来自英国官方消息，远低于敌人估计的数字。据布尔人一方说，仅在 1 月 24 日，英军伤亡人数就约有 2000 人，其中绝大多数伤亡于斯皮恩山。这一伤亡数字是布尔军队的 10 倍。此外，布勒沿着图盖拉河所进行的战斗造成了 500~700 人伤亡。

无论是布尔人还是英国人的估计，就伤亡人数而言，斯皮恩山都是英国军队在布尔战争中最惨重的失败之一。但丘吉尔更多地受到了个人悲剧的影响，而不仅仅是冷冰冰的数字。在这次战役中，他失去了在哈罗公学上学时认识的一个老朋友，而就在前一天，他还在浮桥附近见过这个人。丘吉尔不记得他的名字了，但他记得这个人刚到南非，希望能"找到一份差事"。见面后的第二天，丘吉尔听说在斯皮恩山山顶有一具尸体，但没有人能辨认出死者的身份。人们所知道的，就是尸体手里还握着一副望远镜，上面写着"麦·科克代尔"（M'Corquodale）。丘吉尔一听立刻明白了。就是他，这是那人的名字，那个在哈罗公学时的同学。他一定是在索纳克罗夫特的骑兵部队中找到了一个职位。"可怜而勇敢的年轻英国人……晚上刚加入部队，第二天黎明就中弹牺牲了。"[61]

20　取得突破

206　　多么壮观，多么令人清醒的景象啊！他以前在这里从来没有见过此般景象——布尔人成群结队地跑着，仿佛魔鬼就在他们的身后紧追不舍。丘吉尔一闭上眼，当时的情景就历历在目。他们看见利特尔顿的整个步兵师向布尔人冲过去，邓唐纳德的骑兵旅正在攻击他们的侧翼，而布尔人的身后是一条水流湍急、深不见底的河，他们已经无路可退。尽管如此，他还是感到困惑。在过去的几个星期里，他见识到的布尔人都是无畏的战士，占据深沟坚垒，固守阵地。然而，这里的布尔人却成群地溃散，没有任何后卫部队，只是逃命。这是一个奇怪的景象。"荷兰人一旦决定要走，就把一切尊严都抛到九霄云外去了。"

　　从科伦索的战斗到现在已经两个多月了，从 2 月 18 日星期天的斯皮恩山战役到现在已经三个半星期了。而布勒似乎真的找到了突破布尔人在图盖拉河防线的秘密组合拳。与此同时，他在科伦索和斯皮恩山之间的瓦尔克兰兹进行了第三次尝试。这次战斗的结局和前两次完全一样，都遭遇了惨重的损失，渡过图盖拉河后又令人难堪地撤回。在他背后，他手下的军官们称他为"图盖拉河的船夫"，或是"卡戎①将军"，又或是"撤退爵士"。

　　但有趣的是，布勒仍然得到了他手下人的信任。当然，他们无休止地抱怨自己的努力白费了，抱怨战友们白白牺牲了。但他们也知道布勒关心每个士兵身上发生的事情，也知道他们队伍中的空缺会被填补。远征军保持了 2.5 万人的兵力，在装备了重型海军炮后火力也增强了。这增强了他们的信心，就像

---

　　①　古希腊神话中的冥界船夫。——译者注

他们的司令官那样，他仍然对自己有信心，而不像科伦索战斗之后那样沮丧。并且，他反复地说，这次他手里拿着解锁的钥匙。解除莱迪史密斯的围困已成为布勒的一件私事，尤其是现在罗伯茨已经开始了与他的竞争，后者在距西部约500公里的地方。布勒必须成功，他一定要做到。他的手下非常愿意相信他。步兵们最想要的是跟难以捉摸的、看不见的敌人来一次面对面的白刃战。

从一开始，布勒所说的战斗的关键就一直在那里等待着被利用。图盖拉河防线的弱点是布尔人的左翼，就在科伦索之后，河流在那里有两个直角拐弯，先是转向北，然后转向东。由于这两个拐弯，路易斯·博塔不得不将他的防线延长到东南岸（远在比勒陀利亚的克鲁格老人家也叮嘱一定要这么做）[62]，首先是连接朗湾山，从那里再往东到格林山，与基督山和辛格罗山相连。防线上的布尔人并不是特别多，大约有2000人，但是他们的阵地工事坚固，足以抵抗英国炮兵和步兵的进攻。博塔没有料到的是英国骑兵的非常规战术。

骑兵在布勒的新进攻计划中起了关键作用。从2月12日起，邓唐纳德勋爵和他的骑兵，包括丘吉尔和南非轻骑兵队的其他成员，对科伦索东部地区进行了侦察。两天后，布勒的其余军队赶到，从位于弗莱尔和奇韦利之间的大本营向前进发。步兵在朗湾山、格林山和辛格罗山的对面选好阵地，炮兵设置在骠骑兵山上。但邓唐纳德的骑兵继续往东前进，绕过布尔人的左翼。这条路几乎无法通行。地面岩石密布，长满了高草和茂密的灌木，迫使人们下马，以打通道路。这就是博塔所仰仗的天然屏障，他确信做事循规蹈矩的布勒不会冒这个险。结果，驻扎在辛格罗山的布尔人——这条战线最远的前哨，人数不到100人——遭到来自东南的突袭，那是来自邓唐纳德的骑兵的徒步进攻。与此同时，英国步兵部队正从西南方向逼近。

207

布尔人没有准备好迎接来自两边的进攻。他们放弃了辛格罗山，退守到邻近的基督山山顶上，在那里重新集合。

这些战事发生在 2 月 17 日，英国已经准备好发动更多的进攻。丘吉尔特别喜欢这种战斗：绝佳的户外环境，斯巴达式的战场，在纳塔尔原始而葱绿的山丘上小跑、侦察、跟踪、狙击或被狙击，睡在星空下，在黎明的第一缕晨光中起身，烧水煮咖啡喝——今天早上会有多少杯咖啡不再有人喝？也许今天该轮到他了。活在当下。"越是危险的时刻，越感到活着有多美好。"

丘吉尔这话说得很轻巧。他在战场上的好运是传奇性的。他的弟弟杰克（Jack）的经历表明，事情的发展可能会有多么的不同。杰克今年才 19 岁，他是在一周前来到这里的。丘吉尔安排他和自己一样，以中尉的身份加入骑兵队，不过他在服役前后都运气不佳。而且他的厄运不是没来由的，2 月 12 日对骠骑兵山进行侦察时就证明了这一点。侦察活动在与布尔人的交火中结束，布尔人的阵地分散在山坡上。丘吉尔兄弟俩都参加了。温斯顿以前经常参加战斗，但这是杰克第一次遭到攻击，也是他在战场上的最后一次。一开始，他的腿就受了皮肉伤。他的哥哥说，没有生命危险，但这意味着要在战地医院待一个月，说这话的时候他心里也暗自松了口气，暂时不用担心弟弟的小命了。但这使他想起了"有的人第一次遭遇交火就被击中，另一个人却不断受到保护的奇怪的现象"。他的记者同事约翰·阿特金斯提出了一种理论来解释杰克的霉运。"看来他是替他哥哥还债来了。"

差不多一个星期过去了。现在是 2 月 18 日星期天，他们冲破图盖拉河防线似乎只是时间问题。攻击基督山的过程和攻击辛格罗山的过程是一样的。邓唐纳德的骑兵绕过布尔人的阵地，从他们无保护的东侧向他们发起攻击。与此同时，布尔人受到了骠骑兵山的炮火和在广阔战线上推进的步兵的猛烈冲击。此种情形之下，他们不可能坚持下去了。他们撤退了。到中午的时候，丘吉尔已经站在了基督山的山顶上。他一眼就能看出敌人逃跑时的恐慌。布尔人为了逃命，把一切都抛在后面，武器、补给品、帐篷被扔了一地。英国士兵们很高兴，把帐篷外找到的战利品都分了，但是帐篷里的恶臭让他们望而却步。但这又有什么关系呢？他们眼前的景象抵消了一切的辛劳。布尔人顺着山坡仓皇逃下去，而在12公里或13公里以外的地方是莱迪史密斯城，那是英军要解救的目标。战役的终点就在眼前。[63]

* * *

如今出现了一个不按军事手册规定办事的英国将军。这对于西线布尔人指挥官、副官彼得·克朗杰来说，也是一个令人不快的意外。英军在人数上的优势甚至超过了在纳塔尔境内的时候：从2月11日起向他进攻的军队至少有5万人，是他所能募得兵力的10倍。但这还不是主要问题。克朗杰的大部分士兵在马格斯方丹安营扎寨，他们曾在那里用一支强大的军队抵抗过一位英国将军的进攻：12月11日梅休因勋爵率领的军队的进攻。克朗杰确信这种情况还会再次发生，英国步兵会像往常一样发动进攻，结果也是一样。然而，这一次，英国将军的排兵布阵完全不同。他包抄了布尔人的阵地，正如布勒同时在纳塔尔所做的那样。首先，英军的指挥官派出了骑兵，这是一个由1.3万名骑兵和步兵组成的完整的骑兵师，他们在马格斯方丹的布尔战壕和克里斯蒂安·德威特率领的突击队之间开辟了一条小道，大约往前延伸了30公里。还没等克朗杰明白过来，英国人已经渡过了莫德尔河。他的阵地已经变成了一个名副其实的孤堡，有被包围的危险。克朗杰必须尽快撤离马格斯方丹，并建立一条新的防线。

负责这次出人意料的行动的英国军官是一位陆军元帅，人称"坎大哈的罗伯茨"。罗伯茨勋爵是英国驻南非军队的新任总司令。他个子不高，人们习惯称他为"鲍勃"。67岁的他是英国获得勋章最多的军事指挥官之一。罗伯茨的一系列勋章始于1858年在英属印度获得的维多利亚十字勋章。从那时起，荣誉接踵而来。1881年，在马朱巴战役之后，他曾到过南非一次，那一次也是作为救世主来的。但是，那次当他到达南非时，战事已经结束，改变局面的机会已经错过了。

这一次是他第二次担任南非的英军总司令，尽管开局不利，总体情况却有所不同。在他获得任命的那天，即1899年12月17日，他刚得到消息说他的儿子在科伦索战役中阵亡，但他还是全身心地投入到新的使命中去。他于1900年1月10日抵达开普敦。英国从本土以及殖民地和自治领地调来了成千上万的士兵，兵力不再短缺，足以增援所有战线。罗伯茨自己则组建了一支5万人的远征军，确保了军队的平衡。在研究了失败的战役后，他得出结论：一些情况必须改变。运输和供应需要集中管理，提高效率；情报工作需要改进；最重要的是，他们需要更多的马匹。在欧洲、美洲，世界上任何地方，只要能找到马匹，就把它们迅速地收集起来。他相信，解决战局不利的因素是骑兵及骑马的步兵。他们具有高度的机动性，能给布尔人造成出其不意的打击。弗伦奇少将奉命召集一个全骑兵师。

准备工作在1900年2月初完成。布勒最初计划沿着从开普敦到布隆方丹的铁路线行进，穿过中心地带，大多数布尔人也是这么预计的，但罗伯茨计划不这么走，而是走西路，经金伯利进军。克朗杰是料想到这一点的少数几个人之一，但他没有预料到的是，罗伯茨会突然转向东部，进入奥兰治自由邦。弗伦奇势不可挡的骑兵先遣部队以迅雷不及掩耳之势向北

挺进，使得克里斯蒂安·德威特和他的突击队队员来不及进行
有效的阻击。2 月 15 日，弗伦奇在莫德尔河的对岸，准备完成
他的任务，即支援北部 20 公里外的金伯利。他决定进行一次
老式的骑兵冲锋。克朗杰匆忙召集特遣队，派往鲁德卡尔方丹
（Roodekalkfontein）拦截对手，这些人被赶得四散奔逃。英军
以极快的速度向前推进，像沙尘暴一样袭击了金伯利。但到达
那里的时候，弗伦奇的骑兵也已经是强弩之末，疲惫不堪，他
们的数百匹战马尚未适应这片土地，不习惯坚硬地面，由于疲
劳而倒下了。胜利的队伍到达了目的地，也在高地草原上留下
了一条遍布马尸的死亡之路。[64]

　　尽管如此，金伯利的军民还是对他们表示了热烈欢迎。经
过 123 天的围城，终于有这队骑兵到达了。2 月 15 日星期四
下午 4 点，第一批人骑马进城，他们汗流浃背，精疲力竭，满
身尘土。金伯利城内平素一本正经的女士们，兴奋地把战士们
从马鞍上拽下来并拥抱他们。官方的欢迎仪式非常隆重。罗德
斯在当地疗养院酒店举办了一场私人派对，拿出了自己收藏的
香槟，款待了弗伦奇和他的战士。弗伦奇被他征服了。在与凯
维奇的激烈争论中，他迅速站在了罗德斯一边。这位边防司令
被撤职，由弗伦奇手下的一名军官接替。

　　这对凯维奇来说是一个残酷的打击。几个月来，他一直指
挥这座城镇的防御工作，并组织分配不断减少的食物供应。罗
德斯时而合作，时而阻挠。例如，他曾让凯维奇征用戴比尔斯
公司的设备和劳动力来修建防御工事。他的一位雇员，一位名
叫乔治·拉布拉姆（George Labram）的美国采矿工程师，搞
了一些发明，让每个人都惊讶不已：他建起了一座 50 米高的
观察塔，一个保存肉类的巨大冷藏箱，一个从矿井抽水供水的
装置，最重要的是，从 1 月 19 日起，他们就拥有了自制的远
程火炮，它被命名为"塞西尔大炮"（Long Cecil），以表示

对塞西尔·罗德斯的感谢。

但罗德斯也与凯维奇作对，他经常在凯维奇不知情或未经其同意的情况下采取行动，还发布了在外部世界传播恐慌情绪的公报。他不止一次地在金伯利城内煽动骚乱。2月7日，布尔人运来了"长汤姆炮"来对付塞西尔大炮。布尔人运来的大炮是"沉默的苏珊"，这门炮曾安放在莱迪史密斯，被英国人打哑火了。此后，布尔人把它运到比勒陀利亚的荷兰－南非铁路公司的车间修好了，然后又运到了金伯利，但是炮筒缩短了，于是被重新命名为"犹太人"（影射犹太人的割礼习俗）。重炮发射的90磅炮弹在该镇居民中引起了恐慌，因为这可比他们几个月来所经历的步枪射击要猛烈多了。它还炸死了不少人，具有讽刺意味的是，被炸死的人包括塞西尔大炮的设计师乔治·拉布拉姆。

211　　罗德斯用他惯常的方式——戏剧性的单人表演——进行了反击。在没有跟凯维奇通气的情况下，他在2月11日张贴海报，宣布他将开放戴比尔斯矿作为避难所。人们的反响非常热烈。那天晚上，3000名白人妇女和儿童在地下数百米的地方避难，挤在一起，一位目击者说，那情景就像一大群海鸥蹲在一块岩石上一样。这些人一直躲在矿井下，直到四天后城市被解放。当时矿井内的环境很不卫生，但几乎所有人都活了下来。人们在地下藏身处躲过的磨难，可以从金伯利围城期间的死亡人数反映出来：士兵中有135人死亡，有21个平民死于轰炸，另有远多于此的大约1500人死于营养不良和疾病，其中大部分死者是非洲人和有色人种。[65]

* * *

金伯利被解放后，罗伯茨等于取得了他的第一个胜利。但是布勒还没有品尝到胜利的滋味。罗伯茨 2 月 17 日和 18 日获胜后，莱迪史密斯在那里等待被接手。第二天，布尔人从图盖拉河东南岸撤退了。下一步英军该做什么就很明显了，他们应该在已经占领的山顶上部署好火炮——此时布勒已拥有超过 75 门炮——从那里向布尔人支离破碎的左翼发起进攻。

但奇怪的是，布勒并没有这么做。为了证明他最初的计划——从科伦索直接穿过布尔人的防线——是可行的，他把他的军队从东南岸撤回，准备攻击科伦索北部和西北部的鲁伊科普山（Rooikop）、马蹄山（Horseshoe Hill）和韦恩山（Wynne's Hill）这几个山头。

布尔人这下子又振作了起来。失去东南岸阵地后，路易斯·博塔灰心丧气，曾建议放弃图盖拉河防线，并随之放弃对莱迪史密斯的围攻。他们已经气馁了，因为他们最后一次拼尽全力试图使莱迪史密斯投降的努力，很可能要失败。当时的想法是在克利普河上建一个大坝，形成一个湖泊，最终让水溢出来，淹没位于下游的莱迪史密斯城。这是一个很有新意的计划，他们相信用大约 3 万个沙袋就可以实现，由 500 名黑人劳工来填充和运输。这个目标在 1 月开始时实施顺利，但渐渐地，人们发现计划可能是过于雄心勃勃了。他们重新计算了一遍，发现需要的沙袋要多得多，至少是 16 万袋，而且在可预见的未来，雨水太少，无法填满大坝。而现在，布勒已经来到图盖拉河岸边，准备发动最后的一击。[66]

然而，令布尔人惊讶的是，布勒放弃了自己成功的新战略，显然打算再试一次让他的军队挤过狭窄的山口。丘吉尔引用了一位明智地选择不透露姓名的军官的评价："这就像在大剧场里坐好，等着一排一排被敌人射中。"他这么说绝对正确。布尔人立刻意识到，这个顽固的布勒又给了他们一次机会，于是他们重新回到了自己的阵地上。这场战役于 2 月 21 日开始，持续了 4 天，简直是之前战役的一次重演。无惧死亡的英国步兵占领了一座山丘，一路上损失惨重，结果却发现自己被孤立在山顶，并受到邻近山丘更猛烈的火力攻击。这一场景在不同的地方重复了一遍又一遍，每一遍都充满"血腥、愤怒、疯狂"。在哈特山上的战斗最为恐怖。一个躺满死伤人员的无人区将交战双方分开。伤员被遗弃在火线上好几天，没有人照料，没有食物、水，也没有防护。从远处，丘吉尔看到"这些可怜的小伙子虚弱地移动身子，试图通过扭动，把自己带到安全的位置"，此情此景让他倍感伤心。这些伤病让他想起了在恩图曼受伤的马赫迪战士，"只不过这次伤员都是我们自己的同胞"。

2 月 25 日星期天，布勒决定，战役进行到这个地步必须结束了。他提议停火，埋葬死者，营救伤者。博塔形式上拒绝了他的请求，但同意实施事实上的停火。担架手花了一上午的时间来运送伤员。由于几天无人照料，那些伤病员都很可怜。看到战场上的尸体，丘吉尔感到震惊，它们"肿胀发黑，身上是被敌人普遍使用的扩张型子弹撕裂的可怕伤口"。布勒利用这个机会重新部署部队。毕竟，这不是一个正式的停火协议。布尔人没有试图阻止英军的调动。他们看着英军的小分队再次越过图盖拉河撤退——这种情况发生了多少次，他们已经记不清了——以为自己又给了布勒一个教训。

这是事实，但布勒也从这些徒劳无功的攻击中学到了一些东西。关键的确在于他们先前占领并随后放弃的东南河岸的阵地。他在朗湾山和基督山重新部署了重型火炮。丘吉尔满意地记录说："大炮正运回到山上。"由于原来的攻击计划取消，搭设的浮桥被拆除，然后在下游几公里处重新组装，靠近新目标，即布尔人在彼得高地的左翼阵地。所有的步兵旅都聚集在它周围。他们在 2 月 26 日获悉，还有一项任务要交给轻骑兵和邓唐纳德的其他骑兵。第二天一早，他们就要在尽量靠近图盖拉河的基督山岛和朗湾山进入阵地，从那里用步枪、马克沁机枪、野战炮，以及他们所拥有的一切武器，对河对岸的布尔阵地进行连续的火力攻击。终于——这是他第五次尝试突破对方防线——布勒准备让他的全部部队参战了：炮兵、步兵和骑兵，而且是同时进行。

所有的武器、所有人都参与行动。丘吉尔对此充满期待。接下来的一天将是图盖拉河战役的关键一天：成败在此一举。无论如何，2月27日这一天选得很好。跟马朱巴战役同一天。整整19年前，布尔人打败了英国人，粉碎了他们在军事上的骄傲。现在，一雪前耻的时候到了。[67]

* * *

马朱巴日的摊牌：西线的士兵嘴上都挂着这个说法。罗伯茨意外入侵奥兰治自由邦，特别是他的骑兵在2月15日向金伯利推进，使布尔人陷入混乱，破坏了他们队伍之间所有的协调行动。克朗杰和德威特选择各自为战，见机行事。

一开始，德威特就向罗伯茨展示了冒进的风险有多大。这尤其适用于像罗伯茨这样庞大的远征军，他们正逐渐远离铁路线，因此不得不依靠传统的运输方式来运送物资。在战役开始之前，罗伯茨已经让基钦纳改变了既定的安排，即每个营自己负责给养。这种方式似乎更灵活，但他和基钦纳一致认为，这种方式效率低下，浪费资源。他们希望建立一个单一的、庞大的补给车队，而且他们也得到了这样的车队。但是他们很快发现这样的大车队非常脆弱。在金伯利被解放的那天，一支由牛车组成的英国大车队在瓦特法尔浅滩处停下来，让拉车的牛休息，结果整个车队落入了克里斯蒂安·德威特的突击队手中。他们劫走了180辆满载宝贵的食物供应的大车和2800头牛——几乎是英国远征军进军布隆方丹所需的牛和牛车数量的三分之一。罗伯茨一方面为金伯利的解围而激动不已，另一方面又要面对这个严重的挫折。现在的选择是要么带着一支分遣队夺回车队，要么减少口粮分配。罗伯茨选择了后者——换言之，他认为兵贵神速。[68]

就在同一天，也就是 2 月 15 日，在向北 20 公里的地方，克朗杰发现自己也陷入了同样的困境，于是采取了另一种选择。他的 5000 人无法长时间留在马格斯方丹的战壕里。他们有被包围的危险，所以也不得不拔营起寨。问题是，他们应该带走哪些东西。他们已经在那里住了好几个月，并建立了一个半永久的营地，甚至妇女和儿童都来探望了。他们的补给品堆放在数百辆牛车上，要是把这些都拿走，那行进的速度就会很慢。尽管如此，克朗杰还是决定尽可能多地带些东西。他计划在更往东的地方占领新的阵地，阻止英军向布隆方丹挺进，要做到这一点，他们需要这里的这些装备。那天晚上，一支沿着莫德尔河北岸绵延 8 公里的队伍启程了。

第二天一大早，他们就被发现了。罗伯茨还没有到达，但基钦纳立即派出他的部队去追赶布尔人。他的先遣部队在克利普渡口（Klipdrift）与布尔后卫队相遇。随后发生了交火，但布尔人仍能边战边走。那天晚上，他们到达了帕德堡浅滩（Paardeberg Drift）。克朗杰从那里派出他的部分牛车车队前往莫德尔河南岸。那群人设法逃脱了。克朗杰本人，连同他的主力部队和车队的其余人员，继续沿着北岸朝文都蒂浅滩（Vendutie Drift）前进。在那里，2 月 17 日，他发现他们几乎完全被包围了：西边是亨利·科尔维尔（Henry Colville）中将的第九步兵师，南边的莫德尔河对岸是陆军中将托马斯·凯利－肯尼（Thomas Kelly-Kenny）率领的第六步兵师，北面和东面是弗伦奇在金伯利建立起来的骑兵部队。弗伦奇的骑兵拦截了纳斯·费雷拉（Naas Ferreira）将军率领的后援部队，趁布尔人未弄清情况的时候，抢劫了 2000 头牛——这是对德威特抢走的牛的公平补偿。克朗杰和他的手下只有一条路可逃。他们不得不把牛车抛在后面，在黑暗的掩护下步行过河到南岸，希望能与德威特的突击队会合。至少，这是克朗杰的长官建议他做的。但克朗杰却另有决定，他计划巩固自己在北岸的阵地并投入战斗。

这正是基钦纳想要的。罗伯茨患了重感冒，一直住在雅各布斯达尔，并在他不在的时候委托基钦纳指挥他的部队。这是基钦纳的机会，展示一下自己如何对付布尔人。在恩图曼对战马赫迪的战士之后，他现在可以把在帕德堡对战布尔人的战功记入自己的功劳簿了。既然布尔人已经处于守势，他就要立即出击，从所有方向发动全面进攻。下面的将领提出了抗议，但他对他们的反对置之不理。2 月 18 日，基钦纳下令进行同往常一样的炮火攻击。就像梅休因、布勒和他前面的一长串英国将军一样，他相信他可以直接冲垮布尔人的阵地。但是这一战，基钦纳也得到了一个沉重的教训，认识到了手持现代的快速射击武器、躲在战壕里的射手究竟有多大的杀伤力。这次相遇变成了一场大屠杀，但死的人主要是他这边的。到夜幕降临时，英军已死亡 300 人，受伤 900 人。

就伤亡人数而言，这堪比斯皮恩山战役，也永久性地损害了基钦纳的声誉。罗伯茨得知消息之后心急如焚，第二天就赶到了前线。他决定，必须采用不同的方式对付布尔人。布尔人也在此战中付出了代价。炮击摧毁了他们的大部分补给，另外他们的马和牛几乎都被杀死或抢走了。他们被困在了那里。罗伯茨要做的就是扎紧口袋：把他们团团围住，用他的 100 门大炮轰击他们，挖壕沟靠近他们，这样打下去，这场战役很快就会结束。

215

布尔人在帕德堡的阵地确实毫无固守的希望。莫德尔河南岸的英军设法拖住了德威特，但他认为还有突围的可能。天气恶劣，使他无法通过日光反射信号器与克朗杰联系，因此在2月24日晚上，他命令布尔侦察队队长丹尼·塞隆（Danie Theron）穿过英军防线，亲自送信。消息的内容是，如果克朗杰试图南下，德威特可以掩护他。克朗杰知道，德威特是否能给他提供掩护还很难说，但他准备冒险一试。然而，他手下的指挥官却反对这一计划。英国人无情的炮击让他们损失惨重。他们几乎筋疲力尽了，他们一直在喝被尸体污染的水，食物闻起来都是炸药的味道，他们已经疲惫不堪，衣衫褴褛，更糟糕的是，过去几天的雨水使河水上涨，把他们的战壕变成了泥坑。他们对逃跑不感兴趣，而是准备投降。

克朗杰又坚持了两天。2月26日星期一晚上，他又召开了一次战争委员会会议。如果他们真的决定投降，那么能至少等到马朱巴日之后吗？但他手下的将领们又拒绝了。与此同时，英军已经来到了布尔人的战壕附近。第二天一大早，他们准备发动决定性的进攻。5点钟时，霍勒斯·史密斯－多里安（Horace Smith-Dorrien）少将呼吁布尔人投降。白色的手帕一块一块地挂了起来。面对这种局面，克朗杰无法可想，只能顺从。6点钟时，他升起了白旗。他被护送到罗伯茨那里，罗伯茨彬彬有礼地跟他打招呼。"我很高兴见到您。您做出了英勇的抵抗，先生。"那天有4000多人在帕德堡投降。而德威特、费雷拉和其他布尔指挥官指挥的部队继续前进。西线战事至此终结。罗伯茨可以挥师进入布隆方丹了。[69]

* * *

好消息通过战地电报传到布勒那里。这是2月27日星期二的黎明前。罗伯茨突破了布尔人的防线。现在轮到布勒了。在马朱巴日取得双重胜利的天赐良机掌握在他的手中。万一再次失败，他的军旅生涯也就终结了，这一点几乎毫无疑问。上午10点钟，浮桥在新的位置架设好了。从那里，他的步兵旅在东南岸炮兵和骑兵的支援下，将攻击哈特山、斯波尔维格科普（Spoorwegkop）和彼得高地。布勒使出了浑身解数。他第一次利用了人数上的优势；他有4倍多的人，10倍多的炮。"图盖拉河的船夫"准备开始他的最后一次横渡。

　　丘吉尔从自己所在的位置可以很好地看到整个作战过程。轻骑兵躲在河边的大石头后面，用步枪和机关枪连续不断地向对岸的布尔人阵地射击。处在更高位置的骑兵和炮兵也在射击。在丘吉尔看来，他们晚了一会儿才开始开火，但枪炮声逐渐变成了"震耳欲聋的噪音，我认为这是进攻中最振奋人心的因素"。轰隆隆的爆炸声和密集的掩护火力使布尔人胆战心惊，但真正负责冲锋的是步兵。丘吉尔看见他们穿过浮桥，向对岸的几个山顶呈扇形展开。他们前进的步伐缓慢，稳扎稳打，夺取每一座山，但这一次他们的行动协调一致，取得了进展。随着时间的推移，布尔人失去了更多的阵地。在下午结束时，他们放弃了一些阵地，有的逃跑，有的投降。傍晚时分，布尔人的抵抗被击溃，英军士兵发出了欢呼声。他们在彼得高地战役中也取得了胜利，突破了布尔防线。英军已经为马朱巴战役的失败报了仇，雪了耻。

　　这标志着邓唐纳德勋爵和他的骑兵可以离开阵地，骑上马，穿过图盖拉河，追赶逃跑的布尔人。然而，在浮桥上，他们发现布勒正亲自等着他们。他仍然感到不安。夜间可能会有反攻，他还没有准备好让自己的骑兵冒险。所以他阻止了追击。失望的骑兵们回到了他们的营地。

　　在返回的路上，丘吉尔路过一小群布尔战俘。他们看上去就像在酒吧里能见到的那些人，"非常普通的人，毫无尊严地咧着嘴笑，喋喋不休……很难理解是什么特质使他们成为如此可怕的敌人"。有一个负责看守的人辱骂这些战俘，这让丘吉尔吓了一跳。那个看守说："我长这么大从来没见过这样的懦夫；他们向你开枪，等你走近了他们，他们忽然又乞求宽恕了。我得好好教训一下他们。"如果由那个看守和他的伙伴们决定，他们可能会当场就把这些战俘刺死，但他们的军官出面干预了。受到军官斥责的看守转向囚犯，递过去自己的水壶，让布尔战俘喝水。这件事让丘吉尔"思索起英国人和布尔人所表现出的人性的对立和矛盾的侧面"。

第二天，2月28日，骑兵和炮兵被派往图盖拉河对岸。步兵得到了一天的休整。他们以80人阵亡、400多人受伤的代价取得了胜利。在过去的两周里，英军在攻击布尔人左翼的战斗中总共有400人死亡，1800多人受伤。布勒打算在3月1日继续前进。他派出了侦察巡逻队，以查明布尔人是否在莱迪史密斯的前面建立了新的防线，如果有的话，是在哪儿。

丘吉尔利用这个机会察看了哈特山上被遗弃的布尔人的战壕。在那里，他遇到了一群来自东萨里团的士兵，他们非常愿意带他四处参观。"到这儿来，先生。这里有个没头的家伙；脑袋齐齐地掉下来了。"丘吉尔感谢了那人的好意，但他更感兴趣的是战壕的建造方式。壕沟很深，他可以直立在里面而不露出头，另外战壕没有真正的胸墙，只是在前缘放了一些石头，每隔几米就有一小堆毛瑟枪弹药。地上的弹药箱齐膝深。一名军官拿出了几颗达姆弹。他说，他们找到了很多装满子弹的箱子，布尔人扔下了大约五分之一的子弹。丘吉尔跟那个军官说话的时候，贬斥了布尔人的性格，说他们心里阴暗，他说这话的时候大概忘记了自己在被捕时携带的也是达姆弹。[70]

随着时间的推移，越来越多的证据表明，布尔人不仅放弃了图盖拉河防线，而且在从莱迪史密斯撤退。邓唐纳德的骑兵偶尔会遭遇抵抗，但它们都没有持续太久。傍晚时分，休伯特·高夫（Hubert Gough）少校的先头部队送来了消息，说通往莱迪史密斯的道路已经畅通。听到这个消息，邓唐纳德决定亲自骑马去那里，并邀请丘吉尔一起去。那是一次难忘的经历。在傍晚凉爽的微风中，他们飞奔着穿过乡间，想象着莱迪史密斯就在下一座山的后面，也许是再下一座山，然后，这个城就显现在他们面前了。就在到达之前，他们加入了高夫的纳塔尔骑兵和帝国轻骑兵纵队，这两支队伍结束了布尔人对莱迪史密斯 118 天的围攻。

那天晚上，丘吉尔在边防司令怀特的司令部用餐。他的座位被安排在老朋友伊恩·汉密尔顿旁边。这次分开的时间可够长的，但是无论如何，他们终于又聚在一起了，该喝上几杯，抽支好雪茄了。他们有很多话要谈。[71]

21 战争狂热

莱迪史密斯，1900 年 3 月 3 日

这世上很少会有儿子愿意陪同自己的母亲前往离家近 1 万公里的战场，更不要说就在一周前，那个当儿子的还在那里经历了生死之战。但温斯顿·丘吉尔是这样的儿子。他和母亲做这件事的时候，根本没有丝毫的犹豫。她不是个循规蹈矩的女人，经常是想干什么马上就去干，在丘吉尔的记忆中，母亲一直都是这样的人，这次呢，她碰巧又经过南非。伦道夫夫人是在 1900 年 1 月底搭乘"缅因号"医疗船抵达德班的。"缅因号"是她代表一个美国妇女救济组织在伦敦租来的一艘医疗船。一段时间之前，丘吉尔曾在德班见过母亲。激烈的战事一结束，她就想看看战争的前线，那里是她的大儿子写报道提及的地方，也是她的小儿子不幸负伤的地方，而且他小儿子也碰巧是"缅因号"上第一批病人之一。

丘吉尔帮她办了通行证，仿佛让自己的母亲来战争前线看一看是世界上最正常不过的事情。他本来也想带他的朋友帕梅拉·普劳登一起去，但由于某种难以理解的原因，普劳登决定留在英国。伦道夫夫人在 3 月初开始了她的"观光之旅"。她乘火车到科伦索，在奇韦利经过离丘吉尔第一次外出冒险时装甲列车的车厢出轨很近的地方。在那之后，走到哪儿都全靠即兴发挥了。她通过一座临时搭建的桥穿过了图盖拉河，然后坐在一个敞篷列车车厢里前往莱迪史密斯。速度很慢，但是慢有一个很大的优势，"凭借温斯顿生动的叙述，我们可以好好观察并把一切都搞明白"。而且有足够的时间拍照。莱迪史密斯城令人失望：这是一个闷热、尘土飞扬的鬼城，房屋的窗户上挂着百叶窗，穿过街道的人都懒洋洋的。幸运的是，瑞德弗斯爵士好心地邀请她去吃晚饭，并在他所住的修道院给她准备了

一张像样的床。第二天早上，伦道夫夫人去了德班，一星期后乘船回了英国。[72]

伦道夫夫人所在的救济组织是"黑色星期"之后在英国及其海外领地自发成立的众多组织之一。"我们对失败的可能性不感兴趣；失败是不存在的。"81 岁的维多利亚女王听到"黑色星期"的坏消息后做了这样一番表述。她在整个大英帝国的臣民都赞同这一观点，其中许多人也想为此做些什么。"战争热"跨越了所有的地理和社会界限：从渥太华到墨尔本再到奥克兰，从马球俱乐部到音乐厅和啤酒馆，每个人都急于做点力所能及的事。成千上万名志愿者申请加入新组建的骑兵团，比如英国的皇家约曼骑兵、皇家轻骑兵，或者南非轻骑兵——如丘吉尔兄弟两人所在的轻骑兵团——前往开普殖民地和纳塔尔。加拿大、澳大利亚和新西兰也是这番景象。公众蜂拥而至，加入政府答应派出的部队。大英帝国正准备反击。

那些不能或选择不参与战斗的人找到了其他为战争出力的方法。他们组织筹款活动来支持海外军队，或者加入像伦道夫夫人那样的医疗队。阿瑟·柯南·道尔（Arthur Conan Doyle，经典侦探小说《福尔摩斯探案全集》的作者）就是这样表达爱国情怀的。他是一名职业医生，当然他更出名的身份是创作了福尔摩斯这个角色。皇家义勇骑兵因为他的年龄（40岁）和军事经验（完全为零）拒绝了他，但他在慈善家约翰·朗曼（John Langman）的私人野战医院找到了一份差事。他于 1900 年 2 月乘船前往南非。

莫罕达斯·甘地为达此目的而需要走的路就比较短了。自1893 年以来，他一直居住在纳塔尔，是一名律师。但他也有一个障碍，那就是他的种族。军事当局不欢迎来自不同种族背景的"帝国之子"，至少一开始不欢迎。毕竟，帝国主义的狂热也是有限制的。战争开始时，即 1899 年 10 月中旬，甘地提

219

出愿意为英军服务，以彰显当地印度人对帝国的忠诚，但他遭到了嘲笑，得到的答复是："你们印度人对战争一无所知。"在10月30日"悲伤星期一"之后，情况发生了变化。甘地重新提出请求，军方接受了，并且很感激他。纳塔尔印度救护队成立，由大约1000名担架手组成。前线真是太需要他们了，这一点从他们参与救护的战场的名单就可以看出来：科伦索、斯皮恩山、瓦尔克兰兹。[73]

这些私人拥军医疗组织是英国军队常规医疗服务的补充，而按照19世纪的标准，英国军队的常规医疗服务已经算是相当全面的了。在英国医学协会的大力推动下，于1898年成立的皇家陆军医疗队提高了军医的地位和服务质量。但这个医疗队几乎没有时间为在南非的任务做准备，其实它也不可能做出什么准备。军方原本的计划是派出一支规模相对较小的远征军就够了，根本没有料到在"黑色星期"之后需要加派数万名士兵。这一行动在各个方面——人力、绷带、设备、运输等，所有可以想象的东西——的规模都大大膨胀，使得为英国士兵提供足够的医疗服务变得无比困难。

如果伤员能被快速地从战场上撤离的话，他们通常能得到很好的照顾。根据伤情严重程度，他们要么在现场的野战医院接受治疗，要么在距离前线一定距离的设施中接受治疗。给他们医治的都是熟练的外科医生。这些医生可以治疗大多数枪伤和骨折，他们训练有素，拥有乙醚、三氯甲烷、X光设备，可以熟练地进行截肢手术。他们知道感染的危险，也知道如何预防和治疗感染。

同样的专业知识也可用来处理传染病，只不过这些疾病很难控制。经过一段时间的护理、休息和康复，伤口会愈合，治疗也会结束，此时病人已经康复或学会了在永久性残疾的情况下生活。但是传染病无处不在。预防传染病需要严格的纪律，而治疗它们需要严格的卫生制度。如果没有足够的新鲜食物、干净的水和医疗设施，传染病就很难控制。

莱迪史密斯就是一个典型的例子。在被布尔人围困了几个月之后，当地居民和驻军已经到了筋疲力尽的边缘。丘吉尔向《晨报》的读者讲述了他的亲眼所见。1900 年 3 月 3 日，布勒率领所有士兵游行穿过小镇，庆祝胜利。经过几个月的战斗，士兵已经筋疲力尽，他们的军服破烂不堪，靴子和头盔也已经破烂不堪，但是他们那被晒黑了的骄傲的脸仍然像"一队雄狮"。在他们旁边，这个城镇的居民，特别是士兵，则一个个可怜兮兮，面有菜色。怀特司令和他的参谋们"所骑的马都瘦骨嶙峋"。他手下的人尽了最大的努力使自己看起来体面些，但在这一切之下，他们却是苍白而憔悴的，至少那些能出来参加仪式的人是这样。大约有 2000 名病人住在因托比医院帐篷营地，其中大多数患有伤寒或痢疾。丘吉尔也和他的读者们分享了这一信息。他花了很长的篇幅详细描写了那些瘦弱、被忽视的病人，他们因发烧而颤抖，被关在拥挤且不卫生的小屋里。他们缺乏食物、牛奶、白兰地和足够的医疗救助。医院后面是"600 人的坟墓，十字架森林"。[74]

* * *

L.M. 赫勒曼斯（L.M.Hellemans）修女对因托比医疗营地的状况感到震惊，这里和在波吉特农场上的战地医院完全不一样。那个战地医院设施良好，交通方便。但是在 3 月初英军的前锋部队迫使他们关闭了那个战地医院。赫勒曼斯修女是一名来自荷兰的挑剔的护士，她早就对布尔人不注意卫生的做法感到震惊，但她从未见过如此肮脏的地方。布勒将军亲自阻止她的红十字会队伍陪同布尔人撤退。他说，在因托比有 18 名布尔战俘需要治疗。她所在的单位是荷兰红十字会第二救护队，要负责照顾他们。J.D. 科斯特医生曾提出抗议，要求他们享有行动自由的权利，但布勒却坚持己见，决不松口。有谣言说，他怀疑他们不仅仅是为布尔人提供医疗服务。赫勒曼斯和她的同事们不得不忍辱负重地开展自己的工作。

很难想象还有比这里更肮脏、更不卫生的地方。他们被告知把帐篷搭在营地的周边，就在"掩埋所有垃圾，以及安置了洗衣房和其他类似设施的地方"——换句话说，就是"被污染的地上，到处都是斑疹伤寒细菌等"。这个地方臭气熏天，"酷热难耐，这个可怕的地方变成了疾病的滋生地"。但他们别无选择。他们开始卸下自己的物资。英国士兵表示愿意提供帮助，但"他们不管能碰见什么，一概都会偷走"。这支红十字医疗队费了好大的力才让英军给他们安排了一名警卫，但他最终拒绝让他们去取用自己的食物供应。他说，这些食物已经被没收了，他们只能靠食堂的供应。虽然他们相对充足的供给最终被归还，他们仍然受到"各种爬行的和有翼的生物"的困扰。这些动物简直是"灾祸。吃一口食物或喝一口东西，而不吞下一只苍蝇，简直是太难了"。而所谓的 18 名受伤的布尔人却根本不见踪影。[75]

红十字会向布勒将军投诉他们的待遇，说一个红十字会的医疗队受到了未经官方授权的留置，这一投诉最终取得了成果。三周后，荷兰红十字会第二救护队被护送到比格斯堡的布尔营地。他们从那里返回比勒陀利亚，被部署到其他地方，这次是在西线，但是确切的地点还没有定。这取决于德兰士瓦红十字会、1 月政府指定的医疗委员会和海外救济组织之间的谈判。

布尔营地的医疗条件显然是不足的，而且无法协调资源，突击队队员只能随机应变。即使在和平时期，医疗也不是布尔共和国的优先事项。该国总共只有两家像样的医院，一家在比勒陀利亚，一家在约翰内斯堡，其余的都很小，设备简陋，不容易找到。战争爆发后，医疗状况没有立即发生变化。其实，可以说该国几乎没有做任何医疗方面的准备。医生和所有其他应征入伍的人一样，在自己所在地区的突击队服役，并继续治疗自己的病人。德兰士瓦唯一的专业军事单位是国家炮兵，也是唯一拥有自己医疗队的单位，其医疗队由 1 名医生、1 名兽医、1 名药剂师和 12 名男护士组成。[76]

　　这种情况必须有外界的干预才能稍有改变。荷兰－南非铁路公司的主管克雷奇马尔·范·维恩是第一批提供实际帮助的人之一，他的公司为战争提供了帮助。其中包括布尔突击队的医疗，士兵可以得到该公司的医生和医院的救治。克雷奇马尔·范·维恩还捐赠了四辆装备齐全的医疗大车，这些车是在公司位于比勒陀利亚的中心车间制造的。此外，他还积极在荷兰争取这方面的支持。他在阿姆斯特丹的联合董事和德兰士瓦驻欧洲外交代表威廉·莱兹的帮助下，与荷兰红十字会达成了一项协议。其努力的结果，就是 1899 年 10 月 28 日荷兰红十字会第一救护队启程前往比勒陀利亚。另一支队伍，即赫勒曼斯修女的救护队，一个月后也启程了。1899 年 12 月又有两个救护队前来，最后一支是俄国和荷兰共同组建的。荷属东印度群岛也在同一时间派出了一个救护队。

　　提供医疗设备和人员的国家并不是只有荷兰一家。总共有来自德国、俄国、比利时、瑞士和斯堪的纳维亚的 14 支外国救护队前来援助德兰士瓦和奥兰治自由邦。200 多名医生、修女和男护士带着现代化设备，以及大量药品、绷带和食品抵达，极大地改善了布尔突击队的医疗状况。即便如此，布尔人整体的医疗救治在很大程度上也是零碎的。服务太混乱，工作条件太原始，想改善也不可能改善到多好了。赫勒曼斯修女和

222

她的同事们并不是唯一抱怨气候、害虫及感染风险的人。对于上述问题，所有的海外医疗救护人员都感同身受，而且，他们也都遭到了来自布尔人的不信任（他们觉得医疗人员有关卫生方面的说法是危言耸听），另外英国人对他们的中立性也存在怀疑。在一个案例中，这些担忧是有道理的。1900年2月中旬，由60人组成的爱尔兰裔美国救护队从芝加哥出发，一踏过德兰士瓦河，大多数人就摘下了红十字会的臂章，换上了步枪和子弹带。[77]

* * *

从各方面考虑，威廉·莱兹有理由对欧洲向他的第二祖国提供人道主义援助感到满意。尽管英国媒体对爱尔兰裔美国救护队的事件颇有微词，但实际上他与爱尔兰裔美国人没有任何联系。但是他已经习惯了这种批评。毕竟，在英国，他被视为邪恶的天才，负责为布尔人干一些不正当的勾当。1900年4月初，一名16岁的无政府主义者在布鲁塞尔北火车站朝威尔士亲王开了两枪，但没有伤到亲王。甚至连受人尊敬的印度事务大臣乔治·汉密尔顿勋爵也说："布鲁塞尔是莱兹先生管理的谎言工厂的总部。"[78]

在欧洲大陆，莱兹的名声比较好，他被认为是布尔人正义事业的无可匹敌的捍卫者。自从战争爆发以来，他一直都无须寻求公众的支持，因为欧洲几乎一边倒地站在布尔人一边。他的大部分时间都花在了处理救援组织、团结游行、祝福者的来信和筹款活动上，这使得他几乎没有机会去管那些想要加入布尔人行列的志愿者。他们得到的建议都是可以前往巴黎，那里的总领事兼荷兰首相的表兄约翰内斯·皮尔森（Johannes Pierson）为他们提供了所需的情报。可是，他们得到的答复是，比勒陀利亚要求志愿者自己承担风险和旅行的费用，其中的许多人因此失去了兴趣。[79]

1900 年 2 月下旬，英军突破了布尔人的两个战线，这让人很失望。莱兹意识到："关于克朗杰，以及金伯利和莱迪史密斯战况的报道，对我们在荷兰的朋友们产生了很大的影响。"他请了几天假，但只是为了治疗重感冒。对于战争形势，他并不像大多数人那样认为毫无希望。"我仍然相信正义会占上风。"矛盾的是，他觉得军事上的失败带来了新的机会。

首先，他认为发表拖延已久的《向海牙会议与会各国发出的呼吁》的时机已经成熟。只要布尔人还在连胜，欧洲的许多同情者，尤其是荷兰人，就一直反对"调停和干预"。现在他们在纳塔尔和奥兰治自由邦西边都处于守势，莱兹认为欧洲的情况可能会改变。事实证明他的判断是正确的，至少在荷兰是这样。3 月 4 日，若干荷兰报纸发表了由"大约 3000 名科学、艺术、商业和工业领域的杰出人物"签名的《向海牙会议与会各国发出的呼吁》。令他失望的是，呼吁书发表后几乎没有收到什么效果。呼吁书被翻译成了英文，但在主要对象国，即德国、法国和俄国，呼吁没有产生任何反应。两个月后，莱兹悲叹道："没人提起它，也没人因它而有所行动。""呼吁书没有激起任何波澜。"[80]

原因何在呢？对此，莱兹有他自己的想法。这和呼吁书本身并没有太大关系。真正的问题是比勒陀利亚方面与其驻欧洲外交代表（他本人）之间缺乏沟通。自从战争开始后，他们就无法互通电报了。一切都遭到了英国人的审查。通过更隐秘的方式传递的信息有时也能到他的手里，但主要还是依靠邮船，这不可避免地意味着长时间的延误。如果遇到紧急情况，双方不可能迅速进行磋商。如果不是因为存在这种沟通不畅，他就有可能把比勒陀利亚和布隆方丹从一个巨大的政治错误中拯救

224

出来。因为在莱兹看来，这个政治错误才是呼吁书失败的主要原因，更糟的是，他在过去几个月里按照最好的沉默外交传统安排调解的一切努力都白费了。正如他长期以来所相信的那样，布尔人的希望寄托在大国身上：俄国、德国、法国或美国。别的都不行。一切都处于不确定状态，直到 2 月下旬战争形势发生转变。这些大国都利用英国全心对付南非的时机来获取自己的利益。当时俄国正在英属印度边境的阿富汗进行军事演习；法国在阿尔及利亚的影响力不断扩大；德国正在瓜分萨摩亚群岛；而曾经自身就是殖民地的美国，则在菲律宾迈出了走上帝国主义道路的第一步。"大国无法联合起来对抗共同的敌人。它们彼此的嫉妒和不信任是不可克服的。"[81]

但这种情况随着英国军事上的成功而改变。莱兹花了大量的时间和精力与俄国同行德吉尔斯建立了友好关系，并通过他与沙皇尼古拉二世建立了关系，现在看来，这种关系终于得到了回报。1900 年 3 月 3 日，俄国政府主动提出采取联合行动。德国外交大臣冯·比洛收到了一份提议，宗旨是"欧洲各国政府应该施加友好压力"以结束南非的血腥战争。英军最近取得了一系列胜利后，施压的时机成熟了。"英国人的爱国热情"已经得到满足，任何进一步的拖延都可能导致布尔共和国的彻底毁灭。其设想是，法国和德国将以道义的名义，并以海牙和平会议的人道主义原则为根据，支持对英国的呼吁书的内容。[82]

对莱兹来说，这是最好的消息了。这正是他梦寐以求的。但几天后，当德吉尔斯告诉他俄国的提议时，为时已晚。这项提议被另一项倡议破坏了，那个倡议也是在 3 月 3 日提出的，但提出的地点是在距离莱兹 1 万公里以外的比勒陀利亚。提出它的人是总司令皮埃特·朱伯特。由于双方军事上的形势发生逆转，朱伯特对战局感到失望，自 2 月以来一直在敦促双方达成和平协议。起初，克鲁格总统接受了这个想法，并于 3 月 3

日在执行委员会上进行了讨论。会谈产生了两项决议：向索尔兹伯里勋爵发一封电报，另外向列强发出呼吁。没人就此事咨询莱兹的意见，其实在这么短的时间内也根本不可能咨询他，但克鲁格觉得有义务与奥兰治自由邦的总统斯泰恩进行磋商。他匆匆动身前往布隆方丹，3月5日，两国元首起草了一封电报，并于当天绕过殖民地事务大臣张伯伦，发给了索尔兹伯里勋爵。

天真的措辞似乎能让对方消除敌意，但实际的效果却适得其反。克鲁格和斯泰恩提到"成千上万名在这场战争中受苦的人的鲜血和眼泪，以及道德和经济的彻底毁灭的前景"，恳求恢复南非的和平。他们的意图并不是要建立一个"独立于女王陛下政府的统治整个南非的政府"，而"只是要维持两个共和国作为主权国家的无可争辩的独立"。然而，如果英国政府不同意这一点，"我们和我们的人民就没有什么可做的了，只能继续我们现在的道路"。尽管大英帝国的力量大大占优，"我们相信，我们不会被上帝抛弃，他点燃了我们心中和我们祖先心中永不熄灭的对自由的热爱"。

比勒陀利亚这边，国务秘书雷茨和国家检察官史沫茨建议两位总统等待索尔兹伯里的答复，之后再去联系其他大国，但克鲁格和斯泰恩我行我素，未听劝告。3月9日至11日，他们把给索尔兹伯里的电报的内容告知了驻他们两个国家首都的俄国、德国、法国、美国、荷兰、比利时、意大利、奥地利和瑞士的领事代表。他们还请这些国家的政府"干预这场冲突，以防止这场残酷的战争继续发生不必要的流血"。

3月12日，伦敦方面发来回电，语气冷若冰霜。索尔兹伯里在电报里回忆了布尔人在战前囤积军火的事实，提及了布尔人给他的充满侮辱性的最后通牒，并对布尔军队随后进入纳塔尔和开普殖民地表示愤怒。布尔人迫使"大英帝国打一场代

225

价高昂的战争，使其失去了成千上万的宝贵生命"。英国不可能承认两个布尔共和国独立。

索尔兹伯里表达的信息无比明确，但布隆方丹和比勒陀利亚方面一开始并没有意识到它的全部灾难性影响。雷茨和史沫茨甚至已经开始起草一份措辞严厉的回复给索尔兹伯里，直到看到其他国家的反应，他们才让步。莱兹立刻明白了这一切有多么严重。这对他个人来说是一个巨大的失望和打击。他所有的努力和巧妙的外交策略都成了徒劳。克鲁格和斯泰恩毁掉了他的"作品"，他俩就像闯入了瓷器店里的两头公牛。这是一个可悲的事实。他们搞砸了，并给了他们自身致命的一击。

226　　每个有经验的外交官都同意这一点。德吉尔斯告诉两位总统，在他们发出电报和"索尔兹伯里勋爵做出坚决声明"后，俄国提起的倡议已经变得"不合时宜"。荷兰外交大臣德博福特的回应是，"英国政府的坚决声明"排除了"任何干预的可能性"。法国外交部长德尔卡塞认为，在那个阶段，任何调解的想法都"显然是徒劳的"。德国政府，以及他们俩写信联系的其他国家政府也做了同样的答复。然而，美国政府却提出来要帮一下英国——它是唯一这样做的国家——却被告知不需要它的帮助。只有一个人不顾外交上的所有混乱，那就是年轻的荷兰女王威廉敏娜。她以个人身份向德国皇帝求助，就像她 6 个月前向维多利亚女王求助一样。但对于威廉敏娜的恳求，威廉二世所表现出的同情并不比维多利亚女王多。所以，在外交领域，一切都没有变。[83]

* * *

战争还在继续。罗伯茨勋爵对上述的波动一点儿也不关注。他不理会这一切，继续指挥军队前进。1900 年 3 月 13 日，英国远征军向布隆方丹进发。就在头一天，斯泰恩总统和他的政府已经逃到了往北 200 公里的克鲁斯塔德，这里现在成了奥兰治自由邦的新首都。

罗伯茨原本希望布隆方丹只是他前往约翰内斯堡和比勒陀利亚途中的一个站点，但结果却与他的想法截然不同。他的部队受到了打击。他们不习惯高原夏季的酷热和难以预测的雷暴。漫长的行军、激烈的战斗和减半的口粮更是使士兵举步维艰。士兵们疲惫不堪，经常挨饿，而且他们喝的水也不卫生。帕德堡的情况尤其糟糕。在与克朗杰的突击队对峙后，莫德尔河被马和牛的尸体污染了。士兵们都受到了警告，不要喝河里的水，但还是有许多人不顾一切地喝了。他们把细菌带到了布隆方丹。数万名疲惫不堪、营养不良、患病的士兵抵达一个只有 3000 名居民的小镇，这无疑是一场灾难。伤寒病暴发了，疫情比当时被围的莱迪史密斯城的还要严重。

大规模的疫情主要是由不可靠的补给线造成的，这是罗伯茨的军队面临的最大问题。布隆方丹的后勤优势在于它与开普殖民地有直接的铁路线，但在战时，这里对铁路运输的依赖其实是一个缺点。布尔人撤退时炸毁了补给线沿线的主要桥梁，修复它们需要时间。临时搭建的桥梁无法供装载补给的沉重大车通行。即使运输恢复之后，仍然存在瓶颈问题。部队所需要的食物、武器、弹药、衣服、帐篷、马匹和医疗用品都必须沿着一条轨道运送。军用物资优先于医院的物资，而此时医院已经人满为患。罗伯茨和他的参谋长因为坚持建立集中化的运输系统而给自己带来了这场后勤灾难，并受到指责。"喀土穆的基钦纳"最终负责协调一切后勤事务，结果得到了另一个外号"混乱的基钦纳"（K of Chaos，K 指 Kitchener，但也可能让人联想作 King of Chaos，即"混乱之王"）。[84]

227

* * *

罗伯茨的远征军被阻在布隆方丹，这件事对于某个人来说倒是正合适。温斯顿·丘吉尔是《晨报》的战地记者，也是南非轻骑兵队的少尉，他总是迫不及待地要做点什么。莱迪史密斯的包围被解除，纳塔尔的战事也就结束了。布尔人已撤退到德拉肯斯堡和比格斯堡。从目前的情况看，布勒打算给他和怀特的部下留出一点休整时间，让他们从经受的种种磨难中稍加恢复。因此，目前没有仗可打，也没有战争可赢。是时候进入另一战线了，去看看战争的最后一段是如何进行的，去见证对比勒陀利亚的进军。在英属印度丘吉尔就认识的朋友伊恩·汉密尔顿，如今在罗伯茨麾下，已经前往了那里。

1900 年 3 月 29 日，丘吉尔毫不费力地从骑兵队那里请了假，离开了莱迪史密斯。开往德班的火车经过了空荡荡的医院帐篷营地。死者仍被埋在那里，但病人已被转移到其他医院。他写道："可怕的因托比已经消失在过去，就像黎明时分噩梦飞走了一样。"让他意想不到的是，另一个噩梦即将到来。他从德班乘船到东伦敦，再从那里乘火车到开普敦。在等待新的任命期间，他在纳尔逊山酒店预订了一间套房。毫无疑问，任命只是走走过场，罗伯茨勋爵是他们一家人的老朋友了。丘吉尔还是个孩子的时候，就见过他很多次。此外，罗伯茨在 1885 年之所以被任命为英属印度的总司令，也是沾了丘吉尔的父亲伦道夫勋爵的光，他当时任英属印度的国务秘书。为了打发时间，丘吉尔和高级专员米尔纳一起去猎豺，也聊一聊他从酒店其他客人那里听到的流言蜚语，而在那个酒店"住着来自全世界的人，尤其是他的妻子"。

一周后，他突然意识到有些事情不对劲。他决定问问罗伯茨手下的老相识伊恩·汉密尔顿和另一位他在英属印度就认识的将军威廉·尼克尔森（William Nicholson）。答复通过电报传了过来。丘吉尔那支毫不留情的笔显然得罪了罗伯茨和基钦纳。

　　基钦纳的不满可以追溯到 1898 年在苏丹的军事行动。丘吉尔曾在《河上的战争》中直言不讳地叙述了当时的战事，批评恩图曼战役后英军杀害受伤的马赫迪战士，并谴责把马赫迪的尸体重新挖出来斩首的做法。"破坏当地人认为的神圣的东西是一种邪恶的行为。"丘吉尔认为基钦纳对这两项暴行负有责任，这事儿基钦纳可忘不了。罗伯茨也同样不会忘。丘吉尔后来在装甲火车上的英勇行为、在比勒陀利亚的越狱，以及参加在纳塔尔的布勒战役，这些事迹在那两个人看来等于稍稍弥补了他当年的过失。但他这一次在报纸上发表的报道，又把那些军事胜利的意义一笔勾销了。例如，在斯皮恩山战役失败后，他为《晨报》写了一篇批评文章，说一位英国国教牧师的布道与他在苏丹战场听到的罗马天主教布林德尔（Brindle）神父的布道相差甚远。最重要的是，他那篇报道中的金句——"罗马再次抓住了机会，而坎特伯雷却没有"，不仅让英国圣公会的神职人员感到不满，也让虔诚的罗伯茨勋爵大为光火。

　　破坏他的形象的最后一根稻草是他在莱迪史密斯的一场辩论中提出的观点，这场辩论是关于如何对待纳塔尔和开普殖民地（荷兰人和英国人后裔）那些跟布尔人站在一起的人的。许多英国人大声疾呼要对"叛乱者"进行报复，但丘吉尔却公开呼吁和解。他在纳塔尔的一份报纸上写道，复仇在道德上是错误的，实践上会取得适得其反的结果。以眼还眼，以牙还牙，这么做没用，只会进一步疏远布尔人。他说，我们希望尽快实现和平，我们最不希望的就是让这场战争进入游击战阶段。他的建议是在德兰士瓦和奥兰治自由邦建立英国的霸权，但在那之后，要给予宽恕，不对个人进行报复。

这种思想在纳塔尔、开普殖民地和英国都很不受欢迎。他在《晨报》上发表的表达了类似观点的文章被报社附上了编辑的免责声明。罗伯茨和基钦纳也不赞成和解。然而，汉密尔顿和尼克尔森确实支持丘吉尔的观点。要不是他们俩赞同他的想法，他恐怕此时就得收拾行囊，滚回英国去了。到了 4 月 11 日，他终于获准跟随并报道罗伯茨的军事行动，但"只是为了给令尊一个面子"。在他抵达布隆方丹时，他还受到了罗伯茨的军事秘书尼克尔森的训话："不可贸然苛责。"[85]

229
这番训话似乎起了作用。几天前，他给《晨报》发去了一篇涉及加塔克被解职的义愤填膺的文章。在斯托姆贝格战役中败下阵来的将军加塔克又一次出了差错，一天又一天，被人从这里打发到那里，无处收留他。在丘吉尔看来，这是不公平的。但到了布隆方丹之后，丘吉尔管住了自己的嘴。1900 年 4 月 16 日，在到了那里之后发出的第一篇文章中，他概述了后勤遇到的问题，但根本没有提基钦纳的名字，更没有提他的新绰号。虽然罗伯茨故意不理会他，但丘吉尔用热情洋溢的语言赞美罗伯茨："女王最伟大的臣民，这位指挥官在短短一个月的时间里改变了战争的命运，将灾难变成了胜利。"

最有趣的是，对于罗伯茨在莱迪史密斯的经历，丘吉尔只字未提。与此同时，布隆方丹的伤寒流行病已发展到令人恐惧的程度。自 3 月 31 日克里斯蒂安和德威特兄弟俩指挥的布尔突击队联合攻击桑那珀斯（Sannaspos）的自来水厂以来，情况更加严重了。丘吉尔在布隆方丹逗留期间，有 5000 人被感染，其中 1000 人死亡。但他在任何报道中都没有提及此事。亚瑟·柯南·道尔对此却没有保持沉默。柯南·道尔同一时期在朗曼的私人医院工作，他在发表的几篇文章中坚称强制性疫苗接种本可以避免所有这些死亡。当时，只有在提出请求时才提供疫苗。即便如此，丘吉尔也没有对这个话题做出回应。

最有可能的原因是这个话题太敏感了，他不愿再次冒犯罗伯茨而危及自己的地位，也不愿让支持他的汉密尔顿和尼克尔森难堪。否则他肯定会对柯南·道尔呼吁接种伤寒疫苗说点什么。他在乘"邓诺特城堡号"去南非的路途中，讨论过这个问题。那时，他反对接种疫苗，因为他不相信疫苗的效力。相反，他相信"健康和健康的法则"。[86]

22 纵队在行动

布隆方丹，1900 年 4 月 16 日

丘吉尔来到布隆方丹并不是为了消磨时间。行动，进军，前进，这是他想在《晨报》上传达的口头禅。无穷无尽的牛车车队和每天的深褐色尸袋队伍——这些主题他都留给别人去写了。他想再次参加战役，随部队到高地草原。他没有接到任何军事任务派他去那里，但作为一名记者，他迫不及待地想去有战斗的地方。

在这一点上，他所处的时机是完美的。1900 年 3 月，至少在奥兰治自由邦，布尔人已经被打败了；但是 4 月，布尔人又恢复了最佳状态。在被流放的斯泰恩总统和他们的新总指挥克里斯蒂安·德威特鼓舞人心的领导下，他们制定了一个更灵活的新战略。他们在布隆方丹东南部双方争来夺去的地区进行了一次又一次的偷袭。英军司令部的反应是既惊讶又愤慨。这么办事是不对的。首都被占领了，奥兰治自由邦输掉了战争，这个自由邦的人应该投降才对。正如罗伯茨勋爵在布隆方丹沦陷后给维多利亚女王的一封私人信件中所说的那样："这个国家似乎不太可能再制造什么麻烦。"他预测，如此便还剩下德兰士瓦，但在英军进入比勒陀利亚之后，战争不会持续太久。一个月后，即 4 月中旬，罗伯茨仍然这样认为。对方只是再拖延一点时间罢了。在进一步向北推进之前，他们需要处理奥兰治自由邦东南部的几块很小的地方的抵抗。他手下的将军们越来越焦躁不安。

罗伯茨没有预见到任何重大障碍。他对自己的计划充满信心：对叛乱分子采取坚定的军事行动，并以书面文字的力量为后盾。这就是他从一开始就采用的运作方式，他的语气逐渐从和解性变得有威胁性。据此看来，布尔人说罗伯茨爱扔"纸炸

弹"并非没有道理。1900 年 2 月 17 日，在帕德堡战役的前几天，他向奥兰治自由邦的布尔人发布了第一份公告，呼吁他们停止敌对行动，并向那些停止敌对行动的人保证他们不会有麻烦。他在 3 月 11 日发布第二份公告，其警告意味就加强了。他即将占领布隆方丹，并向其居民承诺："和平地待在家里的人不会受到骚扰"。但他补充威胁说，如果英国军队遇到抵抗，他们将对后果负责。

布隆方丹沦陷后，罗伯茨的表里不一昭然若揭。一方面，他通过举办庆祝活动和铜管乐队让人们失去警惕。他还创办了一份双语报纸——《朋友》，他为这份报纸聘请了"帝国诗人"，写出过"挑起白人的重担"等名句的作者鲁德亚德·吉卜林（Rudyard Kipling）。但与此同时，他在 3 月 15 日发布了第三份公告，措辞比前两份要强烈得多，算得上一颗大号的纸炸弹。现在，他报复性地补充说，任何曾经用毛瑟枪指着英国士兵的布尔人都会受到惩罚。此外，那些拒绝"放下武器并宣誓不再参与战争"的人将被逮捕并被剥夺财产，而顺从的人将获得"安全回家的机会"。

丘吉尔对此事的看法没有出现在《晨报》上。这是他明智地回避的另一个话题。鉴于他先前呼吁英国人和布尔人之间取得和解，他肯定对该法令有所保留。他向读者描述的是罗伯茨最后的公告带来的意外影响。许多放下武器并宣誓的布尔人在回家后受到了他们的指挥官的责备，在某些情况下，也受到了他们家人的责备。结果，"他们中的大多数人，由于恐惧或内心的倾向，重新加入了突击队……最近忏悔的反叛者们蠢蠢欲动"。通过这种方式，尤其是克里斯蒂安和他的兄弟皮埃特·德威特成功地组建了一支数量可观的叛乱者军队。罗伯茨的反应是派了几个纵队来对付他们。

作为一名战地记者，丘吉尔可以选择他想跟随哪个部队进

231

攻，只要那支部队愿意接受他。他马上就知道了哪支部队愿意接受他。据他判断，关键的遭遇战将发生在布隆方丹东南约70公里处的德韦茨多普（Dewetsdorp）附近。在前往那里的队伍中，有一支是由约翰·布拉巴宗（John Brabazon）将军指挥的皇家义勇骑兵。丘吉尔跟老布拉巴宗相熟。不用说，他也是其家族的老朋友，是第四轻骑兵团的指挥官，丘吉尔的军事生涯就是从那里开始的。丘吉尔买了一辆马车和四匹马，4月17日把它们放在去往爱登堡的火车上——南下的火车上有足够的空间，然后从那里独自骑到德韦茨多普，"穿过一片充满无声威胁的风景"。[87]

* * *

马蒂纳斯·斯泰恩对罗伯茨的最新公告有何看法人们不得而知。那是一种耻辱，也是上天的恩赐。出于对奥姆·保罗（克鲁格）的尊重，斯泰恩跟他一起提出了和平倡议，但在斯泰恩的内心深处，比起外交，他更倾向于战斗。1899年9月，他本不愿意通过战争解决问题，但一旦敌对行动爆发，他的疑虑就会烟消云散。他探访前线，给萎靡不振的突击队以鼓励，并作为坚韧不拔的灵魂人物出现，即使在1900年2月下旬战事变得对布尔人不利的时候。无论是索尔兹伯里勋爵对他们的电报的粗暴答复，还是罗伯茨勋爵对其首都的占领，都没有动摇斯泰恩的决心。罗伯茨3月15日的最后一次公告给了他一个机会，他牢牢抓住了这个机会，采取了某种行动。

3月19日，斯泰恩以他自己的两份文件为回应。第一份是正式的，对罗伯茨所提要求的法律依据提出质疑。他宣布，奥兰治自由邦仍然存在，政府正在做它承诺要做的事情。因此，每个公民都有义务服兵役。任何不这样做的人或"没有被强迫"就放下武器的人都犯了叛国罪。

斯泰恩的第二个答复是针对奥兰治自由邦的人民。这是一份慷慨激昂的呼吁，呼吁他们忠诚于国家。"让我们不要被这种狡猾的诡计误导……敌人现在通过看似合理的承诺，试图分裂我们，为不忠诚和懦弱的人提供奖励。还有什么比劝阻我们放弃神圣的职责，从而背叛我们自己，背叛我们的人民，背叛已经为我们的土地和国家流过血的人，背叛我们的子孙，更令人感到羞耻的呢？……这个人已经破坏了他与我们人民的庄严协议，他现在会履行他的欺骗性承诺吗？"第一个承诺已经被打破。在雅各布斯达尔发生了"对财产的可耻破坏，在布隆方丹则逮捕了相信他的公告并放下武器的公民"。首都在敌人手中，"但这场战斗并没有失败。相反，它给了我们理由去更勇敢地战斗……鼓起勇气，坚定你们的信心。上帝不会扭曲其创造的旨意，让我们的国家受到阻碍。在斗争中要坚持不懈。最黑暗的时刻终将过去，黎明终将到来"。

斯泰恩并不只是靠言辞打动人。两天前，即 3 月 17 日，在克鲁斯塔德举行了一次战争委员会联合会议，对布尔人的军事战术和随后的战争进程产生了深远的影响。出席会议的有克鲁格和斯泰恩，以及来自两个布尔共和国的其他高层人士，包括他们最高级别的军事领导人德兰士瓦总司令朱伯特和自由邦的新任总司令克里斯蒂安·德威特。他们同意了对战略的重大调整，其速度之快令人惊讶。即使是朱伯特，这个一直主张打防御性战争的人，也承认德威特、德拉雷和其他年轻一代的将军们所青睐的进攻行动具有优势。他们将在有限的范围内，以更小、更机动的单位进行攻击，这样的队伍将由 25 人组成。他们将放弃牛车并加强纪律。这个想法是为了避免大规模的对攻战，并且瞄准英军的致命弱点：他们漫长而脆弱的交通线。

两位军事指挥官唯一的分歧是关于德威特几天前采取的一

233

项令人惊讶的行动。德威特的理由是，在攻占布隆方丹后，英国人需要时间来喘息，所以他也借这个机会解散了他的突击队，让他们回家。3月25日，他们将在布隆方丹北部桑德河的铁路桥上重新集结。朱伯特对这一做法感到非常震惊。他怎么能这样呢？德威特承认他冒了风险，也许一些人不会再回来了。但是，他想，他的部下已经拼尽全力，连续奋战了半年的时间，在英国人取得胜利后他们情绪低落，纪律松懈，他必须做点什么。那些回来的人至少会有动力，他宁可要"10个有战斗意志的人，也不要100个拖后腿的人"。[88]

德威特没能说服朱伯特，但3月25日发生的事情证明他是正确的。除了在那些被英国人有效占领的地区的人，其他的士兵都回来了。而且，他们确实是带着新鲜的活力来的。3月31日，他在桑那珀斯进行的成功突击证明了他的决定的价值。他的突击队以及他弟弟皮埃特手下的突击队不仅成功地使布隆方丹的供水系统停止运作，还缴获了80辆补给车和7门炮，并抓获了400多名英国战俘。这一次胜利强有力地表明：战争并没有结束，布尔人的新战术是成功的。

几天后，也就是4月3日，德威特再次重复了这样的战术，当时他意外地出现在更南60公里的莫斯特舒克（Mostertshoek）。他带着一支由重新招募的布尔人组成的军队，在斯托菲尔·弗罗曼（Stoffel Froneman）和A.I.德维利尔斯（A.I.de Villiers）将军的突击队的配合下，对W.J.麦克维尼（W.J.McWhinnie）上尉领导的一支英国步兵部队发动了突然袭击。加塔克将军的增援来得太晚了——这对于加塔克来说是斯托姆贝格战役后的一次致命失误。战斗结束，德威特还俘虏了另外450名英军士兵。很显然，罗伯茨在进军约翰内斯堡和比勒陀利亚之前，必须解决这一问题。

朱伯特没能活到新战术取得最初成果的时候。3月27日，他因腹膜炎在比勒陀利亚去世，享年 69 岁。朋友和敌人都向他致敬。当时，罗伯茨还没有意识到德威特即将对他发动突袭。鲁德亚德·吉卜林表达了对他的尊敬，赞扬他对于一个毫无希望的事业也知其不可为而为之，坚定地捍卫自己的选择——有些话说得为时过早。"但是，他敏锐、坚强、固执，将自己的生命献给了一个失败的事业，即便他知道最终只是徒劳。"遵照他最后的遗嘱，朱伯特被葬在鲁斯方丹自家的农场里。在火车站，克鲁格总统跟他一生的战友和最喜欢的政治对手做了告别。他激动地回顾了过去的日子，作为拓荒者的那些日子，以及他们对应许之地的向往。他是他们这伙人中最后的存世者。[89]

234

* * *

对这位德高望重的老人家来说，这一现实很难接受。扬·考克在厄兰斯拉格战死，彼得·克朗杰被俘并且被流放到圣赫勒拿岛，现在皮埃特·朱伯特也离世了。他那一代人已经相继离开了。他 74 岁了，现在德兰士瓦的风流人物都年轻得多。副总统朱伯特的继任者沙尔克·伯格当时还不到 50 岁；新任总司令路易斯·博塔还不到 40 岁；国家检察官史沫茨才 20 多岁。50 多岁的国务秘书雷茨是年纪最大的，但有时他行为轻率鲁莽，又让人觉得他过于幼稚。他和前任国务秘书莱兹完全不同，莱兹虽然年轻，但行事谨慎，滴水不漏。但是如今莱兹在他的欧洲观察站里与世隔绝，对南非的事务鞭长莫及。

克鲁格在向他的人民发表讲话时，声音依然坚定且令人印象深刻，但是他已经视力模糊，步履蹒跚，他的想法也越来越受到《旧约》的启发与教诲。如今讲话，他不再提及罗伯茨或国际政治，而是大谈狮子的力量和亚述王。他的信念依旧坚定，可他正在与世界脱轨。他接受了给索尔兹伯里发电报这个欠考虑的想法，并继续推进这个想法，先是在他自己的行政会议上，然后又让比他年轻30岁的奥兰治自由邦总统斯泰恩同意了这个想法。紧接着，他们不等伦敦方面的回应，就呼吁一多半欧洲国家的元首来调停。

这似乎还不够，在斯泰恩的支持下，克鲁格更进了一步。为什么不派一个代表团前往欧洲，去说服一个或更多的大国来"干预或协助"呢？代表很容易就选出来了。代表这两个布尔共和国的主席是亚伯拉罕·费舍尔，他是斯泰恩的朋友，身份是一名律师。陪同他的有自由邦国民议会发言人科尼利厄斯·韦塞尔斯和德兰士瓦执行委员会成员沃尔玛朗斯（A.D.W. Wolmarans），由德布吕恩（J.M. de Bruijn）担任秘书长。事实上，这三位代表都毫无外交经验，只有费舍尔会说流利的英语和荷兰语，但他对德语和法语一窍不通，可是这些竟然没有被视作不利因素。这三位都拿到了外交证件，匆忙动身前往洛伦索马科斯。1900年3月13日，他们登上了德国的"皇帝号"（*Kaiser*）——对任何了解欧洲外交的人来说，这都是一条明显的线索。

莱兹只能从报纸上了解和平倡议的情况。即便如此，他仍然忠诚于这个鲁莽的想法，就像过去他支持其他想法一样。他觉得最好先动身去迎接自己的新同事，跟他们商量一下。他们于4月13日在米兰见面，奥兰治自由邦驻荷兰总领事亨德里克·穆勒也在场。对莱兹而言，这是一次令人沮丧的经历。他不厌其烦地向代表团介绍了欧洲和美国的政治外交关系。在他看来，他们只有一刻不停地前往柏林才能有机会，这一想法最近也得到了消息灵通的俄国人的证实。沙皇尼古拉二世还是愿意采取行动的，但前提是他确定德国会合作。为了不危及在巴黎举行的世界博览会，法国政府一直在隐忍。任何其他的国家，包括荷兰，都无力做出回应。德皇威廉二世掌握着关键之处。如果这三位"突然出现在他的面前……就像那些从战场上直接回来的布尔人一样",唤起了"他内心中的良知和仁厚之情",很难说这不会是个"感动他的机会,触动他内心的感性角落和他的虚荣心"。

代表团礼貌地听完了莱兹的话,但是并没有采纳他的建议。他们已经决定要先去荷兰访问,因为他们与荷兰人之间有着血脉联系,而且穆勒也坚定地支持他们的想法,所以他们决定按自己的计划进行。几天后,他们一行人抵达了海牙,受到了热情的接待,可结果却完全如莱兹所料。他们什么都没有得到。皮尔森首相很高兴地接待了他们,威廉敏娜女王以及随后接待他们的女王母亲艾玛都热情有加。但在他们于 4 月 26 日与外交大臣德博福特的正式会谈中,费舍尔、韦塞尔斯和沃尔玛朗斯都被草草地打发走了。德博福特对自己招待他们的方式并未感到任何不妥。费舍尔或多或少得到了自己想要的。他是"最聪明的,最像英国人的人"。但是在他的日记中,德博福特将韦塞尔斯和沃尔玛朗斯描述为"狡猾、奸诈、不信任他人的泥腿子,他们自视高贵,只因为他们在自己的国家中处于领导和统治阶级"。他们早就知道"荷兰政府不会采取任何行动",但尽管如此,他们还是"在我解释的时候表现得十分失望……我跟他们说我们所做出的任何一件事都可能会让英国民众反对他们,这对他们有害无利"。

会见结束后,他们的幻想也随之破灭,代表团认为继续留在荷兰不会有任何收获。他们选择将美国作为下一个目的地。对于这样的选择,莱兹也不看好,因为只要共和党总统麦金莱和他的国务卿海伊还任职于政府,这种做法就是毫无意义的。但他只能再次听从费舍尔和他的同伴们的想法。他甚至陪同三个人走了从鹿特丹岛前往滨海布洛涅(Boulogne-sur-Mer)的第一段航程,算是送行。5 月 3 日,三个人登上了"马斯丹号"

236

（*Maasdam*）。有上千人在码头为他们祝福、送行。有这些民众送行，至少使他们自食的苦果变得有点甜了。他们至少赢得了荷兰人民的心。[90]

* * *

就在同一天，1900年5月2日，罗伯茨在布隆方丹休整七周后，继续向北推进。他率领的部队付出了巨大的努力，但现在已经万事俱备。士兵们的体力得到了恢复，装备也十分齐全，在战争中造成的伤口和染上的斑疹伤寒也痊愈了，补给也得到了补充——而且，布隆方丹南部布尔人的抵抗被彻底粉碎了。更确切地说，在过去的几周里，克里斯蒂安·德威特和约2500名布尔士兵一直在附近徘徊，现在他们已经被赶走了。2.5万名士兵分成了5个纵队，用了10倍的兵力来驱赶他们，步步为营，取得了进展。有一次，他们差点就要将德威特包围住，可就在最后一刻，他还是成功地从他们的指缝间溜走了，而且这不会是最后一次。

这算不上一场大型战役，更像是一系列断断续续的小冲突，双方都做了很多的机动反应。面对这样的对抗，丘吉尔是没有办法老老实实待在原地不动的，即便他已经不再戴着黑色萨卡布拉（sakabula）尾羽帽徽的帽子，在轻骑兵队伍中服役。4月19日，他乘车来到德韦茨多普附近布拉巴宗的旅报到。老布拉巴宗见到他很高兴，立马对他的上级、金伯利的解放者弗伦奇少校开始了一连串的抱怨。这可真是有意思，丘吉尔倒是爱听一些高质量的流言蜚语，但他实际上是过来参加作战行动的。两天后，他就奉布拉巴宗的命令，带着一队色彩斑斓的骑兵部队离开了这里，其中就有德蒙特默伦西的侦察兵，他们的身上带有独特的"死亡之头"徽章。这支部队以雷蒙德·德蒙特默伦西（Raymond de Montmorency）命名，他在两个月前去世，现在的指挥官是安格斯·麦克尼尔（Angus McNeill）。

正是这位麦克尼尔，被丘吉尔引诱去进行了一场可能使他付出惨重代价的冒险。在一次侦察中，他们遇到了一群布尔人，那些人正往两公里外的一个小山丘走去。麦克尼尔请求布拉巴宗下令拦截他们。请求被允许了。"上马，上马，上马，侦察员！"他叫喊着，又对着丘吉尔喊道："跟我们来，给你看个表演，绝对一流的。"

对于任何客观的观察者来说，接下来上演的一幕确实是一流的。200名布尔人和50名侦察员开始了一场激动人心的追逐赛。谁先到达那座小山丘，谁就能先隐蔽起来向敌人开火。丘吉尔飞快地回想起3个月前他在阿克顿庄园胜利完成的使命，只不过那一次他们有出奇制胜的优势。现在，情况完全不同了。在距离山丘100米的地方，一面带刺的铁网拦住了他们的去路，他们不得不下马步行。几名士兵试图割断铁丝，突然间，他们看到了十几个布尔人露出头和肩膀。

这和当初在阿克顿庄园的情况可一点都不一样。这简直是奇韦利的翻版，装甲列车冒险记又上演了。"形势严峻，令人发根直立，糟糕"，那些布尔人后面还有多少人？"来不及了，"麦克尼尔喊道，"回到另一个山丘去。快！"布尔人开火了，侦察兵纷纷跳上马四散而逃。丘吉尔把脚放在马镫上时，他的马被枪炮声惊到了，挣脱开飞奔而去。

他又像在奇韦利时那样，徒步前进，成了草原上显眼的靶子。这一次，他有一把手枪，可是身后不知道有多少杆毛瑟枪，他有什么胜算呢？他转身逃跑，这是他在这次战争中第二次逃命。看来他的运气已经弃他而去了。"这一次，我恐怕是要丧命于此了。"这句话在他的脑海里一闪而过。突然，像刚

237

才一样，他瞥见了一个骑着灰马的高个子男人。他会再次被俘虏吗？

然后他看到了骷髅和交叉骨的标志：是英军的侦察兵。"在大彻大悟中死，而我要生。"他喊道："拉我上马。"骑马人放慢了马的步伐，丘吉尔跑向他，在他身后纵身跳起来，张开双臂抱住他。他抓住了马的鬃毛。子弹在他的耳边呼啸而过，他的双手沾满了鲜血。这匹马中弹了，但依旧在跑。400米，500米，枪声逐渐平息了。他们看来就要成功了。丘吉尔如释重负地松了口气。

那位骑手却恰恰相反。"我可怜的马，哦，我可怜的马；这颗达姆弹击中了它。那些魔鬼！我很快就会结果他们！哦，我可怜的马。"丘吉尔试图去安慰他。"没关系，你救了我的命。"但这并不管用。"嗯，但我想的只有那匹马。"他们没有再说话。他们抵达了下一个山丘，到了安全地带。丘吉尔再次从死神手里逃脱了。[91]

23　种族问题
克鲁斯塔德，1900 年 5 月 12 日

大家都说，克鲁斯塔德是奥兰治自由邦最美丽的城镇之一。
但丘吉尔觉得这里有点令人失望。它比温堡（Winburg）略大，
但保护情况还不及温堡的一半好。所有的东西都被一层厚厚的
红尘覆盖着，而且这里的气候干燥无比。罗伯茨率领他的一个
师进了城，以宣示占领，旋即又出了城。9 天前，他的部队唱着
"我们向比勒陀利亚进发"离开了布隆方丹。从那时起，他们已
经走了 200 公里，几乎走了一半的路。奥兰治自由邦的政府再
次被迫逃离。"希望他们的腿足够强壮吧。"丘吉尔打趣道。

　　此时，他在发给《晨报》的报道中有时会写上几条这种
无关紧要的花絮。这些天里他们进军神速。布勒梦寐以求的推
土机战略已经由罗伯茨和基钦纳实现了。这架英国的战争机器
在铁路两侧的高地草原上，展开 40 公里的战线向前滚动，一
支由枪、炮、人、马组成的庞大队伍势不可挡地向约翰内斯堡
和比勒陀利亚进发。罗伯茨担任指挥，弗伦奇的骑兵在他的左
边，汉密尔顿的重装纵队在他的右边。与此同时，梅休因勋爵
中将和阿奇博尔德·亨特（Archibald Hunter）爵士率领的两
个步兵师已经离开金伯利，沿着铁路向北进军，前往罗得西
亚。东线的和平现在也被打破了。5 月 8 日，布勒的远征军得
到了充分增援，开始向比格斯堡和德拉肯斯堡进发。正如丘吉
尔向他的读者解释的那样，布尔人由于寡不敌众，被迫将军队
分散在如此广阔的地区，以至于英国军队在各个地方都势如破
竹，"就像一根铁棒穿透薄冰，几乎没有感到任何撞击"。

　　总而言之，布尔人根本没有机会反击。他们极其缺乏人员
和装备。如果他们实施新的战略，就意味着只能任由罗伯茨的部
队不受阻碍地前进，而他们只能尝试切断他的补给线。这就是克

里斯蒂安·德威特建议的打法。当他发现自己有被包围在德韦茨
多普附近的危险时，他曾希望能够逃到南方，逃到奥兰治自由邦
和开普殖民地之间的边界地带。这将使他能够更好地破坏重要的
239　铁路线。但其他布尔领导人并不完全相信这种作战计划。德兰士
瓦人不愿让敌人继续长驱直入，一路扑向约翰内斯堡和比勒陀利
亚。他们的新将军路易斯·博塔从纳塔尔赶到这里，亲自指挥防
卫作战。博塔考虑了他所能做的选择：用一架远射程大炮来对抗
英国的海军炮，另外要烧掉高地草原，这样穿着卡其布制服的英
国人在焦土平原上就更显眼了。斯泰恩同意他的看法，召回了德
威特。他将不得不加入这样的作战计划，以阻止罗伯茨的前进。
德威特虽然足智多谋，敢打敢拼，但布尔人的所有计谋都无法与
英军的强大攻势，他们的火力、刺刀，以及他们在最初几个疯狂
的星期后学会的两翼配合的战术匹敌。

　　每时每刻都有太多的事情发生，谁也无法密切关注每件
事；即使是一个非常清醒的战地记者也无法完全跟上一切的
发展。出于显而易见的原因，丘吉尔选择跟随右翼前进，靠
近他最喜欢的将军伊恩·汉密尔顿。罗伯茨仍然对他不理不
睬，在和布拉巴宗相处了几天之后，弗伦奇也不想再和他打交
道了。汉密尔顿对他还是一如既往地照顾。他甚至允许丘吉尔
的堂兄马尔巴罗（Marlborough）公爵也来到他的麾下。"桑
尼"（马尔巴罗公爵）和诺福克（Norfolk）公爵、威斯敏斯特
（Westminster）公爵都被安排作罗伯茨的参谋。英国媒体曾就
贵族被授予这种荣誉头衔而颇多讥讽之辞，在此情势下，罗伯
茨精明地决定减掉其中一人。于是，丘吉尔家族的堂兄弟二人
就一起加入了汉密尔顿的队伍。

　　两人在这里过得很开心。他们坐着丘吉尔的马车从一个战
场赶到另一个战场，享受着未被破坏的乡村景色以及高度的自
由，每一天都会有新的冒险。白天搞个小侦察、小伏击、小追

击，听听熟悉的枪响，晚上在星空下安然入眠。他们吃的是部队带着的羊，偶尔沿途弄来几只鸡，还有想办法储在马车里的一些舒适物品："只有在伦敦才能搞到的堆了两英尺高的最好的罐头食品以及酒精饮料"。

除了军事行动，丘吉尔也会记述一下他们经过的村落（大多破败不堪，令人失望），以及他们在途中遇到的人，其中一些邂逅很有趣。有一家人住在桑德河附近的一个大农场里，他们应汉密尔顿的要求，给丘吉尔等人提供过夜的地方。这个家庭有四代布尔人：一个老人，剩下的都是妇孺。家里的成年和少年男子都加入了突击队。这家人勉强给了他们一间卧室和一间客厅。汉密尔顿的参谋人员在阳台上露宿。丘吉尔利用这个机会探索了一下周围的环境。他注意到，有十几个孩子，有黑人的，有白人的，在一起跑来跑去，"小卡菲尔人，仆人的孩子，和这家的儿女们一起玩"。

在客厅里，一本非常奇特的书引起了他的注意。这是一本由奥兰治自由邦前总统、现任德兰士瓦国务秘书 F.W. 雷茨编撰的歌集。这本书中有描写爱国战斗的赞美诗，还有几首从英文翻译来的歌词。这些诗歌都是荷兰语的，编纂的目的是"在南非建立一个新的荷兰民族"。丘吉尔毫不掩饰他的钦佩之情。他认为这类书是"乡土文学的基石"。布尔人多年来一直在努力发展自己的文化。他想，只要多一点耐心，少一点自我的纠结，少一点偶尔的奇怪妥协，他们就不难成功。相反，他们的固执招来了"一支远征军，打破了这个农场的安静，让阴谋家在这片土地上分散到各处"。

几天后，克鲁斯塔德也陷落了，丘吉尔有了一个不同寻常的会面。至少，如果汉密尔顿成功的话，他就有可能实现那个会面。皮埃特·德威特和他的突击队驻扎在克鲁斯塔德以东 80 公里的林德利（Lindley）附近。德威特显然厌倦了战斗。5 月

240

18 日，旅长罗伯特·布罗德伍德（Robert Broadwood）收到了一个耐人寻味的消息。他听说德威特准备投降，条件是他能回到自己的农场。6 周前，布罗德伍德在桑那珀斯遭受过德威特兄弟的痛击，此时他想抓住这个机会。有一位布尔的将军投降，而且那人是自由邦最高司令官的兄弟，这是一个复仇的绝佳机会。汉密尔顿也非常愿意接受德威特的条件。但为了保险起见，他发了一份电报征求罗伯茨的同意。回复很快就来了，而且不容他们有别的选择。谈条件是不可能的。只能无条件投降，不然英方就拒绝受降。对此，汉密尔顿和布罗德伍德都大吃一惊。丘吉尔也忘记了他早先下的决心，即不要跟罗伯茨作对。"无须我说，大家就知道这边的人听到这个决定是多么吃惊了。"流放到圣赫勒拿岛或锡兰（今斯里兰卡），这绝不是皮埃特·德威特投降的目的。于是，他选择继续战斗，正如丘吉尔所哀叹的那样，"为此，我们要继续失去生命、荣誉和金钱"。[92]

* * *

与此同时，赫勒曼斯修女也累倒了。跟荷兰第二救护队里的其他人一样，她也"为莱迪史密斯付出了代价"。她得了痢疾。幸运的是，她在 1900 年 4 月初到达比勒陀利亚后才病倒，那是一段漫长而令人疲惫的旅程的终点。现在轮到她被别人护理了。她什么也不能做，只能花几个星期休息和恢复。

到 5 月初，她已经完全恢复，可以重新工作了。她的同事们已经先行一步了。他们的新驻地是德兰士瓦河西南部一个叫克里斯蒂安娜（Christiana）的小镇，这里离维尔蒂恩斯图姆很近，15 年前威廉·莱兹就是在这个小镇第一次获得了外交工作的实际经验。[93]该地区战斗激烈，"许多伤病员"需要医治护理。5 月 7 日，载着她前往西线的专列上挤满了布尔突击队队员。

他们在午夜到达了克莱克斯多普（Klerksdorp），从那里开始，她又坐着一辆"骡车"沿着瓦尔河往下游走了4天。

在克里斯蒂安娜，赫勒曼斯发现当地的小旅馆被改造成了医院。这是一个像模像样的建筑，可以容纳40个病人。在荷兰军团到达之前，管理这里的是德兰士瓦红十字会。赫勒曼斯认为，这儿并不缺乏奉献精神，但是病号和伤员不该待在台球室里"恣意玩耍和吸烟"。他们必须待在各自的病房里。这里也没有达到"干净整洁"的标准。看到厨房的情况，"荷兰的家庭主妇简直会吓得头发竖起来"。地板是用牛粪铺的，"洒上几滴水就会变成稀泥汤"。此外，地板非常肮脏，到处发霉，洗涤水是棕色的，洗碗布令人作呕。幸运的是，在那里工作的布尔姑娘愿意学习。很快，她们就开始"不停地擦拭清洗，厨房看起来更明亮了，我们的荷兰人的本能也得到了慰藉"。

幸运的是，他们有助手来减轻负担。"这些卡菲尔人让日常工作轻松多了。"她们打扫卫生，搬运东西——这很不错了，因为实际的护理工作其实已经占据了她们所有的时间。在赫勒曼斯被分配到的外科病房里，许多病人都是受了重伤。一个布尔人有"11处伤口，是炸弹爆炸造成的"，另一个人"右太阳穴有枪伤，有5分硬币那么大"。他的左前额也有一个小肿胀，并抱怨头疼。医生在手术时发现了他脑袋里有一颗子弹，嗯，埋在5厘米深的地方。手术后一个星期，那人就能站起来走动了。他是"一个罕见的例子，反映出布尔人坚忍顽强的品质"。

赫勒曼斯和她的救护队对自己的工作很满意，但英军的推进很快也对她们产生了影响。周围越来越安静，在战争的状态下，这可不是什么好兆头。5月中旬，布尔人开始撤退。这意味着她们必须尽快疏散那些身体已经能够动弹的病人，以防止他们落入英国人的手中。她们设法及时撤退了。梅尔曼神父用一辆特制的双层救护车把他们送到了克莱克斯多普。荷兰救护队的其他队员将随后转移过去。

现在布尔突击队都已经离开了，剩下的那些人度过了一个不眠之夜。他们把自己的物品集中在医院的空地上，这样他们就可以照看这些物品，并轮流照顾病人。他们不知道最该害怕谁，"进军的英国人还是……卡菲尔人。我们都害怕"。英国人进入了克里斯蒂安娜，没有搞破坏，也没有伤害任何人，随后又把这里"弃之不顾"，然而救护队员们的担忧并没有结束。虽然没有了驻军，但从现在起有效力的是英国法律，这意味着——他们以为如此——"卡菲尔人"可以自由地做他们想做的事。在严酷的布尔政权下，非洲人可能是"不错的工具"，但根据英国法律，他们"享有与白人相同的权利"。然而，由于他们"还未开化，他们地位的戏剧性变化会导致过度行为……他们会忘记自己的身份，肆意妄为，甚至对那些曾经是他们上司的人也放肆无礼"。英国人会给他们"很多威士忌，喝了酒之后，他们会变得十分凶残"。

难怪荷兰的医护人员在第一个晚上寝食不安。但实际情形是一切都很顺利，第二天早上，"在早餐桌上，皮诺医生为事情的发展向我表示祝贺"。发生了一些抢劫案，但抢的只是无人居住的房子。事实证明，他们的担心并无根据。于是，他们晚上不再设岗，渐渐地白天变得"安静，甚至单调"。当他们剩下的黑人仆人（大多数都逃跑了）偶尔不守规矩的时候，赫勒曼斯只是觉得好笑。"厨房里帮忙的家伙最有趣，脸皮也最厚。"他甚至求婚了——你相信吗？——"向一个女仆"，看在上帝的分上，是向一个布尔姑娘求婚。[94]

* * *

当两个世界相撞时，肤色是主要的碰撞点。布尔人和英国人在种族问题上持有不同的观点，至少理论上是这样。布尔人嘲笑对手所宣称的对平等的信仰。在上帝创造的永恒不变的物种中，黑人是低等的，注定要为白人服务。黑人孩子和白人孩子在一起玩倒没什么，但长大成人后，他们就会不可避免地分开了。他们之间的关系有了明确的定义，战争时期，这种关系跟和平时期没有两样：主仆关系、监督者和劳力的关系、战士和军事劳役的关系。

英国人则更加矛盾。他们认为外侨应享有政治权利，非洲人也应享有一些政治权利。但在实践中，究竟该怎么安排就困难得多。尽管英国人非常热衷于让布尔人接受自己的现代思想，但他们自己并不会总是谨慎地保护自己手下其他种族的人的利益，而是倾向于和布尔人做同样的区分。

这一点在被围困的三个城镇及其周围表现得最为明显，那里有最沉重的劳动——不论是从字面上还是象征意义上讲都是如此，这些劳动都是由黑人承担的。莱迪史密斯和金伯利被解围后这种情况并没有改变。马弗金还没有被解放。按照罗伯茨的计划，应当在 5 月 18 日开始行动，但在这之前，布尔人发起了孤注一掷的最后一次进攻。

进攻的倡议是由克鲁格总统的孙子、陆军司令萨雷尔·埃洛夫（Sarel Eloff）提出的。从战略的角度来看，这次攻击毫无意义，但埃洛夫希望取得一次心理上的胜利。布尔人在马弗金最后时刻的胜利将会给布尔公民在困难时期带来希望。在 250 名志愿士兵的帮助下，在祖父的祝福下，埃洛夫接近了围攻该城的部队。库特杰·斯尼曼将军同意了他发动突袭的计划。他还同意，一旦埃洛夫成功突破了防线，他将提供 500 名援兵。

他们于 5 月 11 日晚上开始行动。开始时十分顺利。埃洛夫和他的人穿过"黑色"马弗金，从那里向驻扎在边界上的"白色"麦非肯进发。C.O. 霍尔（C.O.Hore）中校指挥的 30 人因寡不敌众被俘。为了向斯尼曼发出突破防线的信号，埃洛夫放火烧了几间茨迪巴龙族人的小屋。为了激怒巴登－鲍威尔，他打电话给巴登－鲍威尔说他已经抓获了他的副手，正在进城的路上。但他说得太早了。斯尼曼改变了主意，埃洛夫的部队被打散了。埃洛夫跟他带的人受到来自四面八方的攻击——包括马弗金的英国人和麦非肯的巴龙族人的进攻。战斗持续了一整天。夜幕降临时，埃洛夫承认他这边大势已去。他释放了霍尔，然后和其他100多名志愿士兵一起投降了。布尔人想占领马弗金的最后努力也以屈辱的失败告终。[95]

这又一次归功于茨迪巴龙族人在围城最后几个月里对修筑防御工事的宝贵贡献。在战斗、挖战壕、间谍活动、充当信使、抢劫牲畜等方面，他们即使不是必不可少的，也是出了很大力的。他们的主要竞争对手，敌方的拉普拉纳巴龙族也是如此。冲突双方都号称他们眼前的战争是一场"白人间的战争"，但是双方都知道，对方违反了他们之间的默契，于是不断地相互指责。围攻开始时，时任司令官彼得·克朗杰曾给巴登－鲍威尔发过一封责难信："你们武装了杂种、芬戈人和巴龙人来对付我们。"巴登－鲍威尔否认了这一说法，称是布尔人在寻求"有武装的当地人的协助"。争吵在1月再次发生。就好像他自己并不十分依赖巴龙族的辅助一样，巴登－鲍威尔警告斯尼曼，继续部署非洲武装部队"将使英国有理由允许巴苏陀人加入战争，并采取从印度引进廓尔喀人（Ghurkha），使用达姆弹，以及其他类似行为"。

244　　但是双方依然像以前一样，继续此类行为。直到最后，黑人和白人都参与了马弗金的围困之战，尤其是在防御方面。但是，遭受围城期间，有些人比其他人更饥饿，这是战斗期间发生的更可耻的事情。从1899年11月开始，巴登－鲍威尔命令对每个人都实行定量配给，但非洲人和有色人种受的苦最深。

为了节省制作"白"面包所需的面粉，他们被迫改吃燕麦，而燕麦此前只是用作马的饲料。而马匹呢，如果它们还没有被当作肉或汤端上来，就被放出去吃草。1月，定量配给再次减少。2月，从兰德逃来的黑人矿工连定量配给都被取消了。他们唯一的食物来源是厨房用马、鸡、骡子和狗的骨头架子熬的汤。巴登－鲍威尔希望这些人能逃走。他们可以去贝专纳兰的坎耶（Kanye），那里的英国当局储备了大量食物。他曾试图将他们全部驱逐出城，但后来放弃了这个想法，因为布尔人毫不留情地对他们射击。小规模的驱逐和逃亡更为有效，至少对那些留下来的人来说，这样能减轻一些供给的压力。

在马弗金，尤其是其黑人社区，营养不良达到了非常严重的程度，甚至1900年4月的一场蝗灾都被视为一个额外的营养来源。根据丘吉尔的姑妈萨拉·威尔逊夫人给英国家人的一封电报，就连白人都觉得蝗虫来得正好。"今天的早餐是马肉香肠，午餐是骡子肉、咖喱蝗虫。一切安好。"

一切安好吗？对城里的黑人居民来说可不是这样。他们不得不凑合着吃更少的、更不可口的食物。法庭翻译索尔·普拉杰（Sol Plaatje）是迄今为止唯一记录布尔战争日记的非洲黑人，他看到黑人一个接一个地在大街上因饥饿而死，"砰的一声仰面倒地而亡"。饥饿使人们疯狂，他们挖出死马和死狗来吃，不可避免地，这带来了更大的麻烦。白喉、伤寒等疾病在麦非肯极为猖獗。此外，估计有1000人在布尔人的轰炸中丧生。[96]

解围之后，城里的气氛还非常沉重。也许只是时机不对。5月16日晚饭时间前后，萨拉夫人听到市集广场上一阵骚动。她跑出去迎接第一批进来的骑兵，他们疲惫不堪，满身尘土。对他们的欢迎冷冷清清，没有欢呼的人群，没有奏乐。她所看到的只是骑着累坏的战马的"20个脏兮兮的人"，周围围着一群女人，一个个都喜极而泣。其余的人，赫伯特·普卢默（Herbert Plumer）上校的纵队从北方入城，布莱恩·马洪（Bryan Mahon）上校的纵队从南方入城。在与德拉雷的突击队进行了一整天的战斗后，他们一路未曾停歇，士兵们都筋疲力尽了。无论他们的马站在什么地方，只要一站住，他们都能睡着。217天之后，马弗金之围宣告结束。萨拉夫人彻夜未眠，在医院里护理伤员。

在英国国内，公众对此的反应一点也不冷淡。在伦敦和其他大城市，这一消息引发了前所未有的热烈庆祝，甚至比莱迪史密斯解围之后的庆祝活动还要热烈。兴高采烈的人群走上街头，挥舞旗帜，载歌载舞。音乐厅和剧院的演出被中断，报纸刊登了带有欢快标题的特刊。那是场情绪的巨大爆发。这个国家的耻辱结束了，人们在近乎歇斯底里的狂喜中迎来了幸福的结局。巴登－鲍威尔是英雄的化身，是英国理想的化身：无所畏惧、战无不胜、做事可靠、充满幽默。庆祝活动几乎停不下来。"马弗金之夜"成为一种传统，"mafficking"（意为"庆祝"）这个词也进入了英语。[97]

* * *

布尔人还有一个锦囊妙计。至少，德兰士瓦的国务秘书雷茨是这么想的。这并不是说他们能阻止罗伯茨的进攻：他们对此已经无能为力了，只能抱着一线希望继续战斗。然而，他们所能做的，是大规模地挫败英国人，同时也跟兰德贵族和外侨算个总账。炸毁金矿会报复那些把德兰士瓦河两岸的土地拖进战争苦海的人。这只不过是正义的复仇。大资本已经在他们中间植入了约翰内斯堡这个新兴的分裂有机体，它在每一个拐弯处都阻碍着他们。既然战局没有希望，大资本应该和其他一切一起被消耗掉。

雷茨并没有止步于想。1900 年 2 月，比勒陀利亚指示政府的采矿工程师约翰·蒙尼克（John Munnik）开始准备工作。他指导矿工在大约 25 个矿井中钻了适于装炸药的孔。如此规模的工程显然无法完全做到保密。《矿工标准新闻》（*Standard and Diggers' News*）听到了这个阴谋的风声，宣布这是对文明的犯罪，是对南非阿非利卡人名誉的玷污。约翰内斯堡的和平与秩序委员会立即谴责了这种随意破坏的行为。国家检察官史沫茨给报社写了一封信否认指控，但这并没有结束谣言。它们也不是毫无根据的，因为项目仍在秘密进行。

在遥远的欧洲，威廉·莱兹最初认为德兰士瓦政府无意炸掉这些矿山。不用说，海外市场的动荡正引起股东的恐慌。1900 年 4 月 11 日，莱兹写信给德兰士瓦金矿法国所有者和股东协会主席保罗·勒罗伊－比尤利（Paul Leroy-Beaulieu）。他说这种事根本不符合布尔人的天性，他们是尊重财产权的人。这说辞听起来让人很安心，但在那个时候，莱兹并不知道雷茨写给他的一封信已经在路上了。这封信是 3 月 6 日寄出的，他于 5 月 4 日收到。信中说："如果我们无法拯救我们的国家，我们将坚决摧毁约翰内斯堡和其他地方的矿山和设备。"

莱兹读后大吃一惊。他认为这一招很不明智，但他又无能为力。对这件事，比勒陀利亚方面则是另一种反应。德兰士瓦的领袖们出现了严重的分歧。克鲁格总统和史沫茨支持雷茨的观点，或者说，无论如何，支持将其作为一种威胁的想法。他们确信，这足以说服矿主、股东和欧洲政府向英国施压。然而，有一个人强烈反对。新任司令官路易斯·博塔谴责该计划是懦弱和野蛮的表现。他一听到消息就动身去了比勒陀利亚。他警告克鲁格，如果真的要炸毁矿山，他将从前线召集他的人来保卫约翰内斯堡。他这么做有点过头，但亮明了自己的观点。克鲁格保证不会真的发生这样的事。

246

与此同时，在约翰内斯堡，不同社区之间的不信任也日益加深。布尔人会爆破矿山来报复吗？亲英的外侨在向罗伯茨的军队传递情报吗？在城市沦陷后，黑人矿工会在这里横行霸道吗？在这种紧张气氛中，4月24日下午五点半一声震耳欲聋的爆炸声让整个城市为之震动，民众的恐慌情绪爆发了。火焰蹿升到100米高的空中，接着，人们看到了一柱白烟和有毒的绿色蘑菇云。在这次事件中，被烧成灰烬的不是金矿，而是贝比军火厂。爆炸造成的损失非常惨重，到处都是人的残肢。即使还没有计算出伤亡人数（12人死亡，30人受伤），当局已经宣布确认了肇事者。亲英的外侨，还能有谁？有传闻说有人从邻近的建筑物里挖了一条隧道过来。还在现场发现了电灯开关，这被认作引爆的工具。

虽然没有任何充分的证据，但政府立即做出了行动。所有仍在兰德的英国人都被命令离开这个国家。只有不可或缺的技术人员（总共约100人）被允许留下。警察局长舒特也付出了高昂的代价。他曾负责保证工厂的安全。检察官弗里茨·克劳泽（Fritz Krause）接替他担任和平与秩序委员会主席。

罗伯茨的部队怀着恐惧等待着。5月22日，在克鲁斯塔德休整10天后，他们继续向约翰内斯堡进军。雷茨决定，炸掉矿山的事要么现在做，要么就永远也做不成了。他找到了一个愿意合作的人。他是一名年轻的法官，也是扬·考克将军的儿子——扬·考克将军在厄兰斯拉格战斗中牺牲。安东尼·考克（Antonie Kock）对父亲的惨死耿耿于怀，[98]发誓要报仇。5月23日，他带着雷茨的一封信去找克劳泽，明确指示他们炸掉矿山。考克要征用他所需要的所有运输工具和设备。克劳泽拒绝了。那天早些时候，博塔——他知道考克的任务，也知道他得到了克鲁格的批准——给了克劳泽完全相反的指示。克劳泽要不惜一切代价保护矿井、建筑物和机器。他警告考克，如果他继续搞破坏，他会逮捕他，必要时甚至会处死他。

考克并不是那么容易被吓倒的。那天晚上，他召集了将近100名志愿者，其中大部分是爱尔兰人和德国人，他们准备好了要帮他。第二天，他们去了罗宾逊矿场，这是现在由国家控制的矿场之一。当到达那里时，他发现了大量的合质金，他错误地以为这些黄金是留给英国人的。他去了克劳泽的办公室，把他的怀疑告诉了克劳泽。此举不够聪明，因为，考克来罗宾逊矿场干什么呢？考克自己被逼得无话可说，于是拔出了左轮手枪，但克劳泽和他的助手指挥官 L.E. 范·迪戈伦（L.E. van Diggelen）设法制服了他。被捕后他被送往位于比勒陀利亚的监狱。矿区警察则负责对付他手下的那群"亡命之徒"。矿场保住了。[99]

* * *

正如丘吉尔不断提醒《晨报》的读者和他自己一样，这场战争与黄金无关。不过，眼前的情景还是让他很难过。从远处，他看到了"兰德高大的烟囱"。就在他面前，是 18 个戈登高地兵团的士兵，他们头上盖着毯子，排成一排，没有穿靴子，他们都已经死了。看到他们脚上穿的灰袜子比什么都让他难过。他们躺在礁石表面，僵硬而冰冷。他们的生命比世界上所有的金子都珍贵，却被硬生生结束了。这和黄金无关。是那些"撒谎的外国人"说战争是因黄金而起。但人们都这么认为。他对地平线上露出的东西感到愤怒，对那些该死的烟囱感到愤怒。

1900 年 5 月 30 日，在约翰内斯堡以西几公里的多恩科普战役后的早晨，丘吉尔被这阵袭来的忧郁笼罩。路易斯·博塔和库斯·德拉雷领导的突击队队员们已经做好了最后的准备来阻止英军的进攻。他们以前在雷诺斯特河附近和瓦尔河附近的边界上的阵地，很快就要守不住了。5 月 28 日，罗伯茨率军进入德兰士瓦。

几天前，他发布了一项公告，宣布奥兰治自由邦正式被兼并，并将被称为奥兰治河殖民地。汉密尔顿的军队被从右翼派往左翼，以便与弗伦奇的骑兵一起从西边包围约翰内斯堡。罗伯茨的主力部队沿着铁路从东南方向向城市逼近。

多恩科普是一个历史悠久的地方，这里也是詹姆森和他的突击队成员在 4 年半前投降的地方。布尔人投入战斗时完全清楚这一战的重要意义。他们沿路放火烧了草地，浓烟使前进的英军陷入混乱。他们穿着卡其布制服，在黑土的映衬下，很容易成为手持毛瑟枪的布尔人的目标。布尔人的抵抗非常激烈，汉密尔顿不得不采用老办法：正面步兵进攻。弗伦奇最近接到的命令是采用迂回战术，但是他无法深入。现在轮到高地兵团进攻了。丘吉尔很是忧虑。他在纳塔尔曾好几次目睹过这种情形。确实，苏格兰高地兵团的士兵一排排倒下——除了阵亡的之外，还有 80 人受伤，但他们仍然刺刀上枪，继续战斗。到了晚上，他们已把布尔人赶出了阵地。5 月 30 日星期三，很明显，布尔人全都撤退了。通往约翰内斯堡的道路畅通无阻了。汉密尔顿将他的士兵驻扎在兰德电车路线的佛罗里达站上。

但是罗伯茨此时有什么想法呢？他领先好几公里，而他们既没有野外电报，也没有日光反射信号器进行通信。所以他们对罗伯茨和克劳泽在当天早上讨论约翰内斯堡投降时达成的协议一无所知。克劳泽已同意，如果给布尔突击队 24 小时的时间有序撤退，就不破坏矿山，否则可能会造成平民伤亡。罗伯茨当时并未看出答应这个条件有什么害处——可他会为此决定而后悔一辈子。他认为等待一天来保护黄金之城是值得的。

汉密尔顿不知道这个协议，就像罗伯茨不知道他的将军们在城市西部的情况一样。那天一大早，汉密尔顿派出了两名信使，但他们绕道南下，绕过了正在撤退的布尔人。天黑前，他们没能到达罗伯茨的驻地。午餐时，丘吉尔从抑郁中恢复过来，也想发一封电报。像往常一样，他以闪电般的速度写出了这次遭遇战的报道。现在他想尽快把它发到伦敦。他毕竟是一名战地记者，而多恩科普是个热门新闻。他需要找一部电报机。要是能用罗伯茨司令部的那个电报机就最理想不过了。而到那里的最短路径就是穿过约翰内斯堡城。但这样安全吗？

运气又一次站在他这一边。午饭后，来了两个骑自行车的人。他们是直接从约翰内斯堡来的，其中一个法国人劳特（Lautré）先生说，他在朗格拉特（Langlaagte）矿上工作。不管怎么说，那儿已经没有布尔人了，另外他觉得，城里大概也没有了。如果《晨报》的记者想去那里，劳特会乐意护送他。无须更多鼓励，丘吉尔就跃跃欲试了。劳特的同伴把他的自行车借给丘吉尔骑。汉密尔顿也足够信任他们，让这两个信使帮他送给罗伯茨信件——为了安全起见，实际上是委托给劳特。丘吉尔换上不显眼的衣服，两人就出发了。

劳特想避开主要道路。这意味着骑得更费劲，但更安全。45 分钟后，他们到达了朗格拉特矿，在那儿他俩听说另一位《泰晤士报》的记者早些时候从那里经过。丘吉尔感到很遗憾，因为自己的报道可能会晚于那个人的了，但幸运的是那人骑的是马。劳特推测，布尔人有可能抓住他。他们继续往城里骑。大部分路都是下坡，傍晚时分，他们到达市中心，走的是小街。他的法语有多好？"足以骗过荷兰人。"丘吉尔答道。完美。"如果他们让咱们停下，就说法语，"劳特说，"法国人在这一带声望很高。"

市集广场上有一些令人焦虑的时刻，至少对丘吉尔来说是这样。三个携带武器的布尔人突然出现在他们面前。劳特保持镇静，继续一边骑一边跟丘吉尔聊天。那些人过去了，没有注意这两个骑自行车的人。"又来了一个布尔人。"劳特轻快地说。果然另一个人从后面走过来。他放慢了马的步伐，跟他们并排前进。此时越是想避开他的目光，就越会显得可疑。丘吉尔打量了那人一番。他的步枪背在身后，肩上挂着三根子弹袋，系在腰间。他们对视了一下。"他脸色苍白，几乎像鬼一样，戴着一顶插着一根白色大羽毛的下垂的帽子，凶恶地窥视着。"丘吉尔不禁打了个哆嗦。又是一个幽灵般的骑士。随后，那人策马消失在暮色中。丘吉尔如释重负地叹了口气。劳特笑了。

他们骑车前往城市东南的郊区，在那里他们预计会遇到罗伯茨的第一支部队，或者至少是他的哨兵。但他们一路前进，畅通无阻，突然就发现自己已经身处英军的营地之中。几名军官告诉丘吉尔，罗伯茨的电报机不在这里，在格米斯顿（Germiston），离这儿还有 10 公里。他们必须穿过一片开阔的田野，田野的尽头是一条道路，在那里他们可以再次骑车前行。这时，天已经完全黑了。幸运的是，劳特对这个地区很熟悉。到了格米斯顿后，他们在一家旅馆里吃了饭，并且预定了半个台球桌，必要时可以躺在上面过夜。丘吉尔在电报室发出了自己所写的报道。《泰晤士报》的记者还没有到。他们继续前往罗伯茨不远的司令部，把汉密尔顿的报告交给一个勤务兵。此时已经是晚上十点半了。任务完成了。

真正的奖赏还在后头。几分钟后，勤务兵走了出来。"总司令要见信使。"丘吉尔并不会轻易地就激动，但这是他等待已久的时刻。在这场战争中，他这是第一次面对罗伯茨，而且是当着他的全体参谋的面。总司令格外热情。他对丘吉尔似乎已经尽释前嫌。汉密尔顿发送给他的好消息也让他感到高兴。他问丘吉尔和劳特是如何设法穿过约翰内斯堡市中心的。丘吉尔被罗伯茨征服了。"他的眼睛闪闪发亮。我以前从来没有见过某个人有如此异乎寻常的眼睛。"他知道，这双眼睛可以喷出火来，可以冷酷无情，可现在却在散发着愉悦、友好、快乐的光芒。"告诉我行动的情况。"这位陆军元帅说。[100]

250

24　初见胜利

比勒陀利亚，1990 年 6 月 5 日

半年之前，丘吉尔像小偷一样在一个夜里偷偷溜出了德兰士瓦首都。现在他以一个骑士、一个解放者的身份回到了这里，没有一丝恐惧和羞愧。在堂兄马尔巴罗公爵的陪同下，他带领第一队英军进入了比勒陀利亚，出发去寻找那些战时被俘虏的军官。他们已经从那个建筑物里被转移走了。据说，他们是被转移到了几百公里之外的东部。其实这消息并不准确，但他们确实被转移了，现在在 1 公里之外的郊区。

转过一个拐角，穿过一条小溪，他们看见一栋长长的建筑，有着波浪形的铁皮屋顶，四周是带刺的铁丝网围墙。他们策马疾驰，丘吉尔挥舞着帽子兴奋地大喊大叫。靠近围墙后，他见到自己的前狱友都带着难以置信的表情望着他。是温斯顿！军官们欣喜若狂。马尔巴罗要求监狱的看守投降。50 名配有武器的看守惊呆了，乖乖交出了他们的武器。都柏林燧发枪队的一名军官不知从哪里拿出一面英国国旗——那是一面由德兰士瓦的四色旗当底子拼接成的英国国旗——在一片欢呼中把它升了起来。

那是 1900 年 6 月 5 日早上的 8 点 45 分，对丘吉尔来说那是一个难忘的时刻。那些熟悉的面孔洋溢着感激，只有霍尔丹和布罗基两人不见踪影。在转移到新地点的时候，他们设法逃走了。但这一点没有让丘吉尔的胜利受丝毫影响。多么辉煌的重返比勒陀利亚之旅！

那一天接下来的时间平静又无聊，尤其是对一位战地记者来说，显得太平静了。像布隆方丹、克鲁斯塔德和约翰内斯堡一样，没什么入城仪式，也没有什么值得大惊小怪的，德兰士瓦的首都静悄悄地就落入了英军手中。没有值得一提的战斗，

没有枪击、巷战，没有任何激动的事。布尔人就这样把他们最为重要的首都拱手让人了。没有什么值得记载的，更别说向读者写报道了。布尔人把他们的大炮从堡垒中撤走了，转移到了比勒陀利亚以东的某个地方。英国军队静悄悄地进了城，在小镇的主要广场上，士兵们在总司令面前搞了个游行仪式。他们降下了德兰士瓦的旗帜，升起了一面罗伯特夫人用丝绸制作的英联邦旗，仅此而已。要是能拍一张"老总统坐在门廊上，抽着烟读《圣经》"的照片就好了。但是克鲁格几天前就撤离了，坐着火车向东前往了马哈多多普（Machadodorp），那个地方在去往莫桑比克边境的途中。马哈多多普现在是首都了，德兰士瓦政府剩下的部分也在那里。

看起来布尔人对待比勒陀利亚，跟对待约翰内斯堡一样。他们并没有坚持到最后，只是拖延了时间，组织了一次有秩序且"物资丰富"的撤退。黄金、金钱、武器、弹药、给养、股票凭证、政府记录，所有他们不想交给英国的东西都被抢救了出来，用火车悄悄运走。布尔人早就开始准备这些了，一直忙到英军进城。早晨的时候，丘吉尔惊愕地看着两辆火车头驶离了车站。他们后面拖着十辆车厢，还有一辆车上载满了全副武装的布尔人。一些英国军官试图拦住火车，但没有成功，不过他们尽力拦住了另外三列即将离站的火车。

罗伯茨勋爵对此毫不介意。他现在已经占领了第二个布尔共和国的首都。按照欧洲的套路，战争到此就结束了，他们现在只等着敌人正式签字投降了。5月31日到达约翰内斯堡时，他发布了第一份公告，列出了南非共和国公民投降的条件。这些条件同3月15日以来在奥兰治自由邦适用的条件一样。比勒陀利亚沦陷后的几天内，第二份公告也发布了。宣誓中立的比勒陀利亚人可以把他们的牲口赶到冬季牧场去。

但是罗伯茨关注的是一个特殊的比勒陀利亚人：总司令路

易斯·博塔。他试了多种方式劝他参加和谈，包括写信、派个人信使、找博塔太太帮忙等。6月7日他终于等到了答复。两个人约定两天之后在茨瓦克比（Zwartkoppies）见面。6月9日，罗伯茨正要出发，他的脚刚登上马镫的时候接到了博塔的消息。深思熟虑之后，这位德兰士瓦总司令决定取消这次会议，除非罗伯茨有新的建议。但是罗伯茨没有新的建议。[101]

* * *

博塔这么做并不是想要误导人，也不是圈套。此时，德兰士瓦的领导人不知道如何是好了。5月29日在多恩科普的失败是压垮他们的最后一根稻草。那场战败磨灭了战士们的士气：他们失去了希望，尽管逃跑会受到很重的惩罚，还是有很多士兵逃跑。他们只是想回家。布尔的突击队队员一直存在军纪问题，但是现在没有什么能阻挡他们了，尤其是听说克鲁格和政府的残部在那天逃走了之后。

副总统沙尔克·伯格留在了比勒陀利亚，但并没有待太久。国家检察官扬·史沫茨是唯一留下的政府代表，而且不是所有人都认同他的权威。比勒陀利亚的市长皮埃特·波吉特（Piet Potgieter）任命了一个"和平与秩序委员会"，但它名不副实。成立这个委员会的目的本来是保护这个城市，但是它并没有维持好公共生活秩序。警察被派往了前线，城市里的居民利用警察不在的空档，在5月30日周三晚上，闯入了政府仓库进行抢劫，参与抢劫的有黑人也有白人。第二天，暴乱仍未止歇。直到路易斯·博塔到了现场施行军管，才恢复了秩序。

但是他无法恢复破碎的希望。博塔和其他的布尔将领已经无计可施了。当民众拒绝战斗的时候，他们还怎么继续下去呢？他们尚能召集3000或4000人来抵抗罗伯茨的强大军队，

253

但也仅此而已了。6 月 1 日，博塔与库斯·德拉雷和其他几位将领进行了协商。他们做出的决定令人失望，但他们已经下定了决心。或许和平是最好的选择；或许他们应当妥协、投降，毕竟比勒陀利亚的沦陷已经无法避免。他们把这样的决定上报给了总统。

他们发了一份电报，因为克鲁格前两天一直在马哈多多普。远离他熟悉的环境和抱恙的妻子杰济纳（Gezina），他本已饱受重创的自信又受了摧残。他咬紧牙关，把将领们的建议通过电报发给了斯泰恩。此时此刻，斯泰恩正在他的第四个首都，东部自由邦的伯利恒（Bethlehem）。布尔战争可能在那里，在那个时候结束。

但是斯泰恩收到电报后怒不可遏。他对和平不感兴趣。他把消息告诉了他的总司令克里斯蒂安，也给克鲁格回了电报，顺着电报线而来的回复肯定是冒着火星。那些比勒陀利亚人真是一群懦夫。正是他们召集了自由邦的人和阿非利卡人参与了他们的自由之战。结果建议投降的竟然也是他们！英国军队才刚刚跨过瓦尔河。面对投降的提议，斯泰恩此时简直不知道说什么好。他向克鲁格保证，奥兰治自由邦将会战斗到最后一刻，即使孤立无援也要战斗到底。

德威特也立即回应，他的回答温和一些，却不失坚定，而且让人觉得他能理解对方的感受，富有策略。他给博塔发了一份电报让他放心。"兄弟，我明白你的痛苦，因为我也曾身处同样的困境。"事实上，博塔的处境更糟糕，因为就连"克鲁格这样坚强的总统"都崩溃了。但是他十分确信自己可以依靠博塔，"我对他十分信任……为了我们崇尚的自由战斗到最后一刻，我相信这并不是毫无希望的"。德威特知道他在说什么。布隆方丹陷落之后，"几乎所有的公民都回家了"。看看他们，才过去 6 周，还是那群人，"现在满怀信心，而且已经战斗好几天了"。

斯泰恩直率的责备和德威特富有策略的同情十分管用，至少对博塔和史沫茨来说十分管用，他们也收到了斯泰恩的回复。自由邦的决心帮助他们做了一些困难的选择。第二天，6月2日早上，战争委员会在国民议会厅举行了会议。想要继续战斗的多数是年轻的司令官，尤其是丹尼·塞隆。这次会议也确定了今后的行动方针。紧张的讨论过后，他们选择支持奥兰治自由邦。不与敌人和平谈判，也不与敌人拼死争夺首都，只有用抵抗来"挫败"敌人。

博塔在部署剩余的突击队队员的时候，是本着这个宗旨去的。他们至少要拖住罗伯茨的进攻，这样才能给史沫茨机会，尽可能地从比勒陀利亚抢救东西。他们的成功出乎自己的意料。史沫茨最伟大的成就是从国家银行和造币厂里救出了政府的所有资产，大约合100万英镑的黄金和现金。造币厂尽力配合，但是银行的管理者不大配合。史沫茨最后只好威胁要动用武力，才得以抢运银行的资产。6月4日周一下午，他把所有东西转移到了一辆带有护卫的特殊火车上。炸弹就在火车的左右两边爆炸，而这辆载满黄金的火车驶向了东方。火车上的财物够布尔人支撑很长一段时间的。

但这只是财政上的保障。博塔需要的是重振士兵的士气。罗伯茨用尽计谋引诱他谈判。但是对博塔来说，无论如何，在6月2日的战争委员会会议之后，他是不会进行和谈的了。无论结果如何，罗伯茨耍的计谋令他怒不可遏。谁能想到，罗伯茨竟然利用他的妻子！好像她会妥协并帮着说服他一样。但是没关系。他将计就计，制订计划来好好利用自己重燃的信心。

同样地，克里斯蒂安的作战也树立了榜样，他6月4日在斯威福克兰附近俘获了一个56辆马车组成的英军供给车队。护送车队的160个人一句话没说就投降了。三天之后，德威特

255　更有说服力地展示了英国军队的供给链多么脆弱。他与指挥官斯托菲尔·弗罗曼和卢卡斯·斯汀坎普（Lucas Steenkamp）在克鲁斯塔德以北50公里的鲁德瓦尔（Roodewal）火车站附近实施了三次袭击。英国人在此聚集了大批的弹药、补给、毛毯和衣物，准备运往比勒陀利亚，其中有些物资已经装到了火车上。现在全部的物资都落到了德威特手里。他们无法带走这么多东西，他们现在是轻装出击，以便迅速移动。他尽可能多地拿上弹药，把它们埋在了不远处他自家的鲁德普特农场，留着以后用。他还允许手下的士兵想拿什么就拿什么。还有，当然，将近800名英国俘虏也要带走。剩下的东西都被炸了：火车、车站、铁轨、衣物、补给和剩余的弹药。这些东西造成了雷鸣般的爆炸，留下了一个6米深，30米×18米的大坑。爆炸的火焰在克鲁斯塔德的任何地方都能看见。[102]

＊　＊　＊

　　罗伯茨勋爵无法否认这一现实：占领比勒陀利亚并没有带来他想要的结果。布尔人仍然没有被打败。在他背后的奥兰治自由邦，德威特正在袭击他的后勤补给链，博塔则在他的眼皮底下捉弄他。如果这位德兰士瓦的指挥官一开始确实曾经考虑过要投降——罗伯茨得到了几条小道消息——他显然已经改了主意。上次那样取消和谈只意味着一件事：他会继续战斗。事实上，博塔似乎准备进行一场激烈的正面对抗。他又一次把他剩余的约4000人和30门炮调往了比勒陀利亚以东25公里的马加利斯堡。他们将像往常一样占据有利位置，在铁路两边形成一个宽阔的战线。罗伯茨则有4倍的军队和80门炮。6月11日，他在钻石山实施了一次袭击，布尔人管这里叫作"敦刻霍克"（Donkerhoek，意为"黑暗角落"）。像往常一样，罗伯茨带领步兵处在中间，骑兵则在侧翼与敌人周旋，弗伦奇在左侧，汉密尔顿在右侧，全线都有大炮。

这是布尔战争中的第二场重要战役，战况也跌宕起伏：有希望的突破，近在咫尺的反击，战术巧妙的部队调整，然后是突然的结束。丘吉尔——他自然是在汉密尔顿的旁边——最后一次向《晨报》的读者们生动地描述了战场情况，其中穿插着吸引人的轶事和英雄事迹。汉密尔顿的左肩中了弹，但幸运的是他能一直坚持战斗；布罗德伍德骑的两匹马先后都被击中了，但他还是保持了一贯的冷静；艾尔利（Airlie）伯爵勇敢地率领一支骑兵队去解救一支炮兵队伍，结果被"一颗子弹穿过了身体，几乎是当场身亡"。

丘吉尔也告诉读者，他们的敌人异乎寻常地"固执和勇猛"。自纳塔尔之后，他已经连续几周没有见过布尔人战斗这么勇敢了。英军在汉密尔顿负责的侧翼和中部取得突破（中部是博塔指挥的布尔人在防卫），但是始终无法取得决定性胜利。弗伦奇负责的侧翼跟德拉雷的突击队的战况最为复杂。第一天的战斗过后，双方的胜负还很难预料。6月12日，局面没有什么改变。德拉雷占了上风，准备对弗伦奇进行反击。但是博塔这边渐渐顶不住汉密尔顿的攻势，到下午结束的时候，他终于挡不住了。结果，他们陷入了被包围的危境。到了晚上，博塔觉得风险太大了。他下令让自己的突击队全面撤退，这让德拉雷懊丧不已。虽然败了，但钻石山之战还是大大鼓舞了布尔人。他们逃跑时带着"鼓舞和希望"（vlug in vol moed）。德兰士瓦的突击队队员学习了自由邦的战士的榜样，证明了他们仍然敢于一战。他们只有30人伤亡或被俘。他们所有的大炮，包括装在一辆火车车厢上的长炮，仍完好无损，跟着他们向东撤退。这就是博塔希望的那种鼓舞士气的战斗。

对罗伯茨来说，6月13日早上第一个惊人的消息就是布尔

256

人已经逃跑了，然后他清醒过来，意识到战争仍未结束。德兰士瓦人靠着出人意料的决心坚持打下去。他这边的伤亡是 175 人。此外，从布尔人有秩序的撤退来看，他们变得比以往更有纪律有组织了。他们已经走得太远了，不值得去追了。总而言之，这意味着这场战役还没有赢。但暂时就这样吧。至少比勒陀利亚周围的地区已经没有布尔人的突击队了。现在是时候采取点措施，对付一下那个讨厌的克里斯蒂安·德威特了。这就给了伊恩·汉密尔顿身经百战的队伍另一个任务，只不过这一次他们身边没了那位战地记者。丘吉尔此时决定返回英国。毫无缘由，他又把他那令人难以置信的好运气拿出来试了一下。他从未写过这件事，但是汉密尔顿亲自记录了这件事。

257　　在钻石山的战役中，丘吉尔再次放弃了他的非战斗人员的身份，勇敢地走到了一处布尔人阵地的正下方。他在那里把手绢绑到了一根棍子上，大胆地给汉密尔顿指出了一条他可以前进的路线。汉密尔顿将其描述为"无比英勇的表现"，他知道这样的赞美可以为丘吉尔赢得一枚维多利亚十字勋章。维多利亚十字勋章不能授予非战斗人员，但这是一个勇敢的事迹，汉密尔顿认为丘吉尔有资格得到认可。然而，罗伯茨和基钦纳都不准备正式推荐他。在占领约翰内斯堡之后，这位总司令甚至屈尊与这位无礼的青年记者交谈过一番，这已经是给他的巨大荣耀了。丘吉尔从未提及这件事，至少没公开提过。他在《晨报》写的最后一段话向汉密尔顿及其"英勇队伍"做了致敬："在他们的陪伴下我行进了那么多里路，目睹了那么多场胜利……希望他们都能平安归来。"[103]

* * *

1900 年 5 月，英军进入比勒陀利亚的那天，莱兹正在阿姆斯特丹的纽威杜林大街（Nieuwe Doelenstraat）参加一场重要的会议。他要在拉布切尔奥恩斯公司（Labouchère, Oyens & Co）的总部处理一件事，这家银行负责管理南非共和国在欧洲的资产。几天前他们把他吓得半死。他们说，以后他需要德兰士瓦政府的特别授权才能动用这个账户的资金。这样做的原因是罗伯茨勋爵宣布吞并了奥兰治自由邦，随后约翰内斯堡陷落了，看起来像是德兰士瓦也要被吞并了。银行需要某种形式的担保。莱兹还代表资产的合法持有者吗？

除了德兰士瓦传来的所有令人沮丧的消息之外，银行的这个决定无疑是晴天霹雳。莱兹当然没有正式的授权。他以前动账从不需要授权，现在他又如何去得到授权呢？他们已经认识他很多年了。拉布切尔奥恩斯公司一直负责德兰士瓦在欧洲的金融事务。而现在银行却搞了这么一出。"我发现自己身无分文，也就是说，一分钱也不能给予那些依靠我生活的人了。"这肯定不是真的。账户里大约有 80 万荷兰盾，但没有授权他什么也做不了，而且"我们在欧洲和美国的工作也会有很大风险"。

他咨询了他的律师。他一贯信任的顾问莫尔泽和阿塞尔也来帮助他，在这样坚实的支持下，他设法化解了危险。会议期间银行家们态度变温和了，允许莱兹动用账户。他立马将资金转到了其他几个银行，只留下了相对较少的 2.5 万荷兰盾来支付他当时的开销。[104]

"拉布切尔的事情已经处理好了。"他 6 月 5 日向访问美国的代表团发电报说。听到这个消息，费舍尔、韦塞尔斯和沃尔玛朗斯都松了一口气。他们的花费也都是阿姆斯特丹的这个账户支付的。跟莱兹一样，他们也非常关心账户能不能用。他们在新世界的任务跟在荷兰的任务一样，所获结果令人失望。他们不缺热情也不缺团结，但他们得到的政治上的支持比在海牙时还要少。为了迎合大众，他们把自己称作"代表"而不是受到委派的特使。因此，总统麦金莱和国务卿海伊非正式接待了他们，而没有举行正式的迎接。会谈的气氛很融洽，但从之后的记者招待会来看，结果清晰可见。总统表示"真切盼望导致了许多苦难的冲突能够结束"，但除了"坚持公平中立的政策"以外没有其他的选择。

代表团的外交任务没有完成。接下来该怎么做呢？代表团的意见在这一点上有了分歧。6 月 8 日莱兹收到了两封华盛顿寄来的信。在其中一封中，费舍尔说他对公众意见持乐观态度。"支持的呼声比我期望的要多，我相信 90% 的美国人会支持我们。"如果他们要用"决议和备忘录让公众知道他们的观点"，总统麦金莱可能会让步，毕竟那年是选举年。另一封信来自沃尔玛朗斯。他的想法正好相反，更确切地说，他的想法在任何细节上都截然不同。一方面，他要求莱兹转 1 万英镑到芝加哥用于宣传造势，但同时，他敦促莱兹提出将两个布尔共和国的保护权交给法国或俄国，或是同时交给两方。莱兹应当立即就此事同法国和俄国的使节联系。

这两项要求把莱兹逼到了尴尬的境地。首先，因为他有理由相信沃尔玛朗斯是在单独行动。其次，因为这个想法太疯狂了。或者用莱兹更为谨慎的话来说："他的信可能未能充分表现他的智识。"尽管如此，莱兹意识到他没有权利拒绝这两项要求。他把钱转了过去，并且把两个布尔人国家变成俄法保护国的想法转达给了布鲁塞尔的俄国和法国外交机构。"不是因为我觉得任何一方知道这一提议以后会对此有任何行动"——因为一旦这么做，将不可避免地引发两个国家与英国的战争——而"只是为了让沃尔玛朗斯先生高兴"。几天过后，从圣彼得堡和巴黎传来了答复。6 月 12 日，莱兹将消息发到了美国。"俄国和法国表达了真诚的歉意，拒绝了保护权。"[105]

　　总的来说，莱兹本性就是谨慎勤勉，尽职尽责。罗伯茨越逼近，莱兹就越不确定是否有人收到了他寄给德兰士瓦政府的信。如果收到了，是谁？在何地收到呢？但是他不断地寄信，一直通过杰拉德·波特（Gerard Pott）寄信。波特是驻洛伦索马科斯的两个布尔共和国的总领事。莱兹还完成了另一项重要的任务，那就是秘密组织出口武器。它们被沿着同样的路线输送出去，在法国殖民地马达加斯加有一个中转站。1900年5月，他发出了一大批货物，包括"藏在肥皂里的"1万支毛瑟枪弹药筒；制造弹药筒的部件，还有两名合同期为4个月的技术人员；"同样藏在肥皂里的"用于制造快速射击炮的黄铜外壳和击发帽；炸毁火车的装置，用于电力探照灯的镜子，用来发信号的风筝，一部野外电话，用于造气球的<u>丝绸</u>。他不停地往外发送物资，希望这些东西能到达它们应当抵达的地方。[106]

　　他只能不停地尝试。这是他能做的最好的事情了。也许他知道还有更好的方法，但他需要抓住一些东西，保持希望。所以，在6月11日，他出席了布鲁塞尔的一个法庭，目的是在塞拉蒂一案中作为皇家证人作证。这件事可以追溯到1891年，那时总统克鲁格和执行委员会反对莱兹的建议，与尤金·奥本海姆男爵就修建一条通往塞拉蒂金矿的铁路达成了一项协议。多年以后，真相泄露出来，原来为了那个目的成立的公司陷入了一张可疑的金融交易网。这件事最终走了法律程序，包括对尤金男爵、他兄弟罗伯特男爵，以及其他几个负责人的刑事指控。关于这个案子，莱兹比任何人了解的都多，他觉得自己有责任去参加听证会。[107] 他的努力有了回报。6周之后，被告被判处监禁和罚款。但是由于这件事，他没能参与另一件对于德兰士瓦至关重要的事，那是一件他密切参与的事。

　　6月9日星期六下午，巴黎世博会德兰士瓦展馆正式开幕。这个年轻的布尔共和国第一次在国际上展示自己。准备工作早在一年前的和平时期就开始了。但是现在，与另一个招摇地出场的参加者一同出现当然是尴尬的，因为德兰士瓦和这个参与者卷入了一场残酷的战争。德兰士瓦的首都刚刚被后者占领。这一事件一点也不令人欢快。总领事皮尔森接待了几位参观者，并带他们四处参观。

展览的内容不太和谐。德兰士瓦的展览馆被分成了三个部分。德兰士瓦的官方展览放在古典风格的主建筑内，包括通常的分类照片和图画、教育和其他公共设施的展示、动物标本、当地农产品和一辆牛车模型。这一切看起来很有田园特色。展品没有提及战争。然后是位于一楼的豪华大厅。大厅中央立着克鲁格的半身像，根据《辩论杂志》（*Journal des Débats*）的古斯塔夫·巴宾（Gustave Babin）的说法，"他的容貌流露出坚定而高涨的信心"。在雕像前方摆放着一束代表巴黎无产阶级的由红花、白花和蓝花组成的花束，其中点缀着绿色的蕨类植物和同色的彩带，还有一句话："布尔人万岁！"

第二栋建筑物的主题是德兰士瓦的黄金，那是繁荣、社会分裂和不稳定力量的源头，另外，对许多人来说，也是战争的根源。但是战争本身并没有出现在画面里。黄金主要是作为工业产品展示的。为了让参观者对生产过程有印象，还建立了一个展台。展台一步一步地展示了黄金是如何提取和加工的，还介绍了它的产量和利润。简而言之，这个展台展示的是新的、工业化的德兰士瓦，实际上，在过去的 10 天里，它已经在英国的控制之下。

第三个建筑又是另一个样子。它诉说着古老的、田园的、仍然独立的德兰士瓦，布尔人仍是这片土地的主人。这个展览真实地还原了一个农舍，是一个装饰着白墙、草屋顶、窗户狭窄、门很矮的简单结构。进到内部，中间是一个客厅，后面是一个厨房，两边是卧室和储藏室。一张铺着桌布的桌子，上面搁有一条面包。一张长椅和几把旧椅子。壁橱上放着一对花瓶，墙上挂着几个装着照片的大理石相框、一个布谷鸟钟，中间是一架风琴，上面放着一本小牛皮装订的《圣经》。休息室左边的主卧室里摆着一张铺着棉单的床，还有几件衣服和农夫的软呢帽和一把步枪，这也是唯一与战争有关的东西。巴滨（Babin）看了这个很吃惊，同时印象深刻。"整个展厅朴实却动人。那些东西就是勇敢的布尔人在保卫的家园和灶台。"[108]

* * *

经过了 8 个月的战争，丘吉尔仍然对布尔人感到困惑和好奇。回望以前，他在《晨报》上写道，他们做的事超出了普通人类的能力。他把那情形比作人的躯体。如果理智地思考，罗伯茨已经征服了敌人。"我们占领了兰德"，那是黄金和弹药的来源。"我们占据了位于布隆方丹的心脏和位于比勒陀利亚的大脑。"大部分的铁路网，即"血管和神经"都在英国手里了。换句话说，布尔人这一躯体已经受了致命伤。但它仍然站立着，尤其是受了重创的左腿仍能做出出人意料的、痛苦的反击。为了终结这个局面，有两项"手术"必须做：一项是使这个危险的躯体失去能力；另一项是"扼住气管"，也就是洛伦索马科斯的供给路线。

他认为执行这些任务的合适人选是伊恩·汉密尔顿和瑞德弗斯·布勒，他在这两位将军的部队里待过几个月，但是他不能在那里见证后面要发生的事情了，他决定返回英格兰。6 月 9 日他在给母亲的信中写道："政治、帕梅拉、金融和书籍都是我关心的东西。"对他个人来说，在南非的经历非常精彩。在这次经历中他得到了期望的所有东西：一连串的冒险、名声，甚至还有荣誉——有没有勋章倒无所谓。不只是靠了父亲的影响，他还凭借自己的能力结交了很多朋友，有一些身居高位，同时他还尽可能做到了不树敌。他已经牢牢地树立了作为一名作者的名声。他在《晨报》上写的报道引起了关注。从纳塔尔开始写的报道已经在 5 月初结集出版了，书名叫作《从伦敦经过比勒陀利亚去莱迪史密斯》，书的销量很好。他想尽快开始编辑第二卷，即《伊恩·汉密尔顿的进军》，好能在他开始英美广泛的巡回演讲之前出版。这将为他带来一笔不错的稿酬，让他能够放心追逐自己的政治梦想。索尔兹伯里的保守党政府觉得能从战争的胜利中获得好处，提出在那一年的晚些时候进行选举。丘吉尔打算再次竞选下议院的席位，而且再一次在奥尔德姆的自由堡垒参选，不过这一次是作为一名杰出的老兵。

他已经开始准备在钻石山战役后立即返回。他离开比勒陀利亚之前的几小时，有一个惊喜等待着他。他正在德兰士瓦的宾馆里忙着收拾行李箱，这时经理突然出现了，后面还跟着两个女人。此时宾馆已经客满，经理对他有一项请求，但丘吉尔根本就没有耐心去听。跟来的女士中有一位不是其他人，正是他的姑妈，萨拉女士。她在这里究竟是干什么？但是他没有时间为此感到尴尬。在那一刻的惊讶中，他们两人忘掉了之前的分歧，可以说是尽释前嫌。她温柔地拥抱了他。她刚刚从马弗金过来。丘吉尔像一个听话的侄子一样回应了她，主动提出再留一天，带着她逛逛比勒陀利亚，而且当然欢迎她们住在自己的房间里。

当然，他带她参观了他和她的另一个侄子——马尔巴罗公爵解救了战俘的营地。到了战俘监狱，他把自己从那里出逃的激动人心的经过讲述了一遍。晚上他邀请她参加了一场跟一批军官一起搞的告别晚会。总而言之，这次他给她的印象比过去好多了。他已经变好了，她想。"温斯顿……只是在罗伯茨勋爵的麾下……很短时间"，但他设法"获得了影响力和权威"。

他变成了"谈吐最有趣的人，也是将军最喜欢的人"。第二天
早上她在比勒陀利亚车站送别了丘吉尔。

　　最后一个惊喜在开往开普敦的火车上等着他。离克鲁斯塔德不远，刚过了科皮斯（Koppies），火车突然停了下来。丘吉尔下车去查看出了什么事。就在那一刻，一颗炸弹在附近爆炸了。虽然不大，但毕竟是一颗炸弹。往前 100 米的地方，就在火车头的位置，木制的铁路桥着火了。火车上载满了士兵，现在他们都走出了车厢。但是眼前没有看到军官。这一场景对丘吉尔来说再熟悉不过了。奇韦利、装甲火车——同样的事情该不会再次发生在他身上吧。他冲向火车头，跳了进去并大声向司机发指令。回科皮斯。那里只有 5 公里远，驻扎着一个英军营地。倒回去。他站在踏板上拉响了汽笛，命令士兵们回到座位上。突然，几个黑影出现在了干涸的河床上。布尔人！丘吉尔给他的毛瑟手枪上了膛。他已经不再是一名士兵或战地记者了，他肯定不会让自己在最后一刻被抓住。他开了六七枪。火车轰隆隆地开动了起来，回到了科皮斯。他现在要做的就是弄一辆马车和几匹马。[109]

战争地区
1900年6月～1902年5月

德属西南非洲

贝专纳
（英国保护国

英属贝专纳兰

西格里夸

大西洋

诺洛斯港

奥吉普
康科迪亚

奥兰治河（加利普河）

卡卡马斯

奥兰治河

纳马夸兰

莱利方丹

通特博思

德阿

开普

卡尔维尼亚

维斯沃特

范里斯多普

温特和克

伊兰德斯芙莱

卡鲁

马济斯方丹

开普敦

罗得西亚

林波波河 (鳄鱼河)

莫桑比克
（葡萄牙属）

德兰士瓦殖民地

莱登堡

沃姆巴斯
上瓦特法尔 下瓦特法尔 奥里格斯塔德
欧瓦帕德 达尔马努塔 赫克托斯普鲁伊特
罗斯腾堡 比勒陀利亚 内尔斯普伊特
约翰内斯堡 米德堡 马哈多多普 巴伯顿 洛伦索马科斯
丹特格达赫特 贝尔法斯特 德拉戈亚湾
斯特多普 弗里尼辛 布雷默斯多普
夫斯特鲁姆 埃梅洛 斯威
斯多普 士兰 宗加
瓦尔河 斯坦德顿 兰

克鲁斯塔德 雷斯 查尔斯城 祖鲁兰
奥兰治河 哈里史密斯 霍克兰斯
殖民地 温堡 莱迪史密斯
布隆方丹
伊登堡 纳塔尔
查斯特隆 巴苏陀兰
赫歇尔 彼得马里 奥兰治河 茨堡 德班
莱迪格雷

温特贝格山
地
贝德福德
东伦敦

阿尔弗雷德港 丹尼斯·雷茨的路线
沙白港

印 度 洋

0   200km

第三部分

死亡和毁灭
（1900年6月～1902年5月）

丹尼斯·雷茨

25　颠沛流离

比勒陀利亚，1900 年 6 月

人们走得都很慢。所有人都在赶往比勒陀利亚的路上。去往约翰内斯堡的路上挤满了难民，牛车上或任何难民们能找到的交通工具上都堆满了他们的行李。刚下前线的布尔战士们骑着疲惫的马，不耐烦地穿过人群。"回家喽，战争结束了。"他们大声喊道。[1] 英国士兵远远地看着他们，默许他们继续前进。他们都是些难民，没什么好担心的。

丹尼斯·雷茨骑着他的巴苏陀小马回家了。他敏捷地穿过人群，紧跟着他的长兄赫加尔马（Hjalmar）。他们的非洲仆人查理也跟着他们。丹尼斯和他的另外两个兄弟失去了联系。他们在约翰内斯堡成功地让阿伦德上了一列货运火车，并托人照看他。丹尼斯只能希望他没事。他当时已经神志不清了，很可能得了伤寒。没有人知道哥哥朱伯特在哪里，据说一个骑兵团两周前在科皮阿莱恩（Koppie Alleen）突袭了他的部队，这是丹尼斯最后一次听到他的消息。据他所知，朱伯特可能已经死了。他现在只想回家。他的父亲会知道该怎么做。毕竟，他是发动战争的人，确切地说，是他签署了给英国人的最后通牒。丹尼斯痛苦万分。

8 个月前，他去纳塔尔时的情况跟现在截然不同。那时的他只有 17 岁，充满了浪漫的想法，渴望战斗。他们要把英国人逼入大海。他得到准许，可以带着自己的毛瑟枪陪在哥哥们身边，尽管这是他恳求得来的。但这段经历粉碎了他的幻想。他们对莱迪史密斯进行了漫长的围攻，但最终毫无结果；在斯皮恩山战役中，他目睹了战争的恐怖："英勇的死者……嘴巴和鼻孔里都是苍蝇"，人类的遗骸看起来就像"被绞肉机绞过"，"残缺的脸……在阳光下肿胀得老大"。

在以后的很长一段时间里，这些可怕的景象一直困扰着他，但是在他们从纳塔尔撤退以后，他还是回来应征到前线去了。这一次，他去了他的出生地——奥兰治自由邦，那里保留着他童年的美好回忆，尽管那里根本算不上前线。战役以耻辱的失败而告终。分散在各地的布尔人部队跟罗伯茨的优势部队比起来不堪一击。他自己几乎没有真的打过仗。英国人把他们赶走了。就连库斯·德拉雷也无能为力。同样的事情也发生在德兰士瓦。英国人把布尔人的游击队消灭了。大多数布尔战士幻想破灭，许多人放弃了斗争。约翰内斯堡已经陷落，他们不知道在比勒陀利亚会遇到什么。

他们到家的时候已经很晚了，大约 10 点钟。他们骑着马穿过黑暗的街道回到他们位于桑尼赛德（Sunnyside）郊区的家，结果却令人大失所望。院子里空荡荡的，房子里也空无一人。他们去几个邻居家转了转，但同样无人应门。又往前查看了几幢房子，终于有人出现在门口。那人站在门口，只简短地说了几句话，告诉他们总统和国务秘书已经逃走了，比勒陀利亚将在第二天向英国投降，然后这扇门就砰地关上了。

他们不相信克鲁格和他们的父亲已经逃走了，但天已经太晚了，没法再找人询问了。兄弟俩回到自己的家，破门而入，把疲惫的马套在马厩里，在储藏室里找到了一些食物。他们在露天度过了很多个寒冷的夜晚，此时终于又可以睡在自己的床上了。不过，这次回家的所见还是令人沮丧。一个兄弟失踪了，而另一个生病的兄弟还正漂泊在回家的路上，房子里空无一人。他们的父亲、继母和同父异母的弟弟妹妹都不见了。没人知道他们在哪里。

第二天早上，赫加尔马和丹尼斯冒险出去看看他们不在的时候发生了什么事。整个城镇一片混乱。有枪炮声，商店和日用品店遭到抢劫，令人不安的谣言四处流传。显然，英军正朝他们的方向前进。他们打探了一圈后回到家中，正在收拾行李的时候，让他们高兴的是，朱伯特突然毫发无损地出现了。他的马在科皮阿莱恩战役中死了，但他徒步逃了出来，最后这一段是乘火车回来的。但是兄弟三人没有时间来庆祝团聚，他们决定尽快离开，趁着还有机会往东走。在一个被洗劫的商店外，他们发现了一匹马，立即就征用了这匹马，给朱伯特用。但他们不得不把仆人查理留下。"这个可怜的伙计恳求我们带上他，但我们不得不狠下心来。"他们再也负担不起一个仆人了。马匹和食物很难得到，他们的马需要用来驮运物资。他们告诉查理，他可以从他们家拿走毯子和任何他想要的东西。然后他们就跟这个仆人分道扬镳了。

到了晚上，兄弟三人走到了离比勒陀利亚大约 15 公里的地方。他们在一家白兰地酒厂附近过夜，天亮时他们发现数百名布尔战士也在该地区避难，但是那里没有他们自己所属的南非骑兵队的迹象。然而，他们遇到了国家检察官扬·史沫茨，他告诉兄弟三人克鲁格和他们的父亲去了哪里。当然，克鲁格他们没有逃走。他们此刻是在沿铁路线向东约 250 公里处的马哈多多普，在那里建立了一个新首都。从那里他们将继续领导斗争。路易斯·博塔已经在召集一支新的军队，而史沫茨则前往西部的德兰士瓦帮助库斯·德拉雷组织抵抗。

这是兄弟三人很长一段时间里听到的最好的消息。朱伯特决定直接前往博塔的营地。赫加尔马和丹尼斯想先和父亲谈谈，听听他对这一切的看法。他可能也有关于阿伦德的消息。他们于是出发前往马哈多多普。[2]

271

* * *

罗伯茨勋爵没有浪费时间。在他看来，1900 年 6 月 5 日占领比勒陀利亚已经结束了这场战争。这是残酷的现实，布尔人将不得不认输。他搬进了梅尔罗斯大宅（Melrose House）里，这是城里新建的豪华住宅之一，开始干他的事。在此之前，他一直依靠强硬的军事行动和公告来恐吓他的对手，现在是时候将这些"纸炸弹"上所列的惩罚付诸实践了。如果布尔领导人还有点理智的话，他们就会接受他的邀请，坐下来谈谈。否则，他们将不得不面对由此带来的后果。

他或多或少地低估了奥兰治自由邦或 5 月 24 日更名为奥兰治河殖民地的抵抗运动领导人。对他们，做什么好像都不管用。这一点从斯泰恩的反对声明和克里斯蒂安·德威特的破坏行动中可以清楚地看出来。5 月 31 日，罗伯茨通过实施戒严令获得了更多权力。一天后，他发布了一个公告，并给出了一个明确的最后期限。凡在 6 月 15 日之前的 14 天内未交出武器的人，将被视为叛乱者，并承担对其人身和财产造成的一切后果。[3]

起初，罗伯茨仍然希望他的法令能对德兰士瓦当局的人产生一定的影响。6 月初，路易斯·博塔就是其中之一，他似乎开始理智地考虑问题。他派去了包括他的妻子安妮（Annie）在内的中间人和他谈话。丘吉尔在狱中结识的陆军部长路易斯·德索萨则更进一步。他给博塔送了一封信，据说是罗伯茨写的，这封信简直就是赤裸裸的贿赂。他提出，如果博塔和德拉雷投降，就免除他们的流放。他们将获准以得到英方信任的形式留在南非，每人每年可获得 1 万英镑的津贴。没人知道是谁在幕后操纵这项提议。博塔不相信罗伯茨的立场会如此软化，但他发现任何直接或间接联系他的企图都是对他的侮辱。这加强了他的决心，即，如果南非共和国的独立在事先未获得保证的情况下，他不会进行谈判，否则，德兰士瓦人就会像自由邦人一样继续战斗。6 月 11 日和 12 日的钻石山战役证明他们仍然有能力这样做。

罗伯茨正在失去耐心。他决定对每个人都施加压力。1900年6月16日，他发布了针对两国领土的公告——这是第五次公告——以对付持续破坏铁路桥和电报线路的"小部队"。他认为，如果没有其他居民和附近的"主要公民"的知情和同意，他们就做不到这些。那些有问题的人将被认定为同谋罪，公告立即生效。任何破坏公共财产的行为都将受到惩罚，具体措施包括烧毁该地区的住宅以及监禁该地区的布尔人。

三天后，罗伯茨采取了进一步的措施。6月19日第六份公告在现有制裁之外增加了集体金融责任的惩罚。当地社区将承担因财产损失而产生的任何费用。此外，现已军事化的铁路系统的负责人还被授权将重要平民作为人质搭载在列车上。

罗伯茨决定立即亲自采取行动来表明他是认真的。对英国铁路和电报线路进行了最大胆的突袭并造成最大破坏的人，毫无疑问就是克里斯蒂安·德威特。6月7日，他对距离自己的农场鲁德普特不远的鲁德瓦尔车站进行了一次声势浩大的袭击。还有一个事实是，罗伯茨于6月1日对奥兰治河殖民地的所有布尔人实行的为期两周的大赦即将到期，下一步该做什么很明显。6月15日，罗伯茨将他的决定通知了参谋。他宣布德威特是叛变者，并下令对他进行相应的处置。第二天发布了第五份公告。罗伯茨要求决议中宣布的制裁——包括烧毁农庄——被视为强制执行的。"我们只需要做出几个示范，就让我们从德威特的农场开始吧。"梅休因勋爵负责执行判决。6月16日，鲁德普特农庄化为灰烬。[4]

* * *

这种做法让人太难过了。当克里斯蒂安·德威特感到安

273 全了，回去看他的农庄时，火已经熄灭了，但即使从远处看到它，也令人心碎。他们毁掉了他毕生的心血。德威特请他的两位将军斯托菲尔·弗罗曼和皮埃特·富里（Piet Fourie）勒住缰绳，留在原地，他独自上前查看。这就是他付出的代价。他的三个大一些的儿子科蒂、伊扎克和克里斯蒂安和他一起参加了突击队；他的妻子科妮莉亚（Cornelia）和其他九个孩子已经在乡间流浪了好几个月，在瓦尔河沿岸的一个湖边上避难。现在他的农场和他所有的一切都已被夷为平地。他一眼就看出，英国人使用了炸药，而且破坏得很彻底。他下了马，跪在一个婴儿时就夭折的女儿的墓前祈祷。然后，他骑马回到同伴身边，脸色苍白，神情憔悴。"咱们走吧。还有事情要做。"[5]

　　罗伯茨进行威慑的目的达到了，至少部分达到了。对鲁德普特农庄的破坏让布尔人大为震惊。对于那些还没有下定决心的人来说，对自由邦总司令的报复是一个转折点。如果连德威特的农场都能被一把火焚毁，那就没有什么是安全的了，他们自己的家肯定也处于危险之中。除了接受敌人的条件，别无他法。1900年2月27日英国军队在两个战线取得了突破，数千名布尔战士这样做了，现在又有数千人效仿。在那年的3月到7月间，1.2万到1.4万名士兵放弃了战斗，这些士兵占了两个共和国最初6万名士兵的五分之一到四分之一。这一变化的影响非常大，使问题更加复杂的是，他们中许多是富有的市民和政府高级官员，这些人都是有产者，会失去一些东西。其中有德兰士瓦执行委员会成员亨德里克·斯库曼（Hendrik Schoeman）将军和皮埃特·"帕德堡"·克朗杰的弟弟安德烈斯·克朗杰（Andries Cronjé）将军。[6]

　　但鲁德普特农庄被毁事件也起到了反作用。许多布尔人义愤填膺，决心同仇敌忾，继续战斗。克里斯蒂安·德威特的榜样作用比罗伯茨的威慑力更重要。他为了一个自由独立的国家牺牲了一切。克里斯蒂安本人的决心比以往任何时候都要坚定，他将继续战斗，如果有必要的话，就战斗到底。他的态度在道德上更富感召力，也坚定了许多尚未冒险的人的决心。

鲁德普特农庄被毁事件成了一把双刃剑。对于叛逃者，或"不动手的人"（hensoppers）来说，它证明了抵抗是徒劳的；对于强硬派，也就是"苦行者"（bittereinders）来说，这证实了他们的事业有着崇高的目的。但结果是，罗伯茨的严厉措施在布尔人中间播下了不和的种子，他们被迫选择支持或反对他。他们面临着两种选择：要么回到他们平静、质朴的生活，成为英国政权的忠实臣民；要么作为叛乱者被追捕。这是罗伯茨亲自向每个布尔人发出的宣战书。这不是在战场上发动的战争，而是在村庄、社区和家庭，在邻居、兄弟、父亲和儿子之间发动的战争。这是一场良心之战。

来自领导人的压力几乎让他们别无选择。斯泰恩总统于3月19日发布的第一个反对公告向奥兰治自由邦的居民表明了这一点：他的政府过去是并将继续是唯一的合法当局，逃避服兵役被视为叛国罪。罗伯茨随后在5月24日和6月1日发表的声明对斯泰恩来说没有改变任何东西。6月11日，斯泰恩以一个新的反对公告予以回击。他说，罗伯茨的要求违反了国际法，"因为奥兰治自由邦的政府仍在全面运作"，公民必须服从自己政府的命令。[7]

在最初的摇摆过后，德兰士瓦当局采取了同样坚定的立场。6月8日，克鲁格总统在马哈多多普发表了他自己的反对公告，反对罗伯茨的第一个和第二个"德兰士瓦"公告。实际上，他反对公告的行为和斯泰恩的很像。他拒绝接受英国的要求，并敦促公民不要被"英国人的承诺和威胁"误导。向英国政权宣誓效忠被视为犯有叛国罪。他警告他的公民，效忠英国并不能保证他们不被流放到圣赫勒拿岛。

274

　　事情还没有结束。从博塔和其他司令那里传来了关于布尔人士气低落的报告。克鲁格给了他一连串的回电，有些是鼓励，有些是责备，有些则是两者的独特结合。例如，他在6月20日直接向那些仍未做出决定的人讲话。"弟兄们，弟兄们，我劝你们不要灰心。你们以耶和华之名坚持、征战。你们要扪心自问：如果你们胆怯而逃避，那是因为你们不再相信天上的上帝，离弃了全能者。"但是，他向曾俘虏了丘吉尔的"黑暗骑士"萨雷尔·乌修斯（Sarel Oosthuizen）保证，尽管只有少数人准备战斗，但仍有希望。乌修斯现在担任将军。"我想也必像基甸和他的300人一样，一小撮壮士必率领自己战斗到底。耶和华必对牲畜说，到此为止，不可再远了。"

　　除了《圣经》中的格言典故，来自马哈多多普的电报还包含了对尘世报应的警告。放弃工作的公民将被判"谋杀罪"。在仍然受布尔人控制的地区，那些逃避兵役的人将被逮捕并送交军事法庭。此外，总统于6月24日补充说，他们的财产将被没收。任何宣誓中立的人都将受到起诉。用国务秘书F.W.雷茨的话来说，做中立的宣誓是"对国家和民族的背叛"。[8]

＊ ＊ ＊

　　长列的火车车厢组成了德兰士瓦政府和从比勒陀利亚来的公务员随从的新总部。丹尼斯和赫加尔马·雷茨已经在路上走了3天，首先骑马到米德堡，在那里他们搭上了货运火车。他们一大早就到达了新首都马哈多多普，在一节火车车厢里遇到了他们的父亲。过了几个月，他们又见面了，安然无恙，这使他们松了一口气。他知道阿伦德在哪里：在下瓦特法尔的一家俄国野战医院里，离前线20公里。继母带着两个年幼的孩子已经到了洛伦索马科斯，从那里坐船到荷兰的亲戚家里去了。

战争远没有结束，他们的父亲继续说。比起大规模的对抗，新策略对布尔人更有效。看看乔治·华盛顿！他也曾为一项看似失败的事业而战，但最终取得了胜利。

丹尼斯被他的乐观精神鼓舞。然而，他还是为有那么多公民放弃战斗而忧心忡忡。但他首先想见阿伦德。火车从悬崖边缘艰难地沿着陡峭的斜坡从上瓦特法尔开到下瓦特法尔。山谷里暖和多了。阿伦德得到了很好的照顾。俄国护士说他正在好转。他的烧已经退了，但还没有度过危险期。在医院附近，他们瞥见了克鲁格。他们从父亲那里知道，他是从高地的严寒中撤离的。他坐在一辆豪华马车里，"一个孤独而疲惫的人"陷入了沉思，他面前的桌子上放着一本打开的大开本《圣经》。他们没敢走到他身边。

回到马哈多多普后，他们告别了父亲，动身去找一支可以加入的突击队。在米德堡领到自己的马匹后，他们遇到了由奥地利的冯·戈德克（von Goldeck）男爵率领的约 60 人的德国志愿者队伍。他们在为路易斯·博塔执行侦察任务，丹尼斯和赫加尔马也喜欢这个任务。博塔正在组建一支新的军队，并对结果感到满意。成千上万意志薄弱的人消失了，但留下的都是"好战士"。

一天晚上，丹尼斯原来的队伍出现了。那是与他并肩作战的比勒陀利亚突击队——或者，至少是剩下的不到一半，不足 150 人。他们有了一个新的军官，马克斯·泰尼森（Max Theunissen），一个 25 岁的年轻人。虽然丹尼斯和德国人相处得很好，但他觉得和老战友的感情更亲，于是决定重新加入他们。赫加尔马继续和冯·戈德克在一起。丹尼斯骑着他的杂色巴苏陀小马去运送他的补给。博塔曾指示泰尼森摧毁比勒陀利亚和约翰内斯堡之间的铁路线。他们回到了熟悉的地方。

但运数对他们不利。英国人守卫着铁路，他们根本无法接

近。尽管如此，他们还是在该地区停留了一段时间，希望有机
会出现。几天后，雷茨被告知，他曾在奥兰治自由邦服役的南
非骑兵队也在该地区活动。他决定去找他的"老朋友"，和马
兰（Malan）司令谈谈。

那次愉快的团圆以悲剧告终。当雷茨和他的朋友们交谈
时，一个英国纵队用榴弹炮轰炸了他们。第一发炮弹偏离了目
标，但英国炮兵很快就瞄准了他们。马兰命令他的人赶紧隐
蔽。雷茨在花园的一堵墙后找到了安全的地方，而其他几个人
则躲在一棵柳树后面。那个位置非常糟糕。一枚炮弹击中了树
干并爆炸了。站在那儿的那七个不幸的人"被炸得粉碎，残骸
散落到 30 码外的地上"。当英国人的炮击停止后，"不得不用
铲子收集他们的遗体，这真是令人作呕"。

似乎这还不够糟糕，几分钟后，指挥官马兰也被击中。他
喉咙中了一颗子弹，几分钟内就死了。雷茨崩溃了。他曾考虑
加入南非骑兵队，但现在放弃了这个想法。此刻他们的幸运之
星黯淡无光。

所以他留在了比勒陀利亚突击队。接下来的几个星期平安
无事。他们在比勒陀利亚徘徊，密切注视着英国军队，不时狙
击他们。相对的平静给了布尔领导人一个重新组织他们分散的
军队的机会，也给了镇民一个恢复的时间。那是 7 月中旬，正
值严冬时节。[9]

* * *

皮埃特琢磨了这个想法好长时间。当时是 7 月 19 日，那天
在卡鲁斯普鲁特（Karroospruit）的遭遇证实了他的结论。他和
侦察队的指挥官丹尼·塞隆尽了最大的努力，但他们还是被迫
逃离了布罗德伍德的部队。他们寡不敌众，毫无胜算。最近一

直都是这样。这样打下去根本没有意义。他得和哥哥谈谈。

克里斯蒂安·德威特和皮埃特·德威特之间谁更顽固，这一点很难说。也许这就是为什么他们总是相处得那么好。皮埃特比他最喜欢的哥哥克里斯蒂安小 7 岁。他们来自一个大家庭，总共有 14 口人，住在奥兰治自由邦的德韦茨多普，这个村子是以他们父亲的名字命名的。兄弟俩曾在德兰士瓦一起务农过一段时间，对战争有着许多共同的回忆。1880 年 12 月，他们在帕尔德克拉尔第一次向英国宣战。他们还参加了马朱巴战役，在 1881 年 2 月 27 日打赢了那场战役。他们的名字也与当前战争中的一些胜利联系在一起，最著名的是 1899 年 10 月 30 日的尼克尔森峡谷战役和 1900 年 3 月 31 日的桑那珀斯战役。他们以闪电般的速度获得晋升，两人几乎都在短时间内成为将军。克里斯蒂安是自由邦军队的总司令。在南边的开普殖民地的战场上，皮埃特也获得了相同的职位。

但他们对该如何应对罗伯茨的进军的想法不同，这就造成了他们之间的分歧。克里斯蒂安想马上改变策略，这是他一直在等待的机会。他想先让英军通过，然后从后方攻击他们的通信线路，随着事态的发展，他会根据自己的直觉，随机应变。作为一个足智多谋并善于独立思考的人，他发现这种方法最适合他。皮埃特更喜欢那些久经考验且值得信赖的方法：精明地选择阵地，用巧妙的策略来拦截英军的进攻，而不是依靠即兴发挥和一时冲动下的决定。他是一个忠于法律和秩序的人，一个尊重私人财产的人。

在他和德兰士瓦军事采购委员会长达数月的争执中，这些特点显得尤为突出。战前不久，皮埃特·德威特为他们提供了100 匹马。他们商定的价格是每匹 20 英镑，但皮埃特收到的钱却是按每匹 18 英镑计算的。他被激怒了，甚至战争也没有使他忘掉这件事。1900 年 3 月 18 日，也就是离布隆方丹陷落没几天的时候，他愤怒地给比勒陀利亚发了两份电报，其中一份给克鲁格本人。这么做太可耻了。那笔买卖让他少得了200英镑。那些办公室职员真的有权力自行做出这样的决定吗？他们凭什么说他的马不值他们商定的价钱？这是一种最严重的不公：一个人冒着生命危险外出战斗，而那些公职人员却在比勒陀利亚玩着回形针。

谁也不知道这件事最终是怎样收场的，但它表明了皮埃特·德威特是个什么样的人。如果他认定自己是对的，无论什么也不能使他改变主意。他对战争的态度也是如此。随着英军日益接近，他越来越不相信战争会有好的结局。布尔人已经尽力了，他比任何人都尽力了，但这还不够。是时候面对现实了。如果继续打下去，他们将失去土地、财产、妻儿。布尔的领导人必须把握最后的时机。他们欠家人的已经太多了。他决定采取行动。5月18日，他通知布罗德伍德和汉密尔顿，他准备投降，条件是他可以回到他在林德利的农场。他的建议被拒绝了，而且对方让他知道，是罗伯茨插手了。他们只接受无条件投降。对他来说，这太过分了。

于是他继续战斗。两个星期后，5月31日，他取得了辉煌的胜利。在离林德利不远的地方，他和指挥官迈克尔·普林斯洛——马蒂纳斯的弟弟——俘虏了英国一整个营。这可不是随随便便的一个营。这个营是500人组成的第十三皇家义勇骑兵，其中许多人来自富裕的贵族家庭。

林德利事件在英国引起了一场骚动，但这并没有重燃皮埃特·德威特的希望。6月初，他自行决定向梅休因勋爵提议部分停火。斯泰恩对此持反对意见——顺便提一下，罗伯茨也是一样的态度——在6月6日的军事委员会会议上，皮埃特的哥哥要求他对此负责。这是一场严重的冲突，皮埃特反过来指责克里斯蒂安——还有斯泰恩，尤其是德兰士瓦当局——误导公众。他们承诺的外国干涉是一个虚妄的神话。与此同时，比勒陀利亚也陷落了。皮埃特警告他们，继续战斗将毁灭这个国家，无辜的妇女和儿童将付出最大的代价。但他的话没有被理睬。更糟糕的是，克里斯蒂安为此大发雷霆。

6月底，一场更私人的争吵加深了兄弟俩之间的裂痕。令人惊讶的是，他们发现自己卷入了一场肮脏的竞赛。斯泰恩提名克里斯蒂安接替纳斯·费雷拉担任总司令。他不是按照通常的程序当选的，因此皮埃特和另外两名将军——马蒂纳斯·普林斯洛和扬·奥利维尔——提出了反对意见。尽管斯泰恩认为没有必要，克里斯蒂安还是决定举行一次选举来消除任何疑虑。结果很明显：他赢得了26票，奥利维尔3票，普林斯洛2票，他弟弟皮埃特1票。

其含意不言而喻。皮埃特·德威特失望地离开了会议现场。出于一种责任感，他再次接管了指挥权，但再未远离他在林德利的农场。他和妻子苏珊娜进行了一次坦诚的交谈。她担心英国人会把他们的房子烧掉。那样的话，她和他们的11个孩子怎么办呢？他们最终会像她的嫂子科妮莉亚一样过着流浪的生活吗？这样的前景太可怕了，简直难以想象。

在努力地尝试去解决这个问题几个星期后，皮埃特决定做最后一次尝试。7月20日，他去布隆方丹看望了他的哥哥。克里斯蒂安觉得还有继续斗争的机会吗？光是这个问题就激怒了他哥哥。"你疯了吗？"这是他唯一的回答。没有什么可说的了。皮埃特回到他的部队，和几个信任的朋友讨论了这件事。他们同意他的看法。7月24日，他询问了一下英国能给出的条件。在回答他的一个手下提出的问题时，他说："我不能给你出主意。你们各人应当做自己认为最好的事，但我要回家去了。"1900年7月26日，他前往克鲁斯塔德向英方投降。[10]

279

26 击败敌人

布隆赫斯，1900 年 7 月

　　这天清晨，丹尼斯·雷茨被惊醒了。往远处看了一眼，他便知道事情不妙。英国人又开始向前推进了。这次不是一支小队，也不是一个营，而是整支军队。军队前进扬起的灰尘遮住了整个西边的地平线。据他估算，敌军至少有 3 万人。比勒陀利亚突击队在不远处的山丘占据了阵地。没过多久，英国人的第一批炮弹在苍白的晨光中嘶嘶地飞落下来。更多的炮弹紧随其后，落点近在咫尺，布尔人突击队根本无力反击。他们唯一能做的就是分散开来，后退，再找新的阵地。

　　在通往洛伦索马科斯的铁路线两边，英军拉开了广阔的战线，并加快了行进的速度。布尔战士别无选择，只能撤退。他们从一座山撤退到另一座山，朝着偶然遇见的侦察兵猛烈开火，然后继续撤退。他们本来就寡不敌众，敌军的炮火更是势不可挡。看来有一点是毫无疑问的：罗伯茨决心切断布尔人的生命线。

　　敌军追击的速度让雷茨想起了他们早先在奥兰治自由邦的撤退。不到一个星期，他们就退到了米德堡，离马哈多多普也还只有一半的路程。但是，这两次撤退有一个很大的区别。这一次，布尔人士气高昂，没有人想着回家。大家都说，博塔将会精心选择最后决战的地点。决战之后，他会像克里斯蒂安·德威特一样，把他的军队分成人数更少的游击队。有了这样的打算，好歹能平息一点不断后退带来的耻辱感。这样的前景使战士们更容易忍受不断撤退的耻辱。

　　在这期间，雷茨经历了一些可怕的时刻。在贝尔法斯特（Belfast）附近，黑暗中一片混乱，他发现自己与比勒陀利亚游击队失散了。第二天早上，他的同伴们都不见了，他只好加入博克斯堡采矿村的一支队伍，这支部队他以前在约翰内斯堡见过一次。几天后，他们到达了马哈多多普城外的达尔马努塔（Dalmanutha），在那里他们被分配到一个新的阵地。

这片山区的另一边是悬崖，这就是博塔打算做最后抵抗的地方。在雷茨看来，这似乎是一个完美的地点。两个月前，他曾来过这里，看望他的父亲，这里确实是一座"天然的堡垒"。从山顶上，他们可以一览无余地俯瞰平原，身后是悬崖峭壁，"可以为人马提供绝佳的掩护"。此外，英国人的军队停在了贝尔法斯特。接下来的几周都风平浪静，布尔人利用这个机会加强了防御。

一个星期后，比勒陀利亚的游击队出乎意料地来到了这里，令丹尼斯吃惊的是，他的两个哥哥也在游击队里。他告别了博克斯堡分队，回到了自己的部队，能和赫加尔马、朱伯特及其他的战友再相见，让他着实感到开心。他准备好了跟英国人决一死战。[11]

281

* * *

1900 年 8 月 21 日，英军沿着东线出发整整一个月后，发动了进攻。在过去的几周里，英军没有采取进攻有两个原因。第一个原因与罗伯茨在 7 月 17 日发布的一个公告有关。这一次，公告影响到了参战游击队员的家人们。这些人当中大多数是妇女和儿童，他们逃离家园来到约翰内斯堡和比勒陀利亚等城市寻求庇护。他们穷困潦倒，没有任何谋生的技能，只能依靠英国政府的救济。但在罗伯茨看来，为敌人的家人提供食物简直是不可理喻，布尔叛乱分子应该供养他们自己的妻子和孩子。所以罗伯特决定把这些难民送到游击队的所在地。从 7 月 19 日起，这些妇女和儿童将会乘火车到达距离比勒陀利亚 15

公里的范德梅尔威（Van der Merwe）。

博塔听到这个消息后十分吃惊。也就是说，在两天之内，他们需要为数百名甚至数千名妇女和儿童提供食物和住所，而他此时正忙于重新组织部队，另外还要抗议英国人烧毁布尔人的农田，现在又多了这个任务。在马哈多多普，克鲁格建议他先拒绝对士兵家属负责，然后向英军要求停火。无论如何，他首先要对英军这些令人发指的行为提出正式的抗议。

博塔的反对丝毫没改变罗伯茨的决定，他冷漠地回答说，英国政府不会再帮助布尔人的妇女和儿童，这一切都是其丈夫和父亲一手造成的，是他们摧毁了铁路线，切断了食物供应。如果他们就此停战，英方自然会为他们的家人提供帮助。但如果他们还是冥顽不灵，抗拒到底，那他也别无选择，只能把这些贫困潦倒的妇女和儿童送走。7月19日的寒冬深夜，400多名妇女和儿童被塞进敞篷货车运往范德梅尔威。

时间紧急，博塔命令本·维尔容（Ben Viljoen）将军先为他们安排暂时的住所。这些人在那里稍做休整，然后将被送往邻近斯威士兰边境的德兰士瓦东部的巴伯顿（Barberton）。安排工作耗时耗力，也让那些知道自己家人就在其中的士兵更加痛苦。英军不但没有同意暂时停火，反而发起了又一次进攻。7月21日，英军沿着原来的铁路线向前挺进，这让博塔应接不暇。他在组织防御的同时还要准备好接收另一批妇女和儿童。

罗伯茨威胁说这次要运送更多难民。博塔抗议说，那些人之所以会逃往约翰内斯堡和比勒陀利亚，是因为英军烧毁了他们的农田，但是罗伯茨并不买账。他认为真正的罪魁祸首是四处游荡的叛乱分子，是他们煽动平民放弃效忠的誓言起来反抗。叛乱分子还胁迫平民为他们提供食物。而且，他们还在继续破坏铁路线。因此，他不会停止驱逐难民。8月初，罗伯茨宣布将另外的 450 名妇女和 1500 名儿童于 11 日、13 日运往贝尔法斯特。他做出的唯一让步是同意英军在 8 月 16 日前停止继续向前推进。

博塔只能接受这个结果。800 名妇女和儿童在 8 月 11 日星期六深夜抵达，她们坐在敞篷的牛车里冻得瑟瑟发抖。维尔容又奉命为他们安排了住所，等着能安排人把他们送往巴伯顿。妇女们一点也没有丧失斗志。当火车进站时，她们身披德兰士瓦的国旗，斗志昂扬地唱着国歌。她们看起来比博塔乐观得多——博塔刚刚在给克鲁格的电报中表达了自己的绝望。他说自己"因为要安置人数众多的妇女和儿童，感到心力交瘁，显然英军在利用这些妇女，把她们当作武器"。[12]

尽管罗伯茨没有表现出来，但实际上他自己需要这次短暂的休整，让他能有一个喘息的机会；第二个原因是他借此等待布勒率领远征军从东南方赶来。罗伯茨认为两军联合起来进攻博塔的天然堡垒是更明智的选择。

布勒从纳塔尔赶来的速度没有罗伯茨快。尤其在经历了图盖拉战线的战事之后，布勒在靠近比格斯堡和德拉肯斯堡山脉的布尔人阵地时特别小心。在那里他遇到了新的对手——路易斯的弟弟克里斯·博塔（Chris Botha），不过，布勒在交手的过程中为自己赢得了"坐牛"的绰号（坐牛是一位英勇的印第安首领的名字）。即使面对克里斯·博塔这样的劲敌，布勒仍然突破了对方的防守。这要得益于他对这个地区仔细的侦察及采取的侧翼战术。最终成功地突破了两大障碍，也没有遭受重大的人员伤亡。

布勒于 7 月 1 日穿过了德兰士瓦边界。他的首要任务是恢复从德班到约翰内斯堡的东南段铁路线。7 月 7 日他独自前往约翰内斯堡拜访了罗伯茨。这两人一直都存在竞争关系，一个曾是印度人的实际统治者，另一个则是英国在非洲的第二号人

283

物，而就在南非，这两人又添了些新仇。两人关系最恶劣的时期是在科伦索那段时间，在那里布勒失去了指挥权，罗伯茨失去了他唯一的儿子弗雷德。两人都有指责对方的理由，他们也确实都在互相指责。不过，在这个当下，他们第一次真正面对面时，却又表现得冷静而务实。

至少在这一阶段，他们在一件事情上达成了共识，那就是对敌军的破坏要以牙还牙。布勒在这一点上比罗伯茨态度更加强硬。在罗伯茨6月16日发表第五份公告的前几天，布勒已经进入德兰士瓦，他张贴海报警示各地公民，"为了他们的人身和财产安全着想，不要有任何破坏铁路线和电报线的行为，也不要对自家附近驻扎的英军采取任何暴力行动，违者将受严惩"。到7月初，布勒说到做到，采取了强硬的惩治行动。在他的指示下，斯坦德顿（Standerton）的六个农场被破坏，因为有少数叛乱分子在这里活动，计划攻击英军。其中瓦肯斯普鲁伊农场正是路易斯·博塔的财产。

人们说这纯属巧合，但布勒这么有针对性的报复行为并没有令罗伯茨不满。两周前是鲁德普特农场遭到破坏，这次是瓦肯斯普鲁伊农场。这是英军做出的又一次严厉的震慑行为。继续抵抗的德兰士瓦人，谁都不要自欺欺人地认为自己是安全的，甚至连他们的将军也不例外——这就是布勒想要传达的信息。博塔对此表示强烈抗议，谴责他们这种泯灭人性、野蛮粗暴的做法，这样的做法不应该出现在文明时代的战争中。但罗伯茨已经习惯了这种批评，他也有自己的一套回击方式。他说英军在举白旗的农场里遭遇了袭击，布尔游击队员还恐吓守法的公民。

对此，他采取了进一步的措施。8月14日他发表了新的第十二份公告，宣布没有宣誓中立的公民将被视为战俘送往集中营，藏匿有"敌人"的房屋将被夷为平地。窝藏"敌对分子"拒不上报的布尔人家庭将被视作同谋。

任何人都会受到惩罚，这正是公告的目地所在。路易斯·博塔也不例外。8月15日，来自西部的罗伯茨部队和来自东南部的布勒部队在距离贝尔法斯特以南几公里处会合了，决战的时刻到来了。[13]

* * *

也是时候拼一把运气了。一天前，德兰士瓦西部传来了坏消息。德威特和斯泰恩以及大约2000名士兵成功脱困。英军这边，谁也不知道他们是怎么逃出去的。他们互相指责，梅休因指责基钦纳，基钦纳指责汉密尔顿，至于汉密尔顿，他实在找不到垫背的人了。奥兰治自由邦的总司令成功突出重围，英军的将军们都有责任，奈何汉密尔顿是他们当中资历最浅的。英军从东到西穿过奥兰治自由邦，越过瓦尔河，一直到马加利斯堡山脉，跟踪了德威特整整一个月。这是一次大规模的围剿，比以往的规模都要大，跨越的地域也更广。他们跟在这位布尔总司令的后面走了几百公里，整个过程所有时段的人数加起来也至少有5万人，但是他们最终还是没有捉到他。

一开始，英军还满怀希望。1900年7月中旬，自由邦剩下的大部分游击队员，包括德威特在内，都留在东部边境的布兰德沃特山谷，这里邻近巴苏陀兰。那里大约有8000名布尔人，以及他们所有的马车、军火、马、牛、羊等——对英军来说这将是一次收获颇丰的狩猎。如果布尔人留在那里按兵不动，那他们就等于深陷天罗地网。山谷几乎被维特堡山和鲁德堡山形成的马蹄形山脉包围，只有几个可以进入的隘口。中将阿奇博尔德·亨特爵士——这简直是一个巧到不能再巧的天助的姓氏①——将指挥 2 万名英军士兵包抄围堵布尔人的游击队。山谷的南面是巴苏陀兰，那里的人对布尔人不友好，布尔人会不惜代价避开那里。那么他们就只能被困在山谷里，对英军来说只需等待他们投降就好。

但战局在这时开始转变。德威特意识到了危险，决定分队从不同的方向离开山谷。他和斯泰恩总统以及自由邦剩余的 2000 人将从北面撤出。另外的 2000 人在将军兼牧师保罗·鲁克斯（Paul Roux）的带领下由西南方向撤离。第三队的 500 人由克劳瑟（J.Crowther）将军率领从东面突围。其余人马，也就是马蒂纳斯·普林斯洛的人留下来拖延时间，坚守山口，然后撤退。

德威特在 7 月 15 日晚立即动身。他带着他的全部游击队员、400 辆牛车和 5 门大炮从北部两出口之一的斯来波特峡谷撤离。他的逃跑路线一度距离亨特手下亚瑟·佩吉少将率领的部队营地不到 3 公里，与危险擦肩而过，然而幸运的是他们竟然没有被发现。这是之后一系列奇迹逃脱的开始。

亨特在当时并没识破德威特的行动。第二天，在一队布尔人已经成功逃离之后，亨特才收到消息，他安慰自己，不管怎样，至少大部队还留在山谷里。在那个时候，情况确实是这样。其他布尔人的指挥官没有德威特那么果断。他们在分队撤退这件事上犹豫不决，普林斯洛和鲁克斯更是因指挥权的问题而吵得不可开交。投票也没能解决问题。普林斯洛开始占据优势，但投票的最终结果倾向于鲁克斯。随后，普林斯洛开始质疑投票的公正性，并坚持要自己指挥。

亨特抓住了这一时机。7 月 24 日深冬，山谷里雨雪交加，

---

① "Hunt" 作为姓氏，音译为"亨特"，它也有"捕猎"的意思，正好应对此时的战况。——译者注

将处在山脉鞍部地带的布尔人逼了出来，同样的事几天之后也发生在了位于西南和东北山脉鞍部地带的游击队中。英军从四面猛冲进山谷，布尔人无路可退。

至少普林斯洛是这么想的。他向英军提出停火要求。亨特拒绝停火，并要求他们无条件投降。7月30日普林斯洛代表手下的所有布尔游击队员投降。鲁克斯强烈抗议，他告诉亨特自己才是军队的最高长官，普林斯洛不是，因此投降是无效的。亨特听完他说的话，对他的天真感到好笑，然后将他抓了起来。

但其他布尔游击队员找到了出路。约1500名士兵在皮埃特·富里勒（Piet Fourie）将军的带领下从最东边的山口逃脱，剩下的人同普林斯洛一样选择了投降。投降人数众多，光是上缴武器就花费了一周多的时间。8月9日，他们清点了战场。共有4314人投降，比在帕尔德贝格的投降人数还要多。他们被用船运到了锡兰，直到战争结束前，这些人一直被关押在那里。从他们手中收缴的200万个毛瑟枪子弹夹在篝火中被焚毁。他们的5500匹马、4000只羊和3000头牛则为英军所用。[14]

在那时，德威特已经经历了几次"死里逃生"，跑到几百公里之外了。8月2日，他第一次听到了这些人投降的消息，极为震惊。几天前是他的兄弟皮埃特投降，现在是普林斯洛、鲁克斯和其他成千上万名布尔人。这是"对政府、国家、人民的重大打击"，同时也打乱了他的计划。他此时在瓦尔河畔，原打算折返向南，朝开普殖民地的方向进军。但是看现在的情形，奥兰治自由邦驻扎了那么多的英军，向北进入德兰士瓦对他来说是更明智的做法。而且，考虑到斯泰恩想要和克鲁格面对面商议，而不是通过电报，他或许还能起到一点作用。

286

向北出发也不是一路坦途。在瓦尔河以南，1.1万名英军正在行进，目的是将布尔人包围起来，还有更多的英军埋伏在河对岸。总共大约有 1.8 万名英军，包括梅休因、史密斯－多里安、汉密尔顿及巴登－鲍威尔等著名的军事指挥官。他们又都由基钦纳领导。

即使如此，德威特还是设法成功突围了过去。他们在斯库曼浅滩渡口穿过瓦尔河，经过一条几乎无法通过的小路到达范维伦斯科洛夫，在布法尔斯多恩休息了几个小时。然后他们在韦维尔迪安穿过铁路线，行进中沿途炸毁了 8 个地段的铁路，涉水渡过穆伊河，加入了皮埃特·利本伯格（Piet Liebenberg）的德兰士瓦游击队。随后，他们向北走出温特斯多普，将身后的干草点燃，朝着马加利斯堡进发。在最后一刻，他们又突然转向了东方。8 月 14 日他们穿过了奥利芬特谷。他们最终甩掉了追兵，成功逃脱。

这就是罗伯茨从他的将军那里得到的简报。他必须承认德威特配得上他的好运。没有哪位布尔人指挥官能像德威特一样，如此坚定地掌控他的士兵，如此毫不留情地鞭策他们，让军队保持如此惊人的士气。他有最好的侦察兵，他声东击西的策略无人能及，他还得到了德兰士瓦游击队的协助。这一切都是实情。现在，追击的机会已经错过，错误的决定已经做出，英军已经无力回天。如果真的要深究失败的原因，肯定不止一个，信息中断、沟通有误等。不管怎样，接下来他们必须全力以赴。罗伯茨将亲自指挥对抗博塔。[15]

* * *

威廉·莱兹得到的回复正是他所期望的。回到 1900 年 8 月 1 日的海牙，一份针对罗伯茨关于德兰士瓦的第一份公告的声明草案在会议上提出，草案符合国际法的要求，表达了对公告的强烈反对。这很符合阿塞尔的作风，他是莱兹的恩师兼好友。阿塞尔认为，英军对平民财产造成的破坏"违反了国际法的既定规则。交战期间，只要不是战时禁运品，所有私人财产都应该得到保护"。1899 年 7 月 29 日在海牙签署的《陆战法规和惯例公约》（the Convention with Respect to the Laws and Customs of War on Land）第 46 条关于这一点的描述非常明确。英国也是公约的签署国之一。在罗伯茨的公告中，"共和国的公民"被视作"交战方"。在达成和平协议或共和国的武装军队被摧毁前，德兰士瓦将继续处于戒严令下。

287

一个多星期后，莱兹收到了阿塞尔的回信。当时他正在柏林与费舍尔、韦塞尔斯和沃尔玛朗斯一起执行另一项不可能完成的任务。代表团成员已经从美国返回，他们非常想觐见威廉二世。但莱兹认为德国皇帝不太可能接见他们。在巴黎，通过个人关系，莱兹设法与法国总统卢贝进行了一次非正式会见，但在柏林，他并没有这样的关系。而且他之前收到的消息也对他们不利。但是他们三个无论如何还是想试一试，于是他们去了柏林，结果只是遭受到了冷落和羞辱。他们连见副次长的机会都没有，更不要说皇帝了。威廉二世对他们一点也不感兴趣，直截了当地拒绝了他们的见面请求。他们抱怨说，当初就应当采纳莱兹的建议，从南非直接到柏林来，而不是先去荷兰和美国。[16]

当然，莱兹非常能够理解代表团的动机。他们必须抓住能抓住的任何机会，不论成功的希望多么渺茫。他们紧紧抓住最微弱的一丝希望，试图为悲观的战局带来一点转机。英国正在驱逐受雇于荷兰－南非铁路公司的荷兰人，包括家属在内，共计 1400 人。连荷兰救护队的人员也被遣送回国。还有些人甚至被扣上协助和支持布尔人的罪名，因此被关押入狱。面对这样的形势，但凡有爱国之心的人都想做点什么，哪怕只是从遥远的欧洲传回一些能振奋人心的消息。

　　莱兹就是这么做的，在比勒陀利亚沦陷之后的 6 月中旬，他给克鲁格写了一封信。他在信中表达了自己的心声。"我尊敬的总统先生，我每天都牵挂着您，希望我能服务在您的身边。"在信的最后，他还写下了一段充满希望的附言。"代表团已从美国发来电报。如果我们能再坚持一段时间，美国政府迫于压力将会为南部非洲的这几个共和国提供一些帮助。"

　　他知道克鲁格政府正在寻求救命稻草，告知他们代表团的情况或许能给他们一些实实在在的希望。另外，中国那边的局势暗潮涌动，他们或许能渔翁得利。1900 年 6 月末，中国各省的起义蔓延到都城北京。这些因为宗教信仰而团结起来的起义的老百姓被称作"义和团"，他们发起运动的宗旨是遏制西方国家对中国的影响。他们枪杀外国人，尤其是传教士，并围攻北京的外交使团。面对义和团的威胁，一支代表主要西方国家以及日本的远征军很快建立了起来。这支军队正在向北京城进军，英国也参与其中。如果局势严峻，英国需要投入中国的军力将不仅仅是从东印度调遣的 1 万名士兵。这将迫使英国尽快结束在南非的战争。[17]

　　念及这些因素，莱兹努力让自己振作起来。他也必须让自己振作，因为在柏林受挫之后，他和代表团面临另一项严峻的挑战：俄国政府。他们也不太可能得到俄国沙皇的召见。1900 年 8 月 15 日周三下午，他们的火车驶进了俄国首都圣彼得堡的车站。看到众多前来迎接他们的俄国民众，他们的内心受到了鼓舞，然而，这却是他们在俄国受到的唯一一次热烈欢迎。很快，他们就清楚地意识到俄国当局并不待见自己。新闻媒体被当局要求不得报道代表团访俄事宜，而沙皇此时也在外检阅军事演习，可能要好几周才会回到圣彼得堡。在等待沙皇期间，莱兹终于受到了外交大臣拉姆斯多夫（Lamsdorff）伯爵的接见。他受到了正式的外交礼遇。1898 年 12 月第二外交秘书范·德胡芬向沙皇递交了国书，莱兹是得到正式任命的外交使臣 [18]，所以他可以受到沙皇的接见。拉姆斯多夫是这么向莱兹保证的。那其他代表团成员呢？拉姆斯多夫说他们身份不明，所以沙皇不可能接见他们。拉姆斯多夫当然也不会接见他们。

这让费舍尔、韦塞尔斯、沃尔玛朗斯非常难堪。沙皇同意在 8 月 25 日周六下午 2 点接见莱兹。与此同时，代表团的成员正在起草一份反对罗伯茨公告的官方信件。信件内容和阿塞尔的草案非常相似，但还包括了针对罗伯茨在 6 月 16 日和 19 日发表的后续公告的强烈反对。莱兹将这封信寄给了驻伦敦的总领事 H.S.J. 马斯（H.S.J. Maas），请他转交给索尔兹伯里勋爵并复制 100 份给媒体。信中的落款是"1900 年 8 月 18 日，圣彼得堡"——仅是代表团停留在圣彼得堡这一件事就能让英国人三思而后行，因为这很像是沙皇在象征性地支持布尔人的反抗。

一周后，莱兹在彼得夏宫听到了尼古拉二世的打算。沙皇没有拐弯抹角。他问莱兹知道为什么德国皇帝如此毫不遮掩地放弃支持德兰士瓦吗？"我自己的外交官也都百思不得其解。"莱兹巧妙地回答道。莱兹接着又说道，威廉二世唯一一次公开对布尔人表达不满，是因为布尔人向德国订购大炮的同时也向法国购买了大炮。"我们造的大炮才是世界上最好的。"威廉二世指责他们说。但这并不是问题所在。真正的原因"应该……在于他善变的性格"，莱兹试探性地说。这也正是沙皇想要听到的。莱兹认为，威廉二世善变的性格是他当时认为唯一能寄予希望的地方。"如果他能向你保证德国不会站在英国一边，俄国将会做好干预战争的准备。"

一如既往，又到了独裁者们互相推脱的时候。莱兹面见

289

沙皇的成果也就是如此。莱兹请求沙皇通过他在布鲁塞尔的特使德吉尔斯了解战争的进展。最后，当莱兹再次转达了代表团想要面见沙皇的请求时，沙皇差点当场发火。沙皇断然拒绝了："就算他们来这里，我也只能重复今天说过的话。你想让堂堂的俄国皇帝就同一件事情发表两次相同的言论，他岂能同意？" 19

* * *

罗伯茨到达贝尔法斯特后做的第一件事就是将战术改为从高处向低处发动攻击。1900 年 8 月 25 日周六，布勒、弗伦奇和山脊上的其他部队已经连续 4 天炮轰布尔人的战壕，但始终没有攻破。罗伯茨认为原因在于他们的阵地太过集中。他们应该分散开，使得布尔人的防线也被迫拉长，从而变得薄弱。他命令布勒从右侧攻击，弗伦奇的骑兵则从左侧进击。他们在两侧采取惯用的迂回战术。他还命令雷金纳德·波尔－卡鲁（Reginald Pole-Carew）中将在中部继续给布尔人施加压力。

罗伯茨的计划奏效了，布勒也在其中发挥了不小的作用。经过一天半的激战，他决定不再按原计划路线行进，而是从中间突破。从 8 月 27 日周一的早晨开始，他将主力军从伯根达尔（Bergendal）高原直接调到了铁路线上。布尔军队领导人的职位多由约翰内斯堡的警察担任。没有人喜欢他们，但他们骁勇善战，在这场战役中经受住了猛烈的炮火，这也让他们声名远扬。这是整场战争中最野蛮的屠杀之一，血腥程度堪比瓦尔克兰兹和彼得高地战役。南非共和国警察部队顽强地抵抗了好几个小时，最终还是被步枪旅和皇家爱尔兰燧发枪队打败。到了下午，屠杀场面变得更加惨不忍睹。那些还能走动的伤兵开始撤退，而他们的马则死的死伤的伤，尸横遍野。布尔人的防守战线被攻破了。[20]

当晚，博塔评估了当前的局势，英军采取的中部突破对布尔人造成了重大打击。不只是布勒，弗伦奇和波尔－卡鲁也取得了局部胜利。他们又有被包围的危险，所以他决定全线撤退。他们已经输了这场战争的最后一场阵地战——伯根达尔战役（英军称之为"达尔马努塔战役"）。此后，他们只能效仿德威特将军的做法，将军队分成小分队，可以各自独立快速行动。

命运使然，在同一时间，德兰士瓦的政治领袖和奥兰治自由邦的一样，也被迫进一步撤退。在战争的最后阶段，斯泰恩总统和其余的政府成员撤退到了下瓦特法尔。他想同克鲁格及他的顾问们当面商议。会议于 8 月 28 日在内尔斯普鲁伊特（Nelspruit）举行，需乘火车向东 75 公里。这是一个值得铭记的时刻。德兰士瓦政府正式批准了新的作战方针，两个执行委员会也同意了斯泰恩提出的孤注一掷的作战方案。德高望重的克鲁格将离开南非 6 个月，前往欧洲，利用自己的威望尝试说服欧洲其他国家干预战争，这也是莱兹和代表团成员一直未能实现的目标。在他离开期间，沙尔克·伯格将代理总统一职，雷茨则继续保留国务秘书的职务。[21]

雷茨的三个儿子赫加尔马、朱伯特和丹尼斯在伯根达尔战争中都幸存了下来，他们靠的全是运气。比勒陀利亚游击队离南非共和国警察部队不到 1.5 公里，完全处于英军的战火之内。赫加尔马眼睛下方受了伤，朱伯特把他送去了战地医院。丹尼斯两次奇迹般地从猛烈炮击中死里逃生。第一次，炮击把他震晕了。第二次，是他的马救了他一命。当时，他的栗色马被缰绳缠住，他起身想要去解开缰绳。他刚刚走到马的跟前，一颗炸弹落在了他刚才坐着的蚁穴上。

在返回内尔斯普鲁伊特的混乱旅途中，他们兄弟几个失散了。然而在半路上，丹尼斯遇见了前来寻找他们的父亲。父亲告诉了他博塔的计划。博塔打算向北进军到莱登堡（Lydenburg）以外的荒野，然后重组军队进行游击战。所有游击分队将在赫克托斯普鲁伊特 – 莫桑比克边境前倒数第二个火车站会合。他们父子约定在那里再见。这次见面最终以悲剧收场。他父亲乘坐的返回内尔斯普鲁伊特的火车意外地撞死了丹尼斯"可怜的小马"，丹尼斯为此悲痛欲绝。这匹马从战争的第一天起就与他相依相伴，在它还是小马驹时就从自由邦一路跟随着他，是他与旧时家乡生活的亲密纽带。可想而知，失去这样一位忠实的伙伴对他来说是多么沉重的打击。

但他没有时间悲伤，因为英军又继续前进了。比勒陀利亚游击队决定绕道返回高地草原，在离家人近的地方继续作战。丹尼斯也想这样做，但他的家人却在赫克托斯普鲁伊特。至少，他希望能在那里找到他们。他再一次离开了比勒陀利亚游击队，加入向赫克托斯普鲁伊特前进的游击队。一两天后，他到达目的地。他的两个兄弟也在，朱伯特的头上缠着大绷带，阿伦德在俄国护士的精心照料下已经可以骑马了。他的父亲两天后也到了，"经历了数月的分别后，我们一家人第一次团聚在一起"。[22]

291

27　我行我素

莱登堡，1900 年 10 月

　　两周，是丹尼斯·雷茨能忍受的最长时间。一路上他所发现的新事物使他着迷。从赫克托斯普鲁伊特出发，他们向西北挺进，首先穿过萨比河两边的低地，在那里他们看到了大量的野生动物，有成群的斑马和角马，到了夜里，狮子在他们的营地周围徘徊。然后，他们越过大山来到奥里格斯塔德（Ohrigstad）。他们穿过了郁郁葱葱的山口和在这片地区非常罕见的松树林。在奥里格斯塔德待了一个星期，但疟疾的暴发迫使他们前往地势较高的莱登堡。

　　在这里，他们很快就感到日子很无聊。克鲁格已经离开赫克托斯普鲁伊特去往洛伦索马科斯，在那里等着乘船去欧洲。博塔当时正在德兰士瓦，组建一支新的游击队。政府暂由沙尔克·伯格和他的父亲领导，其他部长们从旁协助。在莱登堡，丹尼斯和他的兄弟们无事可做，这种懒散的生活使他们烦躁不安。阿伦德还太虚弱，哪里都不能去，但其他三个兄弟决定再次加入游击队。赫加尔马有"自己的古怪爱好"，他去了德兰士瓦东部。丹尼斯和朱伯特选择了不同的方向。他们听说克里斯蒂安·拜尔斯将军正在比勒陀利亚北部组织一支游击队。只需往西走 250 公里左右，就能在沃姆巴斯附近找到这支游击队。他们决定去那里。

　　没有什么要准备的。他们只是射杀了一只捻角羚，做成了干肉条，还带上了一些玉米，这些是他们所有的食物供给。在告别了父亲之后，丹尼斯和朱伯特兄弟俩出发了，丹尼斯骑着他的杂色马，朱伯特的马是他们从比勒陀利亚的查理那里得到的。此时正是 1900 年 10 月中旬。他们还有很长的路要走，要穿过北部的德兰士瓦丛林，"那里的居民只有土著部落和野生动物"。[23]

* * *

293

根据罗伯茨勋爵的说法，那里已经正式成为英国领土。在他看来，伯根达尔战役的胜利足以让他轻松地吞并德兰士瓦。1900 年 9 月 1 日，他宣布南非共和国改为新的德兰士瓦殖民地，并入大英帝国。几天后，克鲁格从内尔斯普鲁伊特发出了一份声明，不承认罗伯茨的说法。但很快，克鲁格的权威性就丧失了。克鲁格前往洛伦索马科斯这件事给了罗伯茨一个天赐良机，让他有机会造谣生事。

罗伯茨在 9 月 14 日发表了一份新的公告，公告上说老总统已经正式辞职，很快，老总统已经辞职的谣言就满天飞了。事实上，克鲁格只是暂时离开，并不是辞职，但这对罗伯茨来说并没有什么两样。他声称，国务秘书雷茨离开南非，带走了南非共和国的全部档案，这当然也是捏造的。事实上，雷茨正在前往莱登堡的路上。罗伯茨关于档案的谣言也有一部分是实情。德兰士瓦的官方文件正被运往欧洲，由莱兹妥善保管。当然，公告最重要的内容是关于克鲁格离开的谣言。公告里说，"他抛弃了布尔人的事业"，因为他认为在这场战争中布尔人将徒劳无获。

为了让布尔人信以为真，罗伯茨又接连采取了一些强硬措施。他宣称，约有 1.5 万名布尔人成了战俘。如果他们不选择无条件投降，没有人能走出监狱半步。他也不允许任何外国势力的干预。大英帝国将赢得这场战争。他随即又加了一句：不惜一切代价赢得这场战争。"战争的形式正在转变，战斗的规模也在减小，布尔人的军队逐渐分解成人数更少的游击队，作战方式变得更难预料。"英国政府和英国军方再也不能对这些小规模的游击队视而不见。为了打击和遏制游击队，英方采取了多种措施，这些举措无疑会对南非共和国造成毁灭性的打击，也会让共和国的国民承受更多的苦难。游击战持续的时间越长，这些措施就越严厉。[24]

换句话说，英方将破坏更多的农场，侵吞更多的牲畜，农民的收成和财产都将毁于一旦。他不是在虚张声势。从 1900 年 9 月开始，仅根据英国官方的不完全统计，农场被焚的发生率急剧上升。这些行动并不是针对破坏活动的报复，而是士兵们接到某个铁面无情的上级下达的命令而肆意妄为、随意破坏的结果，这样的行为愈演愈烈。

这些命令通常是罗伯茨亲自下达的。在克鲁格斯多普区发生的农场烧毁事件就是其中之一。这一地区的民众尤其反对英国政府的统治。罗伯茨认为帕尔德克拉尔纪念碑是民族情绪高涨的一个原因。1880 年 12 月，在保罗·克鲁格的倡议下，它建立在一个石堆上，作为反抗英国政权的象征。[25] 只要这些石头还留在原处，德兰士瓦就能获得独立，至少"无知的布尔农民"相信这套说辞。罗伯茨也相信这种说法，所以他推倒了石碑。9 月 16 日晚，英军将纪念碑凿成碎块，装了整整四袋碎石头，用火车拉到了约翰内斯堡，然后又拉到德班，最后将这些石头抛进了印度洋。但有一些人说纪念碑的碎石在弗里尼辛的铁路桥上被扔进了瓦尔河。尽管如此，克鲁格斯多普的那些乡村仍旧强烈反对英国政权。[26]

294

并不是所有人都认可罗伯茨的铁腕镇压。除了博塔，德威特和其他布尔领导人持续发出抗议，在罗伯茨自己的团队里也有反对的声音。有人对罗伯茨唯命是从，但也有人谴责他对平民的野蛮行径。

即使是没什么仁爱之心的高级专员米尔纳，也对罗伯茨的做法持保留意见，或许他只是不忍看到这个国家在英国人的手中变得满目疮痍。米尔纳对殖民地事务大臣张伯伦更加直言不讳。他说自己并不反对将破坏农场作为惩罚措施，但如果只是害怕农场主为敌人提供帮助就把整个地区变成焦土，这么做未免太过残酷了。这样做既野蛮，也没有实质性的效果，只会让更多无家可归的人加入亡命之徒的行列，四处游荡，而这样的情况是我们不想看到的。米纳尔相信，英国其实可以争取到更多的民心。[27]

罗伯茨并没有太在意这些抗议和批评——至少一开始是没有在意。10月到11月之间，英军中出现了许多抢夺布尔人个人财产的案件，这样的情况愈演愈烈。这一次，他听进了米尔纳的建议。对于那些归顺英国的布尔人，他们应该为其多做些考虑，以维持他们的忠诚。最重要的是，那些宣誓中立和交出武器投降的人需要被特别关照。他们当中的一些人真的在战场上与英军短兵相接。一开始英方把他们安置在废弃的民房里，却带来了新的麻烦。反倒是把他们安置在英军卫戍部队营地的周围更合适。他们在那里会更安全，还能圈地放牧，饲养牲口。1900年9月，在布隆方丹、克鲁斯塔德和比勒陀利亚建立起了第一批"难民营"。很快，越来越多的难民营建立起来。

但问题还是接踵而至。除了需要保障投降者的安全，英方还要处理另外一个自己造成的难题，而这个难题还在日益恶化。米尔纳早就预料到了这个难题。此前英军大规模破坏平民财产，使许多布尔人无家可归。在7月、8月之间，罗伯茨曾试图让博塔承担起照顾难民的责任，毕竟这些难民的家人们都在博塔手下效力，但到了9月，事情又回到了原点。1900年9月13日，当英国军队到达斯威士兰边界的巴伯顿时，他们在那里发现了之前遣送的妇女和儿童，总共2800人。在这里，他们的食物倒还充足，但他们的丈夫和父亲在博塔的带领下，已经向北行进，越过了铁路。英军不得不为这些人做出新的安排。

　　现在，成千上万的人处于同样的境况。解决办法是现成的。他们已经为投降者建立了好几个难民营，这些无家可归的游击队员家属也可以被安置到那里。如此一来，也就一举两得了。当然，这两群人一定水火不容，但这就不是罗伯茨考虑的问题了。他考虑的是，只要这些人能有口饭吃，有个容身之所，处在英军的监管之下，不再扰乱英方军事行动就好。罗伯茨想两全其美。9月29日，就在他68岁生日的前几天，伦敦方面任命他为总司令，也就是整个英国军队中级别最高的军官，成为他的"非洲"对手沃尔斯利的继任者。这是他职业生涯的高光时刻。但首先，他得把南非的事情处理好。[28]

＊　＊　＊

　　1900年10月1日是至关重要的一天。2.5万名选民将投票决定温斯顿·丘吉尔是否能成为未来的政治家。选举大约需要一个月的时间，奥尔德姆是首批选区之一。这个选区共有两个议席。和18个月前的选举一样，丘吉尔和另一名保守党候选人与两名自由党人竞争选举，这两名自由党人都是现任国会议员。两名自由党人的胜算最大，但现在出现了一个转机——南非战争。这是一场非常时期的选举，索尔兹伯里的内阁想借助战争局势的发展赢得选举。此时，丘吉尔已经被塑造成一位战争英雄。他的事迹被广为传唱——

> 　　你一定听说过温斯顿·丘吉尔吧，
>
> 　　我想说，
>
> 　　他是这个时代最伟大的记者。

* * *

如此这般的赞扬为他在奥尔德姆的竞选打下了基石。他乘坐一辆敞篷马车来到皇家剧院，一群兴奋的观众正等着看他一眼。他用浮夸的辞藻叙述着自己越狱逃跑后的艰难境遇，当他讲到躲在煤矿里的遭遇时，故事被推向了高潮。他从未透露过那些帮助过他的人姓甚名谁。如今，威特班克和米德堡的矿区又重回英国人的掌控之下，他终于可以表达对他们的感谢，再也不用担心这样做会危及他们的安全。此时此地，就是最好的时机。他提到了丹尼尔·杜斯纳普，这位来自奥尔德姆的工程师曾在他逃难时预祝他能在此次选举中获胜，这时听众们开始欢呼雀跃。有人喊道："他的老婆就在场！坐在剧院顶层楼座里！"瞬时，观众席上爆发出一阵雷鸣般的掌声。29

然而尽管这里的人们满腔热情，丘吉尔在奥尔德姆的竞选并非胜券在握。自由党候选人都是温和派，既不支持布尔人也不反对战争，但对保守党政府处理战争的方式持批评态度。丘吉尔则试图利用两党的分歧。在他的一次演讲中，他痛斥一名自由党议员在布鲁塞尔与臭名昭著的"莱兹博士"有来往。他暗示说，那个城市、那个人，根本不把英国贵族的生命当回事。大家都知道，他暗指的是 6 个月前威尔士亲王在比利时首都差点被刺杀的事。30

重要的内阁成员也站在丘吉尔这边，采用了同样的腔调。张伯伦的口号是"我们每失去一个议员席位，布尔人的胜算就多了一分"。张伯伦这位殖民地事务大臣甚至亲自到奥尔德姆去支持丘吉尔的竞选。但他一出现就引发了混乱。张伯伦和丘吉尔即将举行演讲的大厅里挤满了支持者，但有一群反对者坚守在入口处，等着他们的到来。示威者情绪激动、不停辱骂，演讲被迫推迟了好几分钟。直到选举的前夜，选举结果仍旧难以预测。终于，在

10月2日，《泰晤士报》报道了丘吉尔再次落选的消息，但是在第二天又刊登了一则更正消息。每位选民投票两次，结果第二次的投票结果为丘吉尔赢得了一个席位。他最终获得12931票，比第一名的自由党候选人少16票，但比另一位候选人多222票。

丘吉尔终于当选国会议员！这个算得上失而复得的席位对他来说是更大的荣耀。在保守党俱乐部，索尔兹伯里勋爵最先向他表示了祝贺。这时的张伯伦，希望丘吉尔能支持他在伯明翰的竞选。而亚瑟·巴尔福，索尔兹伯里的侄子，下议院党魁的候选人，希望丘吉尔能成为他在曼彻斯特的竞选搭档。其他党内重要人士也纷纷效仿。几个星期以来，丘吉尔出现在一个又一个人头攒动的集会上，自豪地向五六千名观众演说。那时他才25岁。初入政坛，他就战绩显赫。

这一切都要归功于南非战争。这场战争帮了他大忙。但对于整个内阁来说，战争的意义就没那么明朗了。在选举月快要结束时，保守党－自由党联合政党取得了多数席位，巩固了多数派地位，在670个席位中获得了402个。在这方面，内阁的决定是英明之举，即便比1895年的选举少了9个席位。在亨利·坎贝尔－班纳曼（Henry Campbell-Bannerman）爵士的领导下，自由党赢得了6个席位，现在总共拥有183个席位。而工党，第一次获得了2个席位。不过，抛开选区制度的不合理性，从总体选票来看，联合政党的席位占比从49%上升至50.3%，而自由党的席位占比则从45.7%下降至44.7%。换句话说，这样的结果对于现任政府以及反对派来说都是胜利。选举的其他方面、南非战争、英国人民对战争的支持等，都对政府有利。[31]

297

* * *

因此，索尔兹伯里政府得以继续掌权：这对于布尔领导人来说是最为重要的事实。英国的政策不会改变。此时，克鲁格刚刚踏上去欧洲的旅途，所以不能指望他对局势有任何影响。战争的结果还是取决于战场上的布尔人和他们的作战计划。

布尔人的军队领导人几乎没有机会面对面商讨战事，直到1900年10月下旬，才找到见面的机会。斯泰恩和自由邦政府的其他成员在内尔斯普鲁伊特与克鲁格会面后返回，他们特意绕道穿过北部的德兰士瓦。博塔在那里与他们会合，然后一同前往位于约翰内斯堡以西约100公里的斯沃特鲁格，最终的目的地是这里的西弗方丹（Cyferfontein）农场。德拉雷和史沫茨已经在那里搭起了帐篷。10月27日，他们终于相聚在一起。信使也给德威特送去了邀请函。他可能已经在赶来的路上。

这里舒适宜人，环境优美，像是田园诗中描绘的美景。帐篷就搭建在合欢花树下，果园里的橘子树上结满了新鲜的橘子等待采摘，还有广阔的牧场为马儿提供草料，邻近的湖面上吹来阵阵凉风。潜在的唯一危险是：英军知道他们在此地会面。但英军不知道的是，布尔领导人已经知晓了英军的全部计划。布尔人的侦察兵一直密切监视着方圆数英里内英国军队的动向，并通过日光反射信号器传回消息。农场附近也有一条电报线，再往前一公里就有一个电报局。虽然早已停用，但好在修复并不困难。斯泰恩手下有一名经验丰富的电报员，原名约翰·阿克顿（John Acton），现在叫扬·埃克斯蒂恩（Jan Eksteen），他能够拦截所有英军司令部发出或收到的电报。因此，布尔人知道英军的确切位置和他们的行军命令，也知道自己还有多少商谈的时间。

最终，此次会谈做出了两个重大决定。他们对史沫茨之前提出的作战计划做出了一些修订。他们将越过自己的边界，对英属殖民地发起进攻。博塔将带领5000人进攻纳塔尔，德拉雷和德威特各自带领5000人组成联合部队进攻开普殖民地，最终目标是组织起反抗英国统治的阿非利卡人的起义。这次的计划，将有一场壮烈的开幕之战：他们会组织一支15000人的联合部队，对所有的金矿发起进攻。

五个月前，博塔一定会坚决反对这个计划，但如今情况有变，他改变了自己的看法。以前，他认为这是一种毫无意义的报复，是破坏公物的行为。但后来情况发生了很大变化。罗伯茨发动的这场野蛮的战争使布尔人陷入了绝境。布尔人的农场被毁，妻儿被逮捕监禁，牲畜被掠夺屠杀，庄稼被烧毁。只有更残酷地反击才能报仇雪恨。这样想来，博塔也认为金矿是合情合理的军事目标，他们应该让那些兰德贵族尝尝失去一切的滋味。另外，采矿业的全面崩溃对英国军队和英国政府来说都是不小的打击，更会让他们颜面扫地。

布尔人的计划是这样的：首先，他们用计将英军诱骗到德兰士瓦和奥兰治自由邦的偏远地区。等到1901年1月或2月，布尔人整军突袭威特沃特斯兰德。他们会安放很多的炸药，把金矿炸成废墟。等到英国人从震惊中恢复过来时，博塔、德拉雷和德威特已经前往下一个目标——纳塔尔和开普殖民地。

这是一个惊人的计划，甚至比史沫茨之前提出的计划还要疯狂。要使计划成功，需要大家通力合作，也要有精准的计划安排。什么时间采取什么行动，每个人都要了然于心。遗憾的是，德威特没能赶来参加会议。他们纷纷猜测，德威特究竟在哪里？英军正在迅速逼近。形势急迫，必须解散会议离开农场了。[32]

* * *

德威特最终没能赶来，其实他本可以赶到的。当然，他遭遇了英军，但说实话，他是自找麻烦。结果，等会议结束的时候，他才刚刚走到温特斯多普，西弗方丹农场往南的一个地方。1900 年 11 月 1 日，他在那里终于见到了斯泰恩和他的手下，他们一起骑行回到了奥兰治自由邦。11 月 4 日，他们越过了瓦尔河，一天后，又跨过了瓦尔河的支流瓦尔斯河（Vals）。然后他们在博塔维尔安营扎寨。

到了那里之后，大家彼此交换了信息。德威特说，他已经建立起一支新的游击队，但他也有一个坏消息。侦察队队长丹尼·塞隆死了，对于德威特来说，丹尼·塞隆从未辜负他的期望，是他值得信赖的耳目。他在 9 月初被一枚炮弹炸死了。这是一个重大的损失。他死后，英国人已经不止一次让德威特措手不及。斯泰恩则向他透露了克鲁格前往欧洲的使命以及沙尔克·伯格被任命为代理总统的事情。同时他还把西弗方丹农场会议的内容告诉了德威特。博塔想和德威特私下再讨论一下。

对会议的成果，不管是新的联合作战计划，还是与博塔的后续会谈，德威特都不是很感兴趣。在之前的几个月里，他有一种不祥的预感，那就是德兰士瓦的领袖们一直都在摇摆不定。博塔确实动摇过。他在德兰士瓦的同僚不止一次暗示他应该与英方进行和平谈判。德威特不相信和谈，除非独立被纳入议事日程，否则，他不会和任何人谈判。他宁愿自己制订一个计划，这至少能靠得住。

这期间，刚刚晋升为副总司令的年轻法官巴里·赫佐格给他写了一封信，让德威特更加坚信自己的决定是正确的。赫佐格在信中写道：时机成熟，应该对开普殖民地发动进攻，作战计划简单明了，组建三支奥兰治自由邦的部队，每支队伍 1000 人，彼此独立作战，互不干涉。德兰士瓦可以再增援 2000 人，但也没太大必要。他写道："总指挥德威特太出名了，只要他一出现就足以把整个殖民地烧成灰烬。"

赫佐格的话对德威特极具说服力。就算此时他还在博塔、史沫茨和赫佐格的计划之间犹豫不决，那么11月6日英军在博塔维尔发起的偷袭足以让他不再犹豫。那日早晨六点半，800名士兵中的大部分都还在睡梦中，哨兵下士来报告说一切正常。德威特知道英国人就在不远的地方，他也知道是哪支部队：查尔斯·诺克斯（Charles Knox）少将的部队，由菲利普·勒加莱（Philip le Gallais）上校指挥的第五和第八骑兵队打头。哨兵来报说，英军仍在瓦尔斯河的对岸，他们可能正在向克鲁斯塔德进发。

这个消息并不准确。哨兵刚一说完，德威特就听到了枪声。一开始，他以为是有人在打猎，但枪声持续不断。声音从哨兵营的方向传来，英军突然出现在那里，人数众多，仿佛是从天而降。他们把哨兵营打了个措手不及——斯泰恩后来称这些哨兵"严重玩忽职守"，现在他们正朝布尔人的营地扑过来。有的布尔人还在睡梦中就被俘获，另外一些纵身爬起，寻找掩护就地还击，但大多数人都惊慌失措，冲向自己的马匹，匆忙逃跑。

此时的德威特也无力回天。布尔人陷入了绝境。"我这辈子都没见过这样的场面。我常听人们说起恐惧，直到那一刻我才真正理解了它的含义。"德威特大声呼喊着，挥舞着马鞭，随众人一起逃跑。斯泰恩带着布尔人的国库以及官方文件逃到了一个安全的地方。文件没有丢，但是士兵都跑散了。大多数人都逃掉了，只有少数人留下来继续战斗，留下来的人数太少，根本无法击退英军。虽然他们也成功阻止了一些小股英军的进攻，包括勒加莱上校指挥的骑兵队，但终究寡不敌众。11点左右，剩下的100多名战士选择投降。另外有17名布尔战士阵亡，他们仅剩的6门炮也丢了。

博塔维尔的溃败给了德威特一个惨痛的教训。他最得力的侦察员丹尼·塞隆已经不在人世。直到现在，德威特才开始明

300

白困境的真正含义。他已经没有了可以信赖的人,只有睡着的哨兵,惊慌失措的士兵,懦弱的盟友。唯一能依靠的是自己。他之前没有认真考虑过博塔和斯密特的计划,但现在他坚决反对。无论如何,没有大炮,他们无法炸毁金矿,也无法击退英军。

第二天,1900 年 11 月 7 日,德威特做出了一个决定。他把赫佐格的信转交给了博塔,并加上了自己对这个问题的看法。"游击队进入开普殖民地"的时候到了。他本想在离开前与博塔和德拉雷商量一下,但在这种情况下,会面将会占用太多宝贵的时间,他已经迫不及待地想要实施他的计划。[33]

28　英国殖民地

温泉村，1900 年 11 月

丹尼斯·雷茨很享受在丛林里的时光。他喜欢崎岖的地形和野生动物，当他和兄弟朱伯特终于在蜿蜒的尽头发现了拜尔斯将军的部队时，等待他们的是一份惊喜。奥兰治自由邦的军队——南非骑兵队——最终幸存了下来。4 个月前，他们在米德堡的最后一次会面以悲剧告终。在那之后，他们的老朋友们去了北方加入拜尔斯的部队。现在，他们终于在温泉村相聚了。接替马兰的是年轻指挥官洛迪·克劳泽（Lodi Krause），他邀请丹尼斯和朱伯特加入这支部队，两人毫不犹豫地答应了。他们与南非骑兵一同往回走。

11 月底，阿伦德也来到这里，他们兄弟总算是大团圆了。阿伦德恢复健康后，他觉得在莱登堡闷得发慌，于是父亲同意他去寻找几个哥哥。哥哥们很高兴看到他恢复了健康。他们三人一同搭建了一间芦苇小屋居住。他们每天都在丛林中狩猎，偶尔也会骑马到南边 40 公里外的皮纳尔河巡逻，英军已经在那里安营扎寨。有一次，因为距离太近，他们被发现了。他们奋力突出重围，子弹从他们的耳边呼啸而过，庆幸的是，兄弟三人竟然毫发无损地逃了出来。

在温泉村，唯一美中不足的是他们的指挥官。克里斯蒂安·拜尔斯是一位勇士，丹尼斯·雷茨因此十分尊敬他；但同时他也是一个狂热的宗教信徒——丹尼斯和他的兄弟们这样认为。他和亚伯拉罕·克里尔（Abraham Kriel）牧师抓住一切机会组织祈祷会。"无论刮风下雨，不管是午夜还是烈日当空，只要我们一卸下马鞍，就要停下来祈祷。长此以往，祈祷变成了一件令人生厌的事情。"当他们在丛林里的时候，像他们这样的年轻人被要求参加《圣经》学习，但是丹尼斯和兄弟们并不想谈论宗教问题，因此拒绝参加。结果，他们遭到了克里尔的谴责和拜尔斯的威胁。拜尔斯威胁要将他们逐出队伍。

12月初，暴风雨后的短暂宁静就要结束了。拜尔斯接到博塔的命令，要他向南转移，参加游击战。他随即率领800人赶往马加利斯堡，留下200人在原地。丹尼斯和阿伦德选择与拜尔斯一起行动。朱伯特则决定与炮兵待在一起。他的兄弟们劝他改变主意，但收效甚微。

几天后，他们来到了一处河谷地带，这里的山脉将灌木草原和高地草原隔开。在那里，他们遇到了一个转机。行至乌瓦帕德山口时，他们遇到了一支五六十人的英国补给车队，此时他们已经遭遇了袭击。有的马车燃起了熊熊大火，有的已经快要烧成灰烬。他们猜测，库斯·德拉雷应该就在附近。战斗即将打响，这是他们期盼已久的事情。[34]

* * *

法国政府有可能在马赛接见克鲁格。1900年11月22日星期四上午9时，荷兰军舰"格尔德兰号"（*Gelderland*）驶进马赛港。这位背井离乡的总统是一个月前在洛伦索马科斯登上的军舰。荷兰政府的这一外交策略是海军大臣J.A.罗尔（J.A.Röell）的提议，其中也有威廉敏娜女王的功劳。就克鲁格在荷兰登陆这件事，荷兰已经征得英国的同意。然后，莱兹与法国政府讨论克鲁格登陆港口的问题，以此开启他在欧洲的任务。

现在，重要的时刻来到了。"格尔德兰号"刚停靠在马赛港，就被船只和游艇包围了，上面满是情绪激昂的支持者。克鲁格暂时还不能下船。莱兹，德兰士瓦代表团的三名成员费舍尔、韦塞尔斯和沃尔玛朗斯，以及被莱兹聘为翻译的格罗宁根大学神学和法国语言文学教授范·哈默尔一起乘坐一艘后勤舰登上军舰。然后，船员们才算真正地完成了护送的任务。11点左右，后勤舰折返港口，克鲁格就在船上，为了看他一眼，马赛城万人空巷，城里大半的居民都出来了。克鲁格穿着深色外套，礼帽上别着报丧的黑丝带。《纽约时报》的记者认为他和照片一样。但荷兰《共同商业报》（*Algemeen Handelsblad*）的记者却认为他比照片好看得多。记者们都感受到了码头上民众的热情。他们高呼"克鲁格万岁""布尔人万岁"，等到民众逐渐安静下来，德兰士瓦国家和地方委员会的成员向克鲁格总统表达了欢迎之情。莱兹做了正式介绍。随后克鲁格发表讲话，一开始语气还积极向上，充满喜悦，但当他提到战争时，马上流露出明显的悲伤。

尽管有些哽咽，但是他的声音依旧洪亮有力。他愤怒的声音传遍了整个码头。"这场针对两个布尔共和国的战争野蛮至极。在我的一生中，经常与非洲野蛮部落作战，但是我们现在面对的，是比他们野蛮百倍的'野蛮人'。他们甚至为卡菲尔人提供武器来对抗我们。他们烧毁了我们辛辛苦苦建造起来的农场。他们杀害或关押战俘，还驱赶这些人的妻子儿女。他们让这些手无缚鸡之力的妇孺居无定所，忍饥挨饿。"说到这里，克鲁格的情绪十分激动，但他继续说："无论如何，我们都不会投降……我们的战斗是正义的，即便我们最终可能失败，万能的主，决定我们命运的神，也不会抛弃我们。我向你们保证，除非所有的布尔人，包括妇女和儿童，全部阵亡，否则德兰士瓦和奥兰治自由邦决不会主动放弃独立。"

听众一下子变得鸦雀无声。荷兰《共同商业报》的记者感叹道，如此振奋人心、气势豪迈的演讲，真不像出自一位75岁老人之口。《纽约时报》的记者也被克鲁格的"战争宣言"震惊到了。范·哈默尔刚翻译完，人群中就爆发出雷鸣般

303

的掌声。欢迎仪式圆满结束。一列车队出发前往诺阿耶别墅酒店。一路上，"民众的欢呼声不绝于耳，越来越多的人被这种激昂的情绪感染"。大约有15万人涌上街头，克鲁格的车队几乎无法移动。即便车队已经到达酒店，这种"近乎疯狂的热情"还在持续。为了回应酒店外热情的民众，他出现在了阳台上。他站在德兰士瓦旗和奥兰治自由邦旗之间，接受着民众的欢呼，并向他们挥手致意。过了几分钟，克鲁格走向身旁悬挂的法国国旗。他将国旗放在胸口，十分动情。然后，他转身回到了房间。[35]

莱兹也没料想到会有如此巨大的反响。他们在这里感受到了民众的支持和热诚的欢迎。但克鲁格欧洲之行的目的并不只是得到民众的支持和公开露面的机会。他们要与欧洲的权贵们举行闭门会议，得到他们的援助。在欧洲再次见到克鲁格让莱兹百感交集。莱兹觉得他的总统看起来苍老疲惫，尽管他访问过欧洲3次，但对于欧洲现在的局势知之甚少。在巴黎，他将以国家领导人的身份受到法国总统埃米尔·卢贝的正式接见，莱兹好不容易才将此次会面安排妥当。但事实上，重头戏却是之后与外交部长德尔卡塞的见面。那才是决定命运的关键。

他们乘火车从马赛前往巴黎，沿途上受到了热烈的欢迎。当火车停靠里昂站、第戎站时，许多重要人物到站问候克鲁格。即使火车没有靠站，支持者们也纷纷涌向站台，向火车上的克鲁格挥手欢呼。在铁路的交叉口，男人们脱帽致敬，士兵们行礼致敬。在巴黎，他受到了英雄凯旋般的欢迎。整座城挂满了德兰士瓦的旗帜和徽章，支持者们头戴布尔帽参加游行。礼宾司长菲利普·克罗泽（Philippe Crozier）代表总统卢贝在里昂火车站欢迎克鲁格。

随后，法方又在爱丽舍宫举办了隆重的欢迎仪式，仪仗队奏响两国国歌。两位领导人的会晤十分融洽。随后，卢贝总统前往斯克里布酒店进行了回访，这次，克鲁格向他提出了自己的请求。他说道，对于法国民众表现出的热情支持，他十分感激，但马上又补充道，只有贵国给予一些行动上的帮助，才能解决实际问题。卢贝表面上十分友好，实际上却是一味推脱。这让莱兹回想起之前法国采取的所谓"温和的干预手段"。现在，也只能静观法国下一步的计划了。

　　莱兹从翻译范·哈默尔那里得到了确切的消息：卢贝政府不会为布尔人的战争提供帮助。现在，他们唯一能指望的只有德尔卡塞了。这一天很快就到了，日期定在 1900 年 11 月 27 日周四。一如既往，哈默尔将担任翻译。常规流程走完后，德尔卡塞谈到了重点。他说："法国与英国的关系紧张，克鲁格应该向其他与英国交好的国家求援。"哈默尔看到"克鲁格原本充满希望的神情逐渐消失，取而代之的是沮丧无助的神色，这样的表情停留在他满是倦容的脸上，他伸出粗糙的手指，笨拙地想要拿起放在椅子上的帽子，佝偻着身躯，颤颤巍巍地站起身来"。[36]

　　法国是指望不上了。现在该怎么办？去海牙？海牙也没有能帮助他们的人。要不先去柏林，再去圣彼得堡？莱兹还在犹豫，但克鲁格不想放弃任何机会。那就柏林吧！莱兹在外交官的圈子里四处打探。他们的回答并非完全无望，但同时也提醒莱兹，德皇可能有其他事务，没有时间接见他们。克鲁格和莱兹又重新燃起了希望，即便不能见到德皇，他们还是有机会与总理伯恩哈德·冯·比洛以及外交大臣奥斯瓦尔德·冯·里希特霍芬见面。1900 年 12 月 1 日，他们动身去科隆。

　　就在火车刚刚到达科隆站时，莱兹就开始为这个决定后悔了。德国政府没有安排任何的接待人员，也没有警察开道，欢呼的人群虽然给他们带来了一丝慰藉，但也可能威胁到克鲁格的人身安全。拥挤的人群一度将莱兹和克鲁格分开，最后总统总算是毫发无损地回到酒店，为此莱兹倍感庆幸。德国政府更希望克鲁格能尽快离开。莱兹显然对于德国人之前的暗示有所误解。就在第二天，他终于看清了事实。国王的内侍来到了他们入住的酒店，亲自带来了德皇的口谕："陛下"不能接见德兰士瓦总统，同时也让他重新考虑前往柏林的计划。这话的意思已经再清楚不过了。德皇不近人情的口谕，让莱兹感到错愕不已，早年间德皇与克鲁格总统之间友好的电报交往仿佛是不曾发生的事情，是幻觉，是臆想。威廉二世早已将保罗·克鲁格剔除在他考虑的大局之外。如今的克鲁格，在威廉二世那里，就像是碎玻璃上干掉的腻子。他必须离开德国。[37]

除了荷兰，他们别无去处，莱兹深知去了荷兰也将是徒劳，但至少那片土地曾是他的祖先生活过的地方，热情好客的荷兰人也不至于排挤他们。莱兹知道德高望重的克鲁格在那里会受到热情的欢迎，不管是民众还是政客，都会向他张开双臂。同时，莱兹也明白，威廉敏娜女王、皮尔森、德博福特这些人也帮不上忙。女王或许会有些左右为难，外交大臣或许会有些埋怨，但他们终究还是愿意接见克鲁格，让他洗刷在德国遭受的耻辱，多少找回些面子。

1900 年 12 月 6 日，克鲁格在海牙受到荷兰人民的欢迎。这是一个略显心酸的场景，因为他们知道，此次荷兰之行注定会以失败告终。阿塞尔就是聚集在车站欢迎克鲁格的民众之一。"我被大家的热情深深地感动了，眼里一直满含热泪。"他对莱兹说道。这个四处碰壁的老英雄受到了大家的尊敬，但也只能是尊重而已。在一周后举行的欢迎会上，这种无力感更是在人群中蔓延开来。克鲁格坐在随行人员的中间，来自各行各业欢迎的人群从他身边缓缓走过，向他表达敬意。荷兰的《共同商业报》这样写道："参加欢迎会的组织和团体众多，没法一一列举。这些组织和团体涉及宗教、科学、劳工等，它们的发言人言辞诚恳，都希望这短短的几句话能给这位饱经苦难的老人带去一丝安慰。"欢迎会继续进行，不管能不能给克鲁格带去安慰，各界代表们一个接一个上台表达自己的敬意，这些组织包括：莱顿学生协会、南非物资委员会、塞西莉亚皇家合唱团、南非铁路集团—荷兰遣返人员工会（"我们被遣返回祖国，但衷心希望能在南非与您再会。"）、美术学院的青年男女代表团，以及平均年龄为 89.5 岁的三级哈瑟尔特十字勋章获得者的代表团。此外还有其他许多团体。所有人都为布尔人艰难的处境感到担忧，所有人都被老总统的坚韧感动，却没有人能帮他一把。欢迎会的邀请函上，赫然写着的一句话真实地表明了当时的绝望，上面写着："请不要再刺激总统先生。"[38]

*　*　*

这是一个天赐良机！这个时间安排十分完美。丘吉尔在美国的经纪人——庞德（Pond）上校，创造了奇迹。就这样，仿佛冥冥之中自有天意，丘吉尔开始了他好运连连的一段人生。1900 年 12 月 12 日晚八点半，撇开时差不算，一年前的这个时候，他从比勒陀利亚监狱逃了出来。此刻展现在他眼前的，是多么繁华的街道！在纽约华尔道夫酒店的宴会大厅出没的人非富即贵。再没有比这里更好的地方，在这里，丘吉尔开始了自己在美国的巡回演讲。他比以往更紧张一些。在英国的上流社会，他如鱼得水，然而在这里，给他做介绍的可是大名鼎鼎的马克·吐温啊！这可是一份巨大的荣誉，而且毫无疑问，这位享誉世界的作家出现在大厅，无疑大大提升了演讲的人气。但也正因为他的出现，丘吉尔有些许担心。马克·吐温一贯反对帝国主义，无论是对英国还是美国，在他 65 周岁时，随着不断冒出的白发和年岁的增长，他表达起想法来更是口无遮

306

拦，立场更加坚定。这注定是一个不平静的夜晚。

对于演讲他并不担心。演讲稿对他来说已经烂熟于心。在耀眼的灯光下，他开始讲述自己在南非越狱的故事，这个故事，他已经讲了足足29遍，英国的每一个大城市都聆听过他的遭遇。10月30日，就在选举刚刚结束后，他在伦敦圣詹姆斯大厅第一次分享了自己的遭遇，自那以后，除了周日，在一个接一个的夜晚，一个又一个拥挤的大厅，他不断地重复着。他的引荐人个个声名显赫，比如一开始在伦敦，他的引荐人便是总司令沃尔斯利伯爵、爱丁堡的罗斯伯里勋爵，以及利物浦的德比勋爵。

他从这些演讲中获得了不菲的收入，当然这就是他最初的目的。当时的国会议员没有任何报酬。所以，他刚刚获得的下议院席位很可能会让他囊中羞涩。如果他下定决心走上从政之路，那他现在就必须开始积累资本。他早将自己从《晨报》获取的报酬以及著作的版税共计4000英镑存了起来。现在，他要趁热打铁，将自己英雄战地记者的红利变现。他的经纪人——杰拉尔德·克里斯汀（Gerald Christie）早已将他的商业演讲安排妥当。到了11月末，他的存款已经翻倍，并且所到之处皆是赞誉。

但他还拿不准，在美国，也就是他母亲的祖国，是否也能受到如此的欢迎。丘吉尔在美国的第一次公开演讲并非一帆风顺。这位庞德上校，虽然不知出自哪支部队，做事却不那么可靠，他在邀请函的推荐人名单上，附上了好些知名人士的名字。但在这些人当中，有一些对推荐一事毫不知情，另外一些因为支持布尔人的战争，对于推荐一事十分恼怒，并不愿意跟丘吉尔扯上任何关系。接连发生的闹剧倒是让他们卖出了更多演讲会的门票，但丘吉尔一直心绪不宁。

马克·吐温幽默的开场白也没能让他放松下来。这位头发花白的作家说道："就我个人而言，我反对南非战争，也反对美国在菲律宾发起的战争。"他还说，自己一直想方设法促进英美两国的友谊。毕竟，"英国和美国算是'亲兄弟'"。现在倒好，"两国果然是一丘之貉，成了一起犯下罪行的亲兄弟"。他是同情支持布尔人的。但并不妨碍他对丘吉尔表示热烈欢迎。他称赞丘吉尔是"集英美人优点于一身的人"。

丘吉尔赢得了观众热烈的掌声，但他一开始的紧张不安也没逃过《纽约时报》记者的眼睛。紧张逐渐消退了。丘吉尔在演讲尾声朗诵的一首诗歌，加上他不时说出的幽默风趣的话语，让整个演讲生动有趣。在这里，台下的观众也被他传奇的越狱故事深深地吸引了。不过，在最后的提问环节，现场还是出现了一些小插曲。丘吉尔在演讲中引用了一句箴言："我的祖国，不论对错，（在面对外族时）我当毫不犹豫地支持她。"但很快马克·吐温就反唇相讥："如果你的国家是深陷水深火热之中，为自己的生存而战，我同意你的说法。然而此时这句话显然不合时宜。"

这也给丘吉尔上了生动的一课，让他在之后的世界巡回演讲中不会再犯同样的错误。在美国，支持布尔人的运动远比他想象的壮大。化解尴尬最有力的武器就是幽默。丘吉尔也确实用幽默化解了他在芝加哥遇到的危机。在芝加哥，现场的观众中有好些爱尔兰裔的美国人，他们在会场大声地说笑，故意扰乱丘吉尔的演讲。还好丘吉尔足够机智，也敢于自嘲，加上对布尔人的称赞才控制住了现场的局势。丘吉尔心有余悸，好在他已经结束在美国的演讲，即将转战加拿大。加拿大人同他本国的人民一样，对他十分崇拜。他又可以肆无忌惮地发表自己的政治观点了。他说道："英军当务之急是粉碎德威特和他的游击队。"

1901 年 2 月初，丘吉尔回到英国，这一趟下来，他不仅增加了阅历，还收获了大把票子。换算之后，他净赚1500英镑。现在，他拥有共计10000英镑的存款。因为南非战争，他在一年半里就赚取了这笔巨款。在接下来的几年里，他都可以衣食无忧了。现在，他终于可以全身心地投入到自己的政治生活中了。[39]

* * *

老天爷好像也不愿意帮助克里斯蒂安·德威特，毕竟进入开普殖民地也不是什么好主意。干旱一直持续到了1900年11月底。因为无处放牧，马匹越来越虚弱。如果一直这样下去，只能重新换一批战马，否则，整个计划都要泡汤。12月初，终于等来了春雨，结果，这雨却下个不停，很快就水涝成灾。大草原变成了沼泽地，汩汩的小溪变成了危险的大河。

当他们快要到达开普殖民地时，德威特和他的手下被两条水流湍急的河流拦住了去路。在设法渡过卡利登河（Caledon River）时，天空下着瓢泼大雨，但好歹他们还是顺利渡过了河。现在，他们还在奥兰治自由邦境内，眼看开普近在咫尺，他们却犯了难。12月4日。侦察兵来报，奥兰治河支流——奥登达尔河的浅水区可以通过，至少在侦察兵勘察时，是可以通过的。但在次日早晨，他们的希望就破灭了。当他们到达河岸时，河水水位已经上涨，显然已经没法过河。更糟糕的是，英军就驻扎在对岸。深入开普殖民地的计划似乎就要被扼杀在襁褓中。

至少德威特是这样认为的。等待河水退去的办法并不可取。从西面向他们靠近的英军是诺克斯上将带领的一支队伍，诺克斯之前在博塔维尔就打了他个措手不及，自那以后在他的身后紧追不舍，一路穿过自由邦。德威特现在犹豫不定，不知是该往北再次冒险穿过卡利登河，还是向东穿过表面上保持中立但与布尔人有宿怨的巴苏陀兰。一边是变幻莫测的河流，一边是难以预料的敌人，他该何去何从，做何选择呢？最后，他选择了渡过卡利登河。但是他还是在这里留下了300人，给了他们最好的马匹，并由皮耶特·克里辛格（Pieter Kritzinger）和吉迪恩·舍佩斯（Gideon Scheepers）上校带领。他们将等待机会穿过奥兰治进入开普殖民地，也算是完成计划的一部分。

1900年12月中旬，他们终于等到机会，成功进入了开普殖民地，此时，就在下游150公里处，赫佐格率领着1200名士兵也进入了开普。而德威特，却只能不断往回撤退，因为诺克斯一直紧追不舍。为了加快速度，摆脱追捕者，他决定释放两周前在德韦茨多普抓获的400名英军俘虏。12月7日，他回到卡利登河。他们原本可以在考密斯德浅滩区渡河，但在那里他们遭遇了英军的埋伏。于是他们又只能往北再走几公里，在卢博斯浅滩他们成功渡河。

但就在河对岸，诺克斯的部队仍旧虎视眈眈。有一阵子，诺克斯跟丢了，但因为在考密斯德浅滩与英军发生了交火，诺克斯又跟了上来。在其他英军部队的帮助下，诺克斯发起了追逐战，现在，德威特的四面八方都是敌人。接下来的一周，英军的联合力量对德威特穷追不舍，让他无计可施，只能继续向北撤退。现在，他没有机会掉头，再向开普殖民地进发。他的北撤之路也是危险重重。为了能彻底摆脱英军的追击，或者说能争取到更长的撤退时间，他必须攻破英军在斯普林哈恩山脊的防线，此处有一个山口可以通过，但两边均有英军埋伏。好在，德威特终于开始转运了。由迈克尔·普林斯洛和萨瑞·汉斯布林克（Sarel Haasbroek）率领的伯利恒、温堡游击队及时赶来增援。他们装备精良，马匹精壮。在援军的帮助下，德威特终于在 12 月 14 日成功冲破英军在斯普林哈恩山脊的防线，再一次化险为夷。

309 　　这让基钦纳伯爵十分恼火，他在 11 月 29 日刚刚取代罗伯茨成为英国军队在南非的总司令。"只要德威特还没有投降，战争就没有结束。"1900 年 12 月底，他在寄给伦敦政府的信中这样写道。这对于路易斯·博塔来说却是一个好消息，他希望德威特的胜利出逃最终能让他们俩有重新见面的机会，这一次，他们会讨论更多的细节问题，并确保能完全理解对方的意图。12 月 8 日，路易斯手下的一位副官亲自将见面的邀请交给了斯泰恩总统。德威特不久后肯定也看到了博塔的邀请。[40]

* * *

　　1901 年 1 月，埃米莉·霍布豪斯来到开普敦已经超过一周，终于，她收到了艾尔弗雷德·米尔纳爵士的邀请，他们将在总督官邸共进午餐。此前，埃米莉的玛丽婶婶，也就是霍布豪斯夫人，以及她的亨利堂兄——东萨默塞特郡的议员，为她写了一封介绍信，现在看来，信件确实起到了作用，米尔纳终于愿意见她。一开始，她有些担心，不知道自己能否说服米尔纳。她来过开普敦一次，正是那时她了解到关于布尔难民、英国士兵以及不计其数被烧毁的农场等消息。有关英军的种种暴行的消息已经传回国内，但关于集中营，或者说难民集中营的情况，着实让她大为震惊。在从郊区出发前往总督府的火车上，她的心怦怦地跳个不停。为了让自己平静下来，她打开了刚收到不久的信件。其中一封是考特尼夫妇的来信，正是由于他们的引领，埃米莉才开启了自己为布尔人斗争的事业。这封信是由凯特执笔的，但伦纳德也在最后加上了几个字，这确实极不寻常，因为他已经失明好几年了。"小心谨慎，沉着冷静。"这话的确有道理。

出于对伦纳德·考特尼（Leonard Courtney）的信任，她逐渐平静下来。伦纳德是一位敏锐的政治家，一位特立独行的思想家，一位良知尚存的英国人。他虽然身有残疾，却担任国会议员长达 25 年之久。1900 年 1 月，作为南非调解委员会的主席，伦纳德邀请埃米莉担任妇女协会的干事。她全心全意地接受了这份工作。她知道什么是奉献精神。在过去的 15 年里，她一直尽心尽力地照顾着生病的父亲。在 35 岁那年，她生命中唯一的一段爱情也走到了尽头。自那以后，她便投身到反对社会不公的运动中，为那些身处美国的英国矿工、工厂里的妇女儿童遭受到的不公平待遇发声。南非战争爆发之后，她又为正在遭受苦难的布尔人奔走呼吁，一开始，她关注的重点是那些为民族独立而战的布尔战士，随后，她意识到，那些背井离乡、居无定所的妇女和儿童也同样需要帮助。

1900 年 6 月 13 日，在一次由南非调解委员会妇女协会组织的抗议集会上，埃米莉第一次表达了自己对布尔妇女和儿童处境的担忧。集会上，与会者们通过了几项决议：反对英国政府的战争政策；反对英国政府打压不同的政治主张；反对英国政府对布尔民族灭绝性的军事打击。除此之外，埃米莉还增加了第 4 条决议：坚决支持德兰士瓦和奥兰治自由邦的妇女姐妹。她向她们保证道，成千上万名英国妇女同她们站在一起，并强烈谴责英国政府对布尔妇女和儿童采取的措施。

她的同情心也表现在了行动上。1900 年下半年，越来越多的报道揭露了英军在布尔共和国采取的有组织、大规模的破坏行动。在英国，更多的反战活动家参与其中，比如自由党国会议员约翰·莫雷（John Morley），埃米莉认为推进运动的时机到了。"随着英军进一步加大打击的力度，越来越多的布尔人家园被毁、妻离子散，听到这些消息，普通英国民众的心

310

也随之震动。"布尔人急需救援。埃米莉决定筹集一笔钱用作救援基金，她马上就付诸行动。1900 年 9 月，南非妇女儿童救援基金会（South African Women and Children's Distress Fund）成立。这是一个非营利的民间组织，旨在帮助不同种族、不同信仰的妇女和儿童。基金会的目标是为所有饱受南非战争之苦的人民提供衣食和住所。两个月之内，基金会就筹集到了 300 英镑，足够换取两节车厢的物资。埃米莉决定亲自去南非开展救援。

她的叔叔婶婶——霍布豪斯夫妇，以及她的表哥和其他的亲朋好友都劝她不要去。这是明智之举吗？一个女性孤身一人去交战区，那里各种各样的疾病肆虐，此外，国人又会怎样看她，流言和诽谤会不会伤害她，去了又能改变些什么？但她心意已决，谁劝都不听。一旦想法有了具体的实施计划，自然而然要去实现它。她已经到了不惑的年龄，找到了自己的使命。那就是去帮助南非的妇女和儿童。

在总督府邸，米尔纳先发制人。参加午宴的 8 个人中，埃米莉是唯一的女性。米尔纳直奔主题，但是在这么多陌生人中间，她感到不适，便提出单独与米尔纳谈话的要求。他同意了。米尔纳给了她 15 分钟的时间，结果谈话却超过了一个小时，问题也逐渐变得明朗起来。米尔纳本人就是问题的根源。是的，他也认为火烧农场的做法不对。而且，他也不反对埃米莉去集中营发放物资。只有一点他坚持己见。他必须将此事报告新的总司令，征得他的同意。

311　　　现在唯一能做的就是等待基钦纳伯爵的回复。与此同时，埃米莉意识到布尔游击队进入开普殖民地的计划让英国当局，也就是米尔纳头疼不已。在赫佐格以及其他人领导的布尔游击队即将攻入的地区均实行了戒严令。双方的交战区域正在迅速南移。米尔纳尽量满足了她的要求，现在，即便是在开普敦，形势也逐渐明朗。米尔纳要求所有民众自发组织的武装力量立即投降，枪支弹药都被转移到战略要地，周围筑起带刺的铁丝围栏，重要的建筑物前都挖好了壕沟。马车、自行车都不能出城。晚上九点半后实行宵禁。十点半后，不许点灯。让埃米莉感到遗憾的是，她在这里没有见到布尔游击队员，一个也没有。

1901 年 1 月 17 日，基钦纳发来电报。他大体上同意埃米莉的请求，但有两个条件。第一，她不能越过布隆方丹；第二，他没有同意埃米莉想要一名布尔妇女一同前往的请求。有条件的同意总比全盘否定好，埃米莉这样想，并决定只身前往营地。她带来的钱只够买到一节车厢的物资，因为这里的物价高得离谱。物资总重约 6 吨，一半是衣物，一半是食品。1901年 1 月 22 日，她动身前往布隆方丹。当她抵达时，她收到了维多利亚女王去世的消息。[41]

29　有罪的土地

那乌波特，1900 年 12 月

三天过去了，但丹尼斯·雷茨仍然心神不宁。日子到了 1900 年 12 月 16 日，丁冈纪念日，纪念的是布尔人在血河战胜祖鲁人。而且，眼前他们也终于有值得庆祝的事情了。他们在诺伊特格达赫特（Nooitgedacht）取得了胜利，但他的脑子里一直浮现出一个头部被炸掉一半的英国士兵的样子，惹得他心神不宁。这份记忆一直萦绕在他脑海，挥之不去。子弹是他射出的，是颗达姆弹。在温泉村的时候，他把几颗达姆弹放在了子弹带的一个单独的弹夹里，留着打猎的时候用。但他忘了这一点，在激战时，他无意中把这个弹夹装上了。战斗发生的地方，正是拜尔斯将军和多米尼·克里尔打算竖立一座新纪念碑的地方。他们计划每个人都在这里放置一块石头，形成一个巨大的纪念石冢，就像帕尔德克拉尔的那个——那个石冢建立之后，罗伯茨命人把它移走了。雷茨不喜欢建纪念碑的主意。

诺伊特格达赫特大捷的确值得纪念。这是布尔人近一年来发动的第一次进攻。1900 年 1 月 6 日，他们在莱迪史密斯以南的普拉特兰德战役中失败了，但这次他们依然坚持战斗。拜尔斯的突击队，包括雷茨和其余的南非骑兵，迫使他们做出了这个决定。这一次是朝山上突击，在黎明的微光中，他们冲进躲在壕沟里的诺森伯兰的燧发枪团，尖叫着射击，用枪托把敌人刺过来的刺刀格挡开。他们这边伤亡惨重，约 20 人战死，60 人受伤。英军损失了近 100 人，另外有同样数量的士兵被俘。

在夺取了英军的防御工事后，拜尔斯派克劳泽和他的南非骑兵去仔细搜查山脊。当然，雷茨和他们一起去了。他们在行进途中遇到了一支皇家义勇骑兵队。他们一举歼灭这个二三十

人的部队——包括那个突然出现在不远处的只身一人的士兵。

　　然后他们又回到了山顶。此时是早晨 7 点钟，诺伊特格达赫特战役胜负已决。在此之前，负责指挥的将军们，包括德拉雷、史沫茨和拜尔斯，还曾计划对山脚下的英军营地，以及山坡上的增援阵地同时发动突袭。突袭山脚下营地的计划失败了，因为布尔人的先遣部队很早就被发现了，但拜尔斯和他率领的那伙人取得了成功，弥补了这一损失。他们在消灭了敌人之后，继续向下面的军营开火，英军指挥官克莱门茨（R.A.P.Clements）少将别无选择，只能命手下匆忙撤退。

　　就在那时，拜尔斯带领的人也开始从山上冲下来了。就是在往山下冲的路上，雷茨碰到了此前被他近距离射杀的那个士兵。直到那时，他才看清楚子弹造成的伤害有多严重。他吓得说不出话来。他抓起自己的弹带，又找到了几颗达姆弹，他把它们扔进了河里。他的子弹袋已经被鲜血染红了。他转身向山下跑去。

　　在路上，他又遇到了两名受伤的英国军官。这次的经历，就像是踏上了另一个星球。他们随意地和他攀谈起来。他会说英语吗？会。那么，他能解释一下，为什么布尔人在明显会输的局面下仍然坚持战斗吗？好像是事先排练过似的，一段《大卫·科波菲尔》（*David Copperfield*）中的话闪过雷茨的脑海。"哦，是这么回事，你们知道吗，我们就像米考伯先生一样，等着有什么事情出现。"两个英国军官开怀大笑。"我怎么说来着？这真的是一个有趣的国家。你看见没，这个地地道道的布尔年轻人竟然会引用狄更斯的话。"

　　山脚下的英国军营里有更多吸引布尔战士的东西。拜尔斯命令他的突击队队员追赶正在撤退的克莱门茨的部队，但是队员们却有别的想法。他们很久都没见过这么好的战利品了，这些东西的诱惑太大了。再说，俘虏更多的英国士兵，又有什么

313

用呢？无论如何，过上几天，就得把他们释放。雷茨觉得抢掠战利品没什么不对的，这完全出于必要，因为他们必须补充给养。英军军营物资充足，他和他的兄弟阿伦德在其中发现了大量的好东西：两匹马可备用，而且带着马鞍和缰绳，一支新的李－梅特福德步枪和一些弹药，可以替换掉他们手中被磕碰得已经不像样子的毛瑟枪，此外还有茶、咖啡、盐、糖、食物、衣服和书籍，所有这些在他们眼中都是奢侈品。

不过，他还是有些感觉良心不安。雷茨决定不参加丁冈节的庆祝仪式了。德拉雷、史沫茨和拜尔斯向聚集的布尔公民发表演说。前两个人的讲话提起了 1838 年的血河战役，以及布尔拓荒者在战胜祖鲁人之前的誓言。拜尔斯谈到了纪念这一胜利的重要性，特别是现在，布尔人正在接受考验，他们太容易因困难而屈服了。在多米尼·克里尔主持的仪式上，这个誓言被重复了一遍，然后每个人都拿来一块石头，砌成一个石冢。

只有丹尼斯·雷茨没有参与。他怎么能站在那里并引用狄更斯的话，好像什么事都没有发生似的？他对自己所做的事深思了很久。他不是故意的，但他需要为自己的行为找到辩解的理由。用一枚达姆弹击中某个人，跟用高爆炮弹把他们炸成碎片，这二者之间有什么区别呢？人们在这场战争中不是一直在这么做吗？死了就是死了，科波菲尔少爷。即便如此，他还是不愿意在这里摆上一块石头。[42]

* * *

皮埃特·德威特认为，根据现在的局面，是该转变一下策略了。此时是 1900 年 12 月 11 日，他投降已经 4 个多月了，而局面仍然在恶化。整片整片的地区被夷为平地，乡间一片狼藉。游击队的袭击活动必须停止。他本来在德班，处于自我放逐状态，此时他向基钦纳发出请求，并获得了许可，回到了克鲁斯塔德。他在考虑提出一个和平倡议。途中，他在约翰内斯堡稍做停留。他知道嫂子科妮莉亚就住在那里。也许他可以跟嫂子谈一谈，她或许可以说服哥哥克里斯蒂安放弃斗争。这种想法很天真。嫂子科妮莉亚让他马上走人，并且要求军事指挥官命令他"以后不要再来上门拜访"。事已至此，他不得不自己正面处理这个问题。

皮埃特·德威特并不是唯一希望战争结束的人。在此之前的几个月里，许多人都试图进行干预，到了 1900 年 12 月，他们开始形成有组织的团体。在一些城镇和城市，一些著名的投降派，包括前国民议会成员，正在组建一些和平委员会。皮埃特·德威特成为克鲁斯塔德和平委员会的主席。迈耶·德考克（Meyer de Kock）是德兰士瓦殖民地最活跃的人物。但是基钦纳拒绝与他们谈判。英国无意放弃这场斗争，而且也不存在外国干预的机会——他们在战场上就是这么告诉布尔战士的。英国人强调，他们会说到做到。12 月底，各委员会派出了几十名代表，试图说服布尔战士放下武器。[43]

他们还通过报纸和小册子传播同样的想法。例如，皮埃特·德威特在 1901 年 1 月 11 日写信给他的哥哥克里斯蒂安。不久之后，他的信发表在《布隆方丹邮报》（*Bloemfontein Post*）上，后来又印制成了小册子，名为《兄弟之间》。小册子的引言开宗明义。"亲爱的哥哥，我听说你很生气，想杀了我，因为你认为我犯了叛国罪。"他接着讨论了他被英国收买的指控，并简单地回答说："上帝将公正地审判。"但他也有话要回应。如果他的哥哥和斯泰恩选择将这场战争继续下去，人们将会"陷入贫困，而且许多人已经处于贫困之中"。布尔人最终会成为"这个国家的劳动阶级，作为一个民族则会消失"。若真如此，打仗是为了什么呢？"你难道看不明白这一点吗？"

难道克里斯蒂安真的看不到自己"被德兰士瓦的将军和老百姓欺骗"吗？德兰士瓦人打的仗还不到"我们这些自由邦的人打的十分之一。德兰士瓦也远没有自由邦那样变得破败不堪"。德兰士瓦的将军们早就想投降了，"但他们在等着看你会怎么做。他们会在你投降、倒下或被抓住的那一刻立即投降。我请求你在采取下一步措施之前考虑一下所有这些因素"。[44]

他衷心的呼吁并没有起作用。克里斯蒂安·德威特在任何场合都没有理会这封信。据说他曾威胁说，如果他的弟弟靠近他，他就开枪打死他。皮埃特·德威特并没有灰心。他转而在开普殖民地寻求跟他志同道合的人。高级专员米尔纳并不指望他们这样做会有什么结果，但还是同意了。1901年2月，德威特在奥兰治河殖民地其他几个和平委员会成员的陪同下，前往开普敦。他先是与南非白人联盟的总统塞隆（T.P.Theron）会谈，后来又与颇有影响的教会神职人员会谈，但都无济于事。

他们还参观了绿点（Green Point）的战俘营，这次经历确实有所收获。首先，他们的到来让布尔战俘变得骚动起来。一些人辱骂皮埃特·德威特和他的同伴，另一些人则更愿意接受他们的和平想法。总体而言，情况大体就是这样的，不过很少有人敢公开说话。此外，德威特注意到，他们中有些布尔人是自愿放下武器的，因此他们不能被视为战俘。访问结束后，他敦促米尔纳建立第二个集中营，以区分"好"战俘和"坏"战俘。米尔纳表示赞成，并着手这么做，不过基钦纳持保留意见。1901年3月，英国人在西蒙斯敦（Simonstown）设立了一个"和平营"，有800名战俘被转移到那里，这些囚犯表示接受英国的统治。而拒绝接受英国统治的人则有可能被送到海外的战俘营。[45]

所以说，皮埃特·德威特确实取得了一些成果，比其他和平缔造者的成果更多一些。就连令人敬仰的马蒂纳斯·普里托里乌斯也毫无进展。据基钦纳说，这位 81 岁的两个布尔共和国共同的前总统，在 1855 年创建了比勒陀利亚（以他的父亲安德烈斯的名字命名）。1901 年 1 月，他主动拜访了路易斯·博塔。但是他的拜访徒劳无果，得到的消息是博塔不准备与中间人对话，如果基钦纳有什么要说的，他应该亲自写下来。

但至少年迈的普里托里乌斯完成任务后安全返回了。其他一些人就没那么幸运了。约翰内斯·摩根达尔（Johannes Morgendaal）和他的岳父安德烈斯·韦塞尔斯（Andries Wessels）都是自由邦的名人。摩根达尔是一名和平法官，也是荷兰归正会的一名抄写员，韦塞尔斯是国民议会的成员。这些人是克鲁斯塔德及其周边地区的重要人物。在对进一步抵抗失去信心后，他们在 1900 年 12 月底出发前往克里斯蒂安·德威特的营地。在途中，他们被逮捕并受审。斯托菲尔·弗罗曼将军领导下的军事法庭将他们的案件转至更高一级法院。在等待庭审期间，他们和克里斯蒂安·德威特的突击队队员一起作为囚犯被带走。弗罗曼奉命对他们进行严密监视。

1901 年 1 月 9 日，事情出了岔子。清晨，一名侦察员报告——后来被证实是误报——英军正在接近。弗罗曼命令摩根达尔帮忙赶牛车。摩根达尔没有理会。他说："我不是霍屯督人。"弗罗曼用粗鞭子抽了他。摩根达尔从他手中夺过了鞭子，两个人随即扭打在了一起。克里斯蒂安·德威特从远处看到了这一幕，大喊"开枪打死这个混蛋"或是类似的话。弗罗曼开了枪，摩根达尔受了致命伤。第二天，军事法庭开庭审判他的岳父。由德威特担任审判长，共 15 名军官组成的军事法庭宣布韦塞尔斯犯有叛国罪，并判处他死刑。但是斯泰恩总统给他减了刑，让他捡了一条命。

德兰士瓦代理主席沙尔克·伯格在迈耶·德考克一案中就

316

不那么宽容了，后者于 1901 年 1 月 23 日被捕，一周后受审。他被控四项罪名：逃避突击队任务和向敌人投降，与敌人合谋，拥有属于他担任主席的和平委员会的定罪文件，以及试图煽动平民投降。他也被判叛国罪。不同的是，伯格拒绝赦免他，并在法庭判决上签了字。2 月 12 日，德考克被行刑队处决。[46]

* * *

英国驻南非总指挥、喀土穆的基钦纳勋爵是个做事有板有眼，讲究方式方法的人。如果说他跟前任有什么区别的话，那就是他积极地追求自己的目标。批评人士说，他做事过于认真，但最终却弄巧成拙，就像在以前的一次事件中，他将交通系统集中起来，结果为自己赢得了"混乱的基钦纳"的绰号。[47]

基钦纳对此有不同的看法。英军的问题在于执行命令的方式，而这只能通过更严格的措施来解决。同样的道理也适用于他们对付布尔游击战士的方式。这也需要更加系统化的应对措施。罗伯茨勋爵发布了一个接一个的公告，并提出了适当的报复措施，但最终军队做出的应对仍是随意的恐怖行动。所有这一切都得变得更有效率，像发条驱动的钟表一样。

317 1900 年 12 月 7 日，在执政的第一周结束时，他做了一件事，让人能够一瞥即将发生的事情的第一个迹象。他发布了一份备忘录，对穿越高地草原的纵队发出了新的指示。这条指示让他们不仅摧毁农场或其他财产，而且"剥夺所经之处的一切供应和牲畜"。这样做有两个目的。它不仅使英军纵队能够获得满足他们需要的物资，也剥夺了敌人的一切生存手段。因此，第一步是转移或销毁牲畜和食物供应。

两周后，基钦纳宣布了第二步措施，即如何对待平民。12 月 21 日，他向所有高级官员发出了一份机密通知。为了结束游击战，要把所有未参加战斗的平民从布尔游击队活跃的地区撤离。这将阻止任何人自愿或被迫地协助战斗人员，或与战斗人员交流。如此一来，游击队将在没有后勤或道义支持的情况下自生自灭。

被连根拔起迁移的群众将被安置在他们当地的营地内，靠近铁路线，以便于运输供应品。在这个过程中，他们将被分为两类：第一类是自愿放下武器的人及其家人，第二类是仍然积极参加斗争的男子的家人。不用说，第一类人将在集中营中得到好一点的待遇。他们的财产权将得到尊重，必要时，在住宿和口粮方面，他们将得到优先考虑，比如能得到更好的帐篷和更多的食物。

通告中有一个单独的部分涉及黑人。这样做的目的并不是"清除卡菲尔人地区"。但是，依靠布尔人为生的非洲人，无论是作为仆人还是其他身份，都要和他们的牲畜一起被搬走。如果可行的话，他们可以保留自己的财产。在集中营里，他们将得到充分的保护。他们也可以受雇从事任何必要的工作，按照当时的"土著价格"获得报酬。[48]

这一切都将有系统地进行：通过消灭所有生命迹象来使该地区变成无人区，使当地回到荒野状态。这是基钦纳1901年政策方面的新年决心，也是他对20世纪的第一个圣诞发出的问候。这项行动于1月底在德兰士瓦东部正式开始实施。在弗伦奇少将的带领下，有8个纵队，2万多名士兵出发，以歼灭博塔和他的游击队，清剿整个地区的人、动物和庄稼。指挥官要记录"收益"，也就是基钦纳所说的"战利品"。

丹尼斯·雷茨仍在拜尔斯将军的突击队里，但他们已经离开了马加利斯堡，向东进发。博塔叫他们去埃梅洛。有一天，他看见集合的英国纵队逼近，视线所及的地方都是英军。这一幕着实让人震惊。拜尔斯把他的人分成两部分。第一支去攻击

318

敌人的左翼。另一支，包括丹尼斯和他的兄弟阿伦德，负责拖延敌人的进攻。

他们立刻目睹了英国人是如何执行他们的任务的。烟柱在英军士兵的身后升起。从逃离的妇女那里，他听说英国人正在摧毁他们所经地区的一切，并逮捕他们遇到的每一个人。有些农作物因雨水浸透而无法燃烧，英军就驱赶牛群践踏。第二天出现了一群逃离英军进攻的人。"平原上到处是马车、牛车以及各种各样的车辆，车上载着妇女和孩子。"马、牛、羊被"土著牧人赶着"，身后是燃烧着的农场和干草堆。博塔指示难民越过边境前往斯威士兰，以躲避英军。

与此同时，布尔战士们正在从一开始的震惊中恢复过来。他们注意到英国人无法维持连续的前线。"布尔游击队很容易就能躲开英军，把在泥泞中艰难行进的笨重英军纵队甩在后面。"丹尼斯·雷茨说，英军的新战略，即烧光抢光他们所经过地区的一切，对于打击战场上布尔游击队员的士气几乎没有起任何作用。相反，这增强了他们继续战斗的决心。[49]

* * *

埃米莉·霍布豪斯对穿越卡鲁火车之旅的喜爱，超过了当年的威廉和露易丝·莱兹夫妇，也超过了一年多前的温斯顿·丘吉尔。[50] 而且，她乘火车穿越这里的时候，还不是一年中最好的时间。沙尘暴和暴风雨一个接一个，似乎永无止境地循环往复。沙尘暴是最严重的。即使关着门窗，她所乘的车厢里还是落了一层红色的灰尘。沙尘进入她的眼睛、耳朵，落在她的头发上，并且像桌布一样覆盖了一切。然而，在这片原始的荒野中有一些不同寻常的东西——开阔的空间、流动的线条、望不到边的天空。接下来科尔斯伯格（Colesberg）的那段旅程更是一片荒芜。这里以前属于奥兰治自由邦，现在是奥兰治河殖民地。四下看去，到处是一片荒凉，令人沮丧。人们能看出来，这里曾经繁荣过，但现在却荒凉而毫无生气，到处是马和牛的尸体，被烧毁和遗弃的农场，到处是垃圾，土地都撂荒了。而且不幸的是，到处都看不到布尔游击队员。除了百无聊赖的英国士兵，整个旅途中看不到别的军人，那些英国士兵只是不停地读报纸和书。

到处都是英军士兵。当她在 1901 年 1 月 24 日到达布隆方丹后，她发现英国士兵净给她找麻烦。没有他们的允许寸步难行；每个街角都有检查岗哨。这给人一种压迫感，她可以想象当地人的感受。她手里有米尔纳的介绍信，这帮了她好大的忙。驻布隆方丹的军事长官 G.T. 普雷迪曼（G.T.Pretyman）少将知道她要来，并准许她在合适的时间访问关押妇女的集中营。

埃米莉迫不及待地想去看一下。第二天，她早早地站在了集中营的门口。那个集中营离布隆方丹只有几公里，就在大草原上，都是帐篷，别的什么都没有。这里没有一棵树，没有任何地方为里面关押的 2000 名妇女和儿童，以及少数的男子（他们是投降的人）遮阴。她如何开始呢？她听说自己在开普敦遇到的一个女人的姐姐也在这里，是博塔夫人。她想先去看看这个女人。她发现这个女人和五个孩子以及一个土著仆人在一个薄薄的帆布帐篷里，里面闷热难耐。每个人都有一张毯子，仅此而已，没有床，没有椅子，没有桌子，只有一个小箱子来储存食物。

有其他的妇女来到这个帐篷里，给她讲了更多令人震惊的细节。遇到下雨，帐篷都会被水淹。许多孩子生病了。麻疹病人住在一个单独的帐篷里。有越来越多的人死去。就在他们说话的时候，埃米莉注意到一条蛇溜进了帐篷，那是一条鼓腹巨

319

蜂，两个女人说，它有剧毒。两个女人赶紧去找人帮忙，而埃米莉则用她的太阳伞去驱赶蛇。想象一下，要是这一幕发生在晚上，后果多么可怕，因为帐篷里的人都在地上睡觉。埃米莉没能把蛇赶走，好在两个女人带着一个男人回来了，这个男人用锤子把蛇打死了。

埃米莉的所见所闻足以让她形成总体的印象。真是一种耻辱啊！她要跟营地的负责人克雷少校谈谈。不曾想，当他们交谈的时候，二人的角色互换了，成了克雷向她抱怨。他没有资源：没有钱，没有设备，没有交通工具。他实在是没有办法了。也许她有熟人愿意帮忙。她的车厢里至少还有半车的食物和衣服。但这只是杯水车薪，远远满足不了所需。首先，得为待安葬的死者准备一个单独的帐篷，目前死者的尸体是停在他们住的帐篷里。还需要更干净的水——从莫德尔河取的水含有伤寒菌，而且没有足够的木材来煮水。牛奶和肥皂供应不足。另外，集中营中的数百名儿童需要获得学校教育。要加强对妇女的保护，因为营地里有许多士兵。还需要一位会双语的女管理员。

克雷对她提出的建议表示感谢。然而，几天后，他病倒了，离开了集中营，结果这里暂时没有了任何指挥官。他的临时替代者休谟上尉对集中营里的人所遭受的苦难漠不关心。另外，埃米莉发现，他这种人也很难沟通，一点儿也不愿意合作。

320　　埃米莉在一封写给玛丽婶婶的长信中描述了这些情况，这封信是她的一个熟人转交给她的，目的是绕过审查。集中营是"对孩子的谋杀"。在此之前的六七周内，已有50人死亡，其中大多数是儿童。如果不采取措施，死亡率还会上升。这只是其中一个集中营。据她所知，有成千上万名布尔妇女和儿童被监禁在集中营里。而且他们也不像当局所说的那样，是为了自己的安全才到那里的难民。她说，他们是囚犯，被强行拘留。事实上，整个布隆方丹简直就是一所大监狱。她曾多次在街上看到过总统的妻子斯泰恩夫人，她的身后总是跟着一个拿着上了刺刀的步枪的士兵。她还听说有一个单独的非洲当地人的集中营，那里显然关押着大约 500 名囚犯。

她的婶婶能不能给《泰晤士报》写封信说一下这里的情况？霍布豪斯勋爵是枢密院司法委员会的成员，地位很高，因此，霍布豪斯夫人也是颇有影响力的。他们能唤起英国人民的良知吗？毕竟有那么多的妇女和儿童的生命处于危险之中。有消息说，基钦纳打算把整个草原都剥光。他们已经在德兰士瓦这么干了。其结果就是，会有更多的妇女和儿童被送往集中营。这个消息是真是假，她无从判断。还有一条传言她也无法证实：人们说克里斯蒂安·德威特在 1901 年 1 月 31 日晚率领4000 名士兵向南进发，并在距布隆方丹不到 25 公里的地方经过。无论如何，英方派出了 7000 名士兵去追击他们。希望这次他也能逃脱。[51]

* * *

德威特确实是又踏上了进入开普殖民地的路，不过他率领的不是 4000 人，而是 3000 人。其余的说法都是真实的。还有一点是真实的，英军纵队像往常一样紧紧地跟在他后面，而且像往常一样，他们迟到了一步。这一次，德威特还是不管博塔和史沫茨的计划，完全按自己的判断行事。博塔和史沫茨曾经想跟德威特讨论一下有没有可能联合行动，但他没有回应他们的邀请。他对自己手下的军官在来信中告诉他的信息更有信心。副总指挥官赫佐格、指挥官克里辛格，以及舍佩斯上尉自1900 年 12 月以来一直在开普殖民地活动，他们了解阿非利卡人的情绪，对形势感到乐观。他们说，只要德威特亲自出面，就能发动起来大规模的起义。此外，对于英军最近的破坏浪潮，布尔人要换一种形式进行报复，而斯泰恩总统希望看到在1901年2月14日左右，也就是罗伯茨入侵奥兰治自由邦一年后，能有一些行动。

这些信息给了德威特鼓舞，他想再试一次。主要的问题是，英国人知道他准备进入开普的计划，不顾一切地阻止他。基钦纳甚至从他在东部德兰士瓦的"拖网行动"中撤出了两支纵队去追捕他，同时增派部队，用火车转移到边境地区，以便在那里抓住他。他唯一的优势是，没有人知道他打算在布隆方丹—开普敦路线的东侧还是西侧穿过奥兰治河。1900年11月，他曾在铁路线东边进行过一次尝试，现在他又朝着同样的方向前进了。或者，更确切地说，他派出了他的将军弗罗曼和富里勒，带着大部队去给英国人留下他准备在东边过河的假象。计谋成功了。德威特和一个包括斯泰恩以及政府其余人员的小纵队则朝着相反的方向进发。1901年2月10日，他们在铁路以西约60公里的浅滩穿过奥兰治河。他终于进入了开普殖民地。

但现在该怎么办呢？自从离开奥兰治自由邦以来，他们已经走了400多公里，这趟旅程也让他们付出了代价。成百上千的人因为对未知的将来感到恐惧，在路上就纷纷逃跑。总的算起来，他手下只有2000名士兵多一点。他们也失去一些战马，剩下的马也筋疲力尽了。开普殖民地很难找到好的牧草。草都被蝗虫吃了。雨倒是下个不停，但这也没有解决马的饲料问题。在这种情况下，德威特决定等一下那些留下断后的人，尤其是富里勒所带的人。

这是一场巨大的赌博，因为他们所在的地区，三面都有铁路线，他们被围在其中。如果英国人行动迅速一些，德威特声东击西的策略所带来的优势也就不复存在了。实际发生的情况也的确如此。火车运来了英军战斗部队，封锁了德威特的路线。他无法继续向南深入开普殖民地。只有由维南·马兰（Wynand Malan）中尉率领的约50人的小分队成功穿了过去。德威特和他的主力别无选择，只能往西走。在那里，一条铁路也挡住了他们的路，但他们设法在黑暗的掩护下穿过了铁路。这意味着需要骑马飞驰，或者更准确地说，是要一整夜拼命地往前赶路，因为最后一段路途经一片沼泽地。在正常情况下，穿过这片沼泽地就很困难，在前几天的倾盆大雨之后，这段路就更难走了。水涨到他们的马鞍，泥没到他们的膝盖。他们的马都已经筋疲力尽，几乎走不动了。士兵们不得不下马，牵着缰绳一步步往前挪，有些人陷在沼泽里，被抛在了后面。要想让牛车通过这片沼泽几乎是不可能的。他们想方设法运过去仅有的几门炮，每门炮用了50头牛才拖动。然而，装载着军火和玉米粉的大车陷在了沼泽地里。目睹此情此景，就连一向不可战胜的德威特也近乎绝望了。他留下富里勒带着100个人为挽救补给做最后的努力。如果没成功，他们需要在英国人到达之前将其炸毁。他则带着主力继续前进。

2月15日，天刚刚微明，他们越过了铁路线。又走了几公里，他们找到了可以供马吃的草，还有一群羊，士兵们纷纷杀羊吃肉。经过一夜的折磨，这好歹是一种解脱。但这并不值得。他们满身是泥，看起来个个都像稻草人。有200多匹马死亡，而且就在此时，他们听到远处传来枪声。他们还失去了大车和给养。更糟糕的是，他们几乎没有喘息之机。英国人已经赶上来了。第二天，德威特决定继续行军，留下300个失去马匹只能徒步的人自行返回自由邦。但是，追兵旋即赶到，所以那些人继续跟其他人一起走，肩上扛着步枪、马鞍和毯子。向南的路线仍然受阻，所以德威特转向了西北方向。

2月19日，他发现自己回到了奥兰治河，是布拉克河从南方与奥兰治河汇合的地方。他以前也遇到过类似的情况。要想进入开普殖民地，他们必须穿过布拉克河才行，而要回家，则必须穿过奥兰治河。但是暴雨使两条河都涨了水，淹没了浅滩，但此时，英国人就紧紧跟在身后。局面已经无法挽回，德威特目前处于孤立无援的境地。怀着沉重的心情，他决定取消这次任务，至少要设法挽救他和部下的生命。在夜幕的掩护下，他率领士兵沿着奥兰治河逆流而上，穿过追击的英军防线，希望能找到机会渡河，回到奥兰治自由邦。

这几乎不可能做到。他们经过的所有浅滩现在水都太深了。他们花了一个多星期的时间沿着奥兰治河的南岸跋涉。即使是他们当初进入开普殖民地时过河经过的大沙洲浅滩，此刻也过不去了。不过，他们在那里跟富里勒和赫佐格率领的游击队重新会师了，他们自12月中旬以来一直活跃在西开普。有了增援，实在是值得庆幸的事，因为英军依然紧追不舍，希望包围德威特。2月16日，基钦纳亲自来到德阿尔，协调行动。至少有12个纵队聚集在科尔斯伯格附近。但德威特很幸运。他们到达的第15个浅滩——博塔浅滩——水足够浅，可以过河。这一次，浅滩的名字就是个吉兆。1901年2月28日，自由邦的这支游击队渡过了奥兰治河。回到自己的领土上，大家欣喜若狂。英军极其沮丧，然而仍然继续追击。到了3月11日，他们被迫承认自己又失败了。克里斯蒂安·德威特第三次逃脱了英军大规模的围剿。

323   此后，他又有一次奇迹般的脱险，为他赢得了"飘忽不定的布尔·平瑟尼（Boer Pimpernel）"的名声——这绝非浪得虚名。德威特是一位杰出的战术家，善于出其不意地运用战术，是一位奇才，常常能出其不意地袭击对手。然而作为一个战略家，由于他向来我行我素，成就不大。他的策略并没有增加布尔人成功进入开普殖民地的机会，从而未能策动那里的阿非利卡人起义。相反，由于任性、急躁，做事缺乏准备，他不仅影响了自己的战果，也影响了博塔和史沫茨的战果。

然而这并不是说，如果德兰士瓦和自由邦的人联合行动——即仿照西弗方丹计划，精心地计划并执行——就能实现他们想要的目标。但是，那样的话，英军的处境肯定会更加困难。然而实际的情况是，他们有限的入侵给了英国足够的机会采取预防措施。通过宣布戒严令，并在敏感地区征用武器、弹药、马匹和粮食，英军剥夺了入侵的布尔游击队及其潜在支持者的重要资源。期待中的开普殖民地的起义是布尔人最希望达致的结果，也是英国人最可怕的噩梦，它暂时被阻止了。[52]

30 失去战马

欧瓦帕德，1901 年 2 月

丹尼斯·雷茨打算当天一大早就出发，但又不太放心哥哥的栗色马。之前，丹尼斯卸马具的时候，被马在胳膊上狠狠地咬了一口。之前可从来没有过这种情况。担心归担心，丹尼斯还是套好了马鞍，顺着阿伦德牛车走的方向，上马赶路。现在，阿伦德他们估计得在好几公里开外了。过了一阵子，丹尼斯发现大事不妙。马的嘴巴和鼻孔泛出白沫，丹尼斯知道，这是非洲马瘟的症状。丹尼斯又牵着马走了一小段路，到了一个废弃的农场，找个阴凉处，让马在那里站了下来。他现在唯一的指望，就是马能自己恢复过来。丹尼斯知道，自己只是在乱抓救命稻草，不过，说不定真的能有奇迹发生呢，这种事情谁也说不准。然而过了一小时，马死了。

短短几周内，丹尼斯有三匹马死于马瘟。第一匹马死的时候，丹尼斯非常难过。当时，他还和拜尔斯的突击队一起，在德兰士瓦东部，埃梅洛附近。一天早晨，丹尼斯的杂色马从吃草的地方回来了，走起路来一瘸一拐。丹尼斯立刻就反应过来，肯定出了什么事。"我的好伙计用鼻子蹭蹭我，好像在向我求助似的"，但雷茨也无能为力。"不到一个小时，它猛地向前一冲，一头栽在我脚边，死了。""老伙计"没了，丹尼斯心里很不好受。"开战之后，在那漫长的岁月里，我俩一直配合得很默契，彼此之间也就越来越亲近。"

那段时间，和丹尼斯分开的不仅仅有他的爱马。博塔留在了德兰士瓦。拜尔斯和他的人大多数来自沃特堡（Waterberg），他们就朝北走，回去了。南非骑兵队的成员倒没有对哪个地方感情格外深。扬·内格尔（Jan Nagel）是新上任的骑兵指挥官，他决定回到德兰士瓦西部地区，加入德拉雷，雷茨兄弟陪着内格尔一起。阿伦德·雷茨有两匹马，他挑了一匹给丹尼斯，那匹马名叫马尔珀德，很精神，只让两个兄弟骑，别的人谁也不让靠近。

安全返回约翰内斯堡后，骑兵队犯了个大错——他们在斯库威堡（Skurweberg）待了一个星期。在雨季，这个决定简直是太冒失了。该地区蚊子肆虐，很多都携带马瘟病毒，给骑兵队带来了灾难。马死了一半以上，其中就包括马尔珀德。"步兵"队伍不断壮大，丹尼斯尽管不情愿，但还是成为其中一员。在突击队中，步兵起不了多大作用。这在个关头上，内格尔决定去找德拉雷商量商量，说不定德拉雷还能分给他们几匹马呢。队里有一半人愿意陪着内格尔找德拉雷，其余的则觉得这条路行不通。他们就向北走了，越过马加利斯堡，进入了丛林。南非骑兵队就这样解散了。

丹尼斯和阿伦德也去了北方，但有自己的目的地。他们的父亲很有可能还在莱登堡附近，两兄弟相信父亲可以给他俩安排马匹。这又是一段漫长的旅程，500公里，两人只有一匹马可骑，但也没有别的办法了。没过多久，两人就迎来了好运。他俩碰到了一个女人，女人有一辆牛车，她丈夫当时正跟着德拉雷打仗。眼看英国人快要打过来，就带着孩子和一个黑人仆人逃出了家门，他们宁愿在丛林中艰难过活，也不愿被关进拘留营里。牛车上驮着的就是她的全部家当。要是丹尼斯和阿伦德愿意帮忙，女人很愿意和他俩搭伙上路。两兄弟当然不愿意错过这等好事，几人便一起踏上了旅途。

走了一段路，丹尼斯突然意识到自己忘了点东西。虽然马死了，但丹尼斯的几个鞍囊还在，而就在当天早上，鞍囊落在了营火旁。那可是丹尼斯的宝贝，他一个星期前设法弄到了些盐放在里头，这样一来，这些鞍囊就更加金贵了。丹尼斯不能就这样丢下这些宝贝。几人一致同意，让丹尼斯暂时骑走阿伦德的栗色马，去取回鞍囊。这样一来，丹尼斯第二天就能赶上牛车。

鞍囊的确还在那里，但等到第二天早晨，马却死了。丹尼斯只好步行去追牛车。此刻骄阳似火，丹尼斯决定休息一会儿，等凉快点了再赶路。丹尼斯想找处阴凉的地方，就走进了一家废弃的农舍。地板上散落着烟头、火柴这样的垃圾。一看就知道，英国人也来过这里。他还找到一捆报纸，估计是八九个月之前发行的，就坐下读了起来。英国人在中国也卷入了战事，维多利亚女王去世了，基钦纳取代罗伯茨当上了总司令，他之前对这些事情都一无所知。

但最让丹尼斯感兴趣的，是几篇关于布尔突击队在开普敦所作所为的报道。他一下子就被吸引住了。英国报纸把布尔士兵称为叛乱分子、亡命之徒、土匪。而在丹尼斯·雷茨眼里，这些士兵分明是传奇英雄：克里辛格、马兰，还有吉迪恩·舍佩斯，都才 22 岁，比他自己大不了多少。丹尼斯都能想象出布尔突击队队员在开普敦冲锋陷阵的场景，于是下定决心，自己也要参与其中，到那时，他再也不用在这凄凉、荒芜的平原上作战了，骑兵队的马"没有蹄铁，四只蹄子上伤痕累累，经常吃不饱，身上也没上什么马具"，丹尼斯再也不用和这些可怜的东西一起挨日子了。突击队那里有足够的食物，也会给他足够的条件让他证明，"只要布尔人想向前走，那么，无论谁做什么都不能让他掉头，就算他想一路走到大海，也没人叫得住他"。丹尼斯曾经就对父亲这么夸过布尔突击队。现在他就要亲身证明这一点。

丹尼斯没有马，靴子也穿坏了，但他下定了决心。他不和阿伦德一起往北走了，也不找父亲要马了，而是要往南走，去冒险。[53]

326

＊　＊　＊

　　是英雄还是暴徒，不同的人往往看法不同。布尔突击队打入开普殖民地，激起了两种看法。从德兰士瓦和奥兰治自由邦的角度来看，布尔士兵希望通过起义来改变战争进程，是自由战士。而对英国军事当局来说，这群人是劫掠者、罪犯、破坏分子、恐怖分子，简直无法无天。开普殖民地的平民也分成了两派。阿非利卡人同情布尔人的遭遇，支持他们的此次行动。数百人加入布尔军队，开普那些讲英语的同胞把他们看作"开普叛军"。

　　开普殖民地的白人来历不同，意见不统一是预料之中的事。而开普土著居民意见几乎一致。绝大多数的有色人种和非洲人都强烈抵制突击队。[54] 也有几个人坚持原则，反对英国阻碍布尔共和国的独立，约翰·腾戈·贾巴武（John Tengo Jabavu）就算一个，他是《非洲意见》（*Imvo Zabantsundu*）这份颇具影响力的报纸的主编。但是像他这样的人少之又少。到目前为止，大多数非洲人和有色人种都站在英国一边，反对布尔人。

　　这没什么好惊讶的。布尔人来了之后，开普殖民地的非白种人会遭受巨大损失，只要布尔突击队在哪个地方掌权，当地的非白种人就会失去自由，失去体面的生计，失去生存的基本条件。1899 年 11 月，也就是战争爆发后不久，有色人种和非洲人就尝到了布尔政府掌权的滋味。奥兰治自由邦突击队攻下了开普殖民地的许多地区。他们不仅像大部分侵略者一样，扛着毛瑟枪，看中什么就抢什么，还实施新的社会秩序，挥着皮鞭威胁人们屈服。布尔人把自己攻占的地区视为本国兼并的领土，相应地应用了他们在本国惯用的行政结构，其中包括布尔人的法律、规则，他们把土地都分给白人，在开普敦实现白人、有色人种、非洲人的等级从属关系。有色人种和非洲人都被剥夺了公民权，出门必须携带通行证，在阿非利卡人的农场工作。这些人不管以什么形式抵抗，都会遭到残酷镇压。

因此，让黑人在布尔人和英国人之间做出选择，并不是什么难事。他们非常乐意支持英国人，愿意帮助他们对抗来自北方的布尔人侵者。包括米尔纳在内的高级专员很快就聚在一起，讨论要不要武装黑人，但是对于南非白人联盟来说，武装黑人是个敏感问题。开普殖民地的总督威廉·施莱纳还仰仗着阿非利卡人保住职位，他生怕惹恼了阿非利卡人，这群人一旦起义，后果不堪设想。最后双方只好各退一步，都对对方心怀不满。在受到布尔人威胁的地区，有色人种和非洲人组成了小型的辅助部队。施莱纳躲在当地军事指挥官背后，而这些指挥官根本不听他的，他就这么躲着也没什么用。1900 年 6 月，对开普叛军的制裁办法引起了争议，施莱纳辞职。

而到那时，所有的布尔游击队都撤出了开普殖民地。罗伯茨率军入侵奥兰治自由邦和德兰士瓦，这转移了布尔人的注意力。等到 1900 年 12 月，布尔人又回来了，又挥舞起步枪和鞭子，带回了战争，带回了行政重组，又开始压迫非洲人和有色人种。开普敦东北部和西北部人口稀少，主要是阿非利卡人居住在那里，布尔人就在那活动，而避开了东部地区，毕竟，那里黑人人口最多，又有最激进的黑人辅助部队。[55]

布尔游击队烧杀抢掠，活动范围可不仅仅局限在边境地区。巴里·赫佐格带兵深入开普敦。汉坦山脉距离奥兰治自由邦边界有六七百公里远，而赫佐格竟敢跑到离大西洋最近的那段山脉去。他们占领了卡尔维尼亚（Calvinia），这是一个农业小镇，有几千个科伊科伊人和桑人，还住着几百个阿非利卡人。单单就占领这个地方来讲，倒也没什么好拿出来专门提的，但是，不管是有意为之，还是无意流露，赫佐格等人在这里展示了布尔游击队在敌方领土上的一贯作风。

1901 年 1 月 12 日，指挥官查尔斯·尼沃特（Charles Niewoudt）宣布卡尔维尼亚是自己的地盘，紧接着，他签发了一张逮捕令，要求逮捕 14 名"嫌疑犯"。尼沃特从当地的阿非利卡人那里得知嫌疑犯的名字。待拘留者中有 9 名是有色人，其中一人是当地的铁匠，叫亚伯拉罕·埃绍（Abraham Esau），人人都承认，埃绍是当地有色人的领袖。他在一所英国教会学校上过学。埃绍把自己看作"有色英国人"，也一直像英国人一样过日子。几个月来，埃绍一直想组织有色人抵抗布尔军队，他还想为有色人争取武器，却没有成功。从尼沃特的角度来看，这件事非常明了：埃绍这个有色佬成天把自己当成英国人，还总给布尔军队使绊子。得给这家伙点颜色瞧瞧。

1 月 15 日，埃绍受到了市民指挥官卡尔·范·德梅尔威（Carl van der Merwe）的审判。审判没有花很长时间。埃绍因诽谤布尔人、武装有色人而被判有罪，处以 25 下鞭刑。他被绑在一棵桉树上。由范·德梅尔威实施鞭刑。埃绍挨了 17 下就失去了知觉。之后，他被松了绑，强行掰直了身子，然后一根棍子朝着他的脑袋抡了过来。他倒在地上后，布尔人围上去踢他。

这还不算完。埃绍又被折磨了几个星期。最后，在 2 月 5 日，范·德梅尔威下令，给埃绍戴上镣铐，捆在两匹马中间，拖出了村子几公里。在那里，斯特法努斯·斯特莱多姆（Stephanus Strydom）开枪打死了埃绍。布尔游击队第二天便离开了卡尔维尼亚。一支英国纵队正向这里逼近。[56]

328

* * *

亚伯拉罕·埃绍的死引起了一阵骚动。在卡尔维尼亚，一群愤怒的抗议者威胁布尔士兵，士兵鸣枪示警，驱散了他们。开普殖民地和英格兰的报界对此大为震惊。政界人物个个义愤填膺，开普敦的政客更是如此。米尔纳早就知道埃绍这个人，至少，他知道埃绍坚持要求把有色人武装起来这件事情，米尔纳认为埃绍是"最值得尊敬的人，虽然仅仅是一个乡村铁匠，品格却高于自己所在的阶级，比一般的布尔农民要文明得多"。米尔纳看出了布尔人的行事风格：先是摩根达尔，再是德考克，现在又轮到埃绍惨遭迫害。那些布尔人简直就是一群凶残的野蛮人。

在伦敦，这些事件引起了政治观点两极分化。1900 年 10 月英国举行选举，选举后，索尔兹伯里重组内阁。此时索尔兹伯里已经年届七旬，胜任不了首相和外交大臣的双重职务了。至少，他同僚是这么想的。于是，索尔兹伯里辞去了外交大臣的职务，任命兰斯唐接替这一职位。兰斯唐本是战争大臣，那时圣约翰·布罗德里克（St John Brodrick）担任其副职和外交事务次官，兰斯唐职位调整后，布罗德里克顺利接任战争大臣。之后没过多久，1901 年 1 月，罗伯茨接替了沃尔斯利，成为英国陆军总司令。乔·张伯伦继续担任英国殖民地事务大臣，对外交政策的影响扩大。

虽然罗伯茨承诺会改变战况，但是现在唯一没有改变的就剩南非战况了。战争远未结束。基钦纳上任后不久，就请布罗德里克向南非派出增援，不能是英国兵，最好是来自海外殖民地的士兵，来自英属印度的骑兵，这样就可以让他们"不管死活，一心就朝着敌人打"。布罗德里克却拒绝了这个提议。至少在世人眼里，南非战争还应该是一场"白人的战争"。早在罗伯茨回到英格兰之前，新内阁就已经同意向南非派遣 3 万名援军，其中包括在澳大利亚和新西兰组建的新部队，同时也会运送过去 3 万匹战马。

自由党是当时英国的反对党，正好针对增兵一事借题发挥，像大卫·劳埃德·乔治（David Lloyd George）这样坚定的反战评论家更是有话要说。1901 年 2 月 18 日，增兵一事提交下议院审议。由此，议会展开了 20 世纪以来第一次关于南非的辩论，这也是新君主爱德华七世上位后的第一次辩论。劳埃德·乔治发表了演说，言辞尖刻。英军多次烧毁农场，报道传回英格兰，已经引起争议，而现在竟然还要派去更多军队，但是派去的部队军纪涣散、道德沦丧，不断增兵就是最有力的证据。布鲁斯·汉密尔顿（Bruce Hamilton）将军曾经带人在奥兰治自由邦毁了温特斯堡农庄，劳埃德·乔治接着就把矛头指向汉密尔顿。他说，你与其叫布鲁斯·汉密尔顿，倒不如叫"畜生"·汉密尔顿（Bruce 和 Brute 仅一个字母之差）。"汉密尔顿简直不配穿这身军服。"[57]

劳埃德·乔治说完后，轮到一位保守党成员发言了，这位成员曾近距离目睹战争，能够凭自己的亲身经历说上几句。前面发言的保守党人士选择了反击，让人们注意到，布尔人也有不少做得不对的地方。只要开普敦有人"效忠英国国王"，仅仅这一点就能让好公民丢了命，摩根达尔、德考克，还有最近遭受迫害的亚伯拉罕·埃绍都是活生生的例子。下议院议员都想听听下一位保守党成员会说什么。即将发言的是个年轻人，但人人都知道，他已经是一位有独立见解的思想家。他年仅 26岁，却已全国闻名，而他最近又在美国举办了巡回演讲，这样一来，说他是国际名人也不为过。但这里可是下议院啊，真正的大场面。况且，他又是第一次在下议院发言。

温斯顿·丘吉尔没有反驳。他只是站在那里，吓得一时语塞。另一位保守派人士，一位经验丰富的老兵，最后低声提示，让丘吉尔反驳劳埃德·乔治。丘吉尔回过了神来。他像往常一样，早把整篇演讲都背下来了。语气温和，观点颇具洞见。丘吉尔没有攻击自由党，而是分三段为保守党辩护。

首先，他替名誉扫地的英国将军说了几句，丘吉尔自己早就认识这些人，他在下议院保证，"没有几个人能比布鲁斯·汉密尔顿将军更富同情心、更善良、更勇敢"。丘吉尔没有细谈针对焚毁农场的指控。而是指出，在战争中，失误难以避免，那些有平民参加的战争更是如此。想想三十年前的普法战争，当时德国故意在巴黎造成饥荒，不也是一样的道理吗？丘吉尔还可以举出更多先例，基于这些例子，英国军事当局在南非的所作所为完全在自己职权范围之内。他见识过南非战争，在他印象里，英军仁慈宽容。

330

　　丘吉尔还为敌人说了几句话。"布尔人很特别，是乡绅和农民的结合体。"农民粗糙的衣服之下，往往隐藏着他们高尚的品性。丘吉尔也能理解是什么促使布尔人拿起了武器。"我如果是布尔人，我也希望自己在战场上战斗。"张伯伦并不认同他说的那句话。张伯伦对身旁的人小声说道："这小子是不是不想在议会混下去了？"不过丘吉尔是后来才听说这件事。丘吉尔继续说道，他愿意看到布尔人寻求一个光荣的结局。

　　但是，布尔人不能不顾一切代价。丘吉尔说得很清楚，双方必须达成协议。布尔人如果听不进去道理，还是要继续打下去，那么英军就该让他们未来的日子"痛苦而危险"。丘吉尔全心支持政府，支持增派 3 万名士兵这个决定。此外，丘吉尔还提议在南非的英国战斗部队总人数应该达到 25 万名士兵，这样就可以随时替换那些伤亡士兵，补充因其他问题而无法战斗的部队。下一步就是每隔一段时间就增派士兵，每月加派2000 至 3000 人，这样布尔人"不仅得经受海浪的冲击，还得承受潮水不断上涨所带来的压迫感"。[58]

* * *

　　丹尼斯·雷茨之前遇到过各种各样的人，但他的新伙伴却与之前他见过的人都不一样。新伙伴来自罗斯腾堡的乡村地区[59]，很保守，对丹尼斯那陌生的城市生活方式十分警惕。但都"勇敢、朴实"，和丹尼斯相处得很好。

他们一起历经艰辛，几人之间建立起了纽带。丹尼斯当时决定前往开普殖民地，没过多久就遇到了这 50 个人，这些人没有骑马，也希望能与德拉雷会合。他们一起在马格列斯堡待了 8 天，躲避一连下了几天的倾盆大雨和英国部队。英国士兵住在山谷的房子里，又暖和又舒服，而丹尼斯他们躲在岩石底下冻得瑟瑟发抖，连生火的干柴都没有。连着 8 天，他们靠吃生肉干才活下来。

雨停了，英国兵继续前进，丹尼斯他们下到山谷里。丹尼斯的靴子完全坏掉了。他只好光着脚，勉强沿着陡峭的斜坡下来，脚上伤痕累累，起了水泡。丹尼斯后来没法动弹了，在一个烟草棚里躺了两个星期，罗斯腾堡的同伴在那里照顾他。还有个好心人竟然走了 30 公里去取一块生牛皮，给雷茨做了一双新鞋。脚伤康复后，丹尼斯又一次面临选择。他的大多数同伴决定留在原地，不想冒险暴露在英军视野中，徒步穿越高地草原。只剩几个人决定继续往南走，带着马鞍等财产，加入德拉雷的部队，丹尼斯也想往南走。包括他在内，一共有 13 个人一起上路了。

他们运气很好，1900 年 12 月初，德拉雷曾放火焚烧了英国补给车队，丹尼斯他们刚好经过当时的现场。[60]残骸还在，丹尼斯认为，说不定他们可以利用一些完好无损的零件，来拼凑出一辆可用的牛车。他们成功了。至于到哪里去找拉车的动物这个问题，也非常容易就解决了。丹尼斯他们又走了几公里，看见了一大群牛在峡谷里吃草。这些牛是德拉雷的储备物资。放牛人允许雷茨他们挑走 12 头，而罗斯腾堡人天生就是牧民，他们把最好的牛都挑走了。雷茨、丹尼斯砍木头做了轭，编了绳子、带子，对自己的聪明才智和手工成果十分满意，几天后就兴高采烈地出发了。

但他们的情绪逐渐变得阴郁起来。眼前是一片贫瘠的荒野。丹尼斯在德兰士瓦东部也见过同样的灾难性场景，有人想毁掉草原，留下了烧焦的废墟、遭人践踏的庄稼，以及死去的动物。一连几天，他们在寂静的荒原上艰难跋涉，地方太大，他们明明走了这么久，却好像没有移动过一样。烈日炎炎，这13个人如同乘着一艘救生筏，在海面上漂流。

5天后，他们第一次看到了生命迹象。他们遇到了一个布尔妇女，妇女和她的孩子以及一个当地仆人在峡谷里避难。妇女告诉丹尼斯他们，德拉雷就在附近一个叫塔菲尔考普（Tafelkop，意为"平顶孤山"）的地方扎营。第二天，这13个人就找到了德拉雷，而德拉雷当时却闷闷不乐。本来说是有一场仗要打，不过后来证明只是虚惊一场，但德拉雷的手下当时都惊慌失措，纷纷逃走了，这让他很生气。德拉雷也很不放心。除了1000名士兵之外，还有200名难民聚集在他的营地周围，难民带着自己所有的马车和财物，而德拉雷觉得这些难民对他来说是个负担。尽管如此，德拉雷还是很欢迎丹尼斯和他的罗斯腾堡同伴，不过，他无法为丹尼斯及其同伴们提供马匹。德拉雷已经派巡逻队到奥兰治自由邦，让他们找物资运过来，现在还在等着巡逻队回来。现在大家必须得耐住性子。

丹尼斯在这段时间看了看营地，对德拉雷有了更深的了解。克鲁格总统之前在比勒陀利亚的时候，常常在阳台上讲话，德拉雷也一样，每天都围着自己的马车把人叫在一起，自己在人群中间讲话。他还经常和一个怪人在一起，那个人留着长胡须，胡须自然垂下来，眼神狂热。据说，这位叫范·伦斯堡（Van Rensburg）的人远见卓识，是一名先知。德拉雷对他所说的话总是深信不疑。

丹尼斯本来不信范·伦斯堡真有传说的那么神，但几天后发生了一件事，让丹尼斯开始好好地考虑这件事情。范·伦斯堡梦见了一只黑牛和一只红牛殊死搏斗。红牛被黑牛顶伤了，躺在地上奄奄一息，范·伦斯堡认为，这意味着英国人也将遭受同样的命运。话还没说完，他就张开双臂，眼睛里发出光芒，喊道："看谁来了！"人们都转过头去看。远远地，东面有个人骑着马奔来。那是一个信使，疲惫不堪，满身尘土，他带来了路易斯·博塔的一封信。德拉雷拿到那封信，立刻看了起来。他瞬间容光焕发，声音因激动而颤抖了起来，宣布道："伙计们，相信我，骄傲的敌人已经低下了头！"英国人提出要和布尔人和平谈判。博塔就要去见基钦纳了。大家都喜出望外，丹尼斯·雷茨也一样，不过，他还是暗自怀疑，没准儿是范·伦斯堡策划了这戏剧化的一幕。不过，不管怎么说，这个范·伦斯堡还真是有几把刷子。[61]

332

* * *

然而，事实并非像先知说的那样，红牛可没有濒临死亡，而是在试图引诱黑牛离开牛群。说得更直白一点，基钦纳抛出了诱饵，诱得路易斯·博塔来会谈。基钦纳释放博塔的妻子安妮去看博塔，2 月中旬，安妮将两人召唤到了一起。会议将于 1901 年 2 月 28 日举行，地点设在了米德堡，博塔的临时营地扎在德兰士瓦东部地区，米德堡在比勒陀利亚和博塔的临时营地之间。基钦纳仔细考虑后，才最终选定日期。德威特和斯泰恩这些主战派当时在几百公里之外的开普殖民地，跟英军互相捉迷藏。英军如果运气好，可以在博塔和基钦纳见面前就抓到德威特和斯泰恩，这样一来，博塔就会更顺从了。

英军尚未明了博塔的赴会动机。不管从政治方面，还是从军事方面来看，博塔都是一位战略思想家。基钦纳成了总司令，布罗德里克成了战争大臣，爱德华七世成了新的国家元首，谁知道他们想出了什么新的东西来呢。要想知道英军最新动向，最好的办法就是亲自和他们谈谈。博塔至少可以知道，英军给布尔人提供了什么选择，这样他也好能提前做打算。德兰士瓦代理总统沙尔克·伯格和国务秘书弗朗西斯·威廉·雷茨批准了这次会面。尽管获得了上级批准，这次会面还是有不妥之处。毕竟，这是他和基钦纳的秘密会见，而对方正在追捕他的两个最亲密的盟友。

会面当天，德威特和斯泰恩还在回奥兰治自由邦的路上，位于博塔渡口附近。博塔和基钦纳在米德堡会面，会议气氛轻松，也取得了不小的成果。一开场，双方便针锋相对，针对"兼并还是独立"这个问题，各自声明立场，又谈到了拘留营问题、有色人种和非洲人的部署问题，唇枪舌剑，互相指责，之后，双方谈起了和解条件。五个小时后，和解计划初步达成。当然，计划还需要得到伦敦、德兰士瓦和自由邦政府三方批准，但是现在，白纸黑字，确确实实已经有这么一份和解协议了。

和平协议草案包含十项条款：大赦所有"真正"的战争行为，也不再追究"开普敦和纳塔尔叛军"的战争行为；立即遣返所有流放的战俘；南非将经过一段过渡时期，该时期内，南非仍是英国直辖殖民地，德兰士瓦和奥兰治自由邦将尽快实现自治；南非学校、法庭须使用英语和荷兰语；教会财产须得到尊重；南非须接管最高可达 100 万英镑的国家债务；赔偿英军损失的马匹；不再追加赔款；若想拥有枪械，须申请持枪证；过渡到自治政府后，非白人的选举权才可能进行讨论。

米尔纳是基钦纳第一个要找的人。他最近才负责德兰士瓦和奥兰治自由邦的民政管理工作，巧的是，2 月 28 日，也就是接管这两个新殖民地当天，他在开普敦乘上了开往北方的火车。途中，米尔纳收到了来自米德堡的电报，里面报告了会谈的结果。米尔纳对会谈结果并不满意。不像基钦纳，也不像前任总指挥官罗伯茨，米尔纳在战时软弱，而在和平时期强硬。他的最终目标是建立一个统一的、英国化的南非，因此，战争的每一步都必须朝着这个方向前进。眼前的和平计划没能做到这一点。

基钦纳和米尔纳 1901 年 3 月 2 日在布隆方丹见了面。米尔纳在布隆方丹火车站有着美好的回忆，两年前，就是在这里，他把克鲁格逼入绝境。[62] 但是，基钦纳可比克鲁格更有手腕，要不，就是他更善于虚张声势。不管基钦纳到底是哪一种人，他总能让人隐隐觉得，如果和平计划不能通过，战争的前景就充满了灾难。另外基钦纳声称，英国士兵已经受够了，他们追捕布尔突击队队员都已经很长时间了，但每次都让对方溜走了，现在军内士气低落。英属印度总督的位置马上就空出来了，基钦纳早就盯上了这个位子，基钦纳当然没有明说这一点，但米尔纳心里都清楚，基钦纳要想坐上这个位子，就必须结束在南非的战争。

米尔纳不情不愿地答应了。基钦纳在国内名声很好，很受欢迎。这时候惹他不高兴，简直是犯傻。协定里只有一项条款遭到了米尔纳断然拒绝，就是赦免殖民地的叛乱分子那一条。米尔纳要求将叛乱分子绳之以法。米尔纳给出意见后，协议被提交到了英国政府。

政府在几天内做出了回应。在张伯伦的坚持下，政府对协议做了一些修改。对第一点和最后一点做出了实质性修改。米尔纳关于特赦问题的意见得到了采纳。叛乱者将根据当地法律受到审判。至于非白人选举权问题，文件中又增加了一项条款。卡菲尔人的投票权将会受到限制，以"确保白人有一定种族优势"，而在卡菲尔人获得投票权之前，他们也具有与开普殖民地的有色人种同样的法律地位。

　　基钦纳大失所望，而米尔纳则松了一口气。博塔不太可能接受这一点，布尔领导人中的顽固派肯定更不同意了。米尔纳想的没错。1901 年 3 月 7 日，英方提供的正式协议转交给了博塔，博塔和伯格、雷茨详细讨论了协议内容。在 3 月 15 日给出了答复：决不接受协议。黑牛又回到了牛群中。[63]

31　冬季饥荒

塔菲尔考普，1901 年 4 月

事发突然，丹尼斯觉得整件事都蠢极了。丹尼斯·雷茨加入突击队一年半了，这一年半里，他多次与敌军交火，但却从未受伤。4 月 3 日，也就是几天之前，正赶上丹尼斯的 19 岁生日，突击队队员一起吃饭庆祝，而他那天竟差点丢了命。英军突然发动袭击。大雾天里，布尔战士牵着牛，极力避开英军，悄悄溜走。之后，大家就沦落到了现在的地步。现在，突击队队员要做的就是点着营火。丹尼斯想把木头砸断，就用一块石头朝着木头砸。木头又硬又韧，石头像"从弹弓里射出来的一样"，弹了回来，打中了丹尼斯的右腿。丹尼斯腿上划出了一道口子，从外面可以看见，里面胫骨断了。不过他还算走运，有一个队友可以帮他处理伤口，英军也暂时没有追上来，留给了他们喘息的时间。

还有一件事，丹尼斯的运气也不算好。英军突袭前，奥兰治自由邦刚把 200 匹野马送到突击队。300 名士兵分 200 匹马，德拉雷决定让士兵抽签。丹尼斯的同伴手气还算不错，12 个士兵里有 9 个抽中了，但是丹尼斯自己没中。他只能眼巴巴看着那些人把驯野马作为消遣。

之后好几个周，丹尼斯都只能拖着一只被夹板固定住的腿，一瘸一拐地在营地周围活动。他还是没有马。冬天快到了，不会再有马送进营地了，丹尼斯担心自己真的得一辈子都待在营地里了。一天早上，他的好运气来了。菲尔德·科内特·梅耶（Field Cornet Mayer）领着一队德国兵来到了军营。他们那里还闲着几匹马，丹尼斯一听这个消息，就找到了这群人。丹尼斯只要愿意一起上路，就能分到一匹个头不大的灰色母马。腿伤尚未痊愈，不过丹尼斯丝毫没有犹豫，一口就答应了下来。这样的机会，要是错过了，可就再也没有啦。丹尼斯和队友告别，跟着这些德国兵寻找德拉雷的下落。

此行比他预想的还要艰难。马每迈一步，他腿上就一阵抽痛，除此以外，天气也变得越来越糟糕。之前在军营，他还没觉出天气变化对自己影响有多大，但是出了军营，外面是一片平原，士兵迎头碰上了严酷的低温天气和刺骨的寒风，团团尘土也让人喘不过气来。晚上丹尼斯裹在一条破破烂烂的毯子里，听着湖里传来冰破碎的声音，冻得直打哆嗦。

336　　三天后，这一行人在哈特比斯普特（Hartbeespoort）见到了德拉雷的突击队。而有一大批英军也在此地出没，双方交火不可避免。丹尼斯没有参与这次战斗。德拉雷来找丹尼斯的时候，碰巧赶上一个德国人在给他处理腿伤。德拉雷见丹尼斯腿伤未愈，就把他送到了战地医院去，战地医院建在一个废弃农庄里。给丹尼斯看病的医生年纪不大，是个荷兰人，他让丹尼斯休息几天。一天早上，丹尼斯让枪声吵醒了。英军打来了，伤员病号都得跟着逃命。丹尼斯又和德国兵一道上路，不过这次交战倒不算激烈。敌军人太多了，布尔人决定撤退。

德拉雷看上去对此次失利也没有很担心。当天下午，在树林里，德拉雷下令暂停撤退，并对大家讲了一段话。演讲延续了他一贯的风格，有点冷幽默，又透着严肃，却像魔咒一样振奋人心。德拉雷提到，当天一整晚都得在马上赶路，全军没有一个人抱怨。连丹尼斯这个病号都能做到。稍事休息后，他腿也不那么疼了。晚上云层不密，一度能看见天上有一颗彗星。彗尾呈现字母 V 形，先知范·伦斯堡解释说，这预示"vrede"，在阿非利堪斯语里，这个词表示"和平"。这时，黑暗里另一个人喊道："我觉得您说得不对，这是'Vlug'的意思，表示撤退。"士兵都尽量绷住不笑，但人群里还是能听见一阵笑声。先知没再说什么。[64]

* * *

　　要继续逃下去，还是放弃斗争，去向英军求和呢？博塔不知道做何决定，其他几位德兰士瓦的指挥官也都没拿定主意。虽然当初他们一口回绝了基钦纳的协议，其实心里对未来完全没底。日子一天比一天难过，冬天快来了，也不知道欧洲那边还能不能指望得上。按照法律，克鲁格还是他们的总统，但是他自从 1900 年 9 月走了之后，就再也没来过信儿。代表团和莱兹那边也没来过消息。联系中断了，估计那边对德兰士瓦的现状一无所知。德兰士瓦这边一直往洛伦索马科斯派使节，但看样子都是被拦住了。出于各种各样的原因，派出去的那些一个都没回来。要想取得联系，必须得找别的办法。

　　情况危急，得铤而走险赌一把了。约翰·比伦斯·德哈恩（Johan Bierens de Haan）是一名外科医生，也是荷兰第一救护队的负责人。[65] 1901 年 3 月 14 日，博塔派人把比伦斯·德哈恩请来，两人在埃梅洛见面，博塔请比伦斯·德哈恩帮个忙，德哈恩想不到博塔会提出这样的请求，考虑到当前战地医生短缺的情况，更是觉得博塔的请求很离谱。博塔问，比伦斯·德哈恩先生，您愿不愿意回一趟荷兰呢？要想让克鲁格总统了解本国形势，德哈恩此行至关重要，再说，由红十字会医生做信使，不仅布尔人自己信得过，敌军也不会生疑。德哈恩本来不愿意抛下伤病的布尔士兵而去，不过，博塔极力说服他，当下这一任务才是最重要的。

　　为了保证红十字会不受到牵连，德哈恩不会随身携带任何文件。博塔、伯格、雷茨向他详细介绍了情况，还特意给他看了战争文件，让他了解文件里的机密信息。了解信息后，比伦斯·德哈恩先是把相关信息都记了笔记，之后又背了下来，在

337

到达英军前线之前，把之前记的笔记全部烧掉。4月24日，比伦斯·德哈恩抵达洛伦索马科斯，立刻把之前记下来的信息都写了出来，这样一来，他就能尽量保证准确传达信息。

德哈恩传的话让人听了很难受。武器、弹药、食物、衣物、马匹、钱，布尔人基本什么都没有了。欧洲究竟能不能通过德国势力范围内的非洲西南部，给布尔人送来给养呢？更糟糕的是，布尔人最多只有2万名武装士兵，三分之二来自德兰士瓦，三分之一来自奥兰治自由邦。黑人对突击队越来越敌对，给布尔妇女和儿童造成的威胁也日益严重。同时，英国人加派兵力，尤其在铁路旁派了更多士兵看守，又调度了更多有色人种和非洲土著，给他们当哨兵和卫兵。不仅如此，英军甚至武装了部分有色人和土著人。布尔士兵很担心自己的家人。他们有的被扔在了毁掉的农村里，没有任何办法维持生计，有的被大卡车拉到了集中营，受投降派（hensoppers）难为，没饭吃，也没水喝。很多孩子奄奄一息。欧洲能否为布尔人一解燃眉之急呢？冬天要来了，伯格、雷茨和博塔都觉得未来形势很不乐观。他们当然想"战斗到底"，但是如果一切都还是老样子，他们可能真的要"放下武器，被迫投降"了。[66]

1901年3月底，博塔终于又见到了克里斯蒂安·德威特，但是他明智地把自己的忧虑藏在心里，没有告诉德威特。二人计划在奥兰治自由邦北部的弗里德（Vrede）见面，希望能在会上调和分歧、恢复信任。两人都欠对方一个解释。德威特要说明为什么他没有征得德兰士瓦同意就进入开普殖民地，而博塔要解释他为什么当初没和德威特商量，就单方面跟基钦纳和谈。两人当初各干各的，结果都没有如愿。眼下最好还是同心协力，一起做事。尽管之前发生了种种不愉快，双方军队统领最终还是达成一致，决定继续战斗。[67]

　　但是冬天要来了。战况丝毫没有好转。4月过去了。比伦斯·德哈恩刚刚离开德兰士瓦不久。德兰士瓦的几位领导人又陷入了绝望。1901年5月10日，他们在埃梅洛附近的一个名叫德埃米格雷迪的农场召开军事会议。伯格、雷茨和博塔参加了这个会议，除了他们以外，与会人员还有史沫茨将军、本·维尔容将军和克里斯·博塔。几人达成了一致决定。现在还需要知道克鲁格是怎么想的。估计英国人是不会再让比伦斯·德哈恩回来了，这样的话，还得请基钦纳帮个忙，让他批准布尔官方使节往返英国和德兰士瓦。基钦纳如果拒绝这个请求，德兰士瓦就会要求暂时停火，和全体布尔人讨论，决定在当前情形下应该怎么做。

　　这一提议事关重大，他们这次得和同盟的国家一起商量。雷茨当天给奥兰治自由邦政府写了一封信，列了五条原因，说服对方支持德兰士瓦几位领导人会上提出的方案。前两条提到了人员、物资损失严重。市民这边，牲口已经不够了，估计很快就一头也不剩了。武器供给也已基本中断。后三条说到了士气消沉。政府的权威地位要保不住了，几位领导者的个人影响力也大不如前，人民都快不相信政府了。他们决不能看情况再恶化下去了。到了"果断采取措施"的时候了。

　　斯泰恩总统相信雷茨说的是事实，但是却不赞同雷茨的解决方案。他早就见识过德兰士瓦人有多么容易动摇，第一次是在1900年6月1日，也就是比勒陀利亚沦陷的前一天。德兰士瓦人不够坚定，常常让斯泰恩怒不可遏[68]，这次也是一样。5月15日，斯泰恩给德兰士瓦回了两封信，一封以官方信函的形式寄给雷茨，另一封是个人信件，寄给了史沫茨，他在第二封信里表达了自己的不满。此时奥兰治自由邦也是一无所有，不管是武器，还是食物，只要你能叫得上名来的，通通都没了，自由邦同样陷入物资短缺的窘境，市民和官员也渐渐疏

远。但是，仅仅因为这些困难就要放弃了吗？仅仅因为这些困
难，德兰士瓦那边就要放弃这份事业，放弃自己的国家了吗？
绝对不可以。德兰士瓦人如果背叛了奥兰治自由邦，抛下开普
和纳塔尔的响应者不顾，整个阿非利卡民族就真的完了。为了
整个民族能继续生存下去，"我们必须坚定不移、忍受磨难、
奋力反抗"，斯泰恩这样写道。[69]

　　这一次，斯泰恩的尖刻言辞却没有改变德兰士瓦的几位领
导人。他们固执地坚持自己的计划，一定要联系上克鲁格，但
不再是通过派使节，而是通过发电报。要想用电报，也得获得
基钦纳的同意，所以他们又请荷兰人做了中间人。

　　F.J. 多梅拉·尼尤文胡斯（F.J.Domela Nieuwenhuis）
是当时的荷兰驻英国总领事，1901 年 5 月 22 日，他接到通知
前往梅尔罗斯酒店。英国司令部收到博塔的请求，得知他想用
荷兰密码通过电报和克鲁格联系。基钦纳同意了。博塔是这么
想的，荷兰总领事同意后，就在斯坦德顿收发电报，斯坦德顿
位于德兰士瓦东南部，在瓦尔河与通往纳塔尔的铁路线之间。
多梅拉·尼尤文胡斯本来觉得没必要搞得这么复杂，博塔直接
派代表来比勒陀利亚不就好了嘛，不过最后他还是同意了。5
月 26 日，多梅拉·尼尤文胡斯和副领事 A.D. 罗塞加德·毕
晓普（A.D.Roosegaarde Bisschop）一起，乘火车到了斯坦
德顿。两人到了后，布尔人这边派的代表还没有到，多梅拉·
尼尤文胡斯就把副领事留在了斯坦德顿，自己回去了。一直等
到 6 月 1 日，史沫茨才抵达斯坦德顿，有个秘书陪他一起来
的，两人都用布蒙着眼睛。罗塞加德·毕晓普收到他们发给克
鲁格的电报，在斯坦德顿又待了一天，就回比勒陀利亚了。他
把电报内容翻译成法语，又转换成荷兰密码。6 月 3 日，电报
发往海牙。[70]

＊　＊　＊

莱兹收到了电报，他简直不敢相信里面的内容。不久前，4 月中旬，F.W. 雷茨那边还给他来信。消息让他听了很受鼓舞，说是武器尚且充足，有肉吃，有玉米粉用，食物虽然种类不多，但是绝对够吃。衣服倒是不够穿的，有些人已经沦落到穿羊皮的地步了，但全军还是十分坚定。他们当时瞧上去还能应付得了。

现在居然沦落到了这种地步。莱兹已经收到两条消息了，一条来自比伦斯·德哈恩，里面说明了德兰士瓦现在的情况，另一条就是史沫茨发的电报。莱兹知道，史沫茨的性格并不悲观。而想到这一点，莱兹不禁更担心了。莱兹在日记中写道："我们现在的处境简直糟糕透了。"布尔军队基本上再也没有武器来源了。农场和其他食物供应地都被毁了。女人和孩子有的困在集中营里，有的还在深山树林里徘徊，找不到安身之所。还有些被斯威士人和祖鲁人杀害。在北方，几乎所有的卡菲尔部落都开始反抗布尔人的统治。德兰士瓦民众也都纷纷投向英国。要是再不做点什么，最终等着他们的必将是一场更大的灾难。史沫茨坦率承认，尽管当前形势不容乐观，奥兰治自由邦总统还是不想看到德兰士瓦政府放弃战斗。史沫茨要求紧急召开会议，克鲁格的答复一来，德兰士瓦那边就开会。整整 8 个月了，克鲁格杳无音讯。德兰士瓦的几位指挥官都想要克鲁格给出一个"有理有据、态度决绝的说法，这样他们就能明确知道自己的立场"。[71]

立场问题，可不是个容易回答的问题。莱兹不知道答案，代表团也帮不上多少忙。费舍尔做事瞻前顾后，韦塞尔斯平时找不着人，沃尔玛朗斯老是闯祸。要是指望这几位，什么事情也别想做成。他们都没法确定克鲁格在哪儿，更不知道克鲁格会怎么做。蒙塔古·怀特是德兰士瓦驻美国领事，他一开始认为，克鲁格这位上了年纪的布尔领袖应该会到美国，去赢得美国人同情。但又想了想，这么做有损克鲁格形象，成功的可能性也不大。大概还得再过一阵子，等形势更加严峻，克鲁格才会考虑到美国去。沃尔玛朗斯催克鲁格在海牙安顿下来，那里离着荷兰宫廷、荷兰贵族、荷兰政府和荷兰军团都不远。莱兹却认为这个主意糟透了，和这些人、这些组织走得那么近，可没什么好处。莱兹竭力劝沃尔玛朗斯相信，和荷兰外交扯上关系不是什么好事，他在这一点上决不让步。1901 年 1 月，克鲁格在乌得勒支的德斯巴斯酒店（Hotel des Pays-Bas）住了下来，同年 4 月，又动身去往希尔弗瑟姆（Hilversum），住在当地一家叫作卡萨卡拉（Casa Cara）的小旅店里。

就在这家旅店里，克鲁格和几人聚在一起，商量该怎么回复史沫茨。莱兹最擅长分析形势，便在会上分析了起来。现在基本上不能指望有什么强国来干涉战争。武器根本运不进去。他之前试过，也失败了。然而，从英国那边来的报道可以看出，开普殖民地的情况对布尔人这边来说也不乐观。在英国国内，公共舆论向对布尔人有利的方向倾斜。人们尽可能地帮助集中营里的妇女、儿童和流亡的战犯。这些都是板上钉钉的事实。莱兹分析得充分、翔实，但最后还得由克鲁格总统来做最重要的决定。是妥协求和，还是坚持到底？克鲁格丝毫没有迟疑，给出了答案。德兰士瓦和奥兰治自由邦当初一起反抗英国殖民统治，双方都在物力人力上做出了重大牺牲，就应该一起坚持到底。即便"局面再怎么无望，就算到了再也抵抗不下去的地步"，都不能投降。只要还有一丝希望，双方就得并肩作战、毫不退缩。发给史沫茨的电报里就是这么写的，莱兹和费舍尔代表克鲁格在电报后签了字。6 月 11 日，电报经过加密，发送到了比勒陀利亚。[72]

多梅拉·尼尤文胡斯收到电报，将其解码，又放进信封里封好，等人来取。这一次通信也不会告诉基钦纳，人们不会让他知道，对手利用了他的通信线路来传递情报。罗塞加德·毕晓普得再去一趟斯坦德顿了。基钦纳躺在一辆专门的火车上，这次他享有一切应有的礼遇和特权。此时的基钦纳大概满怀希望。火车上有 100 个护卫兵，一路上停都没停，不再提供正常的载客服务，控制铁路的军官很乐意为基钦纳提供便利。1901年 6 月 15 日，罗塞加德·毕晓普把克鲁格的电报发给了史沫茨，史沫茨满心感激。

英军显然没有破解荷兰的电报密码，否则，基钦纳也不会给自己找麻烦，让电报这么快就发到史沫茨那里。电报收到了，德兰士瓦的几位指挥官备受鼓舞，同时战场上又传来好消息，布尔军队在两场遭遇战里占得上风。5 月 29 日，在德兰士瓦的弗拉克方丹（Vlakfontein），扬·坎普（Jan Kemp）将军率领布尔军队与英军交战，给英军重创。6 月 12 日，在埃梅洛附近的威尔曼斯特（Wilmansrust），克里斯·穆勒（Chris Muller）将军带领士兵与澳大利亚的一支部队交锋，对方来自维多利亚骑步枪第五部队，有 350 人，但布尔军队还是取得了压倒性胜利。布尔人缴获了枪炮等武器若干，这些可都是好东西，战利品还包括弹药、衣服和食物，布尔人对此更是"欣然接受"。

斯泰恩和德威特惊喜地发现，伯格、雷茨、博塔、史沫茨又恢复了信心，1901 年 6 月 20 日，在斯坦德顿附近的瓦特法尔举办了会议，斯泰恩和德威特出席，当时德兰士瓦人犹豫不决，他俩还因此又气又急。赫佐格、德拉雷和维尔容当时也都在场。德兰士瓦和奥兰治自由邦的领导人马上又要见面了，而距离上一次，也就是双方在西弗方丹的会面，已经过去了 8 个月。确实是得再谈一次了。当初双方在西弗方丹达成过决议，

341

后期却基本没有实现决议中的目标。德兰士瓦的几位指挥官之前有过求和的打算，当时还没经过克鲁格的同意，也没明确表示会留下奥兰治自由邦孤军奋战，斯泰恩开场就抨击了德兰士瓦的退缩行为。不过斯泰恩注意到，德兰士瓦的几位指挥官自从收到了克鲁格的电报，"之前的不坚定就都消失了"，他自己也松了一口气。双方又一次达成统一战线。一致重申，只要有一方没独立，另一方都会为之奋战到底。除此之外，德兰士瓦同意在开普组织突袭，以此支持早已在当地活动的奥兰治游击队。德拉雷为此次行动提供装备，史沫茨担任总指挥。

他们当天就发布公告通知市民，公告里提到了他们和克鲁格总统互发电报，解释了电报内容，除此之外，还报告了"德兰士瓦和奥兰治自由邦共同举办了政府会议"。公告里宣称，大多数国民支持瓦特法尔决议，支持者包括女人和孩子，也包括男人。公告的关键在于"国家独立自主如果得不到实现，英属殖民地（纳塔尔和开普）同胞的利益如果受到损害，德兰士瓦就会坚持英勇奋战，决不妥协，也决不会接受任何所谓的'和平条款'"。[73]

* * *

德兰士瓦和奥兰治共和国实现独立，英属殖民地人民得到解脱，埃米莉·霍布豪斯虽然对其能否实现还有几分怀疑（她自己当然不会承认这一点），这一情景也确实是她迫切想看到的。埃米莉会在女王音乐厅，在全体观众面前，兑现誓言。就是在那里，埃米莉要告诉英国人民，布尔妇女儿童此刻正倍受折磨。她发誓一定要完成这一使命。原定的演讲日期是1901年6月24日，预计会有2500人到场。女王音乐厅是英国的音乐中心，当天全场座位都订满了。约翰·珀西瓦尔（John

Percival）是赫里福德（Hereford）的主教，担任主持人。然而，这一计划却泡汤了。政府下达命令，剧院取消了和埃米莉的合同。埃米莉涉嫌扰乱公共秩序，因此女王音乐厅的演讲不得不取消。威斯敏斯特教堂是备选场地，埃米莉接着向威斯敏斯特教堂申请，想将场地换到那里，然而也遭到了拒绝。就这样，伦敦的这场盛大的公共活动没能举办。

埃米莉认为，现在的形势使那些远在几千里之外、仍困在南非战区的妇女处于更糟糕的处境。她觉得是自己没把事情办好，让布尔妇女失望了。那些女人很勇敢，但是现在，再也没人管她们了，也没人管她们那些或是生病或是营养不良的孩子了。还有谁会为这些人而奔走操劳呢？埃米莉目睹了布尔人的悲惨状况。整整三个月，从 1 月底到 4 月底，埃米莉参观了拘留营，也就是英军委婉地称为"难民营"的地方。她当然不能说是对拘留营的情况了如指掌，但只要是基钦纳允许外人参观的地方，她都去看过了。米尔纳也在那里。他当初奉命管理两个新殖民地，从那之后，就再也不复以往那般热心肠了。除了布隆方丹以外，她还参观了位于另外五个地方的拘留营，分别是位于奥兰治河殖民地的诺瓦斯桥（Norvals Pont）拘留营、北阿利沃（Aliwal North）拘留营、斯普林方丹（Springfontein）拘留营，以及位于金伯利和马弗金的另外两所。但是埃米莉没有获准进入布隆方丹北部地区和德兰士瓦境内。

她观察后发现，这些拘留营的情况其实都差不多。有的拘留营里卫生条件稍稍好一点，有的拘留营里的管理人员多少管一点布尔人的死活，偶尔遇见几个护士还负点儿责。但是总的来说，拘留营里拥挤不堪，卫生条件极差，让人简直看不下去。布尔人住的帐篷漏风，到了晚上，人都躺在地上睡觉，大人吃不上饭，小孩喝不上奶，水不够喝，肥皂也不够用。洗浴

342

设施简陋得不像话。人病了无处去看，死了人也没法埋。冬天快来了，妇女儿童还没有厚衣服保暖。

英国军方管理者却对此视而不见。拘留营里人满为患，过度拥挤，带来了严重后果。埃米莉在参观这几所拘留营时，看见过货运火车像运牲口一样把布尔妇女儿童运进来，火车没有车厢顶，赶上刮风下雨，这些人也没地方可躲。埃米莉的抗议运动有几分成效，布隆方丹拘留营的情况已经有所改善，然而，几周之后，又有2000名囚犯被送到了布隆方丹，那里囚犯数量翻了一番，本来就恶劣的生活环境变得更加不容乐观。看到这幅景象，埃米莉决定回英国。在这里，她什么事情也做不了了，埃米莉要求前往其他的拘留营，却遭到回绝，英军什么事情也不让她做了。她要回英国抗议，公众抗议一定可以促使英国政府干预，从而改善拘留营的条件，这是唯一的指望了。抗议一旦奏效，她会立刻回到南非。[74]

1901年5月8日，埃米莉乘坐"撒克逊号"（Saxon）离开开普敦。米尔纳当时恰巧和埃米莉在同一艘船上。他请了几个月的假，休假期间，基钦纳代替米尔纳履行高级专员的职务。埃米莉好几次都找机会想和米尔纳单独聊一下，但是米尔纳就好像故意躲着她一样。等到船驶过马德拉（Madeira），她才有机会和米尔纳说上话。交谈中，埃米莉知道了米尔纳为什么不愿意见自己。前几个月，米尔纳收到了64份报告，里面都有对埃米莉的指控。说她在拘留营里挑起动乱，把政治当儿戏。尽管如此，米尔纳可以保证，若埃米莉日后想回到南非，自己不会拦着，不过最终决定她去留的还是英国政府。

5月24号，撒克逊号在南安普敦停船。埃米莉和米尔纳就此分道扬镳。埃米莉回到她位于伦敦彻西区的公寓。米尔纳受到了索尔兹伯里、张伯伦、巴尔福、兰斯唐和罗伯茨的接见，前四位是当时的内阁成员，最后一位则是陆军总司令。米尔纳坐着敞篷车前往马尔巴罗王府，在那里觐见了爱德华七世，他受封为米尔纳勋爵，以及圣詹姆斯和开普敦男爵。[75]

埃米莉则想办法接近政要，一心筹备公众抗议。她与自由党中几位颇具影响力的人物相熟，通过他们达到了这一目的。霍布豪斯勋爵和霍布豪斯勋爵夫人，也就是埃米莉的叔叔婶婶，能帮她，还有里蓬勋爵，他是前殖民地事务大臣，后来殖民地事务大臣的职位由张伯伦接任，现在里蓬担任南非妇女儿童救助基金会主席，他也能帮到埃米莉。由这些人引荐，埃米莉见到了当时的反对党领袖坎贝尔 – 班纳曼，也见到了其他赫赫有名的自由党议员。

战争大臣布罗德里克也同意接见埃米莉。6 月 4 日，埃米莉去见布罗德里克，去之前，心里就列好了一会儿要提到的意见。她首先要求英军释放拘留营里的妇女儿童，不管这些囚犯有没有亲戚朋友在开普殖民地，不管他们会不会回去，也不管这些妇女的丈夫是选择投降还是沦为战俘，是已经死了还是仍在战场战斗。拘留营已经人满为患，不能再有人送进来了。除此之外，每个拘留营都要有一名女性负责人，那个人得同时懂布尔语和英语。最后，她要求军方成立监察委员会，其中至少还应有 6 名成员代表慈善机构。不用说，埃米莉她自己非常愿意成为其中一员。在当前情况下，她的提议并非没有道理。布罗德里克客客气气地听她讲了自己的想法，表示愿意考虑一下这些意见，却没有做出任何承诺。

他态度冷漠，而一周后，坎贝尔 – 班纳曼了解了布尔人的悲惨遭遇后义愤填膺，跟布罗德里克的态度对比鲜明。自由党内部分为两派，一派支持布尔人，另一派支持英国实行帝国主义，坎贝尔 – 班纳曼作为自由党领袖，一直尽量保持中立态度，但是和埃米莉见过一面后，他心中的天平却有所倾斜。6 月 14 日，坎贝尔 – 班纳曼在党内做了一次演讲，他在此次演讲里一反常态，情绪激动。坎贝尔－班纳曼列出了埃米莉说到的英军恶行，抨击英国当政者实行恐怖主义，以此伤害德兰士瓦和奥兰治自由邦平民百姓。"战争就是战争"，坎贝尔－班纳曼借用布罗德里克的话说道，后者常用这一句话来反驳人们的批评，但是在坎贝尔－班纳曼看来，南非发生的已经不再是一场战争了，他接着问道："但是，如果战争不是一场战争了呢？"坎贝尔－班纳曼接下来的话让观众印象深刻。"如果仅仅是打着战争的旗号，实则是在南非实行野蛮主义呢？" [76]

是的，野蛮主义。坎贝尔－班纳曼一语中的。媒体报刊纷纷报道，这番话在整个英国都传了开来。劳埃德·乔治等批评家一向犀利，为表示愤怒，这次更是用词尖刻。三天后，在下议院举办了一场辩论会，会上乔治质问布罗德里克，到底有多少妇女儿童关在拘留营里，拘留营里到底死了多少布尔因犯。布罗德里克回答说，把白人拘留营和黑人拘留营都算上，里面一共关了63000人，5月仅在德兰士瓦拘留营就死了336人。他说的这些数目和真实情况相比要低得多，但是也比英国政府之前透露的数据多得多了。乔治听后，控诉内阁是在把布尔人赶尽杀绝。他说，不管英国政府是否本意如此，这就是结果。军方半年前就已经开始执行任务，说要减少南非高地草原上拘留营中的人数，而这么长时间过去了，拘留营还是没能达到规定标准。每个月都有上百上千个孩子死去，这简直是英国政府莫大的耻辱。

然而，布罗德里克坚决不放弃武装战斗，他一如往常，坚持说出现如今的局面要怪就怪布尔人自己，要不是他们自己要打游击战，怎么会沦落到今天的地步，至于拘留营，那里反而是布尔妇女和儿童最好的去处。他也不承认英军对拘留营疏于管理。英军为了改善拘留营的生活环境，已经做了所有能做的事情。大多数保守人士对布罗德里克的回答十分满意。由于自由党内支持帝国主义的一派人拒绝就此事投票，劳埃德·乔治的不信任动议被挫败了。

隔了一天，也就是 6 月 18 日，一份文件公布，引起了极大混乱。毫无意外，那份文件就是《关于开普敦和奥兰治河殖民地妇女儿童在拘留营情况的报告》。埃米莉回英国后不久，就到处传阅文稿，传阅受众既包括支持者，也包括反对者。最终版文件有 15 页，描述了拘留营中存在的问题，里面提出了改善情况的建议。附录中，她还把自己在拘留营里做的采访写成了报道。

埃米莉成功地让公众关注到布尔妇女儿童的遭遇，但是这又有什么用呢？内阁摇了摇头，像抖掉头皮屑一样，毫不费力地抹去了所有的指控。埃米莉想在伦敦组织大型抗议活动，英国政府却拒绝了这一要求。她受邀在英国其他地方演讲，但是没有一次能真正如她所愿，达到当初在女王音乐厅筹划的那么大的规模。

还有一点也令她大失所望。1901 年 1 月中旬，埃米莉收到了布罗德里克对于自己之前所提建议的回复。布罗德里克采纳了几项建议，如符合一定条件的妇女可以离开拘留营，另外也会设置一个专门委员会，但和埃米莉最初所设想的有出入，委员会将进一步调查情况，却不会起到监督作用。官方已经考虑指定六位女性担任这项工作，其中有两名医生，一名护士，一名劳动监察员，还有一位将军的妻子。米利森特·福西特（Millicent Fawcett）女士担任委员会主任，福西特是当时著名的"原始女性主义者"（protofeminist）。布罗德里克说，候选人不应对目前所实行的拘留营体制怀有偏见，而埃米莉明显不符合这一点。她的报道和演讲已经激起很大争议。政府决不允许她再回到拘留营。[77]

345

* * *

丹尼斯·雷茨已经完全不知道现在是什么时间了。很明显，现在还是冬天，这一年就好像过不完一样。已经8月了吗？还是说，7月还没过完呢？丹尼斯5月底离开了德拉雷的军营，之后没再遇上过什么大事，日子一天接着一天地过去，他都分不清哪天发生了什么。一夜又一夜，过得也没什么分别。倒不如说，他一直生活在一段漫长、寒冷彻骨的黑夜里，偶尔能享受到温暖，但这样的奢侈又转瞬即逝。丹尼斯每天的食物只有生肉干。他都记不起面包、盐、咖啡、蔬菜和烟草是什么味道了。他也没有什么计划。在德兰士瓦西部，他和扬·坎普率领的突击队一直在躲避英军。他也在贝专纳兰参加起义，起义失败后，又和德国兵一起在奥兰治自由邦到处跑，在这期间，德国兵的人数一天比一天少，最后，丹尼斯遇上了雅各布斯·博斯曼（Jacobus Bosman），这个阿非利卡小伙子当时正要回开普。丹尼斯也想回去，两人就这么搭伙上路了。

一路上的景象让丹尼斯看了心里很不好受，平原一望无际，"没有一处人家"，农场废弃，羊群惨遭刺死，农田抛荒，"只剩一片荒原，无边无际、荒无人烟，当地人都逃走了"。两人偶尔碰见几辆马车围成车阵，里面有几十个妇女儿童，这些人在山洞、山沟里躲着。就算是这样，也好过关在拘留营里。

铁路把奥兰治自由邦分成两半，在这种情况下，要想穿过铁路线，可就更不容易了。丹尼斯和博斯曼前两次都成功地穿过了铁路线，但是到了伊登堡（Edenburg），他们只好放弃再次穿过铁路线了。交通线具有战略性意义，英军在此地加强了警戒。他们建了一条警戒线，每隔一段距离就会有一座碉堡，碉堡之间有带钩的铁丝网防止人接近。每个碉堡上都有哨兵把守，有的是黑人，有的是白人。两人第三次想穿过铁轨时，丹尼斯的马被铁网上的钩子钩住了。他们惊动了值班的哨兵，哨兵开枪把马打死了。几天前，丹尼斯在英军营地附近找到了一匹设特兰矮马，当时那匹马在营地旁慢悠悠地溜达，丹尼斯就顺手牵走了，丹尼斯自己的马死了之后，他骑上了这匹小马逃走了。

丹尼斯和博斯曼现在还在铁路线西边，但是相比之前已经朝南走了一些。走到福尔史密斯（Fauresmith）附近，两人又遇上了麻烦。他俩有三次差点让人偷去马鞍和鞍囊。第一次，两人抓住了小偷，但是随后又把小偷放走了。那几个小偷可能是把他们当成了英军间谍。第二次是在福尔史密斯，遇上一伙被赶出突击队的"流氓"，丹尼斯和博斯曼差点就被抢了，最后还是两个"冷峻的守护天使"给他们解了围。第三次丹尼斯抓住了那群贼，为了"让他们长点记性"，丹尼斯还用子弹划伤了其中一个人的胳膊。

很快，两人遇上了更好的同伴——赫佐格将军和他带的300个士兵。赫佐格颧骨高高的，眼睛炯炯有神，他带领人在西南地区活动。丹尼斯早在布隆方丹就听说过赫佐格了，他之前当过布隆方丹的法官。丹尼斯和博斯曼很乐意加入赫佐格的队伍。他们希望赫佐格那边能有人愿意和他们一起去开普。然而，没有一个人愿意加入他俩。每个人之前都在那里的突击队待过，对于当初经历的磨难、经受的惨重损失，现在他们想起来还心有余悸。看起来丹尼斯和博斯曼得继续自己行动了。

然而，一天早上，命运之神眷顾了他俩。有10个德兰士瓦小伙子出现在他们面前，其中有几人，丹尼斯在比勒陀利亚突击队和南非骑兵队的时候就认识。尽管饱受风吹日晒，身上衣服破破烂烂，这群小伙子还是有一种幽默感。他们称自己为"富裕分队"。这10个人也要前往开普。这简直再好不过了。他们可以一起走。

346

第二天，这 12 人离开了赫佐格的部队，朝着东南方向前进，在那里，有熟知地形的人建议他们跨过奥兰治河。跨过奥兰治河之后，就没有那么多英军了，对岸草场肥沃，有很多野马。但是，这也意味着，他们得再次穿过铁路线。这群人回到伊登堡，好在遇上了一些布尔人，这些人知道怎么绕路，带着他们安全地穿过了碉堡和铁丝网。

一切进展顺利。在卡利登河附近，他们还碰上了一群野马。他们每人牵走了两匹，丹尼斯带走了一匹棕色母马和一匹花色马。没用几天，这些野马就被驯服了。他们骑上新的战马，一路骑行到了奥兰治河。过了河就是开普殖民地。此时已经是 1901 年 8 月底了。丹尼斯知道自己接下来要干什么了。[78]

32 终身放逐

查斯特隆，1901 年 8 月

前面还有一个更大的惊喜在等着丹尼斯·雷茨。当然，能迎来这些衣着破旧的伙伴，上天已经待他不薄了。所谓的"脏兮兮十二人"马上就要踏入开普殖民地了。这天早晨，他们正准备动身，走过这最后一段路就能到奥兰治河了，却看见一大群人骑着马从远处的山上过来。从这群人骑马的样子就可以看出来，他们是布尔人。但到底是谁呢？过了一个小时，等他们走近了，丹尼斯认出了领头的人。领头的不是别人，正是扬·史沫茨。战争早期，比勒陀利亚刚刚沦陷时，丹尼斯在第一工厂附近见过史沫茨。[79] 当时，史沫茨担任国家检察官，是他父亲的同事，后来成为将军，领兵打仗也很出名。史沫茨出现在这里只有一个原因，他也要去开普敦。对丹尼斯来说，这是天大的好消息。

史沫茨也很高兴，很愿意这 12 人加入队伍。他从德兰士瓦西部来到奥兰治自由邦东南部，一路上历尽艰辛。英国人听到了风声，说史沫茨要去开普敦，竭力拦截。史沫茨带着他的人迅速行动、奋力战斗，最终逃脱英军追击，但是部队伤亡严重。现在整个部队只剩 200 人。剩下的都是顶好的年轻战士，来自德兰士瓦西部，曾是德拉雷手下的精兵，新来的 12 个人一定会很合群的。史沫茨打算派丹尼斯他们当侦察兵。

丹尼斯很想在史沫茨手下干活。让他没想到的是，自己还遇到了几个老朋友，其中就包括扬·穆德（Jan Mulder），扬·穆德是他的荷兰舅舅，两年前，两人曾在纳塔尔并肩奋战。听穆德说，史沫茨打算走半月形路线，去开普敦中部地区，在那里发动"飞速袭击"。他之所以这样做，是为了看看大规模入侵是否可行，同时，也可以减轻北部游击队的应战压力。史沫茨本人对自己的计划只字未提，丹尼斯对他充满信心。无论史沫茨采取什么行动，丹尼斯都想参与其中。

当天下午，史沫茨下令前往奥兰治河。大约5点钟，他们看见远处有一道黑线，那是奥兰治河流经的峡谷，也就是开普殖民地和奥兰治自由邦的边界。然而，他们还看到了别的东西。英国士兵驻扎在悬崖边上，形成了一道警戒线，阻碍史沫茨等人到达奥兰治河。史沫茨决定先撤退，在掩护下过夜，希望能遇到熟悉当地地形的人，这些人可能知道还有哪些地方可供他们过河。

第二天，他们连着走了两次运。路易斯·韦塞尔斯领着50名当地人加入了史沫茨，其中有一位老人，这位老人能把他们带到一个许久以来不曾有人注意的渡口。通向那个渡口的小路很陡，骑着马下不去，但要是想过河，这是他们唯一的办法了。英军正从北方赶来，他们如果留在原地，第二天就会陷入包围。

史沫茨等人趁着黄昏出发，凌晨三点到达那条小路。夜色里，人们牵着马，步行走下峡谷。下一个障碍就是奥兰治河了。河倒是不太宽，不过河水从山上汹涌而下，马在水里几乎站不住。最后一个人到达对岸时，太阳正好升了起来。他们终于进入了开普殖民地。[80]

* * *

这几个月，基钦纳勋爵一直不好过。1901年2月，当时胜利好像就在眼前。他在米德堡与博塔会谈，亲自组织对德威特和斯泰恩的第三次搜捕。本来以为战争可以就这样结束的。等到3月，他却失望了。德威特和斯泰恩像往常一样又逃脱了，博塔则改了主意。5月，他又被德兰士瓦人耍了一次。当时，德兰士瓦的几位长官要求给克鲁格发电报，这给了他几分希望。显然，他们还在犹豫。不过，根据克鲁格从欧洲给的答复，布尔人缴枪就范显然不可能。他们反而坚定了继续打下去的决心。德兰士瓦6月20日同奥兰治自由邦联合起草公告，一看那意思，就知道德兰士瓦还要继续反抗下去。

而公告发出去不过三个星期，基钦纳就发现了德兰士瓦人曾经有多么绝望。1901年7月11日清晨，布罗德伍德将军率领英军突袭雷茨村，村子位于奥兰治自由邦东北方，以奥兰治自由邦前总统命名，现在此人担任德兰士瓦国务秘书，村庄的名字听起来有点讽刺，但在这里英军收获颇丰。英方几乎俘获了自由邦政府所有成员，其中包括29名行政人员，还抢走了价值超过11000英镑的现金和所有的政府文件。5月10日雷茨代表德兰士瓦政府发往自由邦的那封语气绝望的信，以及5月15日斯泰恩发给德兰士瓦的愤怒答复，都被英军缴获了。这让德兰士瓦的几位长官觉得很没面子，雷茨是最难堪的那个，基钦纳还将这些信件转寄到伦敦，于7月19日发表，这样一来，德兰士瓦那边面子上更挂不住了。布尔领导人之间意见存在分歧这件事这下子搞得人人皆知。

不过，基钦纳自己脸上也不算有光。他之前对德兰士瓦的头领步步紧逼，对方都快要投降了，他却又让他们从手指缝里溜走，就拿德威特来说，每次都差点抓到他了，最终却又都让他脱身。布罗德伍德的这次行动也是这样，虽说收获颇丰，却错过了头奖。那晚，雷茨村还有一个布尔人，一个名叫扬·瑞特（Jan Ruiter）的格里夸人侍卫匆匆把那个人叫醒，扶他上了马。瑞特还骗过了英国人。主人溜走时，他喊道："走的那个只是个布尔老头而已。"其实逃走的那人正是斯泰恩总统，也就是布尔人抵抗英军的灵魂人物，是他一次又一次劝住了德兰士瓦同伴，让对方不要投降。这次，斯泰恩又逃走了。[81]

英军离成功总是差那么一点点。这一打击肯定要把基钦纳气疯了。基钦纳下定决心要进一步加强控制。1901年5月，英国军队在南非投放了24万名士兵，是英军在布尔战争投入最多的一次，兵力相当于布尔人的全部人口，其中三分之一是骑兵。而当时布尔人仅有2万兵力，换句话说，英国人的士兵数目是布尔人的12倍。英军还有100门重炮、420门野战炮和60门联发的"乒乓炮"，火力更占优势。但打仗并不仅仅靠人数就能取胜。每天结束后，还得有效部署人员以及物资，组织运输，补充弹药。

基钦纳想用一个新的作战机制来最终取胜。这个作战机制之前就已经用过了，而1901年3月，基钦纳决定有条理地、持续地使用这一机制，保证这一机制更有效。首先，在每条铁路线的两侧垒起碉堡，碉堡之间立起带刺的铁丝网，前后垒好几排，每一排都跟另一排呈直角，以阻挡敌人行动。这样一来，原本广袤无垠的高原就分割成了块状，每一块都更好管理，布尔战士和他们的家人就无处可逃了。每一块区域都有机动部队巡逻，他们会把自己负责区域范围内的布尔人、牲畜和农作物一扫而光。这个机制就像一张铁蜘蛛网，肯定会完美运行。英军要是用这一招，布尔人肯定会成为困兽。

要想完成这项计划，得严密组织工作，还需要大量劳力。碉堡统一标准，要建成圆形，最初由砖块和砂浆制成，后来改用了波纹铁板。成千上万座碉堡建了起来。这要用到大量建筑材料，这些材料还得运输和装卸。微型堡垒之间，还有长达几千公里的带刺铁丝网，阻碍人靠近铁轨，建这些铁丝网也要用到很多材料。都建好之后，还得有人在旁边守着。每个碉堡驻扎着5到20名士兵，算起来，总共需要6万人。除了英国军人，每个碉堡又加派了三四个有色人或非洲人看守，这样算下来，又用去了2.5万人。照这样安排，真正打仗的士兵数目大大减少，尽管如此，基钦纳还是相信这么做肯定行得通。

再加上单独制裁布尔领导者的措施，英军胜利指日可待。布尔领导人发的布告让基钦纳想到了一个好点子。纪律从来都不是布尔突击队的强项，但目前看来，那些坚持战斗的布尔士兵很听领导人的话。是时候打击那些领导人本人了。英军以前也这样做过：罗伯茨和布勒曾经放火烧了克里斯蒂安·德威特和路易斯·博塔的农场，但当初这个办法实行得不够有条理。现在基钦纳要精心策划一番。

1901 年 8 月 7 日，基钦纳发表了一则公告，向所有布尔人的政治和军事领导人发出最后通牒。大到总指挥官，小到"武装部队"的队长，只要在 9 月 15 日前还不投降，就会被"终身流放，离开南非"。不仅如此，他们如果有家人在难民营里，还得支付家人的生活费。基钦纳这是专挑几位布尔领导人的软肋打。[82]

* * *

另外，也许就应该直接把布尔人全从南非赶出去。基钦纳认为，这实际上是最好的解决方案。他在给布罗德里克、罗伯茨和米尔纳写的信中，告诉了他们这个想法。大约一半的布尔人已经遭到了监禁，男女老少一共有 10 万人被关在拘留营，还有 2 万名男人被关在南非外的战俘营，即使在战后，这些布尔人也无疑是一种负担。那么，为什么不现在就一次性解决这个问题呢？只要把所有布尔人都一股脑送走，比如说，可以把他们送去斐济群岛，这样一来，整个南非就会很安全，新来的英国殖民者也会有充足的空间大展身手。

基钦纳可不是唯一这么想的人。布尔人应该搬到别的地方去，这种想法常常有人提出来。新的定居点可以是在非洲，马达加斯加和德属西南非洲都可供选择，设在另一个大陆也没有问题。威廉·莱兹早就听说过这种荒唐的计划。他在 1901 年 8 月下旬收到了一封别具一格的信，之所以如此，大概是因为来信人身份特殊。

海勒姆·马克西姆（Hiram Maxim）现年 61 岁，出生在美国，后来加入英国国籍，是最后一批由维多利亚女王赐封的骑士。而他的授勋仪式实际上是由维多利亚女王的儿子威尔士亲王完成的。马克西姆之所以获得这项荣誉，凭借的是作为发明家取得的成就。他声称是自己发明的灯泡，尽管这一点极具争议，但马克西姆确实拥有捕鼠器、旋转木马和机关枪的专利，其中，最后一项大概是他最了不起的发明了。他用自己的名字给机关枪取名，把这类机关枪叫作"马克沁机枪"。马克沁机枪威力惊人，南非战场上发射的子弹，正是出自它和另一种叫作"毛瑟步枪"的连发步枪。在战场上，双方部队都射出了马克沁机枪的子弹。他不仅把自己的发明卖给英国人，也把它们卖给布尔人。

正如马克西姆写给克鲁格总统的信的开头所说，他非常看好布尔人。"布尔人是荷兰人，和荷兰人一样，是勇士中的勇士。"但是，要想获胜，单单靠勇敢还不够，士兵人数也很重要，而人数正是英国优势所在。双方如果只是相差几万名士兵也不是什么大事。这就解释了为什么英军会轻易获胜，而布尔人注定得输。为了防止布尔人被英军赶尽杀绝，马克西姆想出了一个办法。布尔人不如彻底离开南非，在墨西哥北部建立新的殖民地。就宜居情况来说，那里的地形和气候与德兰士瓦相当，除此之外，那里比德兰士瓦更适合养牛。他已经打听了，那里有大量的待售土地。要想在那里定居下来需要好好规划一番，当然也得花一大笔钱，对此，他也想出了应对办法。金矿所有者和股东因为战争已经亏了一大笔钱了，他们现在肯定很愿意资助布尔人迁走。最后，"布尔人的子子孙孙会掌控整个墨西哥，把它建成一个伟大的国家"。[83]

马克西姆收到了莱兹的回信，信的措辞很客气，莱兹谢谢他为布尔人操心，但没把他这番提议真的当回事。马克西姆别有用心，这一点昭然若揭。他这么做，不过是换汤不换药，想收买布尔领导人，给钱让他们离开。这一切莱兹以前都见识过了。这个月早些时候，还有一位国际商业领域的杰出人物联系到了莱兹，当然，这么说也不是很准确，不过起码可以说，这个人是间接联系的他，直接出面不符合这类人一贯的作风。

1901 年 8 月 6 日，一个叫西蒙·扎多克斯·德莫尔克（Simon Zadoks de Moerkerk）的人来布鲁塞尔拜访莱兹，当时莱兹是德兰士瓦驻布鲁塞尔大使，扎多克斯还随身带着一位柏林律师写的介绍信，这位律师和莱兹关系很好。而莱兹当时恰巧去了海牙，扎多克斯紧追不舍，又赶去海牙找莱兹。几天后，他们终于有机会见面交谈。原来扎多克斯是荷兰人，现在在巴黎从事金融行业，他来找莱兹，代表的是巴黎最重要的银行家。扎多克斯不能随意透露那位银行家的名字。莱兹推断，大概就是罗斯柴尔德在背后指使。扎多克斯转达的信息中满是暗示和影射，但要点十分清楚。南非战争持续了这么长时间，不仅毁了布尔人的生活，也让法国金融界损失巨大。那里的银行家"不希望卷入政治"，"准备做出牺牲，多多少少补偿布尔人所遭受的损失"。莱兹听出了扎多克斯话里有话，没让他再继续说下去，惹得扎多克斯一脸不高兴。

一周后，扎多克斯又缠着莱兹，要再谈一次。莱兹勉强答应了。他们决定 8 月 15 日在布鲁塞尔见面。这一次，扎多克斯直接把话挑明了，不过说得倒也圆滑好听，其主旨和马克西姆那套没什么两样：不管是为了布尔人自己，还是为了投资金矿的法国股东，这场战争都越早结束越好。然后，扎多克斯提到了一个数字。他巴黎的委托人打算资助 40 万英镑，他又补充说，伦敦那边打算给更多。

莱兹听够这一套了。他要么把那个人撵走，要么诱使他提供更多的信息。莱兹打算冒险试试后者。第二天，扎多克斯给他写了一封信，署名后还有一句附言。里面说得很明确。要是莱兹个人推动达成和平局面，算是做了一件大好事，"所有的好处，不管是道义上的好名声，还是其他好处"都给他。"其他好处"指的就是 40 万英镑。莱兹发现自己又陷入了两难。应该揭露他们吗？他看得出来，这些人的用意再清楚不过了。巴黎的罗斯柴尔德族人公然行贿，伦敦的罗斯柴尔德族人很可能也知道这件事。但这足以说服外界吗？

莱兹仔细考虑了一番，又征询了费舍尔的意见，最后决定不这么做。他是个律师，经验丰富，知道这种事一旦揭发出去之后会发生什么。毫无疑问，罗斯柴尔德家族会否认这一指控，还会争辩说，是莱兹误会了，他们完全不是那个意思。再说了，将这封信公之于众，对他又有什么好处呢？这件事最终不了了之，莱兹没有对外放出消息。扎多克斯还想进一步联系莱兹，莱兹没再理睬，但他把这份文件交给了德吉尔斯。德吉尔斯是沙俄驻布鲁塞尔大使，直接向沙皇尼古拉二世汇报工作。莱兹必须做点什么来出出气。[84]

* * *

埃米莉·霍布豪斯则把公共宣传看作唯一的选择。9 月底，战争部公布了 6 月至 8 月有关战争的统计数据。埃米莉看了之后简直不敢相信这一切。单看官方给出的数据就能发现，在她走了的这些天里，拘留营情况明显急剧恶化。到 8 月底，拘留营里关的布尔人更多了，现在里面已经有 1.5 万名男子、4 万名妇女和 5 万名儿童，加起来一共 10.5 万人。看官方给出的死亡率就知道，那里的环境一定糟透了。仅在这三个月里，就死了 4067 人，其中 3245 人是儿童。1901 年 9 月 29 日，埃米莉给《泰晤士报》写了一封公开信，在信里，她代表关在拘留营的人，呼吁战争大臣布罗德里克做一件事。

　　她开头写道，距离自己上次见布罗德里克已经过去三个月了，这期间，布罗德里克一直在调查拘留营的情况，其他的什么也没做。福西特夫人已经带着妇女委员会去了难民营，但她们的工作效率着实不高。一方面，委员会没有找她了解情况，她之前去调查过拘留营，有实际调查经验。委员会浪费了很多时间，结果"从我上次见您以来，已经有 3245 个孩子永远地闭上了眼睛"。如果再继续这样下去，剩下的孩子也保不住命了。她十分同情布尔人的遭遇，要求布罗德里克尽快处理这个情况。这封请愿书会打动布罗德里克吗？他能因此听到"布尔孩子的哭声"吗？[85]

　　埃米莉做出这番慷慨激昂的恳求，也可以理解。她之前报道过拘留营的恶劣条件，英国人民乃至所有欧洲人都因此了解了拘留营的情况，为布尔人的遭遇而难过。为了让拘留营和监狱中的布尔人过得好一些，荷兰、德国、美国等国家还设立了救济机构，葡萄牙也提供了人道主义援助，为将近 1000 名德兰士瓦难民提供安身之所，先把他们安置在莫桑比克，后来又安置在葡萄牙境内。[86]

　　但是拘留营里没有任何实际行动，也没有提供任何紧急援助来减轻难民痛苦。如果拘留营的管理方拒绝合作，难民营的问题就不可能解决。看守拘留营的是英国士兵，在他们眼里，敌军的女人和孩子能不能活得下去，这可不是最重要的事。米尔纳虽然自 1901 年 2 月开始就负责这两个新殖民地的民政工作，但实际上他现在还管不着拘留营。毕竟，他从 5 月初就回英国待着了，工作也已经由基钦纳接手。

而基钦纳从一开始就对这些拘留营不怎么感兴趣。他一贯的回答是，是布尔突击队自己采取的战术不佳，没保护好布尔妇女和儿童，才导致这么多人被送进拘留营。关于儿童死亡率为什么那么高，基钦纳也有话说。他在给布罗德里克的信中说，这都怪布尔妇女她们自己。布尔妇女自己一点都不讲卫生，她们简直就是"过失犯罪"。说到这一点，她们应该被控谋杀。

妇女委员会认真考虑了这一点。1901 年 8 月，他们刚开始参观集中营时，得出了与埃米莉·霍布豪斯相同的结论。就卫生情况而言，拘留营确实条件恶劣，尤其是对于小孩子而言，要想在这环境里活下去更是困难。拘留营里经常暴发麻疹等传染病。然而，委员会找的原因和埃米莉的不同。委员会列出三条原因：首先是持续的战争造成空气、土壤和水受到污染，其次是囚犯未能遵守基本的卫生和医疗规定，再就是集中营的确管理不到位。

1901 年 12 月，福西特夫人回到英国提交委员会报告，以上就是报告的主要发现。不过，委员会在离开南非之前还提出了一些切实可行的建议，这一点让埃米莉很是欣慰。她们要求定期派人视察，增加合格的医生和护士，改善医疗设施，增加难民口粮，解雇不合格的工作人员。

如果指望基钦纳和他的军事机构，这些建议很难真正落实。但等到 1901 年 11 月中旬之后，就不必再担心这一点了。布罗德里克是负责拘留营的战争大臣，他从来没有理会这些批评，也懒得回应埃米莉发表在《泰晤士报》上的公开信。但是，殖民地事务大臣从政经验丰富，相比布罗德里克，他更担心公众的强烈抗议。张伯伦坚持称，应该由民政部门接管拘留营。米尔纳 9 月中旬回到了南非，他应该能够解决这个问题。

对这个安排，布罗德里克没有反对。此后，张伯伦负责处理拘留营的政治方面事务，米尔纳负责处理行政方面事务。

难民的生活立刻就有了改善。1901年10月的时候，死亡人数一度上升至3200人，其中包括2700名儿童，而在拘留营脱离军方管理后，这一数据开始下降。头两个月见效不大，等到了1902年1月，情况大为好转，到1902年5月，死亡人数下降到不足200人。[87]

* * *

温斯顿·丘吉尔和埃米莉·霍布豪斯有一点共同之处：两人都不喜欢战争大臣布罗德里克的做事风格，而且丘吉尔甚至比埃米莉更反对他。表面上，丘吉尔反对他的原因和埃米莉不同，但实质上两人提出的反对意见是相通的。他们都认为布罗德里克不了解南非的现实，对自己所掌管的事务几乎一无所知。不过两人也就只有在这一点上一致了。丘吉尔几乎没有提及任何关于拘留营的事，至少在公开场合没有。他主要关注英军的作战方式，他曾毫不谦虚地指出，英军在布尔战争中犯的错已经够多啦。

1901年3月12日，距离他首次发表演说过去了整整三周，丘吉尔第二次参与下议院辩论，这次，他还坚定地站在布罗德里克身后。辩论的问题是，布罗德里克能否免将军的职，丘吉尔觉得布罗德里克完全有权批准这件事。丘吉尔的主张是，议会管不着军队人员去留。然而，在5月13日，他第三次发表讲话，这一次可就完全变了调子。布罗德里克提出了一项议案，要求改革军队。其要点是，英国军队应该以欧洲大陆为榜样，首先，军队规模应该更大，这样才能有效应对严重危机，南非这次爆发战争就是一个很好的例子。

丘吉尔却认为这个想法并不成熟，甚至可以说是糟透了，他也没有把自己的观点藏在心里。丘吉尔说，扩大常备军规模违背了英国人的本性。英国与欧洲其他国家不同，不应该卷入欧洲的争端。15年前，丘吉尔的父亲伦道夫勋爵曾在下议院说过同样的话，丘吉尔打心眼里觉得父亲说得很对。完全没有必要打造一支这样的军队。放眼整个欧洲，英国即使建立了这样规模的军队，还是不够强大，不足以发挥什么重要作用，而一旦规模上来了，维持军费开支又要花费一大笔钱，再说了，这样的军队也不能快速结束南非战争。南非战争迟迟不能结束，问题不在于英国士兵不够多，而是在于其他方面。[88]

保守党有人反对丘吉尔对布罗德里克的抨击，但这不足以动摇丘吉尔的想法。1901年7月中旬，他和另外四名持反对观点的党内年轻成员一起，组成了一个议会派系，名为休利根（Hughligan），这个名字有所暗指[①]，表示其领袖是休·塞西尔（Hugh Cecil）勋爵，也就是索尔兹伯里勋爵最小的儿子。休利根每周举行一次辩论，出席嘉宾都赫赫有名，既有保守派人士，也有自由派人士。辩论锻炼了丘吉尔的独立思考能力。在南非战争上，他也逐渐转向左翼，但在对于战争所要达成的最终目标上，他却没有改变过立场。丘吉尔坚决支持张伯伦和米尔纳，坚持要"为成功付出一切代价"。7月17日，在关于是否增加战争经费的辩论中，丘吉尔坚定支持政府提出的政策，认为应该增加经费。他在辩论中说道："让我们得体地办完这件事。"[89]

然而，英国所采取的军事政策仍然让他很头疼。丘吉尔曾经在南非待过一段时间，当时他与许多高级军官熟络了起来，他这个人又很注重维系关系。丘吉尔不断收到很多内部消息，

---

① Hughligan 让人联想起"hooligan"，意为"流氓"，故而语含讥讽。——译者注

但他听了之后却高兴不起来。8 月 7 日，基钦纳发表宣言，威胁称，9 月 15 日之前未投降的布尔领导者将会被"终身"流放，这简直是糟糕到了极点。丘吉尔的线人说，基钦纳不该这么做。单单从斯泰恩、德威特、博塔等人的反应就可以看出来，基钦纳所谓的威胁压根儿起不到任何作用。宣言唯一的作用，就是又激起了欧洲媒体对布尔人的同情。

1901 年 10 月的第一个星期，丘吉尔行动了。他在保守党俱乐部一连做了六次演讲，其中五次地点都设在了他的选区奥尔德姆。六次演讲中他都谈到了战士和马，确实如此，当时驻扎南非的英国军队最缺少的，就是"精良的骑兵……骑在顶好的马上"。他说，英国派往南非地区的士兵已经足够多了。士兵总数并不是问题所在，士兵的质量才是。目前，兵力没有得到有效部署。要想对付布尔人，就得效仿布尔突击队队员的手段。这意味着，英军得有更好的侦察能力、更强的个人主动性和真正的机动性，最后一点也是最重要的一点，而要实现机动性依赖于拥有足够多的优质马匹。好马供不应求，目前军中的大多数马都不适合干重活。根据布罗德里克的说法，至少有 69 支部队活跃在战区，但根据可靠的消息，没有一支部队能给每个士兵配备两匹战马。丘吉尔自己当过骑兵，他知道，要战胜德威特和博塔这样的人，迫使他们屈服，一定得有足够数量的好马。

356

基钦纳不断威胁对方，但在兵力部署方面又过于集中，这不过是自取灭亡。丘吉尔嘲讽道，真正要做的"不是惩罚那些已经抓到的布尔人，而是抓住那些还在到处乱跑的人"。和往常一样，他的妙语总是能赢得听众的支持。在丘吉尔看来，形势在过去一年里恶化了。无论是在前布尔共和国，还是在开普和纳塔尔北部，只要是在英国阵地 5 公里开外，英军就不安全。

不能再这样下去了。如果布罗德里克不能对此采取任何措施，索尔兹伯里和巴尔福必须得承担起责任来，推着基钦纳朝着正确的方向走。南非战争事关重大，绝不能就这么交给一个资质平平的战争大臣去指挥。要想取得胜利，还需要决心和毅力。丘吉尔不想让英军对布尔人手下留情，但残忍地进行报复也不是解决问题的办法。必须得打败布尔人，这个噩梦必须得结束。这是一个神圣的承诺，至少是对在战斗中牺牲的英国士兵所许下的承诺。不管哪一天，只要英国人翻开当天的报纸，总能在上面找到自己认识的人的名字，丘吉尔最近就看到了他的堂兄 R.B. 谢里丹的名字。很多人就是这样"知道自己所熟悉、信任的人，永远闭上了他们那双明亮的眼睛"。[90]

33　黑暗死亡

赫歇尔，1901 年 9 月

英军中尉谢里丹在战斗中丧命，游击队员们终于死里逃生，这场战斗结束得比预期还要早几个星期。1901 年 9 月 3 日晚，史沫茨一行人穿过奥兰治自由邦边境，来到开普殖民地境内。从形式上看，这里属于英国领地。然而史沫茨一行人在这里遇到的第一批居民竟然是邻国巴苏陀兰的黑人，而不是"白人居民"。丹尼斯·雷茨目之所及只有一些临时牛栏房。这些布尔人分成若干小队，一边行进一边寻找烟草和马匹饲料。

一切进展顺利。史沫茨等人也没多想，直到看见对面有一股由 300 多名索托人组成的武装力量骑马而来，这才意识到不对劲。这些人有的背着步枪，有的拿着战斧，还有人手持长矛和短棍，全都武装了起来。见此情形，史沫茨命令部队紧急集合，以作应对。布尔人继续前进。索托人一定不会想去攻击"一股与自己力量相当的白人军队"。丹尼斯带领的这支小分队一共有 7 个人，除了他自己以外，还有他的舅舅扬·穆德。他们几个不紧不慢，边走边让马饱食当地村民篮子里的谷物。不一会儿工夫，他们就发现自己掉队了。从高原朝着远处平原前进途中，连部队里的最后一个人都看不到了。于是丹尼斯等人连忙骑上马，朝大部队赶去。来到高原边缘时，他们嗅到了前方弥漫着危险的气息。在他们必经之路的右侧有一座教堂，围墙低矮。在路的另一侧，与教堂相对之处，有一排架子，悬在岩石上。这是一个埋伏的好地方。

索托人也看出了这一点。所以，他们把马留在了高原上，早早地来到这块石头上边，找好了位置。他们就藏在这儿，目不转睛地注视着这些布尔人，看着他们一点点走近。这群索托人明显来者不善。丹尼斯一行迅速集合，讨论了一下局面。他们决定继续往前走，尽快赶上大部队。一开始，风平浪静。突然间，一阵枪响，子弹如雨点般射过来。奇怪的是，这些子弹并非出自左边，反倒是从右边教堂里射出来的。子弹击穿窗户，玻璃顷刻间都变成了亮晶晶的碎片。所幸丹尼斯一行人无人受伤。有 5 人骑上马，迅速撤离。剩下丹尼斯和他叔叔丢下驮物资的马匹，躲到一块大石头后面，隐蔽起来。情况紧急，他们没什么可以商量的时间。四面受敌之下，他俩只能快速撤离。继续前进是唯一选择。

在石头的掩护下，他们鼓起勇气，穿过枪林弹雨，迅速骑马撤离。他们把头压低，一路狂奔。透过眼角的余光，丹尼斯看到越来越多的索托士兵从矮墙后涌出。长矛和短棍呼呼从他耳边飞过。跑到约 20 米开外的地方，路锋突转，通向山谷深处。他俩脱险了。然而前方还有另一个挑战等着他们。15 到 20 名索托人挡住了他们前进的道路。这些索托人围成圈，蹲坐在地上，全神贯注地看着一个放在他们之间地上的东西。慌乱之中，这群人跳起来，挥舞手上的武器，摆出一副挑衅的样子。丹尼斯和穆德骑马一闪而过，再次脱险。

他俩等到摆脱了索托人的追击后，便停了下来，检查损伤情况。他俩都毫发无损，这真是奇迹。但他们的马就没那么好运了。穆德的马后腿上中了两弹，但伤口看上去不深，应该可以自愈。丹尼斯的马情况更糟糕一些。这匹母马的下巴被子弹击碎了，现在只能让它"早点解脱"。就这样，穆德牵着自己受伤的马，丹尼斯背着自己的马鞍，俩人徒步继续前进。几个小时后，他们终于赶上了大部队。唯一令人宽慰的是，小分队里两匹驮物资的马也逃了出来，跟在丹尼斯和穆德后面，现在也与大部队会合了，而且它们驮的毯子和食物也都完好无损。队伍里其余的五个人里也有两人安全逃出来了。没人知道剩下的那三个人情况怎么样。那些索托人或许已经把三个布尔人解决了，"根据他们野蛮的习俗，把三人大卸八块，以作慰藉"。对于有人躲在他们途经的小道旁边伏击他们这事儿，丹尼斯心存疑虑，觉得这件事不简单。[91]

* * *

丹尼斯觉得，遭到索托人袭击，倒不是太出乎意料。他们遇到的那群人是赫歇尔骑警（the Herschel Mounted Police）。这是一支由英军组建的有几百人规模的辅助军，目的是防范布尔人突袭。英方还从有色人种中征募了一些人，组建了许多像边境巡防队（the Border Scouts）、布须曼边境巡查组（the Bushmanland Borderers）以及纳马夸兰边境巡防队（the Namaqualand Border Scouts）这样的边境警察团体，部署在开普西北部。随着战争不断推进，英国方面不断征募非洲人和有色人种，让他们执行各种任务（包括参加战斗）。这让布尔人大为震惊。

在战争早期，尤其是在莱迪史密斯、金伯利、马弗金的几次包围战中，有关非洲人和有色人种在军事上的部署一直是英布双方争议的焦点。双方互相指责对方违背不成文约定，将非洲人和有色人种卷入战争中。这些指责并非毫无根据，马弗金一役就坐实了这一点。英布双方在这场战斗中分别联合了茨迪巴龙族和拉普拉纳巴龙族，并向各自的盟友分发了武器，这两个非洲部落因此刀兵相见。在其他地方，虽然非洲人和有色人种也会偶尔被派去挖战壕，参与战斗，但很多时候他们还是承担一些非战斗人员的工作。[92]

比勒陀利亚的失陷加剧了英布双方在征用有色人种上面的矛盾。在游击战阶段，布尔人兵力骤减。仅仅是由于没有马匹、没有食物和衣物这些补给，非洲人和有色人种的情况就已经变得更糟糕了。而且，由于军需紧张，许多家庭也请不起仆人了。

与之相反，英方力量不断扩张，还雇用了更多辅助兵力。一开始，非洲人和有色人种在英军中主要当劳工（帮助英军挖战壕、搬东西、喂马、放哨，甚至去偷牲口），很快他们还成了英军辅助军事力量（帮忙执行侦察或通信任务）。在游击战期间，这些人还参与了英军的多项行动，如驱逐、烧毁农舍、把布尔女人和孩子运送到集中营等。1901 年，由于英方要建许多碉堡、拉起数千里长的铁丝网，需要的非洲人和有色人种的人数就更多了。大批人被征调来搬运建筑材料和扎铁丝网。最后，为了发挥这些碉堡的作用，英军方面除了已有的 6 万名白人，还另外雇用了 2.5 万名非洲人和有色人种站岗放哨。

与战争第一阶段不同的是，现在英军不仅可以雇用开普、纳塔尔及其保护国贝专纳兰和巴苏陀兰的人，还可以雇用来自原德兰士瓦保护国斯威士兰和两个已被兼并的布尔共和国的人。这让布尔人愈发不安。他们正看着一直信仰的教义——种族等级制——在自己家园中被人一点点破坏。随着非洲人和有色人种积极参战，他们的政治意识也逐渐得到发展。以前他们一直都是逆来顺受，心甘情愿接受布尔人的领导，现在他们竟然冲破了这层关系界限，与布尔游击队为敌，尤其是对付布尔女性和孩子。

布尔人主要关心的是德兰士瓦西北部的卡特拉人和东部佩迪人的行动。这些卡特拉人来自德兰士瓦的邻国贝专纳兰，他们从战争一开始就公开亲英。1899 年 11 月 25 日他们发动了对德迪波特的攻击，布尔人对此感到震惊，同时这也是布尔人在英布战争中首次与非洲人交锋。此后双方之间又展开了一系列报复行动。英军总司令基钦纳一声令下，卡特拉人的指挥官兰茨威开始对德兰士瓦发起进攻。直到 1901 年末，英国方面一直给卡特拉人提供武器补给，因此卡特拉人最终控制了罗斯腾堡西北部整个地区。[93]

至于那些住在东部的佩迪人，几十年来他们与布尔人的关系一直颇为紧张。1879 年，佩迪人投降了，那时还是处于英国统治时期，[94] 当时佩迪人的总指挥也被俘入狱，但佩迪人寻求重新独立的想法一刻都没有消失。布尔战争打响后，布尔人曾派遣大量兵力前去维护自己对东部地区的控制。这个方法很有效。但由于 1900 年 6 月布尔人在比勒陀利亚战争中失利，原本驻派在东部地区的军队被调去补充博塔的主力。佩迪人的机会来了。原本与布尔人交好的佩迪人被边缘化，新的领导上台了。后来英国获得了该地的控制权，并开始利用这股新兴力量平衡战局。1901 年 4 月，总指挥官的弟弟怀特·基钦纳少将与瑟库库内二世（Sekhukhune Ⅱ）、马勒库图（Malekutu）、米塞恩（Mpisane）达成互相合作协议。自此，佩迪人就与布尔人宣战了，彼此互不相容。这就意味着，布尔突击队无法自由地穿越德兰士瓦东部地区。[95]

* * *

一方面，布尔人的力量越来越小，兵力摊得越来越薄；另一方面，英国方面不断吸纳各色人种的力量，逐渐壮大。这确实让布尔人感到恐慌，尤其是英军此举涉及一些敏感的问题，即英军阵营中非洲人和有色人种武装问题。在罗伯茨的指挥下，英军这一系列动作背后的意图昭然若揭。非洲人和有色人种本应属于"非战斗人员"。他们不用穿军装，也没有武器，更不用负责侦察和通信工作。

后来，基钦纳接替了罗伯茨，他对这一"有色阵营"采取了更加灵活的政策。基钦纳一上台就要求布罗德里克派遣英属印度骑兵团来南非参与作战。虽然这一要求遭到了拒绝，但是对于基钦纳调动"当地人"力量，伦敦方面可以说是几乎无法插手。1900年12月，英方规定自愿作为侦察兵为英国服务的非洲人和有色人种可以继续保留武装。随后，这一力量在英军中迅速扩大。

布尔人对此表示谴责，称此举违背了"文明战争规定"。克鲁格收到了一份报告，里面清楚地谈到了这件事。1901年3月，该报告副本传到了比伦斯·德哈恩手里。[96] 同月，克里斯蒂安·德威特向基钦纳表达了自己对目前英军雇用大量非洲人和有色人种力量的不满。布尔军队里其他指挥官及政治高层也同样对此表示不满。沙尔克·伯格、F.W.雷茨向索尔兹伯里勋爵直接表示反对雇用"这些野蛮人"。这些人好几次当着英军的面野蛮地处死战俘。

1901年，被德威特任命为开普殖民地自由邦突击队副总指挥的皮耶特·克里辛格对此事表达了最为强烈的反对。他警告英方，布尔军方面有权处死任何为英军服务的非洲人和有色人种，不论他们是否持有武器。几个月后，他又补充道，布尔军方面有权处死任何泄露布尔游击队信息的非洲人和有色人种。

既然如此，基钦纳、布罗德里克、英国议员就全然不顾了。克里辛格的这一警告并非虚张声势，他们早就开始草率地处决那些非洲囚犯和有色人种囚犯了。这已经成为布尔军队里的一项常规了，不论那些非洲人和有色人种是否带着武器。布罗德里克在议会上坚决表示，非洲人和有色人种要尽快武装起来。这样，他们在监狱里至少可以自保，而不用呆呆地站在那等着被枪决。

反对派代表自由党人劳合·乔治对此表示担忧，称这将会成为英国走下坡路的开始。如果英国方面真的允许非洲人和有色人种武装、负责通信和侦察的非洲人和有色人种配备武器，那么军队中负责其他方面的非洲人和有色人种也应该配备武器。乔治说的没错。不论如何，那些碉堡里的哨兵是需要武器保护自身安全的。但最终到底有多少阿非利卡人和有色人种配备了武器，一直到战争结束都没有公布，就算是英军总指挥基钦纳在英国的上级对此也一无所知。对于布罗德里克的提问，基钦纳的一贯回答是"不可能保留任何记录"。1902 年春，基钦纳终于公布了这一数字：1 万人。反对派英国自由党对此表示怀疑。据乔治估计，这一数字在 3 万左右。后来的调查证明，乔治估计的数字的确更准确。[97]

1901 年下半年，这场发生在南非土地上的战争进入了暴力旋涡阶段。英方不断违反发动"一场白人的战争"的绅士协议。1901 年 8 月，张伯伦在下议院对此明确表示否认，称"没有这样的协议"。英国的兵力不断壮大，不论种族为何，越来越多辅助军事力量汇入英军，盟军的数量也不断增加。布尔人由于受到"文明战争的规则"限制，只对白人出击，却受到非洲人和有色人种武装的报复。后来，他们也把所谓的规则抛诸脑后，不论是在他们的控制范围内还是控制范围外，任何人以任何方式支持英国发动战争，都将被立即处置，毫不留情。尤其在开普殖民地，包括克里辛格在内的布尔人指挥官，只要他们取得了某地的控制权，即使只是短暂控制了该地，他们就是当地法律的制定者，一切由他们说了算。

1901 年下半年，布尔人再次进攻英军占领的其他地区，结果有好有坏。7 月，路易斯·博塔派上将托拜厄斯·史沫茨（Tobias Smuts，他跟扬·史沫茨只是一个姓而已，并不是一家）还有自己手下的埃梅洛突击队去斯威士兰执行任务，目的是拿下英军的一支非正规军——施泰纳克骑兵（Steinacker's

362

Horse）。这支军队由50名白人和300名非洲人组成，这些非洲人主要是宗加人（Tsonga），领军的是一个叫路德维希·施泰纳克（Ludwig Steinacker）的德国冒险家。英国方面雇他是为了保卫与德兰士瓦接壤的边境地区，但显然这个德国人似乎对布置给他的任务的理解更宽泛，行动也更恣意。这些人在所到之处肆意掠夺。布尔人、斯威士人，甚至是附近的莫桑比克人都无一幸免。他们逮捕了斯威士王子，因为王子对布尔人比较仁慈。王子的母亲，当时担任摄政王的拉博西贝尼（Labotsibeni）——她的丈夫是斯威士的布努王（King Bhunu），于1899年去世——跑来向布尔人求救。[98] 托拜厄斯·史沫茨率众抵达施泰纳克位于布雷默斯多普（Bremersdorp）的大本营，一举将这支部队歼灭。史沫茨等人释放了王子，缴获了马匹、牛和枪支等战利品，还一举烧了布雷默斯多普。这次行动是成功的，除了纵火之外。托拜厄斯·史沫茨也为他这一鲁莽行为付出了应有代价。他被解职，成了一名普通士兵。[99]

路易斯·博塔的行动就没那么成功了。1901年9月中旬，博塔又一次对纳塔尔发动袭击。这次袭击早在去年10月在西弗方丹的时候就已经计划好了，但却没有料到这次行动规模竟然如此巨大，共有1.5万名布尔人参战，共同对金矿发动进攻，又从开普和纳塔尔分散撤离。[100] 从人数上来看，博塔并没有取得像扬·史沫茨那样的战绩，后者只用了250人就攻入了开普殖民地。但这次的行动，无论是从字面上来说还是从实际效果来说，只能算得上原计划的"简化版"，没有达到预想的效果。克里斯蒂安·德威特也曾打算进攻开普殖民地，途中遇到了许多阻碍。这次行动对博塔等人来说也是步履维艰。博塔及其2000名部下是在一个雨天到达纳塔尔的，天气格外寒冷，雨水浇在身上冰得刺骨。这场雨连下了11天，一刻也没停，就连他们走在泥泞的路上，跌跌撞撞地撤回德兰士瓦那天，雨依旧不停地下着。博塔打赢了一场仗，但是另外两次进攻失利，哪怕当时进攻的英军碉堡的防御能力不是很好。再次回到两年前光荣加冕的战场没想到是这样的结果，这确实会让人感到遗憾，使当事人禁不住希望这段记忆在人们脑海中永远消失。[101]

* * *

1901 年下半年，暴力日益升级，与之相应，死亡人数也不断增加。英布双方关系没有丝毫缓和。战争期间，许多布尔人并不是死在战场上，而是在英国集中营里累死、饿死、病死的。截至 9 月，英军在位于已被兼并的纳塔尔和开普殖民地之间的铁路沿线，设置了约 50 个集中营。那里关押了 11 万到 15 万名布尔人，大多数是妇女和儿童。直到战争结束，那里人数也没什么变化。集中营改进管理一定程度上降低了死亡率。死亡率在 1901 年 10 月达到最高峰，后逐渐降低，且越来越低。然而，战后公布的最终死亡人数仍然令人震惊。共有 27927 名布尔人死在英军集中营里：1676 名男子、4177 名妇女，以及 22074 名儿童。[102]

关在集中营里的除了布尔人，还有德兰士瓦和奥兰治自由邦的非洲人和有色人种。他们的生活条件与布尔人无异，同样饱受苦难。1902 年 5 月，集中营里的非洲人和有色人种数量基本与布尔人数量持平：66 个集中营，共 11 万到 11.5 万人。这些集中营大多位于纳塔尔和开普殖民地之间的铁路沿线。据记录，共有 14154 名非洲人和有色人死于集中营，但战后估计这一数字接近 2 万。从严格意义上说，非洲人和有色人种的死亡率比布尔人的死亡率要略低一些。主要区别在于，两者遭受监禁的时间不同。虽然关押非洲人和有色人种的集中营在战争晚期才建立，但是其关押人数直到战争结束依旧不减。

363

此外，还有其他区别。其中之一就是公众关注度不同。埃米莉·霍布豪斯把自己的惊人见闻发表在报纸上，收到了包括英国在内的欧洲各国的关注，他们纷纷表达自己对"死亡集中营"里的布尔妇女和儿童的关注和支持，但几乎没人为非洲人和有色人种发声。埃米莉和福西特夫人带领的妇女委员会只参观了白人集中营。几乎没什么关于非洲人和有色人种的报道，即使有，也没给人留下多少印象。据说，那些非洲人和有色人种已经麻木了，并没有什么不满。

没人愿意为这些非洲人和有色人种集中营的民主管理努力。这些集中营一直到战争结束都由军方管理。为此，1901年6月，加拿大少校 G.F. 德劳特比尼埃（G.F. de Lotbinière）领导并建立了"土著难民部"（the Native Refugee Department）。因为这些非洲人和有色人种集中营与布尔人集中营不同，尤其要说明的是，军方管理有一项特殊权利。非洲人和有色人种与布尔人不同，他们成立了劳动后备队。许多非洲男性和有色人种男性都在英军中做工，工期一般是3个月。1902年4月，为英军服务的非洲男性和有色人种男性达1.3万人，几乎占集中营里所有男性的三分之二。住在集中营附近的平民也可以雇用这些人。这些人一天只挣得一先令，还算合理，他们可以拿这些钱去买一些集中营里额外提供的物品，如面粉、糖、茶、咖啡、蜡烛、烟草、衣物和毛毯等。这就是非洲人、有色人种与布尔人的另一区别：他们与白人不同，只能自力更生。

364 至于其他方面，所有集中营基本上都一样。这些集中营建立的初衷都一样，他们彼此处境也没太大区别。和白人囚犯一样，这些黑人囚犯和有色人种囚犯主要分为两类人：一类是自愿归降的，一类是在基钦纳的围捕下被迫投降的。基钦纳下令围捕这片高原上所有非洲人和有色人种，不论他们是布尔人的奴仆，还是农民，抑或是普通居民，一律关在集中营里。这些英国人这么做的目的是想从根本上阻断一切对布尔人的支持。

这些黑人生活的集中营和布尔人的一样脏乱不堪。他们也没有防雨的帐篷，没有燃火的柴薪，没有新鲜的蔬菜和牛奶，更没有干净水可用。他们的卫生设施和医疗保障同样叫人不忍直视。当然，这里死亡率同样很高。许多孩子死于水痘、天花和痢疾。这里死亡数量的波动情况也和白人集中营呈现同样的模式，两个月之后，也就是在 1901 年 12 月，达到最高峰。死因也一样。在德劳特比尼埃的管理下，集中营确实按照妇女委员会的建议改善了囚犯们的居住情况、饮食情况和医疗服务。军方有时候确实也能把事情做好。[103]

* * *

有一种野果子，外形和菠萝差不多。没人知道这种果子的来头。丹尼斯·雷茨也对它一无所知。有人把这种果子叫作"霍屯督人的面包"。由此推测，这种果子也是可以食用的。丹尼斯等人此时已经来到苏尔贝格山的第二处山头，这里一片荒芜，丝毫看不出有人居住过的迹象。队伍里的人早已饥肠辘辘，有人率先烤起了果子吃，发现味道还不错。其他人也跟着烤了起来。包括扬·史沫茨及其部下，整个队伍中将近一半的人也都跟着吃了起来。

看着史沫茨吃得很不错，丹尼斯很开心。此前他还从未跟着史沫茨一起打过游击。那时候已经是 1901 年 9 月末了。他们一行人在开普殖民地待了三个多礼拜。他们还能活下来，能自由行动，这简直是奇迹。而这都要归功于这个寡言少语、个性鲜明的人——史沫茨。在狂风暴雨中翻山越岭艰难跋涉时，是他无时无刻不在鼓舞士气，在队伍濒临绝望、筋疲力尽的时候，他带领队伍挺了过来。史沫茨就像个牧羊人，一次又一次带领队伍穿过英国军队的封锁，在关键时刻，他非常果断，决不错过任何一次绝佳的进攻机会。现在，他们距离伊丽莎白港只有不到50公里了。站在山顶上，几乎能眺望到印度洋。丹尼斯这会儿并不想吃这些野果子，因为几匹马脱缰了，他得去把这些马拴好。

在开普的第一周，天气又冷又潮湿。这群布尔人摆脱了索托人的追击，来到了莱迪格雷（Lady Grey），受到了当地人的热情欢迎。这里的人大部分是阿非利卡人，他们的生活看上去并没有受到战争影响。自从布尔共和国被英国人攻占后，还能看到一片未受战争侵扰的幸存的土地，这对这群布尔人来说是一份莫大的安慰。在这里，男人在田间劳作，女人和孩子脸上挂满了笑容。他们都开心地挥着手，欢迎这群人的到来。咖啡豆、糖、盐、烟草，这里都有。唯独衣物不足，但这群布尔人有法子。他们把毯子披在身上挡雨，然后继续向南前进：前面有敌人，要准备一场大战。

丹尼斯找到了一个空干粮袋，他在袋子上挖了三个洞，好让头和胳膊都伸进去，然后把它当成一件雨衣，套在身上。穿上这身行头看上去不怎么帅。队伍里的人一开始还拿他消遣，后来就纷纷效仿了起来。在开普的第一周就这么过去了。雨依旧下个不停，行军路上饥寒交迫，人马俱疲。他们的弹药所剩无几，路易斯·韦塞尔斯等人正在回奥兰治的路上。剩下这200个人身上破破烂烂、邋里邋遢，一点也不像一支能让英军闻风丧胆的游击队，反倒像一群稻草人，骑在疲乏的马上。

然而敌军却在全力围剿他们。不论是在前方还是后方，在左边还是右边，四面八方都有火车运送来的敌军追赶他们，围追堵截他们。摩登纳尔斯珀特（Moordenaarspoort）又叫作"死亡之门"，史沫茨和三名游击队员在这里执行侦察任务时不小心被巡逻的英军发现了。三名队员牺牲，史沫茨虽然损失了自己的马，但好在趁着夜色成功逃了回来。没了马，他只得徒步，直到半夜才到部队驻地。队员们都舒了口气。丹尼斯觉得，要是没有史沫茨，这次行动一定会失败。史沫茨的两个副手，雅各布斯·范·德芬特（Jacobus van Deventer）和本·布维尔（Ben Bouwer），虽然骁勇善战，但都缺乏"在艰难时刻化险为夷"的特质和领导力。

从 9 月 10 日开始，他们进入来开普的第二周，史沫茨卓越的领导能力在此期间又一次显示出来。那是个漫长的噩梦，却有着意想不到的结果。史沫茨禁止（包括他自己在内）任何人打盹。英军正从四面八方追上来，此时唯一的方法就是继续前进。不睡，不停歇，前进。为了摆脱英军的追赶，他们让当地人带他们走一些沼泽地和山路，或者选择一些不易行军的小路。整整 60 个小时都没停过。刚穿过一条铁路，就遇到另一条铁路。他们必须得穿过这些铁路。因为他们心里明白，这些铁路将会运来更多英军。这群人累得头晕眼花，只要有停下来喘口气的地方，不论在英军的铁丝网内还是在沟渠里，他们在马前面跪着就睡了，就像伊斯兰教徒祈祷时那样。

雨无情地下着。整个世界好像都泡在水里。不过这雨也有一个好处：拖慢那些扛着大炮、枪支的英军的行军速度。雨仿佛刀片或银针，落在身上，冰冷刺骨。9 月 15 日那个晚上尤其难熬。丹尼斯从未被冻得如此厉害。半夜，气温降到了零下。丹尼斯身上的干粮袋被"冻得硬邦邦的，看上去像一件盔甲"。没人停下来。因为一旦停下，他们很可能会被冻死在原地。这些人以前从未有过一声怨言，现在却冻得发出了呻吟。黎明时分，他们看见了一间废弃的农舍。这些人颤颤巍巍走进去，捡起身边一切可以燃烧的东西，把它们掰断，用来生火。他们借着火取暖，把身上的衣服和毯子烘干。这一行人中，走丢了 14

366

人，后来再没有他们的消息。马也死了五六十匹。那些在那个寒冷的夜里存活下来的人们，把自己称作"了不起的雨人"。

这个名字听起来不错，但实际上他们正陷于一个绝望的窘境，完全不具备作战的能力。短暂休息之后，他们再次踏上了征程。有马的人走在前面，剩下的人扛着马鞍，排成一队，走在后面。那些受伤的人则由队员们背着。看上去真叫人揪心。谁能想到，这样一支落魄的队伍到了第二天竟然能赢得那场传奇般的胜利。

9月17日一早，史沫茨让里奇部（Rich Section）——至少丹尼斯和其他几个人的马还在——去前方侦察。刚走了几里路，他们就碰到了一个阿非利卡人。这个人急得声音都哑了。他提醒丹尼斯等人，英国骑兵就埋伏在不远处的莫德方丹（Modderfontein）。一共来了约200名英军，有山炮，还有300多匹骡子和马。史沫茨闻讯前去查看，并临时做了个决定。这可是个千载难逢的好机会。这个节骨眼上，他们正缺少马匹和弹药。于是他们决定对这队骑兵发动袭击。分秒必争。

他们立刻展开了行动。这次连老天都在帮他们。他们穿过一条河，藏在一排树后，看到15到20个没有戒备的英国士兵朝他们这个方向缓慢跑来。他们开枪打死了部分士兵，剩下的人仓皇而逃。丹尼斯从一个死去的士兵身上扒下一把枪和一条子弹袋，跟着追了上去。

他们一股脑地追，几乎一下子就冲进英军的大本营了。突如其来的布尔人让英军猝不及防。前方并不安全，史沫茨和丹尼斯等人只能等着大部队前来会合，提供掩护。布尔人在这一方面占据了优势。他们握枪不动，排好了兵也布好了阵。现在就看这些枪手的了。双方彼此间距离不过几米，一场战斗一触即发。这是一场一对一的较量。由于双方距离很近，战斗结束后，丹尼斯的脸上和脖子上都是弹药碎片，但实际上他毫发

367

无损。他在战斗中拼尽全力，战果丰硕，甚至还打死了一个英军中尉。当时这个中尉中弹后又站了起来，意欲"端起枪朝丹尼斯瞄准"。不过还没等他开枪，一颗子弹就从他的脑门穿过去了。

直到他们大获全胜，丹尼斯才认出这个被打死的英军中尉到底是谁。在这场战斗中，共 30 名英国士兵被击毙，50 名英国士兵受伤，还有 50 名英国士兵被俘。布尔游击队全歼了英军的第十七长矛骑兵中队，布尔人这边只牺牲 1 人，受伤 3 人。他们在经历了重重困难后能取得如此一场大捷，实在是了不起。莫德方丹一战——英军将其称为依兰德河（Elands River）战——是一场决定性的胜利。布尔游击队因此士气大增。通过这一战，他们获得了马匹、马鞍、枪支、弹药、衣物等一切急需的物资。至于那些不需要的东西，他们一把火全都烧了，另外还毁掉了缴获的两门炮。丹尼斯也在这场战斗中获得了新装备：一身军官服，一把装满子弹的李 - 梅特福德步枪，还有一匹好马，是一批灰色的阿拉伯小马。这都是那个中尉的东西。据说，他是温斯顿·丘吉尔的表弟谢里丹。丹尼斯缴获了"一头适于长途行军的好骡子和一匹适于战场行动的轻捷的小马"。这个搭配堪称完美。布尔人把俘虏放了，之后一把火烧了英军军营。丹尼斯兴致高涨。

此后，一切就像度假那样，轻松愉快。天气渐渐好了起来。游击队经过温特贝格（Winterberg），穿过郁郁葱葱的乡村，还受到了当地荷兰社区的热情接待，而且路上遇到的英国农夫也没有为难他们，南进的路上没有任何障碍。他们的力量也有所壮大。一个叫博塔的起义军领袖带着手下的 25 人一同加入了游击队，这群人之前一直躲在山里。快到贝德福德（Bedford）的时候，游击队在一家店铺和一家旅馆里短暂停留，稍微休息了一下。这是数月后，他们第一次尽情畅饮、放松享受的时刻。游击队轻而易举地穿过了从伊丽莎白港到内陆的铁路线。没有碉堡阻拦。

或许因为如此，他们变得过于自信起来。按照惯例，几乎可以肯定的是，有铁路的地方一定会有英军，这里也不例外。上千名英军通过这些铁路被一批批运往这边。游击队从自己的藏身之所可以清楚地看见这些英军。丹尼斯不知道史沫茨在想什么，或许是袭击伊丽莎白港。然而史沫茨并不急于做出决定。他没有选择东、西方向，避开英军，反倒下令让部队往南走，深入苏尔贝格山。这些山并列在一起，一座连着一座，中间隔着又深又险的峡谷，史沫茨觉得这里会是个安全之地。但他错了。英国军队紧跟其后，带好了装备，就是要把他们往峡谷里赶，让他们往又高又陡的山坡爬。

那里就是布尔游击队之前吃野果子的地方。丹尼斯把马拴好后，本打算回来吃点野果子的。但他回来后，看见眼前的景象，一脸困惑。一群人（包括范·德芬特和布维尔在内）倒在地上，痛苦地扭动着。史沫茨几乎要晕过去了。除此之外，丹尼斯还看到了另一些东西。英军早就占领了第一个山头，现在正慢慢往峡谷这边来。而且他们的先遣部队早就开始向第二个山头爬了，他们的目标很明显，他们就是朝着游击队来的。一定是所谓的"霍屯督人的面包"有问题。他们一伙人难道就要遭受如此羞耻的结局吗？[104]

34　遭受突袭

苏尔贝格，1901 年 10 月

史沫茨和范·德芬特完全丧失了战斗能力。尽管中毒很严重，布维尔还是命令每一个还能拿枪的人在山上各就各位，予以还击。太阳快下山了。此刻他们必须得守住。坚持到晚上，才有回旋的余地。

他们成功了。英军果然往回撤了。过了一会，对面有亮光了，英军是不会就此放过他们的。不过至少在天亮之前，他们还是安全的。现在该怎么办呢？那些野果子显然有毒，队伍里有一半人病得厉害，另一半人虽然没什么事，但也是饥肠辘辘。他们是否应该等待中毒的人缓慢醒过来？他们可等不起。天亮前，英军一定会再回来的，而且来的人会更多。不管怎样，他们都得离开这里。好在夜里大部分中毒的人已经慢慢恢复，差不多可以支撑着摇摇晃晃走几步。但还是有 20 人没法动弹。史沫茨就是那 20 个人里的一个。但他已经恢复了神智，可以发号施令。他命令部下，趁着天黑，骑上马，往深山行进。这是他们唯一的机会。至于那些病得骑不了马的人，则让人绑在马鞍上，由马驮着走。他自己也需要让人绑在马上。

然后他们就出发了，下了坡，进了峡谷，然后又爬上了下一个山头。丹尼斯·雷茨跟在后面，一直盯着史沫茨。黎明时分，史沫茨及其身边的两个助手不仅掉队了，还被敌军侦察队盯上了。丹尼斯发现后，立刻飞奔前去营救，帮助史沫茨等人引开敌人，而他们几个人则从另一条路爬上了山坡。来到山顶后，一行人集合起来。所有的人都安全逃了出来，英军也放弃了追击，总算松了一口气，起码他们暂时安全了。

现在该去找点东西吃了。可这深山老林中，哪有什么人烟——至少白人是不会住在这儿的。史沫茨等人看见不远处的林子里有炊烟飘出。也许这烟是从当地人的茅屋村落冒出来的，到了那里他们就有可能找到吃的。果不其然，他们走着走着发现了一片芦苇搭的棚屋。住在这里的人已经逃走了，但留下了一些小米。这些布尔人以前就吃过小米，还比较喜欢这种食物。这东西没有特别的味道，至少没有毒性，而且小米足够多，能让他们果腹。

几天下来，史沫茨一直脸色苍白，身体虚弱，但很快就恢复了坚持下去的决心。史沫茨对自己的计划只字未提，但从他下达的侦察任务来看，丹尼斯猜史沫茨仍然打算突袭伊丽莎白港。现在，站在高处，他们已经可以看到远处的城镇。显然，英国人也估摸着史沫茨会继续往南走。他们已经在苏尔贝格河以南集结好了军队。这种情况下布尔军无论如何都无法通过，这样就只剩下另外一条路可以出去，那就是向北，大致跟他们来时的方向一样，但还要偏西一些。顺着那条路，他们能够到达卡鲁。

1901 年 10 月 5 日拂晓前，他们离开了苏尔贝格河。天一亮，史沫茨就把部下召集了起来。他跟大家说，他们的这次远征已经到了一个转折点。从这里开始，他们将向西走，向大西洋进发。还有一段很长的路要走，为了安全起见，他将把部队分成两股。一半人跟着范·德芬特，另一半人跟着他。丹尼斯很开心自己被分到史沫茨部下。那天下午，他们跟范·德芬特一队道别，分头赶路。[105]

* * *

这是一份极具威慑力的文件。第四条、第五条、第七条、第十一条、第十四条、第十五条、第十六条，以及第二十三条里的第三项、第四项、第五项、第六项、第七项等，都出自

《陆战法规和惯例公约》。该公约于 1899 年 7 月 29 日在海牙
和平会议上由包括英国在内的 26 个国家共同起草。用威廉·
莱兹的话说，《陆战法规和惯例公约》"是为文明国家间战争而
正式制定的一系列规定"，而英国却一再违反这一公约：虐待
战俘；虐待投降者；对平民采取强制措施，施加暴力……种种
劣行罄竹难书。这份文件并非出自莱兹之手。这份文件——实
际上，包括整个文本——都是由阿塞尔起草的。此前，阿塞尔
就曾帮助起草法律文书。[106]

　　另一份文件由莱兹及其代表团成员费舍尔、韦塞尔斯和沃
尔玛朗斯三人署名。这份文件不是写给英国首相索尔兹伯里勋
爵的，而是写给常设仲裁法院的。常设仲裁法院与《陆战法规
和惯例公约》都是两年前在荷兰海牙召开的和平会议的产物，
1901 年 4 月，该法院在海牙成立。莱兹打算好好利用这次机
会。5 月初，他联系了时任常设仲裁法院行政委员会主席兼荷
兰外交大臣的德博福特，并就德兰士瓦共和国应如何提请法院
仲裁一事征询德博福特的意见。然而，莱兹并没有收到任何回
复。9 月，他再次尝试。那时，政局早已改变。8 月 1 日，保
守派反对党领袖亚伯拉罕·凯珀（Abraham Kuyper）取代自
由党领袖皮尔森，成为荷兰新一任首相。随之产生了新一任荷
兰外交大臣兼新一任常设仲裁法院行政委员会主席罗伯特·梅
尔维尔（Robert Melvil），即范·林登（van Lynden）男爵。
他为人和蔼，在担任法院秘书长短暂任期内，是仲裁方面的权
威。也许给他写一封正式的信件能起点作用。

　　1901 年 9 月 10 日，莱兹和三名使节代表德兰士瓦共和国
和奥兰治自由邦政府，要求法院对"南非正发生的战争"做出
"裁决"。仲裁要解决两个主要问题："英国称德兰士瓦和奥兰
治镇压、剥削当地英国侨民是否有依据；德兰士瓦和奥兰治是
否存在其他行为让英国根据国际规定剥夺其自治权。"

371

除此之外，他们还敦促法院聚焦英国长期以来"违反《陆战法规和惯例公约》的种种行径"，这些行径贯穿战争始终。近日，英国将军基钦纳在其 8 月 7 日的公开声明中，威胁布尔人领袖，要将其终生放逐海外，不准回国。这一行为公然违反了《陆战法规和惯例公约》中第二十条的规定。即"在媾和后，应尽快遣返战俘"。英国还有其他一些违法行为。德兰士瓦和奥兰治政府愿向法院提交证据，证明英国确实存在违法行为。

如果英国拒绝合作，那么它将给世界留下一个"不愿接受权威公正法院的审查"的形象。如此一来，英国将为"继续这场可怕而不必要的战争"负责。而且，英国如果拒绝合作就相当于默认其"发动战争有违《陆战法规和惯例公约》中人道主义和文明主义规定"。

这封信虽然言之凿凿，但有用吗？就连莱兹也说不准。如接手仲裁案，这个刚成立的法院会将自己陷入水深火热的境地。刚成立就与强大的英国为敌，这显然不是个明智之举。法院也许会找借口，称自己无力受理。为以防万一，阿塞尔还在信中加上了请求"贵庭调解"，"或相关政府代表调解"字样。莱兹还特意向外交使团中几个他认识的人提到了这件事。例如，9 月 17 日，在海牙召开的荷兰国会开幕式上，莱兹就向奥匈帝国驻法院行政委员会代表亚历山大·奥克里斯南·奥克利斯纳（Alexander Okolicsányi d'Okolicsna）提起了此事。他似乎很感兴趣。[107]

* * *

一股寒意掠过丹尼斯·雷茨全身。他真蠢，但他完全没想到会发生这样的事。过去几周，他一直穿着英国骑兵制服，神

气活现地走来走去，高兴得像一只摇尾巴的狗。上衣纽扣精　372
致闪亮，裤子剪裁精细贴身，还有第十七骑兵专有徽章——骷
髅头和交叉骨，好不威风。此外，这身制服更加特别之处在
于，他的上一任主人是乔治·克列斯皮尼·布拉巴宗（George
Crespigny Brabazon）中尉，是格林和特鲁罗的维维安男爵四
世（4th Baron Vivian）。

　　但是，突然传来了一则令人震惊的消息。深夜时分，他们
来到了一个大农场。他们刚到那儿，农场主勒·鲁克斯（Le
Roux）就告诉了他们一件刚刚发生的事情。当天早些时候，
英军俘虏并当场处决了一名布尔士兵，仅仅因为这个人穿了英
军制服。这个人叫杰克·巴克斯特（Jack Baxter），是丹尼斯
的朋友。9月底，基钦纳发表公告称："所有身着英军制服的布
尔人经军事法庭审判后将被枪决。"这个农场主边说边把那份
刊登这一公告的报纸拿给丹尼斯看。

　　他完全有可能落得同样下场。丹尼斯想起，上周这身制服
还救了他两次。两次都是因为英国巡逻队把自己当成了他们自
己人。还有一件事：两名布尔人穿着英军的制服，遇到了一伙
英军。情急之下，他们朝对方大喊"别开枪，我们是第十七骑
的"，说罢便朝对方开火。结果，打死了两名英军，其中一人
就是沃特森（Watson）上尉，另外还打伤了一人。为此，史
沫茨大发雷霆。或许就是因为这件事，基钦纳才发表了那份
声明。

　　无论如何，丹尼斯不能再穿成这样走来走去了。他并不
是为自己的行为后悔——他一直没想过要扮成英军士兵招摇撞
骗。他之所以穿英军的制服是因为自己的衣服破得都不像样
了。最后，丹尼斯只能套个面粉口袋在身上。他完全是不得已
才会穿英军制服的。无论如何，现在他知道这有多么危险了。
还好勒·鲁克斯家境还不错，衣食无忧，大方地给丹尼斯还有

他的同伴们找来了便衣让他们换上。[108]

丹尼斯一行人次日便离开了。他们共有 8 人。为了避开英军势力，他们特意取道卡鲁蜿蜒的山路，但是这样也耽搁了路程，落在了史沫茨一行人后面。勒·鲁克斯告诉他们，史沫茨等人朝着南边 70 公里开外的斯瓦特伯格（Swartberg）去了，丹尼斯等人得快点赶上才行。成群结队的英军正在身后穷追不舍，他们必须时刻保持警惕。像他们这样的小股部队实在太脆弱了。

但他们也很有办法，一边走还能一边找到吃的填饱肚子。路过一个农场的时候，丹尼斯等人饱餐了一顿煎鸵鸟蛋，到其他地方也只是拿一些需要的东西。丹尼斯一行人往往不是那些地方的第一波访客。有一次，半夜，在苏尔贝格山谷，他们来到了一个英国人的家里。这个英国人崩溃道："天呐！今天早上先是来了一群布尔人，他们一来，就宰了我的羊；后来又了一群英国人，他们不去追布尔人反而宰了我更多的羊；现在大半夜的，又来了一群布尔人，把我从床上揪起来！"从这个英国人口中，丹尼斯等人知道史沫茨一行就在前方，看来他们很快就能赶上队伍了。

如果第二天没有犯错，他们或许是可以追上史沫茨的。想到英军此刻正一心一意追捕史沫茨，丹尼斯等人便放松了警惕。他们在一个视野不好、无法查看周围情况的地方停下来，吃了个饭。就在那儿，丹尼斯犯下了第二个错误。由于一夜没合眼，很是疲惫，丹尼斯便独自去到一簇灌木丛的阴凉里小憩一会儿，没有告知队友。

突然，附近一阵枪响，丹尼斯从睡梦中惊醒。虽然脑子还没清醒，但从灌木丛的缝隙里他窥见一群英军士兵站在马匹旁，正朝着自己的队友开火。而队友们正快马加鞭朝山谷方向逃走。这里只剩了他一个人。虽然英军现在还没发现他，但这只是早晚的事。他现在唯一的机会就是朝反方向跑。丹尼斯当时太累了以至于没卸下马鞍，现在看来是因祸得福了。他悄悄地一点点走上前，然后跨上马，疾驰而去。还没等他跑远，英国人就发现了他，然后他不知怎么地就从马上掉了下去。他的小马驹被子弹打得满身窟窿，丹尼斯自己则摔到了地上。他的手一阵剧痛。

他用那只没受伤的手，抓起步枪，拔腿就跑，顺势躲在了右边一小片树林里。英军仍在向他开枪，还有一些人正朝他的方向走来。他感到自己的靴子被什么东西撕开了。丹尼斯躲在一条干涸的河道里，犹豫了一会，思考着自己是要继续往山谷方向跑，还是去山顶。他回头看了一眼，发现英军此刻正虎视眈眈盯着他，便立刻朝山谷方向跑去。丹尼斯没有如英军预想的那样向左转或向右转，而是直接向对面冲去。他一跃而起，扑倒在地，藏在灌木丛中。

这个计策果然奏效。英军分成两队，一队去山谷，另一队去山上。丹尼斯就藏在灌木丛里，一动不动，一直等到天黑，才一瘸一拐地从灌木丛里出来。他的靴子被一颗子弹打穿了，从马上摔下来的时候手掌扎了一根几厘米长的刺。但是好在他还活着，并且设法逃脱了英军的追捕。尽管如此，他还是很沮丧。他又累又饿，受了伤，还遭到了敌人的围追堵截。丹尼斯一个人身在异国他乡，拖着受伤的脚，在黑暗中一瘸一拐摸索前进。此情此景之下，恐怕只有万能的主才能救他。

最终，他得救了，救他的人不啻主在地球上的代理人。一开始四周一片寂静，后来声音越来越大，他听到有人在哼唱圣歌，风琴伴着歌声，悦耳动听。丹尼斯知道这些朋友就在附近。他敲开了一扇门，介绍了自己，受到了歌唱者们的热情欢迎。这是一家阿非利卡人。这家人热情善良，一个劲儿地让他多吃点，争着抢着帮他清理和包扎伤口，帮着他重新上路。因

374

为对丹尼斯而言，继续待下去是危险之举，黑人劳工很可能会出卖他。一开始，这个家里一位70岁的长者给丹尼斯引路。这是他作为这个家族家长的特权。这位长者不敢走得太远，但他知道一条旧时跑马车的路，丹尼斯可以顺着这条路找到队伍。向西，丹尼斯相信向西走一定能找到史沫茨。

然而仅靠步行，丹尼斯不一定能赶上，但眼下也没有其他办法了。也许他在半路上还能遇到自己走失的队友呢。也许他们为避开英国人，绕了远路。丹尼斯猜对了。那天晚上，借着月光，丹尼斯发现了游击队的脚印。第二天天还没亮，他就追上了队友。发现队友的时候，他们还在睡觉。所有人都安然无恙。队员们以为丹尼斯已经牺牲了，再见到他都非常惊讶。

经过商议，丹尼斯等人决定不再追着史沫茨的踪迹前进，或者追得不要那么紧。毕竟身后有大批英军，而他们自己只有三匹马。最好还是另辟蹊径。他们可以从一些对布尔军不太友好但英军较少的村庄经过。这意味着他们将不得不再次穿越斯瓦特伯格，经过卡鲁，穿过开普敦—布隆方丹铁路，然后向西去卡尔维尼亚。

他们一连几周又饿又渴，不过正如他们预想的一样，一路上没什么英军，只有一些临时的英军巡逻队。11月初，他们终于与史沫茨主力会师了。这是一次愉快的会师。包括史沫茨在内，没人想到丹尼斯还活着。然而丹尼斯开心的同时心里还夹杂着一丝悲伤。里奇部的人所剩无几，只有两人毫发无伤，有四人受伤，剩下的不是被俘就是被打死了。这就是这支侦察小队的结局。史沫茨把手下两名体格健硕的兵派给了布维尔，把丹尼斯留在了自己手下。

对丹尼斯来说，这是一次晋升，是对他在远征路上克服了重重困难的肯定。然而，对史沫茨来说，他这么做只是不想让国务秘书任性的儿子再次陷入困境。尽管如此，在历经千难万险、物资匮乏后，最初几个星期他们还是很开心的。开普西部地区离铁路很远，几乎没什么敌军，只有些临时驻军，偶尔也会有一支纵队，但总体来说，游击队还可以自由呼吸。这里有许多叛军出没，史沫茨打算把他们编入游击队，扩大规模。

1901年11月7日，游击队来到伊兰德斯芙莱（Elandsvlei），375
意为“和平绿洲”。这里棕榈摇曳，水源充足。这是他们来到开普后，头一次在一个地方待了两个晚上。丹尼斯在附近山上逮到了一头野骡子。“这头骡子非常有劲儿，还没驯服它之前，它朝我又是咬又是叫，好几次把我撅倒在地”。丹尼斯又有“马”可骑了。[109]

* * *

荷兰外交大臣范·林登不得已亲自向威廉·莱兹说出了实情。1901年11月22日，莱兹应召来到外交部。他早就知道会发生什么事。范·林登为人友善，说话直截了当。常设仲裁法院拒收莱兹及另外三名代表提交的申请。因为法院只可受理行政纠纷，无权受理布尔共和国与大不列颠之间的军事纠纷。

这个回答在意料之中。好在莱兹还有另一个计划，且已征询奥匈帝国驻常设仲裁法院行政委员会代表奥克里斯南·奥克利斯纳的意见。这个计划是他和阿塞尔一起想出来的，即直接将申请呈报各《陆战法规和惯例公约》签署国审议，尤其是希望争取美国的支持。美国总统麦金莱1901年9月被暗杀后，副总统西奥多·罗斯福接替了他的职位。他不像麦金莱一样把国家外政方针全权交由国务卿海伊处理。罗斯福总统是荷兰移民者的后代，毫不掩饰地表达了自己对布尔人事业的同情。谁知道呢，或许他早就做好了冒险的准备。

莱兹依旧寄希望于通过一个有影响力的政府首脑进行正式

仲裁，其他方法都不行。他已经听到了太多来自政界、商界各色人等的善意的谬见。就在前一天，11 月 21 日，一个叫弗朗西斯·威廉·福克斯（Francis William Fox）的陌生人手持一份文件出现在莱兹面前，称这份文件可为英布和谈提供框架。这个人解释，这份文件出自"一位德高望重的人之手"。这个人说他已经跟荷兰首相凯珀就此事讨论过了，首相也表露过自己对此很感兴趣。随他怎么说，反正莱兹觉得这事挺离谱的。

莱兹的商业好友爱德华·利珀特向他提供了一些更加实质性的建议。1899 年初，战争还没爆发前，利珀特曾参与调解布尔政府与矿业巨头之间的矛盾。[110] 1901 年他又再次参与调解。在 7 月、8 月这两个月里，他主动——不过是在莱兹知情的情况下——与前自由党领袖索尔兹伯里勋爵的前任罗斯伯里勋爵展开谈判。他们讨论的问题之一就是，是否向莱兹及代表团代表授予安全通行证，保证他们在南非的安全，以便与布尔政府进行商讨。利珀特与罗斯伯里勋爵的谈判曾两次中断。11 月末，利珀特再次与莱兹取得了联系。把他们的谈判事宜摆到公众面前怎样？罗斯伯里勋爵近期要发表一个讲话，这或许是个合适的机会。

莱兹则持反对态度。他相信利珀特的为人，但对罗斯伯里表示怀疑。罗斯伯里一定会歪曲事实以"维护自己所在政党的利益"，这势必会"影响人们对当前形势的认识和判断"。从来都不存在什么真诚的谈判。"作为共同事业上的朋友，我们认真听取了你的讲话，清晰明确。"为了保证两人之间的谈话内容不外泄，莱兹还提醒利珀特，别忘了自己所做的"保密誓言"。

很快，事实证明莱兹是正确的。1901 年 12 月 16 日，罗斯伯里在切斯特菲尔德（Chesterfield）自由党会议上发表演讲。这是一场彻头彻尾的政治演说。他在演说中表示，自己支持对布尔人采取一系列强有力行动，称布尔人"冷酷屠戮"当地人，严酷鞭打、残忍屠杀和平使者，"所犯暴行罄竹难书，这是绝对无法容忍的，他们一定会将这些暴徒绳之以法"。这并不等于德兰士瓦和奥兰治这两个布尔共和国就应该接受米尔纳所建议的减少其人口的策略。这么做太过分了。罗斯伯里认为和谈是个不错的选择，但不是在这里直接面对面谈判，而是通过布尔人在荷兰的代表进行谈判。和谈也不必很正式，而是要以非官方的形式进行。"历史上一些伟大的和谈都是两个旅行者在一个中立的旅馆里展开的随意闲谈。"无疑，罗斯伯里口中的这两个旅行者就是他自己和利珀特。

莱兹认为，罗斯伯里掺和这事儿毫无助益。莱兹在接受《泰晤士报》采访时拒绝对罗斯伯里的提议发表评论。但当谈到罗斯伯里对布尔人的一系列指控时，他的话匣子就打开了。这些指控"可怕又荒谬"，无论如何，这些说辞也过于含糊不清、一概而论，很难让人信服。除了他口中提到的摩根达尔之死。莱兹承认，确有此事。克里斯蒂安·德威特下令枪决了摩根达尔。但是，莱兹接着说道，摩根达尔根本不是一个和平使者。他是个逃兵，是个间谍。试想如果爱尔兰军营里有一个逃兵，干着卖国求荣的间谍勾当，英国军事法庭会不会判他死刑？[111]

所有这些阴谋诡计更加坚定了莱兹的信念，他一定要通过正规外交程序解决英布争端。被常设仲裁法院行政委员会拒绝后，莱兹起草了一份请愿书，提请俄国、法国、德国、奥匈帝国、意大利、瑞士、荷兰、比利时、美国九国政府首脑审议。其中莱兹对美国寄予厚望。这份文件于1901年12月17日、18日寄出。除了之前写给仲裁法院的申请书之外，文件中还包含一份情真意切、充满人道主义的呼告书，呼吁国际社会早日将南非的妇女和儿童从集中营里解救出来。否则，死亡人数将与日俱增，"德兰士瓦和奥兰治这两个国家都会消亡"。[112]

* * *

扬·史沫茨在1901年12月中旬写的报告显得更积极一些。他主要谈到了战争未来走向和一些军事信息。但是，自从深入开普殖民地以来，英军管理的集中营死亡率暴增，这一点是他未曾想到的。莱兹也万万没有想到。他不曾想事实情况远比英国官方发布的消息糟糕得多。从军事的角度来看，布尔游击队在开普的游击战效果很不错，至少在西部是这样。目前在开普，史沫茨手下已经发展到2000人了。除了他自己的队伍以外，他还领导着约15支来自德兰士瓦、奥兰治和开普殖民地的游击队。尽管队伍整体规模有所扩大，但内部还存在一些问题。以开普敦—金伯利铁路为界，那些来自铁路以东地方的队伍缺乏整体协调性，队伍比较涣散；铁路以西的队伍什么都好，就是缺少马匹。据史沫茨说，还有很多阿非利卡人想加入他们，然而英国人已经彻底"清理扫荡了"有马的区域。要不然，他就能马上整编这些一心想起义的人。

丹尼斯对于部队缺少马匹的情况有着切身的体验。他从11月起就一直骑着骡子。这东西长得小巧结实，唯一的问题就是走路不稳，骑着累人。自从归入史沫茨麾下，丹尼斯骑着这头骡子可是干了不少事了。他是队里的通信员，需要"骑马"奔走，把命令从一个队伍传达到另一个队伍。他已经跑了好几百里了。

史沫茨是个极其重视命令和纪律的人，他的手下不论身在何处，都会随时收到他的命令。一会儿是这个指示，一会儿是那个指示。他会把自己下的指令一条条、一点点地记下来，传达给队伍里每个人：不准擅自离岗，违反者以军规处置；不准饮酒，违反者以军规处置；马匹饲料节约使用；战争期间严禁偷盗抢劫，上级领导批准情况下除外；优待战俘和平民，包括"有色人种和亲英者"；严禁焚烧、毁坏平民房屋；征用或没收物品需向上级报告。"我们这么做是想赢得人心，通过仁爱和宽容获得各个地方、各个阶层的人的支持，只要他们对我们不抱有敌意。"在这一点上，史沫茨和克里辛格非常不同。后者是奥兰治那边与史沫茨平级的指挥官，他采取了截然不同的政策，会处死为英军服务的非洲人和有色人。[113]

　　在处理组织工作间隙，史沫茨还抽空给博塔、德拉雷及远在欧洲的克鲁格、费舍尔、莱兹寄了急件。通过德属西南非洲，他可以安全地与身在欧洲的克鲁格等人联系。在德属西南非洲的庇护下，他还给一名著名的英籍亲布活动人士威廉·斯特德寄去了一封长长的信，信中透露了自己的困惑。"我从英国，从它的文学和它培育出的伟大的思想家的身上学到了很多，也收获了人生中最快乐的时光。这些都深深印刻在我的脑海中，难以忘怀。"而现在，这个国家却被这个"沙文主义的魔鬼"统治着。他在信中还表达了自己对斯特德勇于坚持立场的钦佩之情。[114]

　　1902 年 1 月初，史沫茨前往西北边区，整编当地小股游击队，丹尼斯也去了。这趟旅程可谓艰苦万分，几百里的路程里大部分都是沙漠。沙漠昼夜温差大，他们只好昼歇夜行，白天的时候尽量找个阴凉地休息。他们要去的是一个位于奥兰治河南岸，叫作卡卡马斯（Kakamas）的地方。穿过奥兰治河，对面就是贝专纳兰。史沫茨在卡卡马斯忙着整编队伍的时候，丹尼斯就在那里休息，尽情享受时光。当地食物充足，丹尼斯白天就在河里游泳。

　　两个星期后——那时候已经 2 月了——他们骑马回来，前往南边的卡尔维尼亚。半路上，在米德珀斯特（Middelpost），他们遇到了范·德芬特及其部下一行人，上次见到他们还是在

<!-- 页边注 -->
378

苏尔贝格。不过他们几乎没时间寒暄。因为那个时候，范·德芬特正在与一伙护送着 120 辆牛车的英军纵队交火。许多牛车都烧着了，但是这伙英国人还没放弃挣扎。丹尼斯也加入了战斗。他来得正是时候，帮助范·德芬特部赢得了战斗的胜利——同样重要的是——他也分得了一些战利品。这场突袭下来，丹尼斯收获了三匹马及其配套马具。他们一共十几个人，这些东西够队员们用了。史沫茨同意带走这些战利品，包括衣物、军靴、弹药及成箱的马蹄铁和马蹄钉。

这绝对是笔意外之财。丹尼斯再也不是那个"衣衫褴褛的骡夫"了，他的这身新装备比以往任何时候都要好。一切都顺风顺水。1902 年 2 月中旬，史沫茨、范·德芬特和布维尔率领的三部会师。这是自上次苏尔贝格一别后首次相聚，大家都十分开心。现在，他们的目标是联合进攻英军占据的范里斯多普（Vanrhynsdorp）。然而当他们到那里的时候，城里空无一人，英军已经撤离到 15 公里开外的温特和克（Windhoek）了，而那里也正是他们要去的地方。丹尼斯没有参与此次夜袭温特和克行动，因为天黑前史沫茨给他派了个任务：给温特和克里的一个哨兵送个信。等丹尼斯回来的时候已经是第二天早上了，战斗早就结束了。这一仗打得很激烈。游击队里 5 人牺牲，16 人受伤。英军的伤亡情况也差不多，另外有 90 名英军被俘。温特和克又回到了布尔人的手中。

那是 1902 年 2 月 25 日。游击队离大西洋只有 40 公里。史沫茨认为，大家可以休息一下了。于是他把队伍里所有没见过大海的人全部召集起来。丹尼斯小时候曾跟着父亲去过欧洲，自然也见过大海，但他也不想错过这次体验。史沫茨带着 70 多人来到一个叫"鱼水"（Fishwater）的小海湾。这是一次美妙的经历。他们傍晚时才到那儿。当他们走到沙丘边沿，望见广袤无垠的大海时，队伍里一阵寂静。然后，就像色诺芬

（Xenophon）《远征记》（*Anabasis*）里所记录的那些希腊雇佣兵一样，他们蜂拥着冲向大海，高呼着："海！ 大海！"他们很快就跑到沙滩上，欢呼大笑，卸下马鞍，脱掉衣服，然后像一群狂野的半人马似的，光着脊背向波涛奔去。[115]

35　发动反击
莱利方丹，1902 年 3 月

　　史沫茨等人来到莱利方丹（Leliefontein）时，这里已经被洗劫一空，夷成了平地。他们走近这片废墟，看到了 20 多具手握着旧枪支的"霍屯督人尸体"，不由得毛骨悚然。这些尸体恶臭熏天，显然是好几周前的。丹尼斯·雷茨立马反应了过来。"这是马利兹的杰作。"史沫茨双唇紧闭，面色凝重。"我看到他从躺着尸体的石头堆边走过，回来时面露愠色，一言不发，显然一副不高兴的样子。"史沫茨一直不希望看到这样过于残暴的场景。

　　大家都认识曼因·马利兹（Manie Maritz）。他个子矮小，皮肤黝黑，脾气暴躁，健壮如牛。1876 年他出生在金伯利，1895 年后一直住在德兰士瓦。他第一次作战就是抵御詹姆森等率领的英军的袭击。英布战争爆发后，他一开始是在纳塔尔作战，随后加入了南非共和国警察在南部前线战斗，后来又加入了丹尼·塞隆的侦察队。1901 年 3 月起担任开普殖民地布尔游击队队长。其间有人曾评价马利兹是一位冷血暴君，也有人说他是个狂热的爱国分子，还有人说他是一位天生的游击队领袖。

　　史沫茨也觉得他适合指挥游击队。1902 年 1 月，史沫茨任马利兹为将军。一个月不到，他就在通特博思（Tontelbos）附近负伤了，且伤势严重。丹尼斯亲眼见到，"他右腋下有一道又深又长的伤口"。正常人没几个能挺过去，但马利兹恢复得很快。他一心扑在史沫茨交给他的任务上：深入西北，前往纳马夸兰。卡米斯贝格山（Kamiesberg）及周边地区的一些英国驻军成了他的新目标。马利兹这么做并不是因为卡米斯贝格战略地位重要（那里有许多值钱的铜矿），而是想吸引英军从开普敦抽调兵力前来增援。英军可能走海路来，这样去往开普殖民地首都的陆路便可畅通无阻。不过这只是马利兹等人围着营火所做的猜测。

1902年1月11日，马利兹等人前往位于卡米斯贝格山南坡的莱利方丹执行任务。他向那里的科伊桑人传递了简洁明确的信息：凡以任何方式与英军勾结者，处死刑；凡以任何形式帮助布尔军者，布尔军会保护他（她）的安全，并奖励田地、牲口。然而科伊桑人并不吃这一套。1月27日，马利兹带回来8个科伊桑人，想搞清楚他们究竟为何不满。科伊桑人也表达得很明白：科伊桑人攻击了这伙儿布尔人，他们好不容易涉险逃生。马利兹大为震怒，第二天早上便带上了一队更强的人马前去复仇。他们杀了35名科伊桑人，剩下的一些落荒而逃，他们将莱利方丹夷为了平地，临走还拿走了1000袋粮、500头牛、3000只羊。

大屠杀过后一个多月，即3月初，史沫茨及其部下抵达莱利方丹。史沫茨等人有的是时间领会那一可怕的场景。由于需要在莱利方丹等候其他游击队的消息，史沫茨等人一连好几天都"生活在尸体腐烂散发的恶臭里"。每个人的感官都受到了轰炸。史沫茨还在废墟中发现了一块精神磨刀石：一本由伊曼努尔·康德（Immanuel Kant）著的德语版《纯粹理性批判》（*Critique of Pure Reason*）。[116]

* * *

史沫茨要思考的事情有很多。在这场战争中，合法的反击与单纯的报复之间的分界线在哪里？在莱利方丹，马利兹似乎逾越了这条分界线。不过，史沫茨还是想听一听他的解释，毕竟有些事并不像看上去那么简单。一周前，史沫茨自己就曾深

陷一个道德困境，即是否处决兰伯特（兰姆）·柯林［Lambert
（Lem）Colyn］这名来自开普的阿非利卡同胞。

从法律角度来看，答案很明确。1902 年 1 月底，柯林在
范里斯多普近郊加入了本·布维尔的游击队。柯林体格魁梧，
胡子又黑又密，杂乱地长在脸上。他说自己是从一所敌军监狱
里逃出来的，布维尔等人相信了他。两个星期过去了，某天
晚上，柯林突然不见了。第二天清晨，直到查尔斯·卡瓦纳
（Charles Kavanagh）上校率领第九（皇家）长矛骑兵冲进布
尔营地，布维尔等人才幡然醒悟。布维尔虽然身中几处刀伤，
但还是成功逃脱了，但他手下 11 名游击队员却不幸被捕。他
们之中有的是开普殖民者——"叛乱者"——现在处境十分危
险，随时可能被英军处死。

布维尔发誓要找到柯林这个叛徒报仇，这次连命运之神也
站在了布维尔这边。不久后，布维尔就遇到了史沫茨和范·德
芬特等人。他们当即决定共同向从范里斯多普撤到温特和克
的英军驻军发起进攻。布尔人在此战中大获全胜。战斗结束
后，游击队检查农舍附近废弃的英军营地，那时丹尼斯·雷茨
也在场。由于要与前队友（原里奇部）珀西·温德尔（Percy
Wyndell）去找一些床单枕套来代替绷带给伤员包扎，丹尼斯
没有参加这场战斗。他们来到一间农舍，发现有个人躲在厨房
里。丹尼斯以为是这间农舍的主人，然而温德尔立即就认出了
他。"天哪！是柯林！"

他们把柯林拖到外面，一群愤怒的游击队员立即包围了这
名"该死的奸细"。布维尔一直保持着冷静，把柯林带到了史
沫茨面前。史沫茨立即组织了一个军事法庭进行审判。当天下
午，柯林因间谍罪被判死刑。为了确保判决正式有效，正当史
沫茨在附近拜访他的一位阿非利卡朋友——伊扎克·范·齐尔
（Izak van Zyl）时，柯林又一次被带到史沫茨面前，丹尼斯

也与史沫茨在一起。在餐厅里，当着伊扎克·范·齐尔一家的面，丹尼斯看到了非同寻常的一幕。

两名守卫押着柯林走了进来。他们要如何处置柯林？史沫茨无须做太多思考。间谍当然要接受审判、认罪伏法。如果史沫茨愿意的话，他也可以选择饶了这个间谍。"带出去，毙了！"伊扎克·范·齐尔的妻子带着他们的女儿眼里噙着泪离开了餐厅；柯林跪倒在地，请求史沫茨大发慈悲饶了他。史沫茨又重复了一遍他的话。

他们给这个罪人向神父亚伯拉罕·克里尔忏悔的机会，这名神父史沫茨也认识。那还是一年半之前在温泉村与拜尔斯的游击队一起的时候。克里尔主持的祈祷会时间通常很久，丹尼斯经常会走神。但是这次，克里尔在刑场所做的举动给丹尼斯留下了深刻的印象。他陪着柯林向刑场走去。安德里斯·德威特（Andries de Wet）和史沫茨的另一位部下负责监看。柯林蒙着眼，被带到一个由一队黑人劳工事先挖好的土坑前。神父双手合十，嘴里低声念着祷文。当他念完最后的"阿门"，枪声响起。柯林倒进身后的土坑里，随后被掩埋。[117]

已经有十几人因间谍罪和叛国罪被布尔军事法庭判处死刑。考虑到具体情况，行刑时会有较高职位的指挥官在场。他们出席要么说明认同该判决，证明判决正式有效，要么就是当场决定给罪犯减刑。在德兰士瓦西部地区，史沫茨和德拉雷复审了沃尔玛朗斯塔德（Wolmaransstad）法庭的八项判决。其中五项判决通过，另外三项改判减刑。其他一些布尔军队的高层也会出席，复审死刑判决。斯泰恩虽然赦免了摩根达尔的岳父安德烈斯·韦塞尔斯，但通过了对他的其他几项判决。沙尔克·伯格驳回了赦免迈耶·德考克的请求。路易斯·博塔的弟弟克里斯是德兰士瓦东部地区总指挥助理，他曾复审过一个少见的判决。格特（Gert）、皮耶特（Pieter）、科尼利厄斯

（Cornelius）、奥科特（Okkert）、马蒂纳斯（Marthinus）是五兄弟。他们有个不太吉利的姓，是"布里特斯"（Brits，在英语中是"英国人"的意思）。他们及其表哥亨德里克·科赫（Hendrik Koch）一同被指控犯叛国罪。其中马蒂纳斯·布里特斯被判鞭刑 20 下。行刑时用的皮鞭是系着马镫的皮鞭。剩余五人被判处死刑。这项判决是克里斯的哥哥博塔签署的。

383 1901 年 7 月 26 日，这五人被处决。执行此次处决的共有 12 人，均为这五人所在部队的战友，他们曾一起长大、共历风雨。[118]

到了战争后期，布尔人中"主战派"和"主和派"对立，两派之间积怨越来越深，军事处决时有发生。那些至 1901 年冬还在战斗的布尔人属于主战派。他们主张奋战到底。曾经的战友现在却接受与英方议和，与自己反目成仇。对待这些人，主战派是不会那么宽宏大量的。主和派里有一些像奥兰治自由邦的皮埃特·德威特、德兰士瓦的安德烈斯·克朗杰这样的大人物，更多的是一些正与英军合作且日益活跃的人。

成立于 1901 年初的国家侦察兵团（the National Scouts Corps）和英国人正在德兰士瓦积极展开合作。1901 年 10 月，国家侦察兵团得到官方认证，并被编入英军部队。兵团内成员皆身穿卡其布制服，宣誓效忠爱德华七世。到战争结束时，该兵团已经发展到 1350 人。这些人主要负责巡逻和侦察，但也会参与主动作战。1902 年 3 月，皮埃特·德威特在前奥兰治自由邦组建了一支与侦察团类似但规模较小的队伍，约 450 人。然而，奥兰治河殖民地的志愿军并未拿起武器进行战斗。一旦这两个兵团的人落入布尔游击队手里，他们随时都会有危险。军事法庭在这一过程中并不常用到。[119]

另外，在对待那些为英军卖命的有色人种和阿非利卡人的时候，完全不经军事法庭审判。虽然没有统计数据，但从布尔游击队员和目击者的日记和报告来看，未经审判而被处死的人至少有几百人。这些都是 1901 年 7 月克里辛格下令草草处死的人。而且，这种草率的处决不只是发生在他自己辖区内，即开普东部地区，而是在整个开普殖民地，甚至在一些最高的布尔官员（如开普西部的史沫茨）已明令禁止虐待战俘的地区。史沫茨曾明确说过，这些军纪同样适用于"有色人种、白人囚犯及间谍"，然而还是没能阻止马利兹血洗莱利方丹的科伊桑人。史沫茨要如何处置马利兹呢？[120]

* * *

被处决的人有的经过了军事法庭审判，有的则没有。通过处决来解决恩怨这一行为不仅限于布尔人，英国人也是这么干的，而且英国人打击报复之激烈几乎到违背战争法则的地步，他们对待平民的方式更是有很大的争议。那些被捕的"开普叛军"都遭到了残酷的对待。卖国求荣，其罪当诛，这一点是毫无疑问的，这同样适用于那些穿英军制服冒充英军的布尔人。根据记录，身着英军制服的布尔人被处决的案件有 100 多例。从严格意义上说，这样的处决在军法上也站得住脚，与军事法庭经裁定后判处那些擅离职守的英国军人，从事间谍活动的非洲人、有色人种、白人死刑无异。然而，英国人的这一行为却在布尔人心里埋下了仇恨的种子，尤其是英军在没有决定性证据的情况下就处死布尔人，更加深了布尔人心中的仇恨。另外，英国人往往公开处决这些人，这更令布尔人心生怨恨。这些处决经常在城镇广场上进行，而且往往还有军乐队伴奏，以及武装游行。[121]

　　这里特别要提到三件曾在国内外引起轰动的事件。这三件事的主人公分别是指挥官汉斯·罗特（Hans Lötter）、吉迪

384

恩·舍佩斯，还有将军皮耶特·克里辛格。英军把他们三人带到开普殖民地民众情绪最为对立的格拉夫－雷内特进行军事审判。这三个事件审判的指控和诉讼程序的有效性都存在争议。

其中对 26 岁的指挥官汉斯·罗特审判的主要争议是他的国籍。罗特已被证实出生在开普殖民地，然而他也曾在奥兰治自由邦居住。1899 年 11 月，战争爆发后不久，他便加入了自由邦军队，之后主要在开普作战。1901 年 9 月 4 日晚，罗特在格拉夫－雷内特附近被俘。在法庭辩论会上，罗特辩称自己是奥兰治自由邦的公民。他说，证据就放在马鞍袋里，然而被捕时袋子早已不见了。法庭驳回了罗特的主张，并根据他的名字登记在科尔斯伯格选民名册里，认定他是开普殖民地的人。罗特因此被判处死刑，1901 年 10 月 12 日执行。

法庭对另一名指挥官舍佩斯的国籍没什么争议。舍佩斯 1878 年出生于德兰士瓦，17 岁时加入了国家炮兵电报通信部队。舍佩斯 1898 年离开德兰士瓦并前往奥兰治自由邦，打算在那组建一支类似的通信部队。他参加过战斗，一开始是在克里斯蒂安·德威特部下，1900 年后便跟着克里辛格在开普作战。几个月后，舍佩斯被提拔至指挥官一职。事实证明，对他的提拔太是时候了。他的部队就在格拉夫－雷内特附近活动，六个月俘房了 1300 名英军。如此丰功伟绩，再加上外貌英俊——他着装干净整洁，胡子修剪得整整齐齐——舍佩斯不仅在队伍中很显眼，还很快引起了英军的关注。丹尼斯·雷茨正是在报纸上看到了对舍佩斯的报道，备受鼓舞，遂决定去开普殖民地参战。[122]

然而舍佩斯的对手却视他为一个祸害。为了回击基钦纳不停对德兰士瓦和奥兰治自由邦民众进行的宣教洗脑，1901 年 7 月舍佩斯在开普烧毁了 5 名亲英者的房子。对于从事间谍工作的有色人种和非洲人，他同样毫不留情。舍佩斯于 1901 年 10

月 10 日被捕，伤势严重，身体虚弱，而英方下定决心要报复

他。待舍佩斯康复后，12 月 18 日英军把他带到军事法庭，接受审判。舍佩斯被指控犯谋杀罪（杀了 30 人）、纵火罪、蓄意破坏罪和虐待"当地人"等一系列罪行。舍佩斯辩称自己只是执行上级（德威特、克里辛格）的命令，但法庭驳回了这一主张。结果，舍佩斯被判处死刑。为了掩饰理亏，英军还将此事呈给了基钦纳，后者确认并签署了该判决。1902 年 1 月 18 日行刑的那天，舍佩斯蒙着眼坐在椅子上，旁边是一个已经挖好的墓坑。这个墓坑只是暂时的。为了不让这个墓坑成为人们前来吊唁的圣地，英军当晚又把舍佩斯的尸体挖了出来，始终没有对外透露最终埋葬地点。

与此同时，对舍佩斯的审判引起了国际社会的关注，公众对此感到出离愤怒。英国有何权力处决一个（自称）执行上级命令的敌军军官，而且还是在战争仍在进行之时？公众，包括英国国内的自由反对党和丘吉尔（他的政治观点逐渐偏向自由反对党）、美国国会及其他海外著名机构在内，纷纷要求英国政府对此做出一个合理的解释。

这场抗议风暴对舍佩斯来说来得太晚了，但它或许挽救了克里辛格将军的生命。所有受审的人中当数他的军衔最高。1901 年 12 月 16 日，作为自由邦副总指挥的克里辛格身受重伤，不幸被俘。没有人不认识这个曾信誓旦旦地说把要自己知道的所有为英军效力的有色人种和非洲人全部"清除"的人。克里辛格是开普殖民地的人，他确实也是在奥兰治自由邦长大。然而在前两次的审判中，这一经历并没怎么帮到罗特和舍佩斯。

康复后，克里辛格被英军带到了之前审判过罗特、舍佩斯的法庭，并被指控犯谋杀罪（杀害 6 个非洲人）。然而那时已经是 1902 年 3 月初，局势已经大不相同，大西洋两岸传来了

抗议声——就连丘吉尔也为此发声。一个月后，克里辛格被判
无罪。但作为一名战俘，他还是要接受监禁。[123]

* * *

克里辛格被改判无罪受益于布尔人在战争中表现出来的
更具人性的一面。布尔人在俘虏了英军后，通常过几天后就会
把他们释放，他们实在是没办法拿这些战俘怎么样。然而 3 月
初，布尔人"钓到了一条大鱼"。3 月 7 日——也就是克里辛
格接受庭审那天——布尔人抓到了一位英国将军，这是他们战
争中第一次也是最后一次俘虏英方的将军。这位将军的身份可
386 非同寻常，他就是中将梅休因勋爵。1899 年 11 月，中将梅休
因勋爵曾在贝尔蒙特、格拉斯潘、莫德尔河三地大败布尔军；
也曾在马格斯方丹的"黑色星期"中吃过败仗。他曾好几次追
捕过德威特和德拉雷，但都以失败告终；此外，他还曾下令烧
毁了德威特和德拉雷的农场。[124]

他可是个大大的筹码，布尔人要是愿意在这上面打主意，
至少可以以他为筹码，与英军交易：以人易人，或者是换取点
别的什么。但事实上他们并没这么办。与之相反，这事最终以
充满骑士精神的结局收场。这样的情形不论是在绅士战争中还
是在白人战争中都是少见的。

这位骑士精神的发扬者就是库斯·德拉雷。战争结束时，
众所周知，库斯·德拉雷是一个把慈悲心看得比正义还重的
人。然而他对梅休因表现出来的慈悲之情，任何人都未曾见
过。他是一个真正的撒玛利亚人（"善人"的意思）。但首先，
德拉雷也深深羞辱了自己的老对头基钦纳，让他神经紧绷了两
天。梅休因被捕事件简直是旧时公平决斗的高潮。

德拉雷于 1902 年 2 月 25 日在距克莱克斯多普 20 公里的

伊泽斯普鲁伊特（Yzerspruit）发动了第一次袭击，袭击的目标是一支护送150辆马车的英军车队。虽然许多大车空空如也，但是他们在这次袭击中还是缴获了一挺机枪、两门大炮、一堆步枪及大量弹药，外加200匹马、400头牛和1500头骡子，战果喜人。这些东西正解了德拉雷的燃眉之急。此外，这次袭击采用的进攻方式也令人满意。这次袭击中德拉雷尝试运用了一种新战略，打得英军措手不及。他命令部下分三次以骑射的方式猛攻运输部队，第三轮进攻击溃了英军的抵抗。整场行动只花了一个半小时。英军180人伤亡，240人被俘，而布尔军仅50人伤亡。[125]

　　9天后，这群英军战俘被带到贝专纳兰边境外释放。此时，德拉雷正在酝酿第二场突袭，这次突袭地点在特威博斯（Tweebosch），这个地方位于贝专纳兰边境，处在大哈茨河（the Great Harts）与小哈茨河（the Little Harts）之间。英军想报上次伊泽斯普鲁伊特之仇，因此从四面八方集结了许多兵力，其中一支部队由梅休因指挥。这并不是一支精锐部队。老实说，部队里大多是一些没什么战斗经验的农民兵、殖民地非正规部队和一些开普黑人特警。这次英军集结了1300人，一半是骑兵，还配备了4门炮、2挺马克沁重机枪、85辆马车。整支队伍骑兵少，人员大都无实战经验，特别是3月6日受到布尔军警告之后，梅休因真该小心一点。当时那场警告不过是布尔军和梅休因后卫队发生的一场小打小闹，因此未引起英军的恐慌。

　　那天晚上，梅休因部在特威博斯安营扎寨。尽管出现了一些不祥之兆，他依然决定第二天一早继续北上。不论付出什么代价，他一定要阻截德拉雷。当晚，梅休因手下的一些白人和黑人去附近的舒特家的农场疯狂破坏。他们毁坏财物，调戏妇女，准备放火烧了这个农场，这时梅休因赶到，制止了他们。

387

小哈茨河对岸是布尔人的营地，德拉雷此刻正为突袭行动做准备。德拉雷手下有 750 人，个个身经百战，大家都迫不及待想要再试一试"伊泽斯普鲁伊特战略"。预言家范·伦斯堡做了个吉祥的梦。他又看到了一头红牛，梦里这头牛轰隆隆地冲下了山，到了山脚却断了牛角，折了腿。梦的寓意十分明显，但凡头脑清楚的人都看得出来：英军大败，损失惨重，良将折翼。

第二天早上，梦真的成为现实了。凌晨 3 点，梅休因小队先出发。一小时后，主力部队再出发。到了 5 点，运送辎重的大部队才出发，正好成了从四面八方疾驰而下的布尔军的瓮中之鳖。布尔军采用骑兵突袭的新战略完全出乎英军意料。英军中只有那些手上有枪的人还能来得及反击几下，等这些人被干掉之后，早上 10 点左右，这场战斗就结束了。布尔军 8 人阵亡，26 人受伤。英军 68 人阵亡，872 人被俘，其中 121 人受伤。除此之外，英军的大炮、马车还有约 500 匹马都沦为布尔军的战利品。

但对布尔军来说，此次最大的收获当数俘虏了梅休因勋爵。梅休因骨折，并受了枪伤，伤势严重。由于大腿中枪后又被自己的马压在地上，梅休因落入了他的克星手里，只能任其摆布。德拉雷会如何处置他呢？

对于德拉雷之前所做的一切，他的部下都不觉得意外，可这次德拉雷的举动实在超出了他们的想象。一开始，战斗结束后，德拉雷亲自拜访了梅休因。由于不会说英语，在翻译的帮助下，德拉雷还向梅休因介绍了自己的部下。安排英、布伤员一起治疗这一举动还不算奇怪，毕竟这也不是第一次了。然而，一天后梅休因的妻子诺尼（Nonnie）出现在军营里（农场被毁之后诺尼就带着孩子乘着牛车四处游荡），还像变戏法似的给梅休因端来了一碗鸡腿，这一出让德拉雷的部下都惊呆了。之后，德拉雷不仅把此次俘虏之首——梅休因——安置在自己的马车里，还把他送回英军驻地克莱克斯多普，让他接受更好的治疗。

梅休因正在回去的路上，此时布尔人这边起了骚动。德拉雷的部下强迫他改变了他的决定。即便已经派人前去阻拦梅休因，但德拉雷仍试着与部下摆事实，讲道理。德拉雷说，这种人道主义行动对他们的事业大有裨益。最后，部下让步了。梅休因得以继续前往克莱克斯多普。到了克莱克斯多普，梅休因就把马车还回来了，还回赠了满满一车粮食。为表感激，德拉雷则给梅休因夫人回了一份暖心的电报。如此，德拉雷和梅休因就成了毕生好友。

然而，这只"西德兰士瓦雄狮"也有不太绅士的时候。比如，当他得知舒特家在那场战斗之前的夜里惨遭洗劫之后。在他抓获的战俘中，有人指控有 8 名开普的黑人战俘曾参与那件事。对于如何处置这些人德拉雷一点也没有犹豫。他先是让这些人给自己挖好一个大墓坑，然后蒙上他们的双眼，接着就把他们枪毙了。[126]

* * *

看到曼因·马利兹安然无恙，丹尼斯·雷茨很高兴。在这个时候，他的价值堪比黄金。他的位置无可替代。他身怀特技，是个优异的投弹手。马利兹曾把三枚炸药绑在一起制成一个 10 公斤重的巨型炸弹。他站在别人的肩膀上，仔细估量从他们到目标碉堡的距离。而后，他点燃引信，等了一会，用力将炸弹掷出去。不偏不倚，炸弹刚好落到目标建筑的屋顶上。引信嘶嘶继续燃烧了两秒，很快就是一阵震耳欲聋的爆炸声，顿时沙袋、石块漫天飞。之后碉堡里就没了动静。于是，布尔军爬过铁丝网，向碉堡入口冲去。他们走近时听到英军呻吟着、呛着嗓子呜咽道："别扔了，别扔了。"碉堡里面一片废墟，屋顶也被炸塌了。英军死的死，伤的伤，还有的被震晕了过去。

最终，史沫茨还是选择了相信马利兹的话。马利兹说，当时的局面生死攸关，他别无选择。莱利方丹的科伊桑人在马利兹毫无防备的情况下偷袭了他，他差点丧命，因此，第二天进行了反击。也就是说，这是一件早有预谋的生死之战。然而，其实根本用不着史沫茨这样聪明的律师，大家也知道这事是子虚乌有的，不过，史沫茨还是相信了他。一方面，马利兹的部下不愿看到自己的领导当众受到严厉的责骂；另一方面，史沫茨也确实不能没有他。

关于第二点，史沫茨在卡米斯贝格山北部攻打三座矿镇时就充分认识到了。所有人都知道史沫茨对斯布林布克（Springbok）、康科迪亚（Concordia）、奥吉普（O 'Okiep）这样的地方压根不感兴趣，这些都是给英国人下的诱饵。开普当局不会轻易放弃当地的驻军不管。而且，当地驻军还有保护开普铜矿公司的任务在身。因此开普当局不得不加派兵力保护斯布林布克、康科迪亚和奥吉普三地。布尔军的威胁越大，当局派出的援军就越多。布尔军必须发起进攻，给英军点颜色看看。

布尔军自制的炸弹开了个好头。这些炸弹是由几个爱尔兰人做的（在矿区最不缺的就是雷管和炸药），而且做得很不错。1902 年 4 月 1 日，史沫茨率领 400 人袭击斯布林布克。这里有一中队驻军，共 120 人，大部分是黑人。尽管史沫茨瞄准了碉堡上的小口，还击毙了两名英军，然而面对斯布林布克的三处碉堡，布军的步枪毫无作用，还是绑在一起的手榴弹威力更大。此时，马利兹就可以大显身手了。进攻的第一个晚上，他们摧毁并占领了两座碉堡。守卫第三座碉堡的英国驻军一直坚持抵抗到第二天晚上，由于饮用水耗尽，被迫投降。

而进攻康科迪亚时，布尔军仅仅是作势威胁，就拿下了这座小镇。康科迪亚和斯布林布克一样，有一中队驻军，约 120 人，但这里的驻军将领更愿受降。4 月 4 日，史沫茨给康科迪亚的驻军将领写了一封信，敦促他尽快投降。史沫茨在信中写道，这是双方最好的选择。弗兰西斯·菲利浦斯（Francis Phillips）上尉很快便同意了，但前提是矿区里所有个人财产和矿藏必须保持原封不动。史沫茨同意了他的条件。

奥吉普是那块最难啃的骨头，算得上一处真正的据点。这个据点有一处中央堡垒，该堡垒左右两侧还各设了一处辅助堡垒。这些堡垒四周围了一圈碉堡，大大小小一共有 15 座，彼此之间以铁丝网相连，形成路障。这里驻军有 900 多人，其中三分之二是黑人。一开始，史沫茨还想尝试一下恐吓的手段。他派出了两名使者，丹尼斯是其中之一。他们举着白旗，前去与英军谈判。他们希望驻军投降的要求换来的却是守军的咒骂。"投降！去他妈的投降，大爷就在这等着，看你们能怎么样。"当然，他们的指挥官谢尔顿（W. Shelton）中校说话要文明很多，但基本上也是一个意思。

史沫茨最后说道，既然英军心意已决，那我们只好围攻，让他们知道我们也不是吃素的。这就意味着英军即将承受另一轮轰炸。4 月 10 日晚，布尔军对左右两侧碉堡发起了第一次进攻。第一座碉堡很容易地拿下了，但第二座不知怎的竟经受住了炸弹的轰炸。第二天晚上，布尔军试图攻破这座碉堡，依旧没有成功。丹尼斯被激怒了，史沫茨也开始有点窘迫。是时候让马利兹上场了。

第三次进攻非常幸运。丹尼斯再次亲眼见证了马利兹熟练地把炸弹投掷出去，炸毁了第二个碉堡，心里着实感到钦佩。

390　　还剩 13 个碉堡，1 个中央堡垒。但史沫茨觉得要把剩下这些都拿下来实在太危险了。他们现在位于开阔平地上，距离这些目标太远了，就连马利兹这么厉害的投手都不一定能把炸弹准确无误地掷过去。于是，他们决定封锁奥吉普，切断奥吉普与外界的一切联系。就这样，史沫茨等人就在康科迪亚驻扎下来。丹尼斯与他的朋友埃德加·邓克尔（Edgar Duncker）、尼古拉斯·斯瓦特（Nicolaas Swart）住在一起。"几个霍屯督囚犯"给他们做饭、喂马。康科迪亚这里有很多动物可以宰杀，吃的方面完全不用愁。在康科迪亚，布尔人可以躺在真正的床上，而且那里还有一个阅读室。多么舒适啊！他们就在这里静静等待英军援军的出现。进攻开普敦的机会就在眼前。[127]

36　苦涩结局

康科迪亚，1902 年 4 月

事实的发展和他们想象的不一样。4 月最后一个星期的一天，丹尼斯、邓克尔和斯瓦特在奥吉普的英军哨所打阻击战。在返回康科迪亚的路上，他们看到远处有一辆马车过来，车篷上插着一面白旗。马车里是两名英国军官，他们是来给史沫茨送基钦纳勋爵的急件的。这两人说他们也不知道信的内容，至少他们是这么说的。对这件事，丹尼斯心里有自己的看法。

史沫茨在他位于康科迪亚的住处接见了这两名英国军官。过了一会儿，他从屋里走了出来，脸上的表情很沮丧。他一直走到草原上，心事重重。当天晚上，他和丹尼斯谈了英方来信这件事。正如丹尼斯所料，信确实是英军总司令基钦纳写来的。他已经与布尔领导人举行了会谈，是和平谈判。和谈的结果将拿到 5 月 15 日在弗里尼辛举行的会议上进行讨论。所有仍在打游击的布尔突击队都要派出代表参加，德兰士瓦政府也希望史沫茨作为他们的法律顾问参加会议。英方随信送来了旅行用的安全通行证。他们可以乘火车到诺洛斯港，从那里乘船到开普敦，然后再乘火车到弗里尼辛。

这个消息对于一帮在八个月前偷偷进入开普殖民地的游击队员来说是一个毁灭性的打击——他们历经千难万险，个个瘦得像稻草人，但他们最终控制了几乎整个开普殖民地的西部。而现在，当他们正要把这里搅得天翻地覆的时候，却收到了和谈的消息。德兰士瓦和奥兰治自由邦的情况真的糟糕到了这样的程度吗？不然的话，还能是怎样呢？史沫茨很沮丧，但他别无选择，他必须去参加这次会议。

这个消息让丹尼斯也失望至极，但当他听说史沫茨需要带上一个秘书，另外还需要带上一个勤务兵时，他又振作起来了。他可以陪着史沫茨前往，不管是当秘书还是勤务兵都行，这样，他就能再见到父亲了。这一点希望重振了他的冒险精神。尽管地平线上乌云密布，但这次旅程必将有着意想不到的收获。他弄不明白勤务兵是干什么的，只是觉得可能是所谓的副官吧，所以他选择当勤务兵。史沫茨的妹夫托蒂·克里奇（Tottie Krige）则作为秘书陪同。

其中最困难的事情是和那些需要留下的人告别：丹尼斯的朋友埃德加·邓克尔和尼古拉斯·斯瓦特，以及所有与他共患难的伙伴。史沫茨把大家伙召集起来，告诉了他们和谈的情况，并委婉地暗示和谈的结果可能不是他们所希望得到的。但是这些战士们只是发出欢呼，他们觉得，唯一的可能是英国输掉了战争，而召开会议是为了"把我们的国家还给我们"，除此之外，他们根本没多想。于是，这场分别竟然充满了欢快的气氛。面对此情此景，史沫茨也就没有多说什么。

在一支巡逻队的护送下，他们骑马前往奥吉普的英军阵地。到达之后，巡逻队的人负责牵走他们的马，最后一次唱响突击队的队歌，跟他们鸣枪告别，然后疾驰而去。一辆英军马车把他们送到诺洛斯港的火车站。上了火车后，丹尼斯发现自己搞错了。勤务兵是仆从，不算是军官。他和一群普通士兵，包括一群有色人，一起被塞进一辆运牲口的货车车厢，而史沫茨和克里奇则被隆重地领进头等车厢，这搞得丹尼斯心情很不好，还和车厢里的一个有色人发生了争执。好在他很快得到了提升。晚餐时，史沫茨跟英方提到他的勤务兵其实是德兰士瓦的国务秘书的儿子，于是他又被从货车车厢里请出来，并被邀请去参加宴会。

他们到达诺洛斯港时，"伊利湖号"（Lake Eerie）正准备出发。英方派了一艘小船来接他们。三个人在码头上等着，各自陷入了沉思，默不作声。丹尼斯·雷茨心里想，也许史沫茨和克里奇此刻也在回忆在山坡上的营火和广阔的大草原，他们在星空下行军，忍受寒冷、饥饿和雨水的折磨，而且，最重要的是，他们可能也在想那些"英勇战死的好男儿和骏马"。[128]

* * *

最后，是亚伯拉罕·凯珀启动了和谈。1902 年 1 月 25 日，英国外交大臣兰斯唐勋爵收到了这位荷兰首相起草的一份备忘录。备忘录是用当时外交场合惯用的法语写的，但其文笔却带有典型的荷兰风格：直截了当。海牙那边的荷兰政府表示愿意为英国人与布尔人之间和谈并达成和平条约（un traité de paix）提供帮助。他们已经想出了一个方案。首先，仍在荷兰的布尔代表团的三名成员将返回南非同布尔领导人进行协商。然后，他们将带着授权回到荷兰，在荷兰某地进行和平谈判。荷兰政府愿意提供"衣食住行等一切所需"。

兰斯唐在 1 月 29 日做出了回复，风格同样直截了当。英国政府赞赏荷兰方面提出这项提议时的人道主义方面的考虑，但原则上拒绝任何外国势力对南非战争进行干预。无论如何，伦敦认为只跟派驻荷兰的代表团进行和谈没有任何用处。斯泰恩和伯格是布尔人中级别最高的官员。如果他们愿意谈判，他们应同驻南非的英军总司令联系。[129]

莱兹只是从报纸上听说，英国议会对此事进行了辩论，但是在了解了整件事的来龙去脉之后，他很不高兴。显然，1901 年 11 月那个曾与他接触的叫福克斯的家伙并不是在虚张声势，说凯珀首相有兴趣调停。但是凯珀并没有把他的提议告诉他，也没有告诉费舍尔或克鲁格。莱兹后来才知道，凯珀只联系了一个人，那人就是沃尔玛朗斯，而沃尔玛朗斯对此一直守口如瓶。[130]

393

这种调解显然不是莱兹所希望的那种。荷兰的备忘录没有呼吁英国内阁结束一场在法律上和道德上都应受到谴责的战争。相反，它含蓄地敦促布尔领导人放弃一项毫无希望的事业。莱兹担心英国人会利用这一点，充分为己方谋取利益。几乎同时，他也从美国方面收到了坏消息。1901 年 12 月中旬，罗斯福总统对布尔人代表的呼吁做出了回应，尽管回应的内容充满同情和善意，却毫无帮助。罗斯福指出，他的前任麦金莱此前曾担任调解人，这一付出比任何其他国家元首都要多，但是当时伦敦方面断然拒绝了调解，而且毫无疑问还会再次拒绝。

一个月后，1902 年 2 月底，瑞士那边也来了一封拒绝的回信。但是，其他收到信的政府首脑却连一句表示感谢的话都没有，甚至连俄国的外交大臣拉姆斯多夫也没有任何回应，尽管他自己的使节德吉尔斯也随莱兹的信附上了表示支持布尔人的信。莱兹已经穷尽了他的外交手段。[131]

整个 3 月，莱兹都徘徊在希望和恐惧之间。一方面，莱兹焦急地等待着，看英国是否会试图利用凯珀的和平倡议，如果会利用的话，如何利用。与此同时，他对德拉雷 3 月 7 日在特威博斯取得的巨大胜利，以及他俘虏了梅休因勋爵，而后又惊人地将其释放这件事感到兴奋。从这些事情上可以看出，布尔人仍然能够取得巨大的军事胜利，而且表现得非常高贵，这些有助于恢复布尔人在欧洲的支持者的信心。

1902 年 3 月底，有 4 名信使从南非赶来，他们带来的消息更是让莱兹充满了希望。他们是从德国控制的非洲西南部来的，带来了非常棒的消息。在 12 月和 1 月的一系列报告中，史沫茨描绘了当时西开普局势的美好图景。这使莱兹非常想念南非。他在给妻子露易丝的信中写道："我们要是能回到南非广阔的草原上，那该多好啊！在过去的几天里，我花了很多时间跟信使交谈，我特别喜欢南非那里空气的气息，这让我觉得这里的日子几乎无法忍受。"[132]

* * *

其实，他要是知道南非的真实情况，会大失所望的。在南非大草原上，布尔人面临的压力日益加重，空气中还弥漫着不和谐的声音。1902 年 2 月，米尔纳和基钦纳收到了凯珀的备忘录和兰斯唐轻蔑的回复。3 月初，基钦纳想出了一个办法，可以好好利用这些信件的内容。他仔细考虑了他想要达到的目标。在尽可能简短的附带说明中，他将这两份通信抄送给了德兰士瓦共和国副总统沙尔克·伯格，但是刻意地没有抄送给自由邦的总统，那位坚不可摧的马蒂纳斯·斯泰恩。

他所附的便条对伯格的影响超过了他最高的预期。伯格在 3 月 10 日回复说，他"渴望并愿意""提出和平的条件"，但首先他得和斯泰恩商量一下。然后他提出，不知基钦纳能否愿意为他和政府的其他成员提供一个安全通道，穿过英军的防线。基钦纳很快就同意了。但是斯泰恩在哪里？对此，伯格毫无头绪，基钦纳也不知道。最后一次有人发现他是在克鲁斯塔德附近。在基钦纳的建议下，伯格和其他德兰士瓦的领导人决定去那里看一下。

终于，他们在 3 月 26 日找到了斯泰恩。找到他的时候，他并不是在克鲁斯塔德附近，而是在别的地方，在德兰士瓦西部。好几个星期以来，他的眼睛都很不舒服，当时他正在接受德拉雷的医生的治疗。斯泰恩提议在附近的某个地方会面，比如波切夫斯特鲁姆或克莱克斯多普。最终是基钦纳做出的决定：在克莱克斯多普会面。除了政治领导人，最高军事指挥官也都收到了邀请和安全通行证。到 4 月 9 日，所有受邀的人都到了。

有 10 位来自德兰士瓦，包括伯格、雷茨、博塔和德拉雷，还有 7 位来自自由邦，最重要的是斯泰恩、德威特和赫佐格。

距离这些布尔领导人上次会晤已经过去了近十个月。1901 年 6 月 20 日在瓦特法尔，他们确认取得了一致意见，或者更确切地说，他们在争论了几个月的最佳路线之后再次达成了一致意见。无论如何，他们通过了一项一致的最后决议：没有独立就没有和平。[133]

在克莱克斯多普，人们很快发现有些人比其他人更坚定。和以前一样，自由邦的人立场更坚定。德威特清楚地表明了自己的立场："我宁愿永远被放逐也不愿牺牲一丁点儿的独立。"斯泰恩和赫佐格对此表示赞同。德拉雷由于在特威博斯取得了大捷，也赞成"继续斗争"。这样一来，他就成了唯一立场明确的德兰士瓦人。来自德兰士瓦的其余代表都有顾虑，尤其是伯格和博塔。谈及自己的想法，伯格没有拐弯抹角。"我们的处境一天比一天差。"冬天就要来了，这意味着"许多人将别无选择，只能向敌人投降。我们的国家总是既有中坚分子，也有懦夫"。当然，他们可以继续战斗，也许最终会实现他们的愿望。但代价是什么呢？他们最终很可能得出这样的结论："我们的民族已经被消灭了。那样的话，我们究竟是为了谁而战呢？"

博塔也毫不掩饰他的担忧。他直接领导下的各地区之间情况不尽相同，但总体情况令人沮丧。英军纵队无数次的追击和令人窒息的碉堡网使他们付出了沉重的代价。在一年的时间里，他可以调集的人数几乎减少了一半，从 9570 人减少到 5200 人，其中 400 人没有战马。此外，食物极其匮乏。几乎没有可供屠宰的牛了。在德兰士瓦，有一部分土地已经不适宜居住，他正准备放弃这些地方，甚至他们的突击队队员也在为生存而挣扎。与外界的通信和交通往来都被封锁了。他遇到有武装的祖鲁人的次数越来越多。对开普殖民地那边也没什么可期待的。那里的布尔战士人数仅比前一年略有增加，从 2000 人增加到 2600 人。"现在要发起任何重大的起义行动都为时已晚。"总计只有 1.5 万至 1.6 万名布尔人仍在战场上活动。尽管这些人的精神状态仍然很好，但这不是问题所在。"但是普通百姓呢？"作为人民的代表，他们可以选择"坚持下去，像男子汉一样死去，或者直到我们被放逐到遥远的岛屿上……但我们对人民负有责任"。

要不要和平？当然了，那当然好了。但代价是什么？他们在克莱克斯多普表达的意见截然不同。他们的未来，是作为一个独立国家存在，还是仅仅生存下去？这就是自由邦领导人和大多数德兰士瓦人之间的差别。有一点他们都同意。他们必须确定要求英国人做出何种让步，只有那时他们才能决定自己这边做什么。这意味着要和基钦纳谈谈。4 月 10 日，斯泰恩和伯格表示他们想亲自和基钦纳谈谈，基钦纳也很欢迎他们。一天后，他们登上了开往比勒陀利亚的火车。第二天，4 月 12 日星期六，他们在英军总司令位于梅尔罗斯的司令部跟基钦纳坐在了一起。

两位布尔人的总统——克鲁格不在考虑之中——都有他们政府最后所剩的官员的陪同。因此老雷茨和作为法律顾问的赫佐格也出席了。他们到达时，跟他们谈的只有基钦纳一人，两天后米尔纳加入了会谈。此时，秘而不宣的议程就完整了。四个主角各自有着不同的目标。斯泰恩想要独立，伯格想要有尊严的和平，基钦纳想要压倒性的胜利，米尔纳想要无条件的投降。但是只有斯泰恩有一点非常的明确："人民不能失去自尊。"

自然，他们未能达成协议。但是由于基钦纳的努力，没有人退出会谈。米尔纳认为斯泰恩的立场很荒谬。米尔纳希望谈判破裂，但这种局面并没有发生。基钦纳一反常态，巧妙地利

396

用与伦敦的电报联系向布尔人施压，同时又没有把他们吓跑。英国内阁的间接贡献很明显。前布尔共和国不可能独立，这一点英方不予考虑。唯一可以接受的情况是，在一年前的1901年3月基钦纳（当时基钦纳和博塔刚刚在米德堡举行过一次会谈）向博塔提出的无条件投降，或者是类似的情况。[134]

英国的立场不可动摇。他们断然拒绝了取消吞并两个布尔共和国的做法，此外的其他一切都可以讨论。伯格——毫无疑问还有博塔——原本会在当时当地就签字，特别是，如果在他考虑到前线传来的坏消息的情况下。由于德拉雷没有跟队伍在一起，他的突击队4月11日在鲁德瓦尔遭遇了伊恩·汉密尔顿率领的纵队，惨遭败绩。特威博斯之战的魔力已经消失了。

但斯泰恩坚守阵地，带领德兰士瓦的同行进入最后一道防线。他们辩称，根据宪法，布尔两国政府都无权在不征求本国人民意见的情况下放弃独立。而为了进行公投，双方必须停火，他们还希望代表团的一名成员来自欧洲。

基钦纳立即拒绝了后一条建议，也拒绝正式停火，但他将允许他们组织和举行公投。此外，米尔纳还建议也应该咨询布尔战俘的意见，对此斯泰恩打趣道："怎么能咨询战俘呢？从公民身份上讲，他们等于死了。"想象一下，如果战俘投票决定继续战争，而布尔战士想要停止，"那该怎么办呢"？米尔纳和基钦纳都意识到了这种情况下的讽刺意味。最后决定，两个前布尔共和国将各自从仍在战场活动的突击队队员中选出30名代表。公投定于1902年5月15日在瓦尔河岸边的弗里尼辛这个边界村庄举行。[135]

* * *

丹尼斯·雷茨没有证据，但他确信英国人在故意耽搁他们

的旅程。他认为英国人可能是想阻止史沫茨带来他在开普殖民
地的报告，不让他重新燃起德兰士瓦人的希望。不管怎样，这
一路花了很长时间。航行到开普敦花了 5 天时间，不过必须得
说的是，整个旅程极为舒适，丹尼斯独享自己的船舱，里面有
柔软的床，有侍者提供早餐和咖啡，给他准备洗澡水，而且吃
的食物也比他记忆中吃过的任何东西都好吃。他们在开普敦的
"君主号"（*Monarch*）战列舰上等候了几天，在那艘船上的生
活也极尽各种方便舒适。

最后，他们乘火车北上。在第一站，即卡鲁边缘的马特耶
方丹，骑兵将军弗伦奇拜访了他们，他从一开始就是他们的对
手之一。这似乎是一次礼节性的社交访问，但谈话很尴尬。史
沫茨觉得弗伦奇问的问题不够慎重，所以回答得也含糊其词。
弗伦奇乐呵呵地提到，1901 年 9 月，在他们进入开普殖民地
后不久，自己曾从他们手中死里逃生。他说，他当时是在一列
火车上，史沫茨他们为了不引起注意，没有拦下火车，而是让
它继续前进了。

过了马特耶方丹之后，史沫茨一行人只在夜间行进。在他
们的车厢前面的是一辆装着特别亮的探照灯的装甲机车。白天
他们的火车就停在一条支线上，所以他们行进的速度很慢。他
们花了差不多一个星期的时间才到达克鲁斯塔德。最终到达的
时间是 1902 年 5 月 4 日。基钦纳前来迎接他们。"他骑着一匹
鞍辔华丽的黑色战马来到车站，后面跟着一大群侍从，包括戴
着头巾、手持金弯刀、一身东方服饰的帕坦人。"在他们所在
的车厢里，基钦纳和史沫茨礼貌地交换了不可调和的观点，谈
及了布尔人无望的斗争，以及对穿着卡其布制服的"开普叛乱
者"和布尔战士的处决。基钦纳还提到了英国在重建该国方面
提供的援助。在离开之前，基钦纳告诉史沫茨继续前往东部的
德兰士瓦去见博塔，从那里他们可以一起去弗里尼辛。

那天晚上，一行人在久别之后回到了德兰士瓦的土地。在约翰内斯堡，他们乘坐的火车改道东线前往纳塔尔。第二天，火车旅程在斯坦德顿结束，此后他们乘马车走了一小段路，遇到了一群为他们送来马匹的德兰士瓦人。从那里出发，经过贫瘠荒芜的平原，需要走上两天才能到达博塔的营地。

当他们到达那里时，丹尼斯被眼前的景象吓坏了。他面前是300名穿着皮衣或麻袋的代表，这些人饥肠辘辘，衣衫褴褛，皮肤上满是疮疤。在突入开普殖民地的头几个星期里，他的模样看起来可能跟眼前这些人没什么不同，但后来他所在的突击队的情况就逐渐好转了。如果这些两手空空的人是德兰士瓦突击队队员中的佼佼者，那么这场战争肯定是无可挽回地失败了。

398 他也收到了一个跟他个人有关的好消息。博塔告诉他，他父亲在北方的某个地方，而且毫无疑问会来弗里尼辛参加会议。丹尼斯没有从这些人那里得到兄弟们的消息，但是他听说赫加尔马和朱伯特都已被俘。谁也不知道阿伦德怎么样了。

第二天举行了选举，选出参加弗里尼辛会议的代表。即使在这样的情况下，"布尔人"对演讲和冗长的争吵的偏爱也表现得淋漓尽致，一天的大部分时间他们都在争来争去。到了晚上，他们才选出了自己的代表。第二天一大早，新选出的代表和博塔、史沫茨一起骑马去斯坦德顿，再从那里乘火车去弗里尼辛。

最先遇到的人之一是他的父亲，只见老雷茨"蓬头垢面，但强壮而健康"。从1900年10月开始，他们父子已经有一年半没有见面了[136]，再次重逢，父子俩的内心都由衷地感到温暖。父亲刚刚听说另一个儿子阿伦德的情况也还不错。过去的一年里，他一直在克里斯蒂安·德威特的麾下作战，现在安然无恙。目前，他们家有三个自由人，两个战俘。但好在他们都还活着，比大多数家庭情况更好一些，因为大多数家庭都在"哀悼家里的死者"。[137]

* * *

　　他们这 60 个人将决定继续进行战争还是谋求和平，其中 30 个是德兰士瓦人，30 个是自由邦的人，都是从 1.5 万名仍在为他们的事业而战的布尔人中选出来的。鉴于当时的形势，这的确可以看作民主决策的光辉典范。会场设在一个大帐篷里，周围是占压倒性多数的英国人。这个场景简直是这场战争双方力量对比再合适不过的翻版。自始至终，这都是一场非同寻常的势不均力不敌的斗争：武装的平民与专业的战争机器的对决。双方一直争到最后。

　　1902 年 5 月 15 日星期四在弗里尼辛举行的会议与一个多月前在克莱克斯多普举行的会议相似，但有一个重大不同：斯泰恩的健康状况恶化了。他几乎不能参加辩论，结果，布尔领导人的开场白明显地不像以前那样坚定不移，毫不妥协。德威特和德拉雷坚守阵地，但只说了几句话。相比之下，伯格和博塔则详细描述了他们面临的局面是毫无希望的。博塔给他们的印象是，卡菲尔人的问题日益严重。他们现在与祖鲁人一起公然对布尔人开战了。就在最近，在霍克兰斯（Holkrans），65 名布尔平民被"来自英国战线的卡菲尔人谋杀"。在德兰士瓦东南部，布尔妇女的生命和名誉都处于危险之中。"许多人遭到了卡菲尔人的袭击和强奸。确实，这些妇女的困境比我在这场战争中遇到的任何事情都更令我感到痛心。"

　　博塔的演讲引起了共鸣，尽管许多随后在会议上发言的代表强烈反对放弃斗争。特别是自由邦人，他们也报告了他们所在地区的情况，但是仍然提出要坚持斗争。他们重复着自己的总司令的话，宣称他们愿意而且有能力再坚持一年。

然后就轮到史沫茨发言了。大家都在等着，想听他怎么说。开普殖民地的前景如何？史沫茨很快就说到了这一点。大约3300名布尔战士活跃在开普，并控制了该殖民地的大部分地区，特别是西部地区。在那里，大多数阿非利卡人支持他们，他们仍然可以坚持斗争一段时间而不会有太大的困难。然而，他们所期望发生的起义并没有实现，原因有二。首先，缺乏马匹和草料。英国人夺走或屠杀了那里的马匹，另外那里根本不长草。"整个开普殖民地的草原上都长满了灌木。"没有马匹，突击队队员就无法行动。其次，英国对该殖民地叛乱分子进行严厉的惩罚，这被证明是一种有效的威慑。他的结论很简单：是否继续战争更多地取决于德兰士瓦和奥兰治自由邦的局势，而不是开普殖民地。

史沫茨发人深省的报告标志着一个转折点。在他之后，很少再有自由邦的人在会议上发言。后来的大多数发言者都是德兰士瓦人，他们对自己地区情况的描绘听起来更加令人沮丧。第二天会谈的内容主旨还是一样。在星期五的下午，国务秘书F.W.雷茨提出了一项具体的建议，旨在保持他们内部的独立性。承认英方吞并威特沃特斯兰德以及让斯威士兰成为它的保护国，在此前提下外国政治势力退出南非，怎么样？该动议获得通过。会议决定，由史沫茨和赫佐格与两位总统共同起草一项提案。

在晚上的会议上，代表们邀请博塔、德威特和德拉雷再次在会议上发言。博塔发表了冗长而充满感情的演讲，重申了他的观点，并补充了史沫茨的发现。他说，一切都指向同一个方向。"如果我们希望跟对手谈判，现在正是时候。如果上帝希望我们谈判，那么，无论多么痛苦，我们都必须达成协议……我们说过，我们要战斗到'痛苦的尽头'，但没有人告诉我们痛苦的尽头在哪里。是等到所有布尔人都已进入坟墓或是被放逐的时候吗？"

德拉雷讲话的时间更短，但他说了一件重要的事情。他再一次告诉大家，他来弗里尼辛并不是想放弃。但在听到了其他许多地方的绝望处境和人民的困苦之后，"我能理解他们为什么不想继续打仗了"。德拉雷最终也被说服了。他同意，跟敌人谈判的时候到了。

此时所有的眼睛都盯着德威特。他也会愿意投降吗？其实他们对此应该很清楚。他向代表们保证，他尊重博塔，但他有不同的意见。他深信这位德兰士瓦的将军的判断，知道他所描述的可怕情况都是事实。然而，"我处理的不是事实。整个战争都是关乎信仰的问题"，"我们是给自己掘坟墓，还是为我们的民族掘坟墓"，这两者其实是一回事。

5月17日星期六，两个共和国的人民代表通过了史沫茨和赫佐格起草的和平建议。他们同意成为英国的殖民地，但希望保留自治权；他们将让渡在外交关系上的独立地位，并让出一部分领土。这将是提交给英国的条款。这次的条款不是斯泰恩和伯格提出的，而是由两个国家长期忍受艰难困苦的军事领导人博塔、德拉雷和德威特提出的，且由史沫茨和赫佐格担任法律顾问起草的。夜幕降临之前，他们到达了比勒陀利亚。[138]

1902年5月19日星期一的早晨，基钦纳和米尔纳接见了他们。这两个人很高兴摆脱了不愿妥协的斯泰恩，但取而代之的是五位新的谈判代表。这可能会让事情变得更加复杂，但也带来了新的前景。谁能成功地使这些对手之间相互争斗起来呢？两位英国谈判者有完全不同的目标。米尔纳想看到布尔人跪在地上求饶，基钦纳则准备接受对手保有荣誉的失败。但他们对布尔人提出的条款，给出了一致的回答：不可能。这个提案与英国政府提出的解决条件，即米德堡提案没有任何相似之处。

布尔人在各小组委员会反复商议、休会和审议之后，同意对条款进行修改。史沫茨和赫佐格以及基钦纳一起准备了一份修改后的提案。与一年前的版本相比，它只在少数方面有所不同，不过这些不同都很重要——而且是对布尔人有利。尽管他们必须承认爱德华七世是他们的合法君主，但他们将被正式承认为南非共和国和奥兰治自由邦政府的代表，而不用管罗伯茨曾宣布将这两个国家吞并了。此外，布尔人将获得 300 万英镑的赔偿，而不是 100 万英镑。在实行自治之前，关于有色人种和非洲人的选举权问题暂不做决定。[139]

草案于 5 月 21 日通过电报拍发给了英国政府。私下里，米尔纳随着草案给张伯伦拍发了一封机密的便条。他说，如果英国内阁拒绝或彻底修改该提议，他不会感到遗憾。他们对布尔人已经过于慷慨了。他认为基钦纳可能有点过于急迫地希望尽早结束战争，这一点影响了他的判断力。

米尔纳可能还补充说过，他这么做也许是出于对布尔人领袖的个人同情。无论他们在战场上打起仗来对对手多么的无情，这些军人一到了谈判桌上，很快发现他们有着许多的共同点。就连一个多月前刚刚给布尔人带来最后一次严重失败的基钦纳的参谋长伊恩·汉密尔顿，也跟他的对手很快熟络起来。5 月 24 日，他出席了庆祝史沫茨 32 岁生日的晚宴。他为此给丘吉尔写了一封信，信中他洋洋自得地说自己坐在博塔和德拉雷之间，德威特坐在博塔的右边，史沫茨坐在德拉雷的左边。他们都跟对方谈起了自己如何在战场上逃脱的轶事。他度过了一个美妙的夜晚，"以后吃饭恐怕找不到这么好的伴儿了"。[140]

英国政府的答复于 5 月 27 日到达。英国内阁只做了几处修改，就接受了新的条款。张伯伦忽略了米尔纳的建议。条约共 10 点，其中包括：布尔人应放下武器，承认英国君主的最

401·

高权威。在同样的条件下，英方将允许战俘返回家园，他们的人身自由和财产权利将得到尊重。除了少数例外——确切地说有三个例外——不会对战俘提起法律诉讼。在学校和法庭允许使用荷兰语。允许在拥有许可证的条件下拥有武器，用于个人保护。尽快由文官政府取代军事政府，最终形成自治政府。只有到了那个阶段，才会考虑解决"土著人选举权"的问题。不征收战争税。政府将成立特别委员会，组织民众返回家园和重建国家，为此将以"宽松的条款"提供 300 万英镑的赔偿和贷款。

该文件于 5 月 28 日提交给布尔人。他们提出的问题很少。参加弗里尼辛会议的代表能提出修正吗？不，不能，米尔纳反驳道。他们必须现在做出决定，"是还是否"。他宣读了另一份在伦敦起草的关于开普殖民地和纳塔尔叛乱者的文件。他们将被剥夺公民权，最初是终身的；处罚后来减为 5 年。他们的领导人将会受到审判，但没有人会被判处死刑。就这样了。晚上 9 点，5 名布尔人的领导人出发去弗里尼辛。他们已安排好要在 5 月 31 日之前返回比勒陀利亚。

第二天他们要向代表们做大量的解释工作。他们也这么做了，至少博塔、德拉雷和史沫茨去做了解释工作。这三个人都煞费苦心地解释，为什么他们回来时带来的提议与他们原本要提的提议大相径庭。英国政府根本不准备接受其他任何条件，而中断谈判不是一个可选项，因为他们已经陷入了绝境。身在比勒陀利亚的博塔收到了一些小道消息，其中一些消息来自英国，一些来自布尔人的线人，这些消息的内容比他想象的还要糟糕。这些消息说，战争一开始就加入布尔人的斗争的 6 万名武装平民中，只有 1.5 万人仍在战场；已经有 3800 人战死，3.14 万人被囚禁。这些数还凑不起来，但是他没有解释中间的差额是怎么回事，但是每个人都明白，剩下的 1 万人是投降派

（soppers）和倒戈派（joiners）。此外，集中营中妇女和儿童的死亡总数达 2 万人，这个数字令人毛骨悚然。换句话说，他看不出进一步坚持把战争打下去有什么好处。"[这] 将意味着我们民族的毁灭。"

史沫茨坚定地支持博塔，德拉雷敦促代表们采纳这项提议。然而，有两个自由邦的谈判代表持有不同意见。赫佐格摇摆不定，德威特则毫不动摇。德威特敦促其他人拒绝这项建议。"让我们坚持这场艰苦的斗争，发出我们共同的声音：无论需要多久，我们都将坚持下去，直到我们获得独立。"

然后就轮到代表们发表意见了。他们花了两天时间，即 5 月 29 日（星期四）和 5 月 30 日（星期五），仔细考虑支持和反对条约的理由。大多数德兰士瓦人支持博塔的观点，而站起来发言的自由邦代表们——这一轮这些人也少得多了——支持德威特的观点。此外，德威特在斯泰恩因健康状况不佳而被迫辞去总统职务时获得了威望。没费多少周折，德威特就被提名代替斯泰恩行使总统职权。因此，对于博塔和德兰士瓦的其他领导人来说，争取德威特的支持就显得尤为重要。

周六清晨，在开会之前，博塔和德拉雷来到了德威特的帐篷。他们是否至少能在程序上达成一致？所有的利弊都已经讨论过了，5 月 31 日是他们必须做出决定的日子。也许史沫茨和赫佐格可以将所有的意见汇编成一个列表，他们可以把这个列表提交给代表们，让全体代表做最后决定。德威特表示同意，并在会上宣布了这个想法。

史沫茨和赫佐格开始准备。他们提出了赞成接受英国建议的理由：继续战争将彻底毁灭两个共和国，毁灭一切生存手段；妇女和儿童在集中营面临着痛苦和死亡；有色人种和非洲人越来越积极地参与对抗布尔人；英方大规模没收私人财产；活跃的布尔战士数量大幅度减少，他们被要求做出的牺牲和被迫忍受的艰难困苦越来越难以承受。从各方面考虑，"没有理由……
继续进行战争，因为这只会导致社会和财富的毁灭，不仅对我
们自己如此，对子孙后代也是如此"。

那天下午2点钟，文件被提交给与会代表。投票毫无波
澜，结果是一边倒。这项提案以54票对6票的压倒性多数通
过，反对的6票中，3票来自德兰士瓦人，3票来自自由邦人。
伯格郑重地做了最后的总结发言，多米尼·J.D.凯斯特尔领着
众人做了最后的祈祷，然后基钦纳的代表被叫了进来。当博塔
宣布会议已经采纳了英国政府的和平建议时，全场一片死寂。

接下来，大家为正式签字做匆忙的准备。伯格、雷茨、博
塔、德拉雷和执行委员会的两位成员，L.J.迈耶和J.C.克罗格
（J.C.Krogh），代表德兰士瓦签署。德威特、赫佐格和政府的
两位成员——布雷布纳和奥利维尔，代表奥兰治自由邦签署。
那天晚上11点前，他们乘坐的火车到达了比勒陀利亚。基钦
纳和米尔纳在梅尔罗斯宅邸里等着他们。手续在5分钟内就结
束了。伯格先签，米尔纳最后签，布尔战争正式宣告结束。一
切结束之后，四下里寂静无声，让人感觉这份静寂似乎不属
于尘世。基钦纳是第一个打破静寂发言的。"如今我们是朋友
啦。"[141]

后 记
赢家和输家

布隆方丹，2012 年 7 月 6 日

这一天是截止的日子。如果没有人反对，所做的决定就将是最终决定。未来，布隆方丹的"克鲁格大道"将改名为"坦博街"。这条街上的路标也将被换掉。"克鲁格大道"的路标将消失，为"坦博街"让路。发起反英战争的布尔人领袖已被反对种族隔离政权的非国大领袖取代。[1]

这毫不奇怪。政权更迭后，街道、城市和国家等，常常都会改名。在南非，这一进程实际上是相对缓慢的：非国大掌权已经 18 年了。但现在，改名工作正在得到更有力地实施，不仅在布隆方丹，在全国范围内都是如此，在德班和开普敦进展得尤其迅速。[2]

这个过程引发了骚乱，尤其是在南非行政首都比勒陀利亚，该市的名字本身就是个问题。将其改名为茨瓦内的决议触动了南非白人的痛处。比勒陀利亚自 1855 年由马蒂纳斯·普里托里乌斯以他父亲的名字命名并建立以来，一直是南非白人的堡垒。即使在今天，其居民仍然主要是阿非利卡人，有 75% 是白人。[3]

这个变化之所以会触动人们敏感的神经，是因为新名字和它所取代的名字一样，充满了不同族群的感情。茨瓦内是传说中恩德贝勒部落的首领，因此是姆济利卡齐和洛本古拉的祖先。据说，早在 18 世纪，在白人拓荒者到达之前，茨瓦内就统治过现在比勒陀利亚所在的地区，证据来自一代一代口口相传的故事。2006 年，一座 6 米高的茨瓦内酋长铜像竖立在了市政厅外的广场上，对面是早已立在那里的普里托里乌斯和他父亲的雕像。

竖立新雕像的象征意义很明确。一个城市的名字，以及其街道上的雕塑等关乎人们如何定义城市的公共空间。这是一场对政治实力的考验，此外还具有历史维度上的意义——这是一种与现有历史叙事竞争的新创立的"传统"。比勒陀利亚和茨瓦内代表着对南非历史的不同描述。使用哪个名字，不使用哪个，代表了对"恩德贝勒和白人拓荒者谁最先来到这里？"或"谁发展了这个国家，白人还是黑人？"这样的问题有不同的回答。对这些问题的不同回答具有深远的影响。最终，它们塑造了当今南非最重要的社会辩题："这个国家属于谁？"[4]

2012 年 1 月 8 日举行的非国大百年庆典，似乎提高了其领导人对历史主张重要性的意识。布隆方丹的教堂是非国大成立的地方，为了庆祝活动，教堂及时地装饰一新。对过去的主张不会就此停止。政府最近确定了另外 28 个遗产项目，用祖马总统的话说，这些项目将有助于"纠正过去殖民和种族隔离的遗产"。[5]

* * *

这样看来，非国大最终占了上风。一个世纪以前的情况跟现在的截然不同。当年，就法律地位而言，非洲人和有色人种实际上是布尔战争的真正输家。

1902 年 5 月 31 日，弗里尼辛和平谈判结束了战争，这对索尔·普拉杰这样的非洲领导人是一个沉重打击。这意味着他们所有的牺牲都是徒劳的，他们对英国的支持换来的是背叛。和平条约的第 8 条表面上似乎无伤大雅，但它扑灭了所有的希望。"给予土著居民选举权的问题在引入自治制度之前不会得到决定。"换句话说，这种事情根本不会发生。布尔人决不会接受土著居民获得选举权，而英国人接受了他们手下败将的要求。白人在一张纸上解决了他们之间的分歧，却把其他人种排除在外。

他们排除了有色人种、非洲人以及以甘地为代表的英属印度移民。甘地在战争期间的忠诚，以及他在斯皮恩山和其他战场上的救护队中的贡献，都被视作毫无价值的。甘地和普拉杰以及每一个非白人社群的其他领导人都要面对同样的真相。

这不仅适用于两个前布尔共和国，也适用于开普殖民地和纳塔尔。条约的第8条仅仅是开始。在接下来的几年里，南非的布尔人和英国人对那里的非洲人和有色人种同胞的命运有着共同的看法。这些人唯一的前途是成为矿业和农业部门的劳动力，为此，他们不需要投票权或任何其他公民权利。他们所需要的只是用以限制他们自由迁徙的通行证。

对此，他们仅仅发起了一次有组织的反抗白人统治的尝试。1906年在纳塔尔，当地首领班巴塔（Bambatha）反对引入一种新税。英国殖民当局以铁拳回击，对班巴塔起义进行了残酷镇压，成千上万名非洲人被杀，还有成千上万的人遭到监禁或鞭打。

406

甘地的反应是做最后一次尝试。他又一次为殖民政权提供了印度社群的服务，最初他想以战斗单位的形式参与，后来还是以救护队的形式参与。他们的第二个提议被接受了，但也未能达到其背后隐藏的目的。他身后的印度人也无法跨越肤色的障碍。幻想破灭后，他放弃了争取得到白人接受的斗争，转而采取非暴力抵抗（satyagraha）的新战略。

像索尔·普拉杰这样的黑人领袖的耐心也达到了临界点，随时会崩溃。他们也花了数年时间把希望寄托在那些支持他们事业的英国人身上，但毫无结果。他们所遭受的压迫的终极表现是1913年颁布的《土著土地法》，该法剥夺了非洲人和有色人种拥有土地的权利，只有少数指定地区例外，这些地区只占陆地面积的 7%。全国各地的其他黑人领袖对日益增长的不满情绪做出反应，成立了南非土著人国民大会。[6]

* * *

在一个非常不同的、不那么明显的层面上，荷兰也是布尔战争的输家之一。弗里尼辛和平协议允许在学校和法庭使用荷兰语，但除此之外，荷兰母国对南非的影响趋向于零。克鲁格总统在德兰士瓦苦心孤诣建造的荷兰属性的战略堡垒在战争中瓦解了。作为令人骄傲的旗舰企业，荷兰－南非铁路公司已被国有化，其员工被英国驱逐出境。

威廉·莱兹将"与荷兰的联系"的建立与消亡拟人化地表达了出来。对他来说，和平是三重的失败：布尔人输了；荷兰在南非的投入已经结束；在个人层面上，这种和平的到来也是一个极大的冲击。直到最后，他都一直坚信情况会好转。但是突然间，他不得不面对现实，不仅是这个国家的现实，还有他自己的现实。他一下子就失业了，没有了国籍。他 43 岁了，还年轻，可以重新开始，但他真的想重新开始吗？

几天后，他知道了答案。布尔事业已成为他生活中极其重要的一部分，压倒了其他一切。他无法把在德兰士瓦居住和工作的 18 年抛在脑后。1902 年 6 月初，他写信给弟弟说："我不会放弃希望。"他坚信"布尔元素最终会在南非取得胜利"。莱兹把他的余生都献给了那个梦想。其实，他要是干别的，并不是不受欢迎。他本可以在莱顿大学担任教授，也可以去德黑兰担任总领事，但他选择了留在海牙——再一次以荷兰人的身份，仍然是为了他即将开启律师职业生涯时的那项广受关注的有争议的事业奋斗。回到荷兰后，他致力于撰写历史著作，比如《布尔共和国遭受的遏制》(*The Containment of the Boer Republics*)。

407

　　莱兹很少返回南非。1904 年，他护送刚刚去世的前总统克鲁格到他最后的安息地。从那以后，他很少接受邀请外出，而是独自待在书房里。他认为南非的公共生活已经"完全政治化"，因此拒绝卷入阿非利卡人之间的不和。他把自己的时间都用来书写和重写他曾经帮助塑造的历史。对他来说，保罗·克鲁格是英雄，而英国是万恶之源。

　　但历史并没有停滞不前。这几乎给莱兹的生活带来了一个充满讽刺的结局。1940 年 5 月初，由于担心德国的入侵，81 岁的莱兹决定逃离荷兰，而他唯一能去的地方就是英国。对他来说，还有什么比去往他多年来一直严厉斥责的国家寻求庇护更矛盾的呢？但是这时候，命运出面干预了。他在准备出发的时候病倒了，并于 1940 年 5 月 14 日病逝在海牙的医院里。[7]

* * *

　　英国表面上是布尔战争的赢家，但它遭受了惊人的损失。英国有超过 2.2 万名士兵死亡，其中一半以上死于疾病，40 万匹马和骡子被屠宰，英国为战争投入了 2.17 亿英镑。战争对其国家声誉的损害更是不可估量。英国原本是军事强国，但布尔战争令其声誉蒙羞，其道德权威、外交地位均受到损害，国家的自信心也因此动摇。在这样的背景下，英国政府不愿意再打下去，这也就不足为奇了。1902 年 5 月，英国已经准备对布尔人做出比一年前更多的让步。

　　对于温斯顿·丘吉尔来说，达成弗里尼辛和平协议并不令人惊讶。他一直都能通过像伊恩·汉密尔顿这样的熟人了解到南非所发生的一切——包括他的朋友对布尔将军们日益增长的同情。在汉密尔顿的评价中，布尔将军的排名高于"开普的保王派"或"外侨"。对汉密尔顿的评价，丘吉尔很认可。他也赞成帮助布尔人尽快恢复元气，因为他们是英国人在南非建造殖民帝国的"基石"。[8]

一旦恢复了和平，米尔纳就忙于将两个旧殖民地和两个新殖民地完全英国化，但他遭到了来自阿非利卡人和讲英语的社群的抵制。原谅、忘记以及和布尔人携手——无论是在伦敦，还是在开普敦和德班，这都是英国人的观点。英国除了承诺的300万英镑赔款之外，还提供了10倍以上的贷款用于重建这个遭受破坏的国家。

1905年，和解进程获得了一个额外的推动力。在开普敦，米尔纳被更崇尚和平的塞尔伯恩勋爵取代。在伦敦，自由党取代了保守党，政治更加进步的丘吉尔被任命为新内阁的殖民地事务大臣。他以这个身份为南非向自治的过渡做出了重大贡献。最后，在1910年5月31日，四个殖民地统一成立了南非联盟，成为大英帝国的一个自治领。

408

第一次世界大战是对这个新生国家的试金石。在一战中，南非政府镇压了前布尔突击队队员发动的起义，并选择给予英国积极的支持。成千上万的南非士兵被部署在非洲和欧洲对抗德国殖民地的军队。对许多人来说，这意味着他们将再次与布尔战争中的宿敌站在一起，但这一次他们是站在同一阵营。温斯顿·丘吉尔也成了他们的战友之一。在这期间，丘吉尔登上了政治职位的一个顶峰，另外也经历了沉重的挫折。为了挽回声誉，1916年，他回到了阿拉斯（Arras）附近的战壕，担任皇家苏格兰燧发枪队第六营的中校。1917年初，第一营来解救他们。第一营中有一位南非少校，名叫丹尼斯·雷茨。[9]

* * *

弗里尼辛和平协议签署后，许多布尔人都感到震惊。他们损失惨重。3.4万人死亡，6000人在战争中死亡，2.8万人在集中营中失去了生命，其中大部分是儿童；数以百万计的牛、羊和马死亡，成千上万的农舍被毁，他们所有的财产都化为灰烬，他们的土地一片荒芜。而这些只是可见的伤疤。[10]

丹尼斯·雷茨见证了他们的困惑。1902年5月弗里尼辛的会议使他不知如何应对。聚集在那里的60名布尔战士是"我们民族的精英——都是勇敢的战士，坚韧如铁钉"。现在这些勇士躺在帐篷里，"像孩子一样在自由的坟墓前痛哭失声"。他的父亲悲痛欲绝。他签署了发动战争的最后通牒，现在又签署了结束战争的和平协议。老雷茨的内心无法忍受这种折磨，离开南非去了荷兰，与妻子和最小的孩子在那里生活。丹尼斯支持父亲的做法，但他选择了自己的流放地。他去了马达加斯加，暂时靠运送货物勉强维持生计。[11]

不过，跟很多人家相比，雷茨一家还是很幸运的，因为家里的所有成员都活了下来。大多数布尔人的家庭都在哀悼——为逝去的过去，为逝去的人，或为那些做出了"错误"选择而永远消失在他们生命中的人而哀悼。战争的失败在阿非利卡人中的顽固派和投降派之间造成了巨大的裂痕，这种裂痕在恢复和平后很长一段时间内仍然存在。观念的撕裂使他们无法像一个统一的民族那样悲伤，也难以接受自己的损失。这才是真正的悲剧，其影响持续了几十年。

然而，表面上看，布尔人似乎已经从他们的失败中恢复过来。丹尼斯·雷茨就是一个很好的例子。1903年12月，他回到比勒陀利亚，身无分文，还得了疟疾，差一点就丢了性命。扬·史沫茨和他的妻子把他带回了家，悉心照料，使他恢复了健康。他继续学习，成为一名律师，见证了南非的经济复苏和路易斯·博塔领导的南非党在政治上的成功，后者支持对英国采取绥靖政策。1910年，博塔成为南非联盟的首任首相。四年后，巴里·赫佐格组建了反英的南非国民党来反对当时的政府。

第一次世界大战也使丹尼斯·雷茨面临艰难的抉择。他的老战友，"莱利方丹复仇者"，那个在奥吉普投掷炸弹的人，曼因·马利兹领导了一场叛乱，得到了成千上万的顽固派分子的支持，其中包括克里斯蒂安·德威特。但丹尼斯站在博塔，特别是史沫茨一边，在史沫茨的领导下，丹尼斯帮助镇压了叛乱，并征服了德属西南非洲和德属东非的领土。他后来参加了欧洲前线的战斗。由于史沫茨成为大英帝国战时内阁的一员，丹尼斯被派往皇家苏格兰燧发枪队，并追随丘吉尔的脚步，在阿拉斯的战壕里作战。

在后来的几年里，丹尼斯仍然忠于已经进入政坛的史沫茨。史沫茨接替路易斯·博塔成为国家首相，直到1924年他被赫佐格取代。20世纪30年代，南非白人政治出现了一段引人注目的插曲。由史沫茨领导的南非党和赫佐格领导的南非国民党调和了他们的分歧，组成了统一党，这一举动遭到了民族主义极端分子的反对。

第二次世界大战结束了这个联盟，南非一直处于休眠状态的反英情绪再次爆发。赫佐格选择了中立的道路，但在选举中败给了史沫茨。史沫茨带领国家参战，加入了英国一边。和史沫茨一样，丹尼斯无条件地支持英国。他最后的公职是在伦敦担任高级专员。那时他的官邸是"南非之家"，离内阁作战室不远，此时的首相丘吉尔正在那里全面领导英国的作战。[12]

* * *

位于比勒陀利亚郊区的拓荒者纪念碑是一处模棱两可的建筑，在两种观念之间摇摆不定。对于一个被64个花岗岩牛车围成一圈的 40 平方米的整体建筑来说，这样的描述可能有些奇怪。但正是这个悖论激起了人们的兴趣。这个纪念碑表达了什么意思？布尔人已经在这个国家站稳了脚跟，他们将永远留在这里，还是相反，他们可以在任何时候解散他们的营地，然后前往一个新的应许之地？

设计的时候，建筑师杰拉德·莫尔迪克（Gerard Moerdijk）心里想到的是第一个想法。他希望他的建筑能在接下来的一千年里屹立不倒，以证明大迁徙的历史重要性。1949 年，新首相 D.F. 马兰（D.F.Malan）为这座纪念碑举行了落成典礼。马兰是一位"纯粹的"民族主义者，一年前在选举中获胜，取代了史沫茨。南非国民党重新掌权，种族隔离成为一项更加稳定的官方政策。12 年后的 1961 年 5 月 31 日，南非切断了与英国的从属关系，成为一个共和国，阿非利卡人从此也断绝了与外界的联系。在弗里尼辛和平协议签署 59 年之后，顽固派占了上风。布尔人现在成了整个南非的老大。

但他们不会永远掌权。30 年后，在国内抵抗运动和国外抗议的压力下，种族隔离政权被迫让步。F.W. 德克勒克（F.W.de Klerk）总统在 1990 年迈出了第一步。非国大被解禁，纳尔逊·曼德拉从监狱被释放。在 1994 年举行的第一次不分种族的大选中，非国大赢得了 63% 的选票，曼德拉当选总统。种族隔离的土地变成了彩虹之国。2009 年大选中，非国大仍然赢得了三分之二的席位。

白人拓荒者纪念碑至今仍屹立不倒。此外，根据新的规定，它成为第一个被宣布为国家遗产的阿非利卡人纪念碑。2012 年 3 月 16 日，艺术和文化部长保罗·穆什迪尔（Paul Mashatile）宣布了这一消息，称该提名是朝着和解迈出的一步，也是对该纪念碑"蕴含着南非白人社区的深厚历史意义"的认可。但它对不同的族群有着不同的含义，他补充道："我们的历史有一部分充满了痛苦。这是一部相互排斥、压制、支配和分裂的历史。然而，我们不能希望这段历史就此消失。"

非国大能够做的，并且需要宽容地去做的，是对过去的另一种叙述。将茨瓦内的雕像放在普里托里乌斯的对面就是一个很好的例子。在同一场演讲中，穆什迪尔宣布将扩建自由公园。自 2007 年以来，自由公园一直是跟白人拓荒者纪念碑相对应的公共设施。这是一个精心设计的主题公园，就在几公里之外，展示了南非从史前到现在的多样历史。

自由公园不是着眼于一千年后的未来，而是回顾了几十万年以来的历史。它明确地回答了在南部非洲谁拥有最古老的权力的问题。显然不是阿非利卡人。他们在那里生活了三个半世纪，这与人类在该地区居住了几万年的历史相比简直不值一提。如果南非种族间的权力平衡是遵循先到先得原则的话——就像年轻一代的非国大领导人所坚持的那样——那么修改街道名称和重塑雕像仅仅是平衡调整的开始。真正的问题将是财富的再分配，以及在不久的将来，土地和自然资源的再分配。只有在跨越了这个障碍之后，才有可能为布尔战争制定一个新的损益表，更准确地评价各方的功过得失。[13]

注 释

序 言

1 http://mg.co.za/article/2011-03-11-ancs-r15million-heritage-house-ripoff; http://m.news24. com/citypress/South Africa/News/The-panel-beater-shop-with-a-multimillion-rand-price-tag-20110813.

2 www.anglo-boer.co.za/virtual tour/; Albert Grundlingh, 'The National Women's Monument:The Making and Mutation of Meaning in Afrikaner Memory of the South African War', www.celat.ulaval.ca/histoire.memoire/histoire/capeI/grundlingh.htm.

3 Martin Bossenbroek, *Holland op zijn breedst.Indië en Zuid-Afrika in de Nederlandse cultuur omstreeks 1900,* Amsterdam, 1996.

4 Peter Warwick, *Black People and the South African War, 1899–1902* (Cambridge, 1983). 另请参考 Bill Nasson, *Abraham Esau's War: A Black South African War in the Cape, 1899–1902* (Cambridge, 1991); Johan Wassermann, '"Sowing the Seeds of Rebellion": Chief Bhambatha kaMancinza and the Anglo-Boer War, 1899–1902', *African Historical Review* 39,2 (2007), 91–106。

5 Speech Thabo Mbeki, www.info.gov.za/speeches/1999/9910111133a1008.htm; speech Jacob Zuma, www.info.gov.za/speeches/1999/9910111133a1004.htm.

6 另请参见他的个人主页 www.willemboshoff.com/documents/artworks/32000.htm。

7 Fransjohan Pretorius, *Historical Dictionary of the Anglo-Boer War* (Plymouth, 2007), 107–108; cf. www.measuringworth.com/calculators/ukcompare/relativevalue.php; Martin Meredith, *Diamonds, Gold and War: The Making of South Africa* (London, 2007); Thomas Pakenham, *The Boer War* (London, 1979); H.L. Wesseling, *Verdeel en heers. De deling van Afrika, 1880–1914* (Amsterdam, 1991).

8 Keith Wilson, ed., *The International Impact of the Boer War* (Chesham, 2001).

9 André van Deventer, 'Gebruik van rolprent as 'n massa-medium tydens die ABO', lecture Anglo-Boereoorlog Museum, 24 September 2011; Stephen Badsey, 'The Boer War as a Media War', in Peter Dennis and Jeffrey Gredy, eds., *The Boer War:Army, Nation and Empire* (Canberra, 2000), 70–83; Stephen Bottomore, *Filming, Faking and Propaganda: The Origins of the War Film, 1897–1902* (Utrecht 2007); Vincent Kuitenbrouwer, *A War of Words: Dutch Pro-Boer Propaganda and the South African War (1899–1902)* (Amsterdam, 2010); Kenneth O. Morgan, 'The Boer War and the Media (1899–1902)', *Twentieth Century British History 13* (2002), 1–16.

10 S.B. Spies, *Methods of Barbarism?Roberts and Kitchener and Civilians in the Boer*

Republics: January 1900–May 1902 (Cape Town, 1977).

11　Greg Cuthbertson and A.M. Grundlingh, eds., *Writing a Wider War: Rethinking Gender, Race, and Identity in the South African War, 1899–1902* (Athens, 2002); Hermann Giliomee, *The Afrikaners: Biography of a People* (London, 2011); Alwin de Jong, *Wil de ware Afrikaner opstaan?De Boerenoorlog als ijkpunt van nationalisme in Zuid-Afrika (1815–1925)*, Bachelor's thesis, University of Utrecht, 2012; Lindie Koorts, D.F. Malan: A Political Biography *(Cape Town, 2010); Peter Limb,* The ANC's Early Years:Nation, Class and Place in South Africa before 1940 *(Pretoria, 2010); Shula Marks and Stanley Trapido, eds.,* The Politics of Race, Class and Nationalism in Twentieth-Century South Africa *(London, 1987); David Omissi and Andrew S. Thompson, eds.,* The Impact of the South African War *(Basingstoke, 2002); Hans Erik Stolten, ed.,* History Making and Present Day Politics:The Meaning of Collective Memory in South Africa (Uppsala, 2007); Christi van der Westhuizen, White Power: The Rise and Fall of the National Party (Cape Town, 2007); Nigel Worden, The Making of Modern South Africa: Conquest, Apartheid, Democracy (Oxford, 2012).

12　Bill Nasson, *The War for South Africa: The Anglo-Boer War (1899–1902)* (Cape Town, 2010); Pakenham, *The Boer War*; Wesseling, *Verdeel en heers.*

13　见下文 , 第 119~120 页。①

14　P.J. van Winter, *Onder Krugers Hollanders. Geschiedenis van de Nederlandsche Zuid-Afrikaansche Spoorweg-Maatschappij* (Amsterdam, 1937); B.J.H. de Graaff, *De mythe van de stamverwantschap.Nederland en de Afrikaners 1902–1930* (Amsterdam, 1993); Chris A.J. van Koppen, *De geuzen van de negentiende eeuw.Abraham Kuyper en Zuid-Afrika* (Maarssen, 1992); R. Kuiper, *Zelfbeelden wêreldbeeld.Antirevolutionairen en het buitenland, 1848–1905* (Kampen, 1992); M. Kuitenbrouwer, *Nederland en de opkomst van het modern imperialisme* (Amsterdam, 1985); G.J. Schutte, *De Boerenoorlog na honderd jaar.Opstellen over het veranderende beeld van de Anglo-Boerenoorlog (1899–1902)* (Amsterdam, 1997); G.J. Schutte, *Nederland en de Afrikaners.Adhesie en Aversie: Over Stamverwantschap, Boerenvrienden, Hollanderhaat, Calvinisme en Apartheid* (Franeker, 1986).

第一部分　出于正当的理由

1　Martin Bossenbroek, 'Geschiedschrijving als hoger beroep.Willem Johannes Leyds,

---

①　此类页码为英文版页码，即本书页边码。——译者注

advocaat van de Boeren (1859–1940)', in M.Ph.Bossenbroek, M.E.H.N. Mout and C. Musterd, eds., *Historici in de politiek* (Leiden, 1996), 191–211, 192–194; Kees van Hoek, *Kruger Days:Reminiscences of Dr. W.J. Leyds* (London, 1939), 2–4; F. Netscher, 'Dr. W.J. Leyds', in Netscher, *Karakters* (Haarlem, 1899), 112–138, 129–133; L.E. van Niekerk, *Kruger se regterhand.Biografie van dr. W.J. Leyds* (Pretoria, 1985), 11–19.

2   Van Koppen, *Geuzen*, 26–28; Schutte, *Nederland*, 9–24.

3   F. Lion Cachet, *De worstelstrijd der Transvalers aan het volk van Nederland verhaald* (Amsterdam, 1882), 561; 另见 Bossenbroek, *Holland*, 66–67, 259–260; Van Koppen, *Geuzen*, 69–103; Kuiper, *Zelfbeeld*, 124–133; Kuitenbrouwer, *Nederland*, 118–121; Kuitenbrouwer, *War of Lords*, 24–34; Schutte, Nederland, 24–29。

4   W.J. Leyds, *De eerste annexatie van de Transvaal* (Amsterdam, 1906), 366–382; Nasson, *The War*, 42–44; Wesseling, *Verdeel en heers*, 345–348.

5   Stuart Cloete, *African Portraits:A Biography of Paul Kruger, Cecil Rhodes and Lobengula, Last King of the Matabele* (London, 1946), 159–161; Leyds, *Eerste annexatie*, 402–403; Nasson, *The War*, 44.

6   *De Standaard*, 14 November 1883, cited in Van Koppen, *Geuzen*, 116–132.

7   Bossenbroek, *Holland*, 175–177, 323; Van Koppen, *Geuzen*, 116–132.

8   Van Winter, *Onder Krugers Hollanders* I, 48–80.

9   Van Koppen, *Geuzen*, 110–114; Van Niekerk, *Kruger se regterhand*, 16–17; Van Winter, *Onder Krugers Hollanders* I, 65–66.

10 Bossenbroek, 'Geschiedschrijving', 194; Van Hoek, *Kruger Days*, 3–4; W.J. Leyds, *Onze eerste jaren in Zuid-Afrika 1884–1889.Intieme correspondentie van mevrouw Louise W.S. Leyds-Roeff en dr. W.J. Leyds, bestemd voor familie en belangstellenden* ('s-Gravenhage, 1938), 1–2; Netscher, 'Dr. W.J. Leyds', 129–132; Van Niekerk, *Kruger se regterhand*, 17–19.

11 Leyds, *Onze eerste jaren*, 22–25.

12 Leyds, *Onze eerste jaren*, 3–4, 25, 60; Wesseling, *Verdeel en heers*, 144–146.

13 Leyds, *Onze eerste jaren*, 6–9, 25, 58.

14 Leyds, *Onze eerste jaren*, 9–25, 60–63.

15 Leyds, *Onze eerste jaren*, 25–29.

16 Van Hoek, *Kruger Days*, 5–7; Leyds, *Onze eerste jaren*, 25–29; C.J. van der Loo, *De geschiedenis der Zuid-Afrikaansche Republiek (Transvaal) aan het volk verteld* (Zwolle, 1896), 78–80, 167–190; Van Niekerk, *Kruger se regterhand*, 31–33.

17 Giliomee, *Afrikaners,* 215–223; Van Koppen, *Geuzen*, 92–94, 135–137; Leyds, *Onze eerste jaren*, 25–29; Van Niekerk, *Kruger se regterhand*, 31–33.

18 Giliomee, *Afrikaners*, 228, 231; Van Hoek, *Kruger Days, 5–6;* Leyds, *Onze eerste* jaren, 17, 25–30; Lion Cachet, Worstelstrijd, 349–351, 399–404; Meredith, Diamonds, 74–78; Antony Preston, Geïllustreerde geschiedenis van Zuid-Afrika (Alphen aan den Rijn, 1995), 63.

19 Cloete, *African Portraits*, 25–84; Leyds, *Onze eerste jaren*, 30–32; Van Niekerk, Kruger se regterhand, 5–15, 50–54.

20 Cloete, *African Portraits*, 162–167; Leyds, *Onze eerste jaren*, 30–32; W.J. Leyds, *Het insluiten van de Boeren-Republieken* (Amsterdam, 1914), passim; S.M. Molema, *The Bantu Past and Present* (Cape Town, 1963), 43–54; Van Niekerk, *Kruger se regterhand*, 50–54; Wesseling, *Verdeel en heers*, 348–349.

21 J.A. Heese, *Die herkoms van die Afrikaner 1657–1867* (Cape Town, 1971); Molema, *Bantu Past and Present*, 35–60; Robert Ross, *A Concise History of South Africa* (Cambridge, 2008), 5–37.

22 Ross, *A Concise History, 37–58*; John J. Stephens, *Fuelling the Empire: South Africa's Gold and the Road to War* (Chichester, 2003), 54–86.

23 Meredith, *Diamonds*, 22–59; Ross, *A Concise History*, 59–67; Wesseling, *Verdeel en heers*, 333–335.

24 Meredith, *Diamonds*, 63–104; Ross, *A Concise History*, 64–70; Wesseling, *Verdeel en heers*, 334–341.

25 Leyds, *Onze eerste jaren,* 74–76, 79, 91.

26 Meredith, *Diamonds*, 173–181; Stephens, *Fuelling the Empire*, 157–160.

27 Cloete, *African Portraits*, 128–139; Meredith, *Diamonds*, 153–163; Stephens, *Fuelling the Empire*, 157–160.

28 以测绘总监 Johann Rissik 将军和矿产督察 Christiaan Johannes Joubert 的名字命名；参见 Pretorius, *Historical Dictionary*, 197。

29 Leyds, *Onze eerste jaren*, 91–96.

30 Charles van Onselen, *Studies in the Social and Economic History of the Witwatersrand 1886–1914,* 2 parts (Johannesburg, 1982), passim.

31 Cloete, *African Portraits*, 136.

32 Meredith, *Diamonds*, 186–193, 293; Ross, *A Concise History*, 70–74; Stephens, Fuelling the Empire, 170–181; Wesseling, Verdeel en heers, 356–359.

33 Leyds, *Onze eerste jaren*, 128–129; Van Niekerk, *Kruger se regterhand*, 34, 48–50.

34 Leyds, *Onze eerste jaren*, 76, 80–84.

35 Van Hoek, *Kruger days*, 7.

36 Leyds, *Onze eerste jaren*, 85; Van Niekerk, *Kruger se regterhand*, 60.

37 Meredith, *Diamonds*, 170–171.

38 Leyds, *Onze eerste jaren*, 86–90.

39 Meredith, *Diamonds*, 184–185.

40 Leyds, *Onze eerste jaren*, 111–112; Van Niekerk, *Kruger se regterhand*, 59–60.

41 Leyds, *Onze eerste jaren*, 94–94, 98–99, 102, 104–105; Van Niekerk, *Kruger se regterhand*, 44–45; R.C. de Jong, G.M. van der Waal and D.H. Heydenrych, *NZASM 100, 1987–1899: The Buildings, Steam Engines and Structures of the Netherlands South African Railway Company* (Pretoria, 1988), 36; *In memoriam NZASM* (Amsterdam, 1910), 8–9; Stephens, *Fuelling the Empire*, 193–194; Van Winter, *Onder Krugers Hollanders* I, 161–166.

42 Van Niekerk, *Kruger se regterhand*, 424–45.

43 J.P. FitzPatrick, *The Transvaal from Within: A Private Record of Public Affairs* (London, 1899), 62–65.

44 Meredith, *Diamonds*, 169–171; Stephens, *Fuelling the Empire*, 145–148; Stanley Trapido, 'Imperialism, Settler Identities and Colonial Capitalism: The Hundred Year Origins of the 1899 South African War', *Historia* 53, 1 (2008), 59–61; Stanley Trapido, 'Reflections on Land, Office and Wealth in the South African Republic, 1850–1900,' *Historia* 53 (2008), 36–37; Van Winter, *Onder Krugers Hollanders* I, 115–116; II, 33–42.

45 Meredith, *Diamonds*, 296–301; Stephens, *Fuelling the Empire*, 145–148; Trapido, 'Reflections', 36–37; Van Winter, *Onder Krugers Hollanders* I, 115–116; II, 33–42.

46 Van Niekerk, *Kruger se regterhand*, 128.

47 FitzPatrick, *The Transvaal from Within*, 62–72; *In memoriam NZASM*, 8–9; De Jong et al., *NZASM*, 31–37; Van Niekerk, *Kruger se regterhand*, 44–45; Van Winter, *Onder Krugers Hollanders* I, 115–116; II, 33–42.

48 《路加福音》11: 15–17; 另外参见《马太福音》9: 34, 12: 24–25;《马可福音》3: 22–25。

49 Leyds, *Onze eerste jaren*, 131, 187.

50 De Jong et al., *NZASM*, 37–39; Van Niekerk, *Kruger se regterhand*, 46–47; Van Winter, *Onder Krugers Hollanders* I, 172–175, 220–134.

51 Leyds, *Onze eerste jaren*, 176; Van Niekerk, *Kruger se regterhand*, 63–66.

52 Leyds, *Onze eerste jaren*, 156; Van Winter, *Onder Krugers Hollanders* I, 220–234.

53 Leyds, *Onze eerste jaren*, 172–184, 190–191.

54 Leyds, *Onze eerste jaren*, 186, 192; Van Niekerk, *Kruger se regterhand*, 101–102.

55 Leyds, *Onze eerste jaren*, 194–203.

56 Leyds, *Onze eerste jaren*, 202, 203, 213–215.

57 Van Niekerk, *Kruger se regterhand*, 110–113.

58 Bossenbroek, *Holland*, 95, 102, 112.

59 Bossenbroek, *Holland*, 206–207; Van Koppen, *Geuzen*, 137–140; Kuitenbrouwer, *War of Words*, 29–30; Schutte, *Nederland*, 101–117.

60 Leyds, *Onze eerste jaren*, 221–228.

61 Leyds, *Onze eerste jaren*, 172–203.

62 Van Niekerk, *Kruger se regterhand*, 144–177; Schutte, *Nederland*, 131–133.

63 Kuitenbrouwer, *War of Words*, 34–36; C.G.S. Sandberg, *Twintig jaren onder Krugers Boeren in voor- en tegenspoed* (Amsterdam, 1943), 61; Schutte, *Nederland*, 117–128; Van Winter, *Onder Krugers Hollanders* II, 73–78.

64 Schutte, *Nederland*, 103–108.

65 Kuitenbrouwer, *War of Words*, 36–37; Sandberg, *Twintig Jaren*, 61; Schutte, *Nederland*, 114–117; Van Winter, *Onder Krugers Hollanders*, 247–250.

66 Van Winter, *Onder Krugers Hollanders* I, 247–289.

67 Van Niekerk, *Kruger se regterhand*, 100–102; Van Winter, *Onder Krugers Hollanders* II, 117–120.

68 Meredith, *Diamonds*, passim; Preston, *Geïllustreerde geschiedenis*, 84–87; Wesseling, *Verdeel en heers*, 359–364.

69 De Jong et al., *NZASM*, 44–47; Van Koppen, *De Geuzen*, 34–37; Van Niekerk, *Kruger se regterhand*, 92–95; Schutte, *Nederland*, 134–138; Van Winter, *Onder Krugers Hollanders* II, 124–149.

70 J. Cooper-Chadwick, *Three Years with Lobengula, and Experiences in South Africa* (London, 1894), passim; Leyds, *Het insluiten* II, 195–306; Meredith, *Diamonds*, 207–237; Gustav S. Preller, *Lobengula: The Tragedy of a Matabele King* (Johannesburg, 1963), passim; Wesseling, *Verdeel en heers*, 359–376.

71 Leyds to Beelaerts van Blokland, 11–4–1899, in Leyds Collection 30.

72 Leyds, *Het insluiten* II, 66–101; Meredith, *Diamonds*, 207–237.

73 Cooper-Chadwick, *Three Years with Lobengula*, passim; Ruth First and Ann Scott, *Olive Schreiner:A Biography* (New York, 1980), 225; Leyds, *Het insluiten* II, 243–206; Meredith, *Diamonds*, 207–237; Preller, *Lobengula*, passim; Wesseling, *Verdeel en heers*, 359–376.

74 Leyds, *Het insluiten* II, 102–168, quotation 148; Meredith, *Diamonds*, 238–243.

75 Van Winter, *Onder Krugers Hollanders* II, 136–149.

76 De Jong et al., *NZASM*, 47–49; Van Niekerk, *Kruger se regterhand*, 95–99; Van Winter, *Onder Krugers Hollanders* II, 150–189, 223–251.

77 Leyds to acting state secretary Van Boeschoten, 26–1–84, in Leyds Collection 31; Van

Niekerk, *Kruger se regterhand*, 99–100.

78 Cloete, *African Portraits*, 261; Wilson, *International Impact*, 27; Van Winter, *Onder Krugers Hollanders* II, *248*.

79 Leyds to Beelaerts van Blokland, 21–7–1895, in Leyds Collection 31; Van Winter, Onder Krugers Hollanders II, 248.

80 Leyds to Beelaerts van Blokland, 21–7–1895, in Leyds Collection 31.

81 *Jaarverslagen NZASM*, 1894 and 1895; in Archive NZASM; *In Memoriam NZASM*, 66–68.

82 Lady Sarah Wilson, *South African Memories:Social, Warlike and Sporting, from Diaries Written at the Time* (London, 1909), 23; First and Scott, *Olive Schreiner*, 234.

83 Van Hoek, *Kruger Days*, 20–22.

84 Meredith, *Diamonds*, 291–308; Nasson, *The War*, 45–49; Van Niekerk, *Kruger se regterhand*, 129–132; Stephens, *Fuelling the Empire*, 198–216; Wesseling, *Verdeel en heers*, 377–379.

85 Van Niekerk, *Kruger se regterhand*, 124–126; Stephens, *Fuelling the Empire*, 216–218.

86 参见 xx–xxi 页的地图。南非铁路网图，in *Jaarverslagen* NZASM, 1889; Van Winter, Onder Krugers Hollanders II, 190–222。

87 Meredith, *Diamonds*, 317–322; Van Niekerk, *Kruger se regterhand*, 103–106; Van Winter, *Onder Krugers Hollanders* II, 190–222.

88 Leyds to acting secretary Van Boeschoten, 17–10–1895, 31–10–1895, 6–11–1895, in Leyds Collection 31.

89 Leyds to Moltzer, 3–2–1895, 19–5–1895, in Leyds Collection 31.

90 Leyds in diary to Louise Leyds, 26–7–1895; Louise Leyds to Leyds, 7–8–1895; Leyds to Moltzer, 13–9–1895, in Leyds Collection 31.

91 Leyds to Van Boeschoten, 17–11–1895 (2 次), in Leyds Collection 31.

92 Leyds to Moltzer, 10–11–1895, in Leyds Collection 31; Leyds's telegram to Beelaerts van Blokland, 18–12–1895, in Leyds Collection 46; Leyds to Moltzer, 25–12–2895, in Leyds Collection 89.

93 Leyds to Louise Leyds, 31–12–1895, 1–1–1896, in Leyds Collection 31.

94 Van Niekerk, *Kruger se regterhand*, 130–140.

95 Cloete, *African Portraits*, 288–235; Meredith, *Diamonds*, 311–344; Nasson, *The War*, 50–51; Pakenham, *The Boer War*, 1–5; Wesseling, *Verdeel en heers*, 379–385; Van Winter, *Onder Krugers Hollanders* II, 252–268.

96 Leyds to Louise Leyds, 5–1–1896, in Leyds Collection 31; Van Niekerk *Kruger se regterhand*, 139–141.

97 Leyds to Louise Leyds, 5–1–1896, in Leyds Collection 31; Van Niekerk, *Kruger se*

regterhand, 139–141.

98 Leyds to Louise Leyds, 29–1–1986, in Leyds Collection 31; Van Niekerk, *Kruger se regterhand*, 142–143.

99 Leyds to Louise Leyds, 8–2–1896, in Leyds Collection 31; Van Hoek, *Kruger Days*, 17–20; Van Niekerk, *Kruger se regterhand*, 144–145.

100 Meredith, *Diamonds*, 340–350; Van Niekerk, *Kruger se regterhand*, 147–148.

101 Leyds to the Duke of Mecklenburg, 30–5–1896, in Leyds Collection 31; Roy Mack, 'The Great Africa Cattle Plague Epidemic of the 1980s', *Tropical Animal Health and Production* (1970) 4, 210–219.

102 *Staats-almanak voor de Zuid-Afrikaansche Republiek* (1893) 56, (1897) 39, (1898) 39; Jaarverslagen NZASM, 1895, 1896; FitzPatrick, The Transvaal from Within, 71–72.

103 Van Boeschoten to Leyds, 4–6–1896; Leyds to Kempner, 12–7–1896, in Leyds Collection 31; J.H. Breytenbach, Die geskiedenis van die Tweede Vryheidsoorlog in Suid-Afrika, 1899–1902 (Pretoria, 1969), I, 77–89.

104 Breytenbach, *Die geskiedenis* I, 77–89; Van Niekerk, *Kruger se regterhand*, 148–148; Van Winter, *Onder Krugers Hollanders, 258–259*.

105 Meredith, *Diamonds*, 348–349.

106 Cloete, *African Portraits*, 339–349; First and Scott, *Olive Schreiner*, 225–231; Meredith, *Diamonds*, 354–361.

107 Peter J. Cain, *Hobson and Imperialism:Radicalism, New Liberalism, and Finance 1887–1938* (Oxford, 2002), 59–63; Meredith, *Diamonds*, 349.

108 Meredith, *Diamonds*, 349–353; Pakenham, *The Boer War*, 25–31; Wesseling, *Verdeel en heers*, 382–385.

109 Lippert to Van Boeschoten, 2–6–1896, in Leyds Collection 31; Meredith, *Diamonds*, 349–353; Van Niekerk, *Kruger se regterhand*, 145–147.

110 Leyds to Moltzer, 16–8–1896; Moltzer to Kruger, 12–9–1896, in Leyds Collection 31.

111 Leyds in diary to Louise Leyds, 16–2–1897, 22–2–1897, 22–2–1897, 27–2–1897, 2–3–1897, 5–3–1897, in Leyds Collection 32.

112 Chamberlain to Leyds, 10–5–1897; Leyds to Chamberlain, 11–5–1897; Leyds to Van Boeschoten, 21–5–1897; Chamberlain to Sir W. Harcourt, 15–5–1897; Leyds to Chamberlain, 18–5–1897; Chamberlain to Leyds, 22–5–1897, in Leyds Collection 32.

113 Leyds in diary to Louise Leyds, 17–3–1897, First draft preface to the Collection 1897, in Leyds Collection 32.

114 Leyds to Van Boeschoten, 22–4–1897 and 30–4–1897, in Leyds Collection 32.

115 Leyds to Van Boeschoten, 30–4–1897, in Leyds Collection 32; Van Niekerk, *Kruger se*

regterhand, 153–154.

116 Van Niekerk, *Kruger se regterhand*, 134–135.

117 Lord Rothschild to Leyds, 10–5–1897; Leyds to Van Boeschoten, 15–5–1897, in Leyds Collection 32.

118 Chamberlain to Leyds, 10–5–1897, in Leyds Collection 32.

119 Leyds to acting state secretary Van Boeschoten, 21–5–1897, in Leyds Collection 32.

120 Leyds to Van Boeschoten, private, 21–5–1897, in Leyds Collection 32.

121 Leyds to Van Boeschoten, 2–7–1897, in Leyds Collection 32.

122 Chamberlain to Leyds, 22–5–1897, 7–6–1897; Leyds to Van Boeschoten, 21–7–1897; Leyds, First draft preface to the Collection 1897, in Leyds Collection 32.

123 Leyds to Chamberlain, 14–6–1897; Leyds to Van Boeschoten, 2–7–1897, in Leyds Collection 32.

124 Leyds to the Pretoria government, 25–5–1897; Leyds to the acting state secretary, 28–5–1897; Leyds to the acting state secretary, 3–6–1897, in Leyds Collection 32.

125 Leyds to Van Boeschoten, 1–6–1897, in Leyds Collection 32.

126 Leyds to the consuls of the ZAR, 27–5–1897; Leyds to Quarles, 27–5–1897; Leyds to Van Boeschoten, 1–6–1897, in Leyds Collection 32; Van Niekerk, *Kruger se regterhand*, 182–183.

127 H. Andreas to Leyds, 10–5–1897; Telegram Leyds to government in Pretoria, 14–6–1897, in Leyds Collection 32.

128 Leyds to Van Boeschoten, 1–6–1897, in Leyds Collection 32.

129 Telegram government in Pretoria to Leyds, 12–6–1897; Leyds to Chamberlain, 14–6–1897, in Leyds Collection 32.

130 Chamberlain to Leyds, 17–6–1897, in Leyds Collection 32.

131 Leyds to Van Boeschoten, 2–7–1897, in Leyds Collection 32.

132 Leyds to Van Boeschoten, 15–7–1897, in Leyds Collection 32; Van Niekerk, *Kruger se regterhand*, 162–164.

133 Leyds to government in Pretoria, 3–8–1897; Montagu White to Leyds, 5–8–1897, in Leyds Collection 32.

134 Leyds in diary to Louise Leyds, 27–2–1898, in Leyds Collection 35.

135 NZASM's tariff reductions, compiled by the foreign affairs ministry in Pretoria for the Transvaal consul in Frankfurt, 17–11–1898, in Leyds Collection 34; Van Niekerk, *Kruger se regterhand*, 135–137.

136 Leyds to Louise Leyds, 24–3–98, in Leyds Collection 35.

137 W.J. Leyds, *Eenige correspondentie uit 1899* (The Hague, 1919), 200–206; Van Niekerk,

Kruger se regterhand, 165–167.

138 Leyds in diary to Louise Leyds, 8–3–1898, 12–3–1898, 5–4–1898, 10–4–1898, 14–4–1898, in Leyds Collection 35; Van Niekerk, *Kruger se regterhand*, 191–195.

139 Van Niekerk, *Kruger se regterhand*, 183, 194.

140 John Darwin, *The Empire Project:The Rise and Fall of the British World-System 1830–1970* (Cambridge, 2009), 234–235; Meredith, *Diamonds*, 365–373; Wesseling, *Verdeel en heers*, 387–389.

141 Meredith, *Diamonds*, 374–375; W. Basil Worsfold, *Lord Milner's Work in South Africa* (London, 1906), 107–114.

142 Darwin, *The Empire Project*, 236–238, 243–245; Meredith, *Diamonds*, 378–385.

143 Leyds, *Eenige correspondentie*, 1–2; Van Niekerk, *Kruger se regterhand*, 184–185, 202–203.

144 Leyds, memorandum 'Voor de intimi', 1898; Leyds to his brother Reinier, 9–7–1898; Leyds to Reitz, 26–8–98; Leyds to Grobler, 14–10–1898, in Leyds Collection 35; Leyds, *Eenige correspondentie*, 231–235; Van Niekerk, *Kruger se regterhand*, 195– 2000.

145 Leyds to Reitz, 8–7–1898; Leyds to Reitz, 19–8–1898; Leyds to Reitz, 4–11–1898, in Leyds Collection 35; Van Niekerk, *Kruger se regterhand*, 205–210.

146 Leyds, memorandum 'Voor de intimi', 1898; Leyds to Reitz, 16–12–1898 (twice); Leyds to his mother, 16–12–1898, in Leyds Collection 35; Van Niekerk, *Kruger se regterhand*, 198–102.

147 Van Niekerk, *Kruger se regterhand*, 155–157.

148 Van Niekerk, *Kruger se regterhand*, 199.

149 Wesseling, *Verdeel en heers*, 391–392; Wilson, *International Impact*, 28–30, 146–148.

150 Wesseling, *Verdeel en heers*, 301–322; Wilson, *International Impact*, 72–75.

151 Smuts to Leyds, 30–4–1899, and Grobler to Leyds, 30–4–1899, in Leyds Collection 36; Leyds, *Eenige correspondentie*, ix, 1, 11–13, 198–200; Darwin, *The Empire Project*, 238–241; Meredith, *Diamonds*, 387–399; Van Niekerk, *Kruger se regterhand*, 168– 170; Pakenham, *The Boer War*, 52–56; Wesseling, *Verdeel en heers*, 392–396.

152 Leyds, *Eenige correspondentie*, vi, 2–8, 200–211.

153 *Staats-almanak voor de Zuid-Afrikaansche Republiek* (1899), 36, 51, 53.

154 Darwin, *The Empire Project*, 238–238; Leyds, *Eenige Correspondentie*, 38–43; Darwin, *The Empire Project*, 389–409; Meredith, *Diamonds*, 389–409; Pakenham, *The Boer War*, 46–70; Wesseling, *Verdeel en heers*, 396–399.

155 Leyds, *Eenige correspondentie*, 2–3, 200–211.

156 FitzPatrick, *The Transvaal from Within*, passim; Leyds, *Eenige correspondentie*, 222–

225; Pakenham, *The Boer War*, 71–88.

157 Leyds, *Eenige correspondentie,* 112–115; Meredith, *Diamonds*, 409–415; Pakenham, The Boer War, 89–92.

158 Meredith, *Diamonds,* 409–415; Pakenham, *The Boer War,* 92–94.

159 Meredith, *Diamonds,* 402.

160 W.K. Hancock and Jean van der Poel, eds., *Selections from the Smuts Papers:Volume I, June 1886—May 1902* (Cambridge, 1966), 313–322; Pakenham, *The Boer War*, 102; S.B. Spies and Gail Nattrass, eds., *Jan Smuts:Memoirs of the Boer War* (Johannesburg, 1994), 24.

161 这本小册子最初以国务秘书 F.W. 雷茨署名出版。参见 F.W. Reitz, *Een eeuw van onrecht*, 2nd impression (Dordrecht, 1900), passim。

162 Leyds to P.G.W. Grobler, 17-8-1899, and Leyds to F.V. Engelenburg, 18-8-1899, in Leyds, *Eenige correspondentie,* 106–109; Van Niekerk, *Kruger se regterhand*, 172.

163 Leyds, *Eenige correspondentie,* 2–3, 31–32, 200–211.

164 Ibid., 16–19, 158–159.

165 Ibid., 109–112, 118–123, 126–130, 150, 155–158, 175.

166 Ibid., 79, 81, 171.

167 Ibid., 30; Wilson, *International Impact*, 66–68.

168 Bossenbroek, *Holland*, 256–257; Van Koppen, *Geuzen*, 150–161.

169 Leyds, *Eenige correspondentie,* 25–26, 33, 216–218.

170 Leyds, *Eenige correspondentie,* 60–66, 83–85.

171 Ibid., 83–89, 132–149, 165–166, 172–173.

172 Ibid., 172–173, 179, 185–186; Leyds to Lippert, 10-10-1899, in Leyds Collection, 36; cf. J.P. de Valk and M. van Faassen, eds., *Dagboeken en aantekeningen van Willem Hendrik de Beaufort 1874–1918* (The Hague, 1993), 1, 34–49, 67–68.

第二部　大男孩历险记

1 Winston S. Churchill, *My Early Life, 1874–1904; with an Introduction by William Manchester* (New York, 1996), 74–230; Roy Jenkins, *Churchill* (London, 2002), 22–50; Brian Roberts, *Churchills in Africa* (London, 1970); Celia Sandys, *Churchill: Wanted Dead or Alive* (London, 2005), 9–20.

2 Winston S. Churchill, *The Boer War: London to Ladysmith via Pretoria and Ian Hamilton's March* (London, 2002), 1–2; Churchill, *My Early Life*, 230–235; Omissi and Thompson, *Impact*, 100–105; Pakenham, *Boer War*, 113; Roberts, *Churchills*, 139;

Sandys, *Churchill*, 21–23.

3 参见第 119 页。

4 Churchill, *My Early Life,* 230–235; Pieter G. Cloete, *The Anglo-Boer War:A Chronology* (Pretoria, 2000), 34–35; Nasson, *War,* 88–90; Pakenham, *Boer War,* 71, 76, 93, 96–98, 103, 107, 110–113; Wesseling, *Verdeel en heers,* 399–402.

5 Churchill, *My Early Life,* 230–233; Roberts, *Churchills,* 138–139; Sandys, *Churchill,* 10–18.

6 Jenkins, *Churchill,* 51; Roberts, *Churchills,* 138–139; Sandys, *Churchill,* 13, 16, 22.

7 Churchill, *Boer War,* 1–6; Churchill, *My Early Life,* 234–238; Jenkins, *Churchill,* 51; Pakenham, *Boer War,* 156–157; Roberts, *Churchills,* 138–10; Sandys, *Churchill,* 22–26.

8 J.E.H. Grobler, *The War Reporter:The Anglo-Boer War through the Eyes of the Burghers* (Johannesburg, 2011), 1–10; Pakenham, *Boer War,* 157–160.

9 Churchill, *Boer War,* 7–12; Churchill, *My Early Life,* 239–240; Pakenham, *Boer War,* 166; Roberts, *Churchills,* 140–141; Sandys, *Churchill,* 22–26.

10 Hancock and Van der Poel, *Selections,* 313–322.

11 Leopold Scholtz, *Waarom die Boere die oorlog verloor het* (Pretoria, 1999), 28–45.

12 Breytenbach, *Geskiedenis* I, 26–31,75–76, 105–106, 153–155; Cloete, *Anglo-Boer* War, 48; Grobler, War Reporter, 2; Hancock and Van der Poel, Selections, 562; Pretorius, Historical Dictionary, 204–205, 445–447; Sandberg, Twintig jaren, 228; Schutte, Boerenoorlog, 40; Scholtz, Waarom, 28–43; Wesseling, Verdeel en heers, 400–404.

13 Breytenbach, *Geskiedenis* I, 26–31, 75–76, 105–106, 146–178; Cloete, *Anglo-Boer* War, 39, 48, 339–340; Nasson, War, 74–84; Pakenham, Boer War, 125–127; Pretorius, Historical Dictionary, 445–446.

14 Breytenbach, *Geskiedenis* I, 141–146; Pakenham, *Boer War,* 125–127; Pretorius, Historical Dictionary, 448–449; Wesseling, Verdeel en heers, 399–400.

15 见上文，第 12~13 页。

16 Churchill, *Boer War,* 13–21; Churchill, *My Early Life,* 240–243; Roberts, *Churchills,* 140–142; Sandys, *Churchill,* 28–31.

17 Breytenbach, *Geskiedenis* I, *237–263*; Cloete, *Anglo-Boer War,* 44–45; Grobler, *War Reporter,* 7; Pakenham, *Boer War,* 133–141; Pretorius, *Historical Dictionary,* 137–138, 220–221; Scholtz, *Waarom,* 47–55.

18 Breytenbach, *Geskiedenis* I, 62–68; Hans Jannasch, *Onder Boeren, Britten en Bantoes* (Amsterdam, 1942), 190–207; J.W. Meijer, *Dr H.J. Coster, 1865–1899* (Pretoria, 1883), passim; Pretorius, *Historical Dictionary,* 108, 480–481; Sandberg, *Twintig jaren,* 215–227; G.J. Schutte, ed., *Beste ouders.Brieven uit de Transvaal van Karel van den*

Berg 1896–1900 (Amsterdam, 1999), 5–31; G. Vissering, *Een Hollander in Zuid-Afrika* (Amsterdam, 1900), 5–31.

19 Churchill, *Boer War*, 22–34; Churchill, *My Early Life*, 243–244; Jenkins, *Churchill*, 52; Roberts, *Churchills*, 52; Sandys, *Churchill*, 30–31.

20 Churchill, *Boer War*, 24, 35–36; Churchill, *My Early Life*, 243–244; Jenkins, *Churchill*, 52; Roberts, *Churchills*, 162–166; Sandys, *Churchill*, 43–46.

21 Churchill, *Boer War*, 22–26; Churchill, *My Early Life*, 243; Roberts, *Churchills*, 162–164; Sandys, *Churchill, 32–34, 37–43.*

22 Breytenbach, *Geskiedenis* I, 303–342; Cloete, *Anglo-Boer War*, 448–49; Grobler, *War Reporter*, 9; Pakenham, *Boer War*, 142–155; Pretorius, *Historical Dictionary*, 231–236, 490–491; Scholtz, *Waarom*, 47–55; M.C.E. van Schoor, *Christiaan Rudolph de Wet. Krygsman en volksman* (Pretoria, 2007), 68–69.

23 Churchill, *Boer War*, 26–27, 31–34; Sandys, *Churchill*, 32–33, 39–41.

24 Churchill, *Boer War*, 36–44; Churchill, *My Early Life*, 244–253; Jenkins, *Churchill*, 53; Roberts, *Churchills*, 166–169; Sandys, *Churchill*, 47–55.

25 Churchill, *Boer War*, 45–79; Churchill, *My Early Life*, 253–262; Jenkins, *Churchill*, 53–55; Roberts, *Churchills*, 169–180; Sandys, *Churchill*, 58–59; Frederick Woods, ed., *Young Winston's Wars:The Original Despatches of Winston S. Churchill, War Correspondent 1897–1900* (London, 1972), 173–179.

26 Churchill, *Boer War*, 43–79; Cloete, *Anglo-Boer War*, 46–65; Grobler, *War Reporter*, 11–19; Pretorius, *Historical Dictionary*, 116–117; Roberts, *Churchills*, 173, 202–203.

27 W.J. Leyds, *Tweede verzameling (correspondentie 1899–1900)* ('s-Gravenhage, 1930), I, xii–xiii, 78, 175–178; L.E. van Niekerk, *Dr. W.J. Leyds as gesant van die Zuid-Afrikaansche Republiek* (Pretoria, 1980), 143–179, 230–256; Wilson, *International Impact*, 43–64.

28 Leyds, *Tweede verzameling* I, xi; II, 57–59; Ulrich Kröll, *Die internationale Buren-Agitation 1899–1902* (Munster, 1973), 67–122, 197–206; Van Niekerk, *Leyds as* gesant, 144–148, 230–256; Wilson, International Impact, 25–42, 65–78.

29 Bossenbroek, *Holland*, 252–253; Kuitenbrouwer, *War of Words*, 129–164; Leyds, Tweede verzameling I, 81–82.

30 Bossenbroek, *Holland*, 351 and passim; Leyds, *Tweede verzameling* I, xi–xii, 69–70, 126–134, 142, 207–209, 223–224.

31 Leyds, *Tweede verzameling* I, 183–184; Van Niekerk, *Leyds as gesant*, 288.

32 Leyds, *Tweede verzameling* I, ix–x, 94–98, 160–161, 176, 186–187; Van Niekerk, Leyds as gesant, 286–287; Wilson, International Impact, 197–122.

33　First and Scott, *Olive Schreiner*, 236–238; Leyds, *Tweede verzameling* I, 140–141, 156–157; Pretorius, *Historical Dictionary*, 430–431; William T. Stead, *Shall I Slay My Brother Boer?An Appeal to the Conscience of Britain* (London, 1899), 61–63 and passim.

34　Bernard Porter, *The Absent-Minded Imperialists:Empire, Society, and Culture in Britain* (Oxford, 2004), 176–180; Roberts, *Churchills*, 174–175.

35　Churchill, *Boer War*, 77–83; Churchill, *My Early Life*, 261–271; Jenkins, *Churchill*, 55–60; Roberts, *Churchills*, 204–210; Sandys, *Churchill*, 89–98; Andrew Thompson, 'Imperial Propaganda during the South African War', in Cuthbertson, *Writing*, 303–328.

36　Churchill, *Boer War*, 88–91; Churchill, *My Early Life*, 271–286; Jackie Grobler, ed., *The War Diary of Johanna Brandt* (Pretoria, 2007), 37–38; Jenkins, *Churchill*, 56–61; Roberts, *Churchills*, 208–215, 235–242; Sandys, *Churchill, 99–125*.

37　*In memoriam NZASM*, 97–107; De Jong et al., *NZASM 100*, 223–231; Van Winter, Onder Krugers Hollanders I, 270–271; II, 337–347.

38　Breytenbach, *Geskiedenis* I, 127–130; Diana Cammack, *The Rand at War, 1899–1902:The Witwatersrand and the Anglo-Boer War* (London, 1990), 38–82; *In memoriam NZASM*, 105–106.

39　Cammack, *Rand*, 50–54, 83–100; Warwick, *Black People*, 127–137.

40　Jenkins, *Churchill*, 60–61; Roberts, *Churchills*, 235–241; Sandys, *Churchill*, 99–115.

41　Churchill, *My Early Life*, 288–295; Jenkins, *Churchill*, 61–62; Roberts, *Churchills*, 247–254; Sandys, *Churchill*, 142–143.

42　Churchill, *Boer War*, 91–95; Churchill, *My Early Life*, 295–300; Jenkins, *Churchill*, 61–62; Roberts, *Churchills*, 247–254; Sandys, *Churchill*, 131–140, 142–143.

43　Breytenbach, *Geskiedenis* I, *364–366*; Nasson, *War*, 124, 132–134; Pakenham, *Boer* War, 160–165; Pretorius, Historical Dictionary, 62–64.

44　Breytenbach, I, 396–399, II, 99–166; Cloete, *Anglo-Boer War*, 59–69; Grobler, *War Reporter*, 15, 17, 22; Nasson, War, 135–138, 143–147; Pakenham, Boer War, 188–206; Pretorius, *Historical Dictionary*, 32, 164, 285–288, 259–262.

45　Breytenbach, *Geskiedenis* I, 296–225; Cloete, *Anglo-Boer War*, 66; Grobler, *War Reporter*, 14–21; Nasson, *War*, 139–142; Pakenham, *Boer War*, 214–215; Pretorius, *Historical Dictionary*, 434–436.

46　Breytenbach, *Geskiedenis* I, 226–337; Cloete, *Anglo-Boer War*, 57–58; Grobler, *War Reporter*, 57–58, 60, 70–73; Nasson, *War*, 147–153; Pakenham, *Boer War*, 215–218, 224–241; Pretorius, *Historical Dictionary*, 90–92, 493–494.

47　Roberts, *Churchills*, 216–234; Sandys, *Churchill*, 28–29.

48 Breytenbach, *Geskiedenis* I, 286–394, 411–413, 459–461; Nasson, *War*, 11–116; Pretorius, *Historical Dictionary*, 255–258; Warwick, *Black People*, 28–38.

49 参见第一部分，第 25 页。

50 Breytenbach, *Geskiedenis* II, 392–404; Cloete, *Anglo-Boer War*, 41, 46–47, 50–52, 54–56, 60, 62; Grobler, *War Reporter, 6–7, 12, 14–15, 19*; Nasson, *War*, 116–122; Pakenham, *Boer War*, 181–190; Pretorius, *Historical Dictionary*, 212–214; Warwick, *Black People*, 129–130.

51 Breytenbach, *Geskiedenis* II, 333–349; Nasson, *War*, 106–110; Pakenham, *Boer War*, 238–241; Pretorius, *Historical Dictionary*, 236–238.

52 Churchill, *Boer War*, 95–105; Churchill, *My Early Life*, 301–306; Jenkins, *Churchill*, 61–62; Sandys, *Churchill*, 138–148.

53 Churchill, *Boer War*, 135–138; Churchill, *My Early Life*, 305–306, 311–312; Cloete, *Anglo-Boer War*, 86–89; Grobler, *War Reporter*, 34–35; Pakenham, *Boer War*, 284–304; Roberts, *Churchill*, 280–281; Sandys, *Churchill*, 158, 162–163.

54 Breytenbach, *Geskiedenis* III, 1–61; Cloete, *Anglo-Boer War*, 75, 79–81; Grobler, *War Reporter*, 25–30; Pretorius, Historical Dictionary, 117, 210, 256, 332–335.

55 Churchill, *Boer War*, 106–112.

56 见上文，第 19~20 页。

57 Breytenbach, *Geskiedenis* III, 62–106; Churchill, *Boer War*, 112–126; Cloete, *Anglo-Boer War*, 82–86; Grobler, *War Reporter*, 31–33; Nasson, *War*, 154–155; Pakenham, *Boer War*, 277–284; Pretorius, *Historical Dictionary*, 486–487.

58 Breytenbach, *Geskiedenis* III, 113–167; Churchill, *Boer War*, 127–131; Churchill, *My Early Life*, 307–308; Cloete, *Anglo-Boer War*, 82–86; Sandys, *Churchill*, 149–154.

59 Breytenbach, *Geskiedenis* III, 168–219; Churchill, *Boer War*, 137–139; Churchill, *My Early Life*, 311–312; Pakenham, *Boer War*, 288–305; Pretorius, *Historical Dictionary*, 426–428, 501–502; Sandys, *Churchill*, 161–163.

60 Breytenbach, *Geskiedenis* III, 219–230; Churchill, *Boer War*, 139–140; Churchill, *My Early Life*, 312–314.

61 Breytenbach, *Geskiedenis* III, 230–236; Churchill, *Boer War*, 140, 150–151; Churchill, My Early Life, 314; Pretorius, Historical Dictionary, 325–428.

62 见上文，第 187 页。

63 Breytenbach, *Geskiedenis* III, 237–437; Churchill, *Boer War*, 156–178; Churchill, *My Early Life*, 314–322; Cloete, *Anglo-Boer War*, 91–94, 101, 103–104; Grobler, *War* Reporter, 39–40, 42, 44; Nasson, War, 161–165; Pakenham, Boer War, 344–349; Pretorius, *Historical Dictionary*, 325, 468–469; Roberts, *Churchill*, 283–286; Sandys,

Churchill, 167, 170–173.

64 Breytenbach, *Geskiedenis* IV, 101–231; Cloete, *Anglo-Boer War*, 91, 95–97; Grobler, War Reporter, 29, 41; Nasson, War, 167–171; Pakenham, Boer War, 314–320, 327–328; Pretorius, *Historical Dictionary*, 388–389.

65 Cloete, *Anglo-Boer War*, 98; Steve Lunderstedt, ed., *Summer of 1899:The Siege of Kimberley 14 October 1899 to 15 February 1900* (Kimberley, 1999), 220–228; Pakenham, *Boer War*, 321–328; Pretorius, *Historical Dictionary*, 212–215; Brian Roberts, *Kimberley:Turbulent City* (Cape Town, 1985), 313–333.

66 Breytenbach, *Geskiedenis* III, 359–371; Grobler, *War Reporter*, 37.

67 Breytenbach, *Geskiedenis* III, 444–525; Churchill, *Boer War*, 179–194; Churchill, *My Early Life*, 322–324; Cloete, *Anglo-Boer War*, 104–110; Grobler, *War Reporter*, 46; Pakenham, *Boer War*, 356–361; Pretorius, *Historical Dictionary*, 325–327; Roberts, *Churchills*, 286; Sandys, *Churchill*, 173–174.

68 Breytenbach, *Geskiedenis* IV, *232–239*; Pakenham, *Boer War*, 318–320.

69 Breytenbach, *Geskiedenis* IV, 232–430; Cloete, *Anglo-Boer War*, 104–111; Grobler, *War Reporter*, 43–45; Nasson, *War*, 172–178; Pakenham, *Boer War,* 331–342; Pretorius, *Historical Dictionary*, 110–11, 309–315, 388–389.

70 见上文, 第 161 页。

71 Breytenbach, *Geskiedenis* III, 526–572; Churchill, *Boer War*, 195–210; Churchill, *My Early Life*, 324–326; Cloete, *Anglo-Boer War*, 111–112; Grobler, *War Reporter*, 46; Nasson, *War*, 156–161; Pakenham, *Boer War*, 356–368; Pretorius, *Historical Dictionary*, 327–329; Roberts, *Churchills*, 286–287; Sandys, *Churchill*, 174–178.

72 Roberts, *Churchills*, 286–291; Sandys, *Churchill*, 169–170, 182–184.

73 Joseph J. Doke, ed., *M.K. Gandhi:An Indian Patriot in South Africa* (London, 1909), 52–57; Eric Itzkin, 'The Indian War Memorial:National Memory and Selective Forgetting', *Historia* 54, 1 (2009), 147–158; Shula Marks, 'British Nursing and the South African War', in Greg Cuthbertson et al., eds., *Writing a Wider War*, 159–185; Russell Miller, *The Adventures of Arthur Conan Doyle* (London, 2008), 204–219; Stephen M. Miller, *Volunteers on the Veld:Britain's Citizen-Soldiers and the South African War, 1899–1902* (Norman, 2007), 55–76.

74 Breytenbach, *Geskiedenis* III, 568–572; Churchill, *Boer War*, 211–224; Pakenham, *Boer War*, 224–225, 237–238, 293, 347, 352–355; Pretorius, *Historical Dictionary*, 274–278; J.C. de Villiers, *Healers, Helpers and Hospitals:A History of Military Medicine in the Anglo-Boer War* (Pretoria, 2008), I, 127–163, 309–333; II, 13–117.

75 Zuster Hellemans, *Met het Roode Kruis mee in den Boeren-Vrijheidsoorlog* (Amsterdam,

1901), 47–120; De Villiers, *Healers*, I, 426–432.

76 Pretorius, *Historical Dictionary*, 275–276; De Villiers, *Healers*, 340–374.

77 Van Niekerk, *Leyds as gesant*, 125–132; Pretorius, *Historical Dictionary*, 275–276; De Villiers, *Healers*, 413–556.

78 Leyds, *Tweede verzameling* I, 516–523.

79 Leyds, *Tweede verzameling*, 302–303, 383–384, 445, 454–455.

80 见上文，第 164~166 页。Leyds, *Tweede verzameling* I, 385, 402–403, 439–440, 447–467; W.J. Leyds, *Derde verzameling (correspondentie 1900)* (The Hague, 1931) I, 115–117; Van Niekerk, *Leyds as gesant*, 144–149.

81 Leyds, *Tweede verzameling* I, 308–309, 356–359, 369–372.

82 见上文，第 161~163 页。Leyds, *Tweede verzameling* I, 416–417, 464–465 and II, 175.

83 Breytenbach, *Geskiedenis* V, 32–26, 557–563; Leyds, *Tweede verzameling* I, 413, 416–427, 468–469, 476–477, 494–496; II, 175–189.

84 Breytenbach, *Geskiedenis* V, 285–288; Pakenham, *Boer War*, 381–385; De Villiers, Healers, I, 287–293; II, 105–112.

85 Churchill, *Boer War*, 225–236; Churchill, *My Early Life*, 327–334; Roberts, *Churchills*, 309–312; Sandys, *Churchill*, 184–189; Woods, *Young Winston's Wars*, 138.

86 Churchill, *Boer War,* 5, 237–240; Vincent J. Cirillo, *Bullets and Bacilli:The Spanish-American War and Military Medicine* (Piscataway, 1999), 138–145; Miller, *Adventures*, 212–217; Pretorius, *Historical Dictionary*, 276–277; Sandys, *Churchill*, 189–191; De Villiers, *Healers*, I, 287–293, II, 105–112.

87 Breytenbach, *Geskiedenis* V, 3–4, 107, 123–125; Churchill, *Boer War, 237–245*; Churchill, *My Early Life*, 335–336; Cloete, *Anglo-Boer War*, 118, 120, 121, 136; Grobler, *War Reporter*, 51, 61; Pakenham, *Boer War, 375–380*; Pretorius, *Historical Dictionary*, 337; Roberts, *Churchills*, 312–314; Sandys, *Churchill,* 192–194.

88 Breytenbach, *Geskiedenis* V, 156–171; Cloete, *Anglo-Boer War*, 119–120, 122–125, 129–136; Grobler, *War Reporter*, 51–52, 59–61; Pakenham, *Boer War*, 386–389; C.R. de Wet, *De strijd tusschen Boer en Brit.De herinnering van den Boeren-Generaal C.R. de Wet* (Amsterdam and Pretoria, 1902), 80.

89 Breytenbach, *Geskiedenis* V, 156–171; Cloete, *Anglo-Boer War*, 119–120, 122–125, 129–136; Grobler, *War Reporter*, 51–52, 59–61; Pakenham, *Boer War*, 390–394; Pretorius, *Historical Dictionary*, 292–293, 400–402; De Wet, *Strijd*, 88–112.

90 Breytenbach, *Geskiedenis* V, 156–158, 171–172, 418–419; Cloete, *Anglo-Boer War,* 118; Grobler, *War Reporter,* 166; Leyds, *Tweede verzameling* I, xviii, 501–506; II, 178–179; Leyds, *Derde verzameling*, vii–xii, 8–19, 25–40, 47, 50–51.

91 Churchill, *Boer War*, 244–272; Churchill, *My Early Life*, 335–341; Roberts, *Churchills*, 312–315; Sandys, *Churchill*, 192–197.

92 Breytenbach, *Geskiedenis* V, 506; Churchill, *Boer War*, 290–316; Churchill, *My Early Life*, 341–344; Roberts, *Churchills*, 316–317; Sandys, *Churchill*, 198–200.

93 见上文，第 18~21 页。

94 Hellemans, *Met het Roode Kruis mee*, 143–164.

95 Cloete, *Anglo-Boer War*, 142–145; Grobler, *War Reporter*, 67–68; Pretorius, *Historical Dictionary*, 141–142, 255–258.

96 John L. Comaroff, ed., *The Boer War Diary of Sol T. Plaatje:An African at Mafeking* (Johannesburg, 1973), 11–159; Pat Hopkins and Heather Dugmore, *The Boy:Baden-Powell and the Siege of Mafeking* (Rivonia, 1999), xv–xviii, 167–175; Pakenham, *Boer War*, 396–419; Pretorius, *Historical Dictionary*, 22–24, 255–258, 331–332; Roberts, Churchills, 292–308; Warwick, Black People, 30–38.

97 Cloete, *Anglo-Boer War*, 142–145; Pakenham, *Boer War*, 414–418; Porter, *Absent-Minded Imperialists*, 52–53, 194–196; Pretorius, *Historical Dictionary*, 22–24, 255–258; Roberts, *Churchills*, 304–308.

98 见上文，第 149 页。

99 Cammack, *Rand*, 101–109; Cloete, *Anglo-Boer War*, 147–148; Grobler, *War Reporter*, 63; Leyds, *Tweede verzameling* II, 202–203; Leyds, *Derde verzameling* II, 34–38.

100 Breytenbach, *Geskiedenis* V, 515–549; Churchill, *Boer War*, 328–350; Churchill, *My Early Life*, 344–349; Cloete, *Anglo-Boer War*, 150–152; Pakenham, *Boer War*, 419–433; Pretorius, *Historical Dictionary*, 128–129; Roberts, *Churchills*, 316–320; Sandys, *Churchill*, 198–203.

101 Breytenbach, *Geskiedenis* V, 542–556; Churchill, *Boer War*, 351–356, 387–390; Churchill, *My Early Life*, 349–352; Cloete, *Anglo-Boer War*, 151–157; Grobler, *War Reporter*, 71–76; Nasson, *War*, 199–203; Pakenham, *Boer War*, 431–434; Roberts, *Churchills*, 320–322.

102 Breytenbach, *Geskiedenis* V, 535–556; Cloete, *Anglo-Boer War*, 153–157; Grobler, *War Reporter*, 71–76; Hancock and Van der Poel, *Selections*, 537–553; Pretorius, *Historical Dictionary*, 396–397.

103 Churchill, *Boer War*, 389–401; Cloete, *Anglo-Boer War*, 158–160; Grobler, *War Reporter*, 77; Hancock and Van der Poel, *Selections*, 547–561; Pakenham, *Boer War*, 434; Pretorius, *Historical Dictionary*, 122–123; Roberts, *Churchills*, 328–329; Sandys, *Churchill*, 204–208.

104 Leyds, *Derde verzameling*, I, xvi–xvii, 134–135, 146–147.

105 Leyds, *Derde verzameling*, I, x–xii, 150–155; II, 65–70.

106 Leyds, *Derde verzameling*, I, 107, 113–115.

107 Leyds, *Derde verzameling*, I, xx–xxiii; II, 49–64.

108 *Het Nieuws van den Dag*, 12–06–1900, 翻译的引文的来源。

109 Churchill, *Boer War*, 400–401; Churchill, *My Early Life*, 353–354; Roberts, *Churchills*, 323–331; Sandys, *Churchill*, 204–209.

第三部 死亡和毁灭

1 丹尼斯·雷茨在未出版的回忆录 *Herineringen* 中用荷兰语和英语描述了他在布尔战争中的经历，该回忆录现在存放在约翰内斯堡的布伦瑟斯特图书馆，他后来将其用于他的研究《突击队：布尔战争的布尔人日记》（*Commando: A Boer Journal of the Boer War*，伦敦，1929），及南非荷兰语翻译本 Kommando. *'n Boere-dagboek uit die Engelse Oorlog*（布隆方丹，1929）。本书中引用的段落来自《突击队：布尔战争的布尔人日记》（*Commando: A Boer Journal of the Boer War*，London 1948）。另外参见 G.J. Calitz 写的有关他的传记 *Deneys Reitz (1822–1944).Krygsman, avonturier en politikus* (Pretoria, 2008)。

2 Calitz, *Deneys Reitz*, 78; Grobler, *War Reporter*, 71–75, 78; Nasson, *War*, 197; Pakenham, *Boer War*, 430–431; Pretorius, *Historical Dictionary*, 371–372; F.W. Reitz, *Outobiografie en 62 gedigte* (Cape Town, 1978), 43–44; Reitz, *Kommando*, 103–110.

3 J. Ploeger, *Die lotgevalle van die burgerlike bevolking gedurende die Anglo-Boereoorlog, 1899–1902,* 5 vols.(Pretoria, 1990), ch.13:5–14.

4 Cloete, *Anglo-Boer War*, 155–163; Grobler, *War Reporter*, 75, 79, 81; A.M. Grundlingh, *Die 'Hendsoppers' en 'Joiners'.Die rasionaal en verskynsel van verraad* (Pretoria, 1979), 7–44, 58–62; Leyds, *Vierde verzameling* II, 93–96; Ploeger, *Lotgevalle*, ch.13:13–24; Pretorius, *Historical Dictionary*, 388–391; S.B. Spies, *Methods of Barbarism?Roberts and Kitchener and Civilians in the Boer Republics:January 1900—May 1902* (Cape Town, 1977), 90–95, 101–117.

5 W.L. von R. Scholtz, *Generaal Christiaan de Wet as veldheer* (Leiden, 1978), 183; M.C.E. van Schoor, *Christiaan Rudolph de Wet.Krygsman en volksman* (Pretoria, 2007), 107–108.

6 Grundlingh, *'Hendsoppers'*, 20–25; Ploeger, *Lotgevalle*, ch.11:10, 16, 18, 20; ch.14:13–16; Pretorius, *Historical Dictionary*, 108–110, 406–407.

7 Leyds, *Derde verzameling* II, 89; Ploeger, *Lotgevalle*, ch.13:11, 14.

8 Cloete, *Anglo-Boer War*, 154–163; Grobler, *War Reporter*, 78–86; Nasson, *War*, 199–205; Ploeger, *Lotgevalle*, ch.11:45, 11–13, 20, 23, 25, 26-43; ch.12:1–3; ch.13:19–23.

9 Calitz, *Deneys Reitz*, 92–93; Reitz, *Outobiografie*, 43–45; Reitz, *Kommando*, 110–115.

10 Albert Blake, *Boereverraaier.Teregstellings tydens die Anglo-Boereoorlog* (Cape Town, 2010), 59–62; Cloete, *Anglo-Boer War*, 171, 174; Mark Coghlan, 'The Other De Wet:Piet de Wet and the Boer "Hendsoppers in the Anglo-Boer War"', http://samilitaryhistory. org/vol116mc.html; Grobler, *War Reporter*, 89; Grundlingh, *'Hendsoppers'*, 241–251; Pretorius, *Historical Dictionary*, 121–122, 244–246; Pieter le Roux, 'Verraaier of held. Verdere gedagtes oor Genl Piet de Wet', *Knapzak 21, 2* (October 2009); Scholtz, *De Wet*, 194–195; Van Schoor, *De Wet*, 109–118; C.W.L. de Souza, *No Charge for Delivery* (Cape Town, 1969), 134–135; De Wet, *Strijd*, 166–168, 184.

11 Calitz, *Deneys Reitz*, 92–93; Cloete, *Anglo-Boer War*, 127–176; Grobler, *War Reporter*, 90; Reitz, *Kommando*, 115–117.

12 Cloete, *Anglo-Boer War*, 171–181; Grobler, *War Reporter*, 87, 90; Spies, *Methods*, 128–127.

13 Cloete, *Anglo-Boer War*, 171–181; Emily Hobhouse, *The Brunt of the War and Where It Fell* (London, 1902), 22–28; Pakenham, *Boer War*, 451–455; Ploeger, *Lotgevalle*, ch.13:36–40; ch.28:10–14, 22–40; Pretorius, *Historical Dictionary*, 104; Spies, Methods, 43–44, 128–137.

14 Cloete, *Anglo-Boer War*, 171–181; Grobler, *War Reporter*, 87, 90; Pakenham, *Boer* War, 438–445; Pretorius, Historical Dictionary, 57–58, 333–335.

15 Cloete, *Anglo-Boer War*, 171–181; Grobler, *War Reporter*, 89–93; Pakenham, *Boer War*, 451–455; Pretorius, *Historical Dictionary*, 120–121; Von Scholtz, *De Wet*, 221–246; De Wet, *Strijd*, 176–179.

16 Leyds, *Derde verzameling* I, ix–x, 195–196, 235–236, 238, 256–260, 90–93.

17 Leyds, *Derde verzameling* I, 184–187, 192–193, 197–198.

18 见上文，第 108 页。

19 Leyds, *Derde verzameling* I, 264–273, 280; II, 94–101.

20 Cloete, *Anglo-Boer War*, 181–185; Grobler, *War Reporter*, 93, 95; Pakenham, *Boer* War, 451, 454–456; Pretorius, Historical Dictionary, 33–36; Reitz, Kommando, 117–119.

21 Cloete, *Anglo-Boer War*, 287–188; Grobler, *War Reporter*, 95; Pretorius, *Historical Dictionary*, 36, 228.

22 Cloete, *Anglo-Boer War*, 186–187; Grobler, *War Reporter*, 96; Reitz, *Kommando*, 117–123.

23 Calitz, *Deneys Reitz*, 93–94; Reitz, *Kommando*, 124–126.

24 http://www.tokencoins.com/oompaul.htm.

25 见上文，第 36~38 页。

26 Grobler, *War Reporter*, 95; Spies, *Methods*, 116–124.

27 Spies, *Methods*, 124–127.

28 Cloete, *Anglo-Boer War*, 188–193; Grobler, *War Reporter*, 95; Grundlingh, 'Hendsoppers', 54–58; Ploeger, Lotgevalle, ch.14:21–26; ch.29:15–18; Pretorius, Historical Dictionary, 104–105; Spies, Methods, 143–145.

29 见上文，第 174 页。Churchill, *My Early Life*, 355–356; Sandys, *Churchill, 209–211.*

30 见上文，第 222~223 页。

31 Churchill, *My Early Life*, 355–361; Robert Rhodes James, ed., *Winston S. Churchill:His Complete Speeches 1897–1963, volume 1:1897–1908* (New York, 1974), 53–61; Jenkins, *Churchill*, 64–66; Sandys, *Churchill*, 211–215; http://en.wikipedia.org/wiki/United_Kingdom_general_election_1900.

32 Hancock and Van der Poel, *Smuts Papers I, 340–342*; Pakenham, *Boer War*, 470–472; Von Scholtz, *De Wet*, 287–293; S.B. Spies and Gail Nattrass, eds., *Jan Smuts:Memoirs of the Boer War* (Johannesburg, 1994), 110–133.

33 Pakenham, *Boer War*, 470–476; Pretorius, *Historical Dictionary*, 54; Von Scholtz, *De Wet*, 276–293; De Wet, *Strijd*, 226–230.

34 Calitz, *Deneys Reitz*, 94–97; Reitz, *Kommando*, 126–129.

35 *Algemeen Handelsblad*, 23 November 1900; *New York Times*, 23 November 1900.

36 *Algemeen Handelsblad*, 24–25 November 1900; Leyds, *Vierde verzameling* II, 1–7.

37 Leyds, *Vierde verzameling* II, 7–14; *cf.* above, pp. 65–69, 81, 87.

38 *Algemeen Handelsblad*, 14 December 1900; Bossenbroek, *Holland*, 343–344; Leyds, Vierde verzameling I, 25; II, 15–22.

39 Churchill, *My Early Life*, 363; Rhodes James, *Churchill:His Complete Speeches* I, 62–62; Jenkins, *Churchill*, 68–71; Sandys, *Churchill*, 212–213; *New York Times*, 13 December 1900.

40 Cloete, *Anglo-Boer War*, 199–207; Von Scholtz, *De Wet*, 293–314; De Wet, *Strijd*, 232–256.

41 Jennifer Hobhouse Balme, *To Love One's Enemies:The Work and Life of Emily Hobhouse* (Cobble Hill, 1994), 1–84; Pakenham, *Boer War*, 501–503; Rykie van Reenen, ed., *Emily Hobhouse:Boer War Letters* (Cape Town, 1984), 1–46.

42 Calitz, *Deneys Reitz*, 97–101; Cloete, *Anglo-Boer War*, 205–206; Grobler, *War Reporter*, 101; Pakenham, *Boer War*, 476–481; Pretorius, *Historical Dictionary*, 303–304; Reitz, *Kommando,* 130–141; Spies and Nattrass, *Jan Smuts*, 146–157.

43 Grundlingh, *'Hendsoppers'*, 82–95, 248; Ploeger, *Lotgevalle*, ch.14:32–37; Spies, Methods, 205–206.

44 Grundlingh, *'Hendsoppers'*, 107; *Nieuwe Tilburgsche Courant*, 13 February 1901; Spies, *Methods*, 205–206.

45 Grundlingh, *'Hendsoppers'*, 109–117; Spies, *Methods*, 205–206.

46 Blake, *Boereverraaier,* 142–156; Grundlingh, *'Hendsoppers'*, 95–96, 101–104; Spies, *Methods*, 203–206.

47 见上文，第 227 页。

48 Ploeger, *Lotgevalle*, ch.30:34–38; Spies, *Methods*, 170–190.

49 Calitz, *Deneys Reitz*, 102–103; Cloete, *Anglo-Boer War*, 208, 218–219; Grobler, *War Reporter*, 105; Pakenham, *Boer* War, 496–499; Reitz, *Kommando*, 142–148.

50 见上文，第 11、147 页。

51 Hobhouse, *Brunt*, 116–120; Hobhouse Balme, *To Love*, 85–98; Ploeger, *Lotgevalle*, ch.41:26–27, 36–38; ch.43:3–4, 6; Pretorius, *Historical Dictionary*, 102–106; Van Reenen, *Emily Hobhouse*, 46–57; Spies, *Methods*, 190–210.

52 Cloete, *Anglo-Boer War*, 218–229; Grobler, *War Reporter*, 110; Von Scholtz, *De Wet*, 321–370; De Wet, *Strijd*, 264–290.

53 Calitz, *Deneys Reitz*, 103–105; Reitz, *Kommando*, 149–154.

54 见上文，第 22 页。

55 Warwick, *Black People*, 110–124.

56 Nasson, *Abraham Esau's War*, 120–141.

57 Pakenham, *Boer War*, 468–469, 496, 501–505.

58 Churchill, *My Early Life*, 364–367; Rhodes James, *Churchill:His Complete Speeches* I, 65–67.

59 见上文，第 17 页。

60 见上文，第 302 页。

61 Reitz, *Kommando*, 154–160.

62 见上文，第 115~116 页。

63 George Arthur, *Life of Lord Kitchener* (London, 1920) II, 18–26; Cloete, *Anglo-Boer War,* 226; Grobler, *War Reporter*, 109, 112; J.D. Kestell and D.E. van Velden, *Die vredesonderhandelinge tussen die regerings van die twee Suid-Afrikaanse Republieke en die verteenwoordigers van die Britse regering wat uitgeloop het op die vrede wat op 31 Mei 1902 op Vereeniging gesluit is* (Cape Town, 1982), 123; Nasson, *War*, 223–224; Pakenham, *Boer War*, 487–491, 499–500, 504; Pretorius, *Historical Dictionary*, 282; Von Scholtz, *De Wet*, 371–372; De Wet, *Strijd*, 294–297.

64 Reitz, *Kommando*, 161–169.

65 见上文，第 220~222 页。

66 Leyds, *Vierde verzameling* II, 103–104.

67 Cloete, *Anglo-Boer War*, 232; Eric Rosenthal, *General De Wet:A Biography* (Cape Town, 1946), 84–85; De Wet, *Strijd*, 296.

68 见上文, 第 253~254 页。

69 Cloete, *Anglo-Boer War*, 238; Grobler, *War Reporter*, 115; Grundlingh, *'Hendsoppers'*, 152–153; Hancock and Van der Poel, *Selections* I, 389–391; Rosenthal, *General De Wet*, 85–87; De Wet, *Strijd*, 300–304.

70 Leyds, *Vierde verzameling* II, 84–88; Pakenham, *Boer War*, 513.

71 Hancock and Van der Poel, *Selections* I, 395–396; Leyds, *Vierde verzameling* I, xxviii, 186, 248–249.

72 Hancock and Van der Poel, *Selections* I, 397–399; Leyds, *Vierde verzameling* I, xxii, 252–254.

73 Cloete, *Anglo-Boer War*, 241–245; Grobler, *War Reporter*, 116, 118; Grundlingh, *'Hendsoppers'*, 153; Hancock and Van der Poel, *Selections*, 400–402; Leyds, *Vierde verzameling* II, 86–87, 89–92; Pakenham, *Boer War*, 520–521; De Wet, *Strijd*, 304–309.

74 Cloete, *Anglo-Boer War*, 236; Hobhouse, *Brunt*, 114–125; Emily Hobhouse, *Report of a Visit to the Camps of Women and Children in the Cape and Orange River Colonies* (London, 1901), 5–12; Pakenham, *Boer War*, 506–507; Van Reenen, *Emily Hobhouse*, 123.

75 Cloete, *Anglo-Boer War*, 240; Pakenham, *Boer War*, 501–503; Van Reenen, *Emily Hobhouse*, 115–116, 121.

76 Cloete, *Anglo-Boer War*, 242, 244; Hobhouse, *Report*, 14–15; Pakenham, *Boer* War, 503–504, 508; Van Reenen, Emily Hobhouse, 121–123, 125–126; W.T. Stead, Methods of Barbarism: 'War is War' and 'War is Hell?' The Case for Intervention (London, 1901).

77 Cloete, *Anglo-Boer War*, 244–245; Hobhouse, *Brunt*, 126–137; Hobhouse, *Report*, 13–14; Pakenham, *Boer War*, 504–510; Van Reenen, *Emily Hobhouse*, 115–116, 121.

78 Reitz, *Kommando*, 170–196.

79 见上文, 第 271 页。

80 Reitz, *Kommando*, 197–200.

81 Cloete, *Anglo-Boer War*, 242, 246–247, 252; Pakenham, *Boer War*, 513; Pretorius, *Historical Dictionary*, 432–433.

82 Cloete, *Anglo-Boer War*, 256–258; Grobler, *War Reporter*, 121; Pakenham, *Boer War*, 499, 522, 529, 535–538; Pretorius, *Historical Dictionary*, 27–28, 46–47; Spies, Methods, 233–239.

83 Cloete, *Anglo-Boer War*, 245–246; Leyds, *Vierde verzameling* I, xxxviii–xxxix, 363–365;

II, 125–128, 184–189.

84 Leyds, *Vierde verzameling* I, xl, 304; II, 114–124.

85 Hobhouse, *Brunt*, 145–140; Hobhouse Balme, *To Love*, 277–328.

86 Leyds, *Vierde verzameling* I, xxiv–xxvi, 122–123, 152, 154–158, 164–165, 265–265, 179–280, 342, 356–359, 459–460.

87 Hobhouse, *Brunt*, 319–346; Ploeger, *Lotgevalle*, chs.41 and 42; Pretorius, *Historical Dictionary*, 104–106, 145–146, 184–185; Spies, Methods, 221–227, 252–269.

88 Churchill, *My Early Life*, 367–370; Rhodes James, *Churchill:His Complete Speeches* I, 70–86.

89 Rhodes James, *Churchill:His Complete Speeches* I, 87–90.

90 Rhodes James, *Churchill:His Complete Speeches* I, 95–109.

91 Calitz, *Deneys Reitz*, 108–109; Hancock and Van der Poel, *Smuts Papers* I, 430–431; Reitz, *Kommando*, 200–201.

92 见上文，第 190 页。

93 见上文，第 164 页。Pretorius, *Historical Dictionary*, 210–211; Warwick, *Black People*, 45–46.

94 见上文，第 27 页。

95 Nasson, *Abraham Esau's War*, 19–21; Pretorius, *Historical Dictionary*, 29–31, 42–44, 210–211, 317–318, 443–444; Warwick, *Black People*, 63–74, 87–90, 96–109, 119–122.

96 见上文，第 336~337 页。

97 Cloete, *Anglo-Boer War*, 247, 255–256; Warwick, *Black People*, 19–25.

98 见上文，第 62 页。

99 Cloete, *Anglo-Boer War*, 254–256; Pretorius, *Historical Dictionary*, 421, 444; Warwick, *Black People*, 100–101, 107.

100 见上文，第 297~298 页。

101 Pakenham, *Boer War*, 528–532.

102 见上文，第 354 页。

103 Cloete, *Anglo-Boer War*, 344; Ploeger, *Lotgevalle*, ch.43; Pretorius, *Historical Dictionary*, 102–106; Warwick, *Black People*, 145–157.

104 Calitz, *Deneys Reitz*, 109–116; Cloete, *Anglo-Boer War*, 266; Hancock and Van der Poel, *Smuts Papers* I, 410–412, 422–427; Reitz, *Kommando*, 205–236.

105 Calitz, *Deneys Reitz*, 115–116; Hancock and Van der Poel, *Smuts Papers* I, 412–413; Reitz, *Kommando*, 236–244.

106 见上文，第 286~287 页。

107 Leyds, *Vierde verzameling* I, xxxiv–xxxvi, 378–379, 392–393, 450–451; II, 135–141;

http://avalon.law.yale.edu/19th_century/hague02.asp.

108 Calitz, *Deneys Reitz*, 116–117; Pretorius, *Historical Dictionary*, 464–465; Reitz, Kommando, 246–255.

109 Calitz, *Deneys Reitz*, 116–119; Hancock and Van der Poel, *Smuts Papers* I, 419–428; Reitz, *Commando*, 250, 264–265; Reitz, *Kommando*, 255–274.

110 见上文，第 112 页。

111 见上文，第 315~316 页。

112 Leyds, *Vierde verzameling* I, xxxvi, xl–xl, xlv–xlvi, 448–450, 462-465; II, 153–155, 158, 161–162; Wilson, *International Impact*, 110–112.

113 见上文，第 360~361 页。

114 Hancock and Van der Poel, *Smuts Papers* I, 437–505.

115 Calitz, *Deneys Reitz*, 120–123; Reitz, *Kommando*, 227–293.

116 Cloete, *Anglo-Boer War*, 296; Hancock and Van der Poel, *Smuts Papers* I, 513; Nasson, *Abraham Esau's War*, 108–114; Pretorius, *Historical Dictionary*, 240–241, 265–266; Reitz, *Kommando*, 288–290; Warwick, *Black People*, 122.

117 Blake, *Boereverraaier*, 230–238; Pretorius, *Historical Dictionary*, 95; Reitz, Kommando, 288–290; 见上文，第 294~295 页。

118 见上文，第 315~316 页。Blake Boereverraaier, 30–44, 84–115, 158–175.

119 Blake, *Boereverraaier*, 45–62, 202–204; Grundlingh, *'Hendsoppers'*, 198–230; Pretorius, *Historical Dictionary*, 200–202.

120 Blake, *Boereverraaier*, 68–72, 284–285; Hancock and Van der Poel, *Smuts Papers* I, 446.

121 Blake, *Boereverraaier*, 64–67.

122 见上文，第 325 页。

123 Churchill, *My Early Life*, 368; Cloete, *Anglo-Boer War*, 294–295, 310, 317; Grobler, *War Reporter*, 133; Leyds, *Vierde verzameling* I, 603–604; Pretorius, *Historical Dictionary*, 224–225, 249, 404–406.

124 见上文，第 183~185、238、272、284~286 页。

125 Cloete, *Anglo-Boer War*, 304–305; Grobler, *War Reporter*, 137; Pakenham, *Boer War*, 549, 556; Pretorius, *Historical Dictionary*, 503–504.

126 Cloete, *Anglo-Boer War*, 308–311; Grobler, *War Reporter*, 139; Pakenham, *Boer War*, 549, 556; Pretorius, *Historical Dictionary*, 280–281, 461–462.

127 Calitz, *Deneys Reitz*, 124–130; Cloete, *Anglo-Boer War*, 316–317; Reitz, *Commando*, 298–313; Reitz, *Kommando*, 294–309.

128 Reitz, *Kommando*, 310–314.

129 Kestell and Van Velden, *Vredesonderhandelinge*, 15–20; Leyds, *Vierde verzameling* II,

177–183.

130 见上文，第 375 页。Leyds, *Vierde verzameling* I, xlvii–l.

131 Leyds, *Vierde verzameling* I, 155–157.

132 Leyds, *Vierde verzameling* I, 672.

133 见上文，第 340 页。

134 见上文，第 332~334 页。

135 Arthur, *Life of Lord Kitchener* II, 86–94; Cloete, *Anglo-Boer War*, 321–324; Kestell and Van Velden, *Vredesonderhandelinge*, 15–20; Pakenham, *Boer War*, 551–554.

136 见上文，第 293 页。

137 Calitz, *Deneys Reitz*, 131–134; Reitz, *Kommando*, 314–318.

138 Cloete, *Anglo-Boer War*, 326–328; Kestell and Van Velden, *Vredesonderhandelinge*, 51–91.

139 Cloete, *Anglo-Boer War*, 328; Kestell and Van Velden, *Vredesonderhandelinge*, 90–116; 见上文，第 332~334 页。

140 Pakenham, *Boer War*, 561.

141 Cloete, *Anglo-Boer War*, 329–332; Kestell and Van Velden, *Vredesonderhandelinge*, 116–175; Pakenham, *Boer War*, 564–570.

后 记

1 www.bloemfontein.co.za/renaming-big.jpg.

2 dailymaverick.co.za/article/2012-0329-south-africa-the-returnof-the-namechanging-cliffhanger.

3 www.afriforum.co.za/t-hemde-tee-naamsveranderinge.

4 见上文，第 22~24、60~62 页。参见围绕着受历史启发而创作的所谓"白人"和"黑人"歌曲所发生的骚乱，最引人注目的例子是：一方面，博克·范布莱克创作了南非荷兰语流行歌曲《德拉雷》；另一方面，像 Awudubhule Ibunu（意为"射杀波尔人"）这样的斗争之歌由非国大青年团重新挖掘并使其重新流行。Albert Grundling, 'Die historiese in die hede.Dinamika van die De la Rey-fenomeen in Afrikanerkringe, 2006–2007', *New Contree* 53 (2007), 135–154.

5 www.info.gov.za/speech/DynamicAction?pageid=461andsid=27620andtid=69127; www.info.gov.za/speech/DynamicAction?pageid=461andsid=28766andtid=74709.

6 Lake and Reynolds, *Drawing*; Nasson, *War*; Warwick, *Black People*, passim.

7 Leyds, *Vierde verzameling* I, xlix–li, *756–757;* Bossenbroek, 'Geschiedschrijving', 209–210; Van Niekerk, *Kruger se regterhand,* 356.

8 Pakenham, *Boer War*, 561–562.

9 Jenkins, *Churchill*, passim; Pretorius, *Historical Dictionary*, 80, 107–108, 374–376; Deneys Reitz, *Trekking On* (London, 1933), 122–123, 149–150.

10 Cloete, *Anglo-Boer War*; Nasson, *War*; Pakenham, *Boer War*; Pretorius, *Historical Dictionary*, passim.

11 Calitz, *Deneys Reitz*, 135–137; Reitz, *Kommando*, 319–321.

12 Deneys Reitz, *No Outspan* (London, 1943), passim.

13 见上文，第 404~406 页。Marc Howard Ross, *Cultural Contestation in Ethnic Conflict* (Cambridge, 2007), 240–250; www.info.gov.za/ speech/DynamicAction?pageid=46 1andid=25951andtid=60804; www.freedompark.co.za/cms/index.php?option=com_ contentandvie=articleandid=29 andItemid=35andphpMyAdmin=17b79oef73ob81dao 9aI3c43cI2692b2.

参考书目

Archive material used for this book—the Leyds Collection and the archives of the Nederlandsche Zuid-Afrikaansche Spoorweg-Maatschappij (Netherlands-South African Railway Company)—are in the National Archives of the Netherlands in The Hague and South Africa House in Amsterdam. Most of the literature listed below can be found at the African Studies Centre in Leiden and South Africa House in Amsterdam. I am grateful to the staff of both, and to the staff of the War Museum of the Boer Republics in Bloemfontein, for their kind assistance. I would also like to thank students of the history faculty at Utrecht University for their inspiring enthusiasm.

Alberts, Paul, ed., *Die smarte van oorlog. Verontregting van Boerevroue en -kinders tydens die Anglo-Boereoorlog 1899–1902*, Brandfort, 2005

Arthur, George, *Life of Lord Kitchener*, London, 1920

Badsey, Stephen, 'The Boer War as a Media War,' in Peter Dennis and Jeffrey Gredy, eds., *The Boer War: Army, Nation and Empire*, Canberra, 2000, 70–83

Blake, Albert, *Boereverraaier. Teregstellings tydens die Anglo-Boereoorlog*, Cape Town 2010

Boje, John and Fransjohan Pretorius, '"Kent gij dat volk?" The Anglo-Boer War and Afrikaner Identity in Postmodern Perspective', *Historia* 56 (2012), 59–72

Bossenbroek, Martin, 'Geschiedschrijving als hoger beroep. Willem Johannes Leyds, Advocaat van de Boeren (1859–1940)', in M.Ph. Bossenbroek, M.E.H.N. Mout and C. Musterd, eds., *Historici in de politiek*, Leiden, 1996, 191–211

Bossenbroek, Martin, *Holland op zijn breedst. Indië en Zuid-Afrika in de Nederlandse cultuur omstreeks 1900*, Amsterdam, 1996

Bossenbroek, Martin, 'The Netherlands and the Boer War. Their Wildest Dreams: The Representation of South Africa in Culture, Imperialism and Nationalism at the Turn of the Century', in K.M. Wilson, ed., *The International Impact of the Boer War*, Leeds, 2001, 123–139

Bottomore, Stephen, *Filming, Faking and Propaganda: The Origins of the War Film, 1897–1902*, Utrecht, 2007

Brandt, Johanna, *Die Kappie Kommando of Boerevrouwen in geheime dienst*, Cape Town, 1913

Breytenbach, J.H., *Die geskiedenis van die Tweede Vryheidsoorlog in Suid-Afrika, 1899–1902*, 6 vols., Pretoria, 1969

Cain, P.J., *Hobson and Imperialism: Radicalism, New Liberalism, and Finance 1887–1938*, Oxford, 2002

Calitz, G.J., *Deneys Reitz (1882–1944). Krygsman, avonturier en politikus*, Pretoria, 2008

Cammack, Diana, *The Rand at War 1899–1902: The Witwatersrand and the Anglo-Boer War*, London, 1990

Changuion, Louis, Frik Jacobs and Paul Alberts, *Suffering of War: A Photographic Portrayal of the Suffering in the Anglo-Boer War*, Bloemfontein, 2003

Churchill, Winston S., *My Early Life, 1874–1904; with an introduction by William Manchester*, New York, 1996

Churchill, Winston S., *The Boer War: London to Ladysmith via Pretoria and Ian Hamilton's March*, London, 2002

Cirillo, Vincent J., *Bullets and Bacilli: The Spanish-American War and Military Medicine*, Piscataway, 1999

Cloete, Pieter G., *The Anglo-Boer War: A Chronology*, Pretoria, 2000

Cloete, Stuart, *African Portraits: A Biography of Paul Kruger, Cecil Rhodes and Lobengula, Last King of the Matabele*, London, 1946

Comaroff, John L., ed., *The Boer War Diary of Sol T Plaatje: An African at Mafeking*, Johannesburg, 1973

Conan Doyle, Arthur, *The War in South Africa, Its Cause and Conduct*, New York, 1902

Cooper-Chadwick, J., *Three Years with Lobengula, and Experiences in South Africa*, London, 1894

Cuthbertson, Greg and A.M. Grundlingh, eds., *Writing a Wider War: Rethinking Gender, Race, and Identity in the South African War, 1899–1902*, Athens, 2002

Darwin, John, *The Empire Project: The Rise and Fall of the British World-System 1830–1970*, Cambridge, 2009

De Graaff, B.J.H., *De mythe van de stamverwantschap. Nederland en de Afrikaners 1902–1930*, Amsterdam, 1993

De Jong, Alwin, *Wil de ware Afrikaner opstaan? De Boerenoorlog als ijkpunt van nationalisme in Zuid-Afrika (1815–1925)*, Bachelor's thesis, University of Utrecht, 2012

De Jong, R.C., G.M. van der Waal and D.H. Heydenrych, NZASM 100: 1887–1899: The Buildings, Steam Engines and Structures of the Netherlands South African Railway Company, Pretoria, 1988

De Souza, C.W.L., *No Charge for Delivery*, Cape Town, 1969

De Valk, J.P. and M. van Faassen, eds., *Dagboeken en aantekeningen van Willem Hendrik de Beaufort 1874–1918*, 2 vols., The Hague, 1993

De Villiers, J.C., *Healers, Helpers and Hospitals: A History of Military Medicine in the Anglo-Boer War*, 2 vols., Pretoria, 2008

De Wet, Christiaan, *De strijd tussen Boer en Brit. De herinnering van den Boeren-generaal C.R. de Wet*, Amsterdam and Pretoria, 1902

Doke, Joseph J., ed., *M.K. Gandhi: An Indian Patriot in South Africa*, London, 1909

Du Preez, Max, *Of Warriors, Lovers, and Prophets: Unusual Stories from South Africa's Past*, Cape Town, 2004

Ferreira, Jeanette, ed., *Boereoorlogstories. 34 verhale oor die oorlog van 1899–1902*, 2nd edition, Cape Town, 2011

First, Ruth and Ann Scott, *Olive Schreiner: A Biography*, New York, 1980

FitzPatrick, J.P., *The Transvaal from Within: A Private Record of Public Affairs*, London, 1899

Giliomee, Hermann, *The Afrikaners: Biography of a People*, Cape Town, 2010

Godby, Michael, 'Confronting Horror: Emily Hobhouse and the Concentration Camp Photographs of the South African War', *Kronos* 32 (2006), 34–48

Grobler, Jackie, ed., *The War Diary of Johanna Brandt*, Pretoria, 2007

Grobler, Jackie, *The War Reporter: The Anglo-Boer War through the Eyes of the Burghers*, Johannesburg, 2011

Grundlingh, Albert, 'Die historiese in die hede. Dinamika van die De la Rey-fenomeen in Afrikanerkringe, 2006–2007', *New Contree* 53 (2007), 135–154

Grundlingh, Albert, 'Reframing Remembrance: The Politics of the Centenary Commemoration of the South African War of 1899–1902', *Journal of Southern African Studies* 30, 2 (2004), 359–375

Grundlingh, Albert, *The Dynamics of Treason: Boer Collaboration in the South African War of 1899–1902*, Pretoria, 2006

Grundlingh, Albert, 'The National Women's Monument: The Making and Mutation

of Meaning in Afrikaner Memory of the South African War', www.celat.ulaval.ca/
histoire.memoire/histoire/cape/grundlingh.htm

Grundlingh, A.M., *Die 'Hendsoppers' en 'Joiners'. Die rasionaal en verskynsel van
verraad*, Cape Town, 1979

Hancock, W.K. and Jean van der Poel, eds., *Selections from the Smuts Papers. Volume I:
June 1886–1902*, Cambridge, 1966

Heese, J.A., *Die herkoms van die Afrikaner 1657–1867*, Cape Town, 1971

Hellemans, Zuster, *Met het Roode Kruis mee in den Boeren-Vrijheidsoorlog*, Amsterdam,
1901

Hobhouse, Emily, *Report of a Visit to the Camps of Women and Children in the Cape
and Orange River Colonies*, London, 1901

Hobhouse, Emily, *The Brunt of the War, and Where It Fell*, London, 1902

Hobhouse Balme, Jennifer, ed., *To Love One's Enemies: The Work and Life of Emily
Hobhouse*, Cobble Hill, 1994

Hopkins, Pat and Heather Dugmore, *The Boy: Baden-Powell and the Siege of Mafeking*,
Rivonia, 1999

Ingham, Kenneth, *Jan Christian Smuts: The Conscience of a South African*, London, 1986

In memoriam NZASM, Amsterdam, 1910

Itzkin, Eric, 'The Indian War Memorial: National Memory and Selective Forgetting',
Historia 54, 1 (2009), 147–158

Jaarverslagen NZASM, 1895–1898

James, Robert Rhodes, ed., *Winston S. Churchill: His Complete Speeches 1897–1963*, vol.
I: 1897–1908, London, 1974

Jannash, Hans, *Onder Boeren, Britten en Bantoes*, Amsterdam, 1942

Jansen, Ena and Wilfred Jonckheere, eds., *Boer en Brit. Ooggetuigen en schrijvers over de
Anglo-Boerenoorlog in Zuid-Afrika*, Amsterdam, 2006

Jenkins, Roy, *Churchill*, London, 2002

Kapp, Pieter, '31 Mei 1902–31 Mei 2002. Twee vredes, twee visies, een toekoms.
Die betekenis van die Anglo-Boereoorlog vir vandag en môre', *Tydskrif vir Gees-
teswetenskappe* 42, 4 (2002), 273–281

Kestell, J.D., *Met de Boeren-commando's. Mijne ervaringen als veldprediker*, Amsterdam
and Pretoria, 1902

Kestell, J.D. and D.E. van Velden, *Die vredesonderhandelinge tussen die regerings van die twee
Suid-Afrikaanse Republieke en die verteenwoordigers van die Britse regering wat uitgeloop
het op die vrede wat op 31 Mei 1902 op Vereeniging gesluit is*, Cape Town, 1982

Korf, Lindie, *D.F. Malan: A Political Biography*, Cape Town, 2010

Krebs, Paula M., *Gender, Race, and the Writing of Empire: Public Discourse and the Boer
War*, Cambridge, 1999

Kröll, Ulrich, *Die internationale Buren-Agitation 1899–1902*, Munster, 1973

Kuiper, R., *Zelfbeeld en wêreldbeeld. Antirevolutionairen en het buitenland, 1848–1905*,
Kampen, 1992

Kuitenbrouwer, M. *Nederland en de opkomst van het moderne imperialisme*, Amsterdam,
1985

Kuitenbrouwer, Vincent, *A War of Words: Dutch Pro-Boer Propaganda and the South
African War (1899–1902)*, Amsterdam, 2010

Lake, Marilyn and Henry Reynolds, *Drawing the Global Colour Line: White Men's
Countries and the International Challenge of Racial Equality*, Cambridge, 2008

Le Roux, Pieter, 'Verraaier of held. Verdere gedagtes oor Genl Piet de Wet', *Knapzak* 17, 3
(November 2005), 18–22

Lester, Alan, *From Colonization to Democracy: A New Historical Geography of South
Africa*, London, 1996

Lester, Alan, *Imperial Networks: Creating Identities in Nineteenth-Century South Africa
and Britain*, London, 2001

Leyds, W.J., *De eerste annexatie van de Transvaal*, Amsterdam, 1906

Leyds, W.J., *Eenige correspondentie uit 1899*, The Hague, 1919

Leyds, W.J., *Het insluiten van de Boeren-Republieken*, 2 vols., Amsterdam, 1914

Leyds, W.J., *Onze eerste jaren in Zuid-Afrika 1884–1889. Intieme correspondentie van mevrouw Louise W.S Leyds-Roeff en dr. W.J. Leyds, bestemd voor familie en belangstellenden*, The Hague, 1938

Leyds, W.J., *Tweede, derde en vierde verzameling (correspondentie 1899–1902)*, 8 vols., The Hague, 1930–1934

Limb, Peter, *The ANC's Early Years: Nation, Class and Place in South Africa before 1940*, Pretoria, 2010

Lion Cachet, F., *De worstelstrijd der Transvalers aan het volk van Nederland verhaald*, Amsterdam, 1882

Lunderstedt, Steve, ed., *Summer of 1899: The Siege of Kimberley 14 October to 15 February 1900*, Kimberley, 1999

Mack, Roy, 'The Great Africa Cattle Plague Epidemic of the 1890s', *Tropical Animal Health and Production* (1970)

Magubane, Zine, *Bringing the Empire Home: Race, Class, and Gender in Britain and Colonial South Africa*, Chicago, 2004

Marks, Shula and Stanley Trapido, eds., *The Politics of Race, Class and Nationalism in Twentieth-Century South Africa*, London, 1987

Medalie, David, 'A Century Later: New Fictional Representations of the Boer War', *Journal of Southern African Studies* 30, 2 (2004), 377–392

Meijer, J.W., *Dr. H.J. Coster, 1865–1899*, Pretoria, 1983

Meredith, Martin, *Diamonds, Gold and War: The Making of South Africa*, Johannesburg, 2007

Miller, Russell, *The Adventures of Arthur Conan Doyle*, London, 2008

Miller, Stephen M., *Volunteers on the Veld: Britain's Citizen-Soldiers and the South African War, 1899–1902*, Norman, 2007

Molema, S.M., *The Bantu Past and Present*, Cape Town, 1963

Morgan, Kenneth O., 'The Boer War and the Media (1899–1902)', *Twentieth Century British History* 13 (2002), 1–16

Muller, H.P.N., *Zuid-Afrika. Reisherinneringen*, Leiden, 1889

Nasson, Bill, *Abraham Esau's War: A Black South African War in the Cape, 1899–1902*, Cambridge, 1991

Nasson, Bill, 'Commemorating the Anglo-Boer War in Post-Apartheid South Africa', in Daniel J. Walkowitz and Lisa Maya Knauer, eds., *Memory and the Impact of Political Transformation in Public Space*, Durham, 2004, 277–294

Nasson, Bill, *The War for South Africa: the Anglo-Boer War (1899–1902)*, Cape Town, 2010

Nederland–Zuid-Afrika. Gedenkboek uitgegeven door de Nederlandsch Zuid-Afrikaansche Vereeniging, bij gelegenheid van haar vijftig-jarig bestaan, 1881–1931, Amsterdam, 1931

Netscher, F., 'Dr. W.J. Leyds', in L.E. van Netscher, *Karakters*, Haarlem, 1899, 112–138

Omissi, David and Andrew S. Thompson, eds., *The Impact of the South African War*, Basingstoke, 2002

Pakenham, Thomas, *The Boer War*, London, 1979

Penning, L., *De verkenner van Christiaan de Wet. Een verhaal uit den Engels-Zuid-Afrikaanschen Oorlog 1899–1902*, The Hague, 1902

Pienaar, Philip, *Met Steyn en De Wet. Belangrijke mededeelingen en persoonlijke ervaringen*, Middelburg, 1902

Plaatje, Solomon Tshekisho, *Native Life in South Africa: Before and since the European War and the Boer Rebellion*, New York, 1916

Ploeger, J., *Die lotgevalle van die burgerlike bevolking gedurende die Anglo-Boereoorlog 1899–1902*, 5 vols., Pretoria, 1990

Porter, Bernard, *The Absent-Minded Imperialists: Empire, Society, and Culture in Britain*, Oxford, 2004

Preller, Gustav S., *Lobengula: The Tragedy of a Matabele King*, Johannesburg, 1963

Preston, Antony, *Geïllustreerde geschiedenis van Zuid-Afrika*, Alphen aan de Rijn, 1995

Pretorius, Fransjohan, *Historical Dictionary of the Anglo-Boer War*, Plymouth, 2009

Pretorius, Fransjohan, *Kommandolewe tydens die Anglo-Boereoorlog 1899–1902*, Cape Town, 1991

Pretorius, Fransjohan, Stephan Hofstatter and Wilhelm Snyman, *The Great Escape of the Boer Pimpernel: Christiaan de Wet—The Making of a Legend*, Pietermaritzburg, 2001

Raath, A.W.G. and R.M. Louws, eds., *Die konsentrasiekamp te Bethulie gedurende die Anglo-Boereoorlog*, Bloemfontein, 1991

Raath, A.W.G. and R.M. Louw, eds., *Vroueleed. Die lotgevalle van die vroue en knders buite die konsentrasiekampe 1899–1902*, Bloemfontein, 1993

Reitz, Deneys, *Commando: A Boer Journal of the Boer War*, London, 1929

Reitz, Deneys, *Kommando. 'n Boere-dagboek uit die Engelse Oorlog*, Bloemfontein, 1929

Reitz, Deneys, *No Outspan*, London, 1943

Reitz, Deneys, *Trekking On*, London, 1933

Reitz, F.W., *Outobiografie en 62 gedigte*, Tafelberg, 1978

Reitz, F.W., J. de Villiers Roos and J.C. Smuts, *Een eeuw van onrecht*, Pretoria, 1899

Roberts, Brian, *Churchills in Africa*, London, 1970

Roberts, Brian, *Kimberley: Turbulent City*, Cape Town, 1985

Rosenthal, Eric, *General De Wet: A Biography*, Cape Town, 1946

Ross, Marc Howard, *Cultural Contestation in Ethnic Conflict*, Cambridge, 2007

Ross, Robert, *A Concise History of South Africa*, 2nd edition, Cambridge, 2008

Sandberg, C.G.S., *Twintig jaren onder Krugers Boeren in voor- en tegenspoed*, Amsterdam, 1943

Sandys, Celia, *Churchill Wanted Dead or Alive*, London, 2005

Schmidl, Erwin A., 'The Anglo-Boer War in a Century of Peace', *Historia* 52, 1 (2007), 155–171

Schoeman, Karel, *In liefde en trou. Die lewe van pres. en mev. M.T. Steyn*, Cape Town, 1983

Schoeman, Karel, ed., *Witnesses to War: Personal Documents of the Anglo-Boer War from the Collections of the South African Library*, Cape Town, 1998

Scholtz, Leopold, *Waarom die Boere die oorlog verloor het*, Pretoria, 1999

Scholtz, Leopold and Ingrid Scholtz, 'Regverdige oorlog. 'n Verkennende historiese studie oor die bruikbaarheid van die begrip, deel 1, deel 2', *Tydskrif vir Geesteswetenskappe* 41, 4 (2001), 243–257 and 42, 1 (2002) 14–26

Scholtz, W.L. von R., *Generaal Christiaan de Wet as veldheer*, Leiden, 1978

Schutte, G.J., *De Boerenoorlog na honderd jaar. Opstellen over het veranderende beeld van de Anglo-Boerenoorlog (1899–1902)*, Amsterdam, 1997

Schutte, G.J., *Nederland en de Afrikaners. Adhesie en aversie: Over stamverwantschap, Boerenvrienden, Hollanderhaat, Calvinisme en apartheid*, Franeker, 1986

Schutte, G.J., 'Nederland en de Eerste Transvaalse Vrijheidsoorlog, 1880–1881', *Tijdschrift voor Geschiedenis* 94 (1981), 565–594

Schutte, G.J., 'Willem Johannes Leyds', in J. Charité and A.J.C.M. Gabriels, eds., *Biografisch woordenboek van Nederland 4*, The Hague, 1994, 292–294

Spiers, Edward M., 'The Learning Curve in the South African War: Soldiers' Perspectives', *Historia* 55, 1 (2010), 1–17

Spies, S.B., *Methods of Barbarism? Roberts and Kitchener and Civilians in the Boer Republics: January 1900–May 1902*, Cape Town, 1977

Spies, S.B. and Gail Nattrass, eds., *Jan Smuts: Memoirs of the Boer War*, Johannesburg, 1994

Staats-almanak voor de Zuid-Afrikaansche Republiek, Pretoria 1894, 1897, 1898, 1899

Stanley, Liz, '"A Strange Thing is Memory": Emily Hobhouse, Memory Work, Moral Life and the "Concentration System"', *South African Historica Journal* 52 (2005), 60–81

Stanley, Liz, *Mourning Becomes: Post/memory and Commemoration of the Concentration Camps of the South Africa War*, Manchester, 2006

Stanley, Liz and Helen Dampier, 'Cultural Entrepreneurs, Proto-nationalism and Women's Testimony Writings from the South African War, *Journal of Southern African Studies* 33, 3 (2007), 501–519

Stead, W.T., *Methods of Barbarism: 'War is War' and 'War is Hell?' The Case for Intervention*, London, 1901

Stead, W.T., *Shall I Slay My Brother Boer? An Appeal to the Conscience of Britain*, London, 1899

Stephens, John J., *Fuelling the Empire: South Africa's Gold and the Road to War*, Chichester, 2003

Stolten, Hans Erik, ed., *History Making and Present Day Politics: The Meaning of Collective Memory in South Africa*, Uppsala, 2007

Trapido, Stanley, 'Imperialism, Settler Identities and Colonial Capitalism: The Hundred Year Origins of the 1899 South African War', *Historia* 53, 1 (2008), 46–75

Trapido, Stanley, 'Reflections on Land, Office and Wealth in the South African Republic, 1850–1900', *Historia* 53, 1 (2008), 26–44 [originally 'The South African Republic: Class Formation and the State, 1850–1900', *Societies of Southern Africa in the 19th and 20th Centuries* (1973), 53–65]

Unger, Frederic William, *With 'Bobs' and Kruger: Experiences and Observations by an American Boer War Correspondent in the Field with Both Armies*, Philadelphia, 1901 (reprint Cape Town, 1977)

Van den Berg, Karel, foreword G.J. Schutte, *Beste ouders. Brieven uit de Transvaal van Karel van den Berg 1896–1900*, Amsterdam, 1999

Van der Loo, C.J., *De geschiedenis der Zuid-Afrikaansche Republiek (Transvaal) aan het volk verteld*, Zwolle, 1896

Van der Westhuizen, Christi, *White Power: The Rise and Fall of the National Party*, Cape Town, 2007

Van Heyningen, Elizabeth, 'Costly Mythologies: The Concentration Camps of the South African War in Afrikaner Historiography', *Journal of Southern African Studies* 34, 3 (2008), 495–513

Van Hoek, Kees, *Kruger Days: Reminiscences of Dr. W.J. Leyds*, London, 1939

Van Koppen, Chris A.J., *De geuzen van de negentiende eeuw. Abraham Kuyper en Zuid-Afrika*, Maarssen, 1992

Van Niekerk, L.E., *Dr. W.J. Leyds as gesant van die Zuid-Afrikaansche Republiek*, Pretoria, 1980

Van Niekerk, L.E., *Kruger se regterhand. Biografie van dr. W.J. Leyds*, Pretoria, 1985

Van Onselen, Charles, *Studies in the Social and Economic History of the Witwatersrand 1886–1914, vol. 1: New Babylon, vol. 2: New Nineveh*, Johannesburg, 1982

Van Reenen, Rykie, *Emily Hobhouse: Boer War Letters*, Cape Town, 1984

Van Schoor, M.C.E., *Christiaan Rudolph de Wet. Krygsman en volksman*, Pretoria, 2007

Van Winter, P.J., *Onder Krugers Hollanders. Geschiedenis van de Nederlandsche Zuid-Afrikaansche Spoorweg-Maatschappij*, 2 vols., Amsterdam, 1937

Van Winter, P.J., 'Dr. Leyds en Zuid-Afrika', *Jaarboek van de Maatschappij der Nederlandse Letterkunde* (1942), 13–36

Verloren van Themaat, H., *Twee jaren in den Boerenoorlog*, Haarlem, 1903

Vermeulen, Bram, *Help, ik ben blank geworden. Bekentenissen van een Afrika-correspondent*, Amsterdam, 2009

Viljoen, B.J., *Mijn herinneringen uit den Anglo-Boeren-Oorlog*, Amsterdam, 1902

Vissering, G., *Een Hollander in Zuid-Afrika*, Amsterdam, 1900

Wagenaar, H.D., *Nederlandse onderwijzers in Zuid-Afrika. Een analyse van brieven en postkaarten van Nederlandse onderwijzers ten tijde van de Anglo-Boerenoorlog (1899–1902)*, Rotterdam, 2008

Warner, Philip, *Kitchener: The Man behind the Legend*, London, 1985

Warwick, Peter, *Black People and the South African War, 1899–1902*, Cambridge, 1983

Wassermann, Johan, '"Sowing the Seeds of Rebellion": Chief Bhambatha ka-Mancinza and the Anglo-Boer War, 1899–1902', *African Historical Review* 39, 2 (2007), 91–106

Wesseling, H.L., *Verdeel en heers. De deling van Afrika, 1880–1914*, Amsterdam, 1991

Wessels, André, 'Trauma tydens en na afloop van die Anglo-Boereoorlog van 1899 tot 1902. Enkele historiese perspektiewe', *Knapzak* 21, 2 (October 2009), 143–58

Wessels, André and Anna-Karin Evaldsson, 'Die herdenking van historiese gebeurtenisse', *Werkwinkel* 1, 1 (2006), 147–165

Wessels, André and Annette Wohlberg, 'Black People and Race Relations in the Largest Anglo-Boer War Concentration Camp: Merebank, 1901–1902', *New Contree* 49 (2005), 33–47

Wilson, Keith, ed., *The International Impact of the Boer War*, Chesham, 2001

Wilson, Lady Sarah, *South African Memories: Social, Warlike and Sporting, from Diaries Written at the Time*, London, 1909

Woods, Frederick, ed., *Young Winston's Wars: The Original Despatches of Winston S. Churchill, War Correspondent from 1897 to 1900*, London, 1972

Worden, Nigel, *The Making of Modern South Africa: Conquest, Apartheid, Democracy*, Oxford, 2012

Worsfold, W. Basil, *Lord Milner's Work in South Africa*, London, 1906

Zweers, Louis, *De Boerenoorlog. Nederlandse fotografen aan het front*, The Hague, 1999

索　引

（此部分页码为英文版页码，即本书页边码）

图书在版编目（CIP）数据

血染开普敦：布尔战争史 / (荷) 马丁·博森布鲁
克 (Martin Bossenbroek) 著；(荷) 伊维特·罗森博格
(Yvette Rosenberg) 英译；徐彬，金凯译. -- 北京：
社会科学文献出版社，2024.2
　　书名原文: The Boer War
　　ISBN 978-7-5228-0886-4

　　Ⅰ. ①血…　Ⅱ. ①马…②伊…③徐…④金…　Ⅲ.
①英布战争(1899-1902)　Ⅳ. ①K478.4

中国版本图书馆CIP数据核字（2022）第194627号

血染开普敦：布尔战争史

著　　　者 / 〔荷〕马丁·博森布鲁克（Martin Bossenbroek）
译　　　者 / 徐　彬　金　凯

出 版 人 / 冀祥德
组稿编辑 / 段其刚
责任编辑 / 周方茹
文稿编辑 / 许文文
责任印制 / 王京美

出　　　版 / 社会科学文献出版社·联合出版中心（010）59367151
　　　　　　　地址：北京市北三环中路甲29号院华龙大厦　邮编：100029
　　　　　　　网址：www.ssap.com.cn
发　　　行 / 社会科学文献出版社（010）59367028
印　　　装 / 北京盛通印刷股份有限公司

规　　　格 / 开　本：889mm×1194mm　1/32
　　　　　　　印　张：18.625　字　数：466千字
版　　　次 / 2024年2月第1版　2024年2月第1次印刷
书　　　号 / ISBN 978-7-5228-0886-4
著作权合同
登 记 号 / 图字01-2019-3628号
定　　　价 / 99.00元

读者服务电话：4008918866